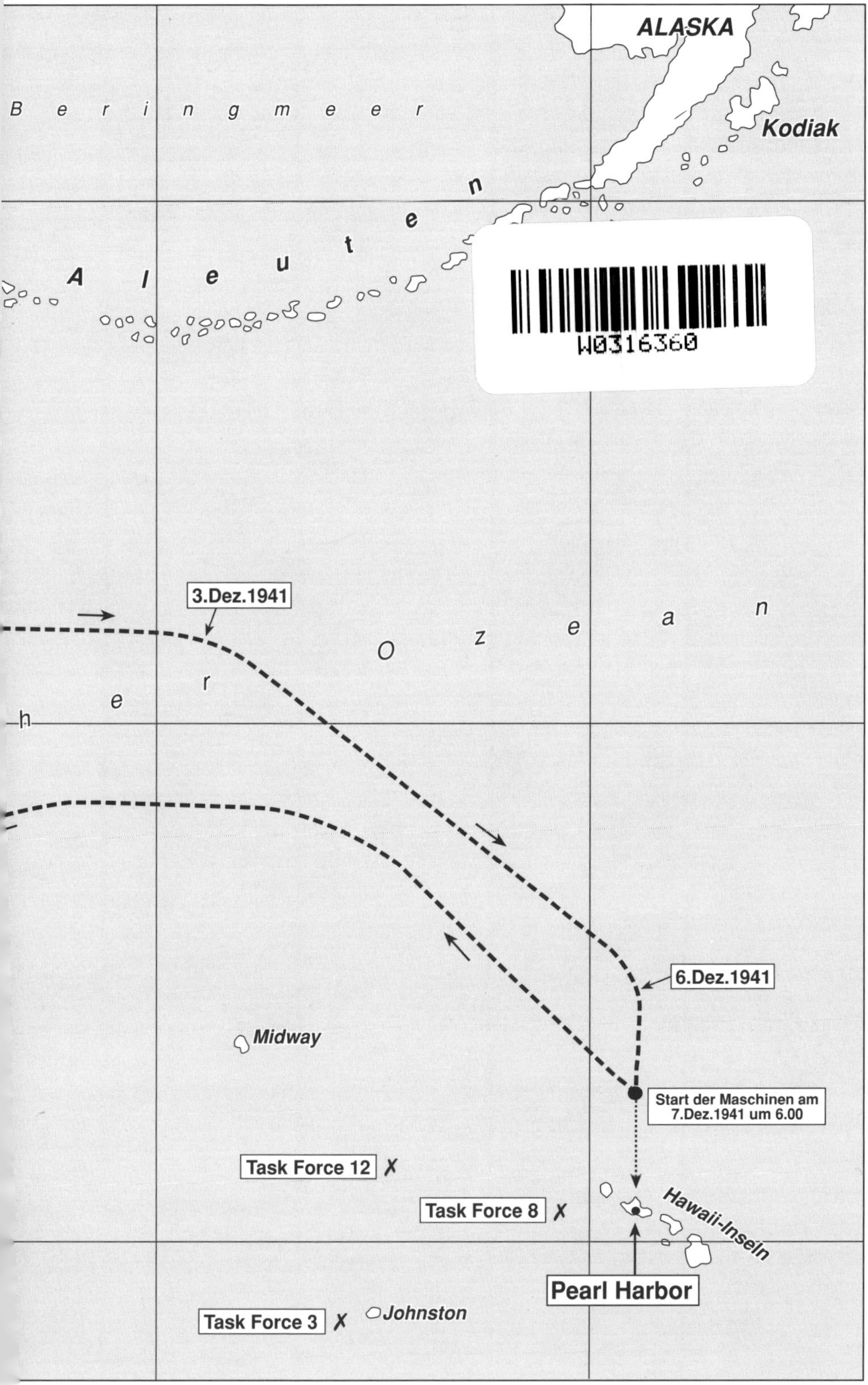
ALASKA
Kodiak
Beringmeer
Aleuten
3.Dez.1941
her Ozean
6.Dez.1941
Midway
Start der Maschinen am 7.Dez.1941 um 6.00
Task Force 12
Task Force 8
Hawaii-Inseln
Pearl Harbor
Task Force 3
Johnston

George Morgenstern

Pearl Harbor 1941

Der Autor
George Morgenstern (1906–1988), Mitherausgeber der »Chicago Tribune«, der seinerzeit führenden isolationistischen Tageszeitung in den USA (Fachgebiet Außenpolitik und internationale Beziehungen), war während des Krieges Captain im Marine Corps, wo er als Presseoffizier tätig war.

Der Herausgeber und Übersetzer:
Dr. Walter Post, Jahrgang 1954, Studium der Politischen Wissenschaften, der Neueren Geschichte und der Philosophie, Lehrbeauftragter am Geschwister-Scholl-Institut für Politische Wissenschaften der Universität München (1990–1994), arbeitet als freier Historiker.
Zahlreiche Veröffentlichungen, darunter »Unternehmen Barbarossa. Deutsche und sowjetische Angriffspläne 1940/41«

George Morgenstern

PEARL HARBOR 1941

Eine amerikanische Katastrophe

Herausgegeben und ins Deutsche übertragen
von Walter Post

Mit 40 Abbildungen,
Karten und Dokumenten

Herbig

Bildnachweis

Alle Abbildungen und Dokumente aus den Archiven der Buchverlage Langen Müller Herbig und des Herausgebers, außer 1, 4, 15 und 16 (Sammlung C. Weber)

Das Foto auf dem Schutzumschlag zeigt die Explosion der vorderen Munitionskammern des Zerstörers USS »Shaw«, der im schwimmenden Trockendock Nr. 2 lag. Obwohl dabei fast die gesamte Bugsektion zerstört wurde, konnte der Zerstörer repariert werden. Die »Shaw« hat danach noch am ganzen Pazifikkrieg teilgenommen.

Titel der Originalausgabe:
PEARL HARBOR
THE STORY OF THE SECRET WAR
(1947)

Sonderproduktion

3. Auflage 2000

Schutzumschlag: Wolfgang Heinzel
Vorsatz und Übersichtskarten:
Kartografie-Grafik E. Radehose, Holzkirchen
Herstellung und Satz: VerlagsService Dr. Helmut Neuberger
& Karl Schaumann GmbH, Heimstetten
Gesetzt aus der 10,5/13 Punkt Minion
in Quark-X-Press auf Macintosh
Druck: Jos. C. Huber, Dießen
Binden: R. Oldenbourg, München
Printed in Germany
ISBN 3-7766-1996-1

Inhalt

Einführung

von Walter Post

Der japanische Angriff auf die amerikanische Pazifikflotte in Pearl Harbor am 7. Dezember 1941 ist keineswegs nur ein Stück politischer und militärischer Archäologie. Pearl Harbor ist vielmehr einer der entscheidenden Wendepunkte in der Geschichte des 20. Jahrhunderts. Der Eintritt Amerikas in den Zweiten Weltkrieg war die Folge der Politik Präsident Franklin Delano Roosevelts und hatte tiefgreifende Folgen für die Vereinigten Staaten wie die ganze übrige Welt.

Der amerikanische Kriegseintritt führte zunächst zur Niederlage Deutschlands und Japans und ihrer langfristigen Ausschaltung als souveräne Großmächte. Dies hatte den Zusammenbruch des regionalen Kräftegleichgewichts in Europa und Ostasien zur Folge, was zur Beherrschung Mittel- und Osteuropas durch die Sowjetunion und zum Sieg der Kommunisten in China führte. Während England und Frankreich, auch wenn sie sich 1945 zu den Siegern zählten, nahezu in Bedeutungslosigkeit versanken, stiegen die Vereinigten Staaten und die Sowjetunion zu Supermächten auf.

Nur zwei Jahre nach dem gemeinsamen Sieg begann der Kalte Krieg mit der Spaltung Europas, der Konfrontation zwischen Ost und West und dem nuklearen Wettrüsten, das einmal, während der Kubakrise 1962, beinahe zu einem atomaren Weltkrieg geführt hätte.

Während die europäischen Großmächte nach 1945 ihre Kolonialreiche nicht mehr halten konnten, stieg das kommunistische China zum Vorbild der nationalen Befreiungsbewegungen der Dritten Welt auf. Die Entkolonisierung wurde durch Waffen, Berater und Geld aus dem kommunistischen Lager entscheidend beschleunigt. Der Sieg über Japan 1945 brachte dem Fernen Osten keinen Frieden, sondern zog neue blutige Konflikte nach sich. In Korea und Vietnam standen sich die Verbündeten von einst gegenüber: Die USA und die alten Kolonialmächte Frankreich und Großbritannien auf der einen, die Sowjetunion, die Volksrepublik China sowie die koreanischen und vietnamesischen Nationalkommunisten auf der anderen Seite. Ihr Engagement im Fernen Osten brachte den Vereinigten Staaten kein Glück: Der Krieg in Korea endete mit einem Patt, in Vietnam mit einer Niederlage.

1991 endete der Kalte Krieg mit dem Zerfall der Sowjetunion, deren Wirtschaftssystem die Lasten eines ungeheuren militärisch-industriellen Komplex' nicht länger tragen konnte. Die Vereinigten Staaten blieben als einzige wirkliche Supermacht übrig, aber das nukleare Wettrüsten hatte ihnen einen Schuldenberg in der astronomischen Höhe von vier Billionen Dollar hinterlassen. Für all diese Entwicklungen war Pearl Harbor das auslösende Ereignis.

Kurzer Überblick über die revisionistische Geschichtsschreibung

Im Jahre 1966 definierte Harry Elmer Barnes (1889–1968), einer der bedeutendsten amerikanischen Historiker seiner Generation, den Begriff »Revisionismus« wie folgt:

»Während der letzten vierzig Jahre war Revisionismus ein umstrittener Begriff. Für die sogenannten Revisionisten beinhaltet er eine gewissenhafte Suche nach der historischen Wahrheit und die Diskreditierung irreführender Mythen, die ein Hindernis für den Frieden und die Verständigung zwischen den Nationen darstellen. In der Vorstellung der Antirevisionisten riecht der Begriff nach Lüge, Unaufrichtigkeit, Böswilligkeit, Rachsucht und einem ruchlosen Streben, die Retter der Menschheit zu verleumden. Tatsächlich bedeutet Revisionismus nicht mehr und nicht weniger als den Versuch, die Geschichtsschreibung im Lichte einer vollständigeren Kenntnis der historischen Fakten, einer ruhigeren politischen Atmosphäre und einer objektiveren Einstellung zu revidieren.«[1]

Revisionismus ist so alt wie die Geschichtsschreibung selbst. In Europa begann die Geschichtsschreibung mit den Griechen, und für die größten Historiker des alten Griechenland war es selbstverständlich, die geschichtliche Überlieferung einer kritischen, »revisionistischen« Untersuchung zu unterziehen. So schreibt Thukydides (um 460 – nach 400 v. Chr.) in seiner *Geschichte des Peloponnesischen Krieges*:

»So also fand ich die Vorzeit, in mühsamer Untersuchung, da nicht jedem ersten besten Zeugnis zu trauen war. Denn die Menschen nehmen alle Nachrichten von Früherem, auch was im eigenen Lande geschah, gleich ungeprüft voneinander auf.«[2]

Auch die Geschichte seiner Zeit verlangte nach einer kritischen Methodik:

»Was aber tatsächlich geschah in dem Kriege (zwischen den Peloponnesiern und den Athenern, W. P.), erlaubte ich mir nicht nach Auskünften des ersten besten aufzuschreiben, auch nicht ›nach meinem Dafürhalten‹, sondern bin Selbsterlebtem und Nachrichten von anderen mit aller erreichbaren Genauigkeit bis ins einzelne nachgegangen.«[3]

Revisionismus ist somit von der Sache her seit der Antike ein fester Bestandteil der kritischen Geschichtswissenschaft. Allgemein gebräuchlich wurde dieser Begriff allerdings erst in der historischen und politischen Diskussion über den Ersten Weltkrieg.

Seit Menschengedenken hatte in allen Kriegen Propaganda eine wichtige Rolle gespielt. Zu Beginn des 20. Jahrhunderts hatte die Propaganda durch die allgemeine Verwendung von Telegraphie und Telephon, durch die große Verbreitung von Zeitungen, durch die moderne Psychologie, durch die Verstädterung und die moderne Massengesellschaft Wirkungsmöglichkeiten wie nie zuvor. Die Mobilmachung der gesamten Bevölkerung für Krieg und Rüstungswirtschaft machte deren psychologische Beeinflussung in großem Stil erforderlich, und somit wurde Propaganda zu einem der wichtigsten Instrumente der Kriegführung.

Im Weltkrieg 1914/18 hatten die Ententemächte in der Anwendung von Propaganda gegenüber den Mittelmächten einen erheblichen Vorsprung. Zum einen waren die internationalen Telegraphenleitungen und die großen internationalen Pressekonzerne in ihrer Hand, zum anderen waren die britische und die französische Regierung weitaus rücksichtsloser in der Verbreitung von Greuelpropaganda über angebliche (in der Regel erfundene) deutsche und österreichische Untaten. Der Entente gelang es schon während des Krieges mit großem Erfolg, Deutschland und Österreich-Ungarn propagandistisch für den Ausbruch des Krieges verantwortlich zu machen.

Der Versailler Vertrag von 1919 lastete mit seinem Paragraphen 231 die alleinige Kriegsschuld Deutschland an. Damit sollte eine völkerrechtliche Grundlage für praktisch unbeschränkte deutsche Reparationsleistungen an die Siegermächte geschaffen werden. Die deutsche Verhandlungsdelegation in Versailles wurde von den Alliierten durch die Fortsetzung der Hungerblockade und die Drohung mit einem Einmarsch in das Landesinnere Deutschlands gezwungen, den Versailler Vertrag mitsamt dem Kriegsschuldparagraphen zu unterzeichnen.

Von der überwältigenden Mehrheit des Deutschen Volkes und allen in der Weimarer Nationalversammlung vertretenen Parteien wurde der Kriegsschuldartikel niemals anerkannt. Eine Ausnahme machten nur die USPD und ihr intellektueller Anhang.

Der Weltkrieg hatte mit der Zerstörung der drei europäischen Kaiserreiche geendet, des Russischen Reiches, der Österreichisch-Ungarischen Monarchie und des Deutschen Reiches. Diese konstitutionellen Monarchien waren durch sozialistische Regierungen abgelöst worden, die sich durch Diskreditierung ihrer kaiserlichen Vorgänger Legitimität zu verschaffen versuchten. Das bolschewistische Rußland, die Weimarer Republik und die Republik Österreich veröffentlichten kurz nach Kriegsende Dokumente aus ihren Archiven, die die Schuld der kaiserlichen Regierungen am Ausbruch des Weltkrieges erweisen sollten. Bereits 1919 publizierten Karl Kautsky, Max Graf Montgelas und Walter Schücking *Die Deutschen Dokumente zum Kriegsausbruch 1914*. Für einen Beweis der deutschen Kriegsschuld gaben diese Akten allerdings wenig her. Dagegen belasteten die russischen Dokumentenveröffentlichungen das zaristische Regime erheblich.[4]

Bereits unmittelbar nach Kriegsbeginn hatten die beteiligten Mächte die sogenannten »Farbbücher« herausgegeben, in denen sie mit ausgewählten Dokumenten ihre Unschuld bzw. die Schuld des Gegners zu beweisen versuchten. Die darin enthaltenen Dokumente waren einseitig ausgewählt und teilweise sogar verfälscht (insbesondere im russischen *Orangebuch* und im französischen *Gelbbuch*), aber zusammen mit den deutschen, russischen und österreichischen Aktenveröffentlichungen der Nachkriegszeit konnten unvoreingenommene Historiker rasch ein zutreffendes Bild der Ereignisse von 1914 gewinnen. Bereits 1920/21 veröffentlichte der amerikanische Professor Sidney Bradshaw Fay von der Harvard University in der Zeitschrift *American Historical Review* eine Serie von drei Artikeln, in denen er die These von der Alleinschuld Deutschlands entschieden zurückwies. Mit den Ursachen des Kriegs befaßte sich auch der *Untersuchungsausschuß der Deutschen Verfassungsgebenden Nationalversammlung und des Deutschen Reichstages*. In seinem Auftrag fertigte Hermann Lutz ein Gutachten an, das 1926 unter dem Titel *Die europäische Politik in der Julikrise 1914* in Buchform veröffentlicht wurde. Ein weiteres Gutachten von Hermann Kantorowicz wurde damals in der Öffentlichkeit diskutiert, aber erst 1967 von Immanuel Geiss als Buch herausgebracht.

Frankreich hatte, gemessen am Umfang seiner Bevölkerung, prozentual die höchsten Menschenverluste hinnehmen müssen. Trotz des Sieges von 1918 erschien der Krieg vielen Franzosen als Katastrophe, und so war es kein Wunder, daß schon ab 1920 französische Publizisten und Historiker schwere und gutbegründete Anklagen gegen die Staatsführung von 1914, insbesondere gegen Präsident Raymond Poincaré, erhoben. Dabei taten sich insbesondere Georges Demartial, Alfred Pevet, Alfred Fabre-Luce, Matthias Morhardt und Pierre Renouvin hervor.[5]

In Kanada veröffentlichte John Ewart ein zweibändiges Werk über die wahren Ursachen des Krieges, in England neigte George Peabody Gooch dem Revisionismus zu.[6]

1924 machte der junge amerikanische Professor Harry Elmer Barnes vom Smith College in Northhampton (Massachusetts) durch einen Zeitschriftenartikel im *New York Current History Magazine* das breitere intellektuelle Publikum mit den revisionistischen Thesen zur Kriegsschuldfrage bekannt und löste damit eine heftige öffentliche Debatte in den USA aus. 1926 erschien Barnes' Buch *The Genesis of the World War*, 1928 folgte von Sidney Fay das zweibändige Werk *The Origins of the World War*. Beide Untersuchungen wurden sofort ins Deutsche übersetzt,[7] und sie zählen bis zum heutigen Tage zu den besten, die je zu diesem Thema geschrieben wurden.

Im übrigen wurde in diesen Jahren von alliierter Seite auch offen zugegeben, daß verschiedene Greuelgeschichten, die man während des Krieges deutschen Truppen zugeschrieben hatte, freie Erfindungen der Entente-Propaganda waren.[8]

So entstand nur wenige Jahre nach dem Ende des Weltkrieges eine internationale revisionistische Bewegung in Sachen Kriegsschuldfrage, die in der Öffentlichkeit eine rasch zunehmende Beachtung fand. In den USA trug dazu vor allem bei, daß die führenden Verlage und Zeitungen großes Interesse an revisionistischen Themen hatten.

Die revisionistische Geschichtsschreibung hatte auch maßgeblichen Anteil daran, daß in den zwanziger Jahren in rascher Folge immer mehr Aktenmaterial veröffentlicht wurde. Deutschland brachte ab 1922 die vorbildliche Dokumentensammlung *Die große Politik der europäischen Kabinette 1871–1914* heraus, die 39 Bände umfaßte. Die britische Regierung sah sich, um ihre Glaubwürdigkeit nicht zu verlieren, nun ihrerseits genötigt, ab 1927 eine umfangreiche Dokumentensammlung in insgesamt elf Bänden zu publizieren. Frankreich folgte ab 1929 mit einer ebenfalls elfbändigen Reihe, die Republik Österreich 1930 mit acht Dokumentenbänden.[9] Der serbische Diplomat Milos Boghitschewitsch veröffentlichte Dokumente und Aussagen, die zeigten, wie tief die Regierung Serbiens 1914 in das Attentat von Sarajewo verstrickt war.[10] Dazu erschienen eine Fülle von Memoiren von Staatsmännern und Militärs, die 1914 führende Stellungen innegehabt hatten.

Aufgrund der veröffentlichten Dokumente konnten die revisionistischen Historiker einwandfrei nachweisen, daß Rußland, Frankreich und Serbien weit mehr Verantwortung für den Krieg trugen als Österreich-Ungarn und Deutschland. Seit Ende der zwanziger Jahre wurden die revisionistischen Thesen in den USA, Frankreich und England von großen Teilen der Öffentlichkeit akzeptiert. Damit war die Grundlage der Versailler Ordnung, die alleinige Kriegsschuld Deutschlands und Österreich-Ungarns, in Frage gestellt. Aber die Hoffnungen auf eine einvernehmliche und friedliche Revision des Versailler Vertrages erfüllten sich nicht. Die Widerstände in den Regierungskreisen von Paris und London waren zu groß, um eine Mitschuld anzuerkennen und um auf Privilegien und Vorteile zu verzichten.

Die Regierungen der Weimarer Republik hatten in der Kriegsschuldfrage die revisionistische Position vertreten, und diese Politik wurde nach 1933 von der nationalsozialistischen Reichsregierung selbstverständlich fortgesetzt. 1939 brachte Alfred v. Wegerer das zweibändige Werk *Der Ausbruch des Weltkrieges* heraus, das als halboffizielles Standardwerk gedacht war. Diese Untersuchung zeichnet sich, anders als man heute vielfach glaubt, durch ausgesprochene Mäßigung und Zurückhaltung in der Darstellung und den Schlußfolgerungen aus. Tatsächlich bestand, was die seriöse Geschichtsschreibung über den Ersten Weltkrieg angeht, zwischen der Weimarer Republik und dem Dritten Reich eine praktisch ungebrochene Kontinuität.

In den USA gewannen die Revisionisten eine erhebliche politische Bedeutung. Die amerikanische Öffentlichkeit war 1916/17 mit großangelegten Propagandakampagnen auf den Eintritt in den europäischen Krieg eingestimmt worden; mit Parolen wie »the war to end all wars« und »to make the worlds safe for democracy« hatte man an den Idealismus des Publikums appelliert. Die realen Ergebnisse des Krieges führten zu einer gründlichen Desillusionierung, die durch die Weigerung Englands und Frankreichs, ihre Kriegsschulden in Amerika in vollem Umfang zurückzuzahlen, noch deutlich verstärkt wurde.

1936 trat ein Untersuchungsausschuß des amerikanischen Senats unter dem Vorsitz von Senator Gerald P. Nye zusammen, der sich mit der Rolle der amerikanischen Rüstungsindustrie während des Weltkrieges befaßte. Dieser Untersuchungsausschuß kam zu dem Ergebnis, daß die Vereinigten Staaten 1917 nicht wegen des deutschen U-Bootkrieges und auch nicht wegen irgendwelcher idealistischen Ziele in den Krieg eingetreten waren. Vielmehr sollten die glänzende Rüstungskonjunktur, die durch die Waffenverkäufe an die Entente-Mächte entstanden war, möglichst verlängert und die an England und Frankreich gegebenen Kredite gerettet werden, die im Falle eines deutschen Sieges verloren gewesen wären.

Dieser Untersuchungsausschuß und seine Ergebnisse verschafften den Revisionisten weitere große Resonanz in der amerikanischen Öffentlichkeit und löste eine Welle von Artikeln und Büchern über den amerikanischen Kriegseintritt 1917 aus. Die bedeutendste Untersuchung zu diesem Thema war das Buch von Charles Callan Tansill (1890–1964) *America Goes to War*, das 1938 erschien.[11] Führende revisionistische Historiker wie Harry Elmer Barnes, Charles Callan Tansill und Charles Austin Beard engagierten sich für das »America First Movement«, die sogenannten »Isolationisten«. Diese starke Meinungsgruppe berief sich auf die Gründerväter der amerikanischen Republik und die von ihnen geschaffene Tradition. Sie plädierten für eine Außenpolitik, die sich nur insoweit in die Händel dieser Welt einmischte, als es die nationalen Interessen der Vereinigten Staaten geboten. Sie vertraten dabei keineswegs die Auffassung, daß Amerika sich von der übrigen Welt im wörtlichen Sinn »isolieren« sollte, die Vereinigten Staaten sollten sehr wohl an der internationalen Politik teilnehmen, aber nur im Sinne amerikanischer nationaler Interessen.

Im Gegensatz zu den »Isolationisten« oder »America Firsters« vertraten die sogenannten »Interventionisten« die Auffassung, Amerika habe in der Welt eine Mission zu erfüllen und weltweit amerikanische Werte durchzusetzen, notfalls auch mit militärischer Gewalt. Hinter der Forderung der Interventionisten nach einer neuen Weltordnung stand deutlich das Bestreben, eine globale Freihandelszone für amerikanisches Kapital und amerikanische Waren zu schaffen.

Die Interventionisten fanden in Präsident Franklin Delano Roosevelt eine überragende Führergestalt. Roosevelt hatte als Kandidat der Demokraten die Präsidentschaftswahlen von 1932 gewonnen, die inmitten der verheerendsten Wirtschaftskrise in der Geschichte der USA stattfanden. Die Zahl der Arbeitslosen betrug zu diesem Zeitpunkt etwa 12–15 Millionen (bei einer Gesamtbevölkerung von 120 Millionen Menschen)[12], ein Sozialversicherungssystem existierte praktisch nicht. Das Programm Roosevelts und der Demokraten zur Überwindung der Wirtschaftskrise trug die Bezeichnung »New Deal«, was soviel wie eine »Neuverteilung der Karten« bedeutet. Es sah staatliche Interventionen zur Rettung bankrotter Banken und Industriebetriebe, ein großes Programm für öffentliche Arbeiten zur Beschaffung von Arbeitsplätzen, die Einführung eines Sozialversicherungssystems, und eine gewisse Umverteilung des gesellschaftlichen Reichtums zugunsten der Farmer und Industriearbeiter, kurz, eine »Sozialdemokratisierung« der amerikanischen Gesellschaft vor. Dieses Programm ließ sich nur durch eine bis dahin in Friedenszeiten nie dagewesene staatliche Verschuldung finanzieren, was letztlich auf eine milde Inflation hinauslief.

Der Regierung Roosevelt gelang es, das Land langsam aus der wirtschaftlichen Talsohle herauszuführen, was ihr 1936 einen überwältigenden Wahlsieg bescherte. Mit einem völlig von den Demokraten beherrschten Kongreß versuchte Roosevelt nun, den Aufbau des Sozialversicherungssystems und eine Umverteilung zugunsten der unteren Klassen zu forcieren. Dies stieß auf den Widerstand der Oberschicht, die Roosevelts Pläne für einen gesellschaftlichen Umbau bald zum Stillstand brachte. Dies trug dazu bei, daß es 1937 zu einer erneuten Wirtschaftskrise kam, ohne daß die alte wirklich überwunden war. Der »New Deal« war damit gescheitert und ein erneuter Versuch angesichts der gesellschaftlichen Machtverhältnisse wenig erfolgversprechend. Roosevelt, der sich bisher ganz auf die Innenpolitik konzentriert hatte, entdeckte nun sein Interesse für die Außenpolitik.

Europa und der Ferne Osten wurden 1937 von Krisen und bewaffneten Konflikten erschüttert. Japan fiel in Zentralchina ein, in Spanien tobte ein Bürgerkrieg, und das nationalsozialistische Deutschland machte sich daran, die Versailler Ordnung zu beseitigen. Am 5. Oktober 1937 rief Roosevelt in Chicago in einer Rede dazu auf, die »Aggressornationen« Japan, Deutschland und Italien unter »Quarantäne« zu stellen, d.h. sie politisch zu isolieren und eine Koalition der »friedliebenden« Staaten gegen sie zu bilden. Roosevelts antideutsche und antijapanische Einstellung war allgemein bekannt.

Die »America Firsters« hatten den Verdacht, daß Roosevelt mit seinem plötzlichen außenpolitischen Engagement die Absicht verfolgte, die wirtschaftliche Misere Amerikas durch eine Hochkonjunktur mittels Aufrüstung und Krieg zu überwinden, ein Rezept, das sich schon im amerikanischen Bürgerkrieg und im Weltkrieg bewährt hatte. Die führenden revisionistischen Historiker wie Barnes, Tansill und Beard hatten zunächst mit Roosevelt und seinem Reformprogramm des »New Deal« sympathisiert, wurden aber nach 1937 aufgrund der außenpolitischen Ambitionen des Präsidenten zu dessen erbitterten Gegnern. Die Revisionisten hatten wesentlich dazu beigetragen, daß vier Fünftel der amerikanischen Bevölkerung isolationistisch eingestellt waren und jegliche Verwicklung in ausländische Kriegsabenteuer ablehnten. Der Kongreß hatte aufgrund der Nye-Untersuchung die sogenannten »Neutralitätsgesetze« verabschiedet, die Kredite und Waffenlieferungen an kriegführende Staaten untersagten.

Hinter den Interventionisten standen Teile der Hochfinanz, der Großindustrie, der Linksintellektuellen und der größte Teil von Presse, Rundfunk und Filmindustrie. Aber trotz großangelegter Pressekampagnen, denen sich als einzige überregionale Tageszeitung die *Chicago Tribune* entgegenstellte, gelang es den Interventionisten 1940/41 nicht, die Mehrheit der amerikanischen Bevölkerung umzustimmen. Diese lehnte laut Gallup-Umfragen unverändert zu mehr als 80 Prozent einen Eintritt Amerikas in den europäischen Krieg ab. Die Stimmung in der Bevölkerungsmehrheit zwang Roosevelt im Präsidentschaftswahlkampf 1940 hoch und heilig zu versprechen, die Vereinigten Staaten aus allen Kriegsabenteuern herauszuhalten, »es sei denn, wir werden angegriffen«. Dies hinderte Roosevelt allerdings nicht, nach einer Lockerung der Neutralitätsgesetze 1939 Großbritannien so gut es ging mit Krediten und Waffen zu versorgen und in den USA ein riesiges Aufrüstungsprogramm anlaufen zu lassen. Parallel dazu betrieb der Präsident ohne Wissen der Öffentlichkeit oder des Kongresses eine Geheimdiplomatie, die die Vereinigten Staaten über kurz oder lang in den Krieg führen mußte.

Für die amerikanische Öffentlichkeit war es ein schwerer Schock, als japanische Trägerflugzeuge am 7. Dezember 1941 die amerikanische Pazifikflotte in Pearl Harbor angriffen. Die Überraschung war um so größer, als seit Monaten diplomatische Verhandlungen zur Beilegung der Differenzen zwischen Tokio und Washington geführt worden waren. Der Angriff auf Hawaii bewirkte einen völligen Stimmungsumschwung in der amerikanischen Bevölkerung, die Isolationisten verstummten von einem Tag auf den anderen. Ganz Amerika vereinigte sich unter dem Schlachtruf »Remember Pearl Harbor«, um bis zum völligen Sieg über Japan zu kämpfen. Die Presse schlachtete den angeblich heimtückischen Überfall der Japaner propagandistisch bis zum äußersten aus. Die Kriegserklärungen Deutschlands und Italiens wurden in dieser Stimmung als weiterer Beweis für eine antiamerikanische Verschwörung der Achsenmächte angesehen.

Das Desaster der Pazifikflotte in Pearl Harbor erforderte nach amerikanischen Gepflogenheiten eine eingehende Untersuchung. Bereits am 18. Dezember 1941 setzte Präsident Roosevelt eine Kommission unter Vorsitz von Richter Owen J. Roberts zur vorläufigen Untersuchung dieser Katastrophe ein. Die Kommission schloß ihre Arbeit am 23. Januar 1942 ab und sprach die Oberkommandierenden von Heer und Flotte in Hawaii, General Walter C. Short und Admiral Husband E. Kimmel der Pflichtversäumnis für schuldig, ohne aber ein kriegsgerichtliches Verfahren einzuleiten. General Short und Admiral Kimmel mußten daraufhin ihren Abschied nehmen.

Zwei Jahre später, am 12. Februar 1944, beauftragte Marineminister Knox Admiral Thomas C. Hart damit, Zeugenaussagen von Marineoffizieren zu Pearl Harbor aufzunehmen. Admiral Hart schloß seine Untersuchung am 15. Juni 1944 ab. Schließlich veranlaßte der Kongreß am 13. Juni 1944 eine Untersuchung des Angriffs auf Pearl Harbor durch Army und Navy. Der »Army Pearl Harbor Board« unter Vorsitz von Lieutenant General George Grunert und der »Navy Court of Inquiry« unter Admiral Orin C. Martin führten ihre Untersuchungen zwischen Juni und Oktober 1944 durch. Zur gleichen Zeit fand eine Sonderuntersuchung unter Colonel Carter W. Clarke statt, die der Generalstabschef der amerikanischen Armee, General George C. Marshall, veranlaßt hatte.

Nachdem der »Army Pearl Harbor Board« und der »Navy Court of Inquiry« ihre Abschlußberichte an Kriegsminister Stimson und Marineminister Forrestal übergeben hatten, ordneten diese weitere Nachforschungen an, die von Major Henry C. Clausen für die Army und Admiral H. Ken Hewitt für die Navy durchgeführt wurden. Die Ergebnisse all dieser Untersuchungen waren voller Widersprüche, weshalb sie überall Unzufriedenheit hervorriefen. Außerdem beharrten Kimmel und Short hartnäckig auf ihrer Unschuld. Aus diesen Gründen schien eine neue, umfassende Untersuchung notwendig, die diesmal öffentlich sein sollte. Die siegreiche Beendigung des Krieges beseitigte außerdem die Hindernisse, die einer öffentlichen Untersuchung entgegenstanden, da die Geheimhaltung nunmehr in vielen Bereichen aufgehoben werden konnte.

Am 6. September 1945 machte der demokratische Mehrheitsführer im Senat, Senator Alben W. Barkley, deshalb den Vorschlag, angesichts der Verwirrung, die nach der Veröffentlichung der verschiedenen Abschlußberichte herrschte, und angesichts der Forderung, das Beweismaterial offenzulegen, eine Kongreßuntersuchung durch einen gemischten Ausschuß von Senat und Repräsentantenhaus durchzuführen. Mit Zustimmung der republikanischen Senatoren, insbesondere von Senator Homer Ferguson, der sich in dieser Sache besonders engagierte, wurde an diesem Tag der Beschluß gefaßt, eine derartige Untersuchung abzuhalten. Das Repräsentantenhaus stimmte am 11. September zu.

Das »Joint Committee on the Investigation of the Pearl Harbor Attack« war entsprechend den damaligen Mehrheitsverhältnissen im Kongreß aus sechs Demokraten und vier Republikanern zusammengesetzt. Vorsitzender wurde Alben W. Barkley, Senator aus Kentucky, Demokrat, sein Stellvertreter der Kongreßabgeordnete Jere Cooper aus Tennessee, ebenfalls Demokrat. Weitere Mitglieder waren: Walter F. George, Senator aus Georgia, Demokrat; Scott W. Lucas, Senator aus Illinois, Demokrat; Owen Brewster, Senator aus Maine, Republikaner; Homer Ferguson, Senator aus Michigan, Republikaner; J. Bayard Clark, Kongreßabgeordneter aus North Carolina, Demokrat; John W. Murphy, Kongreßabgeordneter aus Pennsylvania, Demokrat; Bertrand W. Gearhart, Kongreßabgeordneter aus Kalifornien, Republikaner, und Frank B. Keefe, Kongreßabgeordneter aus Wisconsin, Republikaner.

Die erste öffentliche Sitzung des »Joint Committee« fand am 15. November 1945 statt, die letzte am 31. Mai 1946. Im Verlauf von insgesamt 70 Verhandlungstagen wurden 43 Zeugen gehört und 183 Dokumente mit Beweischarakter vorgelegt. Ein großer Teil der Arbeit wurde, wie bei Kongreßuntersuchungen üblich, durch den Mitarbeiterstab des Ausschusses geleistet.

Dem »Gemischten Kongreßausschuß« standen die kurze Zeit zuvor protokollierten Verhöre der führenden japanischen Militärs und Politiker zu Pearl Harbor zur Verfügung. Von den amerikanischen Politikern und Militärs, die zur Zeit von Pearl Harbor Spitzenpositionen innegehabt hatten, wurden der Chef des Generalstabes, General George C. Marshall, der Chef des Admiralstabes, Admiral Harold R. Stark, die Befehlshaber von Hawaii, Admiral Husband E. Kimmel und General Walter C. Short, Außenminister Cordell Hull sowie der amerikanische Botschafter in Tokio, Joseph C. Grew, als Zeugen vorgeladen. Präsident Roosevelt war ebenso wie Marineminister Frank Knox mittlerweile verstorben, und Kriegsminister Henry L. Stimson fühlte sich zu krank, um vor dem Kongreßausschuß zu erscheinen; er beantwortete einige an ihn gerichtete Fragen nur schriftlich.[13]

Da das Thema Pearl Harbor bereits stark politisiert war, erwarteten aufmerksame Beobachter von vorneherein, daß die demokratische Mehrheit und die republikanische Minderheit zu divergierenden Auffassungen gelangen würden. Tatsächlich kam es im Verlauf der Anhörungen zu sensationellen Enthüllungen. Das größte Aufsehen erregte die Tatsache, daß die Nachrichtendienste von Army und Navy bereits Monate vor Pearl Harbor in einige der wichtigsten japanischen Funkcodes eingebrochen waren und damit den japanischen Funkverkehr abhören und entschlüsseln konnten.

Dieses Unternehmen lief unter der Bezeichnung »Magic«. Von größter Wichtigkeit war dabei die Dechiffrierung des diplomatischen Funkverkehrs, insbesondere dem zwischen dem Außenministerium in Tokio und der japanischen Botschaft in Washington. Aus den abgefangenen und dechiffrierten Funktelegrammen gingen folgende Dinge hervor:

Entgegen den Verlautbarungen der Roosevelt-Administration hatte die japanische Führung in den Monaten vor Pearl Harbor geradezu verzweifelt versucht, zu einer friedlichen Beilegung der amerikanisch-japanischen Streitigkeiten zu gelangen. Erst als der von Roosevelt initiierte Wirtschaftskrieg gegen Japan, insbesondere das Ölembargo, der japanischen Führung nur noch die Wahl ließ, sich entweder den unannehmbaren amerikanischen Forderungen zu unterwerfen oder die rohstoffreichen Gebiete Südostasiens, und hier vor allem die Ölfelder Niederländisch-Ostindiens, gewaltsam unter ihre Kontrolle zu bringen, und erst als praktisch keine Aussicht auf eine diplomatische Lösung mehr bestand, entschloß sich Tokio endgültig zum Krieg. Dieser Entschluß fiel Ende November 1941, und von diesem Zeitpunkt an war den japanischen Funktelegrammen einwandfrei zu entnehmen, daß der Abbruch der diplomatischen Beziehungen und ein japanischer Überraschungsangriff nur noch eine Frage von Tagen waren. Das »Joint Committee« mußte schriftliche Aussagen von Kriegsminister Stimson zur Kenntnis nehmen, denenzufolge die Roosevelt-Administration Anfang Dezember 1941 sehr genau wußte, daß der Krieg unmittelbar bevorstand und mit einem japanischen Überraschungsangriff eröffnet werden würde. Der Kongreßausschuß erfuhr weiter, daß die amerikanische Marineführung sehr gut wußte, daß der Flottenstützpunkt von Pearl Harbor, in dem die Pazifikflotte stationiert war, durch einen Überraschungsangriff japanischer Flugzeugträger besonders gefährdet war. Weiter förderte der Kongreßausschuß zutage, daß Präsident Roosevelt mit der britischen Regierung unter Premierminister Churchill und der niederländischen Exilregierung in London geheime Absprachen getroffen hatte. Diese Vereinbarungen waren das Ergebnis von geheimen gemeinsamen Generalstabsbesprechungen und trugen die Bezeichnung »ABCD«*. Mit ihnen verpflichtete sich die amerikanische

---

* »American, British, Chinese, Dutch«

Führung, in den Krieg einzutreten, falls japanische Streitkräfte einen Angriff gegen die Territorien der Vereinigten Staaten, des Britischen Commonwealth oder von Niederländisch-Ostindien führen, oder wenn japanische Flottenverbände eine Linie im Pazifik, die den niederländischen Besitzungen, Britisch-Malaya oder Thailand vorgelagert war, überschreiten und diese Gebiete damit bedrohen sollten. Mit anderen Worten, die Vereinigten Staaten sollten in weit entfernten Gegenden zugunsten von Verbündeten in einen Krieg eintreten, ohne daß amerikanisches Territorium oder amerikanische Streitkräfte angegriffen wurden. Dem Kongreß waren diese Vereinbarungen niemals vorgelegt worden. Roosevelt und sein engster Kreis hatten eine Geheimdiplomatie betrieben, die die USA an den verfassungsmäßigen Institutionen und dem Willen der Bevölkerung vorbei zielstrebig in einen Krieg führte.

Tatsächlich überschritt ein japanischer Flottenverband die beschriebene Linie im Pazifik am 6. Dezember 1941, womit sich die Vereinigten Staaten gemäß den »ABCD«-Vereinbarungen bereits vor Pearl Harbor im Krieg mit Japan befanden.

Schließlich mußte der Kongreßausschuß zur Kenntnis nehmen, daß Präsident Roosevelt am Abend des 6. Dezember dank »Magic« die japanische Kriegserklärung in Händen gehalten und selbst erklärt hatte, daß dies Krieg bedeute. In dieser Nacht geschah aber nichts, um die amerikanischen Streitkräfte im Pazifik, insbesondere die Flotte in Pearl Harbor zu warnen. Erst um die Mittagszeit des folgenden Tages schickte Generalstabschef Marshall eine halbherzige Warnung nach Hawaii, die aber durch eine Serie unerklärlicher Fehlleistungen erst sieben Stunden nach Beginn des japanischen Angriffs bei General Short auf Oahu eintraf.

All diese Feststellungen waren im höchsten Grade skandalös, da sie das bis dahin herrschende Bild vom friedliebenden Amerika, das von den japanischen Militaristen überfallen wurde, auf das gründlichste beschädigten. Bei nüchterner Betrachtung mußte man zu der Schlußfolgerung kommen, daß die wahren Kriegstreiber nicht in Tokio, sondern in Washington gesessen hatten, und daß Präsident Roosevelt 2400 amerikanische Soldaten und Seeleute geopfert hatte, um den Kongreß und die Öffentlichkeit über seine Kriegspolitik zu täuschen.

Diese Erkenntnisse standen in krassem Widerspruch zu dem von der amerikanischen Kriegspropaganda geschaffenen Bild, und sie mußten deshalb auf die meisten Amerikaner, vor allem auf die Anhänger von Präsident Roosevelt, außerordentlich verwirrend wirken.

Es war daher kein Wunder, daß die sechs Demokraten im »Joint Committee« sich nach Kräften bemühten, die erschütternde Wahrheit zu vertuschen. In der Praxis bedeutete dies, daß man die republikanischen

Mitglieder des Kongreßausschusses, die alle deutlich gegen Präsident Roosevelt eingestellt waren, bei der Untersuchung nach Möglichkeit zu behindern versuchte. Dies geschah, indem man Beweismaterial unter verschiedenen Vorwänden zurückbehielt oder die Anhörung wichtiger Zeugen ablehnte oder bestimmte Fragestellungen unter Hinweis auf das Procedere ausschloß.

Außerdem versuchten die Demokraten auf die vier Republikaner im »Joint Committee« Druck auszuüben, um sie dazu zu zwingen, sich der demokratischen Mehrheitsmeinung anzuschließen. Im Falle des Kongreßabgeordneten Gearhart aus Kalifornien hatten sie damit Erfolg, weil dieser um seine anstehende Wiederwahl bangte. Der Kongreßabgeordnete Keefe ließ sich zwar dazu bewegen, den »Majority Report«, den Abschlußbericht der demokratischen Mehrheit, mit zu unterschreiben, er bestand aber auf die Hinzunahme von ihm formulierter Feststellungen (»Additional Views«), die inhaltlich in völligem Gegensatz zum »Majority Report« standen. Bei den Senatoren Ferguson und Brewster blieben alle Beeinflussungsversuche erfolglos. Sie verfaßten einen eigenen Abschlußbericht, den »Minority Report«, in dem sie erklärten, sich angesichts des Beweismaterials den Schlußfolgerungen der Mehrheit nicht anschließen zu können. Der »Minority Report« war angesichts der brisanten Materie sehr vorsichtig und juristisch verklausuliert formuliert, und er beschränkte sich auf einwandfrei beweisbare Feststellungen, aber zum ersten Mal wurde hier die amerikanische Führung für die Katastrophe von Pearl Harbor namentlich verantwortlich gemacht: Präsident Roosevelt, Kriegsminister Stimson, Marineminister Knox, Generalstabschef Marshall und Admiralstabschef Stark.

»Majority Report« und »Minority Report« wurden am 20. Juli 1946 gemeinsam der Öffentlichkeit vorgestellt und vom United States Government Printing Office in einem Band veröffentlicht.[14] Die Protokolle der Anhörungen des »Joint Committee on the Investigation of the Pearl Harbor Attack« erschienen in gedruckter Form kurz danach in 19 Bänden (39 Teilen).[15]

Die amerikanische Presse berichtete über die Kongreßuntersuchung überwiegend im Sinne der Demokraten und des verstorbenen Präsidenten. Wenige Monate nach der siegreichen Beendigung eines Krieges, in dem eine riesige Propagandamaschinerie Roosevelt als großen Führer gefeiert hatte, war dies psychologisch durchaus verständlich. Aber der durchschnittliche amerikanische Zeitungsleser konnte den Berichten über die Anhörungen des »Joint Committee« und die Abschlußberichte von »Majority« und »Minority« doch entnehmen, daß die Ereignisse des Jahres 1941 sehr viel anders abgelaufen waren, als sie bis dahin offiziell dargestellt wurden. Scharfsinnigen Beobachtern konnte nicht verborgen bleiben, welche Schlußfolgerungen aus dem Material, das der Kongreßausschuß zutage gefördert hatte, tatsächlich zu ziehen waren – Schlußfolgerungen, die über die vorsichtigen, verklausulierten Formulierungen des »Minority Report« weit hinausgingen.

George Morgenstern (1906–1988), Redakteur der *Chicago Tribune*, der führenden isolationistischen Tageszeitung in den USA, hatte die Anhörungen des »Joint Committee« aufmerksam mitverfolgt und parallel dazu an einem Manuskript gearbeitet, das er Ende August 1946, also nur einen Monat nach Veröffentlichung der Abschlußberichte von »Majority« und »Minority«, fertigstellte. Sein Buch *Pearl Harbor. The Story of the Secret War* erschien im Januar 1947 bei der Devin Adair Company, einem kleinen New Yorker Verlag. Morgenstern hatte an der University of Chicago in Geschichte promoviert, war also ausgebildeter Historiker. Seit 1941 gehörte er der Redaktion der *Chicago Tribune* an und war auf das Gebiet Außenpolitik und Internationale Beziehungen spezialisiert.

Im Zweiten Weltkrieg diente Morgenstern als Captain im Marine Corps. Dem Hauptquartier zugeteilt leitete er in der Presseabteilung der Division of Public Information die Arbeit der Frontberichter.[16]

Ein Jahr später, 1948, folgte das Buch von Charles Austin Beard (1874-1948) *President Roosevelt and the Coming of the War. A Study in Appearances and Realities*. Beard war damals einer der angesehensten Historiker Amerikas, seine Bücher erzielten Millionenauflagen. Aufgrund des Kongreßmaterials kam er zu den gleichen Schlußfolgerungen wie Morgenstern – daß nämlich Roosevelt alles getan hatte, um die Japaner zu einem Angriff auf die Vereinigten Staaten zu provozieren, um quasi »durch die Hintertür« in den Krieg in Europa eintreten zu können.

Die revisionistischen amerikanischen Historiker der Zwischenkriegszeit, die sich im Rahmen des »America First Movement« gegen jede Verwicklung in Kriegsabenteuer ausgesprochen hatten, waren nach Pearl Harbor verstummt, da sie von den Ereignissen offenbar widerlegt waren. Die Ergebnisse der Kongreßuntersuchung des Angriffs auf Pearl Harbor und die Bücher von Morgenstern und Beard veranlaßten sie jedoch, sich intensiv mit Roosevelts Außenpolitik und Amerikas Eintritt in den Zweiten Weltkrieg zu befassen. Die Ergebnisse ihrer Untersuchungen bestätigten nicht nur ihre oppositionelle Haltung in der Zeit vor 1941, sie übertrafen ihre schlimmsten Befürchtungen. Morgenstern und Beard lösten mit ihren Arbeiten eine ganze Welle revisionistischer Bücher aus, die nun in rascher Folge erschienen.

1948 kam Helen Mears' *A Mirror for Americans: Japan* heraus, 1950 erschien William Henry Chamberlins *America's Second Crusade*[17], 1951 Frederic R. Sanborns *Design for War*, 1954 veröffentlichte Richard N. Current *Secretary Stimson*, im gleichen Jahr erschien Admiral Robert A. Theobalds *The Final Secret of Pearl Harbor*[18], René A. Wormsers *Myth of the Good and*

Bad Nations und Francis Neilsons *Churchill Legend.* 1955 brachte Admiral Husband E. Kimmel *Admiral Kimmels Story* heraus, 1956 erschien Bryton Barrons *Inside the State Department.* George N. Crockers *Roosevelt's Road to Russia* kam 1959 auf den Markt und Anne Armstrongs *Unconditionell Surrender* 1961, William L. Neumanns *America Encounters Japan* erschien 1963 und James J. Martins zweibändiges Werk *American Liberalism and World Politics 1931–1941* wurde 1965 veröffentlicht.

Zum Ausbruch des Krieges in Europa im Jahre 1939 erschienen 1961 David L. Hoggans *Der erzwungene Krieg* und Alan John Percevale Taylors *The Origins of the Second World War.*[19] Sowohl der Amerikaner Hoggan wie der Engländer Taylor lehnten die These von der Alleinschuld des Deutschen Reiches am Ausbruch des Zweiten Weltkriegs entschieden ab. Was den Schlußfolgerungen Taylors besonderes Gewicht verleiht, ist die Tatsache, daß er Professor für Geschichte in Oxford, prominenter Anhänger der Labour Party und eher deutschfeindlich eingestellt war.

Zwei weitere amerikanische Bücher verdienen es, ausführlicher besprochen zu werden. Charles Callan Tansill, einer der renommiertesten Historiker der USA, brache 1952 unter dem Titel *Back Door to War*[20] eine umfassende Studie über die Vorgeschichte des Zweiten Weltkrieges aus amerikanischer Sicht heraus. Tansill war Professor für Geschichte der amerikanischen Diplomatie an der Georgetown University und zehn Jahre lang Berater für Diplomatiegeschichte beim Senate Committee on Foreign Relations. Aufgrund seines Ansehens durfte er in die vertraulichen Dokumente des State Department Einsicht nehmen, was nach Erscheinen seines Buches keinem revisionistischen Historiker mehr gestattet wurde.

Im Gegensatz zu den meisten offiziellen und halboffiziellen Darstellungen zur Vorgeschichte des Zweiten Weltkrieges beginnt Tansill mit dem Versailler Vertrag, der seiner Ansicht nach einen neuen Weltkonflikt unvermeidlich machte. Er schreibt:

»Hätte Amerika nicht 1917 in den europäischen Krieg eingegriffen, so hätte der Erste Weltkrieg mit einem Patt geendet, und ein neues Gleichgewicht der Kräfte in Europa wäre daraus hervorgegangen. Die amerikanische Intervention erschütterte das alte europäische Gleichgewicht völlig und senkte in den dunklen Boden von Versailles die Saat zum unvermeidlichen künftigen Konflikt. Die Vereinigten Staaten hatten ein tiefes Interesse daran, die politische Struktur von 1919 zu erhalten. Sie zu errichten, waren ja Tausende von Amerikanern und ein ungeheures amerikanisches Vermögen geopfert worden. Nicht ohne schwere Besorgnis konnte Amerika zusehen, wie sie niedergerissen wurde. Als Diktatoren die Grundlagen dieses Gebäudes zu schwächen begannen, äußerte die Regierung Roosevelt hierüber ihre zunehmende Mißbilligung. Das Pfuschwerk von 1919 mußte um jeden Preis erhalten bleiben, und im Jahre 1941 zog Amerika wiederum in den Krieg, um ein politisches Gebäude zu retten, dessen Hauptstützen in der Sumpfluft der Enttäuschung bereits verfault waren.«[21]

Tansills Werk über die internationale Diplomatie zwischen Versailles und Pearl Harbor kann bis zum heutigen Tage als revisionistisches Standardwerk zur Vorgeschichte des Zweiten Weltkrieges gelten.

1953 veröffentlichte Harry Elmer Barnes einen Sammelband mit dem ominösen Titel: *Perpetual War for Perpetual Peace. A Critical Examination of the Foreign Policy of Franklin Delano Roosevelt and Its Aftermath.*[22] Dieser Band mit Beiträgen von William Henry Chamberlin, Percy L. Greaves, George A. Lundberg, George Morgenstern, William L. Neumann, Frederic R. Sanborn und Charles Callan Tansill stellt eine vernichtende Kritik an der amerikanischen Außenpolitik unter den Präsidenten Roosevelt und Truman dar.

Die meisten Beiträge dieses Sammelbandes behandeln die Diplomatiegeschiche der Zwischenkriegszeit, die Politik Roosevelts und den Kriegseintritt Amerikas. Dagegen befaßt sich Barnes mit grundsätzlichen Problemen der Geschichtsschreibung der damaligen Zeit.

In *Revisionism and the Historical Blackout*[23] beschreibt er, wie sich der amerikanische Traum seit den Jahren vor dem Ersten Weltkrieg durch die interventionistische Politik in einen Alptraum verwandelt hat, der von Furcht, Reglementierung, Zerstörung, Unsicherheit und Inflation beherrscht wird. Nach dem Ersten Weltkrieg hatte der Revisionismus wesentlich dazu beigetragen, daß die Präsidenten Harding, Coolidge und Hoover zu einer Außenpolitik zurückkehrten, die sich auf den amerikanischen Doppelkontinent konzentrierte und ihr Ziel in der übrigen Welt in der Erhaltung des Friedens sah. Nach Ende des Zweiten Weltkrieges aber traf der Revisionismus auf weitaus härteren Widerstand als in den Jahren nach 1918. Der Grund war darin zu suchen, daß die amerikanische Politik in den Ausbruch des Zweiten Weltkrieges weitaus stärker verwickelt war als in die Vorgeschichte des großen Krieges von 1914, und daß mächtige Interessengruppen die Mythen der Kriegspropaganda aufrechterhalten suchten, von denen sie ihre politische Legitimation ableiteten.

Zwei Jahre nach dem Ende des Zweiten Weltkrieges begann der Kalte Krieg, und Propaganda, Massenhysterie und Rüstungskonjunktur, so Barnes, wurden damit endgültig zu festen Bestandteilen der amerikanischen Innenpolitk: Zahllose Historiker und Sozialwissenschaftler verdankten Roosevelts interventionistischer Außenpolitik, dem Eintritt Amerikas in den Zweiten Weltkrieg und dem Kalten Krieg ihre persönliche Karriere in der Regierungsverwaltung, in den Geheimdiensten und an den Universitäten; sie hatten daher größtes Interesse daran, daß diese Politik fortgesetzt wurde.

Zwar war nach der Untersuchung des Angriffs auf Pearl Harbor durch den Kongreß in den Vereinigten Staaten eine große Zahl von revisionistischen

Büchern erschienen, die dem breiten Publikum aber weitgehend unbekannt geblieben waren und die öffentliche Meinung kaum beeinflußt hatten. Die Gegner der Revisionisten wandten mehrere Methoden an, um diesen den Zugang zur Öffentlichkeit nach Möglichkeit zu verwehren:

1. Die revisionistischen Historiker erhielten keinen Zugang zu den staatlichen Archiven.
2. Verleger, die bereit waren, revisionistische Bücher zu drucken, wurden durch die Drohung mit Boykott und geschäftlichem Ruin eingeschüchtert. Die großen und einflußreichen amerikanischen Buchklubs weigerten sich, revisionistische Bücher in ihr Programm aufzunehmen.
3. Revisionistische Bücher und Artikel wurden in der Presse meist totgeschwiegen und nicht rezensiert; wurden sie doch rezensiert, wurden sie verleumdet und ihr Inhalt völlig entstellt.
4. Revisionistische Autoren wurden verleumdet oder sie wurden sonstwie eingeschüchtert.

Während in der Zwischenkriegszeit die führenden Verlagshäuser und Zeitschriften geradezu begierig waren, revisionistische Bücher und Artikel herauszubringen, fanden sich nach 1945 nur wenige kleine Verlage, die bereit waren, derartiges Material zu veröffentlichen. In erster Linie waren dies Devin Adair in New York und Henry Regnery in Chicago. Zwar konnte Charles Austin Beard sein Buch *President Roosevelt and the Coming of the War* in der renommierten Yale University Press herausbringen, dies aber nur, weil er ein außerordentliches Prestige und einen persönlichen Freund in diesem Verlag hatte.

Barnes bezeichnete die antirevisionistischen Historiker als »Court Historians« (Hofhistoriker) und »Blackout Boys« (d. h. als Leute, die die Geschichte verdunkeln). Ihre Motive waren nicht schwer zu durchschauen: Viele private und unabhängige Historiker trugen die offiziellen Mythen freiwillig mit, entweder aus Opportunismus gegenüber der vorherrschenden politischen Richtung, oder weil sie irgendein persönliches Interesse daran hatten. Dann gab es eine beträchtliche Zahl von Historikern mit einem quasi halboffiziellen Status; die staatlichen Behörden gewährten ihnen freien Zugang zu den Archiven, erwarteten aber dafür von ihnen, daß sie in ihren Büchern das offizielle Geschichtsbild verteidigten. Und schließlich gab es eine ständig wachsende Zahl von offiziellen Historikern, die für die Regierung oder die Streitkräfte arbeiteten und die dafür bezahlt wurden, Geschichte gemäß den Wünschen ihrer Auftraggeber zu schreiben. Die Abhängigkeit vom Staat in der einen oder anderen Form macht die Mehrheit der Historiker zu Protagonisten staatlicher Propaganda, und die Instrumentalisierung von Geschichte führt zu einem stark manipulierten, wenn nicht gefälschten Geschichtsbild. Dadurch, so Barnes, wird nicht nur in der jüngsten

Weltgeschichte jeder Anschein der Genauigkeit zerstört, es wird auch die Darstellung weiter zurückliegender Epochen in gravierender Weise verfälscht. Mit Vorliebe werden fragwürdige Analogien zu einer fiktiven jüngsten Geschichte und zur Gegenwart gezogen und falsche Zusammenhänge hergestellt. So führt in der deutschen Geschichte angeblich ein direkter Weg von Martin Luther zu Adolf Hitler, und Iwan der Schreckliche und Dschingis-Khan werden nur noch unter dem Blickwinkel betrachtet, daß sie Vorläufer von Josef Stalin und Mao Zedong waren. Diese Analogien waren zumindest im Amerika der fünfziger Jahre sehr beliebt. Nach 1945 gab es sogar wieder Versuche, Deutschland die Hauptschuld am Ersten Weltkrieg anzulasten – obwohl diese These schon in den zwanziger Jahren gründlich zerpflückt worden war.

Diese Art mit Geschichte umzugehen führe, so Barnes, letztlich zu einem System, wie es George Orwell in seinem berühmten utopischen Roman *Neunzehnhundertvierundachtzig* (dt. 1949) beschrieben hat. Dort wird im »Ministerium für Wahrheit« die Geschichte ständig so umgeschrieben und zurechtgebogen, daß die regierende Einheitspartei immer Recht hat. Mehr noch: Die Idee der Geschichte an sich ist gesetzwidrig und tabu, weil man das Wissen über die Vergangenheit braucht, um die Fehler und Nöte der Gegenwart vergleichen und beurteilen zu können.

Die systematische Verzerrung und Fälschung von Geschichte, das Totschweigen und Verleumden von wahrheitsgetreuen Geschichtsbüchern, oder wie Barnes es nennt, »the Policy of the Historical Blackout«, funktionieren allerdings auch ohne ein Orwellsches »Ministerium für Wahrheit«. Höchst bedenklich erschien den amerikanischen Revisionisten in den fünfziger Jahren die Tendenz, die ungelösten wirtschaftlichen und gesellschaftlichen Probleme der USA durch eine wirtschaftliche Scheinblüte zu überdecken, die durch permanenten Krieg, Rüstungskonjunktur und eine gigantische Staatsverschuldung erzeugt wurde. Die Anschauungen der amerikanischen Revisionisten waren durch die Politik ihrer Zeit geprägt: Die Große Depression von 1929 und die tiefe Krise des kapitalistischen Systems, Präsident Roosevelts vergeblicher Versuch, die amerikanische Gesellschaft zu reformieren, die Flucht in den Krieg, um die innenpolitischen Probleme durch eine Rüstungskonjunktur zu lösen, die Furcht vor einer neuen Depression nach 1945 und der Kalte Krieg, der eine schier unbegrenzte Fortsetzung der Rüstungskonjunktur erlaubte.

Die amerikanischen Revisionisten erkannten durchaus die Notwendigkeit, die sowjetischen Expansionsbestrebungen in Europa und Asien einzudämmen. Es war ihrer Ansicht nach aber für Amerika sehr gefährlich, die Konfrontation und das nukleare Wettrüsten auch noch künstlich anzuheizen und innenpolitisch in einen totalitären Liberalismus mit Gesinnungskontrolle und Hexenjagden zu verfallen. Am allergefährlichsten wäre es aber, sich im Zeitalter atomarer Massenvernichtungsmittel politischer Methoden zu bedienen, wie sie zu Pearl Harbor geführt hatten. Das Ergebnis könnte eine unvorstellbare Katastrophe sein, die möglicherweise das Ende der Menschheit mit sich bringen würde.

Derartige Befürchtungen lagen nahe, seitdem die Vereinigten Staaten am 1. November 1952 auf dem Eniwetok-Atoll im Pazifik ihre erste Wasserstoffbombe getestet hatten. »Mike«* entwickelte eine Sprengkraft von 10,4 Megatonnen, was dem Tausendfachen der Atombombe von Hiroshima entsprach. Der Feuerball von mehr als drei Meilen Durchmesser hätte eine Großstadt wie New York von der Erdoberfläche gefegt.[24]

Aber selbst wenn der Kalte Krieg nicht zu einer nuklearen Katastrophe führen sollte, so die Revisionisten, dann werde das Wettrüsten zu einer astronomischen Staatsverschuldung und irgendwann zu einem ökonomischen Desaster führen. Um dieser Gefahren Herr zu werden, müßte die durch die eigene Propaganda verzerrte und vielfach fiktive Weltsicht wieder durch eine realistische Betrachtung der Dinge abgelöst werden, und hierzu sei die revisionistische Geschichtsschreibung unabdingbar. Deshalb gab Barnes einem seiner letzten Essays den programmatischen Titel: *Revisionism: A Key to Peace.*

Die Befürchtungen der amerikanischen Revisionisten sollten sich als durchaus realistisch erweisen. Während der Kubakrise im Oktober 1962 war die Menschheit einem nuklearen Weltkrieg tatsächlich sehr viel näher, als bis heute allgemein geglaubt wird. Nach der Entdeckung der sowjetischen Mittelstreckenraketen auf Kuba plädierte der Generalstabsschef der U.S. Air Force, General Curtis LeMay (er hatte 1945 die großen Brandbombenangriffe und den Abwurf der beiden Atombomben auf Japan befehligt) für Luftangriffe auf die Raketenstellungen und eine Invasion Kubas. 1961/62 besaßen die USA gegenüber der Sowjetunion noch eine beträchtliche Überlegenheit an nuklearen Sprengköpfen und strategischen Trägersystemen.[25] LeMay drängte Präsident Kennedy, Kuba anzugreifen und eine militärische Gegenreaktion der Sowjets zum Anlaß zu nehmen, einen atomaren Präventivschlag zu führen, der die Sowjetunion mindestens 100 Millionen Tote gekostet hätte.

Was damals niemand in Washington wußte: Die Sowjets hatten bereits 29 atomare Sprengköpfe auf Kuba stationiert, und Luftangriffe auf die Raketenstellungen hätten die russischen Offiziere möglicherweise dazu veranlaßt, ihre atomar bestückten Mittelstreckenraketen auf amerikanische Städte abzufeuern. Letztlich waren es die Klugheit und die Mäßigung Präsident

---

* so die Bezeichnung für die Versuchsbombe

Kennedys und die Nachgiebigkeit Chruschtschows, die eine unvorstellbare Katastrophe verhinderten.[26]

Während also ein Dritter Weltkrieg gerade noch vermieden wurde, wurde eine andere Prophezeihung der amerikanischen Revisionisten Realität. Während des Kalten Krieges produzierten die USA und die Sowjetunion jeweils über 50 000 Atom- und Wasserstoffbomben sowie Tausende von dazugehörigen Trägersystemen. Die Sowjetunion ist an den ungeheuren Kosten für das nukleare Wettrüsten zerbrochen, die Vereinigten Staaten gaben dafür etwa vier Billionen Dollar aus, was ungefähr ihrer gegenwärtigen Nationalverschuldung entspricht.[27] Welche Folge dieser gigantische Schuldenberg für die Weltwirtschaft noch haben wird, ist noch nicht abzusehen.

Bei den amerikanischen Eliten und in der breiten Öffentlichkeit fanden die Thesen der Revisionisten in den fünfziger Jahren nur wenig Resonanz, ihre Wirkung blieb auf einen kleinen Personenkreis beschränkt. Dies lag zum Teil an der erfolgreichen Totschweigetaktik, zum Teil aber auch daran, daß Politiker, Militärs, Historiker und Sozialwissenschaftler, die in Regierungsbehörden, Universitäten und »Think Tanks« arbeiteten, ebenso wie die große Mehrheit der Bevölkerung von der neuen Weltmachtrolle Amerikas und der Prosperität des Kalten Krieges profitierten. Es bestand für die meisten Amerikaner gar kein Anlaß, die bisherige Politik in Frage zu stellen. Die Furcht vor einem Atomkrieg war zu abstrakt, der Koreakrieg blieb eine Episode. Innenpolitische Fehlentwicklungen wie das wachsende Haushaltsdefizit oder die Einschränkung der Bürgerrechte wurden als unvermeidliche Begleiterscheinungen der modernen Zeit hingenommen. Als General Dwight D. Eisenhower in seiner Abschiedsrede als Präsident der Vereinigten Staaten im Januar 1961 vor den Gefahren warnte, die von dem ins ungeheure gewachsenen militärisch-industriellen Komplex des Landes ausgingen, wurde dies als kaum mehr als die kuriose Äußerung eines alten Mannes angesehen.[28]

Barnes hatte vorausgesagt, daß erst ein größeres nationales Desaster zu einem Umdenken bei Eliten und Bevölkerung führen werde. Damit sollte er recht behalten. Die Kubakrise, die Ermordung Präsident Kennedys, das rasche Aufholen der Sowjetunion im nuklearen Wettrüsten, vor allem aber der Vietnamkrieg führten dazu, daß eine neue Generation amerikanischer Historiker und Sozialwissenschaftler begann, sich kritisch mit der amerikanischen Außenpolitik auseinanderzusetzen. Im Mittelpunkt ihres Interesses standen dabei der Kalte Krieg und seine Ursachen. Hatte bisher die Ansicht vorgeherrscht, der Kalte Krieg sei das Ergebnis der sowjetischen Expansionspolitik, so entwickelten die »Cold War-Revisionists« die These, daß die Vereinigten Staaten einen beträchtlichen Teil, wenn nicht sogar die ganze Schuld trügen (wobei sie mit letzterer These wohl über das Ziel hinausschossen).

Den Ausgangspunkt für die Bildung einer neorevisionistischen Schule bildete das 1959 erschienene Buch von William Appleman Williams *The Tragedy of American Diplomacy.*[29] Williams und die Neorevisionisten waren in ihrem Denkansatz marxistisch inspiriert und sahen im amerikanischen Wirtschaftsimperialismus die entscheidende Ursache für den Kalten Krieg.

Der »Cold War-Revisionism« fand in intellektuellen Kreisen der westlichen Welt großen Anklang, was teilweise mit der Renaissance marxistischer Theorien in den sechziger Jahren zusammenhing. Während die amerikanischen Revisionisten der Zwischenkriegszeit meist liberale Republikaner und »America Firsters« waren, neigten die Neorevisionisten überwiegend dem Linksliberalismus zu.

Direkte Verbindungen zwischen der alten und der neuen Schule gab es kaum, aber zweifellos hat die jüngere Generation die Arbeiten der Älteren gekannt.[30]

Für den Zweiten Weltkrieg interessierten sich die Neorevisionisten nur insoweit, als er die Vorgeschichte des Kalten Krieges darstellte. Eine besondere Rolle spielten dabei die Entwicklung der Atombombe und ihr Einsatz über Hiroshima und Nagasaki.

Im Frühjahr 1945 stand Japan vor dem wirtschaftlichen und militärischen Zusammenbruch. Die kaiserlich japanische Marine hatte aufgehört, ein kampfkräftiges Instrument zu sein. Die amerikanischen U-Boote dezimierten die japanische Handelsmarine in einem Ausmaß, daß der Kollaps der Rohstoffversorgung und damit der Wirtschaft Japans nur noch eine Frage der Zeit war. Die amerikanische Luftwaffe brannte mit ihren Interkontinentalbombern vom Typ B-29 eine japanische Großstadt nach der anderen nieder. Die Zivilbevölkerung erlitt dadurch in den letzten sechs Monaten des Krieges Verluste von über zwei Millionen Toten.[31]

Angesichts der verzweifelten Lage nahm die japanische Regierung Friedensfühler auf und bot eine Kapitulation unter der Bedingung an, daß das Kaiserhaus im Rahmen einer konstitutionellen Monarchie erhalten bleibe. Die amerikanische Regierung unter dem neuen Präsidenten Truman beharrte aber auf der bedingungslosen Kapitulation. Obwohl in Washington genau bekannt war, daß die japanische Situation hoffnungslos und eine japanische Invasion überflüssig war, wurden am 6. und 9. August 1945 zwei Atombomben über Hiroshima und Nagasaki abgeworfen – was, wenn man die Strahlenopfer der fünf Jahre danach einrechnet, etwa 340 000 Menschen das Leben kostete.[32] Danach akzeptierte Washington die Kapitulation Japans auch mit der Bedingung des Erhalts des Kaiserhauses.

Das scheinbar unerklärliche Verhalten der amerikanischen Regierung veranlaßte die Neorevisionisten, Fragen zu stellen. Aufgrund ihrer Untersuchungen kamen sie zu dem Ergebnis, daß der Abwurf der beiden Atombomben gar nicht auf die Kapitulation Japans zielte, die ohnehin erfolgen mußte. Die eigentliche Absicht war die, Stalin und die sowjetische Führung von der Macht Amerikas zu beeindrucken, um die Russen in Europa, wo sich der Ost-West-Konflikt bereits abzeichnete, nachgiebiger zu machen.[33]

Inwieweit dieser Schachzug die sowjetische Führung in den Nachkriegsjahren tatsächlich zur Mäßigung veranlaßt hat, ist schwer festzustellen – den Kalten Krieg konnte er nicht verhindern.

Die Pearl-Harbor-Kontroverse

Als George Morgensterns Buch *Pearl Harbor* 1947 erschien, löste es höchst kontroverse Reaktionen aus. Diejenigen, die der Außenpolitik Präsident Roosevelts kritisch gegenüberstanden und die Kongreßuntersuchung zu Pearl Harbor genau mitverfolgt hatten, waren begeistert. Charles Austin Beard erklärte, es stelle »einen bleibenden Beitrag auf der Suche nach der Wahrheit über die Tragödie von Pearl Harbor« dar. Charles Callan Tansill behauptete, daß es »die Lektionen der Geheimdiplomatie und des nationalen Verrats enthülle«. Admiral Harry E. Yarnell, ehemaliger Oberkommandierender der Asiatischen Flotte der Vereinigten Staaten und ehemaliger Kommandant von Pearl Harbor, stellte fest, daß »man Mr. Morgenstern dazu gratulieren müsse, die verfügbaren Fakten über diese Tragödie so dargestellt zu haben, daß für jeden Leser erkennbar wird, wo die Verantwortung liegt«. George A. Lundberg verfocht die Meinung, dieses Buch verdiene »einen Platz neben Machiavellis ›Der Fürst‹ als eine konkrete Fallstudie jener Prinzipien, die in diesem Klassiker dargelegt werden«.[34]

Von den Anhängern Roosevelts, den »Court Historians« und den »Blackout Boys« wurde Morgensterns Buch, wenn es nicht totgeschwiegen wurde, systematisch verleumdet. Beard erging es mit seinem ein Jahr später erschienenen Buch *President Roosevelt and the Coming of the War* trotz seines ungeheuren Ansehens nicht besser. Während Morgenstern als »junger Mann« hingestellt wurde, der von Geschichte nichts verstehe (tatsächlich war Morgenstern promovierter Historiker) hieß es über Beard, er sei alt und taub und habe, seitdem er auf seinem Landsitz lebe, den Kontakt mit der Realität verloren. So gut wie nie gingen die ablehnenden Rezensenten auf die Fakten ein, die Morgenstern und Beard in ihren Büchern ausbreiteten. Eine Ausnahme machte nur ein gewisser Oron J. Hale im Juli 1947 in den *Annals of the American Academy*; er warf Morgenstern erbitterte Parteilichkeit vor und versuchte dann vergeblich, ihm schwerwiegende sachliche Fehler nachzuweisen. Hale kam schließlich zu dem ebenso kuriosen wie charakteristischen Ergebnis, daß Morgensterns Feststellungen zwar richtig seien, daß das Buch als ganzes aber »eine große Lüge« darstelle![35]

Um es vorweg zu sagen, eine inhaltliche Auseinandersetzung mit den Feststellungen und Schlußfolgerungen von Morgenstern und Beard hat niemals stattgefunden. Die war auch sehr schwierig, da beide Bücher weitestgehend auf dem amtlichen Material des »Joint Congressional Committee« und logischem Denken aufbauen. Natürlich kam in den folgenden Jahren und Jahrzehnten viel neues Material zum Thema Pearl Harbor hinzu, dieses war aber durchgehend von zweitrangiger Bedeutung. Es betraf hauptsächlich die diplomatische Vorgeschichte des Pazifikkrieges sowie die Geschichte der amerikanischen Funkaufklärung und Kryptoanalyse. Hinzu kamen unzählige persönliche Erlebnisberichte über den Angriff auf Pearl Harbor.[36] An den grundsätzlichen Feststellungen von Morgenstern und Beard änderte all dies nichts. Die »Hofhistoriker« standen nun vor dem Problem, wie sie Präsident Roosevelt angesichts der ziemlich eindeutigen Fakten »weißwaschen« sollten. Sie versuchten es auf verschiedenen Ebenen. Zunächst einmal stellten sie es so dar, als ob der Krieg zwischen Japan und den Vereinigten Staaten angesichts der japanischen Expansionspolitik unvermeidlich gewesen wäre (wobei sie davon ablenken mußten, daß die japanische Regierung nachdrücklich an einer Verhandlungslösung interessiert war und sich dafür aus China und Indochina weitestgehend zurückziehen wollte). Weiter versuchten sie, die Bedeutung der ABCD-Vereinbarungen herunterzuspielen (wobei sie »übersahen«, daß höchste Repräsentanten der Roosevelt-Administration vor dem Kongreßausschuß die Gültigkeit dieser Abmachungen bestätigt hatten).[37] Die Tatsache, daß die amerikanische Führung dank »Magic« vom bevorstehenden Kriegsausbruch gewußt hatte, konnten die »Hofhistoriker« nicht leugnen, sie behaupteten aber, Washington habe nur allgemein vom Nahen des Krieges oder bestenfalls vom japanischen Vorstoß nach Thailand und Niederländisch-Ostindien gewußt, nicht aber von der japanischen Absicht, Pearl Harbor anzugreifen. Die Hinweise auf Pearl Harbor, so die »Hofhistoriker«, seien in der Masse der Informationen und im Kompetenzwirrwarr der schlecht organisierten Nachrichtendienste untergegangen. Die Spitzen der Roosevelt-Administration hätten nichts davon erfahren.[38] Was den »Hofhistorikern« in diesem Punkt zu Hilfe kam, war die Tatsache, daß es keinen dokumentarischen Beweis dafür gab, demzufolge Roosevelt und sein innerer Kreis konkret von einem Angriff auf Pearl Harbor gewußt hatten. Da in Washington offenbar einige der wichtigsten Dokumente vernichtet worden waren, waren die Revisionisten hier auf einen Indizienbeweis angewiesen, die Beweiskette war aber sehr viel dichter, als die »Hofhistoriker« wahrhaben wollten. So war der amerikanischen Marineführung genau bekannt gewesen, wie gefährdet die Pazifikflotte in Pearl Harbor durch einen

Überraschungsangriff von Trägerflugzeugen war; und daß ausgerechnet der Hauptflottenstützpunkt im Pazifik nicht vor dem bevorstehenden Kriegsausbruch gewarnt wurde, ist schier unerklärlich.

Dabei wurde mit der ganzen Diskussion um Wissen oder Nichtwissen nur davon abgelenkt, daß der eigentliche Skandal woanders lag, nämlich bei Roosevelts geheimen Bündnisabsprachen und seiner Politik, die Vereinigten Staaten in den Krieg »hineinzulügen«.

Für die amerikanischen Revisionisten war das Thema Pearl Harbor mit den Büchern von Morgenstern und Beard zunächst im wesentlichen abgehandelt. Die revisionistischen Publikationen der fünfziger Jahre befaßten sich mit wenigen Ausnahmen (Theobald, Kimmel) mit der allgemeinen Außenpolitik Roosevelts. Harry Elmer Barnes beabsichtigte Anfang der sechziger Jahre, ein neues und das seit 1947 veröffentlichte Material integrierendes Buch über Pearl Harbor herauszubringen. Er selbst fühlte sich zu alt und zu krank dazu, weshalb er – vergeblich – einen geeigneten Autor suchte. 1963 nahm Barnes Kontakt mit dem Historiker Gordon W. Prange auf, der 1946–1951 Leiter der historischen Sektion von G-2 unter General MacArthur in Japan gewesen war. Prange entpuppte sich aber als traditioneller Roosevelt-Anhänger und Gegner der Revisionisten. Auf der Grundlage des umfangreichen, von ihm in 30 Jahren gesammelten Materials verfaßte Prange ein Manuskript von 3500 Seiten über Pearl Harbor, das er aber nie vollendete. Nach seinem Tod im Jahre 1980 stellten zwei seiner Schüler, Donald M. Goldstein und Katherine V. Dillon, insgesamt drei Bücher aus Pranges Material zusammen.[39] Diese Bücher enthalten viele Details über japanische Interna, über die amerikanische Seite jedoch kaum etwas Neues. Mit ihrer verschachtelten chronologischen Darstellung der eher vordergründigen politischen und militärischen Ereignisse entsprechen sie mehr dem Geschmack des breiteren Publikums, und sie vermeiden es, auf die tieferen politischen Zusammenhänge einzugehen.[40]

In dem unvollendeten Werk Pranges, von dem seine Schüler nur Zusammenstellungen herausgaben, spiegelt sich in gewisser Weise das Dilemma der rooseveltfreundlichen bzw. antirevisionistischen Darstellungen zu Pearl Harbor wider. Sie bleiben letztlich oberflächlich und unbefriedigend, weil sie gezwungen sind, wesentliche Zusammenhänge zu ignorieren oder hinwegzuerklären.

Harry Elmer Barnes veröffentlichte 1968, wenige Monate vor seinem Tod, noch einen umfangreichen Aufsatz zum Thema Pearl Harbor, in dem er die Erkenntnisse der Revisionisten nochmals zusammenfaßte.[41]

Dann wurde es still um dieses Thema, bis 1982 der Erfolgsautor John Toland es in seinem Buch *Infamy. Pearl Harbor and Its Aftermath* wieder aufgriff. Toland rollte die Geschichte der neun internen und offiziellen Untersuchungen zu Pearl Harbor nochmals auf, um dann in einer »zehnten Untersuchung« neues Material zu präsentieren. Leider erweist sich dieses bei näherer Betrachtung als ausgesprochen zweitklassig. Demnach sollen der Passagierdampfer »Lurline« und eine Abhörstation der Navy in San Francisco die japanische Trägerkampfgruppe auf ihrer Fahrt nach Hawaii durch Funkpeilung geortet haben. Die japanischen Zeitzeugen sagten aber einhellig aus, daß der Kampfverband während der ganzen Fahrt absolute Funkstille gewahrt hatte. Die von Toland präsentierten Zeugenaussagen, die Jahrzehnte nach dem Krieg gemacht wurden, sind somit wertlos. Und auch der Bericht des niederländischen Marineattachés, Kapitän Johan E. M. Ranneft, er habe am 2. Dezember 1941 im Office of Naval Investigation* in Washington auf Seekarten den Kurs zweier japanischer Flugzeugträger auf der Fahrt in Richtung Hawaii gesehen, ist wenig überzeugend. Diese Aussage wird durch keinerlei anderes Beweismaterial bestätigt. Wahrscheinlich handelt es sich um eine Verwechslung mit der Verfolgung zweier japanischer Flugzeugträger im Südchinesischen Meer durch die amerikanische Funkpeilung.[42] Den Veröffentlichungen von Morgenstern und Beard konnte Toland nicht das Wasser reichen. Er löste zwar eine neue Debatte über Pearl Harbor aus, seine Gegner hatten es aber nicht allzu schwer, seinen Argumenten zu begegnen.

Ein dokumentarischer Beweis dafür, daß Roosevelt vom Angriff auf Pearl Harbor gewußt hat, fand sich an unvermuteter Stelle, und zwar in deutschen Akten.

Churchill und Roosevelt benutzten für ihre transatlantischen Telephongespräche aus Sicherheitsgründen ein sogenanntes »Zerhackertelephon«, das die gesprochenen Worte unverständlich machte, sofern man nicht ein entsprechendes Gerät zur Entzerrung hatte. Der Deutschen Reichspost war es Ende 1940 gelungen, ein solches Gerät zu entwickeln. Im Sommer 1941 richtete die Reichspost an der holländischen Küste eine Abhörstation für die transatlantischen Telephongespräche ein und begann ab dem 11. September mit dem Mitschneiden. Am 26. November 1941 zeichnete die deutsche Abhörstation ein Gespräch zwischen Churchill und Roosevelt auf, in dem der britische Premierminister den amerikanischen Präsidenten eindringlich vor einer japanischen Trägerkampfgruppe warnte, die soeben von einem geheimen Marinestützpunkt im Norden Japans ausgelaufen sei; ihr Ziel sei Pearl Harbor![43]

Bei einem Dokument derart brisanten Inhalts stellt sich natürlich die Frage nach der Echtheit dieses Papiers. Es gibt aber zwei starke Indizien für die Echtheit: Zum einen erklärte General Marshall bei einer der Anhörungen vor dem Joint Committee, es sei der amerikanischen Regierung bekannt

---

* Nachrichtendienst der U.S. Navy

gewesen, daß die Deutschen die Telephongespräche zwischen Churchill und Roosevelt abhörten (siehe S. 271 in diesem Buch). Zum anderen schrieb der ehemalige Chef des CIA, William Casey, in seinen Memoiren, daß die Briten Washington vor einem japanischen Kampfverband gewarnt hätten, der Hawaii ansteuere.[44] Gerüchte über eine Warnung Churchills an Roosevelt sind schon seit längerer Zeit in Umlauf.[45] Außerdem ist seit einigen Jahren bekannt, daß die britische Funkaufklärung bei der Dechiffrierung des japanischen Marinecodes JN-25 den Amerikanern ein gutes Stück voraus war. Churchill war daher gut informiert, was sich im Fernen Osten zusammenbraute.[46]

Aber auch dann, wenn dieses Telephonat, in dem Churchill Roosevelt vor einem japanischen Angriff warnte, tatsächlich stattgefunden haben sollte, enthält die Geschichte von Pearl Harbor noch manches ungelöste Rätsel. Was George Morgenstern dazu 1947 in seinem Vorwort schrieb, ist bis heute gültig geblieben:

»Der Leser findet alle Zutaten zu einem Kriminalstück. Da sind die 3000 Opfer, die der Angriff auf Pearl Harbor forderte. Da sind verschiedene Hinweise. Da ist eine Vielzahl von falschen Spuren. Da sind zahlreiche mögliche Motive. Der Aufdeckung der Wahrheit werden unzählige Hindernisse in den Weg gelegt. Viele der Charaktere verraten ihre Mitwisserschaft.

Nur der Autor eines Detektivromans, der seine Handlung und seine Akteure ganz unter Kontrolle hat, kann hoffen, die Motive vollständig zu erforschen und jeden Nebenzweig des Hauptrātsels zu lösen. Die Geschichte von Pearl Harbor endet ohne unterschriebene Geständnisse.«[47]

KAPITEL 1
Krieg

Am Sonntag, dem 7. Dezember 1941, um 7.58 Uhr, wurde über Funk eine Warnung an alle Schiffe in Pearl Harbor durchgegeben: »Luftangriff Pearl Harbor!« krächzte das Funkgerät. »Das ist keine Übung! Das ist keine Übung!« Drei Minuten zuvor waren japanische Kampfflugzeuge über dem großen Marinestützpunkt von Oahu erschienen, hatten ihre ersten Torpedos ausgelöst und ihre ersten Bomben geworfen. Fast gleichzeitig erfolgte ein zweiter Funkspruch vom Oberkommandierenden der Pazifikflotte: »Von Cincpac (Oberbefehlshaber Pazifik, W. P.) an alle Schiffe im Raum von Hawaii: Luftangriff auf Pearl Harbor. Das ist keine Übung.« Die Funkstation der Navy auf der Marinewerft von Mare Island, San Francisco, fing diese Nachricht auf. Bald wußte das ganze Land, daß es sich im Krieg befand.

Eineinhalb Jahre lang war in Amerika landauf, landab, eine zunehmend schärfere Debatte ausgetragen worden, ob man in den Krieg eintreten oder sich heraushalten solle. Politiker, Propagandisten und einfache Leute hatten im Kongreß, den Zeitungen, dem Radio, in öffentlichen Versammlungen und privat mit Erbitterung darüber diskutiert – und all die Worte waren, ohne daß die Leute es wußten, vergeblich gewesen. Tatsächlich befanden sich die Vereinigten Staaten bereits lange vor dem 7. Dezember im Krieg. Diese Entscheidung war auf höchster Ebene von der politischen Führung und den Oberkommandos von Armee und Marine getroffen worden. Sie wurde zur Ausführung gebracht, ohne daß jemand nach einem Votum des Kongresses gefragt oder sich die Mühe gemacht hätte, die Bevölkerung einzuweihen.

Seit mehr als zwei Jahren herrschte in Europa Krieg, und seit mehr als vier Jahren war Krieg in Ostasien, aber die Vereinigten Staaten waren, soweit es die Bevölkerung wußte, an keinem dieser Kriege beteiligt. In Europa befanden sich Deutschland und Italien zusammen mit ihren Satellitenstaaten im Krieg mit Rußland, Großbritannien und den Nationen des britischen Commenwealth. Diese wurden nominell von einer Gruppe Verbündeter unterstützt, die nur auf dem Papier bestanden: die Exilregierungen von Polen, Norwegen, Belgien, Jugoslawien, Griechenland, Äthiopien, Holland und den französischen Gaullisten. Im Fernen Osten herrschte seit dem 7. Juli 1937 ein bewaffneter Konflikt zwischen Japan und China, aber keine der beiden Seiten sprach von einem Krieg. Für die Japaner war es der »China-Zwischenfall«. Die Chinesen hatten keine Bezeichnung dafür, bis sie Japan schließlich zwei Tage nach dem Angriff auf Pearl Harbor den Krieg erklärten.

Die Debatte über eine amerikanische Intervention war emotional und in keiner Weise gut informiert. Die totalitären Regime Deutschlands und Italiens hatten nichts an sich, was ihnen Sympathie einbringen konnte, dazu schüchterte die durchschlagende Effizienz der deutschen Armee die Ängstlichen auch noch ein. Die Säbelraßler von Tokio waren nicht beliebter. Das japanische Militär hatte sich durch ihre Kriegführung gegen die harmlose Mehrheit des chinesischen Volkes die Verurteilung der zivilisierten Menschheit zugezogen. Ausbrüche von Massenwahn und Gewalt, wie sie beim Fall von Nanking auftraten, riefen nur noch mehr Abscheu und Entsetzen hervor.

Allerdings waren die Kräfte auf der anderen Seite ebensowenig in der Lage, die Sache edler Moral oder Gerechtigkeit an ihre Fahnen zu heften. Sogar die Chinesen, die durch ihr langes Leiden einen berechtigten Anspruch auf die Sympathie der Außenwelt hatten, litten unter einer korrupten, unaufrichtigen und intriganten Zentralregierung. Ihr Führer bediente sich ständig schändlicher Methoden und regierte mittels der Ein-Parteien-Herrschaft der Kuomintang nur wenig effektiv. China war desorganisiert, von innerer Zwietracht zerrissen, und glich mehr einer Anarchie als einem organisierten Staat.

Die Fehler Großbritanniens und Frankreichs waren anderer Art. Die britischen und französischen Politiker hatten sich in München des Verrats am nationalen Interesse schuldig gemacht – der Kardinalfehler eines Staatsmannes – und sie appellierten nun an die Amerikaner, für ihre Sicherheit zu sorgen. Welche Hoffnungen man auch immer in die kollektive Sicherheit gesetzt haben mochte, sie hatten sie durch ihre selbstsüchtige und zynische Politik geopfert und nacheinander die Auslöschung von Österreich, Äthiopien, der Tschechoslowakei, Albanien und der legalen Regierung Spaniens hingenommen. Diesen Ausverkauf hatten sie »Appeasement« und »Frieden für unsere Zeit«[1] genannt. Das Urteil Winston Churchills war prophetisch: »Frankreich und Großbritannien hatten zwischen Krieg und Unehre zu wählen. Sie haben Unehre gewählt. Sie werden Krieg bekommen.«

Die Unterdrückungsmethoden der Nazis und Faschisten waren den Menschen in den westlichen Demokratien zuwider, aber es war ebenso bekannt, daß das Britische Empire auf der Ausbeutung von Hunderten Millionen Eingeborener beruhte, die ihr Leben in den Minen Südafrikas für 7 Cent oder in den Dschungeln Neuguineas für weniger als 5½ Cent pro Tag ausschwitzten, oder die wie 400 Millionen Inder mit dem Hunger vor der Tür lebten.

So schockierend Hitlers Konzentrationslager auch waren, seine planmäßige Kampagne gegen die Juden und sein Ausspruch, die Unterworfenen seien »Untermenschen«, nur für die Sklaverei oder das Beinhaus geschaffen – das barbarische Regiment, das Stalin mittels Terror, Säuberung und Versklavung über seine Landsleute ausübte, war keinen Deut besser. Die beiden Diktatoren schlossen am 23. August 1939 ohne Skrupel einen Handel ab, und nur acht Tage später ließ der von ihnen unterzeichnete »Nichtangriffspakt«, der eine Geltungsdauer von zehn Jahren hatte, die deutsche Armee auf Polen und Westeuropa losmarschieren und gestattete es Stalin, Ostpolen zu überrollen. Moralische Unterschiede waren bei diesem Paar kaum festzustellen.

Großbritannien seinerseits hatte sich mit seiner Garantie zur Verteidigung des korrupten polnischen Regimes der Obristen und des Feudaladels an eine Entscheidung gebunden, die all den anderen von London begangenen Torheiten ebenbürtig war. Zu jeder Zeit vor der Aufteilung der Tschechoslowakei am 1. Oktober 1938 hätten Briten und Franzosen, wenn sie nur gewollt hätten, Hitler stoppen können.[2] Als sie sich schließlich entschieden hatten, daß eine ähnliche Einverleibung Polens ihre Kriegserklärung nach sich ziehen würde, übernahmen sie eine Aufgabe, die militärisch nicht lösbar war. Sie hatten zu lange gewartet, und Hitler war zu stark geworden. Überdies war ihre Verpflichtungserklärung weder umfassend noch wirklich aufrichtig.

Großbritanniens Garantie für Polen wurde erstmals am 31. März 1939 von Premierminister Neville Chamberlain vor dem Unterhaus bekanntgegeben. Der Premierminister erklärte, zwischen beiden Regierungen würden Konsultationen stattfinden. Bis zu ihrem Abschluß »fühle ich mich veranlaßt, dem Hause mitzuteilen, daß während dieser Zeitspanne für den Fall irgendeiner Aktion, die eindeutig gegen die polnische Unabhängigkeit gerichtet ist und die die polnische Regierung für so entscheidend hält, daß sie mit ihren nationalen Streitkräften Widerstand leistet, die Regierung Seiner Majestät sich verpflichtet fühlen wird, der polnischen Regierung sofort alle in ihrer Macht stehende Hilfe zu gewähren«. Chamberlain fügte hinzu, daß die französische Regierung eine entsprechende Politik verfolge.

Am 6. April hieß es in einem von Chamberlain herausgegebenen Kommuniqué, »beide Länder seien bereit, ein Abkommen von dauerhaftem und gegenseitigem Charakter zu treffen, um die gegenwärtige vorläufige und einseitige Garantie zu ersetzen, die die Regierung Seiner Majestät der polnischen Regierung gegeben hat. Wie die vorläufige Garantie wird das endgültige Abkommen nicht gegen irgendein anderes Land gerichtet sein, sondern es wird dazu dienen, Großbritannien und Polen ihrer gegenseitigen Hilfe für den Fall einer Bedrohung zu versichern, direkt oder indirekt, gegen die Unabhängigkeit eines jeden von ihnen«.

Am 25. August, sechs Tage bevor Deutschland in Polen einfiel, wurde die vorläufige anglo-polnische Vereinbarung in ein förmliches Abkommen über gegenseitige Hilfeleistung umgewandelt. Es verpflichtete die Vertragschließenden, dem jeweils anderen »jede Unterstützung und Hilfe, die in seiner Macht steht« für den Fall zu gewähren, daß einer von ihnen »in Feindseligkeiten mit einer europäischen Macht verwickelt wird infolge einer Aggression der letzteren gegen diese vertragschließende Partei«.

Acht Artikel des Vertrages wurden der Öffentlichkeit bekanntgegeben. Der erste schien eine eindeutige Verpflichtung zur Bekämpfung jeder Aggression zu enthalten. Dem war aber nicht so.

Trotz Chamberlains Erklärung vor dem Parlament und der in den veröffentlichten Artikeln enthaltenen eindeutigen Verpflichtungen Großbritanniens, Polen im Falle einer Aggression gegen *jede* europäische Macht zu verteidigen, sollte man später entdecken, daß der britischen Garantie geheime Klauseln beigegeben waren. Großbritannien hatte sich jeder Verpflichtung entzogen, Polen gegen eine Aggression von seiten Rußlands zu verteidigen oder eine Annexion, die Rußland im folgenden vornehmen könnte, rückgängig zu machen. Am 5. April 1945 wurde schließlich enthüllt, daß es im ersten Artikel eines geheimen Protokolls zum anglo-polnischen Vertrag über gegenseitige Hilfeleistung hieß: »Unter der Formulierung ›eine europäische Macht‹ ist Deutschland zu verstehen.«[3] Diese Fluchtklausel ebnete den Weg für die Abmachungen von Jalta und Potsdam, die Ostpolen im Besitz Rußlands ließen, womit Stalin schließlich die Früchte aus seiner Vereinbarung mit Hitler vom August 1939 erntete.

Als Höhepunkt ihrer schlechten Absichten verhandelten Hitler und Stalin während der 22 Monate des Bestehens ihres »Nichtangriffspaktes« über eine volle militärische Allianz innerhalb einer Partnerschaft zu viert, bei der drei Kontinente unter ihnen sowie den Italienern und Japanern aufgeteilt werden sollten. Was das Zustandekommen einer derartigen Abmachung verhinderte, war nur die Gier der Tyrannen in Berlin und Moskau, deren Habsucht und Mißtrauen die Gültigkeit der Definition bestätigt, daß eine Allianz »die Vereinigung zweier Diebe ist, die ihre Hände so tief in die Tasche des anderen gesteckt haben, daß sie nicht selbständig einen Dritten ausplündern können«.[4]

Die Memoiren des Fürsten Konoye, der am 16. Dezember 1945 Selbstmord beging, beweisen, daß Rußland der Erweiterung des Dreimächtepaktes vom 27. September 1940 zu einer Viermächteentente Ende 1940 »im Prinzip« zugestimmt hatte. Konoye schrieb, gemäß einem Geheimabkommen zu der vorgeschlagenen Entente sollten der Iran und Indien Rußlands »zukünftige Einflußsphäre« werden. Japan sollte die Südsee erhalten, Deutschland würde sich Zentralafrika und Italien Nordafrika nehmen. Konoye gibt an, daß der deutsche Außenminister v. Ribbentrop folgenden Plan für einen Viermächtepakt vorschlug:

»1. Die Sowjetunion erklärt, daß sie mit den Prinzipien des Dreimächtepaktes im Sinne der Kriegsverhinderung und der schnellen Wiederherstellung des Friedens übereinstimmt.

2. Die Sowjetunion erkennt die führende Stellung Deutschlands, Italiens und Japans im Rahmen der jeweiligen neuen Ordnungen in Europa und Asien an, und die drei Nationen verpflichten sich zur Respektierung des sowjetischen Territoriums.

3. Die drei Nationen und die Sowjetunion verpflichten sich, weder eine Nation zu unterstützen, die der Feind einer anderen ist, noch sich einer solchen Gruppe von Nationen anzuschließen.«

Die japanische Regierung stimmte diesem Plan, der im November 1940 dem russischen Volkskommissar für Äußeres, Molotow, während seines Besuches in Berlin übergeben wurde, sofort zu. Dann hörte Tokio bis zum März 1941, als der japanische Außenminister Yosuke Matsuoka Berlin besuchte, nichts mehr davon. Matsuoka wurde mitgeteilt, Molotow habe im Prinzip zugestimmt, aber »im Gegenzug in über 30 Artikeln Bedingungen gestellt, die Deutschland in keiner Weise akzeptieren könne«. Dann, so berichtete Matsuoka Konoye, sprachen die deutschen Regierungsvertreter offen von der Unvermeidbarkeit eines Krieges zwischen Deutschland und der Sowjetunion.[5]

Erbeutete deutsche Dokumente, in denen Molotows Gespräche mit Ribbentrop aufgezeichnet sind, und die sich jetzt im Besitz der amerikanischen Regierung befinden, werfen auf diese zynische Absprache zusätzliches Licht. Diese Dokumente enthüllen, daß es nur Rußlands Appetit auf einen noch größeren Anteil an der Erdoberfläche war, der die Formierung eines Räuberbundes Berlin – Moskau – Tokio – Rom verhinderte.[6] Diese Beispiele genügen, um zu zeigen, daß es keine in den Schmutz von Europa oder Asien verwickelte Macht gab, die den Vereinigten Staaten mit sauberen Händen gegenübertreten konnte. Diese Hintergründe wurden der amerikanischen Bevölkerung natürlich bis nach dem Krieg vorenthalten, und die Debatte um eine amerikanische Intervention wurde so in keiner Weise von erkennbarem Sachverstand oder Wahrheitsliebe erleuchtet.

Die amerikanische Bevölkerung, die glaubte, die Frage von Krieg oder Friede sei noch einer demokratischen Debatte unterworfen, wußte in den letzten Monaten des Jahres 1941 nicht, daß die Entscheidung schon lange getroffen worden war – völlig an ihr vorbei. Sie wußte nicht, daß die Handlungen der Exekutive den Kriegszustand bereits herbeigeführt hatten. Es sollte noch vier Jahre dauern, bis sie das Eingeständnis von Präsident Roosevelts Admiralstabschef vernehmen konnte, daß sich die amerikanische Marine im Oktober 1941 im Atlantik »faktisch im Krieg« befunden hatte[7] und daß dieser Schießkrieg eine direkte Aufforderung an Japan war, die Vereinigten Staaten gemäß dem Dreimächtepakt anzugreifen.[8]

Am 7. Dezember 1941 erwarteten die Politiker und Militärs in Washington zuversichtlich die Stunde, in der die logische Abfolge der Ereignisse aus ihrem informellen Krieg einen regulären machen würde. An dem gleichen 7. Dezember hoffte die Bevölkerung immer noch, daß der Friede, der bereits verloren war, gerettet werden könnte.

Am vorangegangenen Tag hatte Papst Pius geäußert, die Welt habe den Glauben nötiger als große Staatsmänner. In einer amerikanischen Stadt gab es einen weihnachtlichen Ausdruck dieses Glaubens: Ein großer mit Lichtern geschmückter »Stern des Friedens«, 40 Meter breit und 45 Meter hoch, der an der Seite eines Bürohochhauses angebracht war. Sogar Lord Halifax, der britische Botschafter, hatte ein freundliches Wort für den Frieden übrig, während er damit beschäftigt war, den Krieg herbeizureden. Dauerhafter Friede, so sagte er, werfe durch die Atlantik-Charta »explizit und implizit« seine Schatten voraus.[9] Aber er ließ durchblicken, daß die Amerikaner kämpfen müßten, um diesen Traum wahrzumachen. Anders könnten die erklärten Ziele der Charta nicht verwirklicht werden.

Der Krieg hatte das zivile Leben in Amerika bislang kaum beeinträchtigt. Die Nationalverschuldung lag nach achteinhalb Jahren New Deal bei 55 Milliarden Dollar. Bis Weihnachten waren es noch 15 Einkaufstage, und die Werbeannoncen demonstrierten friedensmäßigen Überfluß.

Bisher hatte noch niemand Rationierungen eingeführt, obwohl einige der vernehmbareren Kriegsbefürworter in- und außerhalb der Regierung darüber ungehalten waren, daß noch immer Konsumgüter verfügbar waren. Schließlich, so dachten diese Gentlemen, könnte die gesamte nationale Produktion für die Wiederaufrüstung und das Leih- und Pachtprogramm für Großbritannien und Rußland eingesetzt werden. Später sollte die amerikanische Kriegsindustrie alle anderen, Freund wie Feind zusammengenommen, übertreffen. Handelsminister Wallace lobte sie und ihr Management besonders und erklärte, die Fabrikdirektoren seien »reine Faschisten« gewesen, und es wäre notwendig gewesen, »die Industrie am Kragen zu packen«, um sie in den Krieg hineinzustoßen.

Wenn der Krieg sich in die Werbeanzeigen einschlich, dann meist in Form von Soldatenspielen mit 50 Teilen, die als Weihnachtsgeschenk für Kinder angeboten wurden. 24 Soldaten, eine Kanone, zwölf Granaten, ein Kindergewehr und zwölf Korken – alles zusammen für einen Dollar. Es gab aber noch eine andere Art von Annoncen: Der Rekrutierungsdienst der U.S. Army rief nach Freiwilligen. Der Aufruf lautete:

»Überall in der regulären Armee sind spannende Jobs zu finden – Jobs, die eine glänzende technische Ausbildung zusammen mit Abenteuern bieten, in denen Du Deinem Land einen Dienst erweisen kannst und Möglichkeiten für eine erfolgreiche zukünftige Karriere findest. Mehr als ein Drittel aller

Angeworbenen melden sich aufgrund der Empfehlungen ihrer Freunde freiwillig zur Armee. Die meisten von ihnen verpflichten sich nach ihren ersten drei Jahren weiter.«

Der wirkliche Krieg schien weit entfernt zu sein für jene, die am 7. Dezember in den Morgenzeitungen lasen, daß eineinhalb Millionen Mann deutscher Truppen, 8000 Panzer und 1000 Geschütze vor Moskau massiert seien. Hitler sprach so, als ob der Fall der sowjetischen Hauptstadt nur noch eine Frage von wenigen Tagen wenn nicht Stunden sei, und niemand – am wenigsten die Japaner, die er zu beeindrucken versuchte – wußte, daß seine Armeen bereits von dem schrecklichen russischen Winter geschlagen waren und sich auf einen Rückzug vorbereiteten.

Die Hinweise darauf, daß Amerika bald in das Gemetzel verwickelt sein würde, waren indirekter Natur. Die Leute wußten von der Verschlechterung der Beziehungen zu Japan. Sie wußten aber nichts über den Verlauf der scheinbar endlosen diplomatischen Verhandlungen, die in Washington zwischen Außenminister Cordell Hull und den japanischen Gesandten, Admiral Kichisaburo Nomura und Saburo Kurusu, geführt wurden. Washington bestärkte in der Öffentlichkeit die Vorstellung, daß es noch eine substantielle Hoffnung auf eine Einigung und die Erhaltung des Friedens gebe, solange die Verhandlungen weitergingen. Nicht ein Wort wurde darüber bekannt, daß die Verhandlungen beendet und der Krieg unvermeidlich war, obwohl sich die Führer unserer Regierung dieser Tatsachen vollauf bewußt waren.

Tatsächlich waren Mr. Hulls Erklärungen nicht gerade ermutigend, und Präsident Roosevelts letzter Beitrag – ein persönlicher Appell, der am 6. Dezember direkt an Kaiser Hirohito telegraphiert wurde – schien sogar für Mr. Roosevelts Verhältnisse ein wenig aufgeregt und ziemlich pathetisch zu sein. Am Samstag hatte Mr. Hull eingestanden, daß die Beziehungen zu Japan kritisch seien. Er lenkte die Aufmerksamkeit des Präsidenten auf die Anwesenheit von etwa 125 000 Mann japanischer Truppen in Französisch-Indochina, über das Japan nach der Niederlage Frankreichs die Kontrolle übernommen hatte, und er zeigte sich besorgt, weil 18 000 von ihnen in der Bucht von Camranh auf Truppentransportern eingeschifft wurden. Dies deutete darauf hin, daß sie irgendwohin fahren würden, und sie würden sicherlich nur solche Orte ansteuern, die im Besitz anderer Nationen als Japan waren.

Mr. Roosevelt hatte in einem wenig besonnenen Augenblick im April 1939 eine persönliche Botschaft an Hitler gerichtet. Darin forderte er ihn auf, sich zu verpflichten, die territoriale Integrität von 30 Deutschland benachbarten Nationen in Europa und im Nahen Osten zu respektieren.[10] Er wurde mit einer sarkastischen Antwort belohnt. Hitler führte aus, es gebe zwar in vielen Ländern Eindringlinge, diese seien aber keine Deutschen. Obwohl viele Völker unterdrückt wurden, richteten sich ihre Klagen nicht gegen Deutschland, sondern gegen Nationen, die gerne ihre Tugendhaftigkeit zur Schau stellten, wie etwa die Vereinigten Staaten.[11]

Trotz des zweifelhaften Erfolges dieses diplomatischen Alleingangs folgte Roosevelt in seiner Botschaft an Hirohito praktisch dem gleichen Schema. Er setzte sich damit der Gefahr aus, eine Antwort der gleichen Art zu erhalten, wie er sie von Hitler bekommen hatte. Hirohitos Berater hielten es jedoch für angebracht, dem Kaiser Roosevelts Botschaft erst 20 Minuten vor dem Abwurf der ersten Bomben auf Pearl Harbor vorzulegen.[12]

Das State Department gab am Morgen des 7. Dezember über die Art der von Roosevelt abgesandten Note nichts an die Öffentlichkeit. Später wurde bekannt, daß Hirohito in dieser Botschaft um Hilfe gebeten worden war, »die schwarzen Wolken zu vertreiben«, womit eine mögliche japanische Invasion Malayas, Thailands, Niederländisch-Ostindiens und der Philippinen gemeint war. Die Japaner hätten Roosevelt vielleicht das Recht zugestanden, über die Philippinen zu diskutieren, die unter dem Schutz der amerikanischen Flagge standen. Aber wenn der Präsident sich außerdem als Verteidiger des britischen und holländischen Kolonialbesitzes aufspielte, so bestärkte dies die Japaner nur in ihrem lange gehegten Verdacht, daß die Vereinigten Staaten in den Krieg ziehen würden, um die weißen Imperialisten zu schützen. Da es nie wieder einen so günstigen Zeitpunkt wie den gegenwärtigen geben würde, hatte die neue Regierung unter General Hideki Tojo nach den eigenen Worten des Generals beschlossen, Roosevelt »mit schnellem Handeln, nicht mit Worten« zu antworten.[13]

Mr. Roosevelt wußte dies ebensogut wie General Tojo und die anderen »Säbelraßler« in Tokio. Sein später Appell an Hirohito wurde mit Blick auf seine Rechtfertigung vor der Welt abgesandt, obwohl der Präsident eigentlich ein anderes Ziel verfolgte. Wenige Wochen zuvor hätte Roosevelt eine Verwicklung in den Krieg mit Japan mit Leichtigkeit vermeiden können, aber im Dezember war er ebenso wie General Tojo darauf aus, eine Umkehr zu verhindern. In den letzten Monaten des Jahres 1941 waren die westlichen Eigentümer der Kolonialreiche Ostasiens und des Südwestpazifik nicht mehr in der Lage, ihren Besitz zu schützen. Japan hatte herausgefunden, wie leicht es an deren Stelle treten konnte, als japanische Streitkräfte nach dem Fall Frankreichs den unverteidigten französischen Besitz in Indochina einnahmen. Das von Deutschland besetzte Holland war unfähig, Niederländisch-Ostindien zu verteidigen. Währenddessen waren die Briten vom europäischen Kontinent vertrieben worden und mußten ihre heimatliche Insel verteidigen sowie einen unentschieden hin- und herschwankenden Krieg in Nordafrika führen. Großbritannien konnte einem Angreifer, der die Hand nach seinen Kolonien in Südostasien und im Pazifik ausstreckte, nicht viel entgegensetzen. Dies mußte den japanischen Militärs als die Gelegenheit ihres Lebens erscheinen. Mehr noch als Habgier trieb sie jedoch ihr Eroberungsprogramm voran. Die japanische Militärmaschine war nun bereits im fünften Jahr in einem Krieg in China festgefahren. Angesichts der Tatsache, daß das Militär für sein Funktionieren große Mengen an Kriegsmaterial benötigt, hatten die Vereinigten Staaten die Ausfuhr von Öl und Stahl nach Japan gesperrt.* Sie hatten dann die japanischen Auslandsguthaben eingefroren und bedrohten Japan mit wirtschaftlicher Strangulation.**

Ohne daß seine Landsleute dies wußten, forderte Hull von Japan einen hohen Preis, falls es die Gunst der Vereinigten Staaten wiedergewinnen wollte. Er verlangte nicht weniger, als daß Japan Indochina räumen, aus China abziehen, seine Allianz mit Deutschland und Italien kündigen und sich im Fernosthandel mit bloßer Gleichberechtigung zufriedengeben sollte.***

Derartige Bedingungen brachten Japan in ein Dilemma. Wenn seine Regierung einwilligte, würde alles, was in viereinhalb Jahren Krieg in China gewonnen worden war, verlorengehen. Die japanischen Warlords konnten auf die Länder vor ihrer Haustür blicken, deren weiße Eigentümer abwesend waren, und sie konnten dort all das Öl, den Gummi, das Zinn und andere in Japan hochbegehrte Rohstoffe sehen, die ihnen verwehrt wurden. Das japanische Volk, dem Militär in geduldiger Knechtschaft ergeben, konnte diesem Blick folgen und Reis und Entwicklungsmöglichkeiten sehen, die ihm in der Heimat versagt blieben. Letzten Endes war Japan vor die Wahl gestellt, ein neues, reiches Imperium zusammenzuraffen oder seine Eroberungen aufzugeben und sich für die Zukunft auf eine Existenz als drittrangige Nation zu beschränken. Es traf die natürliche, aber falsche Wahl. Admiral Nomura und anderen intelligenten Japanern war klar, daß diese Wahl den Ruin Japans bedeuten würde. Aber im Dezember 1941 schien es eine Chance auf Erfolg zu geben, und zwar eine Chance, die wahrscheinlich nie wiederkommen würde. Nomuras Einschätzung erwies sich als richtig. Japan ist heute (im Jahre 1947, W. P.) keine drittrangige Nation. Es ist, nach der Beschreibung eines scharfsinnigen B-29-Generals, eine Nation vierzigsten Ranges – ein Bulgarien oder weniger.

Die Japaner hatten gehofft, daß der Dreimächtepakt ihnen dabei helfen würde, die Vereinigten Staaten von der »Großostasiatischen Wohlstandssphäre«, die Japan für sich konzipiert hatte, abzulenken. Diese Allianz verpflichtete Deutschland und Italien, die führende Stellung Japans in der »Neuen Ordnung« in Ostasien zu respektieren, während Japan den Einfluß Roms und Berlins in Europa anerkannte. Die wichtigste Vertragsbestim-

---

* Vgl. S. 130, 163–167

** Vgl. S. 131, 163

*** Vgl. S. 191–192

mung besagte, daß die Partner zu militärischer, wirtschaftlicher und politischer Unterstützung verpflichtet waren, wenn einer von ihnen von einer bisher neutralen Macht angegriffen wurde.

Da Rußland von den Bestimmungen des Vertrages ausdrücklich ausgenommen war, blieben die Vereinigten Staaten als einzige mächtige neutrale Nation übrig. Also war es die offensichtliche Absicht der Allianz, dieses Land davor zu warnen, sich in Europa oder im Pazifik einzumischen.

Dieses Ziel wurde verfehlt, aber zur Zeit des Angriffs auf Pearl Harbor bot der Dreimächtepakt Japan noch eine beachtliche Rückversicherung. Schließlich wurde Roosevelt von der Aufgabe in Anspruch genommen, Hitler zu schlagen und die Briten zu retten. Die japanische Militärregierung wußte, daß sie im Fall eines Krieges gegen die Vereinigten Staaten mit der Unterstützung eines immer noch mächtigen Deutschland rechnen konnte. Es war zu erwarten, daß es einen beträchtlichen Teil der amerikanischen Armee, Marine und Luftwaffe auf einem vom Pazifik weit entfernten Kriegsschauplatz beschäftigen würde. Ferner hatten die japanischen Militärs entschieden, daß sie gegen Amerika jeden möglichen Anfangsvorteil, insbesondere den der Überraschung, ausnutzen mußten.

Sie hatten für ihre Strategie einen Präzedenzfall. Im Jahre 1904 hatte Japan die Beziehungen zu Rußland am 5. Februar abgebrochen, der Krieg wurde aber erst am 10. Februar erklärt. Admiral Togo wartete die Kriegserklärung jedoch nicht ab, sondern schickte seine Torpedoboote in der Nacht vom 8. auf den 9. Februar nach Port Arthur und überraschte die russische Flotte im Hafen. Die Russen spielten den Japanern in die Hände, indem sie ihre Flotte zweimal teilten. Rußland hatte außer seiner Fernostflotte noch eine Flotte in der Ostsee. Wenn sich die beiden hätten vereinigen können, wären sie der japanischen Flotte zahlenmäßig deutlich überlegen gewesen, aber zu dieser Vereinigung sollte es niemals kommen. Rußland hatte außerdem seine Fernostflotte auch noch aufgespalten. Vier Kreuzer erster Klasse lagen in Wladiwostok, ein fünfter in Chemulpo, und die übrigen vier in Port Arthur, so daß die russische Port-Arthur-Flotte unter Vizeadmiral Starck der Flotte Togos in keiner Weise gewachsen war; dieser verhängte auch prompt eine Blockade gegen Port Arthur.

Im Jahre 1941 mußte das japanische Oberkommando eine auffallende Parallele zu dieser Situation feststellen, wenn es die Verteilung der amerikanischen Flotte betrachtete. Roosevelt und das Oberkommando hatten nicht nur die Flotte zwischen Atlantik und Pazifik aufgeteilt, sondern die Pazifikflotte weiter in eine Asiatische Flotte, die in Cavite auf den Philippinen lag, und die in Pearl Harbor stationierte Hauptflotte aufgespalten. In der Woche vor dem Angriff am 7. Dezember wurde die Pearl-Harbor-Flotte nochmals geteilt, als die beiden einzigen Flugzeugträger auf Hawaii zusammen mit sechs schweren Kreuzern und 14 Zerstörern losgeschickt wurden, um ein paar Flugzeuge und Piloten des Marine Corps auf die Inseln Wake und Midway zu überführen, eine Aufgabe, die leicht von Frachtschiffen hätte ausgeführt werden können.

Außerdem lag ein dritter Kampfverband, bestehend aus einem schweren Kreuzer und fünf Zerstörern, vor Johnston Island, 700 Meilen südwestlich von Oahu, während ein schwerer Kreuzer und vier Zerstörer sich 25 Meilen südlich von Oahu befanden. Unterdessen waren die Schlachtschiffe, der stärkste Teil der Pazifikflotte, in Pearl Harbor konzentriert. Alles, was sich in den 37 Jahren seit den Ereignissen von Port Arthur geändert hatte, war, daß das Flugzeug das Torpedoboot als Angriffsmittel abgelöst hatte.

Im Kriegsfall war es für die Japaner eine Selbstverständlichkeit, ihren amerikanischen Gegner dort zu einem Überraschungsangriff aufzusuchen, wo die Masse der amerikanischen Flotte konzentriert war.[14] Pearl Harbor war das einzig mögliche Angriffsziel, weil sich dort die Flotte befand. Das japanische Operationsziel war einfach. Mit ihrem Angriff würden die Japaner die Schiffe mit der größten Reichweite und Feuerkraft vernichten und so deren Eingreifen in Asien und dem Westpazifik verhindern.

Das britische Schlachtschiff *Prince of Wales* und der Schlachtkreuzer *Repulse* waren nur eine Woche nach ihrer Ankunft in Singapur, als sie gerade ohne Luftsicherung ins Ostchinesische Meer dampften, von japanischen Flugzeugen aufgespürt und versenkt worden. Seitdem war die amerikanische Flotte der einzige Faktor, der das japanische Eroberungsprogramm noch aufhalten konnte. Sobald sie ausgeschaltet war, hatten die japanische Flotte und die Armee Bewegungsfreiheit für ihre Aufgabe, amerikanische und europäische Besitzungen zu rauben.

Diese strategischen Überlegungen allein hätten genügen müssen, um Roosevelt und dem Oberkommando zu zeigen, daß ein Krieg gegen die Vereinigten Staaten mit einem Überraschungsangriff auf Pearl Harbor eröffnet werden würde. Nachher wurde jahrelang sorgfältig das Märchen gepflegt, der japanische Angriff sei eine verräterische Überraschung gewesen, inszeniert, als es nicht den geringsten Grund gab, ihn zu erwarten, und deshalb ein schwerer Schock für die Spitzen der Regierung. Japan hätte mit der Überraschung Erfolg gehabt, weil es zu einem Zeitpunkt zugeschlagen hatte, an dem die Regierung in friedlichen Verhandlungen gestanden hatte und nicht entfernt an Krieg dachte. Und selbst wenn die Regierung vom Herannahen des Krieges etwas gewußt hätte, so die Apologeten, hätte sie nicht wissen können, zu welchem Zeitpunkt und an welchem Ort es geschehen würde.

Damals war über das Abhören geheimer japanischer Funksprüche durch die amerikanischen Nachrichtendienste nichts bekannt, die nach ihrer Entschlüsselung unmißverständlich auf einen Angriff auf Pearl Harbor am

7. Dezember hinwiesen. Vier Jahre später wurde bekannt, daß der japanische Geheimcode viele Monate von Pearl Harbor geknackt worden war, und daß die Männer in Washington, die die abgefangenen Codemeldungen lasen, über die japanischen Pläne und Absichten fast ebensogut unterrichtet waren, als wenn sie im Kriegsrat in Tokio gesessen hätten.

Aber im letzten Monat des Jahres 1941 wußte die amerikanische Bevölkerung nichts davon. Wenn der Krieg unmittelbar bevorstand – und tatsächlich bereits da war – so wußte die Bevölkerung nichts davon. Sie hatte die abgefangenen Funkmeldungen nicht gelesen, die die allmähliche Verschlechterung der Beziehungen zu Japan nachzeichneten. Sie wußte nichts von den Warnungen, die Tokio an sein diplomatisches Corps gesandt hatte, denenzufolge nach dem 29. November »die Dinge automatisch ihren Gang nehmen würden«*; von Erklärungen, daß Anfang Dezember die Verhandlungen in Washington »de facto abgebrochen« sein würden**; von Instruktionen, die Chiffriermaschinen und Codebücher in der japanischen Botschaft in Washington zu zerstören und zu verbrennen***; von japanischen vertraulichen Mitteilungen an Hitler Ende November, daß ein japanischer Krieg gegen die Vereinigten Staaten »schneller, als irgend jemand es sich träumen läßt« kommen könne.+ Sie hatte nie etwas von »Ostwind, Regen« gehört.++ Sie wußte nichts von letzten Weisungen an die japanischen Gesandten, ihre Antwort an Hull am 7. Dezember um 13.00 Uhr Washingtoner Zeit zu übergeben.+++

Roosevelt, der innere Kreis seines Kriegskabinetts und die Oberkommandos von Armee und Marine wußten all dies und noch mehr, aber alles wurde an jenem Dezembersonntag so dargestellt, daß der Eindruck entstehen mußte, niemand sei mehr überrascht worden als der Präsident selbst. An jenem Tag befanden sich Roosevelt und Harry Hopkins, mit dem er die Staatsgeheimnisse teilte, im ovalen Arbeitszimmer im ersten Stock des Weißen Hauses. Die Szene ist von Forest Davis und Ernest K. Lindley überliefert worden.[15] Sie berichten:

»Mr. Roosevelt hatte diesen Tag der Muße gewidmet. Er hoffte heute, ohne Krawatte und in Hemdsärmeln, seine lange vernachlässigte Briefmarkensammlung in Ordnung bringen zu können. Der Präsident hätte einer unter Millionen von Amerikanern sein können, die den Sonntag mit einem Freund und einem Hobby verbummeln. Mr. Roosevelt erwartete Krieg – aber nicht an diesem Wochenende.«

Das war die Szene. Das war die Stimmung, an die sich die amerikanische Bevölkerung erinnern sollte. Der Präsident selbst bezeugte, daß dies seine

* Vgl. S. 215
** Vgl. S. 219
*** Vgl. S. 222–226, 229
\+ Vgl. S. 221
\++ Vgl. S. 214, 231–255
\+++ Vgl. S. 229, 308–310

Haltung und seine Gedanken waren. Alle Telephonverbindungen zu Roosevelt waren abgeschaltet worden. Ein Schild »Bitte nicht stören« war auf dem Klappenschrank plaziert worden. »Mr. Roosevelt beschloß gerade sein Diner mit einem Apfel«, berichteten seine persönlichen Chronisten, »als das Telephon auf dem Schreibtisch ungehorsam schrillte.« Es war Marineminister Knox, der darauf bestanden hatte, seine Ruhe zu stören.

In seinem jährlichen Bericht, der an eben jenem Morgen veröffentlicht wurde, hatte Knox Ruhe ausgestrahlt. Er erklärte:

»Ich bin stolz darauf zu berichten, daß das amerikanische Volk volles Vertrauen in seine Marine setzen kann. Meiner Meinung nach sind die Loyalität, die Moral und die technischen Fähigkeiten der Mannschaften ohne Beispiel. Auf jeder vergleichbaren Basis ist die amerikanische Marine unerreicht. Die internationale Situation ist jedoch so, daß wir schnellstmöglich aufrüsten müssen, um den Erfordernissen unserer maritimen Verteidigung – auf beiden Ozeanen gleichermaßen – gegen jede denkbare gegen uns gerichtete Kombination gerecht zu werden.

Es muß unser ständiges Ziel sein, genügend Kräfte zu haben, um völlige Handlungsfreiheit in einem Ozean zu haben, während wir im anderen Ozean genügend Kräfte zurückbehalten, um unsere wichtigsten Sicherheitsinteressen wirksam zu verteidigen.«[16]

Auf Oahu unterzogen die Japaner den Bericht von Secretary Knox einer Revision, und der niedergeschmetterte Minister war nun genötigt, Roosevelt anzurufen und einige Berichtigungen vorzunehmen. »Mr. President«, begann Knox, »es sieht so aus, als ob die Japaner Pearl Harbor angegriffen hätten …«

»Nein«, soll Roosevelt ausgerufen haben.[17] Aus dieser Reaktion könnte man schließen, daß er überrascht wurde.

KAPITEL 2

»Besteigt den Berg Niitaka«

In der Nacht vom 5. Dezember 1941 sendete der japanische Marinefunk die Codemeldung »Besteigt den Berg Niitaka«. Diese Botschaft bedeutete Krieg.[1] Für die japanische 1. Luftflotte, 800 Meilen nördlich von Oahu und den Hawaiischen Inseln, bedeutete sie, daß es keine Umkehr mehr gab. Für Vizeadmiral Chuichi Nagumo, den Kommandeur der Flotte, enthielt sie den Befehl, im Morgengrauen des übernächsten Tages mit seinen Trägerflugzeugen Pearl Harbor anzugreifen. Admiral Nagumo befahl volle Kraft voraus, und die ganze Nacht, den ganzen folgenden Tag und die nächste Nacht pflügte sein mächtiger Kampfverband zügig südwärts.

Am 7. Dezember um 6.00 Uhr begann der japanische Angriffsverband 200 Meilen nördlich von Oahu, seine Flugzeuge von sechs Trägern zu starten – der *Kaga*, *Akagi*, *Hiryu*, *Soryu*, *Shokaku* und *Zuikaku*. Die insgesamt 351 Flugzeuge[2] hoben in drei Wellen ab. Um 7.15 Uhr hatten alle die Flugdecks verlassen. Sie sammelten sich im Süden und flogen dann Pearl Harbor und die Flugplätze von Hawaii an, um sie plangemäß anzugreifen.

Die 1. Luftflotte hatte die Hitokappu-Bucht der Insel Etorofu, dem südlichsten Teil der Kurilen, am 26. November um 9.00 Uhr japanischer Zeit verlassen – nach hawaiischer Zeit am 25. November um 13.30 Uhr. Die Trägerkampfgruppe unter dem Kommando von Admiral Nagumo bestand aus 27 Kriegsschiffen: sechs Flugzeugträger; zwei Schlachtschiffe, die *Hiei* und die *Kirishima*; zwei schwere Kreuzer, die *Tone* und die *Chikuma*; ein leichter Kreuzer, die *Abukuma*; und 16 Zerstörer. Elf Schiffe bildeten den Versorgungstrain. Die japanische 6. Flotte unter dem Kommando von Vizeadmiral Mitsumi Shimizu bildete eine Vorhut. Seine Flotte bestand aus zwei leichten Kreuzern, der *Isuzu* und der *Yura*; einem leichten Ausbildungskreuzer, der *Katori*; 20 U-Booten; fünf Klein-U-Booten von 45 t mit einer Reichweite von nur 200 Meilen und sechs Versorgungsschiffen.

Der Angriffsplan war erstmals Anfang Januar 1941 von Admiral Isoroku Yamamoto, dem Oberkommandierenden der Vereinigten Kaiserlichen Flotte, vorgeschlagen worden. Konteradmiral Takijiro Onishi, Stabschef der 11. Luftflotte, erhielt um diese Zeit von Yamamoto den Befehl, die Erfordernisse einer derartigen Operation zu studieren. Aus diesen Fakten kann aber nicht geschlossen werden, daß Japan schon damals zu einem Krieg gegen die

Vereinigten Staaten entschlossen war. Die Vereinigten Staaten hatten, wie heute bekannt ist, ebenfalls Kriegspläne vorbereitet, die im Falle der Entscheidung für einen Kriegseintritt in die Tat umgesetzt werden sollten. In einer Planungsphase erwogen sie nach Aussage des früheren Kriegsministers Stimson sogar einen »Überraschungsangriff«, so wie die Japaner ihn bei Pearl Harbor durchführten.*

Die Grundzüge des japanischen Planes für einen Angriff auf Pearl Harbor hatten sich seit 1931 herausgebildet. Die theoretischen Möglichkeiten waren von allen Absolventen der japanischen Marineakademie untersucht worden, denen jedes Jahr in der Abschlußprüfung die Frage vorgelegt wurde: »Wie würden Sie einen Überraschungsangriff gegen Pearl Harbor durchführen?«[3] Ironischerweise war es jedoch das United States Naval Planning Board (die Operationsabteilung der U.S. Navy, W. P.), das den Japanern half, ihren Plan zu vervollkommnen.

Im Jahre 1932 versammelte sich ein amerikanischer Kampfverband im Pazifik, um die Verteidigung von Pearl Harbor zu testen. Eine Gruppe sollte angreifen, während die andere zusammen mit Küstenartillerie, einer Division Heerestruppen, 100 Flugzeugen und einer Anzahl von U-Booten den Marinestützpunkt zu verteidigen hatten. Der Angriffsverband unter dem Kommando von Admiral Harry E. Yarnell, einem luftfahrtbegeisterten Offizier, der mit seinen Staffeln viele Flüge gemacht hatte – was in der Navy jener Tage ungewöhnlich war – revolutionierte die Marinestrategie, indem er alle seine Schlachtschiffe und Kreuzer zurückließ und nur zwei Flugzeugträger, die *Lexington* und die *Saratoga*, und vier Zerstörer einsetzte. Dies war das erste Auftreten eines neuen Marineverbandes, der später als »task force« (gemischter Kampfverband, W. P.) bekannt wurde. Als er 24 Stunden von Oahu entfernt war, geriet der Angriffsverband in schweres Wetter. Aus der Sicht Admiral Yarnells war dies ausgezeichnet, da diese Wetterbedingungen es weniger wahrscheinlich machten, daß die Küstenverteidiger, die nach einer großen Invasionsflotte Ausschau hielten, eine so kleine Flottille entdecken würden.

Am Abend des 6. Februar, einem Samstag, war Admiral Yarnells Verband in einer Position, von der aus er Oahu bis zum Morgengrauen erreichen konnte. Yarnell vermutete, daß die Verteidiger weniger wachsam als sonst sein würden, wenn er am frühen Sonntagmorgen angriff. Am 7. Februar, 30 Minuten vor Sonnenaufgang, als die Träger sich nach einer nächtlichen Eilfahrt Oahu bis auf 60 Meilen genähert hatten, starteten sie 152 Maschinen – Bomber, Jäger, Sturzkampfbomber und Torpedoflugzeuge.

Admiral Yarnells Flugzeuge kamen aus Nordosten, genau wie die Japaner es neun Jahre später tun sollten, und blieben unentdeckt, bis sie aus den Wol-

---

* Vgl. S. 327–329

ken in den klaren Himmel über Pearl Harbor hervorstießen. Simuliertes Maschinengewehrfeuer zerstörte theoretisch alle Flugzeuge der Verteidiger am Boden. Nicht eines konnte während des Angriffs aufsteigen. Alle im Hafen hypothetisch angenommenen Schiffe wurden »versenkt«.

Japanische Beobachter verfolgten das Manöver und berichteten alle Einzelheiten nach Tokio. Es war offensichtlich, daß Yarnells Manöver alle existierenden Marinekonzepte über den Haufen geworfen hatte. In der später stattfindenden Manöverkritik traten einige amerikanische Offiziere dafür ein, die Schlagkraft der Flotte um ihre Luftwaffe herum zu bilden und den Schlachtschiffen und anderen Überwassereinheiten die untergeordnete Aufgabe zuzuweisen, die Luftstreitkräfte und ihre Träger zu schützen. Wie zu erwarten, waren die Schlachtschiffadmirale dagegen, und da sie in der Marinehierarchie die Machtpositionen innehatten, setzten sie sich durch. Es blieb den Japanern überlassen, Yarnells brillantes Konzept in die Tat umzusetzen.[4]

Ende August 1941 beorderte Admiral Yamamoto alle Flottenkommandeure und die maßgebenden Stabsoffiziere zu Kriegsspielen nach Tokio, um die endgültige Fassung der Planungen für eine Pazifikoperation vorzubereiten, die im Kriegsfalls einen Überraschungsangriff gegen Pearl Harbor einschloß. Zwischen dem 1. und dem 12. September wurden in der Marinekriegsakademie in Tokio die Grundrisse eines Operationsplanes niedergelegt.

Bereits am 5. Oktober wurde ein Teil des Angriffsplanes vor Fliegeroffizieren enthüllt, die an Bord des Trägers *Akagi*, der in der Shikishi-Bucht lag, zusammengerufen worden waren. Den mehr als einhundert anwesenden Piloten wurde der Plan für einen Schlag gegen die amerikanische Flotte in Pearl Harbor vorgestellt. Yamamoto teilte ihnen mit, »obwohl Japan niemals den Wunsch hatte, gegen die Vereinigten Staaten zu kämpfen, seien die Japaner nun gezwungen, dies zu tun, oder sie würden besiegt werden«. Die amerikanische Hilfe für China und das amerikanische Ölembargo gegen Japan, so der Admiral, beeinträchtigten ernsthaft den Fortschritt der kaiserlichen Truppen im Krieg gegen China.

Yamamoto machte gegenüber den Piloten die Voraussage, daß die amerikanische Flotte zwei oder drei Jahre benötigen würde, um sich von dem beabsichtigten Angriff zu erholen, und daß Japan in der Zwischenzeit Sumatra, Java und andere Gebiete besetzen könne, aus denen die dringend benötigten Rohstoffe beschafft werden könnten. Der Admiral bezeichnete die amerikanische Flotte als den »größten Feind« Japans. Das Kabinett von Premierminister Fürst Konoye, so wurde verkündet, habe darin versagt, »über die nationale Politik eine Einigung zu erzielen«, und nach Konoyes Rücktritt am 16. Oktober erhielt Kriegsminister Tojo den kaiserlichen Befehl, ein neues Kabinett zu bilden. Die Kriegspartei hatte nun die Oberhand, und obwohl noch eine Aussicht auf eine Beilegung der Differenzen zwischen Amerika und Japan bestand, wollte Tojo nichts riskieren. Ohne die Kabinettsbildung abzuwarten, erteilte er am 17. Oktober den U-Booten des 1. und 2. Geschwaders der 6. Flotte den Befehl, in See zu gehen. Dieser Verband umfaßte 14 U-Boote, die während der Pearl-Harbor-Operation Teil von Admiral Shimizus Vorhut bilden sollten. Noch in der gleichen Nacht verließen sie im Schutze der Dunkelheit Kure und fuhren nach Kwajalein im Gebiet der Marshall-Inseln, wo sie mit dem Kreuzer *Katori* zusammentrafen. Da sie fürchtete entdeckt zu werden, verteilte sich die Flottille zeitweise zwischen den nahe gelegenen Marshall-Inseln Wotje und Maloelap.

Am 4. November wurde der streng geheime Operationsplan Nr. 1 der Vereinigten Flotte allen Flotten- und Verbandskommandeuren bekanntgegeben. Er bestimmte, daß das angenäherte Datum für den Angriff auf Pearl Harbor als Y-Tag, das Datum für die Durchführung als X-Tag bezeichnet werden sollten. Der von Yamamoto am 6. November ausgegebene Operationsbefehl Nr. 2 setzte als Y-Tag den 7. Dezember, Hawaii-Zeit, fest.

Am 13. November befahl Yamamoto der für Pearl Harbor bestimmten Trägerkampfgruppe, sich in der Hitokappu-Bucht zu versammeln, dort bis zum 22. November zu bleiben und Versorgungsgüter an Bord zu nehmen. Am 21. November informierte der Chef des Admiralstabes, Osami Nagano, Admiral Yamamoto, daß die Flotteneinheiten in der Hitokappu-Bucht Gewalt anwenden dürften, falls es zu einem Zusammenstoß mit britischen, holländischen oder amerikanischen Streitkräften kommen sollte, aber im Verlauf desselben Tages änderte er den Befehl in verschiedenen Punkten. Naganos geänderter Befehl lautete:

»Wenn die amerikanisch-japanischen Verhandlungen Erfolg haben sollten, werden die Verbände sofort zurückbeordert. Die oben erwähnte erlaubte Anwendung von Gewalt ist auf drei Fälle beschränkt: Falls amerikanische, holländische oder britische Überwasserstreitkräfte zur Aufklärung in japanische Gewässer eindringen, falls die gleichen Kräfte sich japanischen Gewässern nähern und unsere Streitkräfte gefährden, falls die gleichen Kräfte außerhalb japanischer Territorialgewässer aggressive Handlungen begehen.«

Dies rechtfertigte noch lange nicht die Annahme, daß es zwangsläufig zum Krieg kommen mußte. Der Befehl deutete darauf hin, daß Japan die Hoffnung hatte, durch irgendeinen diplomatischen Kompromiß einen bewaffneten Konflikt vermeiden zu können. Zu diesem Zeitpunkt standen die Zeiger auf der Uhr der Diplomatie jedoch schon kurz vor zwölf.

Am 24. November erteilte Admiral Yamamoto der Trägerkampfgruppe den Befehl, die Hitokappu-Bucht am folgenden Tag zu verlassen und heimlich die Gewässer anzusteuern. Der Befehl lautete:

»A. Der Kampfverband soll unter strikter Geheimhaltung seiner Bewegungen und ständiger Wachsamkeit gegen U-Boote und Flugzeuge die Gewässer von Hawaii anlaufen, mit Eröffnung der Feindseligkeiten die Hauptkräfte der amerikanischen Flotte in Hawaii angreifen und ihnen einen tödlichen Schlag versetzen. Der erste Luftangriff ist für die Morgendämmerung des X-Tages geplant (das genaue Datum wird durch einen späteren Befehl bekanntgegeben).

Nach Beendigung der Luftangriffe soll der Kampfverband, in engem Verbund und unter ständiger Wachsamkeit gegen feindliche Gegenangriffe, die feindlichen Gewässer rasch verlassen und nach Japan zurückkehren.

B. Sollte es als sicher erscheinen, daß die japanisch-amerikanischen Verhandlungen vor Eröffnung der Feindseligkeiten zu einer gütlichen Einigung gelangen, dann werden alle Kräfte der Vereinigten Flotte Befehl erhalten, sich zu sammeln und zu ihren Stützpunkten zurückzukehren.

C. Der Kampfverband soll die Hitokappu-Bucht am Morgen des 26. November (Japan-Zeit; 25. November Hawaii-Zeit) verlassen und bis zum Nachmittag des 4. Dezember (Japan-Zeit; 3. Dezember Hawaii-Zeit) eine Bereitschaftsposition auf 42° N und 170° O anlaufen und rasch die Nachbetankung abschließen.«

Der Kampfverband ging am 25. November in See und kreuzte mit 13 Knoten ostwärts, wobei er durch die niedrige Geschwindigkeit der Versorgungsschiffe aufgehalten wurde. Es wurden Ausgucke postiert, aber keine Such- oder Kampfpatrouillen geflogen. Man hatte vermutet, daß das Wetter im Nordpazifik Schwierigkeiten bei der Betankung auf See machen würde. Deshalb waren die Schiffe, deren Tankkapazität gering war, für den Notfall mit Ölfässern beladen worden. Das Wetter erwies sich jedoch als ruhig, und die Beölung durch die Tanker konnte wie geplant durchgeführt werden.

Der Vormarsch der Trägerkampfgruppe wurde durch falsche Rufzeichen, vorgetäuschten Funkverkehr und ähnliche Täuschungsmanöver geschickt getarnt, um die Anwesenheit der wichtigsten Träger und trägergestützten Luftgeschwader im japanischen Binnenmeer zu simulieren. Dieses Programm war so erfolgreich, daß der Chef des Marinenachrichtendienstes, Vice-Admiral Theodore S. Wilkinson, in seiner Nachrichtenzusammenfassung vom 1. Dezember über die japanische Flottenverteilung sagte: »Die Mehrheit der Schlachtschiffe und der größte Teil der Flugzeugträger befinden sich in den Heimatgewässern.« Diese Beurteilung war für die Kommandeure von Flotte und Armee auf Hawaii fatal.

Um das amerikanische Mißtrauen weiterhin zu zerstreuen, hatte Premierminister General Tojo angekündigt, daß die *Asama Maru* nach Malaya und Britisch-Borneo geschickt würde, um dort ansässige Japaner zu repatriieren, und daß die *Tatsuta Maru* Mexiko anlaufen werde, um japanische Staatsangehörige aus den Vereinigten Staaten zurückzuholen. Der Kapitän der *Tatsuta Maru* hatte Weisung, in den nordpazifischen Gewässern einen östlichen

Kurs zu nehmen und nach Erreichen des 180. Längengrades nach Süden zu drehen. Am Morgen des Angriffs auf Oahu war sein Schiff zurück in Chosi in Japan.

Inzwischen schickten die japanischen Spione auf Hawaii fleißig Berichte über die Bewegungen und die Verteilung der amerikanischen Flotte nach Tokio. Obwohl die amerikanischen Nachrichtendienste die Instruktionen Tokios an seine Spione sowie die Antworten dieser Agenten abfingen, versicherten die Chefs der Nachrichtendienste unserer Armee und Marine später, sie hätten in Japans Beschäftigung mit den Liegeplätzen der Pazifikflotte nichts Alarmierendes gesehen.*

Die japanische Trägerkampfgruppe erhielt nach ihrem Auslaufen aus der Hitokappu-Bucht zweimal chiffrierte Meldungen aus Tokio über die Verteilung der Flotte in Pearl Harbor. Die zweite davon wurde drei Tage vor dem Angriff empfangen. Ein Offizier an Bord der *Akagi* war dazu abkommandiert, die Rundfunksendungen aus Honolulu abzuhören und darin enthaltene Informationen über Flottenbewegungen von und nach Pearl Harbor zu entschlüsseln. Eine Nachricht, in der es hieß, »der deutsche Attaché hat einen Hund verloren«, sollte bedeuten, daß ein Flugzeugträger den Hafen verlassen hatte. Wenn der Attaché einen Koch oder einen Hausdiener wünschte, sollte das bedeuten, daß ein Schlachtschiff oder ein Kreuzer eingelaufen sei.

Der Kriegsrat in Tokio hielt den 7. Dezember als Angriffstag für geeignet. Der 9. Dezember, ein Dienstag, wurde ebenfalls für einen Angriff im Morgengrauen in Betracht gezogen, weil dann Neumond herrschte. Es wurde jedoch erwartet, daß die Pazifikflotte entsprechend ihren Manövergewohnheiten am Freitag in den Hafen einlaufen und am Montag auslaufen würde. Admiral Yarnells Plan hatte außerdem gezeigt, daß die Bedingungen für einen Angriff am Sonntag günstig waren. Deshalb wurde der Sonntag ausgewählt. Eine weitere Überlegung, die aus der Sicht Admiral Naganos für einen Angriff am Sonntag um etwa 8.00 Uhr sprach war der, daß »amerikanische Offiziere dazu neigen, am Sonntagmorgen lange zu schlafen«.[5]

Am 1. Dezember setzte ein Befehl der kaiserlichen Marine den X-Tag fest und erklärte, »feindliche Handlungen gegen die Vereinigten Staaten sollen am 7. Dezember beginnen«. Dieser Befehl bestätigte damit das Datum, das in der Order vom 6. November als Y-Tag festgesetzt worden war. Am 2. Dezember erkundigte sich Nagano jedoch nochmals, ob die Flotte zurückgerufen werden könne, falls es doch noch zu einer späten Einigung in den Washingtoner Verhandlungen kommen sollte. Yamamoto versicherte ihm, daß dies möglich sei.[6] Am gleichen Tag bestimmte Yamamoto »Tora« (das be-

---

* Vgl. S. 295

deutet Tiger, W. P.) als das Codewort, mit dem die Flotte einen erfolgreichen Ausgang des Angriffs bekanntgeben sollte.

Nach dem Empfang des Befehls, der den 7. Dezember als X-Tag festsetzte, wurden alle Schiffe des japanischen Kampfverbandes abgedunkelt und Alarmstufe 2 (2. Bereitschaftsgrad, Bedienungen an den Geschützen) befohlen. Am 4. Dezember wurde der Versammlungspunkt, der etwa 2350 Meilen östlich von Tokio und 1460 Meilen nordwestlich von Pearl Harbor lag, erreicht. Die Kampfschiffe der Flotte wurden nochmals bis zur Grenze ihres Fassungsvermögens aus den Tankern beölt und diese danach zurückgelassen.

Der Kampfverband drehte nun mit erhöhter Geschwindigkeit nach Südosten. Die Flugzeugträger *Hiryu* und *Soryu*, deren Tankkapazität gering war, waren von den Tankern täglich beölt worden. Sie mußten nun von einer Arbeitsbrigade aus den an Bord genommenen Ölfässern betankt werden. Die Fahrt verlief von Beginn an ohne Zwischenfälle. Die Route lag jenseits des Patrouillenbereichs amerikanischer Landflugzeuge. Die große Kreisroute durch den weiten und einsamen Nordpazifik zwischen Midway und den Aleuten war von den Handelsschiffahrtsrouten weit entfernt und lag deutlich außerhalb der Gewässer, in denen man amerikanische Patrouillenschiffe antreffen konnte. Es wurden keine Schiffe oder Flugzeuge gesichtet und kein falscher Alarm gegeben.

Obwohl der Vormarsch des Kampfverbandes unerwartet glatt verlief, fürchteten die Japaner fast bis zuletzt einen Fehlschlag.

Nach einem offiziellen Bericht der U.S. Navy sollte sich der Kampfverband, wenn er vor X minus 2 Tagen entdeckt wurde, zurückziehen, ohne den Angriff auszuführen. Im Falle einer Entdeckung X minus 1 Tag sollte die Frage, ob der Angriff durchgeführt oder umgekehrt werden sollte, entsprechend den örtlichen Umständen und dem Ermessen Nagumos entschieden werden.

Für den Fall einer Berührung mit den Hauptkräften der amerikanischen Flotte sah der japanische Operationsplan vor, daß eine Reservegruppe schwerer Schiffseinheiten aus dem japanischen Binnenmeer zur Unterstützung der Trägerkampfgruppe eingesetzt werden und einen Entscheidungskampf herbeiführen sollte. Die Japaner nahmen an, mit 180 oder mehr Kampfschiffen im Pazifik gegen 102 Kriegsschiffe der amerikanischen Pazifikflotte würde ihre zahlenmäßige Überlegenheit ausreichen, um ihnen den Sieg zu sichern.

Während die Piloten und Offiziere von Nagumos Flotte wußten, daß ihr Ziel Pearl Harbor war, dachten die Besatzungen der sechs Träger vor dem Angriff, daß sie sich auf einer Übungsfahrt befänden. Als die Männer bemerkten, daß die Schiffe nach Osten fuhren, wurden sie, nach dem Bericht von Fregattenkapitän Mitsuo Fuchida, Kommandeur der Fliegergruppe an

Bord der Träger, neugierig und stellten Vermutungen an. Am 3. Dezember erfuhren die Besatzungen der Flotte, daß Japan im Begriff war, den Krieg zu eröffnen, und »die Männer verfielen in Erregung«, aber als »sie den Befehl zum Angriff erhielten, beruhigten sie sich«.[7]

In der Nacht auf den 5. Dezember empfing der Kampfverband das »Berg-Niitaka«-Codesignal. Der Anlauf auf Hawaii erfolgte in der Nacht vom 6. auf den 7. Dezember mit der Höchstgeschwindigkeit von 26 Knoten. Um 5.00 Uhr wurden zwei Zero-Aufklärungsflugzeuge gestartet, um Pearl Harbor und den Hafen von Lahaina zu erkunden. Sie erreichten ihr Ziel eine Stunde vor dem Erscheinen der Angriffsflugzeuge der japanischen Träger, berichteten, daß »die Flotte drinnen« sei, und beendeten den Auftrag ohne entdeckt zu werden.

In der Nacht vor dem Angriff hatten die 20 großen U-Boote von Admiral Shimizus Vorhut die Gewässer um Pearl Harbor erreicht. Sie hatten Befehl, nicht anzugreifen, bevor die Trägerflugzeuge ihren Überfall gemacht hatten. Die fünf Klein-U-Boote wurden von besonders ausgerüsteten Flotten-U-Booten zwischen 50 und 100 Meilen vor Pearl Harbor ausgesetzt. Ihr Auftrag lautete, während des Luftangriffs die Flucht der amerikanischen Flotte durch die Hafeneinfahrt zu verhindern, aber zwei drangen vor dem Angriff sogar in Pearl Harbor ein. Eines von ihnen machte eine ausgedehnte Erkundung und berichtete wahrscheinlich über Funk an die Flotte.

Nach dem Angriff wurden von den großen U-Booten Flugzeuge gestartet, um das Ausmaß der Schäden festzustellen. Der Operationsplan sah vor, daß eine japanische U-Boot-Division zwischen Hawaii und der Westküste der Vereinigten Staaten postiert werden würde, um den Seeverkehr zu unterbinden, wenn die amerikanische Flotte tatsächlich vernichtet werden sollte. Tatsächlich wurde mindestens ein U-Boot um den 14. Dezember herum an die Küste von Oregon entsandt.

Dem Wetter wurde große Bedeutung geschenkt. Im Winter bläst auf Hawaii die meiste Zeit der Passatwind stetig von Nordosten gegen die 2800 Fuß hohe Koolau-Bergkette, wo er seine Feuchtigkeit ablädt. Ein Flugzeuggeschwader, das der Entdeckung durch Aufklärungsapparate entgeht, kann versteckt in der aufgetürmten Wolkenwand anfliegen und dann plötzlich, bevor Flugzeuge des Verteidigers aufsteigen können um sie abzufangen, am klaren Himmel über Pearl Harbor auftauchen. Admiral Yarnells Angriffsverband hatte sich 1932 diese Bedingungen zunutze gemacht, und auch die Japaner rechneten mit dieser Deckung.

Am 7. Dezember wurde über das Wetter in Pearl Harbor von der Navy ins Logbuch eingetragen: »Durchschnittliche Teilbewölkung, mit Wolken meist über den Bergen. Wolkenbasis bei 3500 Fuß, gute Sicht. Nordwind, 10 Knoten.« Diese Bedingungen begünstigten einen Überraschungsangriff. Die

Flugzeuge mit dem Zeichen der aufgehenden Sonne wurden von Cumulusbänken über den Bergen verdeckt, bis die Staffeln bereit waren, sich zu teilen und ihre Ziele anzufliegen.

Die Japaner hatten einen Verlust von 33 Prozent aller teilnehmenden Einheiten erwartet. Insbesondere dachten sie, wenigstens einen Träger der »Akagi«-Klasse und einen Träger der »Soryu«-Klasse zu verlieren. Sie rechneten außerdem mit dem Verlust aller Klein-U-Boote, deren »Besatzungen auf den Tod vorbereitet worden waren«, und mit letzterer Einschätzung sollten sie Recht behalten.[8] Vor dem Angriff wurde kein Versuch gemacht, die wahrscheinlichen Verluste an Flugzeugen zu berechnen, aber die Verluste blieben viel geringer, als selbst die optimistischsten Schätzungen angenommen hätten. Nur 27 Maschinen kehrten nicht zu den Trägern zurück.

Zu keiner Zeit wurde eine Landung auf Hawaii erwogen. Das japanische Oberkommando glaubte, daß eine Landungsoperation unüberwindliche Probleme aufwerfen würde. Truppentransporter und Frachtschiffe zur Beförderung der riesigen Menge an Nachschub, der zum Unterhalt einer Expeditionsstreitmacht nötig war, hätten einen großen Konvoi erforderlich gemacht, wobei das Marschtempo des Kampfverbandes sich nach der Geschwindigkeit des langsamsten Schiffes hätte richten müssen. Wenn aber die Geschwindigkeit geopfert wurde, galt es als unwahrscheinlich, eine Überraschung zu erzielen.

Die Japaner hielten es zudem für unmöglich, auf den Luftangriff in einem zeitlichen Abstand von weniger als einem Monat eine Landungsoperation folgen zu lassen. Sie unterschätzten anscheinend den Schaden, den sie anrichten würden, und sie wußten nicht, wie schlecht Hawaii darauf vorbereitet war, sich gegen ein einem Angriff unmittelbar folgendes starkes Landungsunternehmen zu verteidigen. Nach der Kapitulation Japans äußerte Kapitän Ryonosuke Imamura, Sekretär des Marineministeriums:

> »Wir hatten auf einem so wichtigen Stützpunkt eine viel stärkere Verteidigung erwartet. Wir waren verblüfft. Unsere Flotte sollte bombardieren und sich dann zurückziehen. Wir hatten keine Truppen, mit denen wir eine Landung hätten durchführen können. Wenn wir sie gehabt hätten, dann hätten wir Hawaii vielleicht nehmen können, aber wir hatten gar keinen Plan dafür.«[9]

Am ersten Jahrestag des Angriffs versicherte Marineminister Knox, daß die Japaner zurückkehren und Pearl Harbor hätten nehmen können.[10] Diese Aussage muß aber mit einer gewissen Skepsis aufgenommen werden, da sie Knox zur Rechtfertigung dafür dienen sollte, daß die amerikanischen Verluste seit einem vollen Jahr verschwiegen wurden. Major General Walter C. Short, 1941 Kommandeur der Heerestruppen auf Hawaii, schätzte fünf Jahre später, daß Japan eine Streitmacht von 200 000 Mann benötigt hätte, um Hawaii einzunehmen. Sogar in diesem Falle hätte die Operation nur dann Erfolg haben können, wenn die amerikanische Flotte nicht präsent gewesen wäre, um die Verteidigung der Insel zu unterstützen.[11]

Japan führte den Angriff gegen Pearl Harbor mit dem Ziel, die amerikanische Flotte auszuschalten, und nach Meinung von Admiral Nagano erzielte seine Flotte bei dieser Aufgabe »einen viel größeren Erfolg« als erwartet.[12] General George C. Marshall, während des Krieges Chef des Generalstabes, sagte später aus:

»Wenn der Angriff erfolgreich zurückgeschlagen worden wäre, hätten die Japaner viel vorsichtiger sein müssen. Anstatt nach Süden (nach Malaya und Niederländisch-Indien) vorzustoßen, ohne Sicherung ihrer Verbindungslinien gegen Flankenangriffe, hätten sie es nicht wagen können, so vorzugehen, wie sie es tatsächlich taten – ein Großteil der amerikanischen Flotte wäre noch in einsatzbereitem Zustand gewesen.«[13]

Es gab andere und schwerwiegendere Fehler in der japanischen Strategie als den Verzicht auf den Versuch, Hawaii einzunehmen. Die Japaner hatten es auf unsere Schlachtschiffe abgesehen. Um diesen Angriff ohne Behinderung durchführen zu können, hatten sie es auch auf die Flugzeuge, die auf den Flugplätzen von Hawaii abgestellt waren, abgesehen. Flugzeuge lassen sich leicht ersetzen, besonders Typen, die veraltet sind oder es bald sein werden, wie es bei den meisten Maschinen auf Pearl Harbor der Fall war. Die Schlachtschiffe, die ausgeschaltet wurden, waren wegen ihres hohen Alters nur von geringem Nutzen. Aus den Aufzeichnungen geht außerdem hervor, daß im Verlauf des gesamten Pazifikkrieges nur in vier Fällen Schlachtschiffe auf andere Überwasserfahrzeuge gefeuert haben.[14]

Nach dem Krieg behauptete Rear Admiral Husband E. Kimmel, der am 7. Dezember das Kommando über die Pazifikflotte führte, daß eine richtige japanische Strategie die Flotte für lange Zeit außer Gefecht gesetzt hätte – sogar dann, wenn am Tag des Angriffs keine Schiffe im Hafen gelegen hätten. Er erklärte:

»Sogar wenn sie kein einziges Schiff versenkt hätten, hätten die Japaner den Stützpunkt lahmlegen können, wenn sie alle Treibstoffvorräte der Flotte, die offen dalagen, zerstört hätten. Das Ergebnis wäre schlimmer gewesen als es tatsächlich war, weil dies die Flotte gezwungen hätte, an die Westküste zurückzukehren. Aber unsere Treibstofflager auf Hawaii blieben unversehrt, und der Stützpunkt konnte weiter benutzt werden.«[15]

Er fügte hinzu, die Japaner hätten es nicht geschafft, die Flotte auszuschalten, weil seine drei Flugzeugträger und die meisten seiner schnellen Kreuzer – die wertvollsten Schiffe unter seinem Kommando – nicht im Hafen lagen.[16]

Vice-Admiral W. W. Smith, Kimmels Stabschef, behauptete, der Angriff sei

»der größte Fehler« Japans gewesen. Die Japaner, so erklärte er, schalteten nur die Schlachtschiffe aus, die von geringerem Wert waren als die zwei Flugzeugträger, die auf See waren und dadurch unbeschädigt blieben. Admiral Smith sagte ebenfalls, daß die Japaner die Pazifikflotte für Monate hätten lahmlegen können, wenn sie anstatt der Schlachtschiffe die Treibstofflager und Werkstätten auf Hawaii zerstört hätten. Wenn dies geschehen wäre, so sagte er, wäre der Stützpunkt unhaltbar geworden.[17]

Admiral Raymond A. Spruance, Oberbefehlshaber der Pazifikflotte zwischen November 1945 und Februar 1946, behauptete, der Angriff habe gezeigt, daß die Japaner den Wert von Seemacht als Offensivwaffe nicht verstanden hätten.

»Anstatt seine Anfangserfolge auszunutzen, lenkte der Feind seine Marine, die der unseren damals weit überlegen war, in den Südwestpazifik. Die Japaner hätten einen schnellen und entscheidenden Sieg erringen können, wenn der Stützpunkt Pearl Harbor zerschlagen worden wäre.«[18]

Ein anderer Fehler der Japaner war der, daß sie es unterließen, in den ersten Tagen des Krieges die Insel Midway zu besetzen. Sie gaben sich damit zufrieden, Midway in der Nacht vom 7. Dezember zu beschießen, aber die Verteidiger erzielten mit ihren Küstengeschützen drei Treffer auf einem Zerstörer und mindestens zwei auf einem Kreuzer, bevor sich der angreifende Verband zurückzog. Wenn die Japaner die Einnahme von Midway gewollt hätten, dann hätten sie die Verteidigung der Insel in den ersten Tagen und Wochen nach Pearl Harbor auf ihrem Tiefpunkt gefunden. Aber erst sechs Monate später machten die Japaner einen ernsthaften Versuch, die Insel einzunehmen, und dann war es zu spät. Die vernichtende Niederlage der kaiserlichen Flotte in der Schlacht bei Midway vom 4. bis 6. Juni 1942 war ein Wendepunkt des Krieges und eine der großen Entscheidungsschlachten der Geschichte.

Nach dem Angriff auf Pearl Harbor hatte die japanische Trägerkampfgruppe Befehl, sich mit Höchstgeschwindigkeit aus den Gewässern von Hawaii zurückzuziehen. Mit Ausnahme von 27 Flugzeugen kehrten zwischen 10.30 Uhr und 13.30 Uhr alle sicher auf die Flugdecks zurück, und der Kampfverband entfernte sich in nordwestlicher Richtung. Die Flugzeugträger hatten nach Aussage des Kommandeurs des Fliegergeschwaders, Fregattenkapitän Fuchida, die Absicht, auf der Rückfahrt Midway zu bombardieren. Doch sie änderten ihre Pläne, als sich das Wetter verschlechterte.

Auf der Rückfahrt nach Japan, so berichtet Fuchida, verließen zwei Träger die Flotte, um die Insel Wake anzugreifen, die am Abend des 22. Dezember nach 15tägiger Belagerung einem japanischen Landungsverband in die Hände fiel. Der Rest der Trägerkampfgruppe kehrte auf einem Umweg nach Japan zurück und erreichte am 22. Dezember Kure. Japanische Offiziere berichteten, daß es an Bord der Schiffe keine besondere Aufregung und keine Feiern gab, außer, daß »die Piloten nach der Rückkehr auf ihre Träger einen guten Schluck zu sich nahmen«. Feierlichkeiten mögen angemessen gewesen sein, sie wären aber in jedem Fall nur kurzlebig gewesen. Vier der Flugzeugträger, die Pearl Harbor angegriffen hatten – die *Kaga*, *Akagi*, *Soryu* und *Hiryu* – wurden sechs Monate später in der Schlacht bei Midway versenkt. Die *Shokaku* ging in der Schlacht bei den westlichen Marianen verloren, und die *Zuikaku* in der zweiten Schlacht in der Philippinen-See. Fuchida glaubte, er sei der einzige Flieger des Angriffsverbandes, der den Krieg überlebt habe. (Hier irrte Fregattenkapitän Fuchida; noch im Dezember 1991, am 50. Jahrestag von Pearl Harbor, lebten in Japan mindestens sieben Piloten der kaiserlichen Marine, die an dem Angriff teilgenommen hatten, siehe *International Herald Tribune*, 7./8. Dezember 1991, W. P.)

KAPITEL 3

Die aufgehende Sonne

Am Mittwoch, dem 3. Dezember, befand sich der Flugzeugträger *Enterprise*, der von Vice-Admiral William F. Halsey kommandiert wurde, 1900 Meilen westlich von Pearl Harbor. Er war das Flaggschiff eines Kampfverbandes, der aus drei schweren Kreuzern und neun Zerstörern bestand. Der Verband hatte Pearl Harbor am 28. November verlassen, um ein Dutzend Jagdflieger der Marineinfanterie mit ihren »Grumman Wildcats« nach Wake Island zu befördern. Die Piloten waren von ihrer Abreise so kurzfristig in Kenntnis gesetzt worden, daß einige sich nur mit den Kleidern, die sie am Leibe trugen, an Bord meldeten.

Admiral Halsey hatte Funkstille angeordnet und war mit seinen Schiffen abgedunkelt gefahren. Erst am zweiten Tag auf See erfuhr der Kampfverband, daß sein Ziel Wake war. Am 3. Dezember flogen die Marines nach Wake, und die *Enterprise* wendete und fuhr zurück nach Pearl Harbor. Marinepiloten an Bord des Trägers flogen in allen Himmelsrichtungen um das Schiff Aufklärung. Ein junger Offizier auf der *Enterprise*, der ein inoffizielles Logbuch führte, notierte darin:

»Vogt sagt, er habe an der Grenze seiner Reichweite eine große Flotte gesehen, aber es war dunstig und sein Treibstoff war knapp, deshalb ist er sich nicht sicher. Irgendeine Einbildung!«[1]

Was Pilot Ensign John H. L. Vogt auch immer durch die Wolkendecke gesehen haben mag, wir werden es niemals erfahren. Er kann die japanische Trägerkampfgruppe auf ihrer Fahrt nach Pearl Harbor gesehen haben. Wenn dem so war, dann befand sich diese weitab von ihrem vorgesehenen Kurs. Er kann auch einen Teil von Admiral Shimizus Vorhut gesehen haben, obwohl dies ebenso unwahrscheinlich sein dürfte. Es können auch andere japanische Flotteneinheiten gewesen sein, die Wake ansteuerten, um es anzugreifen. Wegen der Funkstille wurde keine Meldung über Vogts Bericht nach Pearl Harbor durchgegeben. Im Morgengrauen des 7. Dezember startete Vogt von der *Enterprise* und flog in eine Formation von Feindflugzeugen, die Pearl Harbor angriffen. Er wurde abgeschossen.

Es gab weitere Anzeichen dafür, daß etwas in der Luft lag. Der Kreuzer *Boise*, der 3400 Meilen von Pearl Harbor entfernt amerikanische Handelsschiffe zum Nordosten von Guam geleitete, sichtete in der Nacht vom

27. November in etwa 15 000 m Entfernung ein abgedunkeltes Schiff. Die *Boise* rief das Schiff an, erhielt aber keine Antwort. Am folgenden Abend, um 17.33 Uhr, sichtete der Kreuzer abermals in großer Entfernung ein abgedunkeltes Schiff. »Es schien vom Typ ›Atago‹ (eine japanische Kreuzerklasse) zu sein«, hielt das Logbuch fest.

Die Gefechtsstationen wurden besetzt, und die *Boise* änderte bei jeder Gelegenheit Geschwindigkeit und Kurs, aber weder wurde die Identität des unbekannten Schiffes festgestellt noch etwas unternommen. Die abgedunkelten Schiffe befanden sich 1400 Meilen abseits des Kurses, den die für Pearl Harbor bestimmte japanische Trägerkampfgruppe genommen hatte. Es wurde kein Bericht an den Flottenstützpunkt gefunkt.[2]

Am Abend des 6. Dezember sichtete der Flugzeugtender *Wright* westlich von Hawaii ein weiteres nicht identifiziertes Schiff ohne Lichter, machte aber wiederum wegen des Befehls, Funkstille zu halten, keine Meldung. Die *Wright*, eine Einheit von Halseys Kampfverband, rief das unbekannte Schiff zwischen 20.00 Uhr und Mitternacht mehrmals an, aber das Schiff antwortete nicht und geriet außer Sicht. Später wurde vermutet, daß dieses Fahrzeug ein japanisches U-Boot gewesen sein könnte.[3]

Die Aufzeichnungen des Marineministeriums geben ein weiteres Rätsel auf. Am 5. Dezember operierte ein amerikanisches Wachfahrzeug nördlich von Hawaii unmittelbar im Bereich des Anmarschweges der japanischen Trägerkampfgruppe. Am folgenden Tag war das Wachfahrzeug auf der Seekarte der Navy mit den aktuellen Schiffspositionen nicht mehr vorhanden, und für sein »Verschwinden« wurde niemals eine Erklärung abgegeben.[4]

Obwohl all diese Zwischenfälle, wenn man sie zusammen betrachtete, auf ein außergewöhnliches Ereignis hindeuteten, wurde vor dem Angriff keiner davon nach Pearl Harbor gemeldet. Es wird aber noch von weiteren Begegnungen berichtet, die Kriegsschiffe im Flottenoperationsgebiet um Pearl Harbor in den Morgenstunden des 7. Dezember hatten.

Die erste davon ereignete sich um 3.58 Uhr, als der Minensucher *Condor* dem Zerstörer *Ward* ein Lichtsignal gab, daß ein verdächtiges Objekt, vermutlich ein U-Boot, westlich des Räumgebiets in der Dunkelheit entdeckt worden sei.[5] Lieutenant William W. Outerbridge, der die *Ward* kommandierte, gab Generalalarm und suchte fast eine Stunde lang die See ab, ohne etwas zu finden. Outerbridge kehrte in seine Koje zurück, und Lieutenant O. W. Goepner, ein Reservist des Northwestern University Naval Reserve Officers' Training Corps, übernahm das Kommando.

Um 6.37 Uhr weckte Goepner Outerbridge und deutete auf den Kommandoturm eines U-Bootes, der sich zwischen der *Ward* und dem Zielschiff *Antares*, das sein Floß nach Pearl Harbor schleppte, befand. Ein PBY-Flugboot der Navy, das von einer Patrouille zurückkehrte, warf eine Rauchbombe, um den Standort des U-Bootes zu markieren. Die Silhouette des Kommandoturms war ungewöhnlich, und das aus gutem Grund. Es war eines von Admiral Shimizus Klein-U-Booten.

Um 6.45 Uhr eröffnete die *Ward* auf Befehl Goepners das Feuer aus dem Geschütz Nr. 1 am Bug. Dann feuerte Geschütz Nr. 3 vom Mitteldeck und erzielte in Kernschußweite auf 70 Meter mit dem ersten Schuß einen Treffer auf dem Kommandoturm. Die *Ward* ließ anschließend einen Reihenwurf von vier Wasserbomben folgen, aber das Geschütz Nr. 3 hatte das U-Boot bereits erledigt.

Um 6.51 Uhr wurde es für versenkt erklärt, und Outerbridge funkte nach Pearl Harbor: »Wir haben ein U-Boot mit Wasserbomben belegt, das in der Verteidigungszone operierte.« Um diese aufsehenerregende Nachricht zu unterstreichen, sandte Outerbridge zwei Minuten später eine zweite Meldung: »Wir haben ein U-Boot, das in der Verteidigungszone operierte, angegriffen, beschossen und mit Wasserbomben belegt.« Der Funker auf der Marinefunkstation bei Bishop's Point bestätigte den Empfang.[6]

Dies geschah eine volle Stunde vor dem japanischen Luftangriff auf Pearl Harbor. Zwei Meldungen, die die Streitkräfte auf der Insel hätten warnen sollen, waren bereits abgesandt worden, und nun wurde von einem PBY-Flugboot, das in der Luft kreiste, ein dritter Bericht gefunkt. Diese Meldung wurde von Commander Knefler McGinnis in Empfang genommen, Kommandeur des Patrouillengeschwaders 1 auf der Marineflugstation bei Kaneohe. McGinnis war besorgt, daß ein amerikanisches U-Boot versenkt worden war. Er war eine Stunde später noch mit der Überprüfung des Vorfalls beschäftigt, als Flugzeuge mit dem Zeichen der aufgehenden Sonne auftauchten und alle Flugboote, die in der Bucht lagen oder auf den Rampen standen, zusammenschossen. Nur drei Flugboote, die sich noch in der Luft befanden, entgingen dem ersten Angriff, aber eines wurde bei der Landung völlig zerschossen.[7]

Die Meldung Outerbridges wurde um 7.12 Uhr oder früher auf dem Flottenstützpunkt von Pearl Harbor vom wachhabenden Offizier in Empfang genommen, der sofort seinen Stabschef davon in Kenntnis setzte. Der Bericht wurde aber nicht zum Anlaß genommen, den Übergang zu einem höheren Bereitschaftsgrad anzuordnen. Das Army Board of Inquiry, das das Desaster 1944 untersuchte, bemerkte dazu:

»Dies war einer der größten in einer Reihe von Fehlern, die an diesem schicksalhaften Morgen gemacht wurden. Die Navy gibt zu, daß sie General Short nicht so informierte, wie sie es hätte tun sollen.«[8]

Inzwischen sichtete die *Ward* auf der Heimfahrt nach Pearl Harbor einen Sampan mit Motorantrieb, der in der Sperrzone nichts zu suchen hatte. Als der Zerstörer auf dieses Fahrzeug lossteuerte, kamen drei Japaner an die Reling, wobei zwei die Hände in die Luft hoben und der dritte eine weiße Fahne schwenkte. Das waren Zeichen der Übergabe, die auf einen Kriegszustand hindeuteten. Der Sampan wurde von einem Kutter der Küstenwache in Schlepp genommen, aber wieder wurde keine Warnung an Land geschickt.[9]

Es gab noch mindestens einen weiteren Vorfall auf See, der, wenn er an den Stützpunkt weitergemeldet worden wäre, einen Großalarm gerechtfertigt hätte. Als die *Enterprise* noch 200 Meilen von Pearl Harbor entfernt war, startete sie ihre Flugzeuge, um Oahu anzufliegen. Einer der startenden Piloten war Ensign Manuel Gonzalez von der 6. Bomberstaffel. Irgendwo schnitt der Rand des Schwarmes den Kurs der japanischen Angriffsformation. Auf dem Träger konnte man über Funk den Schrei von Gonzalez hören: »Nicht schießen! Das ist ein amerikanisches Flugzeug.« Das war alles. Er wurde abgeschossen. Wieder wurde keine Warnung an den Flottenstützpunkt gefunkt.[10]

Ein noch unerklärlicheres Versagen ereignete sich an Land. Das Radar-Luftwarnsystem der Army war zwischen 4.00 und 7.00 Uhr, der Zeit, zu der die Station am 7. Dezember geschlossen wurde, in Betrieb. Zwei Soldaten, Joseph E. Elliott und Joseph L. Lockard, hatten die Station besetzt, die bei Opana auf Kahuku Point, im äußersten Norden auf der Pearl Harbor entgegengesetzten Seite von Oahu lag. Lockard bediente den Detektor, und Elliott wertete die Informationen aus.

Zwischen 6.45 und 6.59 Uhr stellten Lockard und Elliott nordöstlich von Hawaii in einer Entfernung von höchstens 100 Meilen mindestens zehn nichtidentifizierte Flugzeuge fest. Elliott erinnerte sich vier Jahre später daran, daß sie diese Flugzeuge der Nachrichtensammelstelle der Army meldeten[11], wo an diesem Tag Lieutenant Kermit A. Tyler, ein Offizier des Air Corps, der Diensthabende war; aber dort wurde nichts unternommen.

Als es für die beiden Soldaten Zeit wurde, ihren Dienst zu beenden, bat Elliott, die Station nach 7.00 Uhr weiterbetreiben zu dürfen, um die Bedienung des Detektors zu erlernen. Lockard willigte ein, und während er das Gerät einstellte, um mit der Unterweisung zu beginnen, bemerkte er auf dem Radarschirm ein ungewöhnliches Bild, das auf die Annäherung einer großen Zahl von Flugzeugen hindeutete. Diese unbekannten Flugzeuge, die um 7.02 Uhr erfaßt wurden, waren 137 Meilen entfernt und näherten sich Oahu aus 3 Grad Nordost.[12]

Lockard meldete diese Entdeckung innerhalb von sieben Minuten an die Nachrichtensammelstelle. Tyler war abwesend, aber der Telephonist konnte ihn ausfindig machen, und nach zwei oder drei Minuten lauschte Tyler dem Bericht Lockards.

»Tylers Antwort«, bemerkte der Bericht des Army Board, »war eine Katastrophe. Er sagte dem Sinn nach ›vergeßt es‹. Tylers Handlungsweise ist auch dann unentschuldbar, wenn er erklärt, er habe sich nur zur Ausbildung dort befunden und über keine Kenntnisse verfügt, die ihn befähigt hätten, zu handeln. Dennoch maßte er sich an, Anordnungen zu erteilen, anstatt nach einer kompetenten Person zu suchen, die eine Entscheidung hätte treffen können.«[13]

Aber nicht nur Tyler unterließ es zu handeln. Auch die Armee versäumte es nach dem Angriff zwei Tage lang, Admiral Kimmel von der Erfassung des anfliegenden Angriffsverbandes durch Radar zu informieren. Dadurch wurden die Suchflugzeuge der Navy völlig von der Spur abgelenkt, als sie versuchten, die japanische Trägerkampfgruppe aufzuspüren. Die Suchflugzeuge zogen ihre Kreise im Süden und Südwesten, ohne zu wissen, daß die feindlichen Maschinen von Norden angeflogen waren.[14]

Inzwischen verfolgten Lockard und Elliott weiterhin die herankommenden Flugzeuge, bis sie sich etwa um 7.35 Uhr Oahu bis auf 20 Meilen genähert hatten. Dann brach der Radarkontakt ab. 15 bis 20 Minuten später erschienen die ersten Feindflugzeuge über den Flugplätzen von Hawaii und durchstießen über dem Flottenstützpunkt von Pearl Harbor die Wolken. Tylers spätere Erklärung lautet, er habe geglaubt, Lockard und Elliott hätten eine Kette von zwölf B-17 erfaßt, von denen er wußte, daß sie von Hamilton Field in Kalifornien im Anflug waren.[15] Einige dieser Flugzeuge trafen tatsächlich während des Angriffs ein und wurden von den Japanern zerstört, aber Tylers Rechtfertigung läßt die Tatsache unberücksichtigt, daß die erwarteten Flugzeuge sich 200 Meilen abseits ihres Kurses befunden hätten, wenn es sich wirklich um sie gehandelt hätte.

Der größte Fehler war jedoch der, daß die Garnison und der Flottenstützpunkt nicht rechtzeitig vor dem Angriff alarmiert wurden. Die Army hatte am 27. November Alarmstufe 1 in Kraft gesetzt – Abwehr von Sabotage und Unruhen, keine äußere Bedrohung. Von den drei Alarmstufen entsprach diese am wenigsten einer vollen Kriegsbereitschaft.[16] Die Navy hatte ihren Alarmzustand Nr. 3 angeordnet, der es einem Teil der Flak und den Batterien der zweiten Linie erlaubte, im Falle eines überraschenden Gefechts das Feuer zu eröffnen. Dies war bei ihren Stufen der niedrigste Bereitschaftsgrad.[17]

Diese beschränkte Alarmbereitschaft war die Folge von Befehlen höchster Stellen in Washington. Die Truppenführer glaubten, daß genau das von ihnen erwartet wurde. Weder die Army noch die Navy waren am 7. Dezember auf Hawaii darauf vorbereitet, mit einem entschlossen geführten Überraschungsangriff fertig zu werden. Insbesondere die Anti-Sabotage-Maßnahmen der Army spielten den Japanern in die Hände: mit wenigen Ausnahmen standen alle Flugzeuge Tragfläche an Tragfläche aufgereiht, um sie mit einer Postenkette besser bewachen zu können. So bildeten sie ein perfektes Ziel für Bomben und Maschinengewehre.

Die Situation, die aufgrund der angeordneten Bereitschaftsgrade am 7. Dezember herrschte, wurde von Army Board wie folgt beschrieben:

»Die Marine führte keine Fernaufklärung durch; die üblichen vier oder fünf PBY's waren nicht draußen; die Flakartillerie hielt nicht ihre üblichen Sonntagsmöver mit der Marineluftwaffe ab; die Flugzeugträger und ihre Flugzeuge waren an diesem Sonntag weit entfernt von Oahu; die Flugzeuge befanden sich am Boden und wurden sowohl von der Armee als auch der Marine eng beieinander geparkt; die Flotte befand sich im Hafen, mit Ausnahme der Task Forces 9 und 12, die aus mehreren Kreuzern, Zerstörern und den beiden Flugzeugträgern *Lexington* und *Enterprise* bestanden.

Mit Ausnahme der Munition für die ortsfesten Flakgeschütze befand sich die gesamte Munition der Army in den Artilleriedepots, und die zwei Kampfdivisionen befanden sich wie die Flakartillerie in ihren Quartieren und nicht auf den Gefechtsständen. Aufgrund des Anti-Sabotagealarms Nr. 1 (der Army) war alles eng zusammen konzentriert. Dies schuf leichte Ziele für einen Luftangriff. Kurz gesagt, es war alles getan worden, um eine ideale Situation für einen Luftangriff zu schaffen, und die Japaner nutzten dies voll aus.«[18]

Außer auf die Aufklärungsflugzeuge, die sie eine Stunde vor Eintreffen ihrer Kampfflugzeuge nach Pearl Harbor entsandten, griffen die Japaner zur Gewinnung letzter Informationen auf U-Boot-Aufklärung zurück. Das Logbuch eines japanischen Zwei-Mann-U-Bootes zeigt, daß dieses Fahrzeug in den Hafen gelangte und Ford Island vollständig umrundete. Das Einlaufen erfolgte etwa um 4.10 Uhr, als das U-Boot-Netz vor der Hafeneinfahrt offen war, um einem Leichter mit Abfällen das Verlassen des Hafens zu ermöglichen.

Der U-Boot-Kommandant identifizierte die Schiffe an ihren Ankerplätzen so gut, wie er es im unsicheren Licht des frühen Morgengrauens konnte, aber er identifizierte nicht ein einziges Schiff richtig. Er beendete die Rundfahrt durch den Hafen um 4.30 Uhr und kehrte dann durch den Kanal auf die offene See zurück. Das U-Boot-Netz war um 4.58 Uhr wieder geöffnet worden, um zwei Minensuchern die Einfahrt zu ermöglichen, und es blieb bis 8.40 Uhr offen, als es infolge des Angriffs auf Befehl geschlossen wurde. So hatte das U-Boot keine Schwierigkeiten, aus dem Hafen herauszukommen.[19]

Die Aufzeichnungen über die Flotteneinheiten und die von ihnen eingenommenen Positionen, wie sie auf der Karte des U-Boot-Kommandanten vermerkt sind, unterscheiden sich beträchtlich von den wirklichen Gegebenheiten am 7. Dezember. Deshalb gab es Meinungsverschiedenheiten darüber, ob das U-Boot seine Fahrt tatsächlich in den Stunden unmittelbar vor dem Angriff oder an einem der Tage vor dem 7. Dezember gemacht hatte.[20] Rear Admiral T. B. Inglis, Chef des Marinenachrichtendienstes, zweifelte 1945 daran, ob das U-Boot überhaupt jemals in den Hafen eingedrungen sei.

Er erklärte: »Es gab Verwechslungen bei der Übersetzung der japanischen Zeitformen von Präsens und Futur.« Das Logbuch habe eher das wiedergegeben, was der japanische Kommandant zu tun beabsichtigte als das, was er wirklich getan hatte.[21] Die Aussage des Admirals erklärt jedoch nicht, warum der japanische Offizier, wenn er die Fahrt durch den Hafen nie gemacht haben soll, auf seine Karte schrieb, als er glaubte, er habe den Flugzeugträger *Saratoga* ausgemacht: »Ich habe ihn mit eigenen Augen gesehen!«[22] Der »Flugzeugträger«, den er irrtümlich identifiziert hatte, war in Wirklichkeit das alte Schlachtschiff *Utah*, das abgerüstet und zu einem Zielschiff umgebaut worden war. Die Tatsache, daß die angreifenden japanischen Flugzeuge ihm besondere Aufmerksamkeit schenkten, deutet darauf hin, daß das feindliche U-Boot nicht nur die Fahrt durch den Hafen machte, sondern seine Beobachtungen auch über Funk der Trägerkampfgruppe meldete.

Ohne Zweifel befand sich am 7. Dezember noch ein weiteres japanisches U-Boot in Pearl Harbor. Es drang ein, nachdem das Anti-U-Boot-Netz um 4.58 Uhr geöffnet worden war. Um 8.35 Uhr, 40 Minuten nachdem der Angriff begonnen hatte, tauchte es auf, um sich einen Überblick zu verschaffen. Ein halbes Dutzend Schiffe eröffneten das Feuer auf den Kommandoturm; das Boot wurde vernichtet, als es vom Zerstörer *Monaghan* gerammt und, nachdem es unter seinem Bug verschwunden war, mit Wasserbomben belegt wurde. Später wurde das U-Boot mitsamt seiner Zwei-Mann-Besatzung als Teil einer Aufschüttung für einen neuen Landpier beim U-Boot-Stützpunkt von Pearl Harbor benutzt.[23]

Das U-Boot, von dem man glaubt, daß es die Fahrt um Ford Island gemacht hat, lief später auf offener See nahe Bellow Fields, südöstlich der Bucht von Kaneohe, auf ein Riff. Als es festsaß, wurde es von einer Bombe, die von einem Marineflugzeug abgeworfen wurde, auf die andere Seite des Riffs geschleudert. General Short berichtete später, Heerestruppen hätten ein Seil um das Fahrzeug geworfen und es an Land gezogen, wo sie die beiden Besatzungsmitglieder gefangennahmen;[24] der Nachrichtendienst der Army gab aber vier Jahre nach dem Angriff nur die Gefangennahme des Kommandanten, Unterleutnant Kazuo Sakamaki, bekannt.[25]

Die übrigen fünf Klein-U-Boote gingen alle verloren, was von einer späteren japanischen Ehrung bestätigt wird, die allen zehn Besatzungsmitgliedern eine »posthume« Beförderung zuerkannte.[26]

Sonnenaufgang war in Pearl Harbor am 7. Dezember um 6.26 Uhr.[27] Zu dieser frühen Stunde befanden sich mindestens drei Zivilflugzeuge in der Luft. Roy Vitousek, ein Rechtsanwalt, fand sich plötzlich in einer Formation fremder Flugzeuge wieder. Cornelia Fort, eine zivile Fluglehrerin, war mit einem Flugschüler oben. James Duncan, Mitglied eines Fliegerclubs, nahm gerade eine Unterrichtsstunde bei Thomas Pomerlin, einem Zivilpiloten. Alle drei Flugzeuge kamen trotz des heftigen japanischen Maschinengewehrfeuers sicher herunter.

Der angreifende Verband näherte sich auf drei Anflugrouten. Eine Gruppe überflog die Insel direkt von Norden und griff auf ihrem Weg nach Pearl Harbor den Armeeflugplatz Wheeler Field an. Eine zweite Gruppe kam von Osten und griff die Marineflugstation in der Bucht von Kaneohe, den Armeeflugplatz Bellows Field und Pearl Harbor an. Die dritte Gruppe der Japaner flog von Süden an und attackierte Pearl Harbor und Hickham Field, den gegenüberliegenden Flughafen der Army. Der Flugplatz der Navy bei Ewa wurde offenbar von einem Verband zerstört, der sich von Osten auf die Flugstation bei Kaneohe gestürzt hatte.

Der Feind eröffnete das Feuer um 7.50 Uhr bei Kaneohe.[28] Fünf Minuten später folgte der Angriff auf Pearl Harbor. Bei Kaneohe vernichteten die Japaner 27 Flugboote und ein Beobachtungsflugzeug. Auf dem Marineflugplatz von Ford Island wurden 26 Flugzeuge am Boden zerstört – 19 Patrouillenbomber, drei Aufklärungsbomber und vier Jäger. Nur drei Flugzeuge waren später in der Lage, von Ford Island aus aufzusteigen. Auf Ewa, dem Flugplatz der Navy, wurden neun Jäger, 18 Aufklärungsbomber, drei Mehrzweckflugzeuge, zwei Transportmaschinen und ein Schulflugzeug – insgesamt 33 – zerstört.[29]

Auf Hickam Field vernichteten die Japaner vier Bomber vom Typ B-17, zwölf Bomber B-18 und zwei leichte Bomber A-20 – insgesamt 18 Flugzeuge. 40 Jagd- und zwei Beobachtungsflugzeuge wurden auf Wheeler Field zerstört, und ein Beobachtungsflugzeug und zwei Jäger auf Bellows Field. Elf Flugzeuge der 8. Aufklärungsstaffel, die von der *Enterprise* kamen, wurden über Pearl Harbor abgeschossen, und von den 18 Sturzkampfbombern, die von dem Träger gestartet und in den Angriff hineingeraten waren, gingen fünf verloren. Von zehn der 16 verlorengegangenen Trägerflugzeuge glaubt man, daß sie vom Flakfeuer amerikanischer Geschütze abgeschossen oder zur Bruchlandung gezwungen worden waren.[30]

Die Flugplätze auf Hawaii waren zuerst angegriffen worden, um ein Eingreifen amerikanischer Flugzeuge soweit wie möglich zu verhindern. Die Angriffe konzentrierten sich auf die Vorfelder, auf denen die Maschinen abgestellt waren, auf die Flugzeughallen und auf die Werkstätten. Fast 200 amerikanische Flugzeuge gingen verloren.[31]

Nur auf dem abseits gelegenen Armeeflugplatz Haleiwa Field, der den Japanern offenbar unbekannt war, entgingen einige wenige Jagdflugzeuge dem feindlichen Angriff. An diesem Sonntagmorgen übte dort eine Staffel Kurzlandungen.[32] Zwei Ketten, jede aus vier P-40 und einer veralteten P-36 bestehend, konnten von diesem Flugplatz aufsteigen, um den Kampf mit den Japanern aufzunehmen. Major (damals Second Lieutenant) George S. Welch und sein Flügelmann, Second Lieutenant Kenneth M. Taylor, kamen beide auf Haleiwa mit ihren Maschinen vom Boden hoch; Welch schoß vier Feindflugzeuge ab und Taylor zwei. Über dem Flottenstützpunkt von Pearl Harbor erschienen die ersten Feindflugzeuge um 7.55 Uhr, gerade als die morgendliche Signalflagge fünf Minuten vor dem Fahnenappell auf dem Signalturm, der sich auf dem Wassertank der Marinewerft befand, aufgezogen wurde. Von diesem Turm aus lag ganz Pearl Harbor vor den Signalgasten ausgebreitet. An jenem Morgen lagen 94 Schiffe im Hafen: acht Schlachtschiffe, zwei schwere Kreuzer, sechs leichte Kreuzer, 29 Zerstörer, fünf U-Boote, ein Kanonenboot, acht große Minenleger, ein kleiner Minenleger, vier große Minensucher, sechs kleine Minensucher und 24 Hilfsschiffe.[33]

Das Schlachtschiff *Pennsylvania* lag mit den Zerstörern *Cassin* und *Downes* im Trockendock Nr. 1. Links davon, im Trockendock Nr. 2, befand sich der Zerstörer *Shaw*. Der leichte Kreuzer *Helena* war entlang dem 10–10 Dock festgemacht, der Minenleger *Oglala* außerbords von ihm vertäut. Der leichte Kreuzer *Honolulu* lag auf einem der Werftliegeplätze nordöstlich der *Helena*.

In der »Battleship Row« auf der Südseite von Ford Island waren in folgender Reihe zusammengezogen: die *California*, dann die *Neosho*, ein 21 000 t Öltanker; die *Oklahoma* und die *Maryland*, die paarweise vertäut waren; die *West Virginia* und die *Tennessee*, ebenfalls paarweise; die *Arizona* und das 9000 t Werkstattschiff *Vestal*, wobei die *Arizona* innerbords lag, und zuletzt die *Nevada*. Auf der Nordseite der Insel waren der leichte Kreuzer *Raleigh* und das Zielschiff *Utah* festgemacht, und der Seeflugzeugtender *Curtiss* lag gegenüber der *Utah* abseits von Peninsula Point. Von diesen 19 Schiffen überstand nur die *Neosho* den japanischen Angriff unbeschädigt.

Die meisten Schäden erlitten sowohl die Flugzeuge wie auch die Schiffe innerhalb der ersten Minuten des Angriffs, der nach einer Stunde und 50 Minuten vorüber war. Der Angriff lief etwa in den folgenden Phasen ab: I. 7.55–8.25 Uhr, kombinierter Angriff von Torpedoflugzeugen und Sturzkampfbombern; II. 8.25–8.40 Uhr, relative Ruhe; III. 8.40–9.15 Uhr, Horizontalbomberangriff; IV. 9.15–9.45 Uhr, Sturzkampfbomberangriff; V. 9.45 Uhr, Nachlassen der Angriffe und Beendigung der Einflüge.[34]

Am ersten Torpedoangriff nahmen 21 Flugzeuge teil, unterstützt von 30 Sturzkampfbombern und 15 Horizontalbombern. Den japanischen Torpedobombern waren genaue Ziele unter den schweren Flotteneinheiten zugewiesen worden. Sie waren mit Torpedos ausgerüstet, die für die flachen Gewässer von Pearl Harbor besonders hergerichtet waren. An den Torpedos waren hölzerne Flügel angebracht worden, so daß sie nicht so tief sanken, wenn sie von den Flugzeugen abgeworfen wurden. Die Zünder waren dafür konzipiert, bereits nach kurzer Laufzeit scharf zu werden, so daß sie im engen Raum des Hafens wirken konnten.[35] Die Sprengköpfe der japanischen Torpedos waren zu jener Zeit größer und stärker als die aller Torpedos, die bei anderen Kriegsmarinen in Gebrauch waren.

Es wurden all diejenigen Schlachtschiffe torpediert, die in der »Battleship Row« außerbords festgemacht waren. Ein Torpedo lief unter der *Oglala* hindurch und detonierte an der *Helena*, wobei der Explosionsdruck die Seitenplatten der *Oglala* eindrückte, die eine Stunde später kenterte.

Auf der Nordseite von Ford Island wurde die *Raleigh* von einem Torpedo getroffen, und die *Utah* kenterte, nachdem sie zwei Treffer erhalten hatte. Diese Angriffe wurden alle von Flugzeugen ausgeführt, die in einer Höhe von 100 Fuß oder weniger über der Wasserfläche anflogen und ihre Torpedos auf sehr kurze Entfernungen auslösten.

Bei den gleichzeitigen Angriffen der Sturzkampfbomber warf ein japanischer Pilot eine Bombe in den Schornstein der *Arizona*, deren vordere Kessel und Munitionskammern daraufhin hochgingen. Weitere Angriffe wurden mit Erfolg gegen die *Pennsylvania*, die *California*, die *West Virginia*, die *Tennessee*, die *Helena*, die *Shaw*, die *Curtiss* und die *Oglala* geflogen. Die Horizontalbomber erzielten Treffer auf der *California*, der *Utah*, der *Shaw* und den Docks der Marinewerft. Während der relativen Ruhepause zwischen 8.25 und 8.40 Uhr flogen etwa 15 Flugzeuge weiterhin Sturzkampfangriffe, die gegen die *Pennsylvania*, die *Oklahoma*, die *Maryland*, die *Nevada*, die *Honolulu*, die *Helena*, die *Cassin*, die *Downes*, die *Shaw* und die *Oglala* gerichtet waren.

Die folgenden Angriffe der Horizontalbomber richteten sich schwerpunktmäßig gegen die *Pennsylvania*, die *West Virginia*, die *California*, die *Helena*, die *Oglala* und die drei Zerstörer in den Trockendocks. Ungefähr 30 Flugzeuge nahmen an diesem Angriff teil, außerdem traten 18 Sturzkampfbomber in Aktion. Die Sturzkampfbomber verbuchten Treffer auf den Trockendocks Nr. 1 und 2, der *Tennessee*, der *West Virginia*, der *Nevada* und den drei Zerstörern.

In der vierten Phase, zwischen 9.15 und 9.45 Uhr, wurden wieder die drei Zerstörer und die *Raleigh* angegriffen. Auch auf die Einrichtungen von Ford Island, die Schlachtschiffe auf der Südseite der Insel, auf die Zerstörer und anderen Schiffe, die auf der Nordseite der Insel festgemacht waren, fielen Bomben. An dieser Schlußphase sollen schätzungsweise 27 Sturzkampfbomber teilgenommen haben. Um 9.45 Uhr hatten sich alle Feindflugzeuge zurückgezogen.

Außer den besonders hergerichteten Torpedos verfügte der Feind über eine weitere neuartige Waffe, die unerwartet gute Ergebnisse brachte. Es handelte sich dabei um eine große panzerbrechende Granate von 15 oder 16 Zoll, die für den Einsatz durch Horizontalbomber vorgesehen war. Mit dieser improvisierten Bombe wurden auf den Schlachtschiffen *California* und *Tennessee* sowie dem leichten Kreuzer *Raleigh* Treffer erzielt.[36]

Eine dieser Granaten durchschlug das zweite Deck der *California*, wo ein großer Teil der Schiffsbesatzung versammelt war. Dabei wurden viele Männer getötet, und die Detonation verursachte ein wütendes Feuer im Zwischendeck. Zwei weitere dieser Projektile trafen jeweils die Haupttürme der *Tennessee*. Eine der Granaten explodierte, und ein Splitter verletzte Captain Mervyn S. Bennion, Kommandant der nahe gelegenen *West Virginia*, tödlich. Die andere blies ihren Bodenzünder aus, und ihre Sprengladung brannte an Deck ab, ohne zu explodieren. Trotz dieser Treffer wurden auf der Tennessee nur fünf Männer getötet. Die Raleigh wurde achtern an der Backbordseite von einem Projektil getroffen, das mehrere Decks durchschlug und an der Seite des Schiffes wieder austrat, um schließlich in einer Entfernung von 50 Fuß zu explodieren.

Obwohl die Verteidiger überrascht und aus dem Gleichgewicht gebracht waren, wehrten sie sich mit großer Tapferkeit gegen den japanischen Angriff, aber die Verluste waren hoch. Der Angriff kostete 2326 Offizieren und Mannschaftsdienstgraden das Leben. Die Verluste der Marine betrugen 2086 Tote und 749 Verwundete, während die Armee 240 Tote und 360 Verwundete zu beklagen hatte. Die Gesamtverluste betrugen somit 3435 Mann.[37] Der Kongreß verlieh 15 Medaillen für während des Angriffs gezeigte Tapferkeit – davon waren elf posthum. Die Schäden an der Flotte:

Versenkt: fünf Schlachtschiffe, die *Arizona*, die *Oklahoma*, die *West Virginia*, die *California* und die *Nevada*; drei Zerstörer, die *Cassin*, die *Downes* und die *Shaw*; das Zielschiff *Utah*, das Werkstattschiff *Vestal*, der Minenleger *Oglala* und das Trockendock Nr. 2.

Beschädigt, aber schwimmfähig: drei Schlachtschiffe, die *Pennsylvania*, die *Maryland* und die *Tennessee*; drei leichte Kreuzer, die *Helena*, die *Honolulu* und die *Raleigh*, sowie der Seeflugzeugtender *Curtiss*.[38]

Die Japaner schätzten nach dem Angriff, daß sie vier Schlachtschiffe versenkt und vier weitere beschädigt sowie etwa die Hälfte der 900 Flugzeuge zerstört hatten, von denen sie annahmen, daß sie sich auf Oahu befanden.[39] Sie beurteilten die Verluste an Kriegsschiffen vorsichtig, übertrieben aber die Zahl der zerstörten amerikanischen Flugzeuge.

KAPITEL 4

Die Sündenböcke

In der Aufregung und Verwirrung, die am 7. Dezember 1941 herrschten, bemerkte man nicht sofort, daß die Spitzen der Regierung Roosevelt sich krampfhaft bemühten, ihre Überraschung und Betroffenheit unter Beweis zu stellen und die Verantwortung für das Desaster von Pearl Harbor von sich abzuwälzen. Die Ereignisse liefen für den Betrachter zu schnell ab, um erkennen zu können, daß die Absetzbewegungen der Politiker sehr viel erfolgreicher waren als die der Pazifikflotte.

Das kaiserliche Hauptquartier gab die japanische Kriegserklärung zwei Stunden und 35 Minuten nach dem Angriff bekannt.* Premierminister Shidehara erklärte vier Jahre später, nach der Kapitulation Japans, ein Verfahrensfehler habe verhindert, daß die Kriegserklärung das State Department in Washington rechtzeitig vor dem Angriff erreicht habe.[1] Admiral Nagano, Oberbefehlshaber der Vereinigten Kaiserlichen Flotte, berichtete, es sei die japanische Absicht gewesen, den Vereinigten Staaten die Kriegserklärung am 7. Dezember 1941 um 7.30 Uhr Hawaii-Zeit zu überreichen. Der notwendige Zeitabstand zwischen der Absendung dieser Depesche, ihrer Dechiffrierung in der japanischen Botschaft in Washington und ihrer Überbringung in das State Department, so seine Erläuterung, habe im besten Fall eine Benachrichtigung zeitgleich mit dem Angriff bedeutet.

»Zunächst«, so Nagano, »wollten wir eine einstündige Frist vor dem Angriff, aber die Vereinigten Staaten waren kriegsbereit und ihre Kommunikation ausgezeichnet, so daß die Frist auf 30 Minuten verkürzt wurde.«[2]

Am Montag schickte Mr. Roosevelt eine Botschaft an den Kongreß, in der er eine Kriegserklärung forderte. Die Kriegserklärung erhielt die Zustimmung beider Häuser bei einer Gegenstimme – jene der Kongreßabgeordneten Jeanette Rankin aus Montana, die schon 1917 gegen den Krieg mit Deutschland gestimmt hatte.[3]

Großbritannien, Kanada, Australien und Holland hatten Japan bereits den Krieg erklärt.[4] Am Donnerstag, dem 11. Dezember, erklärten Deutschland und Italien gemäß ihren Verpflichtungen aus dem Dreimächtepakt gegen-

---

* Um 6.00 Uhr Tokioter Zeit am 8. Dezember; dies entspricht 10.30 Uhr am 7. Dezember auf Hawaii oder 16.00 Uhr am 7. Dezember an der Ostküste; *New York Times*, 8. Dezember 1941

über Japan den Vereinigten Staaten den Krieg.[5] Am gleichen Tag verabschiedete der Kongreß zwei Resolutionen, die das Bestehen des Kriegszustandes mit diesen beiden Nationen feststellten,[6] nachdem Präsident Roosevelt eine Rede gehalten hatte, in der er erklärte: »Das, was wir lang gewußt haben, ist nun eingetroffen.«[7] Diese mehrdeutige Äußerung implizierte, daß Deutschland und Italien schon seit langem einen Angriff auf die Vereinigten Staaten geplant hatten. Wieder war das Abstimmungsergebnis einstimmig, mit Ausnahme von Miss Rankin, die sich der Stimme enthielt.

Inzwischen gab es unheilverkündende Berichte über die Verluste bei Pearl Harbor. Die ersten japanischen Kommuniqués besagten, daß die Schlachtschiffe *West Virginia* und *Oklahoma* versenkt sowie vier weitere Großkampfschiffe und vier Kreuzer beschädigt worden seien.[8] Der erste Bericht der amerikanischen Regierung kam aus dem Weißen Haus. Roosevelt gab die Zahl von etwa 3000 Opfern bekannt, die sich gleichmäßig auf Tote und Verwundete verteilten. Weiter hieß es, ein altes Schlachtschiff sei gekentert, ein Zerstörer in die Luft geflogen, verschiedene andere kleine Schiffe seien schwer beschädigt, eine große Zahl von Flugzeugen nicht mehr einsatzfähig, und schließlich seien verschiedene Flugzeughallen bei der Bombardierung der Armee- und Marineflugplätze zerstört worden.[9]

Das wahre Ausmaß der Verluste kannte der Präsident bereits am 7. Dezember. Etwas von seiner Bestürzung und seiner Betroffenheit übertrug sich auf die Kabinettsmitglieder und Kongreßführer, die ihn in jener Nacht im Weißen Haus aufsuchten. Roosevelt teilte ihnen mit:

> »Es tut mir leid dies sagen zu müssen, aber die Verluste waren außerordentlich hoch. In bezug auf die Schiffe, die versenkt wurden, kann ich nichts Definitives sagen. Es sieht so aus, als ob von acht Schlachtschiffen drei, möglicherweise auch noch ein viertes, versenkt wurden. Zwei Zerstörer sind in die Luft geflogen, während sie im Trockendock lagen. Zwei Schlachtschiffe sind schwer beschädigt. Mehrere andere kleine Schiffe wurden versenkt oder zerstört. Das Trockendock selbst wurde beschädigt ...
>
> Ich denke, das ist alles, was an Informationen verfügbar ist. Es wurde angeregt, die Verluste von Army und Navy und die ziemlich genauen Angaben, die ich über die Schiffe gemacht habe, in der Öffentlichkeit nicht zu erwähnen, weil wir daran denken müssen, daß detaillierte militärische Informationen, wie etwa die Schäden an den Schiffen oder die Verluste unter den Besatzungen – daß diese Informationen für den Feind wertvoll sind. Ich denke, das ist eine Frage der Klugheit, wie Sie alle zugeben werden.«[10]

Der erste »offizielle« Bericht über die Verluste kam von Marineminister Knox. Knox verließ Washington am 9. Dezember um 8.00 Uhr mit seinem eigenen Flugzeug, »sich seines Teils an der Verantwortung für den Überraschungsangriff auf Pearl Harbor bewußt«, wie Davis und Lindley es ausdrückten. »Der Marineminister betrachtete seine Mission als eine Buße.«[11]

Nach seiner Rückkehr nach Washington am 15. Dezember eilte Knox ins Weiße Haus und beriet sich mit Roosevelt. Später rief er die Presse in seinem Büro zusammen und gab bekannt, daß Armee und Marine den Verlust von insgesamt 2897 Toten, 879 Verwundeten und 26 Vermißten zu beklagen hatten. Die *Arizona*, die *Utah*, die *Shaw*, die *Cassin*, die *Downes* und die *Oglala*, so berichtete er, seien versenkt worden; die *Oklahoma* sei gekentert, könne aber geborgen werden; andere Schiffe hätten Beschädigungen erlitten, die in einer Woche bis mehrere Monate repariert werden könnten.[12]

Knox' für die Öffentlichkeit bestimmter Bericht war mit Hilfe von Commander Leland P. Lovette ausgearbeitet worden, den der Minister in Pearl Harbor angetroffen hatte, wo Lovette Kommandeur der 5. Zerstörerdivision war. Die Division hatte aus der *Cassin*, der *Downes* und der *Shaw* bestanden, die alle durch den japanischen Angriff zerstört worden waren.[13] Lovette, der später von Knox zum Direktor für Öffentlichkeitsarbeit der Marine ernannt wurde, war Offizier und ein Schriftsteller von einigem Ruf. Die Erklärung, die er und Knox verfaßten, hob den Heroismus der Männer in Pearl Harbor hervor, vermied es aber sorgfältig, der amerikanischen Nation etwa eine wahrheitsgemäße Darstellung der Schäden zu geben, die die Flotte erlitten hatte.

Von größerer Wichtigkeit als das, was Knox der Nation mitteilte, war die Entscheidung, die er und Roosevelt während der Besprechung trafen, die der Freigabe des Berichts vorausging. Vier Jahre lang sollte nicht bekanntwerden, daß Kimmel und Short damals als Sündenböcke für das Desaster ausersehen worden waren, obwohl Knox in seinem Bericht an Roosevelt den Befehlshabern von Hawaii weder die ausschließliche noch eine besondere Schuld gab.[14] Admiral Stark, 1941 Chef des Admiralstabes, machte während der Kongreßuntersuchung 1945 die Aussage, daß Knox unmittelbar nach der Besprechung mit dem Präsidenten Befehle zur Absetzung von Admiral Kimmel als Kommandeur der Pazifikflotte erteilte. Danach gefragt, ob Knox auf Anweisung des Präsidenten gehandelt habe, entgegnete Stark: »Sie brauchen immer die Einwilligung des Präsidenten, um einen Flottenbefehlshaber abzusetzen.«[15]

Während seiner Pressekonferenz äußerte sich Knox aber nicht dazu, daß solche Maßnahmen getroffen werden sollten.

»Die Teilstreitkräfte der Vereinigten Staaten waren auf einen Überraschungsangriff gegen Hawaii nicht vorbereitet«, hieß es in seinem Bericht. »Diese Tatsache verlangt nach einer förmlichen Untersuchung, die der Präsident unverzüglich einleiten wird. Das weitere Vorgehen hängt naturgemäß von den Tatsachenfeststellungen und Empfehlungen ab, zu denen dieser Ausschuß gelangen wird.«

Knox versuchte den Eindruck zu erwecken, daß jede Schuldzuweisung später von einer unparteiischen Kommission untersucht werden würde. Das war jedoch falsch. Er und der Präsident hatten schließlich bereits entschieden, die Schuld Kimmel und Short zuzuweisen. Die Befehlshaber wurden ihrer Posten enthoben, was aber erst zwei Tage später, am 17. Dezember, bekanntgegeben wurde. Major General Martin, Kommandeur der Heeresluftstreitkräfte auf Hawaii, wurde ebenfalls abgelöst.[16]

Getrieben von einer steigenden Flut der Empörung im Kongreß, die eine Untersuchung durch dieses Gremium wahrscheinlich werden ließ, kam Roosevelt am 16. Dezember einer unabhängigen Ermittlung zuvor, indem er eine eigene Untersuchungskommission einsetzte.[17] Es handelte sich dabei um einen fünfköpfigen Untersuchungsausschuß unter Leitung von Owen J. Roberts, beigeordneter Richter am Obersten Gerichtshof der Vereinigten Staaten, der den Krieg als Mittel zur Errichtung einer Weltregierung befürwortete.[18] Weitere Mitglieder waren zwei Admirale a. D., Rear Admiral William H. Standley, früher Chef des Admiralstabs, und Rear Admiral Joseph M. Reeves, früher Oberbefehlshaber der amerikanischen Flotte, Major General retired (a. D.) Frank R. McCoy, und Joseph T. McNarney, ein aktiver Brigadegeneral des Army Air Corps. McNarney wurde später zum Vier-Sterne-General befördert und stellvertretender Generalstabschef, womit er in der Hierarchie der Army nur General Marshall nachgeordnet war, und zuletzt Befehlshaber aller Besatzungstruppen in Europa. Diese Männer wurden nicht zufällig ausgewählt. Reeves war Oberkommandierender der Flotte, als sie erstmals nach Pearl Harbor verlegt wurde. Er würde deshalb kaum die Wahl von Pearl Harbor als Flottenstützpunkt kritisieren. Standley, der 1937 seinen Abschied genommen hatte, wurde am 6. März 1941 in den aktiven Dienst zurückberufen, und er war nicht geneigt, die Entscheidungen der Marineführung in Washington zu kritisieren, der er früher als Chef des Admiralstabs in hoher Position angehört hatte. McCoy war als Präsident der Foreign Policy Association an sich ein zuverlässiger Anhänger von Roosevelts Diplomatie. McNarney war ein Mitglied der Marshall-Clique, die seit 1939 das Kriegsministerium beherrschte. Seit 1939 war er Mitglied jenes Generalstabs, der für den mangelhaften Ausbau der Verteidigung von Pearl Harbor verantwortlich war und der sein Wissen über die japanischen Pläne und Absichten den Truppenführern vorenthielt.

Vier dieser Männer empfingen später von der Roosevelt-Administration Ehrungen und Vergünstigungen. Fünfeinhalb Jahre nachdem er im Range eines Konteradmirals verabschiedet worden war, wurde Reeves am 16. Juni 1942 auf der Liste der Reservisten zum Admiral befördert. Dies geschah fünf Monate, nachdem er den Roberts-Bericht unterzeichnet hatte. Standley wurde, nachdem er den Bericht unterschrieben hatte, von Roosevelt mit der Distinguished Service Medal ausgezeichnet und zum Botschafter in Rußland ernannt; diesen Posten hielt er 1942 und 1943 inne. McCoy wurde, als nach der Kapitulation Japans die alliierte Kontrolle errichtet wurde, zum Vorsitzenden der Fernöstlichen Beratungskommission ernannt.

Roosevelt legte die Zuständigkeit der Kommission fest und beauftragte sie, festzustellen, ob bei »dem Angriff, den japanische Streitkräfte gegen das Gebiet von Hawaii führten, Pflichtversäumnisse oder Fehlurteile irgendwelcher Art von seiten der Armee oder der Marine der Vereinigten Staaten zu den Erfolgen des Feindes beigetragen haben«. Eine Untersuchung des Verhaltens der Regierung in Washington war nicht vorgesehen.

Roosevelt hatte den Fall bereits entschieden. Ohne Zeugen einzuberufen, befand er Kimmel und Short für schuldig, verurteilte sie und vollstreckte sein Urteil. Er gab die Enthebung von ihren Kommandos am gleichen Tag bekannt, an dem die Roberts-Kommission in Washington erstmals zusammentrat. Unter diesen Umständen konnte es kaum überraschen, daß die vom Präsidenten handverlesene Kommission zu den gewünschten Ergebnissen kam. Am 24. Januar legte sie Roosevelt einen Bericht vor, in dem Kimmel und Short des »Pflichtversäumnisses« für schuldig befunden wurden.[19*]

Der Bericht ignorierte viele wichtige Erwägungen, und seinen Feststellungen wurde in wesentlichen Punkten zu einem späteren Zeitpunkt durch die beiden Berichte von Armee und Marine sowie durch Zeugenaussagen, die vor dem Untersuchungsausschluß des Kongresses gemacht wurden, widersprochen. Zudem beruhten die Feststellungen der Kommission auf Falschinformationen und fehlerhaften Tatsachenerhebungen. Der Minderheitsbericht des gemischten Kongreßausschusses bemerkt dazu (S. 3):

> »Unglückseligerweise war der Bericht der Roberts-Kommission voreilig, nicht überzeugend und unvollständig. Einige Zeugen wurden unter Eid vernommen, andere nicht. Viele Zeugenaussagen wurden nicht einmal protokolliert. Die Kommission wußte davon, daß japanische Funkmeldungen abgefangen worden waren und dem Oberkommando in Washington vor dem Angriff zur Verfügung standen. Die Kommission untersuchte nicht, welche Informationen diese Funkmeldungen enthielten, wer sie empfing oder was sie so einzigartig machte, und dies, obwohl das Versäumnis Washingtons, die Befehlshaber von Hawaii über dieses wichtige Nachrichtenmaterial zu informieren, einen unmittelbaren Einfluß auf die Frage hat, ob diese Befehlshaber ihre Pflichten umfassend erfüllt haben. Richter Roberts erklärte vor diesem Ausschuß: ›Ich hätte mir nicht die Mühe gemacht, ihn (den abgefangenen japanischen Funkverkehr) zu lesen, wenn er uns gezeigt worden wäre.‹ (Tr., Bd. 47, S. 8836)
>
> Nötigenfalls ließen sich detaillierte Beispiele für die vielen Unzulänglichkeiten der Roberts-Kommission anführen ... Es sollte jedoch vermerkt werden, daß Richter Roberts über genügend juristische Erfahrung verfügte, um

---

* Das Protokoll der Sitzungsberichte und Beweiserhebungen der Kommission umfaßt 2173 Druckseiten.[20]

die geeigneten Methoden der Beweiserhebung und Beweissicherung zu kennen; schließlich waren in diesem Fall die höchsten Interessen der Nation berührt. Damals waren die Fakten den Hauptzeugen in Washington noch in frischer Erinnerung. Sie konnten damals ihren Aufenthaltsort zum Zeitpunkt wichtiger Ereignisse oder die Einzelheiten von Vorgängen noch nicht vergessen haben. Es wären im Verlauf der Zeit keine Akten ›verlorengegangen‹ und keine Informationen verfälscht worden. Das Versäumnis, diese notwendigen Dinge zu beachten, ist für die Sache der Wahrheit fast ebenso tragisch wie der Angriff auf Pearl Harbor eine Tragödie für die Nation war.«

Obwohl in dem Bericht beispielsweise nicht erwähnt wurde, daß die Vereinigten Staaten bereits Monate vor Pearl Harbor den japanischen Code geknackt hatten, war die Kommission vom Chef des Marinenachrichtendienstes, Admiral Wilkinson, unterrichtet worden, daß alle Informationen aus den abgefangenen japanischen Funktelegrammen an die Befehlshaber von Hawaii weitergegeben wurden. Tatsächlich waren von den Hunderten von Meldungen nur einige wenige, und darunter keine von Bedeutung, an Kimmel und Short weitergeleitet worden. Vier Jahre später, als er vor dem Kongreßausschuß zur Untersuchung von Pearl Harbor vernommen wurde, »korrigierte« Wilkinson die Aussage, die er vor der Roberts-Kommission gemacht hatte.[21]

Der Bericht stellte fest, daß Shorts Anti-Sabotage-Alarm »unzureichend« gewesen sei. Für seine Vorgesetzten in Washington, die er über die von ihm getroffenen Maßnahmen unterrichtet hatte, und die darauf nicht geantwortet, geschweige denn ihm den Befehl für einen Großalarm gegeben hatten, enthielt er nur die mildeste Form von Kritik. Er kritisierte Kimmel dafür, angesichts der »Kriegswarnungen« keine angemessenen Maßnahmen ergriffen zu haben. Gleichzeitig vertrat er die Auffassung, daß Shorts Befehl, im Operationsgebiet um Oahu angetroffene japanische U-Boote anzugreifen, die ihm vom Marineministerium verliehenen Kompetenzen überschritt.

Die Kommission hob nachdrücklich solche Informationen hervor, die glauben ließen, daß sie die Befehlshaber von Hawaii vor einem bevorstehenden Krieg gewarnt hätten, aber sie unterdrückte Hinweise auf die weitaus wichtigeren Meldungen, die nicht nach Hawaii weitergeleitet worden waren. Von sieben Warnungen Washingtons an Kimmel und Short, die im Roberts-Bericht protokolliert waren, bezogen sich nicht weniger als vier auf die Gefahr von Sabotage. Nicht eine deutete auf die Möglichkeit eines überraschenden Luftangriffs hin.

Diese sogenannten Warnungen wurden von gleichzeitigen Weisungen derart eingeschränkt, daß das Army Board of Inquiry sie in seinem im Oktober 1944 verfaßten Bericht als »do-don't-messages« bezeichnete. Diese Warnungen hatten augenscheinlich den Sinn, die Verantwortung, für den Fall daß etwas schiefging, von Washington auf die Truppenführer zu schieben.

Gleichzeitig sollten aber den Befehlshabern die Hände gebunden und ihr Handlungsspielraum so eingeschränkt werden, daß sie nicht in der Lage waren, den Angriff abzuwehren. Der Roberts-Bericht ignorierte die Tatsache, daß Washington Tage vor dem Angriff eindeutige und genaue Nachrichten vorlagen, denenzufolge der Krieg in absehbarer Zeit ausbrechen würde, und daß es genügend Gründe für die Annahme gab, daß der japanische Erstschlag Pearl Harbor treffen werde.

Am 7. Dezember hatte General Marshall genug Informationen, um die Befehlshaber von Hawaii vor einem wahrscheinlich bevorstehenden Angriff zu warnen. Er schickte auch eine Warnung, aber ihre Übermittlung wurde so verpfuscht, daß General Short sie sieben Stunden zu spät erhielt. Der Roberts-Bericht hielt fest, daß Marshall etwa um 6.30 Uhr Honolulu-Zeit eine »zusätzliche Warnung, die auf den unmittelbar bevorstehenden Abbruch der Beziehungen zwischen den Vereinigten Staaten und Japan hinwies«, abschickte. Weiter hieß es:

»Es wurde alles unternommen, damit die Warnung Hawaii in der kürzestmöglichen Frist erreichte, aber aufgrund von Bedingungen, die sich dem Einfluß der Beteiligten entzogen, wurde die Überbringung dieser dringenden Meldung bis nach dem Angriff verzögert.«

Der Bericht besagt, die Warnung »sollte die beiden Truppenführer etwa um 7.00 Uhr Hawaii-Zeit erreichen«, aber er fügt hinzu, daß sogar dann, »wenn die Meldung ihren Bestimmungsort zum vorgesehenen Zeitpunkt erreicht hätte, es dennoch zu spät gewesen wäre«, weil die von Kimmel und Short getroffenen Dispositionen »nicht ausreichten, um einem überraschenden Luftangriff zu begegnen.«

Mit derartigen Erklärungen übertünchte die Kommission Marshalls unzulängliche Behandlung einer entscheidenden Depesche, die viel von dem Schaden, der auf Hawaii entstand, hätte abwenden können.*

Obwohl die Kommission nur den Auftrag hatte, Pflichtversäumnisse und Fehlurteile von Armee- und Marineoffizieren aufzuspüren, bemühte sie sich, festzustellen, daß General Marshall, Admiral Stark und die Minister Hull, Stimson und Knox ihrer Verantwortung gerecht wurden. In Conclusion 17 wurde jedoch angedeutet, daß diese Beamten dennoch eine gewisse Verantwortung trügen. Es hieß, Kimmel und Short hätten es versäumt, »sich über Bedeutung und Inhalt der Warnungen«, die von Washington geschickt worden waren, »zu beraten und Rücksprache zu halten«. Es braucht kaum erwähnt zu werden, daß ein derartiges Verhalten bei klaren und präzisen Warnungen unnötig gewesen wäre.** In dem Bericht heißt es außerdem:

---

* Vgl. S.270–272, 274, 285–286
** Vgl. S. 273–274

»Die beiden Befehlshaber waren durch den Mangel an Informationen über die japanischen Absichten und Dispositionen behindert. Der Mangel an derartigem Wissen hätte um so mehr die Einleitung von Verteidigungsmaßnahmen erforderlich gemacht.«

Kimmel und Short erfuhren erst sehr viel später, daß Washington solche Informationen besaß und sie vor ihnen zurückbehielt. Doch es wurde offensichtlich angenommen, daß sie durch irgendwelche hellseherischen Fähigkeiten darauf hätten kommen sollen.

Admiral Kimmel erklärte, die Roberts-Kommission habe ihn informiert, daß dies kein Gerichtsverfahren sei. Als Kimmel später das Protokoll seiner eigenen Aussage durchlas, habe er, so erklärte er, so viele Fehler in der Niederschrift gefunden, daß er zwei Tage damit verbracht habe, sie zu korrigieren. Doch der Ausschuß hätte sich geweigert, die ursprüngliche Fassung zu berichtigen. Die Untersuchungsbeamten beschränkten sich darauf, seine korrigierte Erklärung dem Protokoll anzufügen. Über die Kommission bemerkte er: »Sie gestattete mir auszusagen – das war alles.«[22]

General Short gibt an, daß er den Bericht der Roberts-Kommission in der Presse las, als er nach der Ablösung von seinem Kommando auf Hawaii in Oklahoma City eintraf. Er erklärte dazu:

»Als ich die Feststellungen der Roberts-Kommission las, war ich sprachlos. Nach fast 40 Jahren treuen Dienstes der Pflichtversäumnis angeklagt zu werden, ging über mein Fassungsvermögen. Ich rief sofort General Marshall an. Er war seit 39 Jahren ein alter und vertrauter Freund. Ich fragte ihn, was ich tun sollte – sollte ich mit Rücksicht auf das Land und den Krieg zurücktreten? Er antwortete: ›Laß Dich nicht verrückt machen, aber falls es notwendig werden sollte, werde ich dieses Gespräch als Vollmacht gebrauchen‹.«

Short erklärte, daß er auf Marshalls »Urteilsvermögen und Loyalität« vertraute und ihm einen persönlichen Brief schrieb, dem er ein formelles Abschiedsgesuch beilegte, das nur benutzt werden sollte, wenn Marshall es für wünschenswert hielt. Sein Begleitbrief wurde dem Kongreßausschuß nicht als Beweismittel vorgelegt, wohl aber ein Memorandum Marshalls für Kriegsminister Stimson vom 26. Januar 1942, das über Shorts Telephonanruf vom vorhergehenden Tag berichtete. Darin hieß es:

»Ich bin der Meinung, wir sollten General Shorts Abschiedsgesuch annehmen, und zwar in aller Stille und ohne jegliche Publizität. Admiral Stark hat mich gebeten, ihn zu informieren, falls wir dies tun. Ebenso schlägt er vor, diese Tatsache Kimmel in der Hoffnung mitzuteilen, daß er in gleicher Weise um seinen Abschied bitten wird.«

Diese Korrespondenz beweist, daß Marshall an dem Tag, an dem er Short beruhigt hatte, insgeheim Schritte einleitete, um ihn loszuwerden.

Die Verfügung des Kriegsministeriums, mit der Shorts Abschiedsgesuch angenommen wurde, wurde verfaßt, nachdem Stimson sich mit Justizminister Francis J. Biddle darüber beraten hatte, wie sie formuliert sein sollte. Wie es schließlich hieß, wurde Shorts Abschied »ohne Straffreiheit für ein Vergehen oder zur Verhinderung eines zukünftigen Disziplinarverfahrens angenommen«. Die Konsequenz aus dieser Formulierung war, daß Short zu irgendeinem künftigen Zeitpunkt ein Kriegsgerichtsverfahren zu erwarten hatte, und die Absicht war, ihm die Lippen zu verschließen und ihn davon abzuhalten sich zu verteidigen, bis er vor Gericht zitiert wurde.[23]

Nachdem sie einmal im Besitz von Shorts Abschied waren, benutzten Roosevelt, Knox und Stimson ihn als Hebel, um auch Kimmel dazu zu bewegen, seinen Abschied zu nehmen. Admiral Stark setzte ihn auf Anweisung von Secretary Knox davon in Kenntnis, daß Short um seinen Abschied gebeten hatte.

»Ich sah darin einen Wink und reichte ein entsprechendes Gesuch ein«, berichtet Kimmel. »Bis zu diesem Zeitpunkt hatte ich niemals daran gedacht, meinen Abschied zu nehmen. Dieser Gedanke war mir überhaupt nicht gekommen, aber ich dachte darüber nach und entschied, daß ich nicht im Weg stehen wollte, wenn die Navy es so wünschte.«

Daraufhin sandte Kimmel ein Abschiedsgesuch nach Washington, aber zwei Tage nachdem er seinen Antrag abgeschickt hatte, wurde er von Stark unterrichtet, daß mit der Bekanntgabe von Shorts Gesuch nicht die Absicht verfolgt worden sei, ihn zu beeinflussen. Obwohl er daraufhin sein Abschiedsgesuch änderte, indem er der Navy mitteilte, er wünsche zu tun, was für das Land am besten sei, erhielt er am 16. Februar einen Brief von Knox, der ihm befahl, vorzeitig zum 1. März seinen Abschied zu nehmen – auch in diesem Fall »ohne Straffreiheit für Vergehen oder zur Verhinderung eines zukünftigen Disziplinarverfahrens«.

Sechs Tage später bemerkte Kimmel in einem Brief an Stark zu dieser Klausel:

»Ich verstehe diesen Absatz nicht, es sei denn, er wird im Lande bekanntgemacht als ein Versprechen dafür, daß ich zu irgendeinem künftigen Zeitpunkt gemaßregelt werde. Ich bin jederzeit bereit, die Konsequenzen für mein Tun zu akzeptieren. Ich habe jedoch das Gefühl, daß meine Kreuzigung vor der Öffentlichkeit das Limit erreicht hat. Ich erhalte täglich aus dem ganzen Land Briefe von unverantwortlichen Leuten, die mich zur Rede stellen wollen und sogar damit drohen, mich zu töten. Dies berührt mich nicht besonders, aber es zeigt die Wirkung von Artikeln, die über mich veröffentlicht werden, auf die Öffentlichkeit.

Ich bedaure die Verluste bei Pearl Harbor ebensosehr wie jeder andere amerikanische Bürger oder vielleicht sogar noch mehr. Ich wünschte, ich wäre klüger gewesen als ich es tatsächlich war, und ich wäre fähig gewesen, vorauszusehen, was am 7. Dezember geschah. Aber ich denke, das Ministerium sollte gerechterweise nichts tun, um die Öffentlichkeit weiterhin gegen mich aufzubringen.«[24]

General Short brachte vor dem Kongreßausschuß ähnlichen Unmut zum Ausdruck. Er erklärte:

»Ich glaube nicht, vom Kriegsministerium fair oder gerecht behandelt worden zu sein. Ich wurde als abschreckendes Beispiel, als Sündenbock für die Katastrophe ausgewählt. Der amerikanischen Bevölkerung wurde nicht erklärt, daß mein Anteil an den Geschehnissen verhältnismäßig gering war, bis dieser Kongreßausschuß die Offenlegung der Fakten erzwungen hat. Ich respektiere den Wunsch des Kriegsministeriums, das Geheimnis von ›Magic‹ (dem Einbruch in den japanischen Code) zu wahren. Aber ich bin sicher, dies hätte ohne den Versuch geschehen können, die Öffentlichkeit mit dem Scheinargument zu täuschen, daß meine Lagebeurteilung die einzige Ursache für das Versagen der Armee in ihrer Aufgabe war, die Marine in Pearl Harbor zu schützen. Ich bin sicher, ein offenes Eingeständnis seitens des Generalstabs im Kriegsministerium über sein Versagen, den überraschenden Überfall vorauszusehen, wäre von der Öffentlichkeit auf lange Sicht und sogar zur damaligen Zeit verstanden worden. Statt dessen haben Sie den ›Schwarzen Peter‹ mir zugeschoben, und ich habe geschwiegen, bis mir die Möglichkeit gegeben wurde, vor diesem öffentlichen Forum zu sprechen.«[25]

Senator Ferguson fragte ihn, was er damit ausdrücken wolle, wenn er sage, er sei zum »Sündenbock« gemacht worden.

»Ich wollte damit genau das ausdrücken, was der allgemeine Sprachgebrauch besagt, nämlich, daß man jemandem die Schuld auflädt, um sie selbst loszuwerden.«

»Mit anderen Worten«, ergänzte Ferguson, »Sie waren in dieser Lage – daß irgend jemand einen beträchtlichen Teil der Schuld für das, was in Pearl Harbor geschehen war, zu tragen hatte, daß bestimmte Leute in Washington, die Sie genannt haben, Ihrer Meinung nach dafür verantwortlich waren; daß diese ihre Verantwortung auf Sie, den kommandierenden General von Hawaii, abgeschoben haben, und daß deshalb Sie, dem allgemeinen Sprachgebrauch nach, zum Sündenbock gemacht wurden?«

»Das ist genau das, was ich ausdrücken möchte.«[26]

So beendeten die Kommandeure von Pearl Harbor ihre Karriere in Ungnade, nachdem sie im Bewußtsein der Öffentlichkeit zu den Verantwortlichen für die Katastrophe von Pearl Harbor gemacht worden waren. Die Spitzen der Regierung Roosevelt und der Oberkommandos von Armee und Marine, die die wirkliche Geschichte der Katastrophe kannten, achteten darauf, daß kein Hinweis auf die verheimlichten Tatsachen durchsickerte. Die Zensur und das Argument »nationale Sicherheit« versetzten sie vier Jahre lang in die Lage, alle Fakten zu unterdrücken, die ihnen schaden konnten.

Diese Männer gaben niemals zu, daß sie sich in irgendeiner Weise geirrt hätten oder daß sie auch nur die geringste Verantwortung trügen. Keiner von ihnen trat zurück, und kaum ein Jahr später zogen sie in einem nationalen Wahlkampf mit der Parole durchs Land, daß jeder politische Gegner, »der vor Pearl Harbor nicht die richtige Linie vertreten hatte«, abgewählt werden sollte.

Der Kongreßabgeordnete Keefe erklärte in den »Zusatzbemerkungen«, die dem Abschlußbericht des Gemischten Kongreßausschusses angefügt waren (Maj., S. 266-Q bis 266-S) über das Vorgehen bei der Absetzung der Befehlshaber von Hawaii:

»Der Präsident dirigierte die Behandlung der Abschiedsgesuche von Kimmel und Short persönlich. Am 29. Januar 1942 leitete er ein Drei-Punkte-Programm zur Behandlung dieser Angelegenheit ein. Armee und Marine sollten gemeinsam vorgehen. Nach einer Wartezeit von einer Woche sollten sie erklären, daß Kimmel und Short um ihren Abschied gebeten hätten und daß ihre Gesuche geprüft würden. Nach einer weiteren Woche sollte öffentlich erklärt werden, die Gesuche seien angenommen worden, und zwar unter der Bedingung, daß durch ihre Annahme ein späteres Kriegsgerichtsverfahren nicht ausgeschlossen würde. Ein Kriegsgerichtsverfahren war jedoch unmöglich durchzuführen, ohne militärische Geheimnisse preiszugeben. Die Aufnahme dieser Bedingung in die Annahme der Abschiedsgesuche war für die Regierung unangenehm. Der Präsident, Kriegsminister Stimson, Marineminister Knox und Attorney General Biddle hatten mit der Formulierung zu kämpfen (Tr., S. 8462, 8464, Ex. 171). Die Regierung wollte öffentliche Kritik an der Untersagung eines kriegsgerichtlichen Verfahrens vermeiden. Gleichzeitig wollte sie aber die Öffentlichkeit oder die beiden Offiziere dazu bringen, ein Kriegsgerichtsverfahren zu erwarten oder gar zu fordern (Tr., S. 8464, 8467). Zuletzt einigte man sich auf eine Formulierung, die so angemessen wie möglich war. Die Redewendung, die in der Annahme der Abschiedsgesuche verwendet wurde, lautete ›ohne Straffreiheit für ein Vergehen oder zur Verhinderung eines zukünftigen Disziplinarverfahrens‹. Admiral Kimmel und General Short erhielten ihren Abschied durch so formulierte Briefe, die vom 16. bzw. 17. Februar datiert waren. Als er das Vorgehen der Navy bekanntgab, erklärte der Marineminister, daß er die Vorbereitung einer Anklage wegen Pflichtversäumnis gegen Admiral Kimmel angeordnet habe, die in einem kriegsgerichtlichen Verfahren erhoben werden sollte. Die Öffentlichkeit wurde dahingehend informiert, daß eine Gerichtsverhandlung erst zu einem Zeitpunkt eröffnet werden könne, an dem das öffentliche Interesse und die nationale Sicherheit dies zulassen würden. Die Öffentlichkeit reagierte wie erwartet. Kimmel und Short galten als die einzig Verantwortlichen für Pearl Harbor. Der Roberts-Bericht, den Richter Roberts nur als eine Anklageschrift betrachtet hatte, wurde im Endeffekt zu einem Schuldspruch. Die beiden Offiziere waren hilflos. Es wurde kein Kriegsgerichtsverfahren gegen sie eröffnet. Sie hatten keine Möglichkeit, sich zu verteidigen. Sie blieben im Ungewissen darüber, welche Zeugen die

Roberts-Kommission gehört hatte. Admiral Stark schrieb am 21. Februar 1942 an Admiral Kimmel:

›Es gibt keinen Grund, warum Sie sich nicht, bis etwas Entscheidendes geschieht, in irgendeinem stillen Winkel niederlassen sollten; die Zeit wird, wie ich glaube, die Wunden heilen – und sei es aus keinem anderen Grund als dem, daß sie dies immer getan hat.‹ (Ex. 121)

Die hohen zivilen und militärischen Beamten in Washington, die Kimmel und Short geschickt die alleinige Verantwortung zugeschoben hatten, kannten zu diesem Zeitpunkt all die verheimlichten Tatsachen über Perl Harbor, zumindest die, die diese Untersuchung aufdecken konnte, und wahrscheinlich noch mehr. Als die Zweijahresfrist für die Eröffnung eines Kriegsgerichtsverfahrens vor dem Ablauf stand, wurden Kimmel und Short vom Kriegs- und vom Marineministerium ersucht, auf die Verjährung zu verzichten. Admiral Kimmel tat dies mit dem Vorbehalt, daß jedes Kriegsgerichtsverfahren öffentlich stattfinden sollte (Exhibit 171). General Short schloß sich dem an (Tr., Sp.8496–8499).

Von anderen Offizieren wurden ähnliche Anträge nicht gestellt, nicht einmal von denen, die vor diesem Ausschuß für bestimmte Fehlleistungen des Oberkommandos in Washington öffentlich die Verantwortung übernahmen. Im Juni 1944 beauftragte der Kongreß den Kriegs- und den Marineminister, Untersuchungen über den Angriff auf Pearl Harbor durchzuführen. Das Kriegsministerium versagte dem Army Board of Investigation den Zugang zu den abgefangenen Funkmeldungen. General Miles, zur Zeit von Pearl Harbor Direktor des militärischen Nachrichtendienstes, erhielt von General Marshall den Befehl, über die abgefangenen Funkmeldungen nichts auszusagen (Tr., S. 11 843). Dem Navy Court of Inquiry wurde der Zugang zu diesem Material für einen beträchtlichen Zeitraum verwehrt (Exhibit 195). Nach wiederholten Ermahnungen von Admiral Kimmel hob das Marineministerium diese seinem eigenen Gerichtshof auferlegten Beschränkungen auf. Das Kriegsministerium schloß sich an. Die Verhandlungen des Ausschusses waren weit fortgeschritten, als es Armeeoffizieren erstmals gestattet wurde, vor dem Army Board über die abgefangenen Funksprüche in allen Einzelheiten auszusagen (Tr. S. 12 035). Aber viele wichtige Zeugen der Armee hatten ihre Aussagen bereits unter den früher angeordneten Beschränkungen gemacht.

Im Herbst 1944 legten das Army Board und der Navy Court dem Kriegs- und dem Marineministerium ihre Berichte vor. Diese Berichte kritisierten das Verhalten von Admiral Stark und General Marshall. Die Feststellungen wurden nicht veröffentlicht. Der Navy Court entlastete Admiral Kimmel. Admiral Kimmels Antrag, diesen Bericht lesen zu dürfen, wurde vom Marineminister abgelehnt (Tr., S. 6811). Der Kriegs- und der Marineminister leiteten weitere geheime Untersuchungen ein, wobei sie auf die Dienste des jeweils mit drei Offizieren besetzten Army Board und Navy Court verzichteten. Mit der Leitung der Verfahren betrauten sie jeweils einen einzelnen Offizier. Admiral Kimmels Gesuch, an der neuerlichen Untersuchung der Navy teilnehmen sowie Beweismaterial beibringen, Zeugen gegenübertreten und Kreuzverhöre führen zu dürfen, wurde vom Marineminister abgelehnt

(Tr., S. 6812). In den eidesstattlichen Erklärungen und Aussagen der folgenden Untersuchungen sind viele Fälle enthalten, in denen Zeugen Aussagen machten, die sich inhaltlich von denen unterschieden, die sie früher vor dem Army Board und dem Navy Court beschworen hatten. Diese Abweichungen waren bei den Aussagen bestimmter Hauptzeugen auf dem Gebiet der Auswertung und Verbreitung der abgefangenen Funkmeldungen in Washington besonders ausgeprägt. Vor diesem Ausschuß haben wiederum die gleichen Zeugen ihre Aussagen gegenüber denen, die sie bereits zweimal beschworen hatten, nochmals geändert oder sich auf Gedächtnislücken berufen.

Die hohen militärischen und zivilen Beamten des Kriegs- und des Marineministeriums haben durch ihre Behandlung der Katastrophe von Pearl Harbor ihrem Ruf in keiner Weise Ehre gemacht. Dies wird auf die Dauer einen schlechten Einfluß auf die Moral und die Integrität der Teilstreitkräfte haben. Die Regierung hatte ausreichend Gelegenheit, alle Fakten über Perl Harbor festzuhalten und aufzuzeichnen, auch dann, wenn ihre Bekanntgabe an die Öffentlichkeit erst nach Kriegsende erfolgen konnte. Nichts dergleichen geschah. Vielmehr wurde die Politik verfolgt, die Verantwortung für die Katastrophe öffentlich den Truppenführern zuzuschieben, um sie dort für alle Zeit zu belassen. Diese Politik schlug nur deshalb fehl, weil die Vertuschung in der Öffentlichkeit Verdacht erregte und weil der Kongreß auf der Hut war.«

KAPITEL 5

Die Stationierung der Flotte

Warum und auf wessen Befehl wurde die Pazifikflotte in Pearl Harbor stationiert, wo sie sich in Reichweite der japanischen Marineluftwaffe befand?

Die amerikanische Flotte wurde nach dem Ersten Weltkrieg durch Präsident Wilson in den Pazifik verlegt. Die Aufstellung einer selbständigen Schlachtflotte im Pazifik wurde erstmals im Juni 1919 bekanntgegeben. Zu jener Zeit wurde erklärt, die Stationierung einer starken Flotte in jedem der beiden Ozeane werde einen Wettbewerb innerhalb der Teilstreitkraft entfachen und damit die Leistungsfähigkeit der Marine insgesamt steigern. Aber auch damals wurde offenbar der Gedanke gehegt, daß die Flotte im Pazifik ein »Abschreckungsmittel« gegen Japan darstellen würde, dessen Stern mit der unter dem Mandat des Völkerbundes vorgenommenen Erwerbung der deutschen Inseln nördlich des Äquators im Aufstieg begriffen war.

Ende 1919 hatten die Vereinigten Staaten im Pazifik eine Kriegsflotte von 200 Einheiten zusammengezogen – eine Streitmacht, die beinahe so groß war wie die gesamte japanische Marine jener Tage. Anfang 1921 wurde die Atlantikflotte zu gemeinsamen Manövern in den Pazifik geschickt. Im Juni dieses Jahres, als es in Washington wieder eine republikanische Regierung gab, wurde bekanntgegeben, es sei gemäß dem Rat von Marineexperten entschieden worden, die meisten unserer Kriegsschiffe im Pazifik zu stationieren, wo sie von Südkalifornien aus operieren sollten.

Im Jahre 1932 wurde die Sicherheit des Flottenstützpunktes von Pearl Harbor durch Admiral Yarnells Scheinangriff getestet. Yarnells Überfall hätte Anlaß zu ernsthaften Zweifeln hinsichtlich der Sicherheit der im Hafen ankernden Flotte geben sollen.* 1936 wurde jedoch die Flotte von ihrem Kommandeur, Rear Admiral Joseph M. Reeves, dem Mitglied der Roberts-Kommission, erneut nach Pearl Harbor verlegt.

Am 27. Mai liefen die Schlachtschiff-Division und ihre Versorgungsschiffe – eine Flotte von 165 Schiffen – in Pearl Harbor ein, um diesen Stützpunkt als Ankerplatz für die gesamte Flotte zu testen. Da die Hafeneinfahrt gerade ausgebaggert wurde, ankerten die drei Flugzeugträger, die *Lexington*, die *Sa-*

---

* Vgl. S. 47–48

ratoga und die *Ranger* in einiger Entfernung vor der Küste. Der Roberts-Bericht, den Reeves mitunterschrieben hatte, gab zu, daß es hinsichtlich der Stationierung der gesamten Flotte in Pearl Harbor verschiedene Auffassungen gab. Er bemerkte aber dazu:

»Wir glauben, daß die nationale Politik in dieser Frage von denen bestimmt wird, die für solche Entscheidungen zuständig sind, und daß dies nicht in unserem Aufgabenbereich liegt.«

1939 verlegte die Flotte ihre Manöver von der Westküste in die Karibik, was als warnende Geste an die Adresse Hitlers und Mussolinis interpretiert wurde: Die Vereinigten Staaten standen hinter den Nationen, die sich der Achse entgegenstellten. Während die Flotte vor der Ostküste lag, wurde geplant, im Zusammenhang mit der New Yorker Weltausstellung eine große Flottenparade abzuhalten.

Am 16. April 1939 wurde die Flotte jedoch unerwartet und ohne Erklärung in den Pazifik zurückbeordert. Dies geschah etwa einen Monat, nachdem Hitler das Münchener Abkommen gebrochen und die ganze Tschechoslowakei geschluckt hatte, und acht Tage nachdem Mussolini in Albanien einmarschiert war. Die Rückverlegung der Flotte in den Pazifik wurde zur damaligen Zeit als Beweis für ein Abkommen mit Großbritannien angesehen, demzufolge die britische Flotte den Atlantik sichern sollte, während die amerikanische Flotte im Pazifik Wache hielt.

Nach ihrer Rückkehr aus der Karibik blieb der Hauptteil der Flotte bis Januar 1940 in San Diego; dann wurde sie für Manöver nach Hawaii verlegt. Am 3. Februar wurde der erste Schritt getan, um Pearl Harbor in einen dauerhaften Stützpunkt für eine größere Zahl von Flotteneinheiten zu verwandeln. Es wurde berichtet, daß der Stützpunkt der Heimathafen eines hawaiischen Detachements werden sollte, das aus 13 Schiffen bestand: den schweren Kreuzern *Indianapolis*, *Northhampton*, *Houston*, *Pensacola*, *Salt Lake City*, *Minneapolis*, *Astoria* und *New Orleans*, dem leichten Kreuzer *Raleigh*, dem Zerstörer *Dobbin* und den Minensuchern *Kingfisher*, *Partridge* und *Turkey*.

Am 7. Mai 1940 gab die Navy bekannt, daß die gesamte Flotte für eine unbestimmte Zeit in Pearl Harbor bleiben würde. Dies bedeutete eine radikale Wende in der amerikanischen Marinepolitik. Bis zu diesem Zeitpunkt war es die Politik der Navy gewesen, die Flotte an der Westküste zu stationieren und sie nur in Spannungsperioden auf die hohe See zu schicken. Erst während der Kongreßuntersuchung 1945/46 sollte erörtert werden, warum und auf wessen Anordnung diese Politik aufgegeben wurde.

Am 10. Mai, drei Tage nach der Ankündigung, daß die Flotte zukünftig in Pearl Harbor konzentriert werden würde, tobte der deutsche Blitzkrieg im Westen über die Grenzen Hollands, Belgiens, Luxemburgs und Frankreichs hinweg. Am gleichen Tag löste Winston Churchill Neville Chamberlain als Premierminister ab. Während die Deutschen vorwärtsstürmten, um ganz Westeuropa zu erobern, könnte es Mr. Roosevelt so erschienen sein, als befinde sich seine Flotte im falschen Ozean. Aber den Vorschlag, eine Zwei-Ozean-Marine zu schaffen, hätte er wahrscheinlich als eine verrückte Idee von sich gewiesen.

Am 14. Mai erklärte er auf einer Pressekonferenz, eine Zwei-Ozean-Marine sei »eine völlig überholte Konzeption für die maritime Verteidigung.«[1] Er verlangte vom Kongreß 50 000 Flugzeuge, die Ermächtigung zur Einberufung der Nationalgarde für den Bundesdienst und die Bewilligung von einer Milliarde Dollar für Armee und Marine. Danach, so erklärte er, könne der Kongreß sich vertagen.

Der Kongreß bestand jedoch darauf, die Sitzungsperiode fortzusetzen. Er bewilligte fünf Milliarden Dollar für die Verteidigung und genehmigte am 19. Juli eine Zwei-Ozean-Marine. Die Streitkräfte im Atlantik wuchsen rasch auf eine Größe an, die es erlaubte, eine selbständige Atlantikflotte zu schaffen. Um aber diese Flotte, die bald einen nichterklärten Krieg gegen Deutschland führen sollte, auf dem Verordnungsweg zu verstärken, wurden der Pazifikflotte etliche ihrer Großeinheiten entzogen. Während sie ständig geschwächt wurde, blieb sie weiterhin in Pearl Harbor – wo sie, wenn die Zeit reif war, eine Herausforderung für Japan sein würde. Diese Politik, die Flotte zu zersplittern, wurde 1941 von Captain W. D. Puleston in seinem Buch *The Armed Forces of the Pacific* scharf kritisiert:

»Bis zur Vollendung der Zwei-Ozean-Marine sollte die Navy in einer Flotte konzentriert und auf einem Ozean stationiert werden. Bei ihren gegenwärtigen Stärken müßten die Pazifik- und die Atlantikflotte erst vereinigt werden, bevor sie in einem der beiden Ozeane eine größere Operation durchführen könnten.«[2]

Im Juni 1940 konzentrierte sich die Aufmerksamkeit der Nation auf die Pazifikflotte, als sie von ihrem Stützpunkt aus einen plötzlichen und mysteriösen Vorstoß machte. Es ist mittlerweile bekannt, daß das Oberkommando in Washington, nachdem es mit der japanischen Flotte durch eine plötzliche Funkstille den Funkkontakt verloren hatte, die Garnison auf Hawaii insgeheim wegen eines möglichen transpazifischen Überfalls alarmierte. General Marshall, Generalstabschef der Armee, befahl den Truppen auf Hawaii, die unter dem Kommando von General Herron standen, volle Alarmbereitschaft herzustellen und mit voller Ausrüstung und Munitionsausstattung Feldstellungen einzunehmen.*

Die Flotte ging unter dem Kommando von Admiral J. O. Richardson in See,

---

* Vgl. S. 279

nicht nur um ihre Sicherheit durch Manövrierfreiheit zu erhöhen, sondern um jeden sich nähernden feindlichen Flottenverband abzufangen. Am Ende der Woche kehrte die Flotte in die Gewässer von Hawaii zurück. Die einzige Erklärung, die für ihr überraschendes Auslaufen gegeben wurde, war, daß sie Routinemanöver durchführte. Die Army behielt jedoch ihre Alarmbereitschaft für mehr als sechs Wochen bei, wobei diese Tatsache über ein Jahr lang nicht öffentlich bekanntgegeben wurde.

Die Kongreßuntersuchung von 1945 enthüllte, daß der Alarm von 1940 auf der Annahme beruhte, ein Angriff Japans auf Hawaii könne zu keiner Zeit »ausgeschlossen werden, da ein Großteil der Flotte dort stationiert war«. Diese Einschätzung wurde Generalstabschef Marshall von Major General George V. Strong, 1940 Chef der Operationsabteilung der Armee, unterbreitet.[3]

Sie brachte die Aufgabe des Oberkommandos auf den einfachsten Nenner, nämlich auf Hawaii Großalarm zu geben, sobald die vorhandenen Informationen auf die Möglichkeit eines plötzlichen Schlages gegen die Flotte hindeuteten. Wo immer die Flotte sich befand, so folgerte General Strong, würde die Gefahr am größten sein. Die Schlußfolgerungen waren eindeutig.[4] Sie überzeugten auch General Marshall, denn er ordnete unverzüglich einen Großalarm an. Warum er im November und Dezember 1941, als die Gefahr bekanntermaßen sehr viel größer war, nicht einen ähnlichen Kurs verfolgte, bleibt ein ungelöstes Rätsel. Die Auffassung General Strongs über den zwangsläufigen Angriffspunkt fand die Zustimmung von Captain A. H. McCollum, dem Leiter der Fernostabteilung des Marinenachrichtendienstes. Vor dem Kongreßausschuß erklärte er, er habe seit vielen Jahren geglaubt, daß die Japaner die Feindseligkeiten mit einem Angriff auf die Flotte eröffnen würden, und zwar dort, wo sie sich gerade aufhielt.[5]

Die Geschichte, wer die Flotte nach Pearl Harbor geschickt hatte und warum sie dorthin beordert wurde, legte erstmals Admiral Richardson im November 1945 in einer Zeugenaussage vor dem Kongreßausschuß dar.[6] Richardson hatte seinen Posten als Oberkommandierender der amerikanischen Flotte am 5. Januar 1940 angetreten. Die Flotte war zu dieser Zeit in den kalifornischen Häfen von San Diego, San Pedro und Long Beach stationiert. Sie ging zu Frühjahrsmanövern in See und erreichte am 10. April Lahaina Roads auf Hawaii. Sie sollte am 9. Mai wieder auslaufen, aber zwei Tage vor dem festgesetzten Termin wurde Richardson von Admiral Stark informiert, daß sich dieser um zwei Wochen verzögern werde.

Zur Erläuterung dieser Entscheidung schrieb Stark an Richardson:

»Ich habe gerade mit dem Präsidenten telephoniert, und zu dem Zeitpunkt, an dem Sie dies erreicht, werden Sie den Befehl erhalten haben, für zwei Wochen in den Gewässern von Hawaii zu bleiben. Wenn die Flotte an die Westküste zurückkehrt (ich hoffe, die Verzögerung wird nicht mehr als zwei Wochen dauern, aber ich kann es nicht voraussagen), dann wünscht der Präsident, daß der Flottenverlegungsplan so eingerichtet wird, daß die Flotte in der Lage ist, ganz kurzfristig in die Gewässer von Hawaii zurückzukehren.«[7]

Stark führte aus, daß in jedem Augenblick mit dem Eintritt Italiens in den europäischen Krieg zu rechnen sei, weshalb niemand voraussagen könne, was geschehen werde. Die Entscheidung, die Flotte in Pearl Harbor zurückzuhalten, hänge mit der Unsicherheit der Situation zusammen. Der Brief zeigt, daß Roosevelt von seinen Befugnissen als »Oberkommandierender« Gebrauch machte und für die Marine Entscheidungen traf, und daß der Befehl, die Flotte in Oahu zu belassen, auf ihn zurückging.

In Antwort auf diese Mitteilung schrieb Richardson an Stark:

»Es scheint, daß in der gegenwärtigen Weltlage die Sicherheit der westlichen Hemisphäre für uns von entscheidender Bedeutung ist. Diese geht meiner Meinung nach allem anderen vor – mit Sicherheit allen Interessen im Fernen Osten, seien es unsere eigenen oder andere.

Südamerika ist der größte verbliebene Preis, den jemand noch an sich reißen kann. Bis der Ausgang des Krieges in Europa besser abzusehen ist, scheint mir die Sicherheit der westlichen Hemisphäre unser wichtigstes Anliegen zu sein.

Ich glaube, daß jeder Vorstoß nach Westen (in Richtung Japan und Asien) zu Kriegshandlungen führen wird. Ich glaube, es wäre zum jetzigen Zeitpunkt ein schwerer Fehler, sich im Westen in Schwierigkeiten verwickeln zu lassen, wo unsere Interessen zwar von Bedeutung, aber nicht lebenswichtig sind. Damit würden wir unsere Fähigkeiten, die Sicherheit der westlichen Hemisphäre zu garantieren, vermindern.

Wenn die Flotte nach Westen vorstößt, dann kann dies, wenn sie gründlich vorbereitet sein soll, nur von der Westküste aus geschehen, wo sie eingedockt, bemannt, versorgt und ein angemessener Train versammelt werden kann.«[8]

Am 22. Mai schickte Richardson, der immer noch in Pearl Harbor lag, einen weiteren Brief an Stark, in dem er zu wissen wünschte, warum die Flotte in Hawaii bleiben mußte. Er schrieb:

»Sind wir hier, um durch unsere Anwesenheit in erster Linie das Verhalten anderer Nationen zu beeinflussen, und wenn dies so ist, welche Auswirkungen würde der normale Ausbildungsbetrieb … auf dieses Ziel haben? … Befinden wir uns hier auf einem Sprungbrett für kriegerische Aktionen? Wenn dem so ist, dann sollten wir all unsere Zeit und Energie darauf verwenden, uns auf den Krieg vorzubereiten … Dies könnte schneller und effektiver durch unsere sofortige Rückkehr an die Westküste erreicht werden … Wenn wir jetzt von hier aus beides gleichzeitig versuchen (auszubilden und kriegerische Aktionen vorzubereiten), so bedeutet dies eine Zersplitterung unserer Anstrengungen und unserer Ziele, was nur dazu führt, daß wir keins von beidem erreichen.«

Am 27. Mai antwortete Stark auf Richardsons Frage:

»Sie sind dort, weil man glaubt, daß Ihre Anwesenheit eine abschreckende Wirkung auf ein Vordringen der Japaner nach Ostindien haben könnte ... Sie werden natürlich fragen, was geschieht, wenn die Japaner nach Ostindien vorstoßen? Was sollen wir dann tun? Meine Antwort ist, ich weiß es nicht, und ich denke, es gibt niemanden auf Gottes Erde, der es Ihnen sagen könnte.«

Am 22. Juni benachrichtigte Stark Richardson, daß die Flotte »vorläufig« in Pearl Harbor bleiben sollte. Richardson setzte seine Proteste fort. Am 12. September übersandte er Stark ein Memorandum, in dem er seine Einwände wie folgt auflistete:

»1. Die Schwierigkeiten, der Zeitverlust und die Kosten beim Transport von Mannschaften, Rüstungsmaterial und Nachschub.
2. Die Unzulänglichkeit Lahainas als operativer Ankerplatz aufgrund der mangelhaften Sicherheit.
3. Die Unzulänglichkeit Pearl Harbors als operativer Ankerplatz wegen der Schwierigkeiten, die großen Schiffen beim Einlaufen, Festmachen und Auslaufen entstehen.
4. Die Enge und Beschränktheit der Übungsmöglichkeiten in der Luft und auf dem Boden.
5. Die Unzulänglichkeit der Einrichtungen für Flottenversorgungsdienste, Ausbildung, Erholung und Unterbringung.
6. Im Frieden hat die langdauernde Abwesenheit vom Festland einen nachteiligen Einfluß auf die Moral von Offizieren und Mannschaften.
7. Im Kriegsfall muß die Flotte zu den Mobilmachungshäfen an der Westküste zurückkehren oder eine nur teilweise und ungeordnete Mobilmachung hinnehmen, die Durcheinander und Zeitverlust zur Folge hat.«

Richardson fuhr fort:

»Wenn ausschließlich marinetechnische Überlegungen die Verteilung der Flotte bestimmen würden, dann sollte der Hauptteil der Flotte zu ihren regulären Stützpunkten an der Pazifikküste zurückkehren, weil eine Stationierung dort Ausbildung und Kriegsvorbereitungen erleichtern würde.

Wenn andere Faktoren als rein marinetechnische die Entscheidung, wo die Flotte derzeit stationiert wird, beeinflussen sollten, dann sollten die marinetechnischen Faktoren ebenso wie die wahrscheinlichen Auswirkungen dieser Entscheidung auf die Kriegsbereitschaft der Flotte umfassend dargelegt und sorgfältig durchdacht werden. Mit anderen Worten, ist es wichtiger, durch die Stationierung der Flotte im Raum Hawaii unserer diplomatischen Repräsentation Nachdruck zu verleihen, oder aber ihre Vorbereitung auf einen Einsatz in jedem denkbaren Gebiet zu erleichtern, indem man ihren größeren Teil auf ihren regulären Stützpunkten an der Pazifikküste stationiert?

Für den Fall, daß unsere Beziehungen zu einer anderen pazifischen Nation sich verschlechtern sollten – welches Konzept hat das State Department für unser weiteres Vorgehen? Glaubt es, daß die Flotte nun mobilgemacht ist und daß sie direkt von Hawaii aus eine Operation durchführen kann, oder daß die erforderliche Ausbildung von dem unsicheren Ankerplatz von Lahaina aus vorgenommen werden kann, welcher den feindlichen U-Boot-Basen 2000 Meilen näher ist als unsere regulären Stützpunkte an der Pazifikküste?«

Admiral Richardson nahm diese Fragen derart ernst, daß er sie, als er nach Washington gerufen wurde, vor dem Präsidenten ansprach. Am 8. Oktober wurde er von Roosevelt zu einer Mittagskonferenz eingeladen. Admiral William D. Leahy, damals Gouverneur von Puerto Rico, später Stabschef des Präsidenten, war ebenfalls anwesend.

Richardson glaubte seit langem, daß die Neigung des Präsidenten, kompetenten Rat von Fachleuten zu ignorieren und seine eigene Militärstrategie zu formulieren, für die Flotte und für die Nation gefährlich war. Am 26. Januar, noch bevor die Flotte nach Pearl Harbor beordert wurde, hatte er sich in einem Privatbrief an Admiral Stark dazu vehement geäußert:

»Ich bin entschieden der Ansicht, daß Sie dem Boß immer wieder einschärfen müssen, daß ein Orange-(japanischer)-Krieg wahrscheinlich einige Jahre dauern und viel Geld kosten wird, meiner Schätzung nach fünf bis zehn Jahre und 35 bis 70 Milliarden Dollar ... Wir sollten uns auf so etwas nicht einlassen, bis wir einigermaßen sicher sein können, es im Griff zu haben.

Ich zögere, Ihnen zu schreiben, da das geschriebene Wort so leicht mißverstanden wird. Außerdem weiß ich nicht, was Sie denken, was Sie dem Boß erzählen, welche Bedeutung unsere diplomatischen Schachzüge oder die Gespräche unserer Senatoren oder unsere Neutralitätspatrouillen haben. Aber Sie sind der erste und einzige Marineberater beim Boß, und er sollte wissen, daß unsere Flotte nicht einfach losdampfen, Orange verprügeln und vielleicht in einem Jahr wieder zu Hause sein kann. Auch sollten die wahrscheinlichen Kosten jedes Krieges mit dem wahrscheinlichen Nutzen des Sieges verglichen werden ...

Dieser ganze Brief mag überflüssig sein, aber ich weiß, daß wenn nicht Sie dem Boß erzählen, was Sie über die wahrscheinlichen Kosten und die Dauer eines Orange-Krieges wissen und glauben, es dann NIEMAND TUN WIRD.«

Vor dem Kongreßausschuß gefragt, wer »der Boß« gewesen sei, erwiderte Richardson: »Der Präsident der Vereinigten Staaten, laut Verfassung der Oberbefehlshaber von Armee und Marine!«[9]

In Reaktion auf diese Anregung machte Stark einen halbherzigen Versuch, mit dem Oberbefehlshaber vernünftig zu reden, wurde aber abgewiesen. Seinen Mangel an Erfolg beschreibend erklärte er:

»Ich fragte den Präsidenten verschiedene Male, welche Rolle unsere Marine spielen würde, wenn Japan einen Krieg gegen die britischen Besitzungen beginnen sollte. Er antwortete nicht darauf. Einmal sagte er: ›Stellen Sie nicht solche Fragen.‹ Ich glaube, er wußte selbst keine Antwort.«[10]

Als er nach Washington kam, war Richardson bewußt, daß Roosevelt sich als Ein-Mann-Generalstab betätigte und sich weit mehr auf seine Intuition als auf seine Berater verließ. Er beschloß dennoch, einen letzten Versuch zu machen. Der Admiral berichtet:

»Meine Aufgabe war, in erster Linie herauszufinden, was unsere Absichten im Pazifik waren und wie lange sich die Flotte in Pearl Harbor aufhalten sollte. Ich machte gegenüber dem Präsidenten den Vorschlag, die gesamte Flotte mit Ausnahme eines hawaiischen Detachements an die Pazifikküste zurückzuverlegen. Der Präsident erklärte, die Flotte müsse im Gebiet von Hawaii bleiben, um einen mäßigenden Einfluß auf das Verhalten Japans auszuüben. Ich erklärte, daß meiner Meinung nach die Präsenz der Flotte in Hawaii vielleicht eine Zivilregierung beeinflussen könnte. Japan habe aber eine Militärregierung, die wisse, daß die Flotte unterbesetzt und auf einen Krieg unvorbereitet sei, und daß sie ohne einen Train von Hilfsschiffen keine aktiven Operationen durchführen könne. Deshalb könne die Präsenz der Flotte in Hawaii keinen mäßigenden Einfluß auf das japanische Verhalten ausüben.

Weiterhin legte ich dar, daß wir den Japanern mit sehr viel größerer Wahrscheinlichkeit die Ernsthaftigkeiten unserer Absichten nahebringen könnten, wenn wir einen Train zusammenziehen und die Flotte an die Pazifikküste zurückverlegen, die Besatzungen ergänzen, die Schiffe eindocken und vollständig mit Munition, Proviant, Material und Treibstoff versorgen und für militärische Operationen bereitmachen würden.

Der Präsident sagte daraufhin dem Sinne nach: ›Ungeachtet ihrer Auffassung weiß ich, daß die Präsenz der Flotte im Raum Hawaii einen mäßigenden Einfluß auf das Verhalten Japans hatte und immer noch hat.‹

Ich entgegnete: ›Mr. President, ich glaube dies nach wie vor nicht, und ich weiß, daß unsere Flotte ungünstig plaziert ist, um sich für militärische Operationen bereit zu machen und diese zu eröffnen.‹

Darauf sagte der Präsident: ›Ich könnte davon überzeugt werden, daß es wünschenswert ist, die Schlachtschiffe an die Westküste zurückzuverlegen, wenn ich eine gute Begründung bekäme, die das amerikanische Volk und die japanische Regierung davon überzeugt, daß wir nicht zurückweichen, wenn wir die Schlachtschiffe an die Westküste zurückführen!‹

Später fragte ich den Präsidenten, wann wir in den Krieg eintreten würden. Er antwortete, sollten die Japaner Thailand oder die Malaiische Halbinsel oder Niederländisch-Ostindien angreifen, würden wir nicht in den Krieg eintreten. Er bezweifelte sogar, daß wir in den Krieg eintreten würden, wenn sie die Philippinen angriffen. Aber sie könnten es nicht vermeiden, Fehler zu machen, und wenn der Krieg weitergehe und sich das Operationsgebiet ausdehne, würden sie früher oder später einen Fehler machen, und dann würden wir in den Krieg eintreten.«[11]

In einem Monat sollte die Nation über eine dritte Amtszeit Roosevelts abstimmen. Er sagte zu Admiral Richardson, daß Japan schließlich »einen Fehler machen und wir dann in den Krieg eintreten würden«, aber drei Wochen später richtete er eine Rede an die Eltern der Nation, und in seiner Bostoner Rundfunkansprache machte er sein berühmtes Versprechen:

»Ich habe es bereits gesagt, und ich werde es wieder und wieder und wieder sagen: Eure Söhne werden nicht in irgendwelche ausländischen Kriege geschickt werden.«[12]

Jetzt erzählte er dem Befehlshaber seiner Flotte, daß die Vereinigten Staaten nicht einmal für die Verteidigung der Philippinen, die ja amerikanischer Besitz waren, kämpfen würden, ganz zu schweigen von Siam oder den britischen und holländischen Kolonien. Dennoch sollte er drei Monate später den Oberkommandos von Armee und Marine den Auftrag erteilen, Stabsgespräche mit den Briten und Holländern aufzunehmen, die unser Land dazu verpflichteten, für die Verteidigung ihrer Kolonien zu kämpfen.*

Aufrichtig war er nur, als er äußerte, daß irgendein japanischer Fehler als »Casus belli« dienen würde.

Zwei Tage nach diesem Treffen im Weißen Haus erfuhr Richardson mehr über Roosevelts Pläne mit der Pazifikflotte. Er wurde zu einer Besprechung im Büro von Secretary Knox gerufen, an der außer ihm Admiral Stark, Admiral Royal E. Ingersoll, stellvertretender Chef des Admiralstabes, Captain Charles M. Cooke vom Stabe Starks und Commander Vincent R. Murphy, Richardsons Adjutant, teilnahmen. Richardson berichtet:

»Der Minister erklärte, er habe wichtige Informationen bezüglich des Einsatzes der Flotte. Er erklärte weiter, er habe gerade mit dem Präsidenten gesprochen, und der Präsident sei besorgt über die japanische Reaktion auf die britische Entscheidung am 17. Oktober die Burmastraße wiederzueröffnen.

Für den Fall einer scharfen japanischen Reaktion, so Knox, erwäge der Präsident, den gesamten amerikanisch-japanischen Handel zu sperren und eine Patrouille aus zwei Linien leichter Schiffe zu bilden. Die eine Linie sollte von Hawaii zu den westlichen Philippinen, die andere von Samoa nach Niederländisch-Ostindien reichen.

Es wurde die Frage gestellt, ob diese dann sowohl japanische wie andere Schiffe anhalten würde. Es wurde die Ansicht vertreten, daß dies eine kriegerische Handlung darstelle. Ich fragte, ob der Präsident eine Kriegserklärung in Erwägung ziehe. Der Minister erwiderte, der Präsident habe darüber nichts gesagt.

›Ich weiß nur das, was mir mitgeteilt wurde‹, erklärte der Minister. Ich war erstaunt über diesen Vorschlag. Ich erklärte, die Flotte sei nicht darauf vorbereitet, einen solchen Plan in die Tat umzusetzen, und ein derartiges Vorgehen würde mit Sicherheit zum Krieg führen. Ich sagte weiter, wir würden mit Sicherheit viele Schiffe verlieren.

---

* Vgl. S. 135–148

Die folgende Diskussion ergab, daß durch solch eine Linie von Schiffen die Einheiten verstreut und damit der Vernichtung ausgesetzt würden. Es hieß, um die Schiffahrt zu überwachen, würde man am besten die Quelle des Handelsverkehrs kontrollieren, indem man die verhältnismäßig wenigen betroffenen Häfen überwache. Ich protestierte vehement.

Der Minister schien über die Reaktion im allgemeinen und die meine im besonderen ungehalten zu sein und bemerkte: ›Ich bin kein Stratege; wenn Ihnen der Plan des Präsidenten nicht gefällt, dann machen Sie einen, der den gleichen Zweck erfüllt.‹ Die Besprechung endete damit, daß Admiral Stark und ich versprachen, im Zusammenhang mit der Wiedereröffnung der Burmastraße einen vorläufigen Operationsplan auszuarbeiten.«[13]

Der Plan, den Stark und Richardson entwarfen, sah die Verlegung eines Flugzeugträgers, einer Anzahl von Flugzeugen, ein oder zwei Kreuzern und einigen Zerstörern in den Pazifik vor.

»Admiral Stark«, so berichtet Richardson, »war nicht bereit, den Plan zu bestätigen. Er sagte, er würde darüber mit dem Präsidenten reden und mir später Bescheid sagen. Als der Plan fertiggestellt war, waren weder Secretary Knox noch der Präsident in Washington. Alles, was ich später im Zusammenhang mit dem Plan vernommen habe, war eine Anweisung von Admiral Stark, eine Kopie an Admiral Hart, den Kommandeur des Asiatischen Geschwaders, zu schicken.«

Dieses erstaunliche Projekt einer Blockade Japans wurde von Roosevelt drei Wochen vor seiner »wieder und wieder und wieder«-Rede und einen Monat von den nationalen Wahlen vorgetragen. Es konnte ihm nicht entgangen sein, daß seine Verwirklichung unvermeidlich zum Krieg geführt hätte. Und während er solche Projekte vor der Nation geheimhielt, versicherte er der Wählerschaft unablässig, daß er fest entschlossen sei, sich aus dem Krieg herauszuhalten.

Der Plan zeigt Roosevelt als einen unbekümmerten Amateurstrategen, der glaubte, man könne Schiffe über Ozeane bewegen wie ein Kind Damesteine auf einem Brett. Wenn dieser Plan jemals in die Tat umgesetzt worden wäre, dann wäre Japan in der Lage gewesen, die Flotte Stück für Stück zu vernichten, da sie so verstreut gewesen wäre, daß kein Kriegsschiff ein anderes hätte unterstützen können. Selbst in seinen schlechtesten Momenten gab Hitler sich niemals solchen Phantastereien hin.

Während er in Washington war, so berichtet Richardson, bekam er von vielen Seiten die Theorie zu hören, daß die Flotte in Pearl Harbor ein Abschreckungsmittel gegen Japan darstelle. Führender Exponent dieser Denkschule, so erschien es ihm, war das State Department. Er berichtete, daß Außenminister Hull »glaubte, wir sollten gegenüber Japan eine Position der Stärke einnehmen. Und er glaubte, daß die Beibehaltung der Flotte in Hawaii diese Position der Stärke unterstreiche.«

Admiral Richardson erklärte, er habe bei seinem Besuch in Washington den Eindruck gewonnen, daß Dr. Stanley Hornbeck, damals Berater des State Department für Fernostangelegenheiten und derzeit (1947, W. P.) Botschafter in Holland, von der Regierung als inoffizieller Oberkommandierender der Flotte angesehen wurde. Der Admiral erklärte:

»Es mag falsch gewesen sein, aber ich hatte nach dem Gespräch mit Dr. Hornbeck deutlich den Eindruck, daß er auf die Verteilung der Flotte größeren Einfluß hatte als ich. In meinem Notizbuch hielt ich damals meinen Eindruck fest, er sei ›der starke Mann im Fernen Osten und der Verursacher unseres Aufenthalts in Hawaii, wo er uns festhalten wird solange er nur kann‹. Er war jedoch nicht bereit, die Verantwortung für den Verbleib der Flotte in Hawaii zu übernehmen. Ich sagte zu ihm, er sei völlig im Unrecht, auch wenn er der außenpolitische Berater des State Department sei und viele Bücher über dieses Thema geschrieben habe.«[14]

Es sind reichlich Beweise vorhanden, daß das State Department zusammen mit Roosevelt die Marine kommandierte. Dabei machte er sich nicht die Mühe, die Truppenführer, die gezwungenermaßen die Konsequenzen seiner Handlungsweise tragen mußten, ins Vertrauen zu ziehen, indem er sie über die diplomatischen Entwicklungen auf dem laufenden hielt.* Admiral Stark berichtet, ein Jahr vor Kriegsbeginn habe das State Department den Wunsch gehabt, die Navy noch stärker als Abschreckungsinstrument gegen Japan einzusetzen, indem es ein Detachement zu den Philippinen entsandte. Er erklärte, daß auf den Philippinen die Einrichtungen fehlten, um einen größeren Flottenverband zu unterhalten. »Die Navy«, sagte er zu jener Zeit, »hat bereits genug Schwierigkeiten mit dem Unterhalt der Flotte in Pearl Harbor.« Die Vorschläge des State Department bezeichnete er in seinem Brief an Admiral Kimmel als »kindisch«.[15]

Stark erklärte jedoch, er habe einem gemeinsam von Roosevelt und dem State Department entwickelten Projekt zugestimmt, demzufolge Kriegsschiffe unerwartet an verschiedenen Punkten im westlichen Pazifik auftauchen sollten, um bei den Japanern Verwirrung zu stiften.

»Wollte das State Department die Navy für diplomatische Zwecke einspannen?« wurde Stark gefragt.

»Sie wollten sie in jeder Weise zur Unterstützung der Diplomatie einsetzen, die sie für wirkungsvoll hielten«, erwiderte der Admiral.[16]

* Über die Verantwortungslosigkeit des State Department in militärischen Fragen äußert sich der Minderheitsbericht des Gemischten Kongreßausschusses (S. 29): »Das State Department schien unter dem Eindruck zu leiden, daß die Vereinigten Staaten Japan in wenigen Wochen besiegen könnten.« Der Minderheitsbericht fügt hinzu, die gleiche Denkweise habe sich auch im jährlichen Bericht von Secretary Knox niedergeschlagen, der am 6. Dezember 1941 veröffentlicht wurde.

Am 15. März 1940 wies Stark Richardson in einem Brief darauf hin, daß das State Department seine Hand im Spiel gehabt habe, als das hawaiische Detachement von ursprünglich 13 Kriegsschiffen nach Pearl Harbor geschickt wurde. »Ich denke immer noch, daß die Entscheidung, das Detachement nach Hawaii zu schicken, in der gegenwärtigen Weltlage vernünftig ist«, versicherte er. »Niemand kann abschätzen, welche Wirkung seine Anwesenheit dort auf die Außenpolitik von Orange hat. Das State Department befürwortet die gegenwärtige Gliederung nachdrücklich und betrachtet sie als nützlich. Er betont dies in allen Diskussionen, Presseveröffentlichungen usw.«

Unterstaatssekretär Sumner Welles erklärte, bei den zahlreichen Besprechungen im State Department habe sich die Diskussion über Pearl Harbor nur um seine strategische Lage im Pazifik gedreht. Im Ministerium habe niemand Pearl Harbor als ein Angriffsziel angesehen, aber er fügte hinzu, er könne sich an Gespräche mit Richardson erinnern, in denen der Flottenkommandeur »schwere Bedenken« geäußert habe, daß die Flotte in diesem Stützpunkt nicht sicher sei.

Nach Welles' Aussage hatte das State Department sich Richardsons Vorschlag, die Flotte an die Pazifikküste zurückzuverlegen, widersetzt, weil ein derartiger Schritt nach Meinung der Beamten auf die Chinesen den Eindruck machen müßte, wir würden uns aus dem Pazifik zurückziehen. Gleichzeitig wäre es eine Einladung an die Japaner, »hineinzugehen«. Als er mit Richardson sprach, berichtet Welles, hatte er nicht den Eindruck, daß Pearl Harbor Gefahr lief, angegriffen zu werden. Dies sei eine Frage, die der Präsident und das Marineministerium zu entscheiden hätten.

»So lagen dem Präsidenten die Ansichten des Navy Department und des State Department vor, und es lag nun an ihm, auf Grundlage der ihm vorliegenden Informationen über die Verlegung der Flotte zu entscheiden?« wurde Welles gefragt.

»Das ist richtig«, entgegnete Welles.[17]

Der frühere Botschafter in Tokio, Joseph C. Grew, wiederholte ebenfalls die Meinung des State Department, derzufolge die Flotte in Pearl Harbor ein »Abschreckungsinstrument« gewesen sei. Er erklärte, er sei zur Frage der Stationierung der Flotte in Pearl Harbor nicht konsultiert worden, aber er habe gedacht, sie hätte einen mäßigenden Einfluß auf Japan und sie sei »dort mehr oder weniger nützlich«.

»Welchen mäßigenden Einfluß hatte sie am 7. Dezember 1941?« wurde Grew gefragt.

»Definitiv keinen«, lautete die Antwort.

Grew erklärte, er habe nicht gewußt, daß die Flotte unterbesetzt, unterversorgt und für den Kriegsfall unvorbereitet gewesen sei, wie Richardson aussagte. Ebensowenig wäre ihm bewußt gewesen, daß sie, während sie eingeschlossen im Hafen lag, kaum eine abschreckende Wirkung auf Japan haben konnte.[18]

Während der Untersuchung wurde Admiral Richardson von Mitgliedern des Kongreßausschusses gefragt: »Hatte die Flotte in Pearl Harbor einen mäßigenden Einfluß, wie der Präsident behauptete?«

»Ich habe dies nicht geglaubt, als ich seinerzeit mit ihm sprach, und ich habe meine Ansicht nicht geändert!« erwiderte Richardson.

»Kannten die Japaner die Schwächen unserer Marine?«

»Ich habe nie daran gezweifelt, daß sie Bescheid wußten«, antwortete Richardson. »Der Marineminister erzählte mir, die Japaner wüßten mehr über unsere Flotte als ich selbst!«

»War irgendein definitiver Befehl erteilt worden, mit der Flotte in Pearl Harbor zu bleiben, nachdem sie dort zu den Flottenmanövern vom Mai 1940 eingetroffen war?«

»Einen definitiven Befehl hat es niemals gegeben«, antwortete Richardson. »Unser Verbleib entwickelte sich nach und nach.«

»Wann nach Ihrer Auseinandersetzung über die Stationierung der Flotte im Oktober 1940 haben Sie wieder etwas vom Präsidenten gehört?«

»Ich habe nie wieder etwas von ihm gehört«, entgegnete der Admiral. »Ich habe ihn nie wieder gesehen.«[19]

Bevor er nach Hawaii zurückkehrte, schrieb Richardson aus Bremerton, Washington, ein Memorandum an Stark, er wolle seine feste Überzeugung unterstreichen, daß »weder die Marine noch die Nation auf einen Krieg gegen Japan vorbereitet sind«.

»Es scheint, daß jetzt aktive und offene Schritte gegen Japan in Erwägung gezogen werden, und daß diese Schritte, wenn sie einmal ergriffen werden, zu kriegerischen Verwicklungen führen könnten. Der derzeit gültige Plan Orange (für einen Angriff auf Japan) ist bei der gegenwärtigen Stärke der amerikanischen Flotte und angesichts der gegenwärtigen Ressourcen der United States Navy nicht durchführbar. Die Flotte ist nicht stark genug. Zum gegenwärtigen Zeitpunkt können wir, sogar wenn Großbritannien die Sicherung unserer atlantischen Interessen übernimmt, vom Ozean nicht genug Kräfte abziehen, um unseren Küstenhandel zu schützen und unsere bedeutenden Interessen in Südamerika zu sichern. Wir dürfen auch nicht den Schutz unseres eigenen und die Unterbrechung des japanischen Handels im südöstlichen Pazifik außer acht lassen.

Die Army ist derzeit nicht bereit und wird auch in Zukunft nicht dazu bereit sein, ein Vordringen nach Westen zu unterstützen. Die Flottenverbände der Marine reichen nicht aus, um die notwendigen Operationen alleine durchzuführen.«[20]

Einen Monat später, am 22. November, schrieb Stark Richardson einen Brief, der insofern bemerkenswert ist, als er darin zugab, daß die Flotte in

Pearl Harbor verwundbar war. »Von Army und Navy wird viel getan, um das Heer bei der Sicherung des Panamakanals zu unterstützen«, erklärte der Chef des Admiralstabs. »Von mindestens ebensogroßer Bedeutung ist die Sicherheit unserer Flotte vor einem plötzlichen, vernichtenden Angriff. Und die Flotte ist, wie es naturgemäß der Fall sein muß, in einer exponierten Lage.«

Nachdem er Roosevelt kritisiert hatte, behielt Admiral Richardson sein Kommando nur noch vier Monate. Am 1. Februar 1941 wurde er nach nur 13 Monaten von einem Posten abgelöst, auf dem die normale, turnusmäßige Dienstzeit zwei Jahre betrug. Sein Nachfolger, Admiral Kimmel, wurde nicht nur zum Oberbefehlshaber der amerikanischen Flotte, sondern auch zum Oberkommandierenden der Pazifikflotte ernannt. Dieses Kommando wurde mit seinem Amtsantritt neu geschaffen.

Richardson erstattete am 24. März 1941 in Washington Secretary Knox Bericht: »Als ich den Minister sah, sagte ich: ›In meiner gesamten Dienstzeit in der Marine habe ich nie von einem Flaggoffizier gehört, der in der gleichen Weise versetzt worden ist wie ich, und ich muß wissen, warum.‹ Der Minister entgegnete, der Präsident würde mich zu sich rufen und die Angelegenheit mit mir besprechen.«

»Hat der Präsident Sie jemals zu sich gerufen?« wurde Richardson gefragt.

»Er hat dies nicht getan.«

»Haben Sie eine Begegnung mit dem Präsidenten angestrebt?«

»In keiner Weise.«

»Hat irgend etwas, was der Minister zu Ihnen sagte, Ihnen einen Hinweis darauf gegeben, warum Sie versetzt wurden?«

»Er sagte zu mir: ›Das letzte Mal, als Sie hier waren, haben Sie die Gefühle des Präsidenten verletzt‹.«[21]

Admiral Richardson war nicht allein in dem Glauben, daß die Flotte in Oahu keinen vernünftigen Zweck erfüllte – daß sie weder als »Abschreckungsmittel« gegen Japan diente, wie die Regierung glaubte, noch von ihrer Basis in Pearl Harbor aus eine Offensive durchführen konnte. Richardson berichtet, Admiral Stark habe ihn unterstützt.

Der abgesetzte Kommandeur erklärte:

> »Es ist meine Überzeugung, daß Admiral Stark mir in diesem Punkt von ganzem Herzen zugestimmt hätte, wenn er nicht von anderen Erwägungen beeinflußt gewesen wäre. Seine Briefe zeigen dies an mehreren Stellen. Als ich die Erlaubnis erhielt, insgesamt ein Drittel der Flotte an die Pazifikküste zurückzuverlegen, um das Material zu ergänzen und zusätzliche Mannschaften zu erhalten, sagte Admiral Stark, er habe den Befehl ›mit großer Freude‹ gegeben.«[22]

Als Stark als Zeuge aufgerufen wurde, erklärte er, er habe ursprünglich mit Richardson darin übereingestimmt, daß es nicht ratsam sei, die Flotte in

Pearl Harbor zu stationieren. Aber zu der Zeit, als Kimmel zum Befehlshaber ernannt wurde, sei er der Meinung gewesen, daß die Flotte in Hawaii ein Abschreckungsmittel gegen Japan sei. Er erklärte, er habe eine Unterhaltung mit Roosevelt gehabt, in der die Frage eines Rückzugs der Flotte erörtert worden sei. Ein Gesichtspunkt, so sagte er, war der, daß ein Rückzug an die Küste gefolgt von einer Rückkehr nach Hawaii diplomatische Rückwirkungen gehabt hätte.

»Wann immer ich im Zweifel bin und nicht weiß, was ich tun soll«, soll Roosevelt gesagt haben, »finde ich, daß es am besten ist, mich nicht von der Stelle zu rühren.«[23]

Roosevelt rührte sich nicht von der Stelle, und die Flotte blieb in Pearl Harbor.

Admiral Kimmel, der das Kommando von Richardson übernommen hatte, machte vor der Roberts-Kommission folgende Aussage:

> »Ich wußte, daß das Marineministerium und die Regierung in Washington darauf bestanden, die Flotte hier draußen zu lassen. Ich wußte, wie verwundbar die Flotte hier war. Ich habe geglaubt, daß das Marineministerium genauso dachte, aber ich habe gedacht, daß ich solche Dinge nicht ändern konnte. Ich konnte entweder sagen, ich würde nicht dableiben, und wäre durch einen anderen Oberbefehlshaber abgelöst worden, oder ich konnte dableiben. Natürlich wünsche ich mir jetzt, ich hätte damals den anderen Weg gewählt, aber ich habe es eben nicht getan.«[24]

Admiral Leahy sagte aus, er habe »in völliger Opposition« zu der Denkschule gestanden, die behauptete, daß die Flotte in Hawaii einen mäßigenden Einfluß auf Japan ausübe. »Sie hatte sicherlich keinen mäßigenden Einfluß, wenn sie nicht kriegsbereit war. Ich stimme darin völlig mit Admiral Richardson überein.«[25]

Admiral Kimmel erklärte, wegen der Erschöpfung der Treibstoffreserven und wegen des Fehlens einer Luftsicherung, die die Flotte hätte schützen können wenn sie in See ging, habe er keine andere Wahl gehabt, als seine Schiffe im Hafen zu lassen, nachdem er unmittelbar vor dem japanischen Überfall seine beiden Trägerverbände auf Befehl Washingtons zu den Inseln Wake und Midway geschickt habe.* Er erklärte, es sei außerdem notwendig

---

* Der Minderheitsbericht des Gemischten Kongreßausschusses (S. 54) stellt fest: »Die Treibstoffreserven waren ungenügend, wodurch der volle Einsatz der Flotte auf See eingeschränkt wurde. Sie erforderten ständige Ergänzung vom Festland, und die Lagerung dieser Treibstoffreserven war so, daß sie durch jeden Luftangriff verwundbar waren. Die Flotte mußte in regelmäßigen Intervallen den Stützpunkt aufsuchen, um aufzutanken. Die Einrichtungen auf dem Stützpunkt ließen nur ein langsames Betanken zu. Die Flotte war ohne eine ausreichende Versorgung durch schnelle Tanker, um eine Betankung auf See zu ermöglichen; sie war ständig mit der unentrinnbaren Tatsache konfrontiert, daß eine Vernichtung der Treibstoffreserven zwangsläufig die gesamte Flotte unbeweglich machen mußte.«

1 Der japanische Kaiser Hirohito (rechts) mit Admiral Suzuki bei einer Flottenparade

Franklin D. Roosevelt und Winston ·hurchill während der Atlantikkonferenz ·n Bord der USS »Auguste«. Hinter ihnen ·dm. King und Adm. Stark. Ganz links ·arry Hopkins.

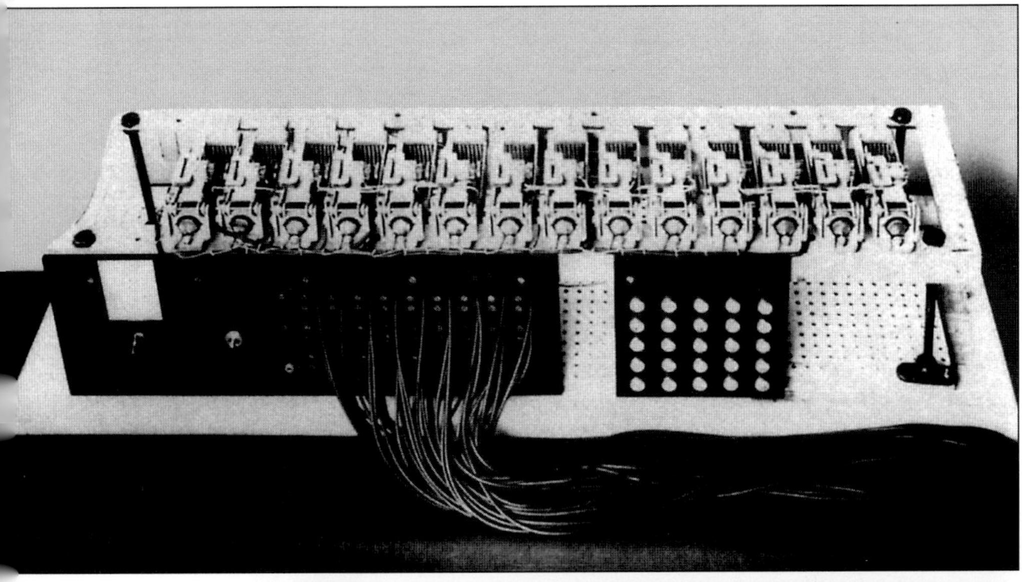

»Magic«: Die amerika-
ısche Maschine, die den
panischen diplomati-
hen Code entschlüsseln
›nnte.

Sie gehörten zu den
ıgsten Beratern Roose-
lts: Kriegsminister
·nry L. Stimson (links)
ıd der Generalstabs-
ef der US Army,
·n. George C. Marshall.

Außenminister Cordell
ıll mit den japanischen
plomaten Kichisaburo
·mura (links) und
ɔuro Kurusu während
· Washingtoner Ver-
ndlungen.

ɜeneral Tojo, Premier-
ıister der japanischen
itärregierung.

7 Admiral Osami Nagano, Admiralstabschef der kaiserlichen Marine.

8 Vizeadmiral Chui-chi Nagumo, Oberbefehlshaber der Trä-gerkampfgruppe, di[e] Pearl Harbor angrif[f]

9 Fregattenkapitän Minoru Genda. Er arbeitete die Einzelheiten des Angriffsplanes aus.

10 Admiral Isorok[u] Yamamoto, Oberbe-fehlshaber der Vere[i]nigten Kaiserlichen Flotte und geistige[r] Urheber des Angri[ffs] auf Pearl Harbor.

gewesen, die Schiffe im Hafen zu belassen, um sie entsprechend den neuesten Kriegserfahrungen umbauen zu können.[26]

Admiral Stark erklärte anschließend, er könne Kimmel keinen Vorwurf daraus machen, daß er mit dem Rest der Flotte, einschließlich der acht Schlachtschiffe, im Hafen geblieben sei. In Marinekreisen habe es verschiedene Meinungen darüber gegeben, ob die Flotte auf See oder im Hafen sicherer sei, wo Verteidigungsanlagen und Jagdflugzeuge mit kurzer Reichweite zu ihrem Schutz vorhanden waren.[27] Aus dieser Aussage ist zu ersehen, daß der entscheidende Fehler der war, die Flotte überhaupt nach Oahu zu schicken. Diese Entscheidung wurde von Roosevelt getroffen. Der Minderheitsbericht des Gemischten Kongreßausschusses bemerkt dazu (S. 49–53):

»Die Entscheidung, die Flotte in Pearl Harbor zu stationieren, wurde im März 1940 vom Präsidenten gegen den Protest von Admiral Richardson getroffen ... Als die Entscheidung getroffen wurde, die Flotte in Pearl Harbor zu stationieren, werden der verantwortlichen Führung in Washington sicherlich bestimmte Fakten über diesen Stützpunkt bekannt gewesen sein, die in Betracht gezogen wurden.

Der Stützpunkt ist ein Seichtwasserhafen mit beschränktem Bewegungsraum, ohne Möglichkeiten zum Verbergen oder Tarnen, und ohne ausreichend freie Plätze, um die für die Luftverteidigung notwendige Ausrüstung angemessen aufstellen zu können. Die Einfahrt zum Stützpunkt führt durch einen engen, gewundenen Kanal, der Ausfälle nur mit verminderter Geschwindigkeit und im Gänsemarsch erlaubt, und der die Möglichkeit bietet, den Stützpunkt durch einen Luft- oder U-Boot-Angriff auf die Einfahrt zu blockieren.

Der Stützpunkt ist von Hochland umgeben, das der Stadt Honolulu unmittelbar gegenüberliegt, wodurch die Öffentlichkeit jederzeit vollen Einblick in die Einrichtungen und Vorgänge innerhalb des Stützpunktes hat.

Der Stützpunkt liegt auf einer Insel, deren Bevölkerung einen hohen Anteil von Japanern hat und auf der bekanntermaßen die japanische Spionage blühte. Es war deshalb wahrscheinlich, daß sämtliche Mängel der Verteidigung, von welcher Art sie auch waren, den Japanern bekannt werden würden.

Der gesamte Treibstoff für den Stützpunkt mußte mit Tankern über 2000 Meilen vom Festland antransportiert werden, was die Notwendigkeit verstärkte, den Stützpunkt vollständig mit Verteidigungsmitteln und Versorgungsmaterial auszustatten.

Die Gewässer um Oahu haben eine Tiefe, die U-Booten verdeckte Bewegungen und die Annäherung an die Küste erlauben und dadurch derartige feindliche Angriffe begünstigen.

Oahu ist an allen Seiten vom offenen Meer umgeben, weshalb ein Anlauf aus allen Richtungen, von 360°, möglich ist.

Die Situation, der sich die Flotte nach ihrer Ankunft im Stützpunkt von Pearl Harbor gegenübersah, erscheint völlig eindeutig. Bevor Pearl Harbor ein sicherer Stützpunkt sein konnte, mußten die Verteidigungseinrichtungen in ausreichendem Maße ausgebaut werden, und diese Einrichtungen mußten den geographischen Eigenheiten, so wie sie oben beschrieben sind, entsprechen und ihnen angemessen sein. Das Fehlen von ausreichenden Verteidigungseinrichtungen mußte die unmittelbare Gefahr für die Flotte erhöhen. Da in Washington die Entscheidung zur Stationierung der Flotte in Pearl Harbor getroffen worden war, lag die Verantwortung für die Bereitstellung einer angemessenen Stützpunktverteidigung in erster Linie dort (Siehe dazu den Brief von Stark vom 22. November 1940, Tr., Bd. 5, S. 706 ff.) ...

Die Dokumente zeigen, daß Präsident Roosevelt in voller Kenntnis der Erfordernisse zur Verteidigung des Stützpunktes von Pearl Harbor, in voller Kenntnis des Risikos und der Gefahren, denen die Flotte während ihrer Stationierung in Perl Harbor ausgesetzt war, und in voller Kenntnis darüber, welche Ausrüstung für einen ausreichenden Schutz der Flotte in solch einem Stützpunkt erforderlich war, entschied, die Flotte von ihren Festlandstützpunkten wegzuverlegen und sie in Pearl Harbor zu stationieren ... In Anbetracht der Tatsache, daß die Regierung Verpflichtungen an anderen militärischen Schauplätzen hatte ... und daher unfähig war, in Pearl Harbor ausreichende Sicherheitsvorkehrungen für die Flotte zu treffen, hätte der ursprüngliche Entschluß, die Flotte in Perl Harbor zu stationieren, zurückgenommen werden müssen. Sie hätte in ihre verschiedenen Festlandstützpunkte zurückverlegt werden müssen. Es scheint offenkundig, daß die Sicherheit der Flotte durch eine solche Verlegung erhöht worden wäre. Bei einem Festlandstützpunkt beträgt der Perimeter der Verteidigung nur 180° statt 360°, womit eine Fernaufklärung mit nur halb so vielen Flugzeugen möglich ist. Die Transport- und Versorgungseinrichtungen wären bei einer Festlandbasis ebenso wie alle notwendigen Kommunikationseinrichtungen sehr viel besser. Von einer Festlandbasis aus wäre die Beweglichkeit der Flotte größer gewesen, und die Konzentrierung der Flotte an einem einzigen Stützpunkt wäre vermieden worden. Wir sind deshalb der Meinung, daß die Flotte nicht hätte in Pearl Harbor stationiert werden dürfen, es sei denn, eine ausreichende Verteidigung dieses Stützpunktes wäre gesichert gewesen.

Es gab keinen derartigen Wechsel der Politik, und die Flotte blieb ohne die erforderlichen Verteidigungsmittel, auf die wir verwiesen haben, in Pearl Harbor stationiert. Außerdem mußte man annehmen, daß der genaue Zustand und die Schwäche der Verteidigung der intensiven japanischen Spionage, die auf Hawaii betrieben wurde, bekannt waren. Also mußte man davon ausgehen, daß das Kriegsministerium in Tokio über die Verhältnisse in Pearl Harbor Bescheid wußte. Daher sehen wir uns genötigt, die Schlußfolgerung zu ziehen, daß der Verzicht darauf, die Flotte von Pearl Harbor zum Festland zurückzuverlegen, als ein wesentlicher Faktor angesehen werden muß, der zum Erfolg des japanischen Angriffs am 7. Dezember beitrug.«

Als er vor dem Kongreßausschuß gefragt wurde, ob er glaube, daß die Flotte in Hawaii ein Abschreckungsinstrument gegen eine japanische Aggression gewesen sei, entgegnete Kimmel: »Sie machten einen Angriff. Die Tatsachen sprechen für sich selbst.«[28]

Kapitel 6

Planung für die Niederlage

Die Flotte wurde am 7. Dezember 1941 das Opfer einer fürchterlichen Katastrophe, aber der japanische Angriff hatte auch ein unerwartet vorteilhaftes Ergebnis. Nachdem acht Schlachtschiffe außer Gefecht gesetzt waren, war die Flotte gezwungen, auf Flugzeugträger und schnelle Kreuzer zu vertrauen.

Die Wende, die die Schlachtschiff-Admirale neun Jahre zuvor nach Admiral Yarnells simuliertem Trägerangriff abgelehnt hatten, wurde nun durch die Umstände erzwungen. Zu diesem Zeitpunkt sahen jedoch nur wenige Offiziere die Sache in diesem Licht. Tatsächlich wurde das Oberkommando von einer Art Lähmung ergriffen, und mit Ausnahme eines Trägerraids von Admiral Halseys Kampfverband zu den Gilbert- und Marshall-Inseln, der am 31. Januar 1942 erfolgte, sah die Pazifikflotte in den folgenden Monaten keinen Einsatz.

Der Angriff auf Pearl Harbor hatte viele krasse Fehler in den traditionellen Konzepten von Army und Navy aufgedeckt. Pearl Harbor selbst war nur als vorgeschobener Flotten- und Luftwaffenstützpunkt von Wert, von dem aus die amerikanischen Streitkräfte einen Ausfall machen konnten, um den Feind aufzusuchen. Als Nebeneffekt konnte so die Sicherheit des Festlandes erhöht werden. 2091 Meilen westlich von San Francisco und 3397 Meilen östlich vom Marinestützpunkt Yokosuka bei Yokohama gelegen, war es ein strategisch günstig gelegenes Sprungbrett gegen Japan. Abgesehen von der These Präsident Roosevelts und des State Department, daß die Flotte in Pearl Harbor ein »Abschreckungsinstrument« gegen die Japaner sei, gab es nur einen Grund für die Anwesenheit der Flotte in Hawaii: Sie konnte sofort nach einer Kriegserklärung die Offensive ergreifen und gegen die japanische Flotte sowie die japanischen Stützpunkte im Pazifik vorgehen. Um zu verhindern, daß die Hawaii-Inseln dem Feind in die Hände fielen, war es natürlich notwendig, die Flotte besonders zu sichern, während sie im Hafen lag. Um dieses Ziel zu erreichen, waren die Verantwortungsbereiche, wie sie in dem gemeinsamen Küstenverteidigungsplan von Army und Navy vom 11. April 1941 umrissen waren, wie folgt aufgeteilt:

»A. Gemeinsame Aufgaben: Oahu als überseeischen Hauptstützpunkt der Navy zu halten und die Schiffahrt in der Küstenzone zu schützen.

B. Aufgaben der Army: Oahu gegen Angriffe durch See-, Land- und Luftstreitkräfte sowie durch feindliche Sympathisanten zu schützen und die Seestreitkräfte zu unterstützen.

C. Aufgaben der Navy: Die Küstenzone zu kontrollieren, die dortige Schiffahrt zu kontrollieren und zu schützen, und die Landstreitkräfte zu unterstützen.«[1]

Der Schutz von Stützpunkt und Flotte war in erster Linie die Aufgabe der Army, und zu diesem Zweck standen am 7. Dezember 2490 Offiziere und 40 469 Mannschaften in Garnison.[2] Der Army unterstanden die Küstenverteidigungsgeschütze, alle Flugabwehrbatterien mit Ausnahme derer, die sich auf den Kriegsschiffen befanden, die meisten der auf der Insel stationierten Jagdflugzeuge, eine küstennahe Luftpatrouille mit einem Einsatzbereich von 20 Meilen, und der Luftwarndienst. Der Navy war die Fernaufklärung mit einem Einsatzbereich von 200–600 Meilen zugeteilt.[3]

Die bloße Tatsache, daß die Flotte im Hafen lag, erhöhte die Verantwortung der Armee, weil die Flotte so nicht in der Lage war, die Landstreitkräfte durch Aufklärung oder durch Operationsbereitschaft auf See zu unterstützen. Im Hafen war die Flotte unbeweglich und äußerst verwundbar. Army und Navy hatten, wie sie glaubten, ausreichende Vorkehrungen für den Schutz von Stützpunkt und Flotte getroffen. Das Oberkommando glaubte jedoch, daß Pearl Harbor unverwundbar sei. Diese Auffassung spiegelt sich in einem Memorandum über die Verteidigung von Hawaii wider, das George Marshall am 3. Mai 1941 Präsident Roosevelt übersandte. In diesem Memorandum schrieb er: »Die Insel Oahu gilt wegen ihrer Befestigungen, ihrer Garnison und ihrer geographischen Charakteristika als die stärkste Festung der Welt.«[4] Weiter hieß es in dem Memorandum, daß jede feindliche Streitmacht von dem Zeitpunkt an, an dem sie sich Oahu bis auf 750 Meilen genähert habe, ständigen Angriffen ausgesetzt sein würde. Diese Berechnung setzte voraus, daß Hawaii über die erforderlichen Flugzeuge zur Fernaufklärung verfügte und sie für diesen Zweck einsetzte, was aber beides nicht zutraf.

Als Admiral Kimmel am 1. Februar 1941 das Kommando über die Pazifikflotte übernahm, war er »bestürzt über die damalige Schwäche« der Verteidigungsanlagen von Pearl Harbor.[5] Er besprach die Probleme mit Admiral Richardson, den er als Befehlshaber ablöste, und schließlich wurde am 25. Januar 1941 ein Brief mit Richardsons Unterschrift an Marineminister Knox übersandt, der auch die Aufmerksamkeit von Kriegsminister Henry L. Stimson fand. Die offenkundigsten Unzulänglichkeiten, die in diesem Schreiben angesprochen wurden, waren:

»a) Der gefährliche Mangel an Flakgeschützen, die für die Verteidigung von Pearl Harbor verfügbar waren, was die ständige Bemannung der Flakgeschütze auf den Schiffen erforderlich machte, solange diese im Hafen lagen.

b) Die geringe Zahl und die Überalterung der landgestützten Flugzeuge, was die ständige Bereitschaft von Einsatzgruppen von Marineflugzeugen und den Einsatz von Marineflugzeugen für die Nahaufklärung notwendig machte.

c) Der Mangel an geeigneten Wasserfahrzeugen für die örtliche Verteidigung im 14. Marinebezirk usw.

d) Der Mangel an Radargeräten beim Heer.«[6]

Obwohl Washington versprach, diesen Mißständen abzuhelfen, geschah in den Monaten vor dem japanischen Angriff tatsächlich nur sehr wenig.

Auch General Short beschwerte sich in Washington wiederholt über die Unzulänglichkeit der Mittel, die ihm bewilligt wurden. Zwischen dem 7. Februar und dem 7. Dezember 1941 beantragte er in Washington 22 953 697 Dollar, die für die Verbesserung der Verteidigung von Hawaii verwendet werden sollten. Er schlug vor, dieses Geld für den Bau von Bunkern, Militärstraßen und -wegen, einer Batterie in der Bucht von Kaneohe, den Bau von zehn Flugplätzen, den Ausbau von Wheeler Field, die Tarnung der Flugfelder, die Verbunkerung des Flugdepots von Hickam Field, und für die für diese Projekte notwendigen Materialien aufzuwenden. Von der beantragten Summe wurden ihm vom Kriegsministerium nur 350 000 Dollar für Straßen und Wege bewilligt. Diese Summe stellte nur 1,5 Prozent von dem dar, was er gefordert hatte.[7]

Bei der Organisation einer effizienten Verteidigung wurden der Armee noch weitere Steine in den Weg gelegt. Dies zeigt sich insbesondere bei Shorts Kampf um ein geeignetes Gelände für die Errichtung von Radarstationen. Am 6. März 1941 schrieb Short an Generalstabschef Marshall und bat um die sofortige Lieferung von modernen Radargeräten. Er berichtete, daß die Reichweite der verfügbaren Geräte nur fünf Meilen betrug.[8] In einem zweiten Brief an Marshall vom 15. März wiederholte er, daß an Suchgerät mit hoher Reichweite ein großer Mangel herrsche. Am 28. März versprach der Generalstabschef die Lieferung von Radargeräten für April oder Mai.[9]

Drei stationäre Radarstationen wurden am 3. Juni, sechs mobile Radargeräte am 1. August geliefert.[10] Fünf der mobilen Stationen waren am 7. Dezember in Betrieb, aber die Türme, auf die die stationären Geräte montiert werden sollten, lagen zum Zeitpunkt des Angriffs auf Pearl Harbor noch in den Docks von Oakland in Kalifornien, so daß die Geräte am 7. Dezember nicht benutzt werden konnten.[11] Bürgermeister La Guardia und Mrs. Roosevelt, die das Büro für Zivilverteidigung leitete, hatten in New York und in anderen Städten Verdunkelungsübungen inszeniert und beschworen die Gefahr transozeanischer Luftangriffe auf amerikanische Großstädte. Eine Folge davon war, daß in New York, San Francisco und Seattle modernste Radargeräte installiert wurden, bevor das Bollwerk von Hawaii diese erhielt.[12*]

Das Innenministerium unter Secretary Harold L. Ickes errichtete zusätzliche Hindernisse. Der National Park Service (die Verwaltung der Nationalparks, W. P.), eine Behörde dieses Ministeriums, interessierte sich mehr für die Erhaltung der Schönheit der Landschaft als für die Fähigkeit von Hawaii, sich zu verteidigen. Als General Short den Vorschlag machte, eine Radarstation auf dem Mount Haleakala (der inmitten eines Nationalparks liegt, W. P.) aufzustellen, hielt der National Park Service seine Genehmigung für diesen Antrag zurück. In seinem Brief vom 6. März an Marshall protestierte Short gegen die Verschleppung durch das Innenministerium:

»Ich glaube, daß diese Angelegenheit von ausreichender Bedeutung ist, um sie dem Kriegsminister zur Aufmerksamkeit zu bringen und um zu sehen, ob nicht vom Innenministerium die Genehmigung erhalten werden kann, die Haleakala-Einrichtungen zu errichten, ohne dem National Park Service detaillierte Pläne zur Begutachtung vorlegen zu müssen.«[13]

Am 15. März schrieb Marshall an Short:

»Es wird nicht zu umgehen sein, daß wir uns in den Fällen, in denen Anlagen auf Gebiet errichtet werden soll, das dem Innenministerium untersteht, an feste Vorschriften halten müssen. Die Beamten des National Park Service sind bereit, uns zeitweise ihr Land zur Verfügung zu stellen, wenn anderes Land für den Zweck nicht geeignet ist. Sie wollen aber nicht auf das Recht verzichten, daß man ihnen die Pläne, die die Architektur und das generelle Erscheinungsbild zeigen, vorlegt. Sie sind auch entschieden gegen die Errichtung von Bauten an Orten, die offen sichtbar sind und die das natürliche Erscheinungsbild des Schutzgebiets erheblich verändern.«[14]

Ickes' Ministerium kam auch der Marine in die Quere, als diese es unternahm, eine Abhörstation in Winter Harbor in Maine zu errichten, um ver-

---

[*] Der Minderheitsbericht des Gemischten Kongreßausschusses bemerkt dazu (S. 55): »Die Einrichtung von Radar wurde auf Hawaii in unentschuldbarer Weise verzögert. Radar war für Hawaii ein besonders wichtiges Verteidigungsmittel. Es war bekannt, daß es nicht genug Flugzeuge und Geschütze gab, um den Stützpunkt zu schützen, und dies machte die Verfügbarkeit von Radar um so notwendiger. Es scheint, daß wir den Radarschutz von New York und anderen Orten auf dem Festland, wo ein Angriff unwahrscheinlich war, bevorzugten, nicht aber den von Hawaii, wo Informationen durch Radar unentbehrlich waren. Das Ergebnis war, daß die stationären Radareinrichtungen schließlich nicht vor dem Angriff auf Pearl Harbor fertiggestellt wurden, und gerade die stationären Geräte hätten die besten Ergebnisse geliefert. Die verfügbaren mobilen Geräte waren aufgrund der Verzögerungen nur versuchsweise und für kurze Zeit in Betrieb. Es herrschte Mangel an ausgebildetem Bedienungspersonal. Die Mannschaften versuchten zu gleicher Zeit, die Geräte zu betreiben und den Umgang mit ihnen zu lernen. Die eingeteilten Betriebsstunden waren nicht gut gewählt, was große Bedeutung erlangen sollte. Der Dienst endete um 7.00 Uhr, genau zu dem Zeitpunkt, an dem die Gefahr akut wurde.«

schlüsselte japanische Funkmeldungen abzufangen. Die Station im Winter Harbor stand auf einem Gelände, das dem National Park Service gehörte, und wie im Falle der Radarstationen auf Hawaii erlaubte der Park Service es nicht, daß Bäume gefällt oder die Landschaft sonstwie verändert wurde. Als Folge davon war die Station in Winter Harbor durch die hohen Bäume, die ihre Antenne umgaben, behindert.[15]

Trotz allem waren am Morgen des 7. Dezember fünf Radarstationen auf Oahu in Betrieb. Obwohl die Stationen jeden Tag zwischen 4.00 und 7.00 Uhr eingeschaltet waren und drei Geräte für Ausbildungszwecke einen großen Teil des Tages weiterliefen, wurden sie angewiesen, am 7. Dezember um 7.00 Uhr Schluß zu machen. Durch einen jener Zufälle, die zu den vielfältigen Fehlern der Verteidigung am 7. Dezember so wesentlich beitrugen, hatte ein Lieutenant des Signal Corps, Grove C. White, am vorhergehenden Tag vom Kontrolloffizier die Erlaubnis bekommen, die Station zu jener Stunde zu schließen.[16]

Ein weiteres Versäumnis von ähnlicher Bedeutung war die fehlende Fernaufklärung um Hawaii am Morgen des Angriffs. Diese war Aufgabe der Marine. Die Armee verfügte am 7. Dezember nur über sechs B-17 in flugbereitem Zustand[17], während laut Plan 180 erforderlich gewesen wären, um den Feind aufzuspüren und anzugreifen. Die Marine verfügte über 49 Patrouillenflugzeuge in flugbereitem Zustand.[18] Diese Flugzeuge waren alle erst innerhalb der vorhergehenden vier Wochen eingetroffen. Sie litten unter den üblichen Kinderkrankheiten neuer Flugzeugtypen. Neue Motorenteile waren defekt und mußten ausgetauscht werden. Ein Programm für den Einbau von selbstdichtenden Tanks und Panzerungen war angelaufen. Es gab keine Ersatzteile und keine Zweitbesatzungen.

Admiral Kimmel erklärte vor dem Untersuchungsausschuß des Kongreß:

»Um einen Inselstützpunkt gegen einen Überraschungsangriff durch schnelle, trägergestützte Flugzeuge zu sichern, ist es notwendig, am Abend zuvor in einem Umkreis von 360° und in einer Entfernung von bis zu 800 Meilen zu patrouillieren. Dafür benötigt man 84 Flugzeuge, die jeweils einen 16-Stunden-Flug machen. Natürlich können die gleichen Flugzeuge und die gleichen Besatzungen diesen 16-Stunden-Flug nicht jeden Tag machen. Für Aufklärungsflüge dieser Art über einen längeren Zeitraum hinweg wäre ein Bestand von 150 Flugzeugen erforderlich …

Es steht außer Frage, daß ich nicht die nötige Anzahl von Flugzeugen hatte, um von Oahu aus jeden Tag eine Fernaufklärung im Umkreis von 360° fliegen zu lassen … Ein Absuchen aller Sektoren der möglichen Anlaufrouten zu einem Inselstützpunkt ist die einzige Art von Aufklärung, die diesen Namen verdient … Der Marineminister hat in einem Vermerk zum Protokoll des Naval Court of Inquiry erklärt: ›In der Woche vor dem Angriff waren auf Oahu tatsächlich genügend Patrouillenflugzeuge und Besatzungen der Marine vorhanden, um wenigstens für einige Wochen eine tägliche Aufklärung zu fliegen, die einen Sektor von 128° und eine Entfernung von 700 Meilen abdeckt.‹ Diese Behauptung geht davon aus, daß ich alle Patrouillenkräfte nur für diese Art Aufklärung hätte einsetzen können, ohne einige Flugzeuge für Notfälle oder die Sicherung der Schiffsbewegungen inner- und außerhalb des Hafens und im Operationsgebiet zurückzubehalten … Wenn ich am und nach dem 27. November eine Fernaufklärung in irgendeinem Sektor von 128° um Oahu eingeleitet hätte, dann hätte ich in absehbarer Zeit die Pazifikflotte jeglicher einsatzfähiger Patrouillenfliegerkräfte für ihre vorgesehenen Kampfaufgaben beraubt.«[19]

Kimmel betonte, er sei zweimal angewiesen worden, gemäß dem Kriegsplan der Navy darauf vorbereitet zu sein, Raids gegen die Marshall-Inseln zu machen. Der Plan sollte mit Beginn der Feindseligkeiten in Kraft treten, und seine Patrouillenflugzeuge waren nach diesem Plan für ausgedehnte Einsätze von vorgeschobenen Stützpunkten aus vorgesehen. Angesichts der Aufträge für den Kriegsfall mußte er entscheiden, wie die Patrouillenflugzeuge am besten eingesetzt werden sollten. Hätte er ihnen den Auftrag für eine intensive Fernaufklärung um Oahu erteilt, wären sie möglicherweise an den Boden gefesselt gewesen, wenn der Befehl zur Ausführung des Kriegsplans erteilt wurde. Er entschied sich dafür, die Flugzeuge zu schonen, um gemäß dem Kriegsplan in die Offensive gehen zu können.[20] Der Naval Court of Inquiry, der die Katastrophe von Pearl Harbor 1944 untersuchte, fällte über Kimmels Entscheidung folgendes Urteil:

»Dem Oberbefehlshaber der Pazifikflotte war die Aufgabe übertragen worden, seine Flotte auf den Kriegsfall vorzubereiten. Es war ihm bekannt, daß der Krieg nahe bevorstand – wie nahe er bevorstand, wußte er nicht. Die Marineflugzeuge wurden ständig für Patrouillenflüge über dem Operationsgebiet eingesetzt, in denen sich die Flotte für den Krieg vorbereitete. Eine Zweckentfremdung der Flugzeuge für Aufklärung oder andere Aufgaben war unter den bestehenden Umständen und im Licht der verfügbaren Informationen nicht gerechtfertigt. Wenn sie in dieser Weise zweckentfremdet worden wären, wäre die Einsatzbereitschaft der Flotte wegen der erzwungenen Einstellung der Flottenoperationen herabgesetzt worden. Der Einsatzwert der Patrouillenflugzeuge der Marine wäre wegen des Unvermögens von Flugzeugen und Besatzungen, den Belastungen täglicher Langstreckenaufklärungsflüge standzuhalten, bereits nach wenigen Tagen ernsthaft herabgesetzt gewesen.

Die Unterlassung dieser Aufklärungsflüge ist nicht auf ein Versehen oder auf Nachlässigkeit zurückzuführen. Sie war das Ergebnis einer militärischen Entscheidung, die nach vielen Überlegungen und Beratungen mit erfahrenen Offizieren und nach Gewichtung der vorhandenen Informationen und aller relevanter Faktoren getroffen wurde.«[21]

Dies waren die Gründe, warum Kimmel am 6. und 7. Dezember keine Fernaufklärung fliegen ließ. Erstens hatte er dafür nicht genug Flugzeuge. Zweitens waren die Flugzeuge, die ihm zur Verfügung standen, gemäß dem vorbereiteten Kriegsplan für gemeinsame Einsätze mit der Flotte vorgesehen. Am 7. Dezember befanden sich nur wenige Flugzeuge morgens auf Patrouille, und zwar alle im Süden und Westen von Oahu, über dem Operationsgebiet der Flotte.

Wenn Kimmel die erforderliche Zahl von Flugzeugen sowohl für die Aufklärung um Oahu wie für den Patrouillendienst mit der Flotte gehabt hätte, wäre seine Aufgabe einfach gewesen. Die Gefahr, die von einem Luftangriff ausging, war in wenigstens zwei prophetischen Memoranden vorausgesehen worden. Das erste war das geistige Produkt von General Hugh A. Drum, dem früheren Kommandeur der Heeresstreitkräfte auf Hawaii. 1935 warnte er das Kriegsministerium, daß Pearl Harbor mit seinen Öl- und Munitionslagern sowie seinen Flugplätzen auf Oahu »durch einen Luftangriff äußerst verwundbar« war. Er sagte außerdem voraus, daß »die erste Handlung des Feindes ein Überraschungsversuch sein wird«. »Eine östliche Macht«, so Drum weiter, »ist stark genug an Überwasserschiffen und Flugzeugen, um mit Erfolg gegen diese Ziele Luftangriffe zu fliegen, es sei denn, sie würden rechtzeitig und mit genügender Stärke abgefangen, um diese Angriffe abzuwehren.« General Drum erklärte, man müsse die ersten Informationen über die anlaufenden Flugzeugträger erhalten, wenn diese noch mindestens 300 Meilen von Oahu entfernt waren, damit die Bomber sie angreifen könnten, bevor diese ihre Flugzeuge starten könnten. Er empfahl die Anlage von Flugplätzen auf den Inseln, die Oahu umgaben, um die Flugzeit der eigenen Bomber zu verringern.[22]

Major General E. T. Conley, der damalige Generaladjutant der Armee, verfaßt im April 1936 eine Erwiderung auf Drums Memorandum. Er ging von der Schätzung aus, daß sich die feindlichen Träger in der Abenddämmerung vor dem Angriffstag Oahu bis auf 600–900 Meilen nähern könnten, um dann nach einer schnellen Nachtfahrt ihre Flugzeuge in einer Entfernung von 275–330 Meilen vor dem Ziel zu starten. Demnach mußten Langstreckenaufklärungsflugzeuge, die es damals noch nicht in genügender Zahl gab, einen Kreisbogen mit einem Umfang von 4000 Meilen abfliegen und noch dazu die feindlichen Schiffe in der Dunkelheit ausfindig machen.[23] Radar zur Ortung anfliegender Flugzeuge war damals noch nicht erfunden.

Der Angriffsplan, den General Drum 1935 entwickelt hatte, wurde von den Japanern am 7. Dezember beinahe exakt befolgt.

Die zweite Vision eines japanischen Angriffs wurde von Major General Frederick L. Martin und Vice-Admiral Patrick N. L. Bellinger zu Papier gebracht, zum Zeitpunkt von Pearl Harbor Kommandeure der Luftstreitkräfte von Armee und Marine auf Oahu. In einer Analyse vom 9. April 1941 erklären sie:

»In der Vergangenheit hat Orange (Japan) feindlichen Handlungen niemals eine Kriegserklärung vorausgeschickt. Ein erfolgreicher, plötzlicher Überfall auf unsere Schiffe und Marineeinrichtungen auf Oahu könnte wirkungsvolle Defensivmaßnahmen unserer Streitkräfte im Westpazifik für lange Zeit verhindern.

Es scheint möglich, daß Orange-U-Boote und/oder ein schneller Kampfverband von Orange ohne vorherige Warnung in den Gewässern von Hawaii erscheinen könnten ... Orange könnte ein oder mehrere U-Boote und/oder einen oder mehrere schnelle Kampfverbände, zusammengesetzt aus Trägern und schnellen Kreuzern, in dieses Gebiet entsenden ... Es scheint, daß die wahrscheinlichste und gefährlichste Form eines Angriffs auf Oahu ein Luftangriff wäre. Man darf annehmen, daß ein derartiger Angriff von einem oder mehreren Trägern gestartet würde, die sich wahrscheinlich bis auf 300 Meilen nähern würden ... Bei einem Luftangriff im Morgengrauen besteht eine hohe Wahrscheinlichkeit, daß er uns ungeachtet all unserer Patrouillen völlig überraschend trifft, und daß er uns in einem Grad der Einsatzbereitschaft vorfindet, der ein nur langsames Anlaufen der Verfolgung gestattet.«[24]

Diese Analyse enthält auch folgenden bedeutsamen Satz:

»Jeder einzelne U-Boot-Angriff könnte auf die Anwesenheit beträchtlicher, unentdeckter Überwasserkräfte hinweisen, die wahrscheinlich aus schnellen Schiffen, begleitet von einem Träger, zusammengesetzt sind.«

Trotz dieser Erkenntnis löste die Entdeckung des einzelnen U-Boots, das eine Stunde vor dem Angriff von dem Zerstörer *Ward* versenkt wurde, keinen Großalarm aus.

Am 14. April übersandten Martin und Bellinger General Marshall ihre Lagebeurteilung hinsichtlich der Gefahr eines überraschenden Luftangriffs. Das Army Pearl Harbor Board bezeichnete das Papier als »prophetisch in seiner Genauigkeit und in seiner Analyse der gegnerischen Absichten unheimlich«. In diesem Dokument heißt es:

»Die Luftstreitkräfte auf Hawaii müssen in erster Linie an der Vernichtung feindlicher Träger interessiert sein, wenn diese sich Oahu noch nicht weit genug genähert haben, um ihre Bombenflugzeuge für einen Überfall oder Angriff auf Oahu starten zu können.

Unser anzunehmender Gegner, Orange, kann wahrscheinlich maximal sechs Träger gegen Oahu ansetzen ... Der Angriff in den frühen Morgenstunden ist deshalb der für den Feind beste Plan zur Eröffnung der Kampfhandlungen. Der für den Feind günstigste Plan, die Kampfhandlungen zu eröffnen, und die Kampfhandlungen, auf denen wir unseren Operationsplan aufbauen sollten, ist der Angriff in den frühen Morgenstunden. Der Feind muß folgenden Zeitplan einhalten:

1. In der Morgendämmerung des Tages vor dem Angriff eine Kreislinie in einer Entfernung von 881 nautischen Meilen von Oahu überqueren ...

2. In der Morgendämmerung des Angriffstages in einer Entfernung von 233 nautischen Meilen vor Oahu seine Flugzeuge starten ... Der einzige Daseinszweck der Heeresstreitkräfte auf Oahu, am Boden wie in der Luft, ist die Verteidigung von Oahu als überseeischer Marinestützpunkt.«

Dann macht der Martin-Bellinger-Bericht einen scharfen Kommentar zu General Marshalls Memorandum für den Präsidenten und dessen Aussage über die angebliche Stärke von Oahu:

»Es wird behauptet, und es ist ein populärer Glaube, daß Hawaii der stärkste überseeische Marinestützpunkt der Welt sei und deshalb Angriffen und Invasionsversuchen unbegrenzt widerstehen könne. Pläne, die auf solchen Annahmen beruhen, sind von vornherein unzugänglich und neigen dazu, ein falsches Gefühl der Sicherheit zu erzeugen. Das hat eine mangelnde Bereitschaft zu offensivem Handeln zur Folge.«[25]

Wenn Martin und Bellinger die japanischen Operationspläne vor sich liegen gehabt hätten, hätten sie den Angriff nicht genauer voraussagen können. Ihr Bericht machte den Vorschlag, die Überwassereinheiten des Feindes mit Langstreckenbombern abzufangen und ihnen so zuvorzukommen. Dies war, wie William Bradford Huie in *The Case against the Admirals* gezeigt hat, genau das, von dem der 1934 zur Begutachtung des Army Air Corps eingesetzte Baker-Ausschuß »gesagt hatte, daß es niemals in die Tat umgesetzt werden könnte; genau die Doktrin, wegen der das Oberkommando der Luftwaffe um die Entwicklung der B-17 gekämpft hatte; genau das Prinzip, das das Oberkommando der Marine seit 20 Jahren diskreditiert hatte, und das es sogar 1941 nicht akzeptieren wollte«.[26]

Martin und Bellinger schrieben:

»Der Schlüssel zu diesem Plan liegt in den Vorbereitungen: erstens, einer täglichen, umfassenden und gründlichen Aufklärung des Gebiets um Hawaii bei Tag; zweitens, einer sofort einsatzbereiten Luftstreitmacht, um ein aufgeklärtes und erkanntes Ziel zu bekämpfen; und drittens, wenn das Ziel ein Träger ist, ihn an dem Tag anzugreifen, bevor er eine Position vor der Küste von Oahu anlaufen kann, von der aus er seine Flugzeuge zu einem Angriff starten kann.«

Der Bericht empfahl eine Streitmacht von 180 Flugzeugen vom Typ B-17 »Flying Fortress« sowohl für Aufklärungs- wie für Angriffszwecke. Es hieß, daß dieses Flugzeug für beide Aufgaben geeignet sei, und daß mit 180 B-17 jeden Tag in einem Radius von 800 Meilen sämtliche Anlaufrouten abgesucht werden könnten. Der Admiral und der General forderten außerdem, diese Streitmacht durch 36 Langstreckentorpedobomber zu ergänzen. In dem Bericht heißt es:

»Unsere führenden Taktiker und Strategen sind einer Meinung, daß dieser Plan das Problem der Verteidigung von Hawaii lösen würde, und unseres Wissens ist er das einzige und denkbar beste Mittel, um feindliche Flugzeugträger auszumachen und anzugreifen, bevor sie in Startreichweite von Oahu gelangen. Wir müssen den Feind aufspüren und vernichten, bevor er uns vernichten kann. Wir müssen jederzeit auf den Tag D vorbereitet sein.

Man kann davon ausgehen, daß eine Streitmacht von 180 viermotorigen Flugzeugen mit 36 Langstreckentorpedobombern vergleichsweise klein ist, wenn man sie der Bedeutung dieses Stützpunktes gegenüberstellt. Die Beschaffung dieser Streitmacht würde die Regierung weniger kosten als ein modernes Schlachtschiff.«[27]

Was geschah mit diesem Plan in Washington? Die Heeresluftwaffe unterstützte ihn; die Marine weigerte sich, ihn auch nur zu prüfen. Seit 1935 hatte die Navy die »Flying Fortress« mit allen verfügbaren Mitteln bekämpft. Sie hatte eine Beschränkung durchgesetzt, derzufolge die Army keine Bomber mit mehr als 300 Meilen Reichweite über See haben sollte. Sie hatte die Marinelobby gegen jegliche Bewilligung von Geldern für landgestützte Bomber in Stellung gebracht. Der Plan erreichte Washington zu einem Zeitpunkt, als die Navy riesige Geldsummen für ihr neues Schlachtschiffprogramm bewilligt haben wollte. Deshalb versuchte die Navy zu verhindern, daß dieser Plan in den höheren Etagen des Kriegs- und des Marineministeriums, ganz zu schweigen von den verantwortlichen Ausschußmitgliedern des Kongresses, bekannt wurde.

General Martin wurde nach der Katastrophe von Pearl Harbor zusammen mit General Short und Admiral Kimmel entlassen, aber als die Roberts-Kommission auf den Martin-Bellinger-Plan stieß, erkannte sie, daß er aus ihrer Sicht der falsche Mann war. Martin wurde eiligst wieder in sein Amt zurückgeholt, und es wurde kein Wort der Kritik mehr gegen ihn geäußert.

Damit ist offensichtlich, daß die Vernachlässigung der hawaiischen Aufklärungs- und Gegenangriffsmittel auf das Konto Washingtons geht. Obwohl die Flugzeugproduktion 1941 hinter den Erwartungen zurückblieb, gab es eine ausreichende Zahl von Patrouillenflugzeugen, um Hawaii angemessen auszurüsten – wenn diese Flugzeuge nach Hawaii gegangen wären, und nicht, der Politik der Roosevelt-Administration folgend, nach Großbritannien und in andere Länder. Während die Luftwaffenkommandeure von Hawaii nach Flugzeugen zum Schutz des Stützpunkts verlangten, wurden zwischen dem 1. Februar und dem 1. Dezember 1941 1900 Patrouillenflugzeuge ins Ausland verliehen oder verpachtet. Davon gingen 1750, oder fast die zehnfache Zahl derer, die für die Sicherheit von Oahu erforderlich gewesen wären, nach Großbritannien.[28]

Das Leih- und Pachtgesetz war auch der Grund dafür, daß Oahu zu wenig Flugabwehrwaffen besaß. General Short verfügte am 7. Dezember über 82

Drei-Zoll-Flakgeschütze*, während laut Verteidigungsplan 98 vorgesehen waren. Er besaß 20 37-mm-Flakgeschütze gegenüber 135, die erforderlich gewesen wären. Statt 345 Maschinengewehren vom Kaliber .50** waren nur 109 vorhanden. Short machte darauf aufmerksam, daß das Kaliber .50 die wirkungsvollste Waffe gegen tief über dem Wasser anfliegende Flugzeuge war. Andere Waffen konnten nicht weit genug nach unten gerichtet werden, um Tiefflieger tatsächlich unter Feuer nehmen zu können. Ein Jahr nach dem Angriff, so berichtet Short, war Hawaii mit der siebenfachen Zahl dieser Waffen ausgestattet wie zu seiner Zeit.[29]

In Beantwortung von Forderungen Shorts nach mehr Flugabwehrwaffen erklärte General Marshall am 15. März 1941, daß das Eintreffen von 16 Drei-Zoll-Flakgeschützen auf Hawaii erst für den Dezember vorgesehen sei und daß 115 37-mm-Flakgeschütze nicht vor dem Februar 1942 eintreffen würden.[30]

Trotz des Mangels an Waffen hatte die Army außer ihren 37 mm und Kaliber .50 Flugabwehrwaffen 60 mobile und 26 stationäre Geschütze.[31] Tatsache ist jedoch, daß laut Army Board nur vier der 32 Flakbatterien des Heeres jemals das Feuer auf die Japaner eröffnet haben, und die erste von ihnen, die ins Gefecht eintrat – die Abteilung auf Sand Island – gab ihre ersten Schüsse erst 20 Minuten nach dem Beginn des Angriffs ab. Die nächste Batterie, die ins Gefecht eintrat, war Batterie »G« bei Fort Weaver, die 35 Minuten nach Angriffsbeginn zu feuern anfing. Darauf folgten Batterie »A« bei Fort Kamehameha 39 Minuten und Batterie »F« ebenfalls bei Fort Kamehameha eine Stunde nach Beginn der Überfalls. Die einzige Batterie, die Abschüsse von Feindflugzeugen meldete, war die auf Sand Island; sie erzielte zwei Abschüsse. Mit Ausnahme dieser vier Batterien war bis zum Verschwinden der letzten japanischen Angreifer keine andere in der Lage, das Feuer zu eröffnen.[32]

Der Hauptgrund für diese allgemeine Erfolglosigkeit war, daß die Munition nicht an die Geschütze ausgegeben worden war – das Zeugamt hatte nämlich befürchtet, daß sie schmutzig werden könnte. So war am 7. Dezember keines der 60 mobilen Geschütze mit Munition ausgestattet. Es dauerte sechs Stunden, um die Munition auszupacken und zu verteilen. Die mobilen Geschütze erhielten ihre Munition vom Alimanu-Krater, der zwei bis drei Meilen vom Armeehauptquartier in Fort Shafter entfernt lag. Obwohl die stationären Batterien ihre Munition in Kisten hatten, die in unmittelbarer Nähe der Geschütze lagen, traten nur wenige von ihnen ins Gefecht ein, da sie nicht bemannt waren. Das Army Pearl Harbor Board stellte fest, daß die meisten Angehörigen der beiden Heeresdivisionen auf Oahu sich bei Beginn

* 76,2 mm
** 12,7 mm

des Angriffs in ihren Quartieren aufhielten, und daß es einige Stunden dauerte, bis sie in ihre Stellungen ausrückten.[33]

Der Munitionsmangel wurde durch eine Aussage von Major Geneal Henry T. Burgin, Kommandeur der Küstenartillerie, beleuchtet:

»Es war beinahe eine Unmöglichkeit, die Munition herauszubringen, weil jeder, dem die Aufbewahrung der Munition am Herzen liegt, daran denkt, daß sie herausgeht, beschädigt wird, wieder zurückkommt und erneuert werden muß. Das galt besonders für diesen Fall. Es war außerordentlich schwer, die Munition aus den Magazinen herauszubekommen. Unsere Verhandlungen mit den Leuten vom Artilleriedepot blieben ergebnislos. General Max Murray* bat dringend um die Munition für seine Feldartillerie. Ich bat um die Munition für die Flak. Wir wurden vertröstet; man nahm an, daß wir schließlich rechtzeitig vor einem Angriff gewarnt werden und unsere Munition immer noch früh genug erhalten würden.«[34]

Diese Hoffnung General Burgins sollte enttäuscht werden, aber die fehlenden Warnungen sind letztlich nicht auf seine unmittelbaren Vorgesetzten, sondern auf die Verantwortlichen in Washington zurückzuführen. So wie die Dinge liegen, ist das Versäumnis, Munition an die Geschütze auszugeben, unentschuldbar. Der einzige Zweck, den die Geschütze auf Hawaii überhaupt haben konnten, war der, einen Angriff abzuwehren, wann und wo er auch erfolgen mochte. Offenbar dachten die Kommandeure, daß jedweder Angriff die Form eines gewaltsamen Landungsversuchs annehmen würde, und in diesem Fall wäre genug Zeit gewesen, Geschütze und Truppen in Stellung zu bringen und die Munition auszugeben. Die Navy wie die Army erwarteten kaum einen Luftangriff.

Die Flakartillerie der Flotte war auf einen Überraschungsangriff besser vorbereitet als die des Heeres, aber es blieb noch viel Raum für Verbesserungen. Obwohl der »Battle Report«, die halboffizielle Darstellung der Navy des Angriffs auf Pearl Harbor, erklärte, »amerikanische Geschütze feuerten, bevor das erste der angreifenden Flugzeuge den Schauplatz des Geschehens verlassen hatte«[35], traf dies nur für eine beschränkte Anzahl von Geschützen zu. Beispielsweise rief der Deckoffizier auf dem leichten Kreuzer *Helena*, nachdem er Großalarm gegeben hatte, mit gleicher Stimme »scharfe Munition ausgeben«.[36] Als Minimum an feuerbereiten Geschützen waren auf den Flotteneinheiten zwei Maschinengewehre Kaliber .50 und in den meisten Fällen zwei Mehrzweckgeschütze vom Kaliber 5 Zoll** vorgesehen.[37] Marineminister Knox schrieb nach dem Angriff in einem Geheimbericht, es habe etwa vier Minuten gedauert, bis das Flakfeuer der Marine einsetzte.[38]

* Major General Maxwell Murray befehligte die 25. Infanterie-Division.
** 12,7 cm

Das Schlachtschiff *Nevada*, das seine Geschütze wahrscheinlich mit mehr Erfolg als jedes andere Schiff zum Einsatz brachte, hatte vier Maschinengewehre (zwei vorn und zwei achtern), die sofort das Feuer eröffneten. Diesen schlossen sich kurz darauf die 5-Zoll-Flakbatterien des Schiffes an, und die Waffen erreichten zusammen den Abschuß von fünf Feindflugzeugen.[39]

Obwohl sie eine vergleichsweise höhere Feuerdichte erreichte als die meisten anderen Kriegsschiffe in Pearl Harbor, konnte die *Nevada* es nicht verhindern, einen Torpedo- und sechs Bombentreffer zu erhalten. Diese Treffer wurden erzielt, obwohl die *Nevada* das einzige Kriegsschiff im Hafen war, das von seinem Anlegeplatz aus ablaufen konnte. Einem Marinereservisten, Lieutenant Commander Francis J. Thomas, ältester Offizier an Bord, wird das Verdienst zuerkannt, den Versuch gemacht zu haben, die *Nevada* zu retten, indem er sie in offenes Wasser steuerte, wo sie manövrieren konnte. Schließlich lief das schwer beschädigte Schiff aber nahe dem schwimmenden Trockendock Nr. 2 auf Grund. Es wurde dann von Schleppern aus dieser Lage befreit und im seichten Wasser gegenüber Hospital Point auf Grund gesetzt.

Was die Feuerdichte angeht, so soll das Schlachtschiff *Pennsylvania* während des Angriffs 50 000 Schuß Kaliber .50 verfeuert haben, aber trotz dieses Verbrauchs an Munition konnte es nicht mehr als zwei sichere und vier wahrscheinliche Abschüsse von japanischen Flugzeugen für sich beanspruchen.[40]

In der Verwirrung, die der Angriff auslöste, feuerten amerikanische Flak-Bedienungen auch auf eigene Flugzeuge. Admiral Kimmel berichtet von sechs Flugzeugen der *Enterprise*, die beim Anflug auf Fort Island beschossen wurden, und Rear Admiral Robert A. Theobald erzählt, daß am späten Abend des 7. Dezember 18 Aufklärungsbomber des gleichen Trägers unter Beschuß gerieten.[41] Amerikanische Flugzeuge, die nach dem Angriff den japanischen Trägerverband suchten, bombardierten außerdem versehentlich westlich von Pearl Harbor den Kreuzer *Portland*, weil sie ihn für einen japanischen Flugzeugträger hielten, aber glücklicherweise blieb der Schaden gering.[42]

Der Navy Court of Inquiry bemerkte zu der allgemeinen Einsatzbereitschaft an Bord der Schiffe:

»In Pearl Harbor war auf allen Schiffen ein beträchtlicher Teil der Flakgeschütze Tag und Nacht bemannt und die Munition griffbereit.« Diese Aussage wurde aber durch folgende Feststellung eingeschränkt: »Die Flakbatterien, die damals auf den Schiffen in Pearl Harbor aufgestellt waren, waren nicht in der Lage, insgesamt eine Feuerkraft zu entwickeln, die mit jener der Batterien auf den gleichen Schiffen heute vergleichbar wäre.«[43]*

---

* Es waren 780 Marine-Flakgeschütze vorhanden, die sich alle auf Schiffen befanden. (Maj., S. 67)

Der Hauptgrund dafür war, daß die Admirale die Gefahr von Luftangriffen unterschätzten. Zum Teil war der Mangel an Waffen jedoch das Ergebnis der Politik der Regierung, die Material von unseren eigenen Streitkräften abzweigte und sie unter dem Leih- und Pachtgesetz an andere Nationen lieferte, vor allem an Großbritannien und Rußland. Während die Kommandeure von Pearl Harbor dringend um mehr Flak baten, wurden zwischen Februar und Dezember 1941 1900 Flak-Waffen an andere Nationen geliefert, davon 1500 an die Briten.[44]

Das Versagen der Verteidigung am 7. Dezember muß der Tatsache zugeschrieben werden, daß Armee und Marine – und zwar sowohl das Oberkommando in Washington wie die Truppe – sich die Lehren des modernen Krieges, wie sie seit dem 1. September 1939 in Europa demonstriert wurden, erst zu eigen machen mußten. Wie gewöhnlich waren sie darauf vorbereitet, einen der vorhergehenden Kriege zu führen. Die Anfangserfolge der Japaner sind auf die Tatsache zurückzuführen, daß sie weitaus mehr als unsere Streitkräfte gewillt waren, veraltete Konzepte aufzugeben und im Jahre 1941 auch einen Krieg des Jahres 1941 zu führen.

Clark Lee, Reporter von Associated Press, bemerkte dazu treffend:

> »Der Angriff auf Pearl Harbor war für viele unserer Admirale ein psychologischer Schlag. Sie hatten ihren Glauben in jene ›Elephanten‹, die Schlachtschiffe, gesetzt. Ihrer Schlachtschiffe beraubt, waren sie so verloren wie ein Mann, dem plötzlich mitten auf der Fifth Avenue die Hosen weggenommen waren. Ihr Instinkt ließ sie Deckung nehmen und in die Defensive gehen, anstatt den Feind zum Kampf aufzusuchen.«[45]

Obwohl es eine Zahl von Analysen gab, denenzufolge die Hauptgefahr für die Flotte von einem überraschenden Luftangriff ausging, machte sich die Army zur Zeit des Angriffs auf Pearl Harbor in erster Linie Sorgen über Sabotage, und die Navy über die Ausbildung und die Gefährdung durch feindliche U-Boote. Offiziere beider Teilstreitkräfte glaubten zweifellos, daß die Flotte hinter einem U-Boot-Netz und im Schutz ihrer Geschütze, die von denen der Küstenverteidigung unterstützt wurden, sicher sei.

Die Admirale waren nach wie vor der Meinung, es sei die primäre Aufgabe des Flugzeugs, der Flotte als Auge zu dienen und den Schlachtschiffen nützlich zu sein, für sie aufzuklären und sie zu schützen, während diese mit ihren 16-Zoll-Geschützen* den Feind vernichtete. Sogar als ihnen die Erfahrungen des Krieges im Mittelmeer vorlagen, erklärten die Admirale gewohnheitsmäßig, daß Flugzeuge Schlachtschiffen keinen großen Schaden zufügen könnten und nur nützlich seien, wenn sie als Beobachtungsflieger die Genauigkeit des Feuers der Schlachtschiffe erhöhen könnten.

---

* 40,6 cm

In den amerikanischen Streitkräften war niemand vor der Gefahr von Lufttorpedoangriffen gewarnt worden, obwohl die Briten bei ihrem Angriff auf die italienische Flotte in Tarent am 11. November 1940 gezeigt hatten, welche tödlichen Ergebnisse sich mit dieser Waffe erzielen ließen. Britische Torpedobomber hatten die italienische Flotte überrascht und zwei Schlachtschiffe, zwei Kreuzer, einen Zerstörer und mehrere Versorgungsschiffe versenkt oder schwer beschädigt.

Am 24. Januar 1941 hatte Marineminister Knox einen Angriff mit Torpedobombern als eine der möglichen Formen einer feindlichen Aktion gegen Pearl Harbor aufgelistet.[46] In der Folge übersandte der Chef des Admiralstabs, Admiral Stark, der Pazifikflotte und Admiral Bloch, dem Kommandeur des 14. Marinebezirks, jedoch detaillierte technische Ratschläge, die einen Lufttorpedoangriff für die in Pearl Harbor ankernden Schiffe aus den Überlegungen praktisch ausschlossen. Die geringe Wassertiefe im Hafen, die nur neun Meter oder weniger betrug – außer in den Kanälen, wo die Tiefe allgemein 13,5 Meter war – würde, so dachte man, einen Angriff dieser Art ausschließen.

Am 15. Februar 1941 schrieb Stark an Kimmel über die Frage der Installation von Torpedonetzen zum Schutz der im Hafen liegenden Schiffe:

> »Man geht davon aus, daß die verhältnismäßig geringe Wassertiefe die Notwendigkeit von Torpedonetzen in Pearl Harbor beschränkt ... Man hält eine Mindestwassertiefe von 22,5 Meter für notwendig, um Torpedos mit Erfolg von Flugzeugen abwerfen zu können. 45 Meter sind wünschenswert. Die maximale Flughöhe von Flugzeugen, die gegenwärtig versuchsweise Torpedos abwerfen, beträgt 75 Meter. Die Abwurfgeschwindigkeit liegt zwischen 120 und 150 Knoten. Die wünschenswerte Abwurfhöhe beträgt 18 Meter oder weniger. Etwa 180 Meter Torpedolaufstrecke sind erforderlich, bevor der Zünder scharf wird, aber das läßt sich ändern.«

Stark hob in diesem Brief hervor, daß die Wassertiefen, bei denen die Torpedos beim Angriff auf Tarent eingesetzt wurden, zwischen 14 und 15 Faden betrugen, was 25 bis 27 Meter Wassertiefe entspricht.[47]

Stark vertrat diese Auffassung ungeachtet der Tatsache, daß er am 22. November 1940, unmittelbar nach dem Angriff auf Tarent, an Admiral Richardson geschrieben hatte: »Seit dem Tarent-Zwischenfall ist meine Sorge um die Sicherheit der Flotte in Pearl Harbor, die ohnehin schon groß war, noch größer geworden.«[48]

Am 13. Juni 1941 schickte Stark einen weiteren Brief an Kimmel und Admiral Bloch, in dem er seine Überzeugung unterstrich, daß Pearl Harbor vor Torpedoangriffen sicher sei.[49] Der Naval Court of Inquiry gelangte zu der Schlußfolgerung, daß die Torpedos, die die Japaner in Pearl Harbor einsetzten, im Ergebnis eine Geheimwaffe darstellten, die den besten Fachleuten

Großbritanniens und der Vereinigten Staaten zu jener Zeit unbekannt war.[50] Admiral King, während des Krieges Oberkommandierender der Flotte, schrieb in seinem Zusatzvermerk zu den Feststellungen des Untersuchungsgerichts der Navy: »Es ist im Rückblick nicht zu leugnen, daß die Leistungsfähigkeit japanischer Lufttorpedos ernsthaft unterschätzt wurde.«[51]

Marineminister Forrestal vermerkte jedoch, daß im April 1941 ein nachrichtendienstlicher Bericht im Marineministerium herumgereicht wurde, der Vorführungen in England schilderte, bei denen Torpedos, die mit besonderen Flügeln versehen waren, in 13 Meter tiefem Wasser abgeworfen wurden, in etwa der gleichen Tiefe, wie sie in Pearl Harbor herrschte.[52] Admiral Kimmel erfuhr mit keinem Wort von dieser Entwicklung, und Admiral Stark war davon nicht so beeindruckt, wie er es hätte sein sollen.

Trotz dieser Tatsache erklärte Forrestal, wobei er die Feststellungen des Naval Court zurückwies und Kimmel die Schuld gab, »eine genaue Analyse der Auswirkungen eines Luftangriffs hätte Admiral Kimmel veranlassen müssen, alle praktischen Vorkehrungen zu treffen, um die Wirkungen eines solchen Angriffs abzuschwächen«. Zu den Maßnahmen, die Kimmel laut Forrestal »vernünftigerweise« hätte ergreifen müssen, zählte die Installation von Torpedonetzen zum Schutz der größeren Schiffe im Hafen.[53]

Mit anderen Worten, Forrestal erwartete von Kimmel die Entfaltung einer Voraussicht, die im allgemeinen weder der Chef des Admiralstabs noch das Marineministerium besaßen, und er erwartete von ihm darüber hinaus, Torpedonetze oder -abweiser zu beschaffen und zu installieren, zu deren Herstellung die Flotte auf Hawaii nicht die notwendigen Einrichtungen besaß.

Am 15. Februar 1941 informierte Stark Kimmel, daß die vorhandenen Torpedonetze so unpraktisch seien, daß ihre Installation in Pearl Harbor die Bewegungsfreiheit der Schiffe und die Fähigkeit der Flotte, kurzfristig auszulaufen, behindern würde. Er bemerkte: »Es gibt anscheinend einen dringenden Bedarf für die Entwicklung eines leichten, wirksamen Torpedonetzes, das innerhalb eines Schutzhafens schnell und in kurzer Zeit ausgelegt und ebenso rasch wieder entfernt werden kann.«[54] Kimmel sollte später feststellen, daß er nicht wüßte, ob solch ein Netz je vom Marineministerium entwickelt worden war; er hätte davon weder gehört noch eines erhalten. Admiral King gab zu, daß das Versäumnis, zweckmäßige Vorkehrungen gegen Torpedos zu treffen, mehr dem Marineministerium als Kimmel anzulasten sei. In seinem Zusatzvermerk zum Bericht des Marineuntersuchungsgerichts erklärte er: »Die Entscheidung, keine Torpedoabweiser zu installieren, scheint vom Marineministerium getroffen worden zu sein.«[55]

Von seiten der verantwortlichen Beamten in Washington wurde nach dem 7. Dezember sehr viel, vor dem Angriff aber nur sehr wenig Weitsicht an den Tag gelegt. Beispielsweise schrieb Secretary Knox in seinem Bericht an Präsident Roosevelt, den er nach seiner Inspektionsreise nach Pearl Harbor unmittelbar nach dem Angriff verfaßte, daß die Armee hauptsächlich Sabotage und die Marine U-Boot-Angriffe gefürchtet, daß aber niemand Luftangriffe erwartet oder eine ausreichende Verteidigung dagegen vorbereitet hätte. Die einzige besondere Schutzmaßnahme gegen Luftangriffe, die die Navy getroffen hatte, war, die Schiffe im Hafen so anzuordnen, daß ihre Feuerzonen alle Anflugbereiche abdeckten.[56]

Trotz der vielen Fehler und Unterlassungen, unter denen Oahu am 7. Dezember litt, war die Hauptschwäche der Verteidigung von Pearl Harbor die fehlende Gefechtsbereitschaft. Der niedrige Bereitschaftsgrad, der am 7. Dezember auf Hawaii herrschte, war in Washington bekannt und stillschweigend gebilligt worden. Es erfolgte kein Widerruf, und es gab keine nachdrücklicheren Befehle. Den Befehlshabern von Hawaii war der Zugang zu den in Washington verfügbaren Informationen verwehrt worden, die, wie das Army Board gezeigt hat, schlüssig auf den bevorstehenden Krieg hinwiesen. Wenn die auf Oahu herrschende Gefechtsbereitschaft die Regierung und das Oberkommando nicht befriedigt hätte, hätten sie nur entsprechende Befehle erteilen und die Kommandeure von Hawaii anweisen müssen, Großalarm zu geben. Derartige Befehle wurden niemals gegeben.

Vier Jahre nach Pearl Harbor hat schließlich General L. T. Gerow, 1941 Chef der Operationsabteilung, zugegeben, daß die Verantwortung letztendlich bei Washington lag. Er gab zu, daß die Annahme General Shorts, die von ihm angeordnete Alarmstufe 1 habe die volle Zustimmung Washingtons, gerechtfertigt war. Dieses Eingeständnis folgte auf das Verlesen von Auszügen aus der »Felddienstordnung für Stabsoffiziere«, in der es hieß, daß der Generalstab dafür verantwortlich sei, sicherzustellen, daß seine Befehle von den Truppenführern verstanden würden, und dafür zu sorgen, daß diese Befehle auch ausgeführt würden.[57]

KAPITEL 7

Die Hintertür zum Kriege

In den Jahren vor Pearl Harbor sprach Mr. Roosevelt vom Frieden. In den Monaten davor schmiedete er Pläne für einen Krieg. Seine Taten straften seine Worte Lügen. Hier ist einiges, was er sagte, und einiges, was er tat:

Bei Chautaqua, New York, erklärte er am 19. August 1936: »Ich hasse den Krieg.«[1]

Bei der Einweihung der Outer Drive Bridge in Chicago am 5. Oktober 1937 schlug er eine »Quarantäne« gegen alle Aggressoren vor.[2]

Gegenüber den Studenten der Universität von North Carolina wies er am 5. Dezember 1938 den Gedanken von sich, daß »Ihr und Eure jüngeren Brüder auf die blutigen Schlachtfelder Europas geschickt werdet.«[3]

Am 4. Januar 1939 forderte er die Aufhebung des Waffenembargos und den Rückgriff auf Methoden, die »knapp unterhalb des Krieges«, aber »stärker als Worte« seien, um die Aggressoren abzuschrecken.[4]

Im gleichen Monat erklärte er vor dem Senatsausschuß für militärische Angelegenheiten: »Die amerikanische Grenze liegt am Rhein.«[5]

Am 15. April 1939 erklärte er, die einzige Rechtfertigung für einen Krieg sei »die selbstverständliche Verteidigung der Heimat ... womit nicht eine Verteidigung in Tausenden und Abertausenden Meilen Entfernung gemeint sein kann.«[6]

Im Juni 1939 empfing er König Georg VI. und Königin Elisabeth von Großbritannien im Weißen Haus, als sie drei Monate vor Beginn des Krieges in Europa einen aufsehenerregenden Besuch in den Vereinigten Staaten machten.

Am 26. Oktober 1939, fast zwei Monate nach Ausbruch des europäischen Krieges, bezeichnete er Gerüchte über »die Entsendung der Söhne amerikanischer Mütter in die Kämpfe auf den Schlachtfeldern Europas« als »eine der übelsten Lügen der Gegenwart.«[7]

Am 4. November 1939 wurden die Neutralitätsgesetze geändert, nachdem er in einem Jahr den Kongreß viermal dazu aufgerufen hatte, die »Cash und Carry«-Verschiffung von Waffen an kriegführende Staaten zu ermöglichen.[8]

Am 10. Juni 1940, als Belgien und Holland kapituliert hatten, die britische

Armee aus Dünkirchen geflohen war und Frankreich kurz vor dem Zusammenbruch stand, bezeichnete er die Kriegserklärung Italiens als einen Dolchstoß in den Rücken Frankreichs.[9]

Am 20. Juni 1940 nahm er die ehemaligen Republikaner Frank Knox und Henry L. Stimson als Marine- und Kriegsminister in sein Kabinett auf, um seine Aussichten auf eine dritte Amtszeit zu verbessern und eine parteienübergreifende Unterstützung für seine Kriegspolitik zu erreichen.[10]

Im Verlauf des Juni 1940 leerte er die amerikanischen Arsenale, um die britische Armee neu auszurüsten, die ihre Waffen bei Dünkirchen verloren hatte.[11]

Am 18. August 1940 unterzeichnete er ein Verteidigungsabkommen mit Kanada,[12] das ein kriegführender Staat war. Damit ermutige er den britischen Premierminister Churchill, zwei Tage später zu bemerken, daß das Empire und Amerika »ein wenig miteinander verbandelt« seien.[13]

Am 28. August 1940 musterte Roosevelt die Nationalgarde für den Bundesdienst an.[14]

Am 2. September 1940 überließ er durch eine Verfügung Großbritannien 50 amerikanische Zerstörer gegen Stützpunktrechte auf britischen Besitzungen in der westlichen Hemisphäre.[15]

Am 16. September unterzeichnete er das erste Wehrpflichtgesetz in Friedenszeiten in der Geschichte Amerikas, nach dem am 16. Oktober 42 Millionen Männer für den Militärdienst registriert wurden.[16]

Am 30. Oktober 1940, als er in Boston eine Wahlkampfrede für eine dritte Amtsperiode hielt, versicherte er den anwesenden Eltern: »Ich habe es bereits gesagt, aber ich werde es wieder und wieder sagen: Eure Söhne werden nicht auf irgendwelche ausländischen Kriegsschauplätze geschickt werden.«[17]

Am 8. November 1940, nach seiner Wiederwahl, teilte er die Hälfte der amerikanischen Rüstungsproduktion Großbritannien zu.[18]

Die Wirkung seines dritten Wahlsieges auf Großbritannien beschrieb Admiral Stark in einem Brief an den Oberkommandierenden der Asiatischen Flotte, Admiral Hart: »Ghormley (Vice-Admiral Robert L. Ghormley, Marinebeobachter in London) erzählt mir, die Briten erwarten, daß wir ein paar Tage nach der Wiederwahl des Präsidenten in den Krieg eintreten würden – dies ist lediglich ein weiterer Beweis für ihre lockere Denkweise und ihre unrealistischen Ansichten über die internationalen politischen Bedingungen und unser politisches System.«[19]

Am 17. Dezember 1940 schlug Roosevelt das Leih- und Pachtsystem vor, um das »dumme, alberne Dollarzeichen« bei der Bezahlung von Großbritanniens Kriegsrechnungen zu beseitigen.[20]

Am 29. Dezember 1940 kündigte er an, daß die Vereinigten Staaten »das

Arsenal der Demokratie« sein würden, aber gleichzeitig erklärte er den Leuten, sie könnten »jedes Gerede über die Entsendung von Truppen nach Europa als bewußte Lüge entlarven«.[21] Am 9. Februar 1941 echote Churchill: »Gebt uns die Mittel, und wir werden den Job erledigen.«[22]

Am 24. Januar 1941 ignorierte Roosevelt das Protokoll und eilte nach Annapolis, um den neuen britischen Botschafter Lord Halifax zu begrüßen, der mit dem Schlachtschiff *King George V.* eingetroffen war.[23]

Am 11. März 1941 unterzeichnete er das Leih- und Pachtgesetz, das die Vereinigten Staaten nach Absicht und Zweck zur Kriegspartei machte.[24] Unter dem Leih- und Pachtgesetz sollte im Laufe der Jahre Hilfe im Wert von mehr als 49 Milliarden Dollar geleistet werden.[25]

Am 9. April 1941 übergab Mr. Roosevelt den Briten zehn Kutter der Coast Guard und errichtete ein Protektorat über Grönland.[26]

Am 29. Mai 1941 gestattete er, britische Piloten in den Vereinigten Staaten auszubilden.[27]

Am 14. Juni 1941 fror er die deutschen und italienischen Guthaben ein, und am 16. Juni wies er das konsularische Personal der beiden Nationen an, die Vereinigten Staaten zu verlassen.[28]

Am 22. Juni versprach er Rußland, es in dem soeben ausgebrochenen Krieg mit Deutschland zu unterstützen.[29]

Am 7. Juli 1941 schickte er amerikanische Marineinfanterie nach Island, um die britische Garnison abzulösen.[30]

Im gleichen Monat strömten einige tausend amerikanische Arbeiter nach Londonderry in Nordirland, um eine große amerikanische Marinebasis zu bauen.[31]

Am 14. August 1941 verkündete Roosevelt und Churchill nach einem Treffen vor der Küste von Neufundland die Atlantik-Charta.[32] Am gleichen Tag wurde das Wehrpflichtgesetz erweitert. Die frühere Beschränkung, daß nicht mehr als 900 000 Mann gleichzeitig in Ausbildung stehen sollten, wurde aufgehoben.[33] Am 11. September 1941, nachdem bei Island Torpedos auf den Zerstörer *Greer* abgefeuert worden waren, erteilte Roosevelt der Navy den Befehl, bei Begegnung mit deutschen und italienischen Kriegsschiffen »sofort zu schießen«.[34]

Am 27. Oktober 1941 verkündete Roosevelt in seiner Rede zum Tag der Navy der Nation, daß »das Schießen begonnen habe« und »wir Amerikaner klar Schiff gemacht und unsere Gefechtsstationen eingenommen haben«.[35]

Am 17. November 1941 erhielt Roosevelt die Vollmacht, Handelsschiffe zu bewaffnen.[36]

Am 24. November entsandte er Truppen, um Niederländisch-Guinea zu besetzen, das die Quelle von 60 Prozent des Bauxits für die amerikanische Aluminiumproduktion war.[37]

Dies waren die Dinge, die er offen tat und sagte.* Hier sind einige der Dinge, die er im geheimen tat:

Am 21. April 1941 wies er Einheiten der Atlantikflotte an, deutschen und italienischen Handels- und Kriegsschiffen sowie Flugzeugen »nachzuspüren«. Sie sollten ihre Positionen für die britischen und alliierten Kriegsschiffe und Flugzeuge in vierstündigen Intervallen im Klartext funken.[38]

Am 22. Mai 1941 befahl er Admiral Stark, eine Expedition von 25 000 Mann vorzubereiten, um dem neutralen Portugal die Azoren wegzunehmen.[39] Gleichzeitig wurden Pläne gemacht, um Martinique, eine französische Besitzung in der Karibik, zu besetzen.[40]

Am 11. August 1941 griff er auf der Atlantikkonferenz den Plan zur Besetzung der Azoren wieder auf, der in der Schwebe belassen worden war. Premierminister Churchill versprach zur gleichen Zeit, daß Großbritannien Spanien die Kanarischen Inseln und Portugal die Kapverdischen Inseln wegnehmen werde.[41]

Am 25. August befahl Roosevelt der Atlantikflotte, »Handelsstörer zu versenken«.[42]

Am 13. September 1941 befahl er der Flotte, zwischen den amerikanischen Häfen und Island Schiffe jeglicher Nationalität zu beschützen, und auch solchen Konvois Geleitschutz zu geben, in denen sich keine amerikanischen Schiffe befanden.[43]

Am 14. September beschlagnahmte die Besatzung des Coast-Guard-Kutters *Northland* in den Gewässern vor Grönland einen deutschen Trawler und machte die ersten Gefangenen eines nichterklärten Krieges.[44]

Am 26. September gab Roosevelt den »Verteidigungsplan Nr. 5 für die westliche Hemisphäre« bekannt, der der Flotte neue Aufgaben zuwies. Darin hieß es, es müsse anerkannt werden, daß »die Vereinigten Staaten sich im juristischen Sinne nicht im Krieg befinden« und daher gemäß den internationalen Gesetzen auch nicht die Rechte einer Kriegspartei hätten.[45]

Am 11. Oktober 1941 ergänzte er den Verteidigungsplan für die westliche Hemisphäre durch einen Befehl, in dem amerikanische Kriegsschiffe dem Oberkommando der britischen und kanadischen Marine unterstellt wurden und in diesem Rahmen an Operationen teilnehmen sollten. 60 Zerstörer und Korvetten der British Royal Navy und der Royal Canadian Navy, die Geleitschutz fuhren, wurden »der strategischen Führung der Vereinigten Staaten« unterstellt.[46]

Am 7. November 1941, einen Monat vor Pearl Harbor, schrieb Admiral

* Für eine aufschlußreiche und umfassende Darstellung der Außenpolitik der Vereinigten Staaten, wie sie von Roosevelt, Hull, Wendell Willkie und anderen Politikern für die Öffentlichkeit definiert wurde, siehe Charles A. Beard, *American Foreign Policy in the Making: 1932–1940*, New Haven, Yale University Press, 1946

Stark an Admiral Kimmel: »Ob die Nation es weiß oder nicht, wir befinden uns im Krieg.«[47]

Stark erklärte dem Untersuchungsausschuß, er habe dabei an den Befehl Roosevelts vom 11. Oktober und den Schießbefehl auf deutsche U-Boote gedacht, den er auf Anweisung des Präsidenten herausgegeben hatte. Er bemerkte, seine eigene Meinung sei die gewesen, »daß für uns die Zeit gekommen war, in den Krieg einzutreten«.[48]

Der Kongreßabgeordnete Gearhart fragte Stark »Waren es die Maßnahmen, die der Präsident Tag für Tag gegen die Deutschen anordnete, und der darauf folgende Schußwechsel mit deutschen U-Booten, die Sie zu der Erklärung veranlaßten, wir hätten uns im Atlantik bereits vor Pearl Harbor im Krieg befunden?«[49]

»Das ist richtig«, erwiderte Stark. »Technisch oder von einem völkerrechtlichen Standpunkt aus gesehen befanden wir uns nicht im Krieg. Weil der Krieg nicht erklärt worden war, hatten wir nicht die Rechte einer Kriegspartei. Soweit es die Kräfte, die in bestimmten Gebieten unter Admiral King operierten, betrifft, befanden wir uns aber tatsächlich im Krieg gegen jedes deutsche Fahrzeug, das in diese Gebiete eindrang. Sie griffen uns an und wir griffen sie an.«[50] Er erklärte, man sei davon ausgegangen, daß amerikanische Kriegsschiffe den Willen des Kongresses zur Lieferung von Leih-Pacht-Material durchzusetzen hätten.

»Und es gab keine Beschränkung Ihrer Rechte als Kriegspartei, sofern Sie diesem Zweck dienten, nicht wahr?« fragte Gearhart. »Die Rechte waren nicht umfassend«, entgegnete Stark. »Sie waren beschränkt, aber sie waren wirksam, und meiner Meinung nach herrschte Krieg … Wenn man auf den Kameraden von der anderen Seite schießt und er schießt auf dich, dann ist dies dem Sinn und Zweck nach Krieg, auch wenn er begrenzter Art ist. Wir machten beispielsweise keine Flüge über Deutschland.«[51]

Gearhart zitierte die Rede des Präsidenten vom Tag der Navy, in der Roosevelt mitgeteilt hatte, daß elf Besatzungsmitglieder des Zerstörers *Kearny* bei einem U-Boot-Angriff getötet worden waren, und sagte: »Das zeigt, daß sie auch gegen uns Krieg führten, nicht wahr?«

»Ja, so ist es«, entgegnete Stark. »Ich versuche nur –«

»Ich weiß«, unterbrach Gearhart. »Sie versuchen, die juristischen Differenzen darzulegen.«

Bei seiner weiteren Befragung durch Senator Ferguson räumte Stark ein, daß die Befehle für den nichterklärten Krieg im Atlantik auf Roosevelt zurückgingen. »Wo wir angeben ›der Präsident ordnet an‹, war es seine Anordnung«, erklärte der Admiral. »Ich würde sagen, niemand außer dem Präsidenten konnte uns befehlen, so zu handeln, wie es in jenen Plänen angegeben war.«[52]

»Das würde allerdings darauf hindeuten«, meinte Ferguson, »daß für die Ausführung die Zustimmung des Kongresses nicht für nötig erachtet wurde.«

»Ich weiß nicht, ob eine Handlung die Zustimmung des Kongresses benötigt, die in Selbstverteidigung geschieht, oder die der Durchsetzung des Kongreßbeschlusses, Material ins Ausland zu liefern, entspricht«, antwortete Stark.

Lange vor Pearl Harbor gingen auch andere hohe Offiziere von der Annahme aus, daß wir über kurz oder lang an der Seite der Briten kämpfen würden In einem undatierten Memorandum schrieb General Marshall im Sommer 1941 an Roosevelt:

»Großbritannien hat die Grenze seines nutzbaren Menschenpotentials erreicht. Wir müssen seine Kräfte ergänzen ... Deutschland kann nicht allein durch Waffenlieferungen an befreundete Nationen oder durch Luft- und Seeoperationen bezwungen werden. Es werden dazu starke Landstreitkräfte erforderlich sein.«[53]

Major General Sherman Miles, früher Chef des Nachrichtendienstes der Army, erklärte, der europäische Krieg sei weitaus bedeutender gewesen als die Bedrohung durch Japan.[54] In seiner nachrichtendienstlichen Analyse vom 29. November 1941 stellte er fest: »Die Vereinigten Staaten tragen durch direkte Kampfhandlungen ihrer Marine in der Schlacht im Atlantik maßgeblich zur Entscheidung bei.« Am 5. Dezember, zwei Tage vor dem Angriff auf Pearl Harbor, hieß es in seiner Lageanalyse, die amerikanische Seemacht und die wirtschaftliche Blockade seien »erstrangige Abschreckungsmittel gegen einen uneingeschränkten Kriegseintritt Japans.«[55]

Admiral Ingersoll sagte ebenfalls aus, die Navy hätte im Herbst 1941 gewußt, daß ihre Schritte Deutschland dazu provozieren konnten, den Krieg zu erklären.[56] Damit gab er die Auffassung Admiral Starks wieder, der in einem Memorandum an Außenminister Hull vom 8. Oktober 1941 geäußert hatte, daß Hitler, »wenn er die Absicht haben sollte, uns jetzt den Krieg zu erklären, dazu jedes Recht der Welt hätte«.[57]

Vice-Admiral Smith erklärte, Washington habe gedacht, daß »im Atlantik Krieg herrschte«.[58]

Als sich der Krieg im Atlantik intensivierte, wurden der Pazifikflotte wichtige Einheiten und ausgebildete Mannschaften entzogen, um die Operationen im anderen Ozean zu unterstützen. Als im Mai 1941 erstmals die Besetzung der Azoren ins Auge gefaßt wurde, wurde praktisch die gesamte ausgebildete und ausgerüstete Marineinfanterie, die an der Westküste stationiert war, sechs Transportschiffe und einige kleine Fahrzeuge, vom Pazifik in den Atlantik verlegt.[59] Für die gleiche Operation entzog General Marshall Hawaii 14 »Flying Fortresses«.[60]

Im April und Mai 1941 wurden ein Flugzeugträger, drei Schlachtschiffe, vier Kreuzer und 18 Zerstörer – ungefähr ein Viertel der Kampfschiffe der Pazifikflotte – in den Atlantik verlegt. Stark bezeichnete diese Flotteneinheiten als »die erste Staffel der Schlacht im Atlantik«.[61] Als er im Juni 1941 Washington besuchte, intervenierte Admiral Kimmel persönlich bei Roosevelt, um drei weitere seiner Schlachtschiffe, vier Kreuzer, zwei Zerstörergeschwader und einen Flugzeugträger zu retten.[62]

Nach Rear Admiral Inglis besaßen die Vereinigten Staate vor dem Abzug vom Mai 1941 im Pazifik 105 Kampfschiffe gegenüber 162 der japanischen Flotte.[63] Am 7. Dezember sah nach Inglis die Verteilung der amerikanischen Flotte wie folgt aus:

Schiffstyp	Atlantik	Pazifik	Asiat. Gewässer
Schlachtschiffe	6	9	0
Flugzeugträger	4	3	0
Schwere Kreuzer	5	12	1
Leichte Kreuzer	12	10	1
Zerstörer	97	54	13
U-Boote	58	23	29
Minenleger	0	9	0
Minensucher	37	26	6
Patrouillenschiffe	5	13	14
Gesamt	224	159	64

Obwohl die Aufstellung von Admiral Inglis 159 Einheiten der Pazifikflotte aufführt, waren wir Japan in den Hauptkategorien von Überwasserschiffen am 7. Dezember im Zahlenverhältnis 88 zu 162 unterlegen. Der Vergleich zeigt:

Schiffstyp	U.S.	Japan
Schlachtschiffe	9	10
Flugzeugträger	3	8
Leichte und schwere Kreuzer	22	35
Zerstörer	54	109

Fast alle Marineoffiziere, die vor dem Untersuchungsausschuß des Kongresses aussagten, räumten ein, daß aufgrund der Verlegungen von Flotteneinheiten sowie Leih- und Pachtleistungen an Großbritannien und andere Nationen die Verteidigung von Pearl Harbor ernsthaft beeinträchtigt war und die Flotte in jedem Gefecht mit den Japanern geschlagen worden wäre. Der Minderheitsbericht des Gemischten Kongreßausschusses bemerkt zu diesem Punkt (Conclusion 17, S. 49–50):

»*Höchste Stellen in Washington haben es versäumt, den Befehlshabern von Hawaii das Material, das letztere mehrfach als für die Verteidigung unentbehrlich erklärt und wiederholt angefordert haben, zuzuweisen, und kein Erfordernis der Verteidigung oder des Krieges im Atlantik kann oder könnte diese Stellen für ihr diesbezügliches Versagen entschuldigen.*

Der erste Teil dieser Schlußfolgerung braucht sich auf keine höhere Autorität berufen. In den Abschlußberichten der Kommission des Präsidenten, des Army Pearl Harbor Board und des Navy Court of Inquiry wurden in dieser Hinsicht drei Punkte als schlichte Tatsachen anerkannt:

1. Die höchste Entscheidungsgewalt, Waffen, Munition, Kriegsgerät und anderes Material zuzuteilen, lag beim Präsidenten und seinem Berater Harry Hopkins, die von General Marshall und Admiral Stark beraten wurden.
2. General Short und Admiral Kimmel forderten für ihre jeweiligen Zuständigkeitsbereiche zusätzliches Material an, welches sie für eine wirksame Verteidigung von Pearl Harbor als notwendig ansahen.
3. Die Stellen in Washington, die in dieser Beziehung volle Freiheit hatten, trafen ihre Entscheidungen gegen General Short und Admiral Kimmel. Sie teilten dem atlantischen Kriegsschauplatz, wo sich die Vereinigten Staaten zumindest nominell im Frieden befanden, Kriegsmaterial, insbesondere Bomben- und Aufklärungsflugzeuge zu, von dem bekannt war, daß es für eine wirksame Verteidigung von Pearl Harbor absolut unentbehrlich war. (Siehe Exhibits 106 und 53, Anforderung von Material)

Der zweite Teil dieser Schlußfolgerung mag vom Standpunkt einer großen Strategie aus diskutabel sein, aber sie ist im Hinblick auf die Verfassung und die Gesetze der Vereinigten Staaten indiskutabel. Es trifft zu, daß der Präsident laut dem Leih- und Pachtgesetz vom März 1941 Rechte und Pflichten hatte. Aber gemäß der Verfassung und den Gesetzen war es seine erste und unausweichliche Pflicht, für die Verteidigung und die Sicherheit der Vereinigten Staaten vor einem japanischen Angriff zu sorgen, von dem er wußte, daß er bevorstand. Bei der Zuteilung von Material, insbesondere Bomben- und Aufklärungsflugzeugen, traf oder autorisierte er Entscheidungen, die den Kommandeuren von Hawaii unentbehrliches Material entzogen, über das sie ansonsten hätten verfügen können. Dadurch reduzierte er ihre Verteidigungskräfte auf ein Niveau, dessen Gefährlichkeit hohen Beamten in Washington und Hawaii bekannt war.«

In einem Geheimbericht an Roosevelt erklärte Marineminister Knox am 15. Dezember 1941, daß das Fehlen einer ausreichenden Zahl von Jagdflugzeugen zur Verteidigung von Hawaii »das Resultat der vor Ausbruch des Krieges erfolgten Lieferung dieses Typs an Briten, Chinesen, Holländer und Russen sei«. Er bemerkte, es habe einen »gefährlichen Mangel« an Flakartillerie gegeben, «der zweitbesten Waffe gegen Luftangriffe«, aber dies sei nicht der Fehler von General Short gewesen.[64] Wie bereits geschildert wurde, haben die Vereinigten Staaten in den Monaten vor Pearl Harbor 1900 Patrouillenflugzeuge und 1900 Flakgeschütze verliehen oder verpachtet, wobei 1750 Flugzeuge und 1500 Geschütze an die Briten geliefert wurden.

Im Februar 1941, als diesem Land für sein Programm zum Bau von 14 000 Flugzeugen noch 10 000 Maschinen fehlten, bat Großbritannien Amerika um die Lieferung von 50 000 Flugzeugen im Jahre 1942. Zu dem Zeitpunkt, an dem diese Anfrage gemacht wurde, verlangten die Planungen der Army die Lieferung von nur 81 Jagdflugzeugen nach Pearl Harbor.[65]

Colonel Melvin W. Maas, Reserveoffizier des Marine Corps, früher Kongreßabgeordneter von Minnesota, stellte fest: Als 250 Patrouillenflugzeuge, die notwendig gewesen wären, um Hawaii auf die erforderliche Mindeststärke von 300 Flugzeugen zu bringen, gerade von den Fertigungsstraßen kamen, ordnete Washington an, sie nach Großbritannien zu schicken. Als bei Roosevelt dagegen Protest eingelegt wurde, verwies er die Admirale an Harry Hopkins, der für die Zuweisung des Kriegsmaterials zuständig war.

»Hopkins empfing sie, während er im Bett lag und nonchalant eine Zigarette rauchte«, berichtet Maas. »Er hörte sie an und erklärte ihnen dann, daß das Gespräch beendet sei und er die Zuteilung bereits vorgenommen habe. Admiral Kimmel erklärte mir, wenn diese 250 Patrouillenflugzeuge nach Hawaii geschickt worden wären, hätte der Angriff vom 7. Dezember niemals Erfolg gehabt und wäre wahrscheinlich niemals unternommen worden.«[66]

Premierminister Churchill gestand zu, daß die amerikanische Verteidigung durch das Leih- und Pachtgesetz benachteiligt worden sei, als er am 26. Dezember 1941 in einer Rede vor dem amerikanischen Senat erklärte:

»Wenn die Vereinigten Staaten sich im Pazifischen Ozean an verschiedenen Stellen im Nachteil befanden, so wissen wir sehr gut, daß dies in keinem geringen Ausmaß auf die Hilfe zurückzuführen ist, die Sie uns an Rüstungsmaterial für die Verteidigung der Britischen Inseln und für den Libyschen Feldzug, vor allem aber für die Schlacht im Atlantik gegeben haben.«[67]

Captain Edwin T. Layton, Nachrichtenoffizier der Pazifikflotte, versicherte, daß wir selbst dann geschlagen worden wären, wenn der sich nähernde japanische Kampfverband vor dem 7. Dezember entdeckt und der Versuch gemacht worden wäre, ihn abzufangen. Unsere Schlachtschiffe, stellt er fest, waren zu langsam, um die japanischen Schiffe unter Geschützfeuer nehmen zu können, und der Rest unserer Flotte hätte »wegen der feindlichen Luftüberlegenheit schwere Verluste, wenn nicht eine Niederlage erlitten«.[68]

Kriegsminister Stimson versprach, den Mangel an Patrouillen- und Jagdflugzeugen, Flakgeschützen und Radargeräten bis zum Juni 1941 zu beseitigen. Doch Rear Admiral Bloch, der für die Verteidigung des Stützpunkts von Pearl Harbor zuständige Offizier, klagte noch im Oktober 1941, daß »der einzige Zuwachs, den die örtlichen Verteidigungskräfte mit Ausnahme der Hafennetzschiffe während des letzten Jahres erhalten haben, die U.S.S. *Sacramento* war, ein altes Kanonenboot mit geringer Feuerkraft und niedriger Geschwindigkeit«.[69]

Admiral Kimmel gab Admiral Blochs Brief am 17. Oktober mit einer eigenen Beschwerde über die »Weigerung oder Unfähigkeit« des Marineministeriums weiter, die von ihm geforderten Schiffe zu liefern. »Eine Flotte, deren letzte leichte Kräfte, die für die Sicherung auf See erforderlich sind, an Verbündete abgegeben werden und die dadurch an ihren Stützpunkt gefesselt ist, ist in Wirklichkeit überhaupt keine Flotte«, stellte Kimmel fest.[70]

Nicht nur waren die für den Patrouillendienst im Atlantik abgezweigten Einheiten und die 50 sehr nützlichen »veralteten« Zerstörer, die Roosevelt den Briten überlassen hatte, für unsere Flotte verloren, sondern Kimmel verfügte auch nur über elf Tanker, während 75 erforderlich gewesen wären, um die Flotte auf See zu halten.[71] Diese Tatsache in Verbindung mit dem Versäumnis Washingtons, die Flotte ausreichend mit Treibstoff zu versorgen, verurteilte den Befehlshaber im Pazifik dazu, einen beträchtlichen Teil der Flotteneinheiten wie Lockvögel im Hafen ankern zu lassen.

So schwächte Präsident Roosevelt die Pazifikflotte und die Verteidigung von Pearl Harbor, um jenen nichterklärten Krieg zu führen, in den er sich im Atlantik gestürzt hatte. Er brannte darauf, in den Krieg in Europa einzutreten, aber Hitler brachte keine ausreichende Provokation, um eine amerikanische Kriegserklärung zu rechtfertigen.

Großadmiral Dönitz erklärte vor dem internationalen Tribunal in Nürnberg, daß Hitler sehr darauf bedacht war, die Vereinigten Staaten aus dem europäischen Krieg herauszuhalten. Er lehnte sogar die Pläne des Admirals zur Verminung der nordatlantischen Schiffahrtsrouten, auf denen Leih- und Pachtgüter nach Großbritannien transportiert wurden, ab.

»Amerika wurde von Deutschland sogar eine 300-Meilen-Sicherheitszone zugestanden, obwohl das internationale Recht nur eine Dreimeilenzone verlangt. Ich schlug Minenfelder bei Halifax und um Island vor, aber der Führer lehnte dies ab, weil er einen Konflikt mit den Vereinigten Staaten vermeiden wollte. Als im Sommer 1941 amerikanische Zerstörer den Befehl erhielten, deutsche U-Boote anzugreifen, wurde mir verboten, zurückzuschlagen. Ich war daher aus Furcht vor einer Verwechslung gezwungen, auch die britischen Zerstörer nicht anzugreifen.«[72]

Das Dilemma des Präsidenten wurde von seinen Sympathisanten in der Kriegspartei offen diskutiert. Bereits im Juni 1941 schrieben Joseph Alsop und Robert Kintner, zwei vom Weißen Haus bevorzugte Journalisten*:

---

* Alsop war ein Verwandter des Präsidenten

»In der letzten Woche wurde er (der Präsident) wiederholt aufgefordert, umgehend Maßnahmen zu ergreifen. Er wurde gewarnt, daß jede Verzögerung das Unheil heraufbeschwören könnte. Er war in der Lage zu handeln, da alle Vorbereitungen, der deutschen Bedrohung in der Schlacht im Atlantik Herr zu werden, schließlich abgeschlossen wurden.

Bisher hat er noch nicht gehandelt, weil er hofft, die Deutschen dahin zu bringen, zuerst zu schießen ... Das Problem wurde kürzlich an dieser Stelle in einer Diskussion über die Atlantik-Patrouille erwähnt, in der dargelegt wurde, daß der Präsident und die Männer um ihn insgeheim hoffen, daß die Patrouille einen Zwischenfall herbeiführt. Niemand zweifelt daran, daß das deutsche Oberkommando alles in seiner Macht Stehende tun wird, um nicht den ersten Schuß abzugeben.«

Die Verfasser führten das Zögern des Präsidenten auf seine vielen Versprechungen zurück, sich aus dem Krieg herauszuhalten. »Er glaubt, sie nicht offen brechen zu dürfen«, erklärten sie. »Aber er kann sie mit ›Raffinesse‹ umgehen.«[73] Die »Raffinesse« bestand darin, einen Angriff zu provozieren.

Der am 27. September 1940 unterzeichnete Berliner Pakt (Dreimächtepakt, W. P.) legte dem Präsidenten die Vorgehensweise nahe. Er verpflichtete Deutschland, Italien und Japan »sich mit allen politischen, wirtschaftlichen und militärischen Mitteln gegenseitig beizustehen, wenn eine der drei vertragsschließenden Parteien von einer Macht angegriffen wird, die gegenwärtig nicht in den europäischen oder den chinesisch-japanischen Konflikt verwickelt ist«. Deutschland war damals an seinen unbehaglichen Nichtangriffspakt mit Rußland gebunden, und Japan wollte Rußland von den Vertragsbestimmungen ausnehmen. Da die Vereinigten Staaten die einzig verbliebene Macht waren, mit der gerechnet werden mußte, war der Berliner Pakt offenkundig gegen sie gerichtet.

Der Dreimächtepakt hatte in den Augen Roosevelts einen Nutzen, den seine Verfasser nicht bedacht hatten. Er bot eine Hintertür zum Krieg in Europa, da ein Krieg mit Japan automatisch auch Krieg mit Deutschland und Italien bedeutete. Somit führte der Präsident, während die Aufmerksamkeit der Nation durch offizielle Äußerungen und Maßnahmen auf den Krieg in Europa gerichtet war, eine Krise mit Japan herbei.

Der Gedanke an einen japanisch-amerikanischen Konflikt wurde in Berlin nicht ohne Sympathie betrachtet. Die Deutschen hatten Zweifel an der Zuverlässigkeit ihrer asiatischen Verbündeten. Wenn Deutschland von sich aus einen Krieg mit Amerika beginnen würde, war äußerst unsicher, ob Japan seinen Verpflichtungen aus dem Dreimächtepakt nachkommen würde. Aber wenn Japan selber die Vereinigten Staaten angriff, durfte Hitler hoffen, daß Amerika nach dieser Schandtat seine Hauptanstrengungen in den Pazifik verlegen würde, was ihm freie Hand gab, seine unvollendeten Aufgaben zu Ende zu bringen.

Am 6. Juli 1941, kurz nachdem Deutschland den Rußlandfeldzug eröffnet hatte, erläuterte Botschafter Grew Hitlers Strategie:

»Man nimmt allgemein an, daß Deutschland von Japan erwartet, Schritte zu unternehmen, die dazu beitragen, Amerikas Aufmerksamkeit von Europa abzulenken. Es drängt Japan nicht dazu, in Sowjetrußland zu intervenieren.«[74]

Dementsprechend versuchten die Deutschen, ihre asiatischen Verbündeten hinters Licht zu führen. Sie setzten ihre Bemühungen zur Täuschung der Japaner unvermindert bis zu dem Augenblick fort, in dem Japan Pearl Harbor angriff. Sie hätten aber wohl keinen Erfolg gehabt, wenn nicht die amerikanische Diplomatie den Japanern keine andere Wahl gelassen hätte, als zu kämpfen oder zu kapitulieren. Am 29. November gebrauchte der deutsche Außenminister Joachim v. Ribbentrop gegenüber dem japanischen Botschafter in Berlin, Generalmajor Oshima, all seine Überredungskunst. Ribbentrop erklärte:

»Es ist wichtig, daß Japan diese Gelegenheit nicht verstreichen läßt und die neue Ordnung in Ostasien errichtet. Es gab nie und es wird nie wieder eine Zeit geben, in der eine enge Zusammenarbeit zwischen den Partnern des Dreimächtepakts so wichtig ist. Wenn Japan dieses Mal zögert und Deutschland mit der Errichtung seiner neuen europäischen Ordnung vorangeht, dann wird sich die gesamte militärische Macht Großbritanniens und der Vereinigten Staaten hinterher gegen Japan konzentrieren ... Wenn Japan sich aber dafür entscheidet, gegen Großbritannien und die Vereinigten Staaten zu kämpfen, dann bin ich überzeugt, daß dies nicht nur im gemeinsamen Interesse von Deutschland und Japan ist, sondern auch für Japan selbst zu günstigen Ergebnissen führen wird.«

»Deuten Eure Exzellenz damit an, daß zwischen Deutschland und den Vereinigten Staaten der Kriegszustand eintreten wird?« fragte Oshima.

Ribbentrop zögerte zu versprechen, daß sein Land als erstes dieses unabsehbare Risiko auf sich nehmen würde. »Roosevelt ist ein Fanatiker«, antwortete er vorsichtig, »es ist daher unmöglich, vorauszusagen, was er tun wird.«[75]

Die Auffassung, daß ein vorsichtiges Deutschland all seine Geschicklichkeit aufwandte, um Japan zu einem Angriff auf die Vereinigten Staaten zu bringen, wird vom Urteil des Internationalen Kriegsverbrechertribunals in Nürnberg vollauf bestätigt. Das Gericht befand, daß Deutschland Japan wiederholt dazu aufgefordert hatte, nach dem deutschen Angriff auf Rußland die Briten im Fernen Osten anzugreifen. Weiter heißt es im Urteil: »Es war auch klar, daß die deutsche Politik, Amerika wenn möglich aus dem Krieg herauszuhalten, Deutschland nicht daran hinderte, Japan seine Unterstützung gegen die Vereinigten Staaten zu versprechen.« Das Gericht bezog sich auf Ribbentrops Darlegungen gegenüber Oshima und stellte fest, der deutsche Außenminister sei »vor Freude außer sich« gewesen, als Japan Pearl

Harbor angegriffen habe. Hitler, so stellte das Gericht fest, äußerte seine Zustimmung zur Taktik Japans, ohne Kriegserklärung loszuschlagen.[75a]

In Rom versprach Mussolini, daß »Italien jede ihm zur Verfügung stehende militärische Hilfe geben werde«, wenn Japan gegen Großbritannien und Amerika kämpfe.[76]

Um Japan in seiner Entschlossenheit zu bestärken, inszenierte Hitler für die Japaner einen riesigen militärischen Schwindel. Am 6. Dezember verkündete Berlin den bevorstehenden Fall von Moskau. Am 8. Dezember, dem Tag nach dem japanischen Angriff auf Pearl Harbor, befanden sich Hitlers Streitkräfte schon im vollen Rückzug auf eine vorbereitete Winterstellung.[77]

Indem es die Japaner zum Angriff auf Pearl Harbor verleitete, half Deutschland unbeabsichtigt dem Präsidenten, seine Ziele zu erreichen. Davis und Lindley schreiben:

»Viele hohe Beamte fragten sich, wie bei Ausbleiben eines direkten japanischen Angriffs auf die amerikanische Flagge eine Nation, die damals in den außenpolitischen Fragen gespalten war, zu jenem entschlossenen Handeln bewegt werden könnte, das notwendig erschien. Es hatte eine umfassende Diskussion über die möglichen Wege gegeben ... Man ging allgemein davon aus, daß die Japaner zu gerissen waren, um das Problem des Präsidenten durch einen direkten Angriff auf die amerikanische Flagge zu lösen – insbesondere auf Hawaii, das sogar die extremen Isolationisten als eine Bastion unserer Sicherheit ansahen.«

Die Japaner waren nicht gerissen genug.[78]

Am 29. November hatte Roosevelt in Warm Springs, Georgia, Andeutungen gemacht, daß ein Krieg bevorstand.

»In der heutigen Zeit«, erklärte er, »mag uns unser Erntedankfest im nächsten Jahr an eine friedvolle Vergangenheit erinnern. Es ist jederzeit möglich, daß unsere Jungs von den Militär- und Marineakademien für die Verteidigung unserer amerikanischen Institutionen kämpfen müssen.«[79]

Dies war seine blasse Umschreibung der Realitäten, deren Existenz ihm damals bekannt war. Er wußte mit Sicherheit, daß der Ausbruch des Krieges nicht eine Frage von Monaten oder gar von einem Jahr, sondern von Tagen war. Er wußte, daß nicht nur »unsere Jungs von den Militär- und Marineakademien« zu den Waffen gerufen werden würden, sondern alle wehrfähigen jungen Männer. Und er wußte, daß der Krieg nicht im Atlantik, sondern im Pazifik beginnen würde.

Unsere Interessen im Fernen Osten waren nicht sehr bedeutend. In den letzten Jahren hatte unser Handel mit China einschließlich der britischen Kronkolonie Hongkong weniger als 3 Prozent unseres Außenhandels betragen. Er machte weniger als die Hälfte unseres Handels mit Japan aus, das Amerikas drittbester Kunde war und 1938 7,7 Prozent der gesamten amerikanischen Exporte abnahm. Umgekehrt waren die Vereinigten Staaten der beste Kunde Japans; 6,5 Prozent unserer Importe kamen von dort.[80]

Wenn man China außen vor läßt, waren in Asien und im Südpazifik nur die Interessen der westlichen Kolonialreiche Großbritannien, Frankreich und Holland bedroht. Sie alle waren in den letzten Monaten des Jahres 1941 unfähig, ihr kolonialen Besitzungen zu verteidigen. Es war diesen Nationen schon lange vor Pearl Harbor klar, daß ihre einzige Hoffnung, ihre Kolonien nicht an Japan zu verlieren, das Eingreifen der Vereinigten Staaten war.

Am 7. September 1941 hatten wir Japans Krieg gegen China bereits seit 53 Monaten toleriert. Wir mochten diesen Konflikt nicht, aber es wurde ihm nicht genügend Bedeutung beigemessen, um Amerikaner in den Krieg zu schicken. Erst als Japan die Privilegien des westlichen Imperialismus zu verletzen begann, legte der Präsident gegenüber Tokio jene Symptome moralisierender Unverschämtheit an den Tag, die er sonst für Hitler und Mussolini reserviert hatte.

Am 22. September 1940, drei Monate nach dem Zusammenbruch Frankreichs, begannen die Japaner mit ihrem Vormarsch in die westlichen Kolonialreiche. Japanische Truppen marschierten in Französisch-Indochina ein, und die Kolonialverwaltung gab der Forderung Japans nach Luftwaffenstützpunkten nach.[81] Als Japan schließlich die militärische Kontrolle über Indochina forderte, willigte Frankreich am 21. Juli 1941 ein.[82]

Dieses Vorgehen wurde mit der Begründung gerechtfertigt, daß nur so Japans militärische Sicherheit sowie seine Versorgung mit Reis, anderen Nahrungsmitteln und Rohstoffen gewährleistet werden konnte. In Washington berief sich Botschafter Nomura auf die ernste Ernährungslage. Die japanische Reisproduktion 1941 wurde auf 297 Millionen Scheffel geschätzt, während der jährliche Verbrauch 400 Millionen Scheffel betrug.[83] Großbritannien hatte den Export von Reis aus Burma eingestellt.[84] Zudem hatte der Mangel an Dünger, der normalerweise aus Deutschland bezogen wurde, Japans heimische Erzeugung vermindert. Daher war Japan gezwungen, eine Versorgung aus Indochina in Betracht zu ziehen.

Sumner Welles, Staatssekretär im Außenministerium, antwortete Nomura am 23. Juli auf diese Ausführungen, daß die Gespräche um eine friedliche Beilegung der Differenzen zwischen Amerika und Japan damit ihre Grundlage verloren hätten. Welles erklärte, die Vereinigten Staaten »müßten annehmen, daß die japanische Regierung den vorletzten Schritt getan habe, bevor sie durch die Besetzung weiterer Gebiete in jener Region eine Politik der totalitären Expansion und der Eroberungen in der Südsee beschreite«.[85]

Die Verschlechterung der Beziehungen zwischen den Vereinigten Staaten und Japan hatte bereits vier Jahre vor der Besetzung von Indochina begonnen. Danach setzte sich der Prozeß mit zunehmender Geschwindigkeit fort.

Am 12. Dezember 1937, drei Monate nach Roosevelts »Quarantäne«-Rede, bombardierten und versenkten japanische Kampfflugzeuge das amerikanische Kanonenboot *Panay* auf dem Jangtse.[86]

Am 1. Juli 1938, nachdem die Japaner Nanking, Kanton und andere unverteidigte chinesische Städte bombardiert hatten, forderte das State Department ein »moralisches Embargo« gegen den Verkauf von Flugzeugen, die für Angriffe auf Zivilisten verwendet werden konnten.[87]

Am 26. Juli 1939 gab Roosevelt bekannt, daß der amerikanisch-japanische Handelsvertrag von 1911 zum 26. Januar 1940 gekündigt werde.[88]

Botschafter Grew bemerkte zu dieser Entwicklung einer wirtschaftlichen Kriegführung: »Ich habe darauf aufmerksam gemacht, daß wir eine Politik der Sanktionen auch durchhalten müssen, wenn wir damit begonnen haben. Es ist denkbar, daß diese Politik schließlich zum Krieg führt.«[89] Das weitere amerikanische Vorgehen manifestierte die Absicht, bis zum Ende durchzuhalten.

Am 2. Juli 1940 gab Roosevelt die Erlaubnis für den Export von Werkzeugmaschinen, Chemikalien und Nichteisenmetallen,[90] am 25. Juli für den Export von Ölprodukten und Eisenschrott[91] und am 31. Juli für den Export von Flugbenzin in Länder außerhalb der westlichen Hemisphäre.[92]

Am 25. September 1940 gewährte er China einen Kredit von 25 Millionen Dollar zur Stabilisierung seiner Währung.[93]

Am 26. September verhängte Roosevelt mit Wirkung zum 16. Oktober ein Embargo für alle Exporte von Eisen- und Stahlschrott außer nach Großbritannien und in die Nationen der westlichen Hemisphäre.[94] Zwischen 1933 und 1940 waren 10,16 Millionen Tonnen Schrott aus unserem Land nach Japan verschifft worden.[95] Japan bezeichnete das Embargo als einen »unfreundlichen Akt«[96] und erklärte, daß weitere Handelsbeschränkungen die Beziehungen zwischen den beiden Ländern »unberechenbar« machen würden.[97]

Am 8. Oktober 1940 wurden amerikanische Staatsbürger davor gewarnt, in den Fernen Osten zu reisen.[98]

Am 30. November 1940 erhielt China einen zusätzlichen Kredit von 100 Millionen Dollar.[99]

Als Anfang 1941 Admiral Nomura als neuer japanischer Botschafter eintraf, erklärte er, daß Japan seine militärischen Operationen wohl nicht über ihren gegenwärtigen Bereich hinaus ausdehnen werde, »es sei denn, die Embargopolitik, die dieses Land betreibt, zwinge seine Regierung dazu, militärisch vorzugehen.«[100]

Am 11. März 1941 wurde durch den Erlaß des Leih- und Pachtgesetzes den Chinesen in gleicher Weise wie den Briten materielle Hilfe gewährt.[101]

Am 26. April 1941 kündigten die Vereinigten Staaten ein Währungsstabilisierungsabkommen mit China an. Lauchlin Currie, der Regierungsassistent des Präsidenten, wurde nach China entsandt, um dort beim Ordnen der Finanzen zu helfen.[102]

Am 25. Juli 1941, vier Tage nachdem Japan Indochina besetzt hatte, fror Roosevelt die japanischen Guthaben in den Vereinigten Staaten im Wert von 130 Millionen Dollar ein und beendete damit die Handelsbeziehungen.[103] Am nächsten Tag schloß sich Großbritannien diesem Vorgehen an.[104]

Am 26. Juli nationalisierte der Präsident die Streitkräfte auf den Philippinen, die einem neuen Oberkommando unterstellt wurden, das als United States Army Forces in the Far East bekannt wurde.[105]

Am 26. August 1941 wurde eine amerikanische Militärmission unter General John A. Magruder nach China entsandt.[106]

Amerikanische Piloten von Army, Navy und Marine Corps erhielten die Erlaubnis, als »Gruppe amerikanischer Freiwilliger« unter Brigade General Chennault für China zu kämpfen.[107]

Amerikanische Ingenieure wurden abgestellt, um den Verkehr über die Burmastraße zu reorganisieren und so den Nachschub für China zu beschleunigen.[108]

Auf Empfehlung des Präsidenten akzeptierte Generalissimus Chiang Kaishek Owen Lattimore als seinen politischen Berater.[109]

Der Panamakanal wurde für die japanische Schiffahrt gesperrt.[110] Diese Serie von Maßnahmen machte es äußerst zweifelhaft, daß der Friede erhalten werden konnte. Der einzige Ausweg, der offenblieb, waren Verhandlungen. Während Außenminister Hull und Botschafter Nomura die Möglichkeiten dazu ausloteten, fungierte Dr. E. Stanley Jones, ein weithin bekannter Missionar mit langer Erfahrung in Ostasien, als inoffizieller Vermittler zwischen den Japanern und dem Weißen Haus. Dr. Jones kann der besonders von Hull vertretenen These der Regierung Roosevelt, nach der von Anfang an keine Hoffnung auf die Erhaltung des Friedens bestand, nicht zustimmen. Er erklärt:

»Es herrscht allgemein die Ansicht vor, daß die japanischen Offiziellen und das gesamte Volk gemeinsam hinter der Politik der Aggression und den Plänen für weitere Eroberungen in Ostasien standen, sogar bis zu dem Punkt eines Krieges mit den Vereinigten Staaten. Diese Vorstellung wurde durch Propaganda sorgfältig genährt. Der amerikanische Bürger soll glauben, daß sich ein geeintes Japan ohne Hemmungen und innere Opposition anschickte, die Welt zu erobern. Aber diese Ansicht ist in verheerender Weise falsch. Seit dem Zeitpunkt des Angriffs auf China fand in der japanischen Nation ein schwerer Kampf um Geist und Seele statt ...

Es war ein titanischer Kampf zwischen der Kriegspartei und der Friedenspartei. Es stand auf des Messers Schneide, welche Seite die Oberhand behalten würde. Der Kampf dauerte bis zum Herbst 1941. Dann triumphierten die Militaristen ... Wären wir klüger gewesen, dann hätten wir die Militaristen ausgespielt. Wenn wir der Friedenspartei bei ihren Bemühungen, den Krieg zu verhindern, Hilfe und Ermutigung gegeben hätten, dann hätten wir aus Japan einen Verbündeten anstatt eines Feindes machen können. Unser Kurs spielte mit Sicherheit der Kriegspartei in die Hände.«[111]

Über die amerikanische Haltung sagt Jones:

»Ich bin nicht sicher, ob die höchsten Beamten in der Exekutive unserer Regierung wirklich den Frieden wollten. Seit der Atlantikkonferenz von Präsident Roosevelt und Premierminister Churchill im August 1941 hatte sich die offizielle Haltung gegenüber Japan versteift und grenzte ans Kriegerische ... Die Einstellung einiger unserer Beamten schien die zu sein: ›Wir haben Japan durch dieses Ölembargo an der Gurgel, und wir werden es erdrosseln. Wenn es um sich schlägt und es zum Krieg kommt, na ja, dann werden wir einige Flugzeuge von Wladiwostok herüberschicken, seine brennbaren Städte anzünden, und in einigen Wochen wird alles vorüber sein.‹ Sie glaubten, daß Japan in China in der Klemme säße, daß es am Ende seiner Kräfte sei, und daß dieses eifrige Streben nach Frieden von seiten seiner Vertreter in Washington darauf zurückzuführen war, daß es schwach und uns hilflos ausgeliefert sei. Admiral Nomura sagte eines Tages zu mir: ›Alles, was ich vorschlage, wird als Schwäche ausgelegt‹.«

Jones fand, daß ein Großteil der Kriegshetze aus den Reihen der Briten, Chinesen und Holländer kam. Er versuchte, Dr. Hu Shih, dem chinesischen Botschafter, klarzumachen, daß wir durchaus Sympathien für China hegten und ihm helfen wollten. Es wäre jedoch eine völlig andere Sache für uns, in einen Krieg hineingezogen zu werden, weil China jede Vermittlung ablehnte. Dr. Hu antwortete darauf: »Das ist alles Unsinn. Sie sind bereits im Krieg!«

Jones fährt fort:

»Großbritannien versuchte uns offensichtlich in den europäischen Krieg hineinzuziehen, wie Mr. Churchill es später öffentlich zugegeben hat, und es war nicht abgeneigt, die Hintertür eines Pazifikkrieges dazu zu benutzen. Als ich Lord Halifax dazu drängte, zwischen uns und Japan zu vermitteln und uns zu helfen, einen Krieg im Pazifik zu vermeiden, antwortete er: ›Sie finden meine Ansichten in meiner beiliegenden Rede.‹ Der ganze Tenor der Rede war: ›Amerika muß kämpfen‹.«

Die Niederlande teilten diese Haltung.

Die eigentliche Frage des Krieges, behauptet Jones, waren die Kolonialreiche.

»Die Japaner verdächtigten die Vereinigten Staaten, daß sie für die Erhaltung der weißen Kolonialreiche im Pazifik kämpfen würden. Wie die Ereignisse gezeigt haben, war das zutreffend. Wir unternahmen nichts zur Verteidigung Chinas, als es von Japan angegriffen wurde. Tatsächlich lieferten wir auch weiterhin unseren Eisenschrott und unser Öl an Japan. Aber in dem Augenblick, in dem Japan die französische Besitzung Indochina bedrohte, wachten wir auf. Dies berührte einen unserer empfindlichen Nerven – die Privilegien der Kolonialherren im Fernen Osten.«

Jones' eigener Lösungsvorschlag war der, Japan irgendein unerschlossenes Gebiet zu geben, wo es seinen Bevölkerungsüberschuß ansiedeln konnte. Seine Wahl fiel auf Neuguinea, eine riesige Insel, die Briten und Holländern gehörte. Diese hatten keine wirklichen Anstrengungen zu ihrer Erschließung gemacht, und sie benötigten sie auch nicht für ihre Auswanderer. Die Insel hatte eine Bevölkerung von nur 300 000 Eingeborenen, die auf einer niedrigen Kulturstufe standen. Nach einer richtigen Erschließung, so dachte Jones, könnte sie zwischen 20 und 40 Millionen Menschen ernähren. Jones machte den Vorschlag, Holland und Australien 100 Millionen Dollar für die Entschädigung von Landbesitzern zu zahlen, die vielleicht enteignet werden mußten. Er fand damit die Zustimmung des australischen Gesandten in Washington. »Wenn wir nicht jetzt etwas mit Japans Bevölkerungsüberschuß tun«, erklärte der Gesandte, »dann werden wir es in zehn Jahren tun müssen.« Als Jones jedoch den holländischen Gesandten fragte, erfuhr er: »Kein Teil des holländischen Kolonialreichs steht zum Verkauf.«

Am 18. November 1941, drei Wochen vor Pearl Harbor, legte Maxwell H. Hamilton von der Fernostabteilung des State Department diesen Plan Außenminister Hull vor.[112] Hull zog diese gesichtswahrende Lösung jedoch nicht in Erwägung und verspielte so die Möglichkeit, den japanischen Militaristen den Wind aus den Segeln zu nehmen. Statt dessen überreichte er Nomura und Kurusu die Zehn-Punkte-Erklärung des Präsidenten vom 26. November, die, so Jones, »nur als ein Ultimatum interpretiert werden konnte«.

Sogar als sie mit den amerikanischen Forderungen konfrontiert wurden, berichtet Jones, gaben die japanischen Gesandten die Hoffnung nicht auf, daß wir ihnen einen Weg offenlassen würden um eine friedliche Lösung zu finden. Zwei Tage nach dem Hull-Ultimatum schickte der Rechtsberater der Botschaft, Terasaki, eine Note über Jones an Roosevelt. Darin bat er:

»Zwingen Sie uns nicht, Dinge zu tun, sondern machen Sie es uns möglich, sie zu tun. Wenn Sie uns in der entsprechenden Weise behandeln, werden wir uns doppelt erkenntlich zeigen. Wenn Sie eine Hand ausstrecken, werden wir zwei entgegenstrecken. Und wir könnten nicht nur Freunde, wir könnten Verbündete sein.«

Darauf gab es weder eine Antwort, noch wurde der Druck vermindert. Jones stellte fest:

»Unser Ultimatum ... brachte Japan in eine Zwangslage. Es mußte sich unterwerfen oder gegen uns kämpfen.«

Im Rückblick, so behauptet Dr. Jones, waren Japan und die Vereinigten Staaten dem Frieden sehr nahe. Während der Verhandlungen habe ihm ein Mitglied des Senatsausschusses für auswärtige Angelegenheiten mitgeteilt: »Alles hat sich auf zwei Luftwaffenstützpunkte in Nordchina reduziert – Japan möchte sie behalten, und wir wollen, daß es sich ganz aus China zurückzieht.«

Ob es wirklich nur zwei Luftwaffenstützpunkte waren, die uns vom Frieden trennten, weiß Jones nicht sicher. Während einer ihrer letzten Unterredungen habe Nomura jedoch erklärt: »Es wäre für uns absurd, wegen zwei Luftwaffenstützpunkten in Nordchina in den Krieg zu ziehen. Es würde uns beide teuer zu stehen kommen.«

Eine der Hauptursachen des Krieges war laut Jones »der Druck einer Kriegspartei, die den Präsidenten umgab. Ein Richter vom Obersten Gerichtshof sagte uns während der Verhandlungen: ›Wir haben genauso eine Kriegspartei wie Japan. Sie umgibt den Präsidenten und macht es immer weniger möglich, mit ihm zu sprechen‹.«

Wenn die Partei ihn umgab, war Roosevelt aber auch ihr Mittelpunkt. Nach der Zeugenaussage, die Sumner Welles vor dem Kongreßausschuß zur Untersuchung von Pearl Harbor machte, war es Roosevelt, der »den Laden schmiß«. Als er gefragt wurde, ob die Navy nicht zu einem Arm der diplomatischen Verhandlungen mit Japan gemacht wurde, als die Flotte nach Pearl Harbor verlegt wurde, antwortete Welles: »Dies war ein wesentlicher Teil unserer Gesamtpolitik. Man kann den diplomatischen und den militärischen Bereich nicht voneinander trennen. Es war eine Politik, die sich auf parallelen Wegen bewegte.«

»Wer traf die Entscheidungen über die Gesamtpolitik?«

»Natürlich der Präsident«, antwortete Welles.[113]

KAPITEL 8

»A, B, C, D«*

Zu den wichtigsten Entscheidungen des Präsidenten gehörte der Abschluß von geheimen Kriegsbündnissen, und zwar mit den Briten und Kanadiern im Atlantik und mit den Briten und Holländern im Pazifik. Am 6. Dezember, einem Tag vor dem Angriff auf Pearl Harbor, stürmten auf die amerikanische Bevölkerung Nachrichten herein, denenzufolge die Vereinigten Staaten Mitglied eines regelrechten Kriegsbündnisses waren, ohne daß bisher ein Schuß gefallen war.

Eine Meldung der *New York Times* aus Melbourne, Australien, lautete:

»Die australische Regierung hat im Einvernehmen mit Großbritannien, den Vereinigten Staaten und Niederländisch-Indien für den Fall eines Konflikts im Pazifik Vorbereitungen getroffen. Die vier planen, japanischen Aktionen Zug um Zug entgegenzutreten.« Der Bericht warnte vor »mächtigen amerikanischen Geschwadern im Rücken jeder südwärts gerichteten japanischen Expedition«.[1]

Australian Associated Press berichtete über das Abkommen:

»Als Folge von kürzlich geführten Gesprächen zwischen den ABCD-Mächten wurde eine Erklärung verfaßt, in der ihre Haltung zu jedweder japanischen Aggression dargelegt wird. In dieser Erklärung bekräftigen die vier Alliierten die Notwendigkeit, auch weiterhin zusammenzustehen. ›Wir sind uns der Bedrohung durch Japan vollauf bewußt, und wir fürchten sie nicht‹, soll es laut Bericht in der Erklärung heißen.«[2]

In Washington erklärte das State Department, es »wisse nichts über eine gemeinsame Erklärung.«[3]

Diese geheime Kriegsallianz, die dem amerikanischen Volk so unerwartet aufgezwungen und von der Regierung verleugnet wurde, war seit Jahren herangereift und seit mehr als acht Monaten in Kraft. Sie war weder, wie es laut Verfassung mit allen Verträgen zu geschehen hatte, nach Beratung und Zustimmung durch den Senat unterzeichnet worden, noch war sie als ein Vertrag der Exekutive konzipiert – ein Mittel zur Umgehung des Senats, das Roosevelt bei Gelegenheit gerne benutzte. Der Präsident war klug genug, ihn nicht einmal zu paraphieren.

---

* Abkürzung für »American, British, Chinese, Dutch«

Während auch Holland und China unter den »ABCD«-Mächten aufgeführt wurden, war Großbritannien der wichtigste Partner, der unter die amerikanischen Fittiche genommen wurde. Die Zusammenarbeit der beiden Nationen im Pazifik hatte im Jahre 1922 mit der Washingtoner Flottenkonferenz begonnen, als Großbritannien seine Allianz mit Japan von 1902 kündigte. Ungeachtet der japanischen Opposition besuchten 9 Schlachtschiffe, 6 Kreuzer, 34 Zerstörer und 13 Hilfseinheiten der amerikanischen Flotte 1925 Australien und Neuseeland, um die neuen anglo-amerikanischen Bindungen zu bekräftigen.

Diese Visite war der Vorläufer für einen weiteren Kurzbesuch von vier amerikanischen Kreuzern in Australien im Jahr 1938. Von da aus fuhren auf eine Einladung des britischen Foreign Office hin drei der Kreuzer nach Singapur weiter, um an den Feierlichkeiten bei der Eröffnung des neuen britischen Marinestützpunkts teilzunehmen. Andere ausländische Kriegsschiffe nahmen daran nicht teil. Der Besuch war offensichtlich eine Demonstration amerikanisch-britischer Solidarität an die Adresse Japans. Im März 1938 wurde Roosevelt plötzlich auf die Inseln Canton und Enderburg in der Phönix-Gruppe, 1900 Meilen südwestlich von Hawaii aufmerksam. Aufgrund ihrer Entdeckung durch Amerika vor hundert Jahren erhob er formell Anspruch auf sie. Großbritannien hatte die Inseln ein Jahr vor Roosevelts Proklamation der amerikanischen Oberhoheit formal in Besitz genommen. Nach einigen Verhandlungen wurden die Inseln im August 1938 unter gemeinsame anglo-amerikanische Verwaltung genommen; im April 1939 wurde das Kondominium auf 50 Jahre ausgedehnt. Kongreßabgeordnete behaupteten, daß der angebliche Streit zwischen Roosevelt und den Briten nur ein Vorwand gewesen sei, um die Angelegenheiten beider Länder zu vermengen, so daß Amerika im Falle eines Krieges in Asien an Großbritannien gebunden war.

Im Februar 1946 bestätigte Admiral Ingersoll die Beschuldigung, die in der Zeit des Canton-Enderburg-Abkommens im Kongreß erhoben worden war: bereits 1938 war eine Übereinkunft getroffen worden, die eine pazifische Kriegsallianz mit den Briten ins Auge faßte. Im Dezember 1937, als Ingersoll Chef der Operationsabteilung der Marine war, wurde er von Roosevelt beauftragt, nach London zu fahren und den Briten zu erklären, was die Vereinigten Staaten in einem Krieg mit Japan tun könnten, und den Beitrag Großbritanniens festzulegen.[4]

Ein Brief von Admiral Richardson an Admiral Stark vom 26. Januar 1940 deutet darauf hin, daß die Gespräche Ingersolls eine geheime Vereinbarung über die gemeinsame anglo-amerikanische Nutzung des Singapurer Stützpunkts gegen Japan hervorbrachten:

»Vom Beginn des China-Zwischenfalls bis ich den Posten des Stellvertretenden Chefs des Admiralstabs verließ, pflegte ich bei jeder Gelegenheit zu

Bill Leahy zu sagen: ›Du mußt dem Boß einschärfen, daß wir nicht in diese Sache hineingezogen werden wollen, bis wir so feste Verbündete haben, daß sie uns nicht im Stich lassen können.‹

Als diese Vereinbarung getroffen wurde, hatte sie einen gewissen Nutzen, aber unter den gegenwärtigen Umständen ist ihr Wert gering, da sie uns als Gegenleistung für die Verpflichtung, etwa zweieinhalb Kontinente zu schützen, nur die Nutzung eines Stützpunkts gewährt.«[5]

Vor dem Kongreßausschuß erklärte General Marshall jedoch, die Briten hätten das Projekt einer gemeinsamen Flottenbasis in Singapur erstmals im November 1941 vorgebracht.

»Die Briten wollten, daß wir eine Anzahl von Schiffen in Singapur stationieren«, erklärte Marshall. »Wenn wir einen Teil unserer Marine dort stationierten, würde das, so glaubten sie, die Stellung Großbritanniens im Pazifik bedeutend stärken, ohne daß es seine Seestreitkräfte im Krieg gegen Deutschland reduzieren müßte.«

Der General und Admiral Stark lehnten das Angebot aus taktischen Gründen ab. Sie waren der Meinung, daß die amerikanischen Schiffe in Singapur viel zu weit von ihren Nachschubbasen entfernt und durch Luftangriffe gefährdet wären.[6]

Ingersoll berichtet, seine 1938 in London geführten Gespräche wären als überholt angesehen worden, als im Frühjahr 1941 eine neue Vereinbarung zwischen den Vereinigten Staaten und Großbritannien erzielt wurde. Die Briten wollten anscheinend gerade ein engeres Bündnis im Fernen Osten vorschlagen, als ihre Schwierigkeiten im europäischen Krieg zunahmen. So bemerkte Admiral Stark, als er am 12. November 1940 an seinen Kollegen Hart schrieb, zu den britischen Ouvertüren:

»Sie haben großspurig über die Verteidigung der malaiischen Barriere durch eine Allianz aus ihnen, uns und den Holländern gesprochen, ohne viel darüber nachzudenken, welche Wirkung dies in Europa haben könnte. Wir haben jedoch keine Ahnung, ob sie sofort den Kampf aufnehmen würden, wenn nur die Holländer oder nur wir von den Japanern angegriffen würden. Dann zeigt das Exemplar des britischen Kriegsplanes für den Fernen Osten ... welches wir in Singapur erhalten haben, wiederum viele Anzeichen ihres üblichen Wunschdenkens. Außerdem bezweifle ich (obwohl ich glaube, daß die holländischen Kolonialbehörden gegen einen Versuch, ihre Inseln zu erobern, Widerstand leisten werden), daß sie kämpfen werden, wenn nur die Philippinen oder nur Singapur angegriffen würde.«[7]

Schließlich gab Stark jedoch dem britischen Druck nach und willigte ein, gemeinsame Stabsbesprechungen in Washington abzuhalten.

»Ich habe nicht nach der Erlaubnis des Präsidenten oder nach der von Colonel Knox gefragt«, erklärte er vor dem Kongreßausschuß. »Die Tatsache, daß wir mit den Briten Gespräche führten, enthielt einigen Sprengstoff ...

Im Januar, nachdem die Kommission hier war, informierte ich (den Präsidenten), daß ich diese Gespräche weiterführte ... Ich erklärte ihm, daß ich lieber scharf dafür kritisiert würde, einsatzbereit zu sein, als zu gegebener Zeit dafür getadelt zu werden, nicht bereit zu sein. Er nahm es hin.«

»Was erwiderte er?«

»Nun, er tadelte mich nicht. Später wurden ihm all diese Gespräche, d. h. die Zusammenfassungen und die Pläne, gezeigt.«[8]

Die amerikanischen Vertreter bei den geheimen Stabsbesprechungen, die zwischen dem 29. Januar und dem 27. März stattfanden, waren: Major General Stanley D. Embick, der den gemeinsamen U.S.-kanadischen Verteidigungsausschuß repräsentierte; Brigade General Sherman Miles, Chef des Nachrichtenwesens beim Generalstab der Army; Brigade General Leonard T. Gerow von der Operationsabteilung des Generalstabs; Colonel Joseph T. McNarney, später Mitglied der Roberts-Kommission, der die Heeresluftwaffe vertrat; Rear Admiral Robert M. Ghormley, amerikanischer Marinebeobachter in England; Rear Admiral Richmond K. Turner, Offizier in der Operationsabteilung der Navy; Captain A. G. Kirk, Chef des Marinenachrichtendienstes; und Captain Dewitt C. Ramsey, der das Büro für die Marineluftwaffe vertrat.

Die britischen Vertreter waren die Rear Admirals R. M. Bellairs und V. J. Danckwerts, Major General E. L. Morris, Air Vice-Marshall J. C. Slessor und Captain A. W. Clarke.[9]

»Die Stabskonferenz geht davon aus«, heißt es in ihrem Bericht, »daß die Vereinigten Staaten in einen Krieg mit Italien eintreten werden, sobald sie in einen Krieg mit Deutschland verwickelt sind. Unter diesen Umständen muß mit der Möglichkeit des Ausbruchs eines Krieges zwischen Japan und einer Koalition bestehend aus den Vereinigten Staaten, dem Britischen Commonwealth und seinen Verbündeten einschließlich Niederländisch-Ostindien gerechnet werden.«

Das wesentliche Wort war »sobald«. Es gab kein »wenn«.

»Da Deutschland das wichtigste Mitglied der Achse ist«, heißt es weiter im Dokument, »ist der atlantische und europäische Raum als der entscheidende Kriegsschauplatz anzusehen. Die Vereinigten Staaten werden ihre Hauptanstrengungen auf diesen Kriegsschauplatz richten, und die Operationen auf den anderen Kriegsschauplätzen werden so geführt werden, daß sie diese Anstrengungen unterstützen.«

Die Vereinigten Staaten sollten ihre Flotte einsetzen, um die japanische Wirtschaftskraft zu schwächen und »die Verteidigung der malaiischen Barriere zu unterstützen, um japanische Kräfte von Malaya abzulenken«; dies sollte hauptsächlich durch Raids zu den Marshall-Inseln geschehen.

Es sollte aber nicht nur Malaya geschützt werden, sondern die Briten legten auch fest, daß sie nicht vorhätten, irgendeine ihrer asiatischen Besitzungen aufzugeben. »Ein grundlegendes Merkmal der britischen Strategie«, hieß es in dieser Bestimmung, »ist die Aufrechterhaltung einer Position im Fernen Osten, die den Zusammenhalt und die Sicherheit des Britischen Commonwealth garantiert«.

Die Planungen für einen Krieg gegen Japan sahen vor, daß die Vereinigten Staaten im Pazifik die Verteidigung einer ungeheuren Fläche übernehmen sollten – der ozeanische Raum von der Küste Südamerikas westwärts bis unmittelbar vor die Küste Australiens, und nördlich des Äquator bis zu einer Linie, die sich in etwa von den Marianen bis 30° nördlicher Breite erstreckte, von wo aus es den gesamten Ozean bis zum asiatischen Kontinent umfaßte.

Zwischen dem 21. und dem 27. April wurde in Singapur eine zweite Stabskonferenz abgehalten, um einen amerikanisch-britisch-holländischen Kriegsplan für den Pazifik zu entwerfen, der sich in den strategischen Plan für einen globalen Krieg von der Stabskonferenz in Washington einfügte. Die amerikanischen Vertreter waren Captain W. R. Purnell, Stabschef der Asiatischen Flotte; Colonel A. C. McBride, stellvertretender Stabschef der Streitkräfte General McArthurs auf den Philippinen; Captain A. M. R. Allen, Marinebeobachter in Singapur; und Lieutenant Colonel F. G. Brink, Militärbeobachter in Singapur.

Die wichtigsten britischen Vertreter waren Air Chief Marshall Sir Robert Brooke-Popham, Oberkommandierender Fernost, und Vice-Admiral Sir Geoffry Layton, Oberkommandierender China. Weiter waren sechs australische Vertreter anwesend, sechs holländische Delegierte, drei Neuseeländer und je ein Vertreter Indiens und Britisch-Ostindiens.[10]

Auf der Grundlage der in Washington getroffenen Vereinbarungen sollte die amerikanische Pazifikflotte gegen die japanischen Mandatsinseln und die japanischen Seeverbindungen operieren. Die Asiatische Flotte in Manila würde dabei nur ihre U-Boote, ihre Marineflieger und ihre örtlichen Seeverteidigungskräfte einsetzen, um die amerikanische Armee bei der Verteidigung von Luzon zu unterstützen. Ihre Kreuzer und Zerstörer sollten sich in Singapur melden, um unter dem Oberkommando von Admiral Layton zu operieren. U-Boot-Tender, Zerstörer, Tanker und Flugboote sollten vor Beginn der Feindseligkeiten nach Singapur verlegt werden. In der Folge gingen die meisten von Admiral Harts Kreuzern und Zerstörern bei den Kämpfen zur Verteidigung der britischen und holländischen Kolonien verloren.

Die Sicherheit von Luzon war für die Sicherheit Singapurs und der Seeverbindungen nur von »untergeordnetem Interesse«. Der in Singapur beschlossene Plan rechnete mit dem Verlust der Philippinen. »Wenn die letzte Verteidigungszone (zu der Corregidor und die Einfahrt zur Bucht von Manila gehörten) unhaltbar wird«, hieß es in der Vereinbarung, »werden alle verbliebenen Marine- und Marineluftstreitkräfte, die noch kampffähig sind ... sich nach Süden zurückziehen und dabei unter die strategische Führung des Oberbefehlshabers China treten.«

Admiralstabschef Stark machte vor dem Kongreßausschuß die Aussage, es habe allgemeine Übereinstimmung darüber geherrscht, daß die Philippinen nicht zu halten seien. Er berichtete, in Unterhaltungen mit dem japanischen Botschafter Admiral Nomura vorausgesagt zu haben, daß die Japaner in einem Pazifikkrieg viele Anfangserfolge erzielen, aber schließlich doch unterliegen würden.

»Ich neige zu der Annahme, daß Nomura mir zustimmte«, sagte Stark.

»Dachten Sie, wir würden die Philippinen verlieren?«

»Ich hoffte, wir könnten einen guten Kampf liefern, aber ich habe die Möglichkeit nicht ausgeschlossen, daß wir sie verlieren würden.«

»Haben Sie mit dem Präsidenten darüber gesprochen?«

»Ja, er war mit der Lage völlig vertraut.«[11]

Der Hauptgrund, warum die Philippinen – und mit ihnen Guam[12] – in Singapur abgeschrieben wurden, war der, daß der Pazifik nur als Nebenfront galt. In der Stabskonferenz herrschte Übereinstimmung, daß »um sicherzustellen, daß wir vom Hauptziel der Niederwerfung Deutschlands und Italiens nicht abgelenkt werden, unsere Strategie im Fernen Osten im wesentlichen defensiv bleiben muß.« Clark Lee versichert in *They Call It Pacific*: »Die Toten von Bataan ... könnten noch am Leben sein, wenn die Vereinigten Staaten nicht entschieden hätten, daß der Pazifik ein Nebenkriegsschauplatz war.«[13]

Die Roosevelt-Administration verteidigte später das Eingehen eines Kriegsbündnisses durch die Generalstabsvereinbarungen von Washington und Singapur damit, daß die übernommenen Verpflichtungen nicht bindend gewesen seien. Das Washingtoner Abkommen sah weder eine Ratifizierung durch den Senat noch eine Bekanntgabe dieser Allianz an den Kongreß vor. Das Abkommen von Singapur bestimmte, daß der vorher in Washington vereinbarte Kriegsplan in Kraft gesetzt werden sollte, ohne daß eine Zustimmung durch den Kongreß erforderlich war – und das, obwohl es angeblich keine politischen Verpflichtungen enthielt. Das Washingtoner Abkommen über die strategische Kriegsplanung wurde am 28. Mai von Secretary Knox und am 2. Juni von Secretary Stimson gebilligt.[14] Admiral Stark trat mit einer vorbereiteten Erklärung vor den Kongreßausschuß, in der es hieß, der Plan sei von den beiden Ministern »und vom Präsidenten« gebilligt worden. Den Hinweis auf Roosevelt strich er aber wieder durch. Er erklärte, er habe zu seiner Überraschung gerade festgestellt, daß die militärischen Vereinbarungen dem Präsidenten vollständig bekannt gewesen seien, er sie aber nicht ratifiziert habe.[15] Stark fügte jedoch hinzu, der Präsident habe diese Pläne sehr wohl gebilligt, »nur eben nicht offiziell«.

Lieutenant Colonel Henry C. Clausen hatte 1944 eine Weltreise gemacht, um Beweismaterial für Secretary Knox' These zu finden, daß die Schuld für das Desaster von Pearl Harbor nur bei den Truppenführern vor Ort lag. Er erklärte vor dem Kongreßausschuß, daß seine Nachforschungen ihn bis zum Weißen Haus geführt hätten, doch dort wäre er nicht eingelassen worden.

Clausen sagte, die Erklärungen der Spitzenmilitärs hätten ihn davon überzeugt, daß es von seiten der Vereinigten Staaten »eine informelle Übereinkunft, aber kein bindendes Abkommen« gegeben habe, gegen Japan Krieg zu führen, falls Briten oder Holländer angegriffen würden.

»Das mag für Sie einen Sinn haben; für mich hat es keinen«, erklärte er vor dem Ausschuß. »Ich gab zu verstehen, daß die Nachforschungen in das Weiße Haus führten, aber mir wurde gesagt, daß es nicht in meinem Kompetenzbereich liege, dort Ermittlungen anzustellen.« Er erklärte, diese Auskunft hätte er von Colonel William J. Hughes, dem Assistenten des Obersten Kriegsrichters der Army, bekommen.[16]

Möglicherweise hatte Roosevelt nicht die Absicht, verfassungsmäßige Beschränkungen zu umgehen.[17] Aber sobald die Generalstabsvereinbarungen zu Papier gebracht worden waren, entwarfen Army und Navy ihre eigenen Kriegspläne für den Pazifik. Sie waren darauf zugeschnitten, die große Strategie gemeinsam mit Briten und Holländern umzusetzen. Der gemeinsame Operationsplan von Army und Navy, der die Kurzbezeichnung »Rainbow No. 5« trug, wurde von Stimson und Knox am gleichen Tag genehmigt, an dem sie den Bericht über die Washingtoner Stabsbesprechungen billigten, der den Kurztitel »ABC-1« trug.[18]

Auf der Basis von Rainbow 5 wurde am 25. Mai der grundlegende Kriegsplan der Navy mit der Bezeichnung »WPL-46« bekanntgemacht. Der Plan der Pazifikflotte zur Ergänzung des Grundplans der Navy wurde am 25. Juli verteilt und am 9. September vom Chef des Admiralstabs genehmigt. Er trug die Bezeichnung »WPPac-26«. Auch die Army entwarf einen Operationsplan zur Ergänzung von Rainbow 5. Dieser wurde am 19. August von Generalstabschef Marshall gebilligt.[19]

Die Ziele des gemeinsamen Planes von Army und Navy wurden von Admiral Turner, dem Chef der Operationsabteilung der Marine, mit folgenden Worten beschrieben:

»Der Plan erwog eine Großanstrengung von seiten der beiden wichtigsten verbündeten Mächte, zunächst gegen Deutschland. Im Marineministerium glaubte man an die Möglichkeit eines Krieges mit Japan, ohne Deutschland hineinzuziehen. Diese Frage wurde über längere Zeit hinweg ausführlich diskutiert, und es wurde beschlossen, daß die Vereinigten Staaten sich in einem solchen Falle möglichst *bemühen sollten, Deutschland in den Krieg gegen uns zu bringen, damit wir in der Lage wären, dem Vereinten Königreich in Europa nachhaltige Unterstützung zu gewähren.** Wir hielten es für unsere Pflicht, Deutschland zu schlagen, unsere Hauptanstrengungen zunächst gegen Deutschland zu richten, im Zentralpazifik nur eine begrenzte Offensive zu führen, und in Asien strikt defensiv zu bleiben.«[20]

Die Verlautbarungen anderer hochrangiger amerikanischer Offiziere waren im Hinblick auf die praktischen Auswirkungen der Generalstabsvereinbarungen ähnlich erhellend. Nach ihrer Meinung war das Widerstreben des amerikanischen Volkes, in einen Krieg hineingezogen zu werden, der eigentliche Grund, warum die Vereinbarungen im geheimen niedergelegt und warum sie vor dem Kongreß geheimgehalten wurden.

Gleichzeitig damit, daß der Sieg über Deutschland als vorrangiges militärisches Ziel Amerikas festgelegt wurde, wiesen Marshall und Stark in ihren Instruktionen an die amerikanischen Delegierten bei der Washingtoner Stabskonferenz darauf hin, daß das amerikanische Volk keinen Krieg wollte.[21]** Die gleiche Meinung wurde auch von Lieutenant Colonel George W. Bicknell geäußert, dem Assistenten von General Shorts G-2.*** In einer nachrichtendienstlichen Analyse vom 17. Oktober 1941 erklärte Bicknell, es gebe »kein bekanntes verbindliches Abkommen zwischen Briten und Amerikanern über ein gemeinsames militärisches Vorgehen gegen Japan«, weil »die amerikanische Öffentlichkeit noch nicht dazu bereit ist, ein derartiges Vorgehen zu unterstützen.«[22]

Als er Short befragte, bezog Senator Ferguson sich auf Bicknells Formulierung und fragte: »Was verstehen Sie unter einem ›verbindlichen Abkommen‹? Meinen Sie einen Vertrag?«

»Um nach meinem Verständnis verbindlich zu sein, sollte es vom Kongreß gebilligt sein«, antwortete Short. »Er könnte einfach jedes Abkommen gemeint haben, das vereinbart und vom Präsidenten gebilligt, aber nicht veröffentlicht wurde.«

»Wie verstehen Sie jenen Teil, in dem es heißt, daß ›die amerikanische Öf-

---

* Hervorhebung durch G.M.

** Der Prozentsatz der Amerikaner, der zwischen Oktober 1939 und Mai 1941 einen Kriegseintritt befürwortete, wird von Gallup-Umfragen wie folgt wiedergegeben:
Oktober 1939: 5 Prozent, 2. Juni 1940, 16 Prozent; 14. Juni 1940, 19 Prozent; 6. Juli 1940, 14 Prozent; 19. Juli 1940, 15 Prozent; Oktober 1940, 17 Prozent; Dezember 1940, 15 Prozent; 2. Februar 1941, 15 Prozent; März 1941, 17 Prozent; April 1941, 13 Prozent; Mai 1941, 19 Prozent.
Im Mai 1941 wurden die Washingtoner Vereinbarungen und der gemeinsame Kriegsplan von Army und Navy genehmigt.

*** G-2 ist beim amerikanischen Militär die Bezeichnung für das Nachrichtenwesen bzw. einen Nachrichtenoffizier

fentlichkeit noch nicht dazu bereit sei, ein derartiges Vorgehen zu unterstützen‹?«

»Ich glaube«, entgegnete Short, »daß die amerikanische Öffentlichkeit zu jener Zeit nicht gewillt war, die Ratifizierung eines Abkommens hinzunehmen, demzufolge wir in den Krieg ziehen sollten, um Niederländisch-Ostindien oder Singapur zu verteidigen.«[23]

Admiral Kimmel sagte aus, er sei über die amerikanischen Verpflichtungen gegenüber Briten und Holländern nicht besser informiert gewesen als General Short. Nach seiner Darstellung hatte er versucht herauszufinden, was die Vereinigten Staaten tun würden, wenn die Japaner nach Singapur, Thailand oder Borneo vorstoßen sollten. Aber die einzigen Informationen zu diesem Thema waren in einem Brief von Stark vom 25. November 1941 enthalten; darin wurden Berichte erwähnt, denenzufolge die Japaner aggressive Vorstöße im Südwestpazifik planten. »Ich will nicht das Pro und Contra erörtern, was die Vereinigten Staaten tun sollten«, schrieb Stark. »Ich will verdammt sein, wenn ich es wüßte.«[24]

Stark selbst machte vor dem Kongreßausschuß die Aussage, es sei »seine ehrliche Überzeugung gewesen, daß niemand die Antwort auf diese Frage gewußt habe«.[25] Auf Nachfrage von Senator Ferguson gab er zu, daß der Unterschied zwischen dem informellen Kriegsbündnis mit Großbritannien im Atlantik und einem ähnlichen Arrangement mit Briten und Holländern im Pazifik »nicht groß« gewesen sei. »Wir gingen damit nicht vor den Kongreß«, sagte er über beide. Er widersprach Ferguson auch nicht, als der Senator darauf hinwies, daß »wir im Atlantik in das, was Sie technisch einen Krieg nennen, eintraten, ohne den Kongreß zu fragen«.[26]

General Marshall wurde ein Memorandum gezeigt, in dem er und Stark am 27. November 1941 Roosevelt geraten hatten, »militärische Maßnahmen« zu ergreifen, falls japanische Streitkräfte ins westliche Thailand und südwärts durch den Golf von Siam vorstoßen sollten. »Glaubten Sie«, fragte Ferguson, »daß ein japanischer Vorstoß gegen britisches Territorium die Vereinigten Staaten unvermeidlich in einen Krieg hineinziehen würde?«

»Ja«, entgegnete Marshall.[27]

Marshall gab zu, daß die Armee in Ausführung ihrer Verpflichtungen aus dem Pakt von Singapur bereits vor dem 7. Dezember Landebahnen baute sowie Bomben, Benzin, Öl und anderes Material lagerte, und zwar in Port Moresby, Neuguinea; Darwin, Australien; Rabaul, Neubritannien; Balikapan, Borneo und Singapur.[28]

Sogar nach der Abfassung von ABC-1, Rainbow No. 5, WPL-46, WPPac-26 und dem Operationsplan der Army für den Pazifik wurden, fast bis zur letzten Stunde vor dem Angriff vom 7. Dezember, neue gemeinsame Kriegspläne mit den Briten ausgearbeitet und von Washington genehmigt. So benachrichtigte beispielsweise Stark am 11. November Admiral Hart, daß die vorangegangenen gemeinsamen Pläne als »tot« anzusehen seien. Hart wurde angewiesen, sich mit Admiral Tom S. V. Phillips zu beraten, der als Kommandeur der britischen Fernostflotte nach Singapur kam, um einen neuen gemeinsamen Marineoperationsplan auszuarbeiten.[29]

Hart berichtete später, daß er und Phillips nach einer geheimen Besprechung in Manila vereinbart hätten, den Hafen von Manila zu vergrößern, um ihn als Stützpunkt für britische Schiffseinheiten nutzen zu können. Philipps hatte das Schlachtschiff *Prince of Wales* und den Schlachtkreuzer *Repulse* mitgebracht – beide sollten am 8. Dezember im südchinesischen Meer durch einen japanischen Luftangriff versenkt werden – und Manila konnte so große Einheiten nicht aufnehmen. Hart schickte am 6. Dezember einen Bericht über die Vereinbarungen, und Stark billigte sie unmittelbar vor dem Angriff auf Pearl Harbor am folgenden Tag.

Obwohl Hart beauftragt war, gemeinsame Operationspläne für den Fernen Osten auszuarbeiten, kannte nicht einmal er das volle Ausmaß der Hilfe, die das Weiße Haus den Briten versprochen hatte. Am 7. Dezember, wenige Stunden vor dem Angriff auf Oahu, schickte Hart eine Mitteilung an Stark: »Erfahre aus Singapur, wir hätten den Briten bewaffneten Beistand in drei oder vier Fällen zugesichert. Habe von Ihnen bisher keine entsprechenden Instruktionen erhalten.«[30]

Vier Jahre später berichtete Hart dem Kongreßausschuß, er sei über diese Verpflichtungen durch Captain John Creighton, den amerikanischen Marineattaché in Singapur, informiert worden, der sie wiederum von Air Marshall Brooke-Popham erfahren habe. Hart erklärte, daß der Angriff auf Pearl Harbor dazwischengekommen sei, bevor er Aufklärung aus Washington erhalten habe.

Captain Creighton, der nach Hart vor dem Ausschuß auftrat, legte jene Meldung vor, die Brooke-Popham aus London erhalten hatte und in der die Bedingungen für die amerikanische Hilfe bekanntgemacht wurden. Sie lautete:

»Wir haben nun für folgende Fälle die Zusicherung amerikanischer bewaffneter Unterstützung erhalten:

A. Wir sind verpflichtet, unsere Pläne zur Verhinderung einer japanischen Landung auf dem Isthmus von Kra durchzuführen oder in Reaktion auf eine japanische Invasion in irgendeinem Teil von Siam aktiv zu werden.

B. Falls die Holländer angegriffen werden und wir ihnen zu Hilfe kommen.

C. Falls die Japaner uns, die Briten, angreifen, setzen Sie ohne Rückfrage in London den Plan in Kraft, wenn Sie, erstens, zuverlässige Informationen über vorrückende japanische Expeditionsstreitkräfte mit der offenkundigen Absicht einer Landung auf Kra haben; zweitens, die Japaner irgendeinen Teil

Thailands besetzen. Falls N.E.I. (Niederländisch-Ostindien) angegriffen wird, setzen Sie den zwischen Briten und Holländern vereinbarten Operationsplan in Kraft.«[31]

Laut diesen Bestimmungen war es nicht vorgesehen, daß amerikanische Hilfe von einem direkten japanischen Angriff auf eine amerikanische Besitzung abhängig sein sollte. Durch diese Bedingungen erhielten die britischen Kommandeure in Singapur praktisch eine Blankovollmacht, jederzeit amerikanische Streitkräfte in den Krieg hineinzuziehen, falls die Japaner gegen britische oder holländische Besitzungen oder gegen Siam vorstoßen sollten. Es ist nicht bekannt, welcher Vertreter der britischen Regierung Brooke-Popham diese Meldung zuschickte, aber es ist nicht anzunehmen, daß Großbritannien seinen Oberbefehlshaber für den gesamten Fernen Osten ohne eine entsprechende Vereinbarung über diese Bedingungen unterrichtet hätte.

Sobald die Vereinigten Staaten die Generalstabsvereinbarungen von Washington und Singapur unterzeichnet hatten, gingen Briten, Australier, Holländer und Chinesen davon aus, daß dieses Land nunmehr ein regelrechter Verbündeter sei, und sie erhöhten ihren Druck, um den formellen Kriegseintritt Amerikas zu beschleunigen. Außenminister Hull beschrieb ihre Einstellung in einem Memorandum über eine Konferenz, die am 24. November unter Teilnahme des britischen Botschafters, Lord Halifax, des australischen Gesandten, Richard G. Casey, des chinesischen Botschafters, Hu Shih, und des holländischen Gesandten, A. Louden, abgehalten wurde. Hull notierte:

»Sie schienen an die Vorteile zu denken, die sie erlangen könnten, ohne einen Gedanken daran zu verschwenden, was wir für sie bezahlen sollten. Ich bemerkte, daß ihre Regierungen allesamt mehr an der Verteidigung dieser Weltgegend (des Südwestpazifik) interessiert waren als es unser Land war, aber sie erwarteten von unserem Land im Fall einer japanischen Aggression die Bereitschaft, militärisch zu reagieren und bei der Verteidigung des gesamten Raumes die Führung zu übernehmen.«[32]

Senator Ferguson fragte Admiral Stark: »Ist nicht genau das geschehen, von dem Mr. Hull voraussagte, daß es geschehen würde – daß wir den gesamten Raum verteidigen mußten und daß der Krieg den gesamten Raum erfassen würde?«

»Wir hatten die Hauptrolle«, erwiderte Stark.[33]

Aus japanischen diplomatischen Meldungen war zu ersehen, daß ihnen Amerikas Rolle als Partner in einem pazifischen Kriegsbündnis mit Großbritannien, China und Holland nicht entgangen war. Zwei Meldungen, die Botschafter Nomura einen Monat vor Beginn der Feindseligkeiten aus Washington schickte, zeigen, daß die Japaner Verdacht geschöpft oder sonst irgendwie von diesem militärischen Programm erfahren hatten. Am 10. November meldete Nomura nach Tokio:

»1. Ich habe (Frederick) Moore (Rechtsberater der japanischen Botschaft) geschickt, um sich mit Senator (Elbert D.) Thomas (aus Utah) vom Senatsausschuß für militärische Angelegenheiten und Hull in Verbindung zu setzen. Sein Bericht lautet wie folgt:

›Die Vereinigten Staaten bluffen nicht. Wenn Japan wieder andere Länder überfällt, werden die Vereinigten Staaten gegen Japan Krieg führen. Psychologisch ist das amerikanische Volk darauf vorbereitet. Die Navy ist vorbereitet und klar zum Gefecht.‹

2. Gestern abend, am Sonntag, sagte ein bestimmtes Kabinettsmitglied ohne alle Spitzfindigkeiten zu mir: ›Sie sind in der Tat ein guter Freund und ich erzähle dies nur Ihnen.‹ Dann fuhr er fort: ›Die amerikanische Regierung erhält gerade eine Reihe glaubwürdiger Berichte, die besagen, daß Japan bald marschieren wird. Die amerikanische Regierung glaubt nicht, daß Ihr Besuch beim Präsidenten am nächsten Montag oder das Kommen von Mr. Kurusu an der allgemeinen Situation irgend etwas ändern wird.‹

Ich bemühte mich, im Detail zu erläutern, wie ungeduldig die Japaner seit der Einfrierung ihrer Guthaben wären; wie besorgt sie um eine rasche Verständigung seien; wie weder die Regierung noch das Volk einen japanisch-amerikanischen Krieg wollten; und wie wir bis zuletzt auf den Frieden hofften.

Er antwortete jedoch: ›Nun, unser Boß, der Präsident, glaubt diesen Berichten, und der Außenminister tut es auch‹.«[34]

Am 3. Dezember meldete Nomura nach Tokio:

»Alle Anzeichen deuten nach unserer Meinung darauf hin, daß es im Falle einer Besetzung Thailands definitiv zu einem gemeinsamen militärischen Vorgehen Großbritanniens und der Vereinigten Staaten, mit oder ohne Kriegserklärung, kommen wird.«[35]

Andere japanische diplomatische Meldungen zeigten, daß die Japaner Mr. Roosevelts Rolle als Beschützer Großbritanniens, Hollands und Chinas richtig einschätzten. Am 24. November bezeichnete eine Meldung Tokios an Washington den amerikanischen Präsidenten »als Sprecher Chiang Kaisheks«.[36]

Die amerikanische Besetzung zum Schutze Niederländisch-Guayanas erweckte japanische Befürchtungen, daß Roosevelt ein ähnliches Vorgehen in Niederländisch-Ostindien in Betracht ziehen könnte. Am 27. November brachte Nomura gegenüber Tokio seine Überzeugung zum Ausdruck, daß »abhängig von der Atmosphäre, die zum Zeitpunkt des Abbruchs der japanisch-amerikanischen Verhandlungen herrscht, Großbritannien und die Vereinigten Staaten Niederländisch-Ostindien besetzen könnten«.[37]

Außenminister Togo zog am 6. Dezember einen sardonischen Vergleich zwischen der Besetzung von Niederländisch-Guayana durch Amerika und Japans Verhalten in Indochina.

»Aufgrund eines gemeinsamen Abkommens«, erklärte er, »marschierten wir mit dem Ziel einer gemeinsamen Verteidigung im Süden Französisch-Indochinas ein. Wir hatten uns kaum eingerichtet, als das gute, unbekümmerte Amerika daherkam und sich Niederländisch-Guayana aneignete. Wenn es aufgrund seiner eigenen Interessen irgendeines der amerikanischen Länder braucht, dann nimmt es sie sich einfach, getarnt unter dem Deckmantel der gemeinsamen Verteidigung – wie es gerade bewiesen hat.«[38]

Nachdem der Angriff auf Pearl Harbor den amerikanischen Kriegseintritt herbeigeführt hatte, bekräftigte Premierminister Churchill in zwei Reden, daß er immer versucht hatte, die Vereinigten Staaten in einen eventuellen Konflikt mit Japan hineinzuziehen. In dieser Absicht sei er von Roosevelt eifrig unterstützt worden. Seine Ausführungen zeigen, daß sowohl Roosevelt als auch er selbst die Generalstabsvereinbarungen als verbindlich betrachteten, und daß der Präsident ihre Wirksamkeit durch zusätzliche persönliche Versprechungen unterstrichen hatte.

In einer Rede vor dem Unterhaus erklärte Churchill am 27. Januar 1942:

»Es war die Politik des Kabinetts, einen Streit mit Japan um beinahe jeden Preis zu vermeiden, bis wir sicher waren, daß auch die Vereinigten Staaten darin verwickelt sein würden ... Aber nachdem einige Zeit vergangen war, waren die mächtigen Vereinigten Staaten unter Führung von Präsident Roosevelt aus eigenem Interesse, aber auch aus ritterlicher Achtung für die Sache der Freiheit und der Demokratie, noch näher an die Grenzen des Konflikts herangerückt. Und als der Schlag schließlich fiel, fiel er nicht auf uns allein ...

Ich habe dargelegt, mit welchem Feingefühl wir vorgingen, wie quälend es zeitweise war, und wie sehr ich immer darauf bedacht war, daß wir diesem Ansturm nicht allein ausgesetzt wären, dem zu widerstehen wir nicht in der Lage waren ...

Auf der Atlantikkonferenz habe ich diese Frage mit Mr. Roosevelt besprochen. Seitdem ist es fast sicher, daß die Vereinigten Staaten, auch wenn sie nicht selbst angegriffen werden, in den Krieg im Fernen Osten eintreten. Damit wäre der Endsieg gesichert, und einige unserer Befürchtungen waren scheinbar beruhigt. Diese Erwartungen wurden durch die Ereignisse nicht enttäuscht ... Im Lauf der Zeit wuchs die Gewißheit, daß wir nicht allein kämpfen müßten, falls Japan im Pazifik Amok laufen sollte. Es muß auch daran erinnert werden, daß die große Macht der amerikanischen Flotte, die in Hawaii zusammengefaßt war, über dem gesamten Pazifik schwebte. Es schien sehr unwahrscheinlich, daß Japan eine Invasion der weit entfernten Malaiischen Halbinsel, die Erstürmung Singapurs oder den Angriff auf Niederländisch-Ostindien wagen würde, solange diese große amerikanische Flotte in seinem Rücken stand.«[39]

Am 15. Februar 1942 verkündete Mr. Churchill im Rundfunk triumphierend:

»Wenn ich auf die Macht der Vereinigten Staaten und ihre unermeßlichen Ressourcen blicke, und spüre, daß sie nun zusammen mit uns vorgehen, zusammen mit dem British Commonwealth of Nations, dann kann ich, wie lange es auch dauern mag, bis zum Sieg oder zum Tod, nicht glauben, daß es irgendeine andere Macht auf der Welt gibt, die damit vergleichbar wäre. Das ist es, wovon ich geträumt habe, wofür ich gearbeitet habe, und nun ist es Wirklichkeit geworden.«[40]

Die ehrlichste Bewertung der Politik Roosevelts lieferte Captain Oliver Lyttelton, britischer Minister für Produktion im Kabinett Churchill. Am 20. Juni 1944 erklärte er in einer Rede vor der amerikanischen Handelskammer:

»Amerika provozierte Japan in einem derartigen Ausmaß, daß die Japaner gezwungen waren, Pearl Harbor anzugreifen. Es ist eine Travestie der Geschichte zu sagen, daß dieser Krieg Amerika aufgezwungen wurde.«[41]

Später entschuldigte er sich dafür, die peinliche Wahrheit ausgesprochen zu haben, daß nämlich der Wille zum Krieg von unserer Seite des Ozeans ausgegangen war – vom Weißen Haus.

KAPITEL 9

Begegnung auf See

Seit Februar 1941 bedrängte Premierminister Churchill Mr. Roosevelt, sich führend an der Abschreckung Japans von einer Besetzung britischer Kolonien im Fernen Osten zu beteiligen. Damals flehte er den Präsidenten an, »in Japan die Furcht zu schüren«, daß jeder japanische Vorstoß auf Singapur Krieg mit den Vereinigten Staaten bedeuten würde.[1] Auf der Atlantikkonferenz im August legte er erneut Vorschläge vor, nach denen Roosevelt den Japanern den Fehdehandschuh hinwerfen sollte. Obwohl Großbritannien in Ostasien so schwach war, daß Churchill nur ein Jahr zuvor gezwungen gewesen war, die Burmastraße zu schließen um Japan zu beschwichtigen, bezeichnete der Premierminister den vorgeschlagenen Kurs euphemistisch als »paralleles Vorgehen« der beiden Staaten.

Mehr als vier Jahre nach der Atlantikkonferenz erzählte Sumner Welles dem Kongreßausschuß zur Untersuchung von Pearl Harbor die detaillierte Geschichte dieser Begegnung. Welles' Notizen über die Gespräche der beiden Politiker am 10. und 11. August stellen den vollständigsten Bericht aus erster Hand über dieses Treffen dar, der bisher veröffentlicht wurde.[2] Welles behandelte ausführlich die sogenannte »parallele Erklärung«, die von den Vereinigten Staaten, Großbritannien und Holland abgegeben werden sollte, um Japan vor weiteren Aggressionen im Fernen Osten zu warnen.

Am Sonntag, dem 10. August, so Welles, begleitete er Roosevelt zu einer Besprechung an Bord des Schlachtschiffes *Prince of Wales.*

»Sir Alexander Cadogan (britischer Staatssekretär für auswärtige Angelegenheiten) erklärte mir vor dem Mittagessen, daß er in Übereinstimmung mit dem Gespräch, das gestern abend bei einem Diner zwischen dem Präsidenten, dem Premierminister, Sir Alexander und mir stattgefunden hat, zwei vorläufige Entwürfe für eine parallele und gleichzeitige Erklärung der amerikanischen und der britischen Regierung die japanische Politik betreffend gemacht habe. Der zweite Entwurf enthält eine vorgesehene gemeinsame Erklärung, die der Präsident und der Premierminister nach Beendigung des gegenwärtigen Treffens abgeben sollten.«

Der Entwurf für die »parallele Erklärung« lautete wie folgt:

»Erklärung der Regierung der Vereinigten Staaten:
1. Jedes weitere Vordringen Japans im Südwestpazifik würde eine Situa-

tion herbeiführen, in der die Regierung der Vereinigten Staaten genötigt wäre, Gegenmaßnahmen zu ergreifen, auch wenn diese zu einem Krieg zwischen den Vereinigten Staaten und Japan führen sollten.

2. Falls infolge dieser Gegenmaßnahmen oder ihrer Unterstützung eine dritte Macht das Ziel einer japanischen Aggression werden sollte, wird der Präsident den Kongreß um Erteilung der Vollmacht ersuchen, dieser Macht Hilfe zu leisten.«

Großbritannien und die Niederlande sollten stellvertretend für die Vereinigten Staaten und den Präsidenten gleichlautende Erklärungen abgeben, die die Namen jener Nationen und geeignete Hinweise für ihre Regierungen enthalten sollten. Eine Notiz am unteren Rand des Dokuments lautete: »Halten Sie die Sowjetregierung auf dem laufenden. Es ist zu überlegen, ob sie dazu gedrängt werden sollte, eine gleichlautende Erklärung abzugeben.« Welles' Memorandum fährt fort:

»Als ich das Schiff verließ, um den Präsidenten zurück auf sein Flaggschiff zu begleiten, sprach Mr. Churchill noch mit mir. Er sagte, daß eine Erklärung von der Art, wie er sie im Hinblick auf Japan entworfen hatte, von größter Wichtigkeit sei. Er habe keine großen Hoffnungen, wenn nicht die Vereinigten Staaten eine eindeutige Erklärung abgeben würden, um Japan von einer weiteren Expansion in Richtung Süden abzuhalten. Wenn die Japaner dies täten, sei ein Krieg zwischen ihnen und Großbritannien nicht mehr zu verhindern.

Er betonte auf das nachdrücklichste, daß Japan im Kriegsfall aufgrund seiner großen Zahl von Kreuzern sofort in der Lage wäre, die gesamte britische Handelsschiffahrt im Indischen Ozean und im Pazifik aufzubringen oder zu vernichten. Damit würde es die Lebensadern zwischen den britischen Dominions und den Britischen Inseln durchschneiden, es sei denn, die Vereinigten Staaten würden in den Krieg eintreten. Er setzte sich mir gegenüber dafür ein, daß eine Erklärung in diesem Sinne, an der sich die Vereinigten Staaten, Großbritannien, die Dominions, die Niederlande und möglichst die Sowjetunion beteiligten, Japan zweifellos im Zaum halten würde. Geschähe dies nicht, dann wäre der Schlag für die britische Regierung nahezu tödlich.«

Am folgenden Tag wurde Churchill von Roosevelt an Bord des Kreuzers *Augusta* empfangen. Churchill brachte wieder das Thema der parallelen Erklärung zur Sprache. Welles notierte:

»Dann sagte der Premierminister, daß er über die Situation im Fernen Osten zu sprechen wünsche. Er hatte den Entwurf eines Memorandums dabei, von dem er dem Präsidenten bereits eine Kopie gegeben hatte. Darin wurde der Vorschlag gemacht, die Regierung der Vereinigten Staaten, Großbritanniens und Hollands sollten gleichzeitig eine Warnung an Japan herausgeben. Es sollte klargestellt werden, daß eine weitere militärische Expansion Japans im Südpazifik zur Ergreifung von Gegenmaßnahmen durch die genannten Länder führen werde, auch wenn diese Gegenmaßnahmen Kriegshandlungen zwischen ihnen und Japan nach sich ziehen sollten. Außerdem sollten die Vereinigten Staaten erklären, daß der Präsident im Kongreß um die Vollmacht bitten würde, Großbritannien und Holland zu unterstützen, wenn Großbritannien Niederländisch-Ostindien nach einem japanischen Angriff auf dieses zu Hilfe käme.«

Danach wurden die Vorschläge erörtert, die Botschafter Nomura im Auftrag der japanischen Regierung vorgelegt hatte und die laut Churchill »alle völlig unannehmbar waren«. Roosevelt erklärte, er werde Hull über Funk bitten, Nomura zu informieren, daß er am kommenden Samstag oder Sonntag nach Washington zurückkehren werde und den japanischen Botschafter unmittelbar nach seiner Rückkehr zu sehen wünsche.

Der Präsident wollte, so Welles, Nomura in diesem Gespräch darüber informieren, daß »die Vereinigten Staaten in freundschaftlichem Geiste versuchen würden, die Möglichkeiten auszuloten, die in den verschiedenen Vorschlägen Japans für eine freundschaftliche Verständigung zwischen den beiden Regierungen enthalten seien« – wenn die Japaner sich verpflichteten, den Südwestpazifik nicht anzurühren und ihre Truppen aus Indochina zurückzuziehen. Roosevelt würde den japanischen Vorschlägen jedoch nicht unter Tokios Bedingungen zustimmen: Für die von Japan eingegangene Verpflichtung sollten die Vereinigten Staaten die wirtschaftlichen und finanziellen Sanktionen aufheben, sie dürften im Südwestpazifik keine weiteren militärischen Maßnahmen gemeinsam mit Briten und Holländern ergreifen, und sie sollten »für die Einleitung direkter Verhandlungen zwischen der japanischen Regierung und dem Regime Chiang Kaisheks zum Zwecke einer raschen Beilegung des China-Zwischenfalls ihre guten Dienste zur Verfügung stellen«.

Welles fuhr fort:

»Wenn Japan dennoch weitere Schritte in Richtung militärische Expansion unternehmen sollte, so der Präsident, müsse die japanische Regierung wissen, daß die Vereinigten Staaten dann seiner Meinung nach verschiedene Schritte einleiten sollten, obwohl es dem Präsidenten durchaus bewußt war, daß solche Schritte zum Krieg zwischen den Vereinigten Staaten und Japan führen könnten.«

Churchill, so berichtet Welles, »erklärte sofort, daß die vorgeschlagene Vorgehensweise der Situation höchst angemessen sei. Er sagte, sie erlaube es den Japanern, ›das Gesicht zu wahren‹. Gleichzeitig würden sie von den Vereinigten Staaten direkt vor den Konsequenzen gewarnt, die eine Fortsetzung ihres gegenwärtigen Kurses mit sich bringen würde.«

Churchills Befriedigung war verständlich. Roosevelts Standpunkt war, daß Japan China räumen und die Unverletzlichkeit der britischen und holländischen Kolonien garantieren mußte, während es im Gegenzug nur ein Versprechen erhalten würde, daß die Vereinigten Staaten weiterhin die Möglichkeiten für eine Verständigung »ausloten würden«. Derartige Bedingungen waren für Japan zweifellos unannehmbar. Also hieß die eigentliche Botschaft Washingtons: Wenn die Japaner gegen britisches oder holländisches Territorium vorrückten, würden sie Krieg mit den Vereinigten Staaten bekommen.

Die Diskussion drehte sich anschließend darum, ob die Drohung mit einem amerikanischen Eingreifen auf alle aggressiven Schritte Japans gegen Rußland ausgedehnt werden sollte. Welles wies darauf hin,

»es ginge eigentlich um die Tatsache, daß die Fortsetzung von Japans gegenwärtiger Politik gewaltsamer Eroberungen im gesamten pazifischen Raum unabhängig davon sei, ob diese Politik gegen China, die Sowjetunion, die britischen Dominions und Kolonien, oder die niederländischen Kolonien im südpazifischen Raum gerichtet sei. Ich bemerkte, es erscheine mir vorteilhafter, die Erklärung des Präsidenten an die japanische Regierung auf Fragen der allgemeinen Politik zu gründen, als sie nur von den Bewegungen der Japaner im Südwestpazifik abhängig zu machen«.

Der Präsident war mit dieser umfassenden Erweiterung der Warnung einverstanden.

Roosevelt forderte den Rückzug der japanischen Truppen aus Indochina und schlug vor, dieses Land und Thailand durch ein allgemeines Abkommen, an dem sich auch Japan beteiligen sollte, zu neutralisieren. Er bemerkte, Japan werde diesem Vorschlag bereitwilliger zustimmen, wenn er glaubhaft versichern könnte, daß Großbritannien »keinerlei aggressive Absichten« gegenüber Thailand verfolge. Welles empfahl den Zusatz, »die britische Regierung habe die Regierung der Vereinigten Staaten unterrichtet, daß sie die Vorschläge des Präsidenten für die Neutralisierung Indochinas und Thailands rückhaltlos unterstütze«. Churchill billigte diese Erklärung, mit deren Hilfe Roosevelt es unternahm, die diplomatischen Geschäfte Großbritanniens zu besorgen.

»Der Präsident vertrat die Meinung«, so Welles, »daß durch die Annahme dieses Kurses jede weitere Aggression Japans, die zum Krieg führen könnte, für wenigstens 30 Tage aufgehalten werde.« Churchill erklärte, dieses Vorgehen biete eine »vernünftige Chance«, die japanische Politik zu mäßigen.

Die 30-Tage-Schätzung steht im Widerspruch zu den Angaben von Lindley und Davis. Sie berichten, daß Roosevelt Churchills heftigen Wunsch ausschlug, sofort einen Showdown mit Japan herbeizuführen. Er fragte: »Würden wir in drei Monaten nicht besser dastehen?« Churchill stimmte zu, aber er bezweifelte, daß sie noch so viel Zeit hatten. Darauf soll Roosevelt geantwortet haben: »Überlassen Sie das mir. Ich denke, ich kann sie (die Japaner) für drei Monate hinhalten.«[3]

Ob es ein Monat war oder drei, beide Schätzungen sind ein Beweis für die Überzeugung des Präsidenten, daß der Krieg unvermeidlich war. Nachdem er diesen Standpunkt einmal eingenommen hatte, ist es schwer festzustellen, welche Bedeutung den Verhandlungen für eine friedliche Lösung beigemessen wurde, die von Hull und Nomura in Washington noch vier Monate weitergeführt wurden. Die Entscheidungen, die Roosevelt und Churchill während ihrer Begegnung auf See getroffen hatten, schlossen eine konstruktive Lösung der Probleme zwischen den Vereinigten Staaten und Japan praktisch aus.

Schließlich überlegten die Konferenzteilnehmer, wieviel von ihren Beschlüssen an die Chinesen weitergegeben werden sollte. Welles berichtet:

»Ich war grundsätzlich dafür, daß China möglichst über alles informiert werden sollte, was von Großbritannien und den Vereinigten Staaten in seinem Interesse getan wurde. In dieser Angelegenheit befürchte ich aber, wenn wir China mitteilten, daß die Regierung von Chungking die erhaltenen Informationen für ihre eigenen Interessen benutzen könnte.

Wenn diese Verhandlungen an die Öffentlichkeit gelangten, befürchtete ich, daß das extrem militaristische Element in Tokio und jener Teil der Tokioter Presse, der von Deutschland kontrolliert wird, daraus sofort ihren Nutzen ziehen würden. Sie konnten die Gemüter in Japan derart erregen, daß jede Möglichkeit zunichte gemacht würde durch Verhandlungen mit Japan zu irgendeinem befriedigenden Ergebnis zu gelangen (was ohnehin unwahrscheinlich war).«

Cadogan, berichtet Welles, »stimmte mit mir völlig überein. Er sagte, ich hätte natürlich erkannt, wie schrecklich hartnäckig die Chinesen seien. Ihr gegenwärtiger Botschafter in London, Dr. Wellington Koo, würde ihn bald Tag für Tag ausfragen, um zu erfahren, was bei dem Treffen zwischen dem Premierminister und dem Präsidenten über China besprochen worden sei. Seiner Meinung nach sollte nur allgemein bekanntgegeben werden, daß alle Schritte unternommen werden sollten, die zum gegenwärtigen Zeitpunkt für die Verteidigung Chinas praktikabel seien. Ansonsten sollte man es vermeiden, in Details zu gehen.«

Dementsprechend wurden die Chinesen über das, was sich auf der Atlantikkonferenz abgespielt hatte, genausowenig informiert wie die amerikanische Öffentlichkeit.

Nachdem das Thema Japan zu seiner Zufriedenheit abgehandelt worden war, brachte Churchill Roosevelt dazu, eine Bestätigung des anglo-amerikanischen Bündnisses im Atlantik abzufassen, die man Hitler vor die Nase halten konnte. Roosevelt stimmte zu, ohne Schwierigkeiten zu machen. Das Resultat war die Atlantik-Charta.[4]

Nach seiner Rückkehr nach Washington am 17. August ließ Roosevelt Admiral Nomura ins Weiße Haus kommen und las ihm eine Erklärung vor, die einem Ultimatum gleichkam. Nachdem er einen Überblick über das japanische Vordringen in Indochina gegeben und Japan beschuldigt hatte, »seine militärischen Aktivitäten unter dem Einsatz von Streitkräften an verschiedenen Punkten im Fernen Osten fortgesetzt zu haben«, erklärte der Präsident:

»Aus diesem Grund hält es diese Regierung für notwendig, der Regierung Japans nun mitzuteilen, daß die Regierung der Vereinigten Staaten genötigt sein wird, sofort alle nötigen Schritte zu unternehmen, um die legitimen Rechte und Informationen der Vereinigten Staaten und der amerikanischen Staatsbürger zu schützen und den Schutz und die Sicherheit der Vereinigten Staaten zu garantieren, wenn die japanische Regierung in Verfolgung einer Politik oder eines Programms der militärischen Vorherrschaft weitere Gewalt gegen benachbarte Länder ausübt oder eine Gewaltausübung androht.«[5]

Die mündlich vorgetragene Warnung des Präsidenten an Nomura folgte dem Entwurf Churchills nur bis zum Beginn des Satzteils »gezwungen, Gegenmaßnahmen zu ergreifen, auch wenn diese zum Krieg führen sollten«. Welles bemerkte, daß Roosevelts Korrekturen die ursprüngliche Erklärung »verwässert« hätten.

»Aber die beiden Dokumente bedeuteten gemäß dem diplomatischen Sprachgebrauch die gleiche Sache?« fragte Senator Ferguson. »Das ist richtig«, entgegnete Welles.[6*]

Obwohl er am 21. August vor dem Kongreß über sein Treffen auf See sprach, gab Roosevelt weder das Abkommen über gemeinsame Aktionen bekannt, noch sein Ultimatum an Japan. Nur Churchill wurde durch den Präsidenten unterrichtet. Einen Tag nachdem er Nomura seine Erklärung verlesen hatte, benachrichtigte er den Premierminister, daß er den japanischen Botschafter vor weiteren Vorstößen Japans im Pazifik gewarnt habe. »Ich las ihm eine Erklärung vor«, so Roosevelt, »die die Position dieser Regierung bezüglich weiterer Schritte Japans in Richtung einer militärischen Gewaltherrschaft beinhaltete ... Die ihm vorgetragene Erklärung war genauso energisch und prinzipiell gleichlautend mit der Erklärung, die wir diskutiert haben.«[7]

Laut dem Abkommen über parallele Aktionen waren auch Churchill und die Holländer verpflichtet, Japan solche Ultimaten zu stellen. Sie schienen aber damit zufrieden zu sein, die Drohungen an Japan den Vereinigten Staa-

---

* Über die Wirkung dieser Warnung hieß es im Minderheitsbericht des Gemischten Kongreßausschusses: »In seiner Erklärung an den japanischen Botschafter vom Sonntag, dem 17. August, die unmittelbar nach seiner Rückkehr von der Atlantikkonferenz erfolgte, warnte Präsident Roosevelt Japan vor weiteren Versuchen, ›benachbarte Länder‹ zu beherrschen, womit nicht nur die Besitzungen der Vereinigten Staaten gemeint waren. Er gebrauchte dabei eine diplomatische Sprache, welche nach alter Gepflogenheit nur die Bedeutung haben konnte, daß solche weiteren Versuche einen Konflikt mit den Vereinigten Staaten zur Folge haben würden.« (Min., S. 15)

ten zu überlassen; jedenfalls ist über gleichartige Erklärungen ihrerseits nichts bekannt. Allerdings näherte sich Churchill in seiner Rundfunkansprache vom 24. August, in der er über die Atlantikkonferenz berichtete, einer parallelen Erklärung an. Nachdem er einen Überblick über Japans militärische Abenteuer gegeben und die potentielle Bedrohung Singapurs, Siams und der Philippinen durch Japan erörtert hatte, sagte er: »Diese Dinge müssen aufhören. Es wird jede Anstrengung gemacht werden, um eine friedliche Regelung sicherzustellen ... Aber eins muß ich sagen: Wenn diese Hoffnungen enttäuscht werden sollten, werden wir uns selbstverständlich ohne zu zögern auf die Seite der Vereinigten Staaten stellen.«[8]

Am 10. November griff Churchill dieses Thema nochmals auf und erklärte: »Ich muß darauf hinweisen: wenn die Vereinigten Staaten in einen Krieg mit Japan verwickelt werden sollten, wird die britische Kriegserklärung innerhalb einer Stunde erfolgen.«[9]

In Tokio war Botschafter Grew hocherfreut. »Es tut einem von Herzen gut«, bemerkte er, »eine so vorbehaltslose Erklärung des Premierministers zu hören, die nichts der Interpretation überläßt.«[10]

Der einzige Hinweis darauf, daß Churchill bei der Durchführung paralleler Aktionen gegen Japan über seine öffentlichen Reden hinausgegangen ist, enthält ein Memorandum, das Dr. Stanley Hornbeck am 27. November 1941 verfaßt hat.[11] Hornbeck sah auf die Beziehungen Amerikas zu Japan zurück und schrieb: »Im August 1941 war die Situation definitiv bedrohlich geworden. Gegen Ende dieses Monats erteilten die britische und die amerikanische Regierung Japan eine scharfe Warnung vor einer weiteren Fortsetzung seines Aggressionskurses.«

Der Vorsitzende des Untersuchungsausschusses, Senator Barkley, bemerkte: »Wenn ein Protest oder eine Vorhaltung dieser Art von seiten Großbritanniens erfolgt wäre, dann könnte man aus diesem Dokument den tatsächlichen Inhalt ersehen.« Daraufhin erinnerte ihn Senator Ferguson: »Herr Vorsitzender, britische Papiere sind zweifellos nicht Gegenstand unserer Untersuchung.«[12]

Daß Roosevelts Warnung vom 17. August die Wirkung eines Ultimatums hatte, wird von Welles, Captain Schuirmann, dem Verbindungsoffizier der Navy für diplomatische Angelegenheiten und von den Japanern selbst bestätigt.

Senator Ferguson las Welles einen Pressebericht aus Tokio vor, datiert vom 13. August, also während sich Roosevelt und Churchill auf dem Atlantik trafen. Darin wurde festgestellt, japanische politische Quellen seien der Meinung, daß Amerika Japan »Zug um Zug« entgegentreten werde, und die Japaner »hätten keinen Zweifel daran, welches der nächste Zug sein würde«.

»Deutet dies nicht darauf hin, daß parallele Aktionen durchgeführt wurden?« fragte Ferguson.

»Diese wären die Konsequenz aus der Atlantik-Charta«, erwiderte Welles.

»Verpflichtete die von Churchill und Roosevelt auf der Atlantikkonferenz abgegebene parallele Erklärung uns nicht dazu, im Krieg ›die Führung zu übernehmen‹?«

»Sie faßte einen Konflikt ins Auge«, gab Welles zu. »Ich verstand dieses Dokument dahingehend, daß die Vereinigten Staaten bei einer Fortsetzung der japanischen Aggressionen verpflichtet sein würden, die notwendigen Schritte zu unternehmen, was auch militärische Aktionen einschließen würde.«[13]

Captain Schuirmann charakterisierte die Erklärung, die Präsident Roosevelt bei einem Treffen mit General Marshall, Admiral Stark und anderen hohen Offizieren abgab, als »ein Ultimatum an Japan, demzufolge es für die Vereinigten Staaten notwendig sei, im Falle weiterer japanischer Aggressionen zu handeln«.[14]

Die Japaner sahen das genauso. Am 28. November warnte Admiral Nomura Tokio:

»Die kaiserliche Regierung muß natürlich in Erwägung ziehen, was Großbritannien, Australien, die Niederlande und China, angestachelt von den Vereinigten Staaten, im Falle eines Vordringens der kaiserlichen Streitkräfte nach Thailand tun werden. Sogar für den Fall, daß es zu keinem bewaffneten Zwischenfall mit britischen Kräften kommen sollte, sagte Präsident Roosevelt in seiner mündlichen Erklärung vom 17. voraus, daß sofort entsprechende Maßnahmen eingeleitet würden, falls Japan in irgendeiner Weise über Indochina hinaus vordringen sollte.«[15]

Die Erklärung des Präsidenten war weder das erste Ultimatum, das die Amerikaner an Japan richteten, noch sollte es das letzte sein.

Das erste stammt vom Rechtsberater der amerikanischen Botschaft in Tokio, Eugene Dooman, der am 14. Februar dem japanischen Vizeaußenminister Chuichi Ohashi erklärt hatte:

»Solange Kriegsmaterial nach Großbritannien strömt, kann dem amerikanischen Volk eine Unterbrechung der Verbindungen zwischen Großbritannien, den britischen Dominions und den überseeischen Kolonien nicht gleichgültig sein. Falls daher Japan oder eine andere Nation die Sicherheit dieser Verbindungen beeinträchtigen sollte, sei es durch direkte Maßnahmen oder indem sie eine Position bezieht, von der aus sie diese Verbindungen bedroht, so muß sie damit rechnen, mit den Vereinigten Staaten in Konflikt zu geraten.«[16]

Botschafter Grew sagte, er habe diese Erklärung gutgeheißen.[17] Vor dem Kongreßausschuß erklärte er, in Japan sei der Eindruck entstanden, daß die

Vereinigten Staaten »isolationistisch, pazifistisch und zu gespalten seien, um einen Krieg zu führen«.

Die kontrollierte japanische Presse spielte Anti-Kriegs-Reden und Streiks in den Vereinigten Staaten hoch. »Dooman war während des Präsidentschaftswahlkampfes von 1940 in den Vereinigten Staaten«, bemerkte der Kongreßabgeordnete Keefe aus Wisconsin. »Wurden seine Reden in Japan hochgespielt?« – »Ich kann mich nicht daran erinnern«, entgegnete Grew.

»Nun«, sagte Keefe, »während dieser Wahlkampagne wurden eine Menge Reden von Nichtisolationisten, darunter auch dem Präsidenten selbst, gehalten, die darauf hindeuteten, daß wir nicht in einem fremden Krieg kämpfen wollten.«[18]

Eine zweite Warnung erhielt Japan von Admiral Turner, dem Chef der Operationsabteilung der Navy. Bei einem Treffen mit Botschafter Nomura im Juli 1941 erklärte Turner, er denke, »der Kongreß werde den Krieg erklären«, falls Japan die Holländer in Ostindien oder die Briten in Malaya angreifen sollte. Der Admiral erklärte, sein Bericht über dieses Gespräch sei an Roosevelt weitergeleitet worden.[19]

Welles' Erklärung vor Nomura vom 23. Juli, derzufolge durch die japanische Besetzung Indochinas die Basis für ein »friedliches« Übereinkommen mit den Vereinigten Staaten entzogen worden sei, hatte zu verstehen gegeben, daß die einzig verbleibende Alternative eine gewaltsame Lösung war.[20]

Es fällt auf, daß all diese Erklärungen Japan einen Krieg mit den Vereinigten Staaten in Aussicht stellten, falls Japan Gebiete angriff, die den Vereinigten Staaten gar nicht gehörten. Dooman drohte mit Krieg zugunsten Großbritanniens, seiner Dominions und seiner Kolonien. Welles schloß die Aussicht auf ein friedliches Übereinkommen aus, weil Japan Indochina besetzt hatte, das sich damals im Besitz von Vichy-Frankreich befand. Roosevelt dachte an die Lebensadern des Britischen Empire, als er seine allumfassende Warnung erteilte. Und wie wir sehen werden, wurde Außenminister Hull von der Hartnäckigkeit der Chinesen angetrieben, als er seinen eigenen Plan zur Bewahrung des Friedens aufgab und Japan Bedingungen stellte, die den Angriff auf Pearl Harbor und damit den Krieg auslösten.

In diesem seltsamen Klima, in dem die Vereinigten Staaten Außenpolitik in jedermanns Interesse betrieben, liefen die diplomatischen Verhandlungen in der Hoffnung weiter, einen Krieg zwischen den Vereinigten Staaten und Japan abwenden zu können.

KAPITEL 10

Der Letzte der japanischen Gemäßigten

Während die Kriegsvorbereitungen abgeschlossen waren und der Krieg im Atlantik zur Realität geworden war, liefen in Washington diplomatische Verhandlungen, die den Frieden im Pazifik bewahren sollten. Etwa zwei Monate vor dem Angriff auf Pearl Harbor hatte Botschafter Grew in einem Anfall von Optimismus eine Beschreibung der Aufgaben der Diplomatie gegeben. Nach einem Überblick über Amerikas Differenzen mit Japan schrieb er:

»Angesichts dieser Schwierigkeiten und der hochkomplizierten Problematik wollen wir nicht vergessen, daß die Diplomatie eigentlich unsere erste nationale Verteidigungslinie ist, während unsere Navy die zweite und unsere Army, so wollen wir hoffen, erst die dritte Linie darstellen. Wenn die erste Linie, die Diplomatie, Erfolg hat, brauchen jene anderen Linien niemals zum Einsatz kommen, obschon diese erste Linie durch das bloße Vorhandensein jener anderen Linien, den Reserven hinter der Front, ganz entschieden gestärkt wird. Es ist die erste Linie, die Diplomatie, die die Verantwortung dafür trägt, daß es niemals notwendig sein wird, jene Reserven einzusetzen. In diesem Licht sehe ich meine Aufgabe hier in Japan.«[1]

Die amerikanische Diplomatie sollte ihre Aufgabe jedoch nicht erfüllen. Sie versagte sogar darin, den Ausbruch des Krieges hinauszuzögern, bis die Nation dazu bereit war. Der Minderheitsbericht des gemischten Kongreßausschusses bemerkt über die amerikanisch-japanischen diplomatischen Verhandlungen:

»Die Frage nach der Weisheit der von der Regierung der Vereinigten Staaten verfolgten Außenpolitik ist aufgrund der Richtlinien für die Tätigkeit dieses Ausschusses unzulässig. In jedem Falle müßte sich der Ausschuß zur Untersuchung dieser Frage mit der verwickelten Geschichte der letzten 50 Jahre und mit Interpretationsfragen befassen. Für die Beantwortung dieser Frage gibt es keine definitiven Maßstäbe wie die Verfassung, die Gesetze und die Verwaltungspraxis der Regierung der Vereinigten Staaten. Um die betreffenden Fragen zu verstehen, ist es jedoch erforderlich, unsere Beziehungen im Fernen Osten sowie die diplomatischen Verhandlungen, die dem 7. Dezember 1941 vorangingen, zu untersuchen und die entsprechenden Verantwortlichkeiten, die von dieser Untersuchung berührt werden, darzustellen.«

Die Diplomatie versagte, weil sie nicht eingesetzt wurde, um den Krieg zu verhindern, sondern um seinen Ausbruch sicherzustellen. Grew hat seine Mission in Tokio selbst als Arbeit für den Frieden bezeichnet, aber bereits am 14. Dezember 1940 schickte er Roosevelt, seinem Schulkameraden aus Groton, einen Brief, der nicht von Kampfgeist zeugt. Unter der Anrede »Lieber Frank« schrieb er dem Präsidenten, es sei eher die Frage »wann« wir Japans Expansion Einhalt gebieten würden, nicht »ob«. »Über Japan und all seine Unternehmungen« schrieb er:

»Es wird für mich immer deutlicher, daß wir dazu bestimmt sind, eines Tages eine Abrechnung miteinander zu haben, und die Hauptfrage ist die, ob es zu unserem Vorteil ist, wenn diese Abrechnung früher oder wenn sie später kommt.« Er gab dann seiner Überzeugung Ausdruck, daß »wir am Ende einen Frontalzusammenstoß mit Japan haben werden«.[2]

In seiner Antwort vom 21. Januar 1941 schrieb Roosevelt: »Ich stimme mit Deinen Schlußfolgerungen völlig überein.«[3] Der Präsident kam dann zur amerikanischen Politik im Pazifik und ihrer Beziehung zu den Anstrengungen der Briten in Europa:

»Die Briten brauchen entsprechend den Leitlinien unserer allgemeinen Politik an vielen Punkten Unterstützung, welche im Falle des Fernen Ostens sicher im Bereich des ›Möglichen‹ liegt, soweit es die Leistungsfähigkeit der Vereinigten Staaten betrifft. Ihre Verteidigungsstrategie muß naturgemäß global sein. Unsere Strategie, ihnen zur Gewährleistung unserer eigenen Sicherheit Unterstützung zu geben, muß sowohl die Entsendung von Nachschub nach England als auch Hilfe zur Verhinderung einer Unterbrechung der Verbindungslinien zu verschiedenen Teilen der Welt umfassen. Sonst könnten andere wichtige Nachschubquellen den Briten versagt und den Besitztümern der anderen Seite hinzugefügt werden.«[4]

Der Präsident fuhr fort, es sei die besondere Pflicht der Vereinigten Staaten, Großbritannien nicht nur im europäischen Krieg zu unterstützen, sondern, während Großbritannien in Europa beschäftigt sei, ein Verwalteramt zum Schutz des britischen Kolonialreichs zu übernehmen.

»Der Konflikt (in Europa) kann lange dauern. Wir müssen daran denken, daß England, auch wenn es siegreich bleibt, nicht mehr die nötige Kraft haben wird, um eine Neugestaltung der territorialen Veränderungen im westlichen und südwestlichen Pazifik vorzunehmen, die sich im Verlauf des Konflikts ergeben, wenn Japan nicht in Schranken gehalten wird.«[5]

Um den britischen Imperialismus in Asien und im Pazifik zu retten, mußten die Vereinigten Staaten dafür sorgen, daß Japan »in Schranken« gehalten wurde. Der nachfolgende Kurs der amerikanischen Diplomatie im Umgang mit Japan muß in diesem Sinn interpretiert werden.

»Wäre es fair zu sagen«, fragte Senator Ferguson Grew vor dem Kongreßausschuß, »daß Sie einen Krieg zwischen Japan und den Vereinigten Staaten vorausgesehen haben?«

»Ich habe alles getan, was in meiner Macht stand, um einen Krieg zu verhindern«, entgegnete Grew. »Das ist der einzige Standpunkt, der für einen Diplomaten möglich ist ... Der Zusammenstoß hätte nicht unbedingt militärischer Art sein müssen. Wirtschaftliche Maßnahmen hätten Japan möglicherweise in eine Lage gebracht, in der es gezwungen gewesen wäre, mit uns zu verhandeln.«

»Wollte Japan Ihrer Meinung nach kämpfen oder bluffte es nur?«

»Ich habe nie geglaubt, daß Japan nur blufft«, erwiderte der Botschafter. »Ich glaubte vielmehr, daß es unter bestimmten Umständen kämpfen würde.«[6]

Im Februar 1941, als, wie Grew bemerkte, »die Aussichten für die Zukunft der Beziehungen zwischen Japan und den Vereinigten Staaten so düster wie nie waren«,[7] traf Admiral Nomura als neuer japanischer Botschafter in Washington ein. Nomura, der als Bewunderer der Vereinigten Staaten und Großbritanniens galt, hatte eine schwierige Aufgabe übernommen. Ihm standen Amerikaner gegenüber, die sich nicht die Mühe machten, ihre Skepsis über seine Absichten und die Japans zu verbergen. In seinem Rücken standen die Chauvinisten der japanischen Armee und Marine, die den Erfolg einer Friedensmission nicht wünschten. Außerdem waren da die Agenten Deutschlands, die ihre Intrigen sponnen, um Japan und die Vereinigten Staaten in einen Krieg zu verwickeln, der Deutschland Amerika vom Hals halten und die unzuverlässigen Japaner fest an das Achsenbündnis ketten würde. Als Nomura in die Vereinigten Staaten entsandt wurde, notierte Grew:

> »Die Deutschen setzen alle Hebel in Bewegung, um Admiral Nomura daran zu hindern, nach Washington zu gehen und einen partiellen oder vollständigen Durchbruch in den diplomatischen Beziehungen zu den Vereinigten Staaten herbeizuführen. Sie bemühen sich, die beiden Länder in einen Streit zu verwickeln und den japanischen Vorstoß nach Süden voranzutreiben.«[8]

Unmittelbar nach seiner Ankunft in Washington eröffnete Nomura Verhandlungen mit dem Ziel einer Beilegung der Differenzen zwischen Japan und den Vereinigten Staaten. In seinem ersten Gespräch mit dem Präsidenten bezeichnete der Admiral am 14. Februar die Gruppe der chauvinistischen Militärs als das Haupthindernis für eine gemäßigte Politik.[9] Außerdem betonte er, laut einem Memorandum Hulls vom 8. März, daß das japanische Volk, von wenigen Ausnahmen abgesehen, einem Krieg mit den Vereinigten Staaten höchst abgeneigt sei.[10] Am 9. April übergaben japanische und amerikanische Privatleute dem State Department einen informellen Vertrags-

1 Marineminister Frank Knox

2 Eine Luftaufnahme von Pearl arbor, die wenige Wochen vor em Angriff gemacht wurde. In er Mitte Ford Island.

13 Adm. Harold R. Stark, Admiralstabschef der US Navy.

14 Die Verteidiger von Pearl Harbor: Links Maj. Gen. Walter C. Short, rechts Rear Adm. H band E. Kimmel, in der Mitte Capt. Lord Louis Montbatten. Im Hintergrund Maj. Gen. Frede L. Martin und Vice-Adm. Patrick N. L. Bellinger.

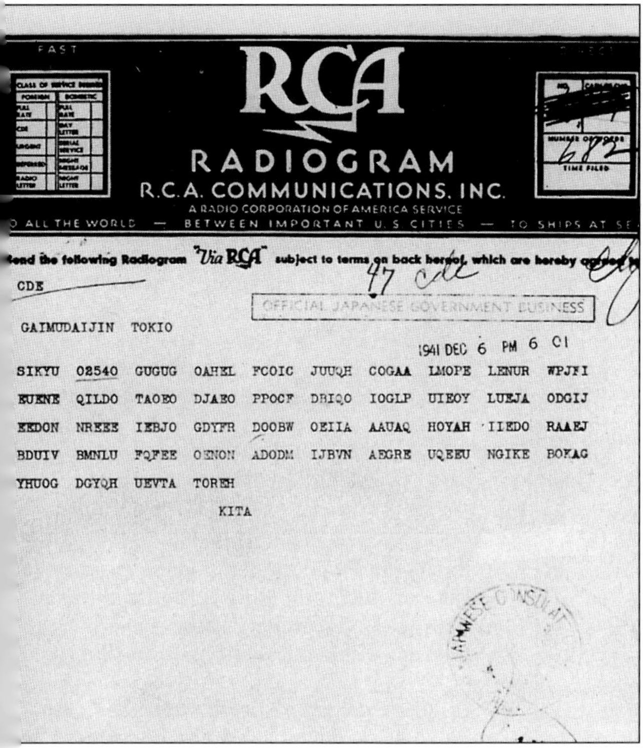

FAST

RCA
RADIOGRAM
R.C.A. COMMUNICATIONS, INC.
A RADIO CORPORATION OF AMERICA SERVICE
TO ALL THE WORLD — BETWEEN IMPORTANT U.S. CITIES — TO SHIPS AT SEA

Send the following Radiogram "Via RCA" subject to terms on back hereof, which are hereby agreed to

NUMBER OF WORDS 682

CDE 47 cde

OFFICIAL JAPANESE GOVERNMENT BUSINESS

GAIMUDAIJIN TOKIO

1941 DEC 6 PM 6 01

SIKYU	02540	GUGUG	OAHEL	FCOIC	JUUQH	COGAA	LMOPE	LENUR	WPJFI
EUENE	QILDO	TAOEO	DJAEO	PPOCF	DBIQO	IOGLP	UIEOY	LUEJA	ODGIJ
EEDON	NREEE	IEBJO	GDYFR	DOOBW	OEIIA	AAUAQ	HOYAH	IIEDO	RAAEJ
BDUIV	BMNLU	FQFEE	OENON	ADODM	IJBVN	AEGRE	UQEEU	NGIKE	BOKAG
YHUOG	DGYQH	UEVTA	TOREH						

KITA

JAPANESE CONSULATE

Das letzte chiffrierte Funktelegramm vom 6. Dezember 1941 aus Honolulu, mit dem der japanische Generalkonsul Kita die Anwesenheit der Pazifikflotte meldete.

Er leitete die japanische Spionage auf Hawaii: Generalkonsul Nagoa Kita.

Der Flugzeugträger »Akagi«, Flaggschiff der japanischen Trägerkampfgruppe.

18 Blick vom Flugdeck der »Akagi« auf die Hitokappu-Bucht. Im Hintergrund von links nach rechts die Flugzeugträger »Kaga«, »Shokaku«, »Zuikaku«, »Hiryu« und »Soryu«.

19 Er führte die erste Angriffswelle: Fregattenkapitän Mitsuo Fuchida, Kommandeur des Flie gergeschwaders der »Akagi«.

20 Im Morgengrauen des 7. Dezember 1941 hebt ein Sturzkampfbomber vom Typ Aichi »Val« vom Flugdeck der »Akagi« ab.

entwurf, in dem die Grundlagen für eine durchgreifende Verständigung über die offenstehenden Differenzen niedergelegt waren.[11] Darin war vorgesehen, daß die Vereinigten Staaten der Regierung von Chiang Kaishek nahelegen sollten, mit Japan einen Frieden auszuhandeln, der auf einer Garantie für ein unabhängiges China, einem Rückzug der japanischen Truppen, dem Verzicht auf Entschädigungen oder territoriale Veränderungen, der Anerkennung von Mandschukuo und der Vereinigung der chinesischen Marionettenregierung Wang Chingweis mit der von Chiang beruhen sollte. Die Japaner sollten sich verpflichten, »keine großangelegte Masseneinwanderung nach China« zuzulassen, und außerdem sollte die Politik der »offenen Tür« wiederaufgenommen werden. Der Vertragsentwurf machte zur Bedingung, daß Amerika seine Unterstützung für die Regierung von Chiang beenden sollte, falls die Chinesen ein von Roosevelt angebotenes Abkommen zu den genannten Bedingungen ablehnen sollten.

Japan sollte seinen Verpflichtungen aus dem Dreimächtepakt nur nachkommen, wenn einer seiner Partner durch eine Macht, die noch nicht in den Krieg verstrickt war, »in aggressiver Absicht angegriffen« wurde. Im Gegenzug sollten sich die Vereinigten Staaten dazu verpflichten, jedem »aggressiven Bündnis« fernzubleiben, das darauf abzielte, eine Nation gegen eine andere zu unterstützen. Japan und die Vereinigten Staaten sollten gemeinsam die Unabhängigkeit der Philippinen garantieren.[12]

Der Entwurf vom 9. April war von amerikanischen und japanischen Privatleuten in Zusammenarbeit mit Botschafter Nomura vorbereitet worden. Nachdem er zunächst seine Skepsis darüber ausgedrückt hatte, ob die Zeit für die Vorlage einer derartigen Verhandlungsgrundlage günstig sei, stimmte Außenminister Hull schließlich seiner Verwendung als Rahmen für die Aufnahme von Verhandlungen zu, wenn er durch folgende Punkte ergänzt würde:

»1. Respektierung der territorialen Integrität und Souveränität aller Nationen.

2. Unterstützung des Prinzips der Nichteinmischung in die inneren Angelegenheiten anderer Länder.

3. Unterstützung des Prinzips der Gleichheit einschließlich der Gleichheit der Handelschancen.

4. Keine Störung des Status quo im Pazifik, es sei denn, der Status quo wird mit friedlichen Mitteln verändert.«[13]

Am 12. Mai legte Nomura Außenminister Hull eine überarbeitete Fassung des Entwurfs vom 9. April vor: Die wichtigsten Veränderungen waren, daß die Vereinigten Staaten sich verpflichten sollten, keine »aggressiven Maßnahmen« gegen eine andere Nation zu ergreifen. Außerdem sollten sie Premierminister Konoyes Vorschläge für ein Übereinkommen mit China akzeptieren, die eine gutnachbarliche Freundschaft zwischen China und Japan, eine gemeinschaftliche Abwehr des Kommunismus und wirtschaftliche Zusammenarbeit vorsahen, wobei Japan darauf verzichten würde, wirtschaftliche Monopole anzustreben.[14]

Vier Tage später legte das State Department eine revidierte Fassung dieser Vorschläge vor, in der eine amerikanische Verpflichtung, die Hilfe für China einzustellen, falls Chiang das japanische Friedensangebot zurückweisen sollte, abgelehnt wurde. Die Prinzipien Konoyes wurden im Text erwähnt, und die Klausel, derzufolge China und Japan eine gemeinsame Abwehr gegen den Kommunismus organisieren sollten, wurde umformuliert. Sie lautete nun »parallele Abwehrmaßnahmen gegen subversive Aktivitäten anderen Ursprungs«. Die Anerkennung von Mandschukuo blieb späteren Verhandlungen zwischen China und Japan vorbehalten. Secretary Hull bestand darauf, daß sein Land sich nicht zu einem Verhalten verpflichten könne, das eine umfassende Hilfeleistung an Großbritannien in seinem Kampf gegen die Achsenmächte in Europa einschränkte. Zudem wurde Nomura gebeten zu erklären, daß Japans Verpflichtungen gegenüber seinen Achsenpartnern nicht im Widerspruch zu einer Politik standen, die es Amerika gestattete, gegen Japans Partner zu intervenieren.[15]

Einige Tage danach verkündete Außenminister Matsuoka die Verpflichtung Japans zur Unterstützung Deutschlands im Falle des amerikanischen Eintritts in den Krieg in Europa. Daraufhin informierte Hull Nomura, daß es in den Verhandlungen solange wenig Fortschritte geben werde, bis Japan es zuließe, daß wir Großbritannien Hilfe leisteten, auch wenn wir dadurch in den europäischen Krieg hineingezogen würden. Nomura war der Auffassung, daß Matsuoka seine Ankündigung gemacht hatte, um die Heimatfront zu ermutigen. Der Botschafter erklärte, daß Japan hinsichtlich seiner Verpflichtungen gegenüber der Achse seine eigenen, unabhängigen Entscheidungen treffen werde. Wenn erst einmal das vorgeschlagene amerikanisch-japanische Abkommen unterzeichnet sei, würde dies »eine Schwächung des Einflusses der Chauvinisten bewirken«.[16]

Am 31. Mai revidierte Hull den Grundlagenentwurf für die Verhandlungen nochmals, indem er die folgende Klausel einsetzte:

»Die Bestimmungen des Paktes betreffen offenkundig nicht eine Verwicklung (in den europäischen Krieg) durch Handlungen im Rahmen der Selbstverteidigung.« Aus der Klausel »gemeinsame Abwehr des Kommunismus« wurde nun »Zusammenarbeit bei der Abwehr gefährlicher kommunistischer Aktivitäten«. Außerdem war versuchsweise eine fortgesetzte Präsenz japanischer Truppen in China vorgesehen.[17]

Zwei Tage später unterrichtete Nomura Hull, daß er und seine Mitarbeiter mit dem Dokument, so wie es vorlag, einverstanden seien, mit Ausnahme einiger Änderungen an den Formulierungen. Aber Hull war derart mißtrauisch, daß er fragte, ob Japans Wunsch nach einem Abkommen aufrichtig sei.[18]

Die Verhandlungen fuhren sich nun an der Frage fest, ob Japan den Vereinigten Staaten zugestehen sollte, bei einer Intervention in Europa so weit zu gehen wie sie wollten, ohne daß Japan genötigt wäre, seinen Verpflichtungen aus dem Dreimächtepakt nachzukommen. Am 21. Juni übergab Hull Nomura eine vollständig überarbeitete Fassung des amerikanischen Entwurfs[19] und verband dies mit der mündlichen Erklärung, daß es illusorisch sei, von einem Abkommen zwischen den beiden Ländern substantielle Ergebnisse zu erwarten, solange bestimmte japanische Führer auf die Unterstützung Deutschlands festgelegt waren.[20]

Nomura brachte am 15. Juli Japans Bedenken gegen die amerikanische Haltung zum Ausdruck, als er erklärte: »Japan kann nicht für etwas einen Blankoscheck ausstellen, das Amerika als Selbstverteidigung bezeichnet.«[21] Japan ergriff jedoch Maßnahmen, um die Einwände zu entkräften, die Hull am 21. Juni gegen die prodeutschen japanischen Führer vorgebracht hatte: Am 18. Juli wurde das Kabinett Konoye umbesetzt, und Außenminister Matsuoka, der den Dreimächtepakt für Japan unterzeichnet hatte, wurde entlassen.[22]

Am 2. Juli teilte Tadao Wikawa, ein Beamter der Capital Cooperative Bank of Japan, dem State Department mit, er sei von J. P. Morgan & Co. informiert worden, daß die diplomatischen Gespräche von seiten der Vereinigten Staaten bereits beendet worden seien und daß die japanischen Guthaben in diesem Land bald eingefroren werden sollten.[23] Diese Anfrage, die der tatsächlichen Anordnung zur Einfrierung um 23 Tage vorausging, wurde vom State Department anscheinend nicht beantwortet.

Am 25. Juli fand die Einfrierung statt[24], und Großbritannien schloß sich am nächsten Tag an. Am gleichen Tag verboten die Vereinigten Staaten, wie bereits dargestellt wurde, auch den Export von Mineralöl, Mineralölerzeugnissen und Schrott ohne eine besondere Genehmigung des Verwalters für Exportkontrolle. Angeblich waren diese Maßnahmen eine Vergeltung für die japanische Invasion in Indochina, die am 21. Juli begonnen hatte, aber angesichts der Beschwerde Wikawas über die bevorstehende Einfrierung liegt es auf der Hand, daß sie seit längerer Zeit in Betracht gezogen wurde. Daß die Roosevelt-Administration sich auf ihr Programm wirtschaftlicher Sanktionen gegen Japan in dem Bewußtsein einließ, daß diese Maßnahmen leicht einen Krieg heraufbeschwören konnten, ist ausreichend dokumentiert. Die Frage war von Botschafter Grew in seiner sogenannten »Grünes-Licht-Depesche« vom 12. September 1940 ausführlich untersucht worden. Nachdem er einen Überblick über den Gang der Ereignisse im Fernen Osten gegeben hatte, drängte der Botschafter die Vereinigten Staaten dazu, einen

Kurs wirtschaftlicher Sanktionen einzuschlagen, um Japans Expansion einzudämmen. Über diese Depesche schrieb Grew in seinem Buch *Ten Years in Japan*:

»Ein weiteres wichtiges Ergebnis war aus meiner Sicht im September die Übersendung des, wie ich es bezeichnen möchte, ›Grünes-Licht‹-Telegramms nach Washington. Dies war vielleicht die wichtigste Botschaft, die ich in den acht Jahren meiner Gesandtschaft in Japan nach Washington geschickt habe.«[25]

Grew erörterte die Risiken einer Sanktionspolitik gegen Japan und bemerkte dazu in seiner Depesche an das State Department:

»Ich habe in früheren Mitteilungen die Meinung vertreten, daß die amerikanisch-japanischen Beziehungen auf eine abschüssige Bahn geraten würden, wenn die Vereinigten Staaten Sanktionen verhängen sollten. Es trifft zu, daß durch unser neues Programm zur nationalen Verteidigung jetzt Maßnahmen gerechtfertigt sind, die nicht in die Kategorie offener Sanktionen fallen müssen. Es ist jedoch wahrscheinlich, daß eine drastische Handelssperre gegen so wichtige Produkte wie Öl, das die Vereinigten Staaten bekannterweise im Überfluß besitzen, von der Bevölkerung und der Regierung Japans als wirkliche Sanktion interpretiert würde, auf die irgendeine Art von Vergeltung folgen könnte. Die Risiken gehen nicht so sehr von den sorgfältigen Kalkulationen der japanischen Regierung aus als vielmehr von der unberechenbaren ›Sieg oder Tod‹-Mentalität in der japanischen Armee und Marine, die die Vereinigten Staaten für das Scheitern ihrer Expansionspläne verantwortlich machen könnten. Es kann sein, daß diese Vergeltung die Form von Gegenmaßnahmen der Regierung annimmt, aber es ist wahrscheinlicher, daß ein plötzlicher Schlag durch Armee oder Marine ohne Ermächtigung oder Kenntnis von seiten der Regierung erfolgt. Diese Gefahren stellen ein Element der Unsicherheit dar, das zu keiner Zeit absehbar ist. Es wäre jedoch kurzsichtig, ihre Existenz zu leugnen oder eine Politik zu formulieren und Maßnahmen einzuleiten, während es die Klugheit erfordert, diese potentiellen Risiken umfassend zu berücksichtigen und ihnen offen ins Auge zu sehen.«

Jedoch schrieb Grew, es sei unmöglich stillzuhalten, solange Japan und seine Achsenpartner eine Lebensweise repräsentierten, die Großbritannien und Amerika als »die Führer einer großen, weltumspannenden Gruppe von englischsprachigen Völkern« bedrohte.

»Im allgemeinen sind die Maßnahmen der Diplomatie beim Versuch, mit solchen Mächten umzugehen, zum Scheitern verurteilt. Die Diplomatie kann die Flut gelegentlich hemmen, aber sie kann sie nicht wirklich aufhalten. Nur durch Stärke oder durch die Demonstration von Stärke können diese Mächte davon abgehalten werden, ihre Ziele zu erreichen.

Die amerikanischen Interessen im Pazifik sind durch seine (Japans) Politik der Expansion in Richtung Süden definitiv bedroht. Sie ist gleichzeitig ein Stoß gegen das Britische Empire im Osten. Anerkanntermaßen wurde die

Sicherheit Amerikas bis zu einem gewissen Grad durch die britische Flotte garantiert, welche andererseits nur vom Britischen Empire unterhalten werden kann. Wenn wir die Unterstützung des Britischen Empire in seiner Stunde der Not als unser Interesse begreifen, und ich bin ganz entschieden dieser Meinung, so müssen wir mit allen Mitteln versuchen, den Status quo im Pazifik zu bewahren, wenigstens solange, bis der Krieg in Europa gewonnen oder verloren ist.«[26]

Vor dem Untersuchungsausschuß des Kongresses fragte Senator Ferguson Grew: »Warum haben Sie das ›Grünes-Licht‹-Telegramm geschickt?«

»Weil die Zeit gekommen war, wirtschaftliche Maßnahmen zu ergreifen«, erwiderte Grew.[27]

Im Verlauf der Anhörungen vor dem Kongreßausschuß zeigte sich, daß die amerikanische Regierung und die Teilstreitkräfte sehr wohl wußten, daß die Verhängung eines Öl-Embargos Japan zu weiteren Aggressionen zwingen würde. So fragte z. B. Senator Ferguson Admiral Stark: »Zur Ölfrage und Ihrer Haltung gegenüber Japan: Haben Sie nicht vor dem Navy Court ausgesagt, nach der Verhängung von wirtschaftlichen Sanktionen gegen Japan im Sommer 1941 erklärt zu haben, daß Japan irgendwohin gehen und es (das Öl) sich holen werde, und daß Sie es genauso machen würden, wenn Sie Japaner wären?«

»Ich denke, das ist richtig«, entgegnete Stark. »Ich habe das gesagt, und ich habe auch im State Department erklärt, wenn ich mich recht erinnere, daß es für einen Japaner eine ganz natürliche Sache wäre, zu sagen: ›Gut, ich werde hingehen und es mir holen‹, wenn es zu einer völligen Absperrung gegen Japan kommen sollte, die sein inneres wirtschaftliches und soziales Leben erdrosselt, indem der Erwerb von Öl unmöglich gemacht wird.«[28]

Anschließend fragte Ferguson, ob Stark sich an eine Konferenz im Weißen Haus am 24. Juli 1941 erinnere, bei der Roosevelt erklärte, er habe Botschafter Nomura mitgeteilt, daß Holländer und Briten Japan den Krieg erklären würden, wenn Japan angreifen sollte, um sich gewaltsam Öl zu beschaffen.

Als Stark erklärte, er könne sich an diese Äußerung nicht erinnern, verlas Ferguson die folgende Mitschrift der Ausführungen des Präsidenten gegenüber Nomura:

»Der Präsident sagte: Wenn Japan versuchen sollte, sich in Niederländisch-Ostindien Ölvorräte mit Gewalt zu beschaffen, würden die Holländer ohne jeden Zweifel Widerstand leisten und die Briten ihnen sofort zu Hilfe kommen. Es käme dann zum Krieg zwischen Japan, den Briten und den Holländern, und angesichts unserer Politik der Unterstützung Großbritanniens würde umgehend eine außerordentlich ernste Situation entstehen.«[29]

»Nun«, sagte Ferguson, »wissen Sie, ob nicht kurz danach, tatsächlich etwa 48 Stunden später, das Embargo begann?«

»Das Embargo begann, wie ich mich erinnere, am 26.«, erwiderte Stark. »Das ist der 24. Ja, Sir.«[30]

Ferguson verlas dann eine Notiz über ein Gespräch zwischen dem stellvertretenden Außenminister Arthur B. Ballantine und Oberst Iwakuro, dem japanischen Militärattaché in Washington. Oberst Iwakuro erklärte, angesichts des Ölembargos habe Japan keine andere Wahl, als früher oder später in Malaya und Niederländisch-Ostindien einzumarschieren, um sich Öl und andere Rohstoffe zu beschaffen.

»Nun, Herr Admiral«, sagte Ferguson, »nehmen wir die hochrangigen Beamten in unserer Regierung. Sie sagten, Sie hätten gedacht, daß Sanktionen wie die gegen Öl usw. letztlich zum Krieg führen würden. Wer war sonst noch Ihrer Meinung?«

Stark erwiderte, er glaube, das State Department, die Armeeführer und im Prinzip alle hohen Beamten hätten diesen Standpunkt geteilt. Er las aus *Peace and War*:

> »Praktisch alle realistisch denkenden Fachleute stimmen darin überein, daß die Verhängung wirtschaftlicher Sanktionen oder Embargos gegen jede beliebige starke Nation ein ernsthaftes Kriegsrisiko mit sich bringt, es sei denn, die Sanktionspolitik wird von einer Demonstration überlegener Stärke unterstützt. Der Präsident und die Spitzen von Army, Navy und State Department hielten in diesem Zeitraum ständig Beratungen ab, in denen alle Aspekte der diplomatischen und militärischen Situation besprochen wurden.«[31]

Ferguson legte dann einen Begleitbrief vor, den Stark am 22. Juli 1941 an den Staatssekretär im State Department Welles geschrieben hatte, dem eine von Admiral Turner verfaßte Analyse der zu erwartenden Folgen eines Ölembargos beigefügt war. Diese Analyse legte den offiziellen Standpunkt der Navy zur Frage der Embargopolitik dar, was von einer Notiz von Stark bestätigt wird. Sie lautete: »Ich stimme im allgemeinen zu.«[32] Turner schreibt in seiner Analyse:

> »Man geht allgemein davon aus, daß die Einstellung der amerikanischen Mineralöllieferungen umgehend eine Besetzung Niederländisch-Ostindiens zur Folge haben wird. Dies ist zwar ein wahrscheinliches, aber nicht unbedingt ein unmittelbares Ergebnis … Japan hat Ölvorräte für etwa 18 Monate Krieg.«

Jedoch erklärte Turner, daß ein »Exportembargo in Japan umgehend ernste psychologische Reaktionen gegen die Vereinigten Staaten hervorrufen wird. Es wird beinahe mit Sicherheit den Kurs derjenigen, die gegenwärtig an der Macht sind, verhärten. Ferner erscheint es als sicher, daß japanische Maßnahmen gegen Briten und Holländer auch ein militärisches Vorgehen gegen die Philippinen einschließen werde, was uns unmittelbar in einen Pazifikkrieg verwickeln würde.«

In seinen Schlußfolgerungen bemerkt Admiral Turner:

»Ein Embargo würde wahrscheinlich sehr bald einen Angriff Japans auf Malaya und Niederländisch-Ostindien zur Folge haben und möglicherweise die Vereinigten Staaten umgehend in einen Krieg im Pazifik hineinziehen. Wenn die Vereinigten Staaten einen Pazifikkrieg auf sich nehmen wollen, dann sollten die Maßnahmen, die dazu führen, möglichst aufgeschoben werden, bis Japan in einem Krieg in Sibirien gebunden ist. Es kann gut sein, daß Japan sich gegen einen baldigen Angriff auf Briten und Holländer entschieden und statt dessen beschlossen hat, Indochina zu besetzen und seine Position dort auszubauen, um u.a. die Russen in Sibirien anzugreifen. Sollte sich diese Annahme als richtig herausstellen, ist es wahrscheinlich, daß die Vereinigten Staaten am Krieg im Atlantik teilnehmen können, ohne daß Japan intervenieren wird, auch nicht gegen die Briten.«

Turners abschließende Empfehlung lautete, »daß der Handel mit Japan zum gegenwärtigen Zeitpunkt nicht gesperrt werden sollte«.[33]

Drei Tage, nachdem die Navy dem State Department und Roosevelt von einem Embargo abgeraten hatte, wurde es vom Präsidenten verkündet.

Nomura war vom Gang der Ereignisse beunruhigt und bemühte sich vier Tage vor dem Einfrieren der Guthaben um ein Treffen mit Secretary Hull oder Admiral Stark. Da er aber keinen von beiden erreichen konnte, sprach er bei Admiral Turner vor. Turners Bericht über dieses Gespräch zeigt, wie Nomura mit bemerkenswerter Offenheit von einem Marineoffizier zum anderen sprach:

»Botschafter Nomura erklärte, er habe seit einigen Wochen fortlaufend Gespräche mit Mr. Hull geführt in dem Bemühen, eine Formel zu finden, durch die die Vereinigten Staaten und Japan in Frieden leben könnten. Er hoffte nicht länger auf ein hundertprozentiges Abkommen über alle Punkte, wäre aber bereits zufrieden, wenn man ein Teilabkommen erzielen könnte, das einen Krieg zwischen den beiden Ländern verhinderte. Ein solches Abkommen müßte notwendigerweise informell sein, da Japan gegenwärtig durch einen Vertrag mit Deutschland gebunden sei, der zum jetzigen Zeitpunkt nicht gekündigt werden könne. Jedoch liege die Entscheidung darüber, wann die militärischen Bestimmungen des Vertrages in Kraft träten, ausschließlich in japanischen Händen. Sie würden nur angerufen, wenn Deutschland das Ziel der Aggression einer anderen Macht werden sollte. Er erklärte, Japan sei der Achse einzig und allein deswegen beigetreten, weil es im Interesse Japans zu sein schien, dies zu tun. Auch in Zukunft würden Japans Handlungen ausschließlich von Japan bestimmt werden und nicht von irgendeiner anderen Macht. Was auch immer Japan in militärischer Hinsicht tun wird, es wird dies für seine elementaren Eigeninteressen tun.«

Der Botschafter teilte Admiral Turner außerdem mit, daß Japans wirtschaftliche Lage durch die amerikanischen Ausfuhrbeschränkungen schlecht sei und sich ständig weiter verschlechtere. Im Gegensatz dazu würde die amerikanische und britische Militärhilfe für China ständig zunehmen. Nomura informierte Turner, daß Japan innerhalb der nächsten Tage Indochina besetzen würde. Er persönlich war gegen dieses Vorhaben und befürchtete, die Vereinigten Staaten würden weitere militärische und wirtschaftliche Vergeltungsmaßnahmen ergreifen. Wenn die Vereinigten Staaten ihre Politik bezüglich des Embargos gegen Japan und ihrer Hilfe für China ändern würden und sie sich dazu durchringen könnten, japanische Truppenkonzentrationen an der Grenze zur Inneren Mongolei hinzunehmen, dann, so Nomura, wären alle amerikanischen Operationen im Atlantik für Japan ohne große Bedeutung. Dies war der japanische Vorschlag in seiner reinsten Form, und Admiral Turner nahm an, daß er einen japanischen Truppenrückzug aus dem größeren Teil Chinas beinhaltete.[34]

Am 23. Juli teilte Welles in Vertretung des Außenministers Nomura jedoch mit, daß es für eine Fortsetzung der Gespräche zwischen Japan und den Vereinigten Staaten keine Grundlage mehr gebe.[35]

Diese Erklärung rief in Tokio eine so nachhaltige Beunruhigung hervor, daß der neue japanische Außenminister, Admiral Teijiro Toyoda, Grew am 26. Juli mitteilte, er habe »in den vergangenen Nächten kaum geschlafen«.[36] Admiral Nomura hatte Welles gegenüber jedoch seine Hoffnung zum Ausdruck gebracht, daß keine voreiligen Schlüsse gezogen werden würden, und er hatte seine Überzeugung geäußert, »daß doch noch eine einvernehmliche Regelung gefunden werden kann«.[37]

Am 24. Juli machte Präsident Roosevelt den Vorschlag, daß er sich bei den Briten, Holländern und Chinesen um eine Neutralisierung Indochinas kümmern würde, wenn Japan seine Truppen aus diesem Gebiet zurückzöge. Nomura antwortete, daß ein Rückzug zu große Schwierigkeiten machen würde, das Gesicht zu wahren, um ihn wirklich durchführen zu können.[38] Allerdings war Roosevelts Vorschlag auch erst nach der Nachricht über die Einfrierung der japanischen Guthaben in Tokio eingetroffen. Da die japanischen Ressentiments dadurch noch verstärkt wurden, war es für Grew klar, daß der Vorschlag zu diesem Zeitpunkt keine günstige Aufnahme finden konnte.[39]

Am 6. August teilte Nomura Hull mit, Japan sei bereit, »seine Truppen nicht in anderen Gebieten des Südwestpazifik außer Französisch-Indochina zu stationieren und die gegenwärtig in Französisch-Indochina stationierten Truppen nach einer Beilegung des China-Zwischenfalls sofort abzuziehen«.

Als Gegenleistung für diese Zugeständnisse bat Japan die Vereinigten Staaten um das Versprechen, daß japanische Staatsangehörige auf den Philippinen nicht länger diskriminiert werden sollten, daß die Vereinigten Staaten ihre militärischen Maßnahmen im Südwestpazifik suspendieren würden und sich nach einem erfolgreichen Abschluß der Gespräche bemühen wollten, Großbritannien und Holland zu ähnlichen Schritten zu bewegen. Die Vereinigten Staaten sollten wieder normale Handelsbeziehungen herstellen, und beide Nationen würden zusammenarbeiten, um den freien Zugang zu den Bodenschätzen Ostasiens und des Südwestpazifik zu sichern. Außerdem sollten die Vereinigten Staaten zwischen Japan und China vermitteln.[40]

Hulls offizielle Antwort bescheinigte diesen Vorschlägen »mangelnde Aufgeschlossenheit gegenüber den Anregungen des Präsidenten«.[41]

Also waren die Verhandlungen in Washington schon an einem toten Punkt angelangt, als Roosevelt zur Atlantikkonferenz abreiste, wo er Churchill versprach, daß die Vereinigten Staaten gegenüber Japan einen kompromißlosen Standpunkt einnehmen würden, auch wenn dies zum Krieg führen sollte.

Als der Präsident von dem Treffen auf See zurückkehrte und Nomura am 17. August seine Warnung überreichte, brachte der japanische Botschafter einen Plan für eine radikale Lösung der Differenzen zwischen den beiden Ländern zur Sprache. Er schlug vor, daß Roosevelt sich mit Premierminister Konoye zu einer Pazifikkonferenz treffen sollte, so wie er sich gerade mit Churchill zu einer Atlantikkonferenz getroffen hatte, und daß die Führer der beiden Länder von Angesicht zu Angesicht zu einer endgültigen Verständigung finden sollten.

Admiral Nomura teilte dem Präsidenten mit, Fürst Konoye »sei so ernsthaft um die Aufrechterhaltung friedlicher Beziehungen besorgt, daß er bereit sei, mit dem Präsidenten auf – in geographischem Sinne – halbem Wege zwischen unseren beiden Ländern zusammenzutreffen und sich mit ihm zusammenzusetzen, um die Dinge im Geiste des Friedens zu besprechen«.[42]

Dieser Vorschlag der Japaner war nicht neu. Er war zum erstenmal in dem Vertragsentwurf vom 9. April enthalten, der von den japanischen und amerikanischen Privatleuten vorgelegt worden war. Es war damals vorgeschlagen worden, dieses Treffen im Mai in Honolulu abzuhalten. Somit war die Idee für eine Begegnung zwischen Roosevelt und Konoye schon vier Monate vor der Atlantikkonferenz entstanden.[43]

Am 8. August[44], zwei Tage bevor Roosevelt Churchill vor Neufundland traf, und nochmals am 16. August[45] wiederholte Nomura gegenüber Außenminister Hull seine Bitte um ein Treffen zwischen dem Präsidenten und Konoye, aber Hull kam ihm nicht entgegen. Am 17. August legte Nomura den Plan Roosevelt persönlich vor. Der Präsident gab darauf jedoch keine Antwort.

In Tokio drängte Außenminister Toyoda Botschafter Grew, ein solches Treffen zu befürworten, und gab seiner großen Hoffnung auf eine Lösung aller Probleme Ausdruck. Grew plädierte persönlich für eine »sehr sorgfältige Prüfung« des Vorschlags, »um die offenbar größer werdende Gefahr eines völlig sinnlosen Krieges zwischen Japan und den Vereinigten Staaten abzuwenden«. Der Botschafter schrieb an Außenminister Hull:

»Dieser Vorschlag ist nicht nur in der japanischen Geschichte ohne Beispiel, sondern auch ein Zeichen dafür, daß die japanische Kompromißlosigkeit sich noch nicht völlig verfestigt hat. Der Vorschlag hat die Zustimmung des Kaisers und der höchsten Autoritäten des Landes. Eine Begegnung zwischen Fürst Konoye und Präsident Roosevelt kann unermeßlich viel Gutes bringen.«[46]

Die Hoffnungen der japanischen Gemäßigten konzentrierten sich auf diesen Plan.* Sie glaubten, die größte Hoffnung für den Frieden bestehe dann, wenn die Friedenselemente in Japan gegenüber den militärischen Extremisten ihre Machtstellung behaupten und mit den Vereinigten Staaten zusammenarbeiten könnten, um die pazifischen Beziehungen auf eine neue Grundlage zu stellen. Man ging jedoch davon aus, daß ein sofortiges Übereinkommen gewissermaßen die Vorbedingung sei, um die Gemäßigten an der Macht zu halten. So eine Übereinkunft wäre dann in der japanischen Öffentlichkeit ein Gegengewicht zum Druck der Militaristen und der Propaganda der Achse. Schließlich erklärte Roosevelt am 23. August, daß eine Zusammenkunft ungefähr für den 15. Oktober arrangiert werden sollte, aber Nomura betonte die Dringlichkeit eines früheren Termins.[47]

Am 27. August schickte Premierminister Konoye Roosevelt einen persönlichen Appell für ein Treffen »so bald wie möglich«.[48]

Der Präsident, der sich ohne Schwierigkeiten mit Churchill getroffen hatte, wollte sich jetzt nicht für 21 Tage für die weite Reise nach Hawaii freimachen. Er machte den Vorschlag, das Treffen in Juneau in Alaska abzuhalten, was ihn nur zwei Wochen kosten und Gespräche von einer Dauer von etwa drei bis vier Tage ermöglichen würde.[49] Nomura antwortete, Juneau sei annehmbar und Konoye könne mit einem Kriegsschiff in etwa zehn Tagen dorthin gelangen. Als den besten Zeitraum für das Treffen schlug er den 21.–25. September vor.[50]

Hull vertrat den Standpunkt, daß alle Beschlüsse, die auf dem vorgeschlagenen Treffen erreicht werden sollten, bereits in Vorverhandlungen abgeklärt sein müßten. Bei dem Treffen in Juneau sollte dann nur noch die Ratifizierung vorgenommen werden. Er brachte die ernsten Konsequenzen zur Sprache, die für beide Regierungen entstünden, wenn es bei dem Treffen zu keiner Vereinbarung käme. Aber er stellte keine entsprechenden Überlegun-

* Der Mehrheitsbericht des gemischten Kongreßausschusses stellt fest (S. 48): »Ohne Frage gab es in Japan Elemente, die den Frieden wünschten. Aber seit vielen Jahren war die Regierung dieser Nation in zwei Denkschulen gespalten. Die eine war vermutlich geneigt, im Sinne der internationalen Zusammenarbeit zu denken, die andere war vom Militarismus der Warlords beherrscht, die letztlich die japanische Politik immer bestimmt haben.«

gen über die Risiken an, wenn gar kein Treffen stattfinden sollte. Nomura versuchte seine Bedenken hinsichtlich der Bindung Japans an den Dreimächtepakt zu zerstreuen, indem er erklärte, daß »das japanische Volk seine Bindungen an die Achse nur als nominell betrachte und ... er sich nicht vorstellen könne, daß sein Volk willens sei, für Deutschland in einen Krieg mit den Vereinigten Staaten einzutreten«. Er betonte jedoch, daß die Vereinigten Staaten von Japan keinen Blankoscheck für ihr Vorgehen gegen Deutschland verlangen sollten, da »dies der Forderung nach einer Nichtigkeitserklärung des Dreimächtepakts gleichkäme«. Er glaubte nicht, daß Japans Führer dazu bereit wären, solange sie dem Druck, wenn nicht den militärischen Aktionen einer Koalition der Vereinigten Staaten, Großbritanniens und Hollands ausgesetzt seien.[51]

Am 3. September legte Roosevelt eine offizielle Antwort auf Konoyes Vorschlag für ein Treffen vor, wobei er sich der Auffassung Hulls anschloß, daß Vorvereinbarungen nötig seien, um einen erfolgreichen Abschluß sicherzustellen.[52] Gleichzeitig erklärte er aber, daß solche Vorvereinbarungen den Briten, Chinesen und Holländern vorgelegt und mit ihnen diskutiert werden müßten, bevor er sie in die Verhandlungen mit Konoye einbringen könne.[53] Diese Bedingung machte ein baldiges Treffen nicht nur praktisch unmöglich, sondern sie verminderte auch die Möglichkeit, überhaupt eine Konferenz zu arrangieren. Dies zeigte deutlich, daß dieses Land tatsächlich bereits ein Bündnis mit China und den westlichen Imperialismen hatte und seine Diplomatie sehr viel mehr auf deren Interessen als die Wahrnehmung seiner eigenen ausrichtete.

Fürst Konoye erwähnt in seinen Memoiren, Roosevelt habe am 28. August Nomura zu sich gebeten und ihm mitgeteilt: »Ich wünsche ein dreitägiges Treffen mit Fürst Konoye.« Aber, so fährt Konoye fort, irgend etwas sei geschehen, und Roosevelts Enthusiasmus sei in den Tagen vor dem 3. September erheblich abgekühlt.[54] Obwohl das Konferenzprojekt weiterhin diskutiert wurde, war es aufgrund der Haltung des Präsidenten praktisch gestorben. Die amerikanischen Diplomaten in Tokio beobachteten, daß Konoye und die gemäßigten Elemente fast bis zum Schluß bereit waren, große Zugeständnisse zu machen, um das Treffen zustande zu bringen und einen Krieg abzuwenden. Eugene Dooman berichtete am 18. September, in Japan sei zwischen einflußreichen Persönlichkeiten eine Übereinkunft erzielt worden, die Konoye dazu ermächtige, Roosevelt in bezug auf den Dreimächtepakt eine mündliche Zusage zu machen, die »den Präsidenten völlig zufriedenstellen würde«.[55]

Am 27. September bat Außenminister Toyoda nochmals um eine Pazifikkonferenz und schilderte Botschafter Grew seine Besorgnis über die wachsenden Spannungen in den Beziehungen zwischen Japan und Amerika.

Er erklärte, er hoffe auf eine Vereinbarung nicht nur um der beiden Länder willen, sondern in dem Glauben, daß solch ein Schritt »der Schlüssel sein würde, um der ganzen Welt den Frieden zu bringen«. Toyoda sagte weiter:

»Seit ich vor zwei Monaten mein Amt angetreten habe, habe ich für eine Vereinbarung zur Regelung der japanisch-amerikanischen Beziehungen derart gearbeitet, daß ich beinahe vergessen habe, zu essen und zu schlafen. Premier Konoye hat seinen Willen zum Ausdruck gebracht, als verantwortlicher Führer in einer Konferenz mit Präsident Roosevelt zu verhandeln.

Japan ist mit Deutschland und Italien durch eine Allianz verbunden. Die Tatsache, daß der Premierminister Japans sich freiwillig erboten hat, den Präsidenten zu treffen, hat zu vielen Mißverständnissen in bezug auf seine Beziehungen zu Deutschland und Italien Anlaß gegeben. Somit ist der Beweis erbracht, daß Japan ein denkbar großes Opfer bringt. Außerdem gibt es in der Geschichte Japans kein Beispiel für einen Fall, in dem der Premierminister persönlich zum Zweck diplomatischer Verhandlungen ins Ausland gereist ist. Diese Tatsache bringt die Aufrichtigkeit der Regierung Japans und ihren nachdrücklichen Wunsch zum Ausdruck, die Beziehungen zwischen Japan und den Vereinigten Staaten in Ordnung zu bringen und dadurch den Frieden im Pazifik und sogar in der ganzen Welt zu erhalten.

Die Aufrechterhaltung des Friedens ist die einzige Kraft, die Japan motiviert. Sollten manche glauben, daß Japan durch amerikanischen Druck auf die Knie gezwungen worden sei, so wäre dies in der Tat ein trauriges Mißverständnis von Ihrer Seite. Japan wünscht den Frieden; es wird sich aber ausländischem Druck nicht beugen. Außerdem sehnt Japan sich nicht nach einem Frieden um jeden Preis.«

Toyoda erklärte, daß das Schiff, das Konoye und seine Delegation zu dem Treffen bringen sollte, ebenso wie die Mitglieder der Delegation, der auch Generale und Admirale angehörten, bereits ausgewählt seien. »Wir sind jetzt bereit, zu jedem Zeitpunkt anzufangen«, sagte er.[56] Weiter teilte Toyoda Grew mit:

»Zeit ist, wie ich oft gesagt habe, ein entscheidender Faktor, und zwar vom inneren wie vom internationalen Standpunkt her. Die Entscheidung (ob die Konferenz abgehalten werden soll) muß so bald wie möglich fallen. Ich möchte daher um eine möglichst rasche und ehrliche Prüfung durch die amerikanische Regierung bitten. Ich darf hinzufügen, daß, was den Termin des Treffens angeht, der japanischen Regierung der 10. – 15. Oktober genehm wäre.

Zuletzt möchte ich quasi zum Abschluß sagen, daß Verhandlungen dieser Art Aufrichtigkeit und gegenseitiges Vertrauen erfordern. Ich brauche weder auf den Charakter, die Anschauungen und die Redlichkeit von Fürst Konoye noch auf seinen politischen Standpunkt einzugehen, die Euer Exzellenz wohlbekannt sind. Ohne Fürst Konoye und sein derzeitiges Kabinett wird es wahrscheinlich für lange Zeit keine Chance für eine japanisch-amerikanische Annäherung mehr geben. Ich möchte nochmals die dringende Notwendigkeit unterstreichen, das vorgeschlagene Treffen zum frühestmöglichen Zeitpunkt abzuhalten.«[57]

Am 29. September schickte Grew Washington ein nachdrückliches Plädoyer für das Treffen. Er ließ keinen Zweifel an den Konsequenzen, falls Konoyes Wunsch verächtlich zurückgewiesen werden sollte. In dieser Depesche erklärte der amerikanische Botschafter, daß der Antritt der Regierung Konoye-Toyoda der amerikanischen Diplomatie neues Leben eingehaucht hätte. Grew gab seiner Hoffnung Ausdruck, daß »man eine so günstige Gelegenheit nicht verstreichen lassen werde« und erklärte, seiner Meinung nach sei die Zeit gekommen, daß »die liberalen Elemente in Japan nach oben kommen könnten«, falls man sie ermutige. Er meinte, die Vereinigten Staaten müßten zwischen einer Politik der wirtschaftlichen Strangulation und dem Prozeß eines konstruktiven Ausgleichs wählen.

Grew prophezeite, daß das Kabinett Konoye gestürzt und von einer Militärdiktatur abgelöst werden würde, wenn der Konferenzvorschlag Konoyes abgelehnt würde. Dann müßte mit einem »unberechenbaren Verhalten« Japans gerechnet werden, und es würde eine Situation entstehen, »in der es schwierig wäre, einen Krieg zu vermeiden«. Grew erklärte, Konoye sei außerstande, das Achsenbündnis zu kündigen, er könne aber Japans Mitgliedschaft auf »den reinen Buchstabengehalt« reduzieren. Die Roosevelt-Konoye-Konferenz, so schloß der Botschafter, biete »die Hoffnung, den Krieg im Pazifik doch noch abzuwenden«.[58]

Diese Voraussage war prophetisch. Roosevelt wurde die Chance geboten, den Krieg zu verhindern. Er entschied, sie nicht zu nutzen. Danach nahmen die Ereignisse unabwendbar ihren Lauf.*

Nachdem er seine Depesche abgesandt hatte, notierte Grew in seinem Tagebuch:

»Wenn ein japanischer Premierminister in diesem Land, das so sehr Präzedenzfällen und Traditionen unterliegt, alle Präzedenzfälle und Traditionen

---

* Die Verantwortung Präsident Roosevelts für die Leitung der Diplomatie wird im Minderheitsbericht des gemischten Kongreßausschusses wie folgt festgehalten (S. 12):
»Die Aufgabe, mit ausländischen Regierungen Verhandlungen zu führen, lag zwischen dem 4. März 1933 und dem 7. Dezember 1941 gemäß der Verfassung, den Gesetzen und der bestehenden Regierungspraxis der Vereinigten Staaten bei Präsident Franklin D. Roosevelt. Er konnte Außenminister Cordell Hull diesbezügliche Korrespondenzen und Mitteilungen anvertrauen, wie es ihm angezeigt erschien. Im Hinblick auf die ihm zugewiesenen Aufgaben war es die Pflicht von Secretary Hull, den Präsidenten über alle Geschäfte auf dem laufenden zu halten, die von der Sache her gefahrvoll waren, insbesondere über jene, die den möglichen Einsatz der amerikanischen Streitkräfte betrafen.«

beiseite wischt und gewillt ist, sozusagen mit dem Hut in der Hand den Präsidenten der Vereinigten Staaten aufzusuchen, dann ist dies ein Maßstab für die Entschlossenheit der Regierung, den unermeßlichen Schaden wiedergutzumachen, der bereits entstanden ist und der unser mächtiges Land verärgert und entfremdet hat.«[59]

Aber ungeachtet solcher Vorhaltungen blieb Secretary Hull stur und behauptete, daß Japans Weigerung, auf bestimmte Verpflichtungen im voraus einzugehen, ein Zeichen von Unaufrichtigkeit sei und die Absicht beweise, die Politik der Aggression fortzusetzen.[60] In Japan, so beobachtete Dooman, verursachte eine derartige Abneigung gegen Kompromisse Zweifel daran, daß die Vereinigten Staaten überhaupt die Absicht hatten, zu einer Verständigung zu gelangen.[61] Roosevelt und Hull blieben tatenlos, und die Dinge trieben dahin, bis der 15. Oktober, den Toyoda als letzten Termin für die Konferenz genannt hatte, verstrichen war. Am folgenden Tag, dem 16. Oktober, trat das Kabinett Konoye zurück, und General Tojo und die Militärs übernahmen die Regierung Japans.

»Obwohl ich wußte, daß das Ausbleiben von Fortschritten bei den amerikanisch-japanischen Verhandlungen beinahe mit Sicherheit zum Sturz Konoyes führen mußte«, schrieb Grew, »habe ich dies nicht so bald erwartet.«[62]

Am folgenden Tag spendete der Botschafter in einem Briefwechsel dem früheren Premier warmes Lob für »die ausgezeichneten Dienste«, die er Japan geleistet hatte.[63] Später kommentierte Grew:

»Ich erwähnte seine hervorragende Rolle, weil er allein versuchte, dem Lauf der Dinge eine Wendung zu geben, und dabei gab er sich große Mühe, war mutig, riskierte sogar sein Leben und kam nur knapp davon. Welche Fehler die japanische Politik unter seiner Leitung auch gemacht hatte, er hatte die Einsicht und den Mut, diese Fehler zu erkennen und zu versuchen, eine Freundschaft zwischen seinem Land und den Vereinigten Staaten anzustreben.«[64]

Konoye hatte sich mit seiner Politik tatsächlich in Lebensgefahr begeben. Am 14. August wurde Baron Hiranuma, der 75jährige Vizepremier seines Kabinetts, von zwei Kugeln getroffen, die von einem Mitglied der »Gesellschaft von Schwarzen Drachen« abgefeuert wurden, das die gemäßigte Politik der Regierung unerträglich fand. Dieser Vorfall wurde als Warnung interpretiert, daß Konoye und die Gemäßigten, die sich bemühten, einen Krieg mit den Vereinigten Staaten zu verhindern, gehen müßten.[65]

Konoye sah nach dem Krieg seiner Verhaftung als Kriegsverbrecher entgegen und machte am 16. Dezember 1945 seinem Leben mit Gift ein Ende. In Oscar Wildes *De Profundis*, einem der letzten Bücher, die Konoye gelesen hat, war folgende Textstelle unterstrichen: »Die Gesellschaft, wie wir sie eingerichtet haben, wird für mich keinen Platz haben, hat keinen anzubieten; aber die Natur, deren flüchtige Regenschauer gleichermaßen auf Gerechte wie Ungerechte niedergehen, wird Spalten in den Felsen haben, wo ich mich verstecken, und verschwiegene Täler, in deren Stille ich ungestört weinen kann.«[66*]

Niemand sonst weinte um den verlorenen Frieden.

* Übersetzung von W. P.

KAPITEL 11

Diplomatie für den Tag D

Trotz des Machtantritts von General Tojo und einer Militärregierung war noch nicht alle Hoffnung verloren. Tojo eröffnete den Krieg und wurde als Kriegsverbrecher auf die Anklagebank gebracht, aber er war nicht mit der Bedingung zum Premierminister ernannt worden, einen Konflikt mit den Vereinigten Staaten zu beginnen, der mit der Katastrophe für Japan enden würde. Der Willen zum Krieg resultierte auf japanischer Seite aus den maßlosen Ambitionen der militärischen Extremisten.[1] Hirohito und seine Berater übertrugen gerade deswegen einem Vertreter dieser Elemente die Leitung der japanischen Regierung und die Verantwortung für die Politik, weil sie hofften, daß einer von ihren eigenen Leuten auf die Hitzköpfe einen mäßigenden Einfluß ausüben würde.

Botschafter Grew schrieb am 20. Oktober in sein Tagebuch:

»Trotz der Tatsache, daß die Regierung Konoye wie erwartet nicht von einem Zivilisten, sondern von einem Militär abgelöst wurde, gibt es Hinweise auf die Bereitwilligkeit der Regierung Tojo, die Gespräche fortzuführen ... also wäre es voreilig, die Regierung Tojo als eine Militärdiktatur zu bezeichnen, die auf die Fortsetzung einer Politik festgelegt wäre, von der zu erwarten ist, daß sie zu einem bewaffneten Konflikt mit den Vereinigten Staaten führen wird.«

Grew bemerkte, daß Tojo im Unterschied zu früheren japanischen Premierministern aus den Reihen der Militärs kein Offizier im Ruhestand, sondern ein General im aktiven Dienst war: »Es ist daher zu erwarten, daß General Tojo, der seinen aktiven Rang in der Armee beibehalten hat, im Endeffekt in der Lage sein wird, die Extremistengruppen in der Armee besser zu kontrollieren.«[2]

Als weiteres Hoffnungszeichen für die Erhaltung des Friedens berichtete Grew dem State Department, daß »ein vertrauenswürdiger japanischer Informant« ihm folgendes mitgeteilt habe:

»Unmittelbar vor dem Sturz des Kabinetts Konoye hatte der Kaiser eine Konferenz der führenden Mitglieder des geheimen Staatsrats und der japanischen Streitkräfte einberufen. Er fragte sie, ob sie bereit wären, eine Politik zu verfolgen, die garantiere, daß es keinen Krieg mit den Vereinigten Staaten geben werde. Die an der Konferenz teilnehmenden Vertreter von Armee und Marine antworteten auf die Frage des Kaisers nicht. Daraufhin befahl er unter Hinweis auf die fortschrittliche Politik seines Großvaters, Kaiser Meiji, den Streitkräften in beispielloser Weise, seine Wünsche zu befolgen.

Der eindeutige Standpunkt des Kaisers machte die Wahl eines Premierministers erforderlich, der fähig ist, die Armee wirksam zu kontrollieren; nach dem Rücktritt von Fürst Konoye wurde General Tojo, der auf der Aktivenliste der Armee blieb, auf eine Politik verpflichtet, die versuchen soll, die laufenden japanisch-amerikanischen Gespräche zu einem erfolgreichen Abschluß zu bringen.«[3]

Insbesondere die japanische Marine war sich darüber im klaren, daß ein Krieg mit den Vereinigten Staaten in einer Katastrophe enden würde. Konoye behauptet in seinen Memoiren, daß der Oberbefehlshaber der Vereinigten Kaiserlichen Flotte, Admiral Isoroku Yamamoto, ihm gegenüber erklärt habe:

»Wenn sie sagen, daß es sein muß, dann können wir etwa ein halbes oder ein Jahr hinhaltend kämpfen, aber wenn es zwei oder drei Jahre dauert, dann glaube ich kaum an einen erfolgreichen Ausgang.«[4]

Die Regierung Roosevelt hatte der größten Hoffnung auf die Erhaltung des Friedens bereits einen Schlag versetzt, als sie sich weigerte, den Einfluß von Konoye zu stärken. Am 3. November warnte Botschafter Grew Hull noch einmal vor den Konsequenzen einer solchen Politik und kritisierte indirekt Roosevelts Verhalten in der japanischen Frage. Grew schrieb, daß er für das Scheitern der Ausgleichsbemühungen einen wahrscheinlichen Schwung des Pendels zurück zu der früheren japanischen Position oder sogar darüber hinaus voraussehe. Bevor es sich ausländischem Druck beuge, würde Japan eher ein nationales Harakiri riskieren, um gegen Wirtschaftsembargos immun zu werden.

»Von Beobachtern, die den japanischen Nationalcharakter und seine Psychologie Tag für Tag zu spüren bekommen, wird klar erkannt, daß diese Entwicklung nicht nur möglich, sondern sogar wahrscheinlich ist ...

Die Annahme, daß trotz eines gewissen Kriegsrisikos ein Krieg wahrscheinlich vermieden würde, wenn man stufenweise drastische wirtschaftliche Maßnahmen einleitet, ist eine zu unsichere und zu gefährliche Hypothese, um darauf die Politik der Vereinigten Staaten aufzubauen. Wenn ein derartiger Kurs eingeschlagen würde, würde er einen Krieg nicht verhindern ... Die wichtigste Frage ist die, ob im Falle eines Versagens der Diplomatie als erster nationaler Verteidigungslinie die amerikanischen nationalen Ziele, Politik und Notwendigkeiten einen Krieg mit Japan rechtfertigen. Nur auf der Grundlage dieser Entscheidung wäre es der Roosevelt-Administration möglich, einen Kurs zu verfolgen, der soweit wie möglich von Elementen der Unsicherheit, der Spekulation und der bloßen Meinung frei wäre. Der Botschafter nimmt an, daß solch eine Entscheidung, die sich leicht als unwiderruflich herausstellen könnte, bereits ausführlich beraten und angenommen wurde, da die Zeit schnell verrinnt.«[5]

Grew brachte damit zum Ausdruck, daß Roosevelt und seine Regierung sich bereits für den Krieg entschieden hatten, und daß die Politik der wirtschaftlichen Strangulation sowie die Weigerung, die Regierung Konoye in ihren Friedensbemühungen zu unterstützen, nur Anzeichen für die bereits getroffene Grundsatzentscheidung waren. Grew fuhr fort:

»Der Botschafter ... will damit in keiner Weise sagen, daß Washington eine unüberlegte Politik verfolgt. Er hat nicht die Absicht, auch nur für einen Augenblick ein ›Appeasement‹ Japans zu befürworten ... Der Botschafter möchte nur sicherstellen, daß die Vereinigten Staaten nicht in einen Krieg mit Japan hineingeraten, weil sie sich nicht über Japans Fähigkeit im klaren sind, sich blindlings in einen selbstmörderischen Kampf mit den Vereinigten Staaten zu stürzen ... Er möchte darauf aufmerksam machen, daß es kurzsichtig wäre, die Vorbereitungen zu übersehen, die Japan für ein Alternativprogramm trifft, falls die Friedensbemühungen scheitern sollten.

Er fügt hinzu, daß es für die amerikanische Politik gleichermaßen kurzsichtig wäre, zu glauben, daß die japanischen Vorbereitungen nichts als Säbelrasseln seien, nur dazu bestimmt, die Hochdruckdiplomatie Japans moralisch zu unterstützen. Eine Aktion Japans, die einen bewaffneten Konflikt mit den Vereinigten Staaten unvermeidlich machen würde, kann mit gefährlicher und dramatischer Plötzlichkeit kommen.«[6]

Die japanische Regierung machte jedoch noch einen weiteren Versuch, zu einer politischen Lösung zu gelangen. Noch vor dem Sturz des Kabinetts Konoye war beschlossen worden, Saburo Kurusu, einen erfahrenen Diplomaten, nach Washington zu entsenden, um Nomura dabei zu unterstützen.[7] Kurusu verließ Tokio mit seinem Auftrag am 5. November. Mit oder ohne sein Wissen – Kurusu beteuerte nach dem Krieg ebenso wie Nomura, von dem geplanten Schlag gegen Pearl Harbor nichts gewußt zu haben[8] – hatte die Regierung Tojo für den Abschluß einer Vereinbarung mit den Vereinigten Staaten bereits einen Endtermin festgesetzt. Bei seiner Abreise erklärte Kurusu, er habe sich aus »technischen Gründen« geweigert, einen späteren Clipper* zu nehmen.[9] Dies legte die Schlußfolgerung nahe, daß seine Tätigkeit einer Zeitgrenze unterlag. Die Gründe für diese Entscheidung waren unschwer zu erraten.

Im November hatte der von den Vereinigten Staaten begonnene Wirtschaftskrieg Japan bereits in eine verzweifelte Lage gebracht. Nicht nur waren die japanischen Guthaben durch Amerikaner, Briten und Holländer eingefroren worden, was zu einer Unterbrechung des Handels mit diesen

* Ein Flugboot für den Transpazifikverkehr, W. P.

Ländern führte, sondern auch der Panamakanal war für die japanische Schiffahrt geschlossen worden. Diese Aktionen sowie die Handelsstagnation, die auf den deutsch-sowjetischen Krieg zurückging, hatten Japan von etwa 75 Prozent seiner normalen Importe abgeschnitten, was einen ernsten Mangel an Nahrungsmitteln und eine Schwächung der Gesamtwirtschaft zur Folge hatte.[10] Grew erfuhr am 7. November von »einem führenden Japaner«, daß die Regierung Tojo wegen dieser Beeinträchtigungen

»die Grenzen festgelegt hatte, bis zu denen man den Vereinigten Staaten entgegenkommen konnte. Sollten aber diese Zugeständnisse von der Regierung der Vereinigten Staaten als ungenügend angesehen werden, dann sei es von größter Wichtigkeit, daß die Washingtoner Gespräche fortgesetzt und nicht abgebrochen würden«.[11]

Das Beharren darauf, die Verhandlungen auch dann fortzusetzen, wenn beide Seiten ihr Scheitern eingestanden, deutet wieder darauf hin, daß bereits ein Endtermin für ein Abkommen festgesetzt worden war, nach dem alle weiteren Gespräche nur noch den Zweck haben konnten, die Regierung in Washington sowie ihr Armee- und Marineoberkommando zu täuschen. Das japanische Manöver, die Gespräche nach dem 26. November fortzusetzen, war tatsächlich dazu bestimmt, Zeit zu gewinnen, um den bereits in Gang gesetzten militärischen Plan ausführen zu können.

Als Grew sich bei seinem Informanten über den kriegerischen Tonfall der japanischen Presse beklagte, bemerkte sein Besucher nur, daß »ängstliche Hunde bellen, und je größer die Angst, desto lauter bellen sie«. Er fügte hinzu, daß »gegenwärtig die Militärpartei in Japan über die Aussichten erschrocken ist, die sich ihr eröffnen«.[12]

Noch bevor Kurusu in Washington eintraf, hatte die neue Regierung Tojo ihre Bereitschaft gezeigt, sich um eine Verständigung zu bemühen. Sie hatte Nomura ermächtigt, Außenminister Hull am 7. November ein Memorandum vorzulegen, das sich mit der Stationierung japanischer Truppen auf dem Festland befaßte und die Verpflichtung beinhaltete, alle Truppen außer einiger Garnisonen in Nordchina und der Inneren Mongolei, innerhalb von zwei Jahren nach Abschluß eines Friedens aus China abzuziehen und nach Beendigung des chinesischen Krieges auch die japanischen Truppen aus Indochina zurückzuziehen.[13] Drei Tage später bemühte sich Nomura nochmals, Präsident Roosevelts Bedenken wegen Japans Bindungen an die Achsenmächte zu zerstreuen, indem er erklärte: »Ich bitte Sie nur darum, ›zwischen den Zeilen zu lesen‹ und diese Formel als befriedigend zu akzeptieren.«[14]

In Tokio sprach der neue japanische Außenminister, Shigenori Togo, am 10. November mit Grew voller Ingrimm über die Weigerung Amerikas, das, was er als Aufrichtigkeit bezeichnete, an den Tag zu legen. Laut Grew erklärte der Minister:

»Die Bevölkerung dieses Landes nimmt beständig und rasch zu; es sind nun etwa 100 Millionen. Es war notwendig, die für ihre Existenz unentbehrlichen Rohstoffe sicherzustellen. Er war der Meinung, daß ein erfolgreicher Abschluß der Verhandlungen schwierig sein würde, solange die amerikanische Regierung diese Tatsache und ihre Konsequenzen nicht anerkenne. Während die Gespräche über einen Zeitraum von mehr als sechs Monaten fortliefen, hat die japanische Regierung wiederholt Vorschläge gemacht, die eine Annäherung an den amerikanischen Standpunkt bedeuteten, aber die amerikanische Regierung hätte weitergehende Zugeständnisse erwartet. Dies sind die Fakten, die ›uns in Japan dazu geführt haben, uns zu fragen, in welchem Grade die amerikanische Regierung bei der Führung der Gespräche aufrichtig war‹. Er erklärte, daß die öffentliche Meinung in Japan bei den Bemühungen, zu einem Abschluß zu gelangen, keine weiteren Verzögerungen hinnehmen werde.«

Im weiteren Verlauf des Gesprächs behauptete Togo, daß »die Einfrierung der japanischen Guthaben durch die Vereinigten Staaten die Zufuhr vieler wichtiger Rohstoffe nach Japan unterbunden hat. Wirtschaftlicher Druck dieser Art ist geeignet, die Existenz der Nation in stärkerem Maße zu bedrohen als die Anwendung von Gewalt.«

Der Minister fragte Grew auch, warum Amerika gegenüber japanischen militärischen Aktivitäten eine Haltung einnehme, die »päpstlicher als der Papst« sei. »Er habe den Eindruck gewonnen, daß die amerikanische Regierung unter dem Vorwand der Selbstverteidigung jetzt auf Maßnahmen zurückgreife, die jenseits dessen liegen, was allgemein als internationales Recht anerkannt wird.«[15]

In all diesen Monaten hatte die amerikanische Regierung ihre Gespräche mit den Japanern nur als von vorläufiger und sondierender Natur betrachtet, aber nun dachten die Japaner, sie seien weit genug vorangeschritten, um auf die Ebene »formeller und offizieller Verhandlungen« gehoben zu werden.[16] Die Japaner baten auch nachdrücklich um mehr Tempo in den Verhandlungen, was Roosevelt mit der Feststellung beantwortete, daß die sechs Monate, die bereits verstrichen waren, eine kurze Zeit seien, wenn man sich mit so wichtigen Problemen befasse. Er riet zur Geduld.[17] Außenminister Togo soll schockiert gewesen sein, als er von Nomura hörte, daß Hull und Roosevelt die Dringlichkeit der Verhandlungen und die Notwendigkeit, sie bald zu einem erfolgreichen Abschluß zu bringen, nicht richtig einschätzten. Die militaristische Propaganda in Japan war so stark, daß Togo, wie vor ihm Konoye, nach der Feststellung Grews erkennen mußte, daß seine Stellung und sogar sein Leben durch oppositionelle Extremistengruppen gefährdet waren, wenn er die Verhandlungen fortsetzte.[18]

Am 15. November erklärte Außenminister Hull jedoch, er werde nicht in das Stadium von Verhandlungen eintreten, solange nicht Großbritannien,

China und die Niederlande konsultiert worden seien. Er protestierte dagegen, zur Frage einer Beschleunigung der Gespräche »Ultimaten« zu erhalten, da die Vereinigten Staaten die ganze Zeit einen friedlichen Kurs verfolgt hätten, während die japanische Regierung es gewesen sei, die »Recht und Ordnung verletzt« hätte. Er fügte hinzu, daß der Abschluß eines Abkommens, solange Japans Bindungen an Deutschland bestehen blieben, in seinem Land einen solchen Aufruhr auslösen würde, daß er »ohne weiteres gelyncht werden könnte«.[19]

Hull schlug nun ein neues Handelsabkommen vor, das eine Zusammenarbeit zwischen den Vereinigten Staaten und Japan bei einem allgemeinen Abbau der Handelsschranken sowie die Wiederherstellung eines normalen Handelsaustauschs zwischen den beiden Ländern vorsah, es sei denn, eine Seite hielt es für notwendig, Ausfuhren aus Gründen der Sicherheit und der Selbstverteidigung zu beschränken.[20] Die amerikanischen Anordnungen für ein Embargo gegen Japan hatten dieses Land nicht beim Namen genannt, sondern hatten generell die Ausfuhr bestimmter Produkte verboten, wenn dies im Interesse der »Selbstverteidigung« lag – außer an Staaten in der westlichen Hemisphäre und nach Großbritannien. Der Rückgriff auf die gleiche Formulierung in Hulls neuem Angebot konnte als Fluchtklausel interpretiert werden, durch die unser Land Japan ein Versprechen, aber keine greifbaren Vorteile gab.

Nach Kurusus Ankunft in Washington am 17. November sorgte Hull gleich für eine kalte Dusche, indem er von Japan ein völliges Abrücken vom Dreimächtepakt verlangte, bevor irgendein anderes Thema erörtert werden könnte. Außerdem vertrat er die Meinung, daß Kurusu nichts Neues anzubieten habe.[21] Hull zeigte während der folgenden Besprechungen keine Bereitschaft, Kompromisse zu schließen, und am 18. November erklärte er während eines Treffens: »Wir können so weit gehen, aber anstatt über einen gewissen Punkt hinauszugehen, wäre es besser für uns stehenzubleiben und die Konsequenzen zu tragen.«[22] Kurusu teilte Hull mit, er könne zwar nicht erklären, daß Japan den Dreimächtepakt annulieren werde, aber: »Japan könnte etwas tun, was den Dreimächtepakt ›in den Schatten stellen‹ würde.«[23] Hull blieb unbeeindruckt. Als Kurusu dann das State Department um eine Formel bat, wie Japan mit seinen Verpflichtungen gegenüber der Achse umgehen sollte, wies Hull ihn mit der Erklärung zurück, »dies sei eine Frage, die Japan klären müsse«.[24] Nomura, der ebenfalls nach Wegen suchte, um Japans Kurs zu ändern, wies darauf hin, daß »große Schiffe nicht so schnell wenden können, sie müssen langsam und allmählich herumgedreht werden«.[25]

Um dieses Ziel zu erreichen, machten die Japaner am 20. und 21. November ihr letztes Angebot. Es war ein sogenannter Modus vivendi, der genügen sollte, bis irgendein umfassenderes Abkommen erzielt werden konnte. Hull fragte, ob der japanische Vorschlag als Zwischenschritt gedacht sei, der helfen solle, die öffentliche Meinung in Japan zu beeinflussen, und ob die japanischen Gesandten die Absicht hätten, danach die Gespräche mit Blick auf ein umfassendes Abkommen fortzusetzen. Kurusu antwortete bejahend. Laut Darstellung des State Department

»sagte Mr. Kurusu, es sei irgendeine unverzügliche Entlastung notwendig, und wenn der Patient für eine Behandlung 1000 Dollar benötige, würde ein Angebot von 300 Dollar für den Zweck nicht genügen ... Der Minister erwiderte, obwohl der japanische Vorschlag an die amerikanische Regierung gerichtet sei, hätte er es für ratsam gehalten zu sehen, ob andere Länder mitmachen würden, und er fand heraus, daß sie schrittweise vorgehen wollten.«

Diese Anschauung ging nicht auf Kurusus Vorstellung ein, daß unbedingt eine Übereinkunft erzielt werden müsse, auch wenn sie nur eine Übergangslösung wäre. »Der Botschafter«, so Hull, »erklärte, daß Japan rasch ein Abkommen benötige, und daß seine psychologische Wirkung groß wäre.«[26] Aber Hull konnte oder wollte nicht so rasch handeln.

Die japanischen Vorschläge lauteten wie folgt:

»1. Die Regierungen Japans und der Vereinigten Staaten verpflichten sich, keinerlei Streitkräfte in eines der Gebiete, mit Ausnahme von Französisch-Indochina, Südostasien und dem südpazifischen Raum, zu entsenden.

2. Beide Regierungen wollen in Hinblick auf die Sicherung der Nutzung jener Güter und Waren aus Niederländisch-Ostindien zusammenarbeiten, die beide Länder benötigen.

3. Beide Regierungen verpflichten sich gegenseitig, die Handelsbeziehungen so wiederherzustellen, wie sie vor der Einfrierung der Guthaben bestanden haben.

Die Regierung der Vereinigten Staaten wird Japan die erforderliche Menge an Öl liefern.

4. Die Regierung der Vereinigten Staaten verpflichtet sich, keine Maßnahmen zu ergreifen oder Handlungen einzuleiten, die für die Bestrebungen zur Wiederherstellung des Friedens zwischen Japan und China von Nachteil wären.

5. Die japanische Regierung verpflichtet sich, die derzeit in Französisch-Indochina stationierten Truppen entweder nach der Wiederherstellung des Friedens zwischen Japan und China oder nach der Errichtung eines gerechten Friedens im pazifischen Raum abzuziehen. Sie ist bereit, nach Abschluß der gegenwärtigen Vereinbarungen die japanischen Truppen im südlichen Teil Französisch-Indochinas in den nördlichen zu verlegen.

Was China betrifft, so nimmt die japanische Regierung das Angebot des Präsidenten der Vereinigten Staaten an, als ›Vermittler‹ eines Friedens zwischen Japan und China zu dienen. Sie bittet um eine Zusage der Vereinigten Staaten, nichts gegen die Wiederherstellung des chinesisch-japanischen Friedens zu unternehmen, sobald die beiden Länder direkte Verhandlungen aufgenommen haben.«[27]

Was das Achsenbündnis angehe, so Kurusu, verbürge sich Japan, seine Verpflichtungen »frei und unabhängig« zu interpretieren. Er erklärte, die japanische Regierung werde »das japanische Volk niemals auf Geheiß einer ausländischen Macht in einen Krieg treiben. Sie wird Krieg nur als letztes Mittel zur Aufrechterhaltung seiner Sicherheit und zum Schutz des nationalen Lebens gegen offenes Unrecht akzeptieren.«[28]

Damit rückte Japan deutlicher denn je von der im Pakt enthaltenen Kriegsandrohung ab, aber Hull bemerkte, »er habe nicht gedacht, daß dies irgendwie hilfreich sei, und habe deshalb abgelehnt«.[29] Der Minister erhob außerdem Einwendungen gegen die Klausel, nach der die Vereinigten Staaten nichts unternehmen dürften, das »für die Bestrebungen zur Wiederherstellung des Friedens zwischen Japan und China von Nachteil wäre«. Diese Klausel verlangte anscheinend die Einstellung der amerikanischen Hilfe für Chiang Kaishek, und der Minister erklärte, daß das Ziel unserer Hilfe für China das gleiche sei wie das unserer Hilfe für Großbritannien[30] – sie laufe auf eine umfassende amerikanische Unterstützung für einen chinesischen Sieg hinaus, ungeachtet ihrer Auswirkungen auf die Beziehungen zu Japan. Am 22. November bestand Hull zusätzlich darauf, daß die japanischen Truppen nicht nur aus dem Süden Indochinas, sondern aus dem ganzen Land abgezogen werden müßten.[31]

Am 24. November berichtete Grew aus Tokio, Außenminister Togo sei bestürzt darüber, daß die amerikanische Regierung den japanischen Vorschlag nicht angenommen habe. Togo erklärte, er hätte nicht erwartet, daß die amerikanische Hilfe für China ausgesetzt werde, bevor die Verhandlungen zwischen China und Japan begonnen hätten und die Kampfhandlungen eingestellt würden. Grew schloß aus dieser Bemerkung, daß dieser Punkt der japanischen Vorschläge in erster Linie darauf abzielte, das Gesicht zu wahren.[32]

Lange nach diesen Ereignissen sollte Außenminister Hull die japanischen Vorschläge vom 20. und 21. November als das »letzte japanische Angebot, eine Art Ultimatum« bezeichnen.[33] Am 26. November legte er die amerikanischen Gegenvorschläge vor, und diese bedeuteten Krieg. Grew notierte am 29. November in seinem Tagebuch, daß Hulls Vorschläge von den meisten japanischen Führern, unter ihnen Togo und Fürst Konoye, »sehr pessimistisch« aufgenommen wurden.[34] Am 5. Dezember berichtete er, ein prominenter Japaner hätte ihm geschrieben, beinahe alle Leute glaubten, »daß Washington uns ein Ultimatum gestellt habe«.[35]

Am 30. November hielt Premierminister General Tojo unter der Schirmherrschaft der Gesellschaft zur Unterstützung der kaiserlichen Herrschaft und der Dai-Nippon-Ostasien-Liga eine kriegerische Rede, die den japanischen Gemütszustand widerspiegelte. Der Premier erklärte:

»Die Tatsache, daß Chiang Kaishek auf Kosten begabter und vielversprechender junger Männer nach der Pfeife Großbritanniens, Amerikas und des Kommunismus tanzt und vergeblich versucht, gegen Japan Widerstand zu leisten, entspricht nur dem Wunsch Großbritanniens und der Vereinigten Staaten, in den Gewässern Ostasiens im trüben zu fischen, indem sie die ostasiatischen Völker gegeneinander ausspielen und eine Hegemonie über Ostasien errichten. Dies gehört zum Repertoire Großbritanniens und der Vereinigten Staaten.

Für die Ehre und für den Stolz der Menschheit müssen wir Vergeltung üben und Ostasien von dieser Art von Praktiken säubern.«[36]

Hulls Vorschläge vom 26. November waren für die Japaner zweifellos unannehmbar, und dies war dem Minister von vornherein bekannt. Sie machten deutlich, daß für das State Department die Verhandlungen zu Ende waren. Einen Tag bevor er sie Nomura und Kurusu vorlegte, gab Hull bei einem Treffen des Kriegsrates seiner Überzeugung Ausdruck, »daß es praktisch keine Möglichkeit gebe, mit Japan ein Abkommen zu erzielen, daß seiner Meinung nach die Japaner jederzeit erneut Akte gewaltsamer Expansion begehen könnten, und daß die Frage des Schutzes unserer nationalen Sicherheit in den Händen von Army und Navy liege«. Er brachte außerdem seine Auffassung zum Ausdruck, »daß jeder Plan für unsere militärische Verteidigung von der Annahme ausgehen sollte, daß die Japaner das Überraschungsmoment zu einem zentralen Punkt ihrer Strategie machen und außerdem an verschiedenen Punkten gleichzeitig angreifen könnten, um uns die Verteidigung zu erschweren«.[37] Im Lichte dieser Auffassungen kann Hull nicht erwartet haben, daß bei den Vorschlägen, die er am nächsten Tag vorlegte, viel herauskommen würde.

Auch Roosevelt machte sich keine Illusionen über das, was geschehen würde, wenn diese Vorschläge Japan vorgelegt würden. In einer Botschaft an Premierminister Churchill erklärte er am 24. November: »Ich habe nicht viel Hoffnung, und wir müssen alle auf ernsthafte Schwierigkeiten vorbereitet sein, möglicherweise bald.«[38] Während eines Treffens im Weißen Haus um die Mittagszeit des 25., dem Tag bevor Hull die Gegenvorschläge des Präsidenten den Japanern überreichte, brachte Roosevelt nochmals »den Fall zur Sprache, daß wir wahrscheinlich angegriffen werden, vielleicht schon am nächsten Montag«.[39]

Hull erklärte vor dem Untersuchungsausschuß des Kongresses, er habe seine Diplomatie in enger Zusammenarbeit mit den Regierungen Großbritanniens, Australiens, Hollands und Chinas betrieben, die alle bei der Vorbereitung der Note vom 26. November konsultiert worden seien.[40] Er habe sich mit ihren Absichten, insbesondere jenen der Chinesen, abgestimmt, obwohl diese wesentlich zur Herbeiführung des Krieges beitrugen.

Eines seiner Memoranden zeigt z. B., daß er am 25. November, dem Tag, bevor er Japan die amerikanischen Bedingungen vorlegte, Botschafter Halifax konsultierte, der den Wunsch äußerte, daß die Forderungen an die Japaner den Abzug aller japanischen Land-, Luft- und Seestreitkräfte aus Indochina beinhalten sollten, anstatt den Verbleib von 25 000 Mann zu gestatten, wie Hull es vorgeschlagen hatte. Der amerikanische Außenminister änderte die Bedingungen seiner Regierung, um sie mit der Auffassung des britischen Botschafters in Einklang zu bringen.[41]

Halifax wünschte sich außerdem, daß die von Hull vorgesehene Lockerung der wirtschaftlichen Restriktionen dahingehend geändert würde, daß der Export aller Güter »von unmittelbarer Bedeutung für das Kriegspotential, insbesondere von Öl« nach Japan verboten werden sollte. Halifax erklärte, die Briten wollten gerne »Hulls schwierige Aufgabe« erleichtern, aber die wirtschaftliche Struktur des Britischen Empire sei so kompliziert, daß Großbritannien es als unmöglich ansehe, »diplomatischen Vertretern eine unbeschränkte Vollmacht zu geben«.[42]

Am 26. November bestätigte Churchill in einem Schreiben an Roosevelt den Empfang einer »Botschaft über Japan« vom Präsidenten, die die britische Regierung über die Übergabe des Ultimatums an die japanischen Gesandten durch Hull an diesem Tag informierte. Churchill versicherte dem Präsidenten: »Es ist Ihre Sache, dieses Geschäft zu erledigen.«

»Es gibt nur einen Punkt, der uns beunruhigt«, fuhr Churchill fort. »Was ist mit Chiang Kaishek? Ist er nicht auf sehr magere Kost gesetzt? Unsere Besorgnis gilt China. Wenn es zusammenbricht, dann werden die Gefahren, die uns gemeinsam bedrohen, gewaltig zunehmen. Wir sind sicher, daß Ihr Vorgehen von der Rücksichtnahme der Vereinigten Staaten auf die chinesische Sache geleitet wird. Wir glauben, daß die Japaner tief verunsichert sind.«[43]

Churchill hätte sich seine Sorgen über die Chinesen sparen können. Sie sorgten für sich selbst. Bei den Anhörungen durch den Kongreß wurde die Tatsache ans Licht gebracht, daß Hull die letzte Hoffnung auf Erhaltung des Friedens verspielt hatte, als er ihrem Drängen nachgab.

Bevor er am 26. November jenes Dokument vorlegte, das das Army Pearl Harbor Board als den »Knopfdruck, der den Krieg auslöste«[44] bezeichnete, wollte Hull eigentlich von sich aus einen Modus vivendi für einen dreimonatigen Burgfrieden mit Japan vorschlagen. Dieses Projekt beschäftigte ihn zuletzt am Morgen des 25., wie von Kriegsminister Stimson bestätigt wird. Dieser berichtet:

»Um 9.30 Uhr trafen Knox und ich uns in Hulls Büro zu unserem Dreiertreffen. Hull zeigte uns den Vorschlag für einen dreimonatigen Burgfrieden, den er heute oder morgen den Japanern vorlegen wollte. Als ich ihn las, dachte ich, daß er alle unsere Interessen angemessen wahrnehme, aber ich glaubte nicht, daß es irgendeine Aussicht für seine Annahme durch die Japaner gab, weil er so drastisch ausgefallen war.[45] Als Gegenleistung für die Vorschläge, auf die sie eingehen sollten, nämlich sofort abzuziehen, sofort alle Vorbereitungen oder Drohmaßnahmen zu stoppen, und keine aggressiven Schritte gegen einen ihrer Nachbarn zu unternehmen usw., wollten wir ihnen einen offenen Handel nur in solchen Mengen gewähren, wie er für ihre Zivilbevölkerung ausreichte. Diese Beschränkung galt insbesondere für Öl. Wir hatten ein langes Gespräch über die allgemeine Lage. Wir waren eineinhalb Stunden bei Hull, und dann kehrte ich ins Ministerium zurück, wo ich Marshall zu fassen bekam.«[46]

Stimson ging mit dem Generalstabschef anschließend ins Weiße Haus, wo er zusammen mit den Ministern Knox und Hull sowie Admiral Stark hörte, wie der Präsident seine Voraussage über einen japanischen Angriff »vielleicht schon am nächsten Montag« machte.

Am folgenden Tag, dem 26. November, erfuhr Stimson, daß Hull sich entschieden hatte, den Modus vivendi aufzugeben.

»Hull erzählte mir an diesem Morgen am Telephon, er sei zu der Überzeugung gekommen, den Vorschlag fallenzulassen, den Knox und ich am nächsten Tag an die Japaner weiterreichen sollten, und statt dessen die ganze Sache umzustoßen – ihnen zu sagen, daß er überhaupt keinen anderen Vorschlag hätte. Die Chinesen hätten gegen diesen Vorschlag protestiert – als er ihn ihnen zeigte; d. h. gegen den Vorschlag, den er Knox und mir gezeigt hatte, weil er das Versprechen enthielt, den Japanern während des dreimonatigen Burgfriedens ein wenig Öl für zivile Zwecke zu liefern.

Chiang Kaishek hat eine Sonderbotschaft geschickt, in der es heißt, daß dies in China einen äußerst schlechten Eindruck machen würde; daß es ihnen allen Mut rauben und Chiangs Feinden in die Hände spielen würde, und daß die Japaner dies ausnutzen würden. T. V. Soong hat mir diesen Brief geschickt und mich um ein Treffen gebeten, und ich habe an diesem Morgen Hull angerufen, um ihm dies mitzuteilen und ihn zu fragen, was ich seiner Meinung nach tun sollte. Er antwortete, wie ich bereits oben geschildert habe – daß er zu der Überzeugung gelangt sei, den Japanern einfach mitzuteilen, daß er keinen weiteren Vorschlag hätte.«[47]

Als Admiral Stark vor dem Kongreßausschuß vernommen wurde, brachte der Kongreßabgeordnete Gearhart die Konferenz zur Sprache, die um die Mittagszeit des 25. im Weißen Haus stattgefunden hatte. Er fragte, ob Hull zu diesem Zeitpunkt einen Hinweis darauf gegeben hätte, daß er beabsichtige, den Vorschlag für einen dreimonatigen Burgfrieden fallenzulassen. Stark sagte, er könne sich nicht erinnern, aber Hull habe in einem Memorandum vom 27. November erwähnt, daß er bereits am 25. überlegt habe, den Modus vivendi fallenzulassen, und daß er ihn am 26. tatsächlich fallenließ.

»Waren Sie nicht außerordentlich beunruhigt, und war nicht auch General Marshall sehr beunruhigt über den Verlauf dieser Konferenz und über die Dinge, die von Mr. Hull geplant wurden?« fragte Gearhart.

»Wir waren beunruhigt, weil wir sahen, daß die Dinge sich sehr rasch auf eine Kraftprobe hin entwickelten, wenn Sie so wollen, und wir wollten mehr Zeit gewinnen. Aber es sah so aus, als ob dies nicht möglich wäre«, erwiderte Stark. »Wenn Sie den Modus vivendi lesen, klingt er keineswegs so drastisch wie die sogenannte Zehn-Punkte-Note, die er den Japanern am 26. übergab. Nach meinem Verständnis waren die zehn Punkte, die in der Note vom 26. aufgeführt wurden, die gleichen Punkte, die, wenn vielleicht auch immer nur einer, im Modus vivendi enthalten sein sollten. Der Modus vivendi würde uns durch die Erörterung der einzelnen Punkte einige Wochen oder drei Monate verschaffen, und dann würde der Modus vivendi über Bord geworfen und den Japanern die Punkte übergeben, die Ihnen allen bekannt sind.«

»Es wurde festgestellt«, sagte Gearhart, »daß der Modus vivendi fallengelassen wurde, weil Chiang Kaishek energisch gegen ihn protestierte. Wurde die Haltung Chiang Kaisheks gegenüber dem Modus vivendi auf dem Treffen vom 25. zur Sprache gebracht?« – »Ich kann mich nicht erinnern, daß dies der Fall war«, erwiderte Stark. »Ich erinnere mich sehr genau daran, wie Mr. Hull mir erzählte, was er über den Modus vivendi dachte, unabhängig von jenem Treffen vom 25.«

»Sie hörten, wie der Präsident im Verlauf jenes Treffens dem Inhalt oder dem Sinn nach sagte, daß wir wahrscheinlich angegriffen würden, vielleicht schon am nächsten Montag?«

»Ja, ich erinnere mich daran.«[48]

Am 26. November verfaßte Außenminister Hull ein Memorandum an Roosevelt. Darin hieß es:

»Unter Bezugnahme auf unsere beiden Vorschläge, die zur Vorlage an die japanische Regierung vorbereitet werden:

1. Ein Vorschlag in der Art eines Vertragsentwurfs für ein umfassendes, grundlegendes und friedliches Übereinkommen für den pazifischen Raum, das fortan Teil der derzeit laufenden allgemeinen Gespräche werden soll, die fortgesetzt werden, wenn beide Regierungen im Hinblick auf ein allgemeines Abkommen über diesen Gegenstand einig sind.

2. Der zweite Vorschlag ist tatsächlich mit den Gesprächen über ein allgemeines Abkommen eng verbunden, was in der Natur eines Modus vivendi liegt, der bezweckt, die Fortsetzung der Gespräche zu erleichtern. Angesichts der Opposition der chinesischen Regierung Großbritanniens, der Niederlande und Australiens, und angesichts der weitverbreiteten Publizität der Opposition und der zusätzlichen Opposition, die wegen des völligen Mangels an Verständnis für die weitreichende Bedeutung und den Wert des Modus vivendi natürlicherweise folgen wird, und ohne in irgendeiner Weise von meinen Ansichten über die Weisheit und den Nutzen dieses Schrittes für all

die Länder, die im Gegensatz zu den Aggressornationen stehen und die am pazifischen Raum interessiert sind, möchte ich nachdrücklich empfehlen, daß ich jetzt den japanischen Botschafter herbeizitiere und ihm eine Ausfertigung des umfassenden und grundlegenden Vorschlages für ein allgemeines und friedliches Übereinkommen überreiche und gleichzeitig den Vorschlag für einen Modus vivendi zurückbehalte.«[49]

Stark kommentierte Hulls Sinnesänderung, die zur Aufgabe des Modus vivendi führte, mit den Worten: »Ich denke, in Mr. Hulls Kopf kochte die Botschaft Chiang Kaisheks, und am 26. wurde sie zur Sülze.«[50]

Stimson hörte von Hulls Entscheidung, den Modus vivendi durch ein Ultimatum zu ersetzen, erstmals am 27. November, einen Tag nach der Unterredung des Außenministers mit den japanischen Gesandten. Stimson berichtet:

»Als erstes rief ich am Morgen Hull an, um herauszufinden, wie die Begegnung mit den Japanern verlaufen war – ob er ihnen den neuen Vorschlag übergeben hatte, den wir zwei oder drei Tage vorher weitergereicht hatten, oder ob er, wie er gestern angedeutet hatte, die ganze Angelegenheit abgebrochen hatte. Er formulierte es so: ›Ich habe es aus meinen Händen gegeben und es liegt nun in den Händen von Ihnen und Knox – der Armee und der Marine.‹ Dann rief ich den Präsidenten an. Der Präsident gab mir eine etwas andere Darstellung. Er sagte, sie hätten die Sache beendet, die von Hull ausgearbeitet worden sei. Ich fand später heraus, daß dies nicht eine Wiederaufnahme der Sache war, sondern eine Erklärung über unseren unveränderlichen Standpunkt.«[51]

Admiral Stark erklärte, er habe wahrscheinlich am 27. November erstmals davon gehört, daß Hull den Modus vivendi fallengelassen und ein Zehn-Punkte-Ultimatium vorgelegt habe. Er sagte, er erinnere sich an Hulls Ausspruch, daß »es nun die Sache der Armee und der Marine sei«, was seiner Meinung nach »zweifellos auf die Tatsache hindeutete, daß er (Hull) keine Hoffnung mehr hatte, durch weitere Verhandlungen zu einer befriedigenden Vereinbarung zu gelangen«. »Als ich davon erfuhr, hielt ich es für sehr wichtig, insbesondere, da wir auf Zeit spielten«, erklärte Stark.[52]

Senator Ferguson kam auf den Einfluß zurück, den die Chinesen auf Hull ausübten, um ihn zur Aufgabe des Modus vivendi zu bewegen, und legte die Botschaft vor, die Kriegsminister Stimson am 25. November von T. V. Soong, dem Schwager Chiang Kaisheks, erhalten hatte. Stark identifizierte sie als die Botschaft, die Hull so erregt hatte.

»Trifft es zu, daß die chinesische Regierung sich nicht nur an den Außenminister, sondern auch an andere Dienststellen wandte, und Mr. Hull deshalb erregt war?« fragte Ferguson.

»Sehr erregt.«

Ferguson fragte, ob die Chinesen nicht sogar auf den Kongreß Druck ausgeübt hätten, um Hull dazu zu bewegen, den Vorschlag für einen Waffenstillstand fallenzulassen.

»Ich habe es so verstanden, und dies wird fraglos durch die Erklärung Mr. Hulls mir gegenüber bestätigt, daß sie auf dem Capitol ›Appeasement‹ riefen, was ihn sehr störte.«[53]

Ferguson legte dann ein Memorandum Hulls über ein Gespräch mit dem chinesischen Botschafter Dr. Hu Shih vom 25. November vor, das den Titel trug: »Generalissimus Chiang Kaisheks Opposition gegen den Modus vivendi.« Hulls Bericht über seine Unterredung mit Dr. Hu lautet wie folgt:

»Ich sagte erst kürzlich, daß der Generalissimus und Madame Chiang Kaishek Washington mit ebenso energischen wie langatmigen Telegrammen überschwemmen, in denen sie uns mitteilen, wie außerordentlich gefährlich ein japanischer Angriff auf die Burmastraße und auf Indochina wäre, und in denen sie lautstark um Hilfe rufen. Dabei fordert doch dieser Vorschlag von mir und dem Präsidenten als erstes, die japanischen Truppen aus Indochina abzuziehen, um dadurch die Burmastraße vor dem zu schützen, was Chiang Kaishek als drohende Gefahr bezeichnet.«[54]

Stark kommentierte dies folgendermaßen: »Ich erinnere mich sehr genau daran, wie aufgebracht Mr. Hull war, als er mir erzählte, daß sogar das Capitol Appeasement rufe, und daß die Chinesen ihn von sich aus hätten unterstützen sollen, weil er in ihrem Interesse handele, und daß sie dies offenbar nicht verstanden hätten. Er wies außerdem darauf hin, daß die Briten ihn, wie er glaubte, nur halbherzig unterstützen würden.«[55]

»Wollen Sie uns nun erzählen, warum der Modus vivendi nicht abgeschickt wurde?« fragte Ferguson Stark. »Sie waren einer der Spitzenmilitärs und vertraten die Marine der Vereinigten Staaten, und im Pazifik würde es zu einem Seekrieg kommen, nicht wahr?«

»Hauptsächlich, ja. Ich habe in erster Linie immer an einen Seekrieg gedacht.« Stark erklärte, sowohl er als auch General Marshall hätten um mehr Zeit gekämpft, »weil die Verteidigung der Philippinen, die ein Problem der Armee war«, für einen Krieg mehr Vorbereitungen erforderte.[56]

Dann legte Stark ein Memorandum über ein Gespräch vor, das am 29. November zwischen Hull und Lord Halifax stattfand. Demnach erklärte Hull:

»Der britische Botschafter sprach auf seinen Wunsch hin bei mir vor. Ich entdeckte bald, daß er eigentlich nur den Auftrag hatte, die Folgen der Gespräche zwischen dem Präsidenten, mir und den Japanern in Erfahrung zu bringen, unter besonderer Berücksichtigung der Frage des vorgeschlagenen Modus vivendi. Dies veranlaßte mich, einleitend zu bemerken, daß die Mechanismen für die Pflege der diplomatischen Beziehungen zwischen den Regierungen, die den Aggressornationen Widerstand leisteten, so kompliziert seien, daß es nahezu unmöglich wäre, diese Beziehungen in einer systematischen, sicheren und vernünftigen Weise zu pflegen. Ich wies darauf hin, daß beispielsweise Chiang Kaishek unter Umgehung des State Department zahlreiche hysterische Telegramme an verschiedene Kabinettsmitglieder und hohe Beamte der Regierung geschickt und manchmal sogar den Präsidenten übergangen habe, womit er sich in eine heikle und bedenkliche Situation einmischte, ohne eine wirkliche Vorstellung von den Fakten zu haben.

Ich fügte hinzu, daß der Schwager Chiang Kaisheks hier in Washington sitze, wo er gelegentlich schädliche Berichte an die Presse und andere Personen ausstreue, offenbar ohne eine besondere Absicht damit zu verfolgen; daß wir Korrespondenten aus London hätten, die hier verschiedene Beamte interviewten, was natürlich ihr Recht sei, aber daß wir alle gelegentlich zu schnell aktiv würden, ohne unsere jeweiligen Auffassungen ganz zu verstehen, usw. usw. Ich erklärte, daß der Ausbruch Chiang Kaisheks dies vor kurzem gut veranschaulicht habe. Mit Hinweis darauf bemerkte ich, daß es besser gewesen wäre, wenn Churchill Chiang Kaisheks lautstarken Protest über unsere hiesigen Verhandlungen mit Japan entgegengenommen hätte, statt diesen Protest ohne Einspruch von seiner Seite an uns weiterzuleiten und dadurch den uns bekannten Standpunkt der britischen Regierung zu diesen Verhandlungen zu ändern und tatsächlich umzustoßen. Churchill hatte Chiang Kaishek ein energisches Telegramm geschickt, in dem er ihn aufforderte, sich aufzuraffen und mit dem gleichen Einsatz wie die Japaner und die Deutschen zu kämpfen, anstatt das chinesische Volk zu schwächen und ihm zu erzählen, daß alle befreundeten Länder sich jetzt nur noch selbst schützen und ein Abkommen zwischen China und Japan erzwingen wollten. Jeder Chinese sollte begreifen, daß mit diesem Vorgehen der bestmögliche Kurs verfolgt wurde, der nach entschlossenem Kampf ruft, bis die Aussicht auf Friedensverhandlungen besteht, die Japan zu gegebener Zeit mit China beginnen wird.«[57]

»Ich empfand es trotzdem als unangebracht, ganz Washington in der Weise zu überschwemmen, wie Hull es geschildert hat«, bemerkte Stark. »Ich dachte, sie hätten mit all ihren Problemen zu ihm gehen und nicht die Haupt- und Nebenwege benutzen sollen.«

»Aber nachdem wir alles durchgegangen sind, ist doch ersichtlich, daß Mr. Hull genau das tat, was die Chinesen wollten?« fragte Senator Ferguson.

»Er tat es. Er brach die Verhandlungen ab, soweit es den Modus vivendi betraf«, erwiderte Stark. »Und er gab reichlich Gründe dafür an. Vielleicht stimmte er einigen der Gedankengänge Chiang Kaisheks zu, denen zufolge schon ein Durchsickern der Absicht der Vereinigten Staaten, den Japanern Öl oder andere Rohstoffe zu überlassen oder die Einfrierung zu lockern, ein derartiger Schlag für die chinesische Moral wäre, daß sie unmöglich weitermachen konnten. Er besprach es, wie ich annehme, mit seinem Chef, und er kam zu diesem Ergebnis.«

»Aber Herr Admiral«, entgegnete Ferguson, »wenn Sie das nehmen, was Mr. Hull über Chiang Kaishek sagte, deutet das dann nicht darauf hin, daß er diesen Weg nicht gehen wollte – daß er vielmehr seinen eigenen Wünschen folgen wollte? Dies war eine Kritik des chinesischen Standpunktes, nicht wahr?«

»Ich weiß nicht, ob er daran so viel kritisierte«, antwortete Stark, »obwohl er den chinesischen Standpunkt in mancher Hinsicht kritisiert haben mag. Das, möchte ich sagen, hätte zwischen Mr. Hull und dem Botschafter besprochen und geklärt werden können. Aber als es an die große Glocke gehängt wurde und Mr. Hull den Eindruck gewann, daß er sogar hier auf dem Capitol des Appeasements beschuldigt wurde, mag ihn das in seiner Handlungsweise beeinflußt haben.«

»Einen Moment bitte. Verstehe ich Sie richtig, daß die Ansicht, Mr. Hull würde Japan beschwichtigen, etwas damit zu tun hat, daß er den Modus vivendi verwarf und an seine Stelle die Note vom 26. setzte?«

»Ob die Kritik, die im offiziellen Washington gegen ihn geäußert wurde, etwas mit seiner endgültigen Entscheidung zu tun hat oder nicht, kann nur Mr. Hull selbst beantworten«, erwiderte Stark.

»Ich weiß nur, daß sie ihn sehr ärgerte.«[58]

Das war der Hintergrund, als Nomura und Kurusu am 26. November um 17.45 Uhr im State Department vorsprachen, um die amerikanischen Bedingungen zu erhalten. Der chinesische Ruf »Appeasement« war Hull unter die Haut gegangen, und der Außenminister reagierte, indem er mit Roosevelts Segen den Frieden aus dem Fenster warf.[59] Die Vorschläge, die er den Japanern vorlegte, lauteten wie folgt:

»1. Die Regierung der Vereinigten Staaten und die Regierung Japans werden sich bemühen, einen multilateralen Nichtangriffspakt zwischen dem Britischen Empire, China, Japan, den Niederlanden, der Sowjetunion, Thailand und den Vereinigten Staaten abzuschließen.

2. Beide Regierungen werden sich bemühen, zwischen den Regierungen Amerikas, Großbritanniens, Chinas, Japans, der Niederlande und Thailand ein Abkommen zu schließen, demgemäß jede dieser Regierungen sich verpflichtet, die territoriale Integrität Französisch-Indochinas zu respektieren. Falls eine Bedrohung der territorialen Integrität Indochinas bekannt wird, sollen sie sofort in Konsultationen über die Ergreifung von Maßnahmen, die für notwendig und geeignet erachtet werden, um der fraglichen Bedrohung zu begegnen, eintreten. Dieses Abkommen wird außerdem bestimmen, daß jede der Regierungen, die an diesem Abkommen beteiligt ist, in ihren Handels- und Wirtschaftsbeziehungen mit Indochina keine Vorzugsbehandlung anstrebt oder akzeptiert und ihren Einfluß geltend macht, um für jeden der Unterzeichner im Handel und Handelsverkehr mit Indochina Gleichberechtigung zu erreichen.

3. Die Regierung Japans wird aus China und Indochina alle Heeres-, Luft-, See- und Polizeikräfte abziehen.

4. Die Regierung der Vereinigten Staaten und die Regierung Japans wer-

den weder militärisch noch politisch oder wirtschaftlich eine andere Regierung oder ein Regime Chinas außer der Nationalregierung der Republik China mit der gegenwärtigen Hauptstadt Chungking unterstützen.

5. Beide Regierungen werden alle exterritorialen Rechte in China aufgeben, einschließlich der Rechte und Vorteile aus internationalen Vereinbarungen und Rechten, die aus dem Boxer-Protokoll von 1901 resultieren. Beide Regierungen werden bestrebt sein, die Zustimmung der britischen und anderer Regierungen zu erhalten, exterritoriale Rechte in China aufzugeben, einschließlich der Rechte aus internationalen Vereinbarungen und Konzessionen aus dem Boxer-Protokoll von 1901.

6. Die Regierung der Vereinigten Staaten und die Regierung Japans werden in Verhandlungen über den Abschluß eines Handelsabkommens zwischen den Vereinigten Staaten und Japan eintreten, auf der Grundlage der gegenseitigen Behandlung als meistbegünstigte Nationen und des Abbaus der Handelsschranken durch beide Länder; die Vereinigten Staaten verpflichten sich, Rohseide auf die Freihandelsliste zu setzen.

7. Die Regierung der Vereinigten Staaten und die Regierung Japans werden die jeweiligen Bestimmungen zur Einfrierung japanischer Guthaben in den Vereinigten Staaten und amerikanischer Guthaben in Japan aufheben.

8. Beide Regierungen werden sich über einen Plan zur Stabilisierung des Dollar-Yen-Kurses verständigen, wobei angemessene Mittel für diesen Zweck zur Hälfte von Japan und zur Hälfte von den Vereinigten Staaten zur Verfügung gestellt werden.

9. Beide Regierungen werden sich darüber verständigen, daß kein Abkommen, welches eine von ihnen mit einer dritten Macht oder Mächten geschlossen hat, dahingehend interpretiert wird, daß es zu dem grundsätzlichen Ziel dieses Abkommens, der Herstellung und Bewahrung des Friedens im gesamten pazifischen Raum, im Gegensatz steht.

10. Beide Regierungen werden ihren Einfluß geltend machen, um andere Regierungen dazu zu veranlassen, die grundlegenden politischen und wirtschaftlichen Prinzipien, die in diesem Abkommen enthalten sind, zu befolgen und sie zur praktischen Anwendung zu bringen.«[60]

Lindley und Davis bemerken freimütig:

»Als er das Dokument aus seinen Händen gegeben hatte ... hatte Mr. Hull das Gefühl, damit den zermürbenden, beunruhigenden eineinhalb Jahren seit Sedan (der Entscheidungsschlacht des deutschen Feldzuges gegen Frankreich im Mai 1940, W. P.) ein Ende gemacht zu haben. Es war die Zeit der diplomatischen Defensive gewesen, in der das Weiße Haus und das Department of State, denen die militärische Macht fehlte, rund um den Globus ihre Überredungskunst und die wirtschaftliche Stärke des Landes eingesetzt hatten, um den Krieg von unseren Küsten fernzuhalten. Mr. Hull dachte mit Bedauern daran, daß er den Frieden ein wenig länger hätte aufrechterhalten können, ohne vitale Interessen zu opfern, aber die Frage von Krieg oder Frieden war ihm aus den Händen genommen worden.«[61]

Die Punkte 3, 4 und 9, die den Abzug aller japanischen Truppen aus China und Indochina, die Anerkennung des Regimes von Chiang Kaishek durch Japan und die Preisgabe der Achse forderten, waren die wichtigsten der zehn Forderungen und Versprechungen. »Nachdem die Japaner die Dokumente gelesen hatten«, berichtet der Stellvertretende Außenminister Joseph W. Ballantine, »fragte Mr. Kurusu, ob dies unsere Antwort auf ihren Vorschlag für einen Modus vivendi wäre.« Hull bejahte dies. Kurusu erklärte, er »sehe nicht, wie seine Regierung die Punkte 3 und 4 des vorgeschlagenen Abkommens akzeptieren könnte. Wenn die Vereinigten Staaten erwarteten, daß Japan vor Chiang Kaishek den Hut ziehe, und den Vorschlag machten, ihn anzuerkennen, könnte Japan nicht einwilligen.«

Nachdem er die amerikanischen Bedingungen weiter durchgesehen hatte, sagte Kurusu, daß ihre Regierung »wahrscheinlich die Hände ringen werde«, wenn er und Nomura ihr die amerikanische Antwort übermittelten. Er schlug vor, erst einmal über den Inhalt der Erklärung zu diskutieren, bevor sie nach Tokio geschickt würde; aber Hull erklärte, »der Vorschlag gehe so weit, wie wir derzeit gehen könnten«. Hull berief sich wiederholt auf die öffentliche Meinung, die seine Handlungsfreiheit beschränke, und behauptete, er würde »wahrscheinlich gelyncht, wenn er zulasse, daß Öl ungehindert nach Japan gelange«. Admiral Nomura bemerkte dazu, daß »Staatsmänner mit festen Überzeugungen in der Öffentlichkeit manchmal keine Sympathien genießen würden, daß nur weise Männer Weitblick hätten und manchmal ein Martyrium erleiden müßten, daß aber das Leben kurz sei und man nur seine Pflicht tun könne«.

Kurusu erklärte, daß die amerikanische Antwort auf die japanischen Vorschläge wahrscheinlich »dem Ende der Verhandlungen gleichkomme«, und er fragte nochmals, ob die Vereinigten Staaten nicht an einem Modus vivendi interessiert wären. Hull wies die Frage zurück und sagte: »Wir haben dies geprüft.«[62]

Am nächsten Tag sprachen die beiden japanischen Botschafter mit Hull bei Präsident Roosevelt vor. Sie brachten ihre Enttäuschung über das Nichtzustandekommen eines Abkommens über einen Modus vivendi zum Ausdruck. Der Präsident weigerte sich, die amerikanischen Vorschläge zu mäßigen, und erklärte den Botschaftern:

> »Wir sind überzeugt, daß Japans höchsten Interessen nicht damit gedient ist, dem Hitlerismus und dem Kurs der Aggression zu folgen. Japans höchste Interessen liegen auf dem Kurs, den wir in den gegenwärtigen Gesprächen umrissen haben. Falls jedoch Japan sich bedauerlicherweise entschließen sollte, dem Hitlerismus und dem Kurs der Aggression zu folgen, dann sind wir ohne Zweifel davon überzeugt, daß Japan letztlich der Verlierer sein wird.«[63]

In Erwiderung darauf bestritt Kurusu in einer Unterredung mit Hull am 1. Dezember »für den Teil Japans jede Ähnlichkeit zwischen den Absichten

Japans und den Absichten Hitlers«, während Nomura »darauf aufmerksam machte, daß Kriege niemals irgend etwas lösen, und daß ein Krieg im Pazifik eine Tragödie wäre. Er fügte hinzu, das japanische Volk glaube, daß die Vereinigten Staaten den Wunsch hätten, Japan weiter gegen China kämpfen zu lassen und es im Würgegriff zu halten. Das japanische Volk glaube, daß es vor der Alternative stehe, vor den Vereinigten Staaten zu kapitulieren oder zu kämpfen. Der Botschafter äußerte, er versuche nach wie vor, die Situation zu retten«.[64]

Hull tat nicht einmal so, als würde er es noch versuchen. Am 29. November erzählte er Lord Halifax, daß »der diplomatische Teil unserer Beziehungen zu Japan praktisch beendet sei und die Angelegenheit nun auf die Amtsträger von Armee und Marine übergehe«. Er fuhr fort, daß es

> »für unser Land und andere Länder, die an der Situation im Pazifik interessiert sind, ein schwerer Fehler wäre, Verteidigungspläne zu machen, ohne die Möglichkeit zu berücksichtigen, daß Japan plötzlich und unter Ausnutzung des Überraschungsmoments handeln könnte. Es könnte sich beträchtliche Gebiete aneignen und bestimmte Positionen und Stellungen besetzen, bevor die friedliebenden Länder, die am Pazifik interessiert sind, Zeit für Beratungen und Planungen hätten, um mit diesen neuen Bedingungen fertig zu werden. Dies basiere auf der Theorie, daß die Japaner erkennen würden, daß ihr schrankenloser Eroberungskurs, den sie gegenwärtig auf der ganzen Linie wiederaufnehmen würden, wahrscheinlich ein verzweifeltes Spiel ist und äußerste Kühnheit und Risikofreude erfordert.«[65]

Militärische Bewegungen waren in der Tat bereits im Gange. Am Tag bevor Hull das Zehn-Punkte-Programm des Präsidenten vorlegte, war die japanische Flotte, die über Pearl Harbor herfallen sollte, bereits von der Hitokappu-Bucht aus in See gegangen. In Anbetracht der unvereinbaren Positionen beider Regierungen war es nun kaum noch vorstellbar, daß die Trägerkampfgruppe von ihrer Fahrt zurückgerufen würde. Aber sogar noch am 2. Dezember versicherte Admiral Yamamoto Nagano, daß die Flotte jederzeit umkehren könnte, wenn eine Vereinbarung erzielt werden sollte.[66] Obwohl die Gespräche in Washington in den folgenden zehn Tagen mit kurzen Unterbrechungen fortgesetzt werden sollten, änderte dies nichts an der Lage und der Tatsache, daß beide Seiten den Krieg für unvermeidlich hielten.

Am 2. Dezember beschwerte sich beispielsweise Staatssekretär Welles über japanische Militäraktivitäten in Indochina und anderswo und verlas eine Erklärung Roosevelts, in der indirekt angekündigt wurde, daß die Vereinigten Staaten im Falle einer erneuten japanischen Aggression gemäß ihrer Warnung vom 17. August handeln würden. Roosevelt erklärte:

»Die Stationierung von zusätzlichen japanischen Truppen in Indochina scheint auf den Einsatz dieser Truppen durch Japan zum Zwecke weiterer Aggressionen hinauszulaufen ... Es ist vorstellbar, daß sich diese Aggressionen gegen die Philippinischen Inseln, gegen die zahlreichen Inseln Ostindiens, gegen Burma und gegen Malaya richten oder mittels Druck oder tatsächlicher Gewaltanwendung das Ziel die Besetzung Thailands ist. Solche erneuten Aggressionen würden natürlich zusätzlich zu den Gewaltakten erfolgen, die bereits gegen China begangen wurden. Unsere Haltung hierzu ist wohlbekannt und wurde der japanischen Regierung wiederholt migeteilt.«[67]

Darauf versicherte Nomura im Vorgriff auf die definitive japanische Antwort:

»Das japanische Volk glaubt, daß wirtschaftliche Maßnahmen ein weitaus wirkungsvolleres Kriegsmittel sind als militärische Maßnahmen ... es glaubt, daß es durch die Vereinigten Staaten massiv unter Druck gesetzt wird, um dem amerikanischen Standpunkt nachzugeben, und daß es besser ist zu kämpfen, als diesem Druck nachzugeben.«[68]

Am 5. Dezember erklärte Admiral Nomura gegenüber Hull, die Japaner »seien alarmiert über die zunehmenden militärischen Vorbereitungen der ABCD-Mächte im südwestpazifischen Raum, und ein Flugzeug eines dieser Länder habe vor kurzem Formosa überflogen. Er sagte, unsere Militärs seien sehr wachsam und wagemutig und für den Grundsatz bekannt, daß Angriff die beste Verteidigung sei.«[69] Falls der Botschafter zynisch sein wollte, so verfehlte dies seine Wirkung auf Hull: Der Außenminister bemerkte im weiteren Verlauf der Unterhaltung, »wir würden keinen Ärger suchen, aber gleichzeitig würden wir vor einer Bedrohung nicht davonlaufen«.[70]

Das einzige Ereignis, das dem Ausbruch des Krieges sonst noch voranging, war Roosevelts direkter Appell an Hirohito vom 6. Dezember, der, wie Hull später bemerkte, »für die Akten« bestimmt war.[71] Dieser Appell wurde Botschafter Grew für zehneinhalb Stunden vorenthalten und gelangte schließlich am 8. Dezember um 3.00 Uhr morgens, Tokioter Zeit, in die Hände des Kaisers – 20 Minuten vor dem Angriff auf Pearl Harbor.[72] Im Verlauf seiner Ausführungen erklärte Roosevelt:

»Während der vergangenen Wochen sah die Welt, wie japanische Heeres-, See- und Luftstreitkräfte in so großer Zahl nach Südindochina geschickt wurden, daß auf seiten der anderen Nationen begründete Zweifel entstanden, ob diese laufenden Konzentrationen in Indochina von defensivem Charakter sind ... Die Bevölkerung der Philippinen, der Hunderten von Inseln Ostindiens, Malayas und Thailands fragt sich, ob die Streitkräfte Japans sich vorbereiten oder die Absicht haben, in eine oder mehrere dieser vielen Richtungen einen Angriff zu führen ... Eine Fortdauer dieser Situation ist schlechthin unvorstellbar. Keines der Völker, die ich vorhin erwähnt habe, kann auf die Dauer auf einem Pulverfaß sitzen.«[73]

Die erste Antwort erfolgte in Pearl Harbor. Die zweite erfolgte am 8. Dezember um 6.00 Uhr morgens Tokioter Zeit, als das japanische kaiserliche Hauptquartier den Kriegszustand mit den Vereinigten Staaten und Großbritannien verkündete.[74] Die dritte erfolgte einige Stunden nach Beginn des Angriffs, als Außenminister Togo »als Antwort« des Kaisers an den Präsidenten eine mündliche Antwort abgab, in der es hieß, daß die Bewahrung des Friedens »im Pazifik und folglich in der Welt der hochgeschätzte Wunsch seiner Majestät gewesen sei, für dessen Verwirklichung er die Regierung beauftragt habe, ihre aufrichtigen Bemühungen fortzusetzen«.[75]

In Washington bat Admiral Nomura am 7. Dezember um einen Termin bei Secretary Hull für 13.00 Uhr (7.30 Uhr hawaiischer Zeit), bat aber später telephonisch darum, den Termin auf 13.45 Uhr zu verschieben, da er noch nicht fertig sei. Er und Kurusu trafen um 14.05 Uhr im State Department ein und wurden um 14.20 Uhr von Hull empfangen. Der Angriff auf Pearl Harbor hatte um 13.20 Uhr Washingtoner Zeit begonnen. Nomura erklärte, er sei beauftragt worden, das Dokument, das er Hull aushändigte, um 13.00 Uhr zu übergeben, aber die Dechiffrierung habe zu lange gedauert.[76] Dieses Dokument war Japans Antwort auf die amerikanische Erklärung vom 26. November.

Der japanische Botschafter konnte nicht wissen, daß der Inhalt dieses Dokuments den Spitzen der amerikanischen Regierung, der Armee und der Marine bereits vor dieser Unterredung vollständig bekannt war.* Die japanische Antwort war eine ausführliche Darlegung, die jeden Punkt der Vorschläge Hulls zurückwies. Nach ihrer Ansicht verfolgte die amerikanische Regierung einen Kurs, der »die Existenz des Kaiserreichs unmittelbar bedroht und seine Ehre und sein Prestige herabsetzt«.

Im weiteren Verlauf dieser Antwort erklärte die japanische Regierung:

»Während die amerikanische Regierung ... gegen japanische Bemühungen protestierte, internationale Fragen durch militärischen Druck zu lösen, übt sie zusammen mit Großbritannien und anderen Nationen durch wirtschaftliche Macht Druck aus. Der Rückgriff auf solch einen Druck als Mittel zur Behandlung internationaler Fragen sollte verworfen werden, da er manchmal unmenschlicher ist als militärischer Druck.

Man kann daher nur zu dem Schluß kommen, daß die amerikanische Regierung im Bündnis mit Großbritannien und anderen Mächten danach strebt, ihre beherrschende Position, die sie bisher nicht nur in China, sondern auch in anderen Gebieten Ostasiens innegehabt hatte, aufrechtzuerhalten und zu stärken. Es ist eine historische Tatsache, daß die Länder Ostasiens seit mindestens hundert Jahren gezwungen sind, sich dem Status quo der anglo-amerikanischen Politik imperialistischer Ausbeutung zu fügen

* Vgl. S. 226–228

und sich für das Wohlergehen dieser beiden Nationen aufzuopfern. Die japanische Regierung kann das Fortdauern dieser Situation nicht hinnehmen, da sie der grundsätzlichen Politik Japans direkt entgegenläuft, es allen Nationen zu ermöglichen, einen angemessenen Platz in der Welt einzunehmen …

Offenbar ist es die Absicht der amerikanischen Regierung, sich mit Großbritannien und anderen Ländern zu verbünden, um Japans Bemühungen zur Herstellung des Friedens durch die Schaffung einer neuen Ordnung in Ostasien zu hintertreiben und insbesondere die anglo-amerikanischen Vorrechte und Interessen zu wahren, indem sie den Krieg zwischen Japan und China schüren. Diese Absicht trat im Verlauf der gegenwärtigen Verhandlungen eindeutig hervor. So ging die aufrichtige Hoffnung der japanischen Regierung, die japanisch-amerikanischen Beziehungen zu ordnen und in Zusammenhang mit der amerikanischen Regierung den Frieden im Pazifik zu erhalten und zu fördern, schließlich verloren.

Die japanische Regierung bedauert, der amerikanischen Regierung hiermit mitteilen zu müssen, daß sie in Anbetracht der Haltung der amerikanischen Regierung zu keinem anderen Schluß kommen kann, als daß es unmöglich ist, durch weitere Verhandlungen zu einer Übereinkunft zu gelangen.«[77]

Hull, der bereits eine halbe Stunde zuvor über den Angriff unterrichtet worden war, brachte den japanischen Gesandten gegenüber seine große Empörung darüber zum Ausdruck, in welcher Sprache ihre Regierung seine Bedingungen zurückwies. Er erklärte:

»Ich muß sagen, daß ich während der letzten neun Monate in all meinen Gesprächen mit Ihnen niemals ein Wort der Unwahrheit geäußert habe. Dies geht aus den Akten absolut einwandfrei hervor. In all meinen fünfzig Jahren im öffentlichen Dienst habe ich niemals ein Dokument gesehen, das mehr schändliche Verdrehungen und Unwahrheiten enthalten hätte – schändliche Verdrehungen und Unwahrheiten in einem so ungeheuerlichen Ausmaß, daß ich mir bis zum heutigen Tage nicht vorstellen konnte, daß irgendeine Regierung auf diesem Planeten fähig sei, sie von sich zu geben.«[78]

Höflichkeiten waren nicht mehr nötig. Es herrschte Krieg.

Im späteren Verlauf des Tages gab Hull vor der Presse folgende Erklärung ab:

»Japan hat einen verräterischen und völlig unprovozierten Angriff auf die Vereinigten Staaten unternommen. Zu einem Zeitpunkt, an dem die Vertreter der japanischen Regierung mit Vertretern dieser Regierung verhandelten, haben sich die Streitkräfte Japans an verschiedenen strategischen Punkten vorbereitet und versammelt, um neue Angriffe und neue Aggressionen gegen Völker und Nationen zu beginnen, mit denen Japan sich erklärtermaßen im Frieden befand, die Vereinigten Staaten eingeschlossen. Es ist nun für die ganze Welt offenkundig, daß Japan in den jüngsten Beteuerungen seines Friedenswillens falschzüngig und betrügerisch war.«[79]

In seiner Botschaft an den Kongreß, in der er eine Kriegserklärung forderte, benutzte Roosevelt am 8. Dezember eine ähnliche Sprache und bezeichnete den 7. Dezember als »einen Tag, der in Schande fortleben wird«. Er erklärte, die Japaner hätten »plötzlich und vorsätzlich« angegriffen und bezeichnete den Angriff wiederholt als »unprovoziert und heimtückisch«, wobei er versicherte: »Wir werden uns immer an den Charakter des Angriffs auf uns erinnern.« In der Erklärung wurde die scheinbare Überraschung hervorgehoben:

»Während es in der (japanischen) Antwort (vom 7. Dezember) hieß, daß es nutzlos erscheine, die laufenden Verhandlungen fortzusetzen, enthielt sie weder eine Drohung noch einen Hinweis auf Krieg oder einen bewaffneten Angriff.«[80]

Diese hochtrabenden Verdammungsformeln sind unter den gegebenen Umständen üblich, aber es ist schwer einzusehen, wie der Angriff auf Pearl Harbor als völlig unprovozierter und unerwarteter Akt des Verrats angesehen werden kann, da beide Regierungen auf den Krieg zusteuerten. Es war nur eine Frage der Zeit, wann eine von ihnen den Schritt zu offenen Feindseligkeiten tun würde. Weder zu dieser Zeit noch in den nächsten vier Jahren wurde bekannt, daß Hull, Roosevelt, die Minister für Armee und Marine, das Oberkommando der Marine und der Generalstab der Armee lange vor dem 7. Dezember eindeutige und unstrittige Beweise dafür hatten, daß Japan kämpfen würde. Es war sogar bekannt, daß es den Krieg an dem Tag und an der Stelle eröffnen würde, an dem es dies tatsächlich tat. Deshalb sind all die Beteuerungen von Roosevelt und Hull, denenzufolge der japanische Überfall ein völlig unvorhersehbares Ereignis gewesen sei, in beträchtlichem Maße heuchlerisch, da die von ihnen verfolgte Diplomatie den Krieg unvermeidlich gemacht hatte, wie beide sehr wohl wußten.[81]

In der Nacht zum 7. Dezember, so erinnerte sich später Premierminister Churchill, saß er mit John G. Winant, dem amerikanischen Botschafter, auf seinem Landsitz in Chequers und hörte Rundfunknachrichten. »Völlig unerwartet«, so erzählte er, »kam eine Meldung, daß die Japaner amerikanische Schiffe im Pazifik angegriffen hätten. Sie lief vorbei, ohne daß wir sie richtig erfaßten, und plötzlich begriffen wir, was geschehen war.«

Churchill bekam über das transatlantische Telephon eine Verbindung mit dem Weißen Haus. »Wir sitzen jetzt alle im gleichen Boot«, sagte der Präsident.[82]

Die Vereinigten Staaten waren im Krieg – nicht nur gegen Japan, sondern »voll und ganz«, wie Roosevelt in seiner Rundfunkansprache an die Nation in der Nacht zum 9. Dezember triumphierend verkündete.[83]

KAPITEL 12

»Magic«

Diplomatische Verhandlungen dienen häufig dazu, die wahren Motive und die wirklichen Absichten der Regierungen, die sie führen, zu verschleiern. Bei jedem strittigen Punkt einer Debatte bemühen sich die Regierungen, ihre wirklichen Ziele zu verbergen, indem sie auf eine Sprache zurückgreifen, die sie im günstigsten Licht zeigt und ihre leidenschaftliche Hingabe an Gerechtigkeit und internationale Moral hervorhebt. Diese allgemeine Regel trifft auch für die Vereinigten Staaten und Japan während der Verhandlungen zu, die sie zwischen Februar und Dezember 1941 in Washington führten.

Weder die japanische Regierung noch die amerikanische Bevölkerung wußten, daß die amerikanische Regierung bereits Monate vor dem Angriff auf Pearl Harbor durch einen unvergleichlichen Glücksfall in den Besitz einer unbezahlbaren Waffe gelangt war. Unsere Nachrichtendienste hatten den japanischen Code gebrochen, der die Schiffsbewegungen anzeigt sowie den Ultracode der Japaner, den sie im weltweiten Nachrichtenverkehr mit ihrem diplomatischen Corps benutzten (der sogenannte »Purpurcode«, W. P.). Mit diesem Wissen in ihren Händen waren Präsident Roosevelt, das State Department, die Armee und die Marine in alle Pläne und Absichten Japans eingeweiht. Sie wußten, was die Japaner untereinander sagten, was sie dachten und was sie vorhatten. Unsere Beamten hätten nicht besser informiert sein können, wenn sie im japanischen Kriegsrat gesessen hätten. Unsere Führer betrachteten den Einbruch in den japanischen Code als ein Geschenk der Götter, weshalb sie die Kryptoanalyse als »Magic« bezeichneten.

Der erste Hinweis darauf, daß die amerikanische Regierung den japanischen Code gebrochen hatte, erfolgte am 29. August 1945, als Präsident Truman die Berichte der Untersuchungsausschüsse von Army und Navy freigab, die die Katastrophe von Pearl Harbor erforscht hatten. Der Navy Court hatte seine Feststellungen am 19. Oktober 1944 an den Marineminister berichtet, und das Army Board am 20. Oktober 1944 an den Kriegsminister. Zu jener Zeit befand sich die Nation noch im Krieg mit Deutschland und Japan, und die Minister griffen auf den bequemen Vorwand der nationalen Sicherheit zurück, um die Berichte als »streng geheim« zu bezeichnen und sie für zehn Monate zu unterdrücken. Als sie schließlich freigegeben wurden, wurden große Teile immer noch zurückgehalten, aber der veröffentlichte Text enthielt genug Hinweise darauf, daß die Vereinigten Staaten bereits vor Pearl Harbor im Besitz der Geheimcodes waren.

Das Army Board machte beispielsweise folgende wichtige Feststellung:

»Im November und Dezember 1941 waren die Ministerien für Äußeres, Krieg und Marine durch Informanten, Agenten und andere Quellen im Besitz von Informationen über Aktivitäten unseres potentiellen Gegners und seine Pläne in den Verhandlungen zwischen den Vereinigten Staaten und Japan. Diese Dienststellen hatten ein ziemlich vollständiges Wissen über die japanischen Pläne und Absichten und waren in der Lage, seine potentiellen Züge gegen die Vereinigten Staaten in Erfahrung zu bringen. Folglich war Washington im Besitz wesentlicher Fakten über die Absichten und Pläne des Gegners. Diese Informationen zeigten deutlich, daß ein Krieg unvermeidlich war und Ende November unmittelbar vor der Tür stand. Es war also unbedingt notwendig, den Tag des endgültigen Abbruchs der Beziehungen hinauszuschieben, damit Army und Navy Zeit hätten, sich auf den Krieg vorzubereiten.

Die Meldungen, die von Army und Navy tatsächlich nach Hawaii geschickt wurden, enthielten nur einen kleinen Bruchteil dieser Informationen. Es wäre möglich gewesen, ausreichende Informationen zur Orientierung der Kommandeure auf sicherem Wege nach Hawaii zu schicken, oder eindeutige Direktiven für einen Großalarm zu geben.

Unter Bedingungen, unter denen Informationen entscheidende Bedeutung für das Handeln von Truppenführern haben und ihnen nicht bekanntgegeben werden können, wäre es die Pflicht des Kriegsministeriums, die Verantwortung für genaue Direktiven an diese Befehlshaber zu übernehmen.

General Short wurde nach dem 28. November vom Kriegsministerium, seiner unmittelbar vorgesetzten Dienststelle, in keiner Weise unterstützt. Man darf annehmen, daß das Desaster von Pearl Harbor in dem Maße vermindert worden wäre, in dem durch rechtzeitige Alarmierung seine Verteidigung am 7. Dezember einsatzbereit gewesen wäre. Das Versagen, diese Verteidigung durch eine Direktive, die auf allen zur Verfügung stehenden Informationen beruhte, zu alarmieren, ist dem Kriegsministerium anzulasten. Das Kriegsministerium verfügte über eine Fülle von Informationen von äußerster Wichtigkeit, die auf einen unmittelbar bevorstehenden Bruch mit Japan hindeuteten. Es mußte sie nur an Short weiterleiten oder ihm eine entsprechende Weisung erteilen. Short war sich des wirklichen Ernstes der Situation nicht bewußt, obwohl das Kriegsministerium dies glaubte. Man darf annehmen, daß die Kenntnis der im Kriegsministerium vorhandenen Informationen ihm den Ernst der Lage vermittelt hätte.

Eine allgemeine Erörterung der vorliegenden Informationen verweist auf folgendes:

Die Aufzeichnungen enthalten fast täglich Informationen über die Pläne der japanischen Regierung. Zusätzlich zu dem oben Zitierten und in Zusammenhang damit war das Kriegsministerium Ende November und Anfang Dezember im Besitz von Informationen, aus denen es die Schlußfolgerung zog, daß Japan in Kürze im Südpazifik einen Angriffskrieg beginnen würde. Es sollte jede Anstrengung gemacht werden, um ein Übereinkommen mit der amerikanischen Regierung zu erzielen, das auf die Ausschaltung des amerikanischen Volkes als Wettbewerber im kommenden Krieg hinauslaufen würde. In dem Fall, daß keine Vereinbarung erzielt werden könnte, würde die japanische Regierung sowohl Großbritannien als auch die Vereinigten Staaten angreifen. Diese Informationen befähigten das Kriegsministerium, den wahrscheinlichen Zeitpunkt des Krieges mit Japan mit einem hohen Grad von Sicherheit zu bestimmen.

In den ersten Dezembertagen wurde die Situation immer kritischer, und die Informationen deuteten immer mehr auf das Nahen des Krieges hin. Offiziere mit verhältnismäßig niedrigen Dienstgraden, die mit der Aufgabe der Auswertung dieser Informationen betraut waren, waren von deren Bedeutung und den wachsenden Spannungen in unseren Beziehungen zu Japan, die einzig auf Krieg und einen fast unmittelbar bevorstehenden Kriegsausbruch hindeuteten, tief beeindruckt. Sie traten an den Chef der Operationsabteilung (General Gerow) und den Sekretär des Generalstabes (Colonel, jetzt Lieutenant General Walter Bedell Smith) mit der Absicht heran, den Truppenführern vor Ort ein wahres Bild der kriegerischen Atmosphäre zu vermitteln, die im Kriegsministerium und dem Denken jener Offiziere herrschte, die in engem Kontakt zu ihm standen. Die Bemühungen dieser untergeordneten Offiziere, die Informationen an die Truppe schicken zu lassen, waren vergeblich. Es wurde ihnen mitgeteilt, die Truppenführer seien ausreichend informiert worden. Der Sekretär des Generalstabes weigerte sich, die Angelegenheit zu diskutieren, als ihm die Entscheidung der Operationsabteilung mitgeteilt wurde. Zwei Offiziere, die damals im Kriegsministerium Dienst taten, seien für ihre Anteilnahme und ihr Engagement bei dem Versuch, etwas zu erreichen, besonders erwähnt. Es sind Colonel R.S. Bratton und Colonel Otis K. Stadtler.

Im folgenden werden Informationen aufgeführt, die das Kriegsministerium am Abend des 6. Dezember und am frühen Sonntagmorgen des 7. Dezember erreichten. Sie zeigen den offenbaren Mangel an Verständnis für die Bedeutung dieser Informationen bei den Inhabern hoher Stellungen im Kriegsministerium. Die Informationen geben deutlich die Entwicklung wieder, die uns in den Krieg mit Japan trieb. Am 6. Dezember 1941, etwa um 22.00 Uhr, mehr als 15 Stunden vor dem Angriff auf Pearl Harbor, überbrachte der G-2 dem Büro der Operationsabteilung und dem Büro des Generalstabschefs der Armee Informationen, die nachdrücklich darauf hinwiesen, daß der Krieg mit Japan unausweichlich war und daß dieser Krieg in allernächster Zukunft ausbrechen würde. Den Offizieren, denen diese Informationen überbracht wurden, wurde ihre Bedeutung erklärt und die Notwendigkeit eingeschärft, sie in die Hände jener zu geben, die reagieren konnten: dem Generalstabschef der Armee und dem Chef der Operationsabteilung.

Am folgenden Morgen, dem 7. Dezember, etwa um 8.30 Uhr, erreichten weitere Informationen das Büro von G-2, die in ihrer Art hochwichtig waren und auf den fast unmittelbar bevorstehenden Abbruch der Beziehungen zwischen den Vereinigten Staaten und Japan hinwiesen. Colonel Bratton, Chef der ostasiatischen Abteilung des Nachrichtendienstes (G-2), versuchte den Generalstabschef der Armee zu erreichen, um ihn über den Eingang dieser Meldung zu informieren. Er fand heraus, daß der General ausgeritten war. Schließlich gelangte Marshall etwa um 11.25 Uhr in sein Büro und erhielt diese Informationen. General Miles, damals G-2 des Kriegsministeriums, erschien etwa um die gleiche Zeit. Zwischen diesen beiden Offizieren und General Gerow, der ebenfalls in das Büro des Generalstabschefs gekommen war, wurde eine Beratung abgehalten. Jene Stunden, in denen Bratton einen Offizier mit Entscheidungskompetenz zu erreichen versuchte, und die Zeit, in der nichts unternommen wurde, verhinderten, daß diese entscheidenden Informationen General Short rechtzeitig genug erreichten, um für ihn von Nutzen zu sein.

Etwa um die Mittagszeit wurde hastig eine Depesche an die Truppenführer in Übersee, einschließlich Short auf Hawaii, abgesandt. Diese Depesche … gelangte in den Besitz von Short, nachdem der Angriff beendet war.«[1]

Über diese Dinge wünschte die Roosevelt-Truman-Administration keine Untersuchungen, da sie unangenehme Erkenntnisse bringen würden. Im März 1945, als abzusehen war, daß es nach dem Krieg weitere Untersuchungen der Katastrophe von Pearl Harbor geben würde, brachte Senator Elbert D. Thomas aus Utah, Vorsitzender des Komitees für militärische Fragen, die Gesetzesvorlage des Senats Nr. 805 für die Regierung ein. Dieser Gesetzentwurf bestimmte, daß die Bekanntmachung jeglicher kryptographischer Informationen, und zwar sowohl unserer eigenen wie die jeder anderen Regierung, sei sie ein Verbündeter oder ein Gegner, mit einer Gefängnisstrafe von zehn Jahren oder einer Geldstrafe von 10 000 Dollar oder beidem belegt werden sollte. Dieser Gesetzentwurf ging an das Komitee mit einem Vermerk von Kriegsminister Stimson und H. Struve Hensel, geschäftsführender Marineminister, der besagte, daß der Erlaß des vorgeschlagenen Gesetzes »als im Interesse der nationalen Verteidigung und Sicherheit unerläßlich angesehen wird«. Senator Thomas führte zu diesem Thema aus:

»Im Hinblick auf die Kryptoanalyse ist ein noch höherer Grad an Sicherheit als bisher erforderlich. Solche Tätigkeiten sind in Kriegszeiten von lebenswichtiger Bedeutung und auch in Friedenszeiten unentbehrlich, um auf den Krieg vorbereitet zu sein. Sie erfordern einen noch höheren Grad an Sicherheit, weil der Gegner oder potentielle Gegner es völlig in seiner Hand hat, uns jeglicher Information aus dieser Quelle zu berauben, sobald er Verdacht schöpft.«[2]

Auf die Ausrede mit der nationalen Sicherheit beriefen sich viele der Personen, die vor dem Kongreßausschuß zur Untersuchung von Pearl Harbor aussagten, um zu beschönigen, daß sie die Befehlshaber auf Hawaii nicht entsprechend der in ihrem Besitz befindlichen dechiffrierten Informationen alarmiert hatten.

Der Thomas-Gesetzentwurf sollte am 9. April 1945 durch den Senat schlüpfen, aber dank der Aufmerksamkeit von Senator Ferguson wurde er zurückgenommen und dahingehend eingeschränkt, daß »jeder ordentliche Ausschuß des Senats« von seinen Bestimmungen ausgenommen war. Ferguson hatte sofort erkannt, daß der Gesetzentwurf den Zweck verfolgte, jede künftige Untersuchung des Debakels von Pearl Harbor zu unterdrücken. Als der Gesetzentwurf im folgenden Oktober zur Beratung vor das Haus gebracht wurde, stieß er selbst in seiner geänderten Form auf so heftigen Widerstand, daß er zurückgezogen wurde.[3]

Am 6. November 1945 trat der Kongreßabgeordnete Gearhart, ein Mitglied der vierköpfigen republikanischen Minderheit im zehnköpfigen Kongreßausschuß, vor das Haus und enthüllte Art und Inhalt der wichtigsten geheimen japanischen Chiffremeldungen, die im Jahre 1941 abgefangen und entschlüsselt worden waren.[4] Es wurde sofort offenkundig, warum die Regierung solche Anstrengungen unternommen hatte, diese Chiffremeldungen für alle Zeiten zu unterdrücken. Gearhart erklärte, daß die von ihm vorgelesenen Funkmeldungen in einem Memorandum des Vorsitzenden des Obersten Kriegsgerichts der Armee für den Kriegsminister enthalten seien. Die in diesem Dokument festgehaltenen Funkmeldungen deuteten alle unmißverständlich auf Krieg hin – und sogar auf Zeit und Ort des ersten Angriffs.

Die abgefangenen japanischen Chiffremeldungen wurden schließlich am 15. November 1945, dem Eröffnungstag der Kongreßuntersuchung, vollständig ans Tageslicht gebracht. Es wurden mehr als 700 von ihnen vorgelegt, darunter 200, die bis zum 2. Dezember 1940 zurückdatierten und sich mit Schiffsbewegungen befaßten. Der Bericht über die dechiffrierten diplomatischen Meldungen beginnt mit dem 2. Juli 1941.[5]

In Reaktion auf die amerikanische Anordnung, die japanischen Guthaben einzufrieren, funkte Außenminister Toyoda am 31. Juli 1941 an Nomura in Washington:

> »Die Handels- und Wirtschaftsbeziehungen zwischen Japan und Drittländern, angeführt von England und den Vereinigten Staaten, sind allmählich derart gespannt, daß wir nicht viel länger durchhalten können. Deshalb muß sich unser Kaiserreich, um seine Existenz zu retten, die Rohstoffe der Südsee sichern. Unser Kaiserreich muß sofort Schritte einleiten, um die immer stärker werdende Kette der Einkreisung zu durchbrechen, die unter der Führung und Teilnahme Englands und der Vereinigten Staaten geschmiedet wird, die sich wie ein schlauer Drache verhalten, der scheinbar schläft. Deshalb haben wir uns entschieden, uns Militärstützpunkte in Französisch-Indochina zu verschaffen und dieses Gebiet durch unsere Truppen besetzen zu lassen.«

Toyoda fuhr fort:

»Ich weiß, daß die Deutschen über unsere Verhandlungen mit den Vereinigten Staaten ein wenig unzufrieden sind, aber wir wünschen einen Kriegseintritt der Vereinigten Staaten um jeden Preis zu verhindern, und wir wünschen den chinesischen Zwischenfall beizulegen.«[6]

Am 7. August berichtete Nomura nach Tokio:

»Es kann kein Zweifel daran bestehen, daß die Vereinigten Staaten bereit sind, drastische Schritte zu unternehmen, abhängig vom Verhalten Japans, und die Tür für jede Möglichkeit einer Klärung der Situation zu schließen ... Es wird berichtet, daß der Präsident, begleitet von hohen Offizieren der Armee und der Marine, sich mit Churchill treffen will. Dies deutet darauf hin, daß sorgfältige Vorbereitungen getroffen werden, um jeden Zug unsererseits zu begegnen, ohne zurückzuweichen.«[7]

Am 16. August, zwei Tage nach Ankündigung des Treffens von Roosevelt und Churchill auf See, berichtete Nomura nach Tokio:

»Ich verstehe, daß die Briten glauben, daß die Aussichten gut wären, die Vereinigten Staaten zur Teilnahme am europäischen Krieg zu bewegen, wenn es zum Ausbruch eines japanisch-amerikanischen Krieges an der Hintertür käme.«[8]

Am 27. September sandte Toyoda Nomura ein Memorandum über ein Gespräch, das er am gleichen Tag mit Grew geführt hatte. Er hatte geäußert, es sei die oberste Politik Japans, mit den Vereinigten Staaten in Frieden zu leben. Er erklärte:

»Sollten die Vereinigten Staaten und Japan miteinander in Konflikt geraten, so würde auch der Pazifik sofort in das Chaos des Krieges gestürzt werden. Die Weltzivilisation würde dann in die Brüche gehen. Der Menschheit könnte kein größeres Unglück zustoßen ... Wenn zum jetzigen Zeitpunkt die japanisch-amerikanischen Beziehungen geordnet und die Freundschaft zwischen ihnen gefördert werden könnten, dann wären die Auswirkungen nicht nur in den Vereinigten Staaten und Japan zu spüren, sondern es würde in der Tat außerordentlich zum Weltfrieden beitragen. Die kaiserliche Regierung wünscht eine Regelung der japanisch-amerikanischen Beziehungen nicht nur Japan und den Vereinigten Staaten zuliebe, sondern sie hofft gleichzeitig, daß durch einen derartigen Schritt der gesamten Welt der Friede gebracht werden kann.«[9]

In allen Depeschen aus dieser Zeit brachte Tokio seine Hoffnung zum Ausdruck, daß die vorgeschlagene Konferenz zwischen Roosevelt und Premierminister Konoye für alle Probleme im Pazifik eine Lösung bringen würde. Am 26. August informierte Tokio Nomura:

»Die internationale Situation ist jetzt ebenso wie unsere innere Lage in extremer Weise gespannt, und wir haben den Punkt erreicht, wo wir unsere letzten Hoffnungen auf ein Gespräch zwischen dem Premier und dem Präsidenten setzen.«[10] Als die letzten Wochen der Regierung Konoye anbrachen, wurde zunehmend die Dringlichkeit einer Pazifikkonferenz betont. In einer Mitteilung an Washington vom 1. Oktober hieß es: »Zeit ist jetzt der wichtigste Faktor. Ob diese Sache nun zustande kommt oder nicht, hat einen direkten und wesentlichen Einfluß auf den Frieden im Pazifik und sogar in der Welt.«[11]

Am 3. Oktober wurde Nomura, wiederum durch eine Funkmeldung, über ein Telegramm informiert, das der britische Botschafter in Japan, Sir Robert Craigie an Außenminister Anthony Eden und Lord Halifax geschickt hatte. Er war davon überzeugt, daß Washington zum Handeln bewegt werden mußte, wenn ein Krieg im Pazifik verhindert werden sollte:

»Zu den schwierigen Punkten bei der Verwirklichung einer Konferenz zwischen Japan und den Vereinigten Staaten zählt der, daß im Umgang mit Japan Eile erforderlich ist ... Die Vereinigten Staaten betreiben eine Politik der Ausflüchte und streiten über jedes Wort und jede Formulierung mit der Begründung, daß es sich um wesentliche Präliminarien für jede Art von Vereinbarung handle. Offenbar begreifen die Vereinigten Staaten nicht, daß aufgrund der Natur der Japaner und auch unter Berücksichtigung der innenpolitischen Bedingungen in Japan keine Verzögerungen mehr geduldet werden können. Es wäre in der Tat sehr bedauerlich, wenn die beste Chance für eine Regelung der Probleme im Fernen Osten, die sich seit meinem Amtsantritt hier bietet, in so einer Weise vertan würde. Fürst Konoye wünscht aufrichtig, die Gefahren abzuwenden, denen sich Japan durch den Dreimächtepakt und seine Verbindungen zur Achse gegenübersieht. Der Fürst fühlt sich dafür selbst verantwortlich. Die innere Opposition gegen eine Wende in der Politik des Fürsten ist beträchtlich. Deshalb wird, wenn die japanisch-amerikanischen Gespräche nicht in nächster Zukunft stattfinden, die Gelegenheit wahrscheinlich versäumt werden. Außerdem wird das Kabinett Konoye in eine prekäre Situation geraten, wenn das Treffen aus irgendeinem Grund nicht stattfinden oder wenn es zu lange verzögert werden sollte.«

Weiter wurde der britische Botschafter in dem Sinne zitiert, daß sowohl Grew als auch er glaubten, es sei »eine törichte Politik, wenn man sich diese ausgezeichnete Gelegenheit entgehen ließe, indem man eine übertrieben mißtrauische Haltung an den Tag lege«.[12]

Die amerikanische Regierung wurde so vom Botschafter eines Landes beurteilt, das die Vereinigten Staaten bereits als ihren Verbündeten betrachtete. Craigie maß dem Zustandekommen eines Treffens zwischen Konoye und Roosevelt entscheidende Bedeutung zu, wenn die gemäßigten Elemente in Japan an der Macht bleiben und der Friede gewahrt werden sollte. Der Appell des britischen Botschafters blieb ebenso fruchtlos wie die Meinung der japanischen Staatsmänner, als es darum ging, Roosevelt und Hull zur Erhaltung des Friedens zu bringen.

Am 8. Oktober gab Toyoda in einer langen Depesche einen Überblick über die jüngste Entwicklung der Beziehungen zwischen Japan und anderen Ländern, insbesondere den Vereinigten Staaten. Er äußerte, daß England und die Vereinigten Staaten die augenblickliche Ruhe im Krieg zwischen Deutschland und Rußland benutzten, »um ihr Netz über uns zusammenzuziehen, und wir sehen keine Möglichkeit, die chinesisch-japanische Affäre zu beenden«. Aus diesem Grund, so sagte er, habe die japanische Regierung beschlossen, diplomatische Verhandlungen zur Beendigung der Kämpfe mit den Chinesen aufzunehmen, und er fügte hinzu: »Wir glauben, daß es notwendig ist, in unseren Beziehungen zu den Vereinigten Staaten den Weg für einen Kompromiß zu bereiten.« Der japanische Außenminister sagte weiter:

»Die einzig friedliche Wasserfläche auf dieser Erde ist der Pazifik. Unter diesen Umständen ist es die Aufgabe beider Nationen, die Ursache der Schwierigkeiten zwischen ihnen zu erforschen und die Harmonie im Pazifik wiederherzustellen.«[13]

Diese Depesche verlieh deutlich dem japanischen Dilemma Ausdruck, zu viele Eisen gleichzeitig im Feuer zu haben, so daß die Japaner jetzt einen Weg finden mußten, um sie wieder abzukühlen. Am 13. Oktober unterrichtete Tokio Nomura, daß »die Umstände nun keinerlei Verzögerung mehr zulassen«.[14]

Am 16. Oktober berichtete Nomura in einer Depesche an Tokio über ein Gespräch, das der Anwalt der japanischen Botschaft, Terasaki, am vorhergehenden Abend mit Admiral Turner geführt hatte. Terasaki legte bei diesem Treffen die japanische Position wie folgt dar:

»Die Vereinigten Staaten sind, was den Fernen Osten angeht, übermäßig idealistisch. Man mag die Hilfe für China eine Frage des Prinzips nennen, aber, wenn ich so sagen darf, diese Reden über Prinzipien sind eine Art Hobby der Reichen. Wenn es nicht eine Frage des Prinzips ist, dann kann ich nur schließen, daß Ihr uns so lange mit China kämpfen lassen wollt, bis wir erschöpft sind. Auf der anderen Seite habt Ihr eine sehr, sehr realistische Politik in Mittelamerika betrieben. Wenn man die Geschichte von Panama für einen Augenblick vergißt, dann können wir in der Gegenwart genügend Beispiele finden, die bestätigen, was ich sage. China ist für uns Japaner keine einfache Prinzipienfrage. Es ist für uns eine Lebensfrage. Wir kämpfen dort bereits seit vier Jahren. Sie sind mit der *Astoria* nach Japan gefahren. Ich bin sicher, Sie wissen etwas über das Temperament der Japaner. Wenn ein Japaner einmal in die Ecke gedrängt ist, dann wird er nicht mehr an Leben oder Tod denken, sondern wie ein Rasender kämpfen. Ich weiß, daß wir an materiellen Dingen sehr viel ärmer sind als Ihr Amerikaner. Ich weiß nicht, wie das Ergebnis eines japanisch-amerikanischen Krieges aussehen wird, aber ich kann Ihnen versichern, daß wir sogar dann, wenn wir verlieren sollten, einen furchtbaren Kampf liefern werden. Wenn wir das, was wir zu tun versuchen, nicht zustande bringen, dann kann es so weit kommen. Wenn Ihr

Amerikaner uns jetzt Eure Hand nur ein wenig freundschaftlich entgegenstrecken würdet, dann könntet Ihr ein dauerhaftes gutes Einvernehmen mit uns erreichen. Andernfalls werden wir möglicherweise dauerhaft Feinde werden.«[15]

Aus den geheimen Depeschen, von denen die Japaner nicht ahnten, daß sie mitgelesen wurden, wußte die amerikanische Regierung von der Krise im Kabinett Konoye. Jede nachfolgende Regierung würde vermutlich weitaus unnachgiebiger sein und ein geringeres Interesse dafür haben, den Krieg zu vermeiden. Am 16. Oktober, als bereits bekannt war, daß das Kabinett Konoye zurückgetreten war, verbrachte Hull zwei Stunden damit, Herrn Wakasugi vom Stab der Botschaft folgendes mitzuteilen:

»Die Vereinigten Staaten betreiben sicherlich keine Politik der Verschleppung. Ich wünsche aufrichtig, die Wiederherstellung friedlicher und normaler politischer Beziehungen zwischen Japan und den Vereinigten Staaten zu sehen.«

Er wußte natürlich, daß seine größte Chance, dieses Ziel zu erreichen, mit dem Sturz der Regierung Konoye verschwunden war. Er und der Präsident hatten aber während der monatelangen Verhandlungen nichts getan, was es Konoye ermöglicht hätte, das von ihm angestrebte Abkommen zu erreichen. Als Hull Wakasugi fragte, welche Perspektiven das neue Kabinett biete, entgegnete ihm der japanische Gesandte:

»Gleichgültig, welcher Art das neue Kabinett sein wird ... ist es unmöglich, die japanisch-amerikanischen Beziehungen in ihrem gegenwärtigen Zustand zu belassen. Angesichts der Verfassung, in der die Welt sich gegenwärtig befindet, und insbesondere angesichts des Chinaproblems, kann unser Volk nicht wie bisher der amerikanischen Opposition unentschieden gegenüberstehen. Es fordert eine Regierung, die einen eindeutigen Standpunkt einnimmt, entweder links oder rechts. Darüber darf es kein Mißverständnis geben. Wenn zwischen unseren beiden Nationen keine Übereinkunft erzielt werden kann, wird es schwierig sein zu sagen, aus welcher Richtung der Wind wehen wird.«[16]

Am 17. legte Wakasugi Hull gegenüber nochmals den japanischen Standpunkt dar:

»Japan besitzt nur eine kleine Ecke von dem, was als der Ferne Osten bezeichnet wird. Außerdem ist es seit vier Jahren vom China-Zwischenfall in Anspruch genommen. Es herrschen daher ganz eigene Voraussetzungen in diesem Land. Obwohl es den Wunsch hat, alles zu tun, was die Vereinigten Staaten vorschlagen, ist es für Japan nicht möglich, dies sofort zu tun ... Sogar wenn wir versuchen würden, die grundlegenden Prinzipien zu befolgen, die die Vereinigten Staaten geltend machen, könnten wir dies nicht über Nacht ...«[17]

In seiner letzten Botschaft an Washington, in der es seinen Rücktritt ankündigte, gab das Kabinett Konoye Nomura folgende Anweisung:

»Ungeachtet der Zusammensetzung des neuen Kabinetts sollen die Verhandlungen mit den Vereinigten Staaten entsprechend den festgesetzten Richtlinien fortgeführt werden.«[18]

Obwohl Tokio in der Hoffnung, eine Lösung zu finden, die Tür noch offenließ, war Nomura entmutigt und sah einen Krieg offenbar als unvermeidlich an. Am 18. Oktober versuchte er zurückzutreten, indem er der neuen Regierung in Tokio berichtete, daß er »nicht in der Lage sei, etwas Nützliches zu tun«. Er machte den Vorschlag, daß er abberufen werden sollte, weil »es ziemlich eindeutig ist, daß ich mit meinen begrenzten Fähigkeiten nicht in der Lage sein werde, in Zukunft viel zu erreichen«.[19]

Am 21. Oktober teilte die Regierung Tojo dem Botschafter jedoch mit:

»Das neue Kabinett unterscheidet sich vom vorhergehenden in keiner Weise in seinem aufrichtigen Wunsch, die Beziehungen zwischen Japan und den Vereinigten Staaten auf einer gerechten Grundlage zu ordnen. Unser Land hat praktisch alles gesagt, was es sagen kann, um auf diesem Weg unsere Meinung auszudrücken und unseren Standpunkt darzulegen. Wir glauben einen Punkt erreicht zu haben, an dem wir keinen weiteren positiven Schritt tun können als den, die Vereinigten Staaten zu bitten, ihre Auffassung zu überdenken. Wir drängen deshalb darauf, daß entweder Sie oder Wakasugi die Vereinigten Staaten in einem geeigneten Augenblick indirekt wissen lassen, daß unser Land nicht in der Lage ist, noch viel Zeit mit der Diskussion über diese Angelegenheit zu verschwenden.«[20]

Hier war ein eindeutiger Hinweis darauf enthalten, daß die Zeit ablief und daß, wenn nicht bald eine Lösung gefunden werden sollte, die Dinge den Bereich der Diplomatie verlassen würden.

Zu diesem Zeitpunkt berichtete Nomura nach Tokio, Senator Pepper und Secretary Knox hätten Erklärungen abgegeben, die die Öffentlichkeit in Erregung versetzten. Laut dem Botschafter hatten sie am 24. Oktober gesagt, daß ein »japanisch-amerikanischer Krieg unvermeidlich und der Zusammenstoß der beiden Länder nur noch eine Frage von Tagen sei«.[21] Am 29. Oktober berichtete Wakasugi nach Tokio, daß sich »die amerikanisch-japanischen Beziehungen nun rasch einem kritischen Punkt näherten«, aber er fügte hinzu:

»Wenn wir uns entscheiden, diese Gespräche mit gutem Willen fortzusetzen, dann bin ich der Meinung, daß dies nicht aussichtslos ist.«[22]

Am 2. November unterrichtete der neue japanische Außenminister, Shigenori Togo, Nomura darüber, daß die Regierung erwarte, am 5. November auf einer Konferenz hinsichtlich der Politik gegenüber den Vereinigten Staaten »zu einer endgültigen Entscheidung zu kommen«.

»Dies wird der letzte Versuch unserer Regierung sein, die diplomatischen Beziehungen zu verbessern«, schrieb er. »Die Lage ist sehr ernst. Wenn wir die Verhandlungen fortsetzen, dann macht es die Situation erforderlich, daß wir sofort eine Entscheidung herbeiführen.«[23]

Am 4. November hieß es in einem weiteren Funktelegramm aus Tokio:

»Die Beziehungen zwischen Japan und den Vereinigten Staaten haben nun die Grenze erreicht, und unser Volk verliert das Vertrauen in die Möglichkeit, sie jemals in Ordnung zu bringen ... Die Verhältnisse sowohl innerhalb wie außerhalb unseres Kaiserreiches sind so gespannt, daß eine weitere Verzögerung nicht möglich ist. In unserem aufrichtigen Bemühen, zwischen dem Kaiserreich Japan und den Vereinigten Staaten friedliche Beziehungen aufrechtzuerhalten, haben wir uns aber entschieden, noch einmal auf die Fortsetzung der Gespräche zu setzen; dies ist unser letzter Versuch. Sowohl dem Namen wie dem Geist nach ist dies tatsächlich unser letzter Vorschlag. Ich möchte, daß Sie das wissen. Wenn wir nicht bald eine Vereinbarung erzielen sollten, dann werden die Gespräche, so leid es mir tut das sagen zu müssen, mit Sicherheit abgebrochen werden. Dann werden sich die Beziehungen zwischen unseren beiden Nationen in der Tat am Rande des Abgrunds befinden. Ich meine, daß Erfolg oder Mißerfolg der noch unentschiedenen Verhandlungen ungeheure Auswirkungen auf das Schicksal des Kaiserreichs Japan haben werden. Tatsächlich haben wir das Schicksal unseres Landes auf diese Karte gesetzt.«

Die Depesche wies verzweifelt auf die sich hinziehenden Verhandlungen hin, über die es hieß:

»Wir haben uns bereits besonders bemüht und haben nachgegeben und nachgegeben ... Obwohl sie dabei alle möglichen Erniedrigungen ertragen mußte, hat unsere Regierung wiederholt ihre Aufrichtigkeit beteuert und ist weit, ja zu weit darin gegangen, den Amerikanern entgegenzukommen. Es gibt nur einen Grund, warum wir dies tun – für den Erhalt des Friedens im Pazifik. Es scheint einige Amerikaner zu geben, die glauben, wir würden auch einen Handel zu unserem Nachteil abschließen. Unsere Mäßigung, das darf ich Ihnen versichern, ist aber nicht auf Schwäche zurückzuführen, und selbstverständlich hat unsere Geduld irgendwann ein Ende. Nein, wenn es um die Frage unserer Existenz und unserer Ehre geht, dann werden wir diese, wenn die Zeit gekommen ist, ohne Rücksicht auf Verluste verteidigen ... Diesmal zeigen wir die Grenzen unseres Entgegenkommens; diesmal machen wir unser letztes Angebot, und ich hoffe, daß wir all unsere Streitfragen mit den Vereinigten Staaten friedlich beilegen können.«[24]

Die Bedeutung dieser ominösen Botschaft wurde durch den Hinweis verdeutlicht, daß »das Kabinett mehrere Tage lang mit den kaiserlichen Oberkommandos zusammengetroffen ist«. Mit anderen Worten, sollte die Diplomatie versagen, dann war die Alternative eine militärische Aktion, die vom Kabinett zusammen mit der japanischen Armee und der Marine bereits vorbereitet wurde.

Am gleichen Tag schickte Tokio die Bedingungen nach Washington, die mit einigen Verbesserungen versehen, am 20. November der amerikanischen Regierung vorgelegt wurden. Die japanische Regierung war sich über die amerikanische Zustimmung zu dem Abkommen so sicher, daß Nomura angewiesen wurde, es als ein Exekutivabkommen abzufassen, damit es sofort in Kraft treten konnte und es keine Verzögerung wegen der Ratifizierung durch den Senat gab.[25]

Es wurde unterstrichen, daß »es absolut notwendig ist, alle Vorbereitungen für die Unterzeichnung dieses Abkommens bis zum 25. dieses Monats abzuschließen«.[26] Japan hatte einen Termin festgesetzt, dessen Bedeutung noch unklar war.

Am 4. und 6. November wurde Nomura benachrichtigt, daß Kurusu geschickt werde, um ihn bei den Verhandlungen zu unterstützen, daß er aber keine neuen Weisungen mitbringe.[27] Es wurde betont:

> »Jetzt, da wir in der letzten Runde dieser Verhandlungen sind, hoffe ich, daß er Ihnen helfen kann, dieses verwirrende Labyrinth zu durchschauen, und durch Zusammenarbeit zu einer Lösung zu kommen, und zwar recht bald.«[28]

Am 10. November besuchte Nomura Roosevelt und betonte ihm gegenüber, daß die Vereinigten Staaten trotz der vielen Zugeständnisse Japans »keinerlei Bereitschaft gezeigt hätten, auf unsere Kompromißvorschläge einzugehen«. Er bemerkte weiterhin, das japanische Volk betrachte das Einfrieren der Guthaben als eine Art von Wirtschaftsblockade, und fügte hinzu, »es scheint einige Leute zu geben, die sagen, daß moderne Kriegführung nicht allein auf Schießen beschränkt ist«. Er teilte dem Präsidenten mit, daß die Berichte aus Japan ernst und bedrohlich seien, und daß die einzige Lösung die sei, ohne weitere Verzögerungen zu einem Übereinkommen zu gelangen. Der Präsident blieb nach Nomura ausweichend, er sprach aber von der Notwendigkeit, einen Modus vivendi zu finden, woraus Nomura folgerte, daß er eine Art von vorläufigem Abkommen meinte.[29]

Bei einem Treffen mit Hull am 12. November erläuterte Nomura nochmals die japanischen Vorschläge[30], aber der Außenminister schien wie Tokio vermerkte, immer noch davon auszugehen, daß die Gespräche vorläufiger Natur waren. Nomura wurde gebeten, Hull auf den Ernst der Lage hinzuweisen. Weitere von den amerikanischen Behörden abgefangene Meldungen verstärkten den Eindruck, daß die Situation sehr ernst war.[31]

Eine Meldung von Tokio an Hongkong vom 14. November zeigte in der

Tat, daß es Krieg geben würde, wenn die Verhandlungen zu nichts führen sollten. In diesem Telegramm hieß es:

»Obwohl sich die kaiserliche Regierung von den japanisch-amerikanischen Verhandlungen große Dinge erhofft, erlauben diese für die Zukunft keinen Optimismus. Sollten die Verhandlungen zusammenbrechen, dann wird sich das Kaiserreich in einer internationalen Situation wiederfinden, die einer schweren Krise gleichkommen wird. Im Zusammenhang damit hat das Kabinett über die Außenpolitik des Kaiserreichs entschieden:

a) Wir werden die britische und amerikanische Machtstellung in China vollständig zerschlagen.

b) Wir werden alle Konzessionen und alle wichtigen Rechte und Beteiligungen (Zölle, Mineralien etc.) des Feindes in China übernehmen.

c) Wir werden alle Rechte und Beteiligungen, die feindlichen Mächten gehören, nötigenfalls auch dann übernehmen, wenn diese Beziehungen zur neuen chinesischen Regierung haben.

Bei Durchführung dieser Maßnahmen in China wollen wir es soweit wie möglich vermeiden, unsere kampferprobten Truppen zu erschöpfen. Wir wollen so einem Weltkrieg von langer Dauer gewachsen sein. Sollten unsere Reserven für einen totalen Krieg und unsere militärische Stärke schwinden, haben wir uns entschieden, sie aus dem gesamten Gebiet des Fernen Ostens zu ergänzen.«[32]

Diese Botschaft war unmißverständlich. Sie besagte, daß im Fall eines Verhandlungsfehlschlags die Entscheidung für den Krieg schon gefallen war, und sie bezeichnete Großbritannien und Amerika als »den Feind«.

Obwohl er die Weisung hatte, bis zum 25. November eine Vereinbarung zu erzielen, mahnte Nomura am 14. November »für ein oder zwei Monate Geduld« an, »um zu einer klaren Sicht der Weltlage zu kommen«. Er erklärte:

»Wie ich Ihnen in einer Anzahl von Berichten mitgeteilt habe, ist es die Absicht der amerikanischen Regierung im Pazifik, jeden weiteren Vorstoß unsererseits, sei er nach Süden oder nach Norden, zu stoppen. Sie haben für dieses Ziel zunächst alle Wirtschaftswaffen eingesetzt und bereiten sich jetzt mit jedem denkbaren Mittel auf einen wirklichen Krieg vor. Kurz gesagt, sie treffen alle Arten von militärischen und anderen Vorbereitungen, um uns an einem Stoß nordwärts oder südwärts zu hindern. Sie sind sehr damit beschäftigt, mit den betreffenden Nationen zu konspirieren, und bevor sie in dieser grundsätzlichen Politik nachgeben, werden sie eher einen Krieg gegen uns führen – da bin ich sicher. Ich weiß, daß es nicht ihre Absicht ist, so etwas wie die Konferenz von München zu wiederholen, die vor mehreren Jahren stattgefunden hat und die sich als ein solcher Fehlschlag herausgestellt hat. Ich denke, daß der Höhepunkt der deutschen Siege bereits überschritten ist. Der sowjetische Widerstand hält an, die Möglichkeiten für einen Separatfrieden sind geschwunden, und diese Tendenz wird im weiteren Verlauf immer deutlicher hervortreten.«

Nomura sprach von dem in unserem Land herrschenden Verdacht, daß Japan bereit sei, »den Vereinigten Staaten den Dolch in den Rücken zu stoßen«. Er bemerkte, daß Japan

»gegen England und die Vereinigten Staaten Krieg führen müßte, wenn wir ein Unternehmen in südlicher Richtung beginnen sollte, um unsere Existenz und unser Leben zu sichern. Wahrscheinlich werden auch die Sowjets an ihm teilnehmen. Ferner sind von den neutralen Staaten die in Mittelamerika bereits die Marionetten der Vereinigten Staaten, und was jene in Südamerika angeht, so sind sie, ob sie es wollen oder nicht, in ihrer wirtschaftlichen Existenz von den Vereinigten Staaten abhängig und müssen deshalb eine parteiische Neutralität wahren.

Es ist unvermeidlich, daß dieser Krieg lange dauern wird, und dieser kleine Sieg oder jener kleine Sieg, diese kleine Niederlage oder jene kleine Niederlage haben nicht viel Bedeutung. Es ist nicht schwer zu erkennen, daß derjenige, der bis zum Schluß durchhalten kann, der Sieger sein wird.«[33]

So versuchte Nomura mit möglichst deutlichen Worten, die Warlords in Tokio davon abzubringen, mit ihrer Politik die Macht der Vereinigten Staaten herauszufordern. Er drängte darauf, die Washingtoner Gespräche fortzusetzen und weiterhin eine friedliche Lösung zu suchen. »Ich glaube, daß wir langfristig bei diesen Verhandlungen gewinnen werden«, sagte er.[34]

Am folgenden Tag berichtete Nomura, daß Hull unbeirrt auf seiner Forderung bestand, derzufolge der Dreimächtepakt »nichts als ein Fetzen Papier sein sollte«. Obwohl Nomura weiterhin den Minister davon zu überzeugen versuchte, daß es keinen Konflikt zwischen einem japanisch-amerikanischen Frieden und dem Fortbestehen des Achsenpaktes geben mußte, nötigte Hulls starre Haltung ihn dazu, in die Zukunft zu blicken, wenn die Beziehungen »infolge unseres unnachgiebigen Kurses unglücklicherweise zusammenbrechen sollten«. Hull erkundigte sich, ob Japan mit einer neutralen Macht Vereinbarungen getroffen habe, um seine Interessen in den Vereinigten Staaten vertreten zu lassen, und ob ein Austausch des Personals der Botschaften und der Konsulate geplant sei. Während der Diskussion über den Austausch der Staatsangehörigen sagte Nomura:

»Sollte es wirklich zum Krieg kommen, dann wäre es ein äußerst unsicheres Unterfangen, sich von Schiffen unter neutraler Flagge abhängig zu machen.«[35]

Am 16. November wurde in einem weiteren Funktelegramm Tokios an Washington, welches detaillierte Anweisungen für die Zerstörung der Chiffriermaschinen »im Notfall« enthielt, ein unheilvoller Ton angeschlagen.[36] Am gleichen Tag teilte Tokio Nomura mit:

»Das Schicksal unseres Reiches hängt an einem dünnen Faden von wenigen Tagen, deshalb bitte ich Sie, härter zu arbeiten als je zuvor ... Ihrer Meinung nach sollten wir abwarten und sehen, welchen Verlauf der Krieg nimmt, und Geduld bewahren. Jedoch muß ich zu meinem größten Bedauern erklären, daß dies angesichts der Situation nicht in Frage kommt. Ich habe für ein Ergebnis der Verhandlungen eine Frist festgesetzt ... und eine Verschiebung ist unmöglich.«[37]

Am 17. November kam Kurusu mit dem Flugzeug in Washington an und wurde von Hull und Roosevelt empfangen. Als der Sonderbevollmächtigte in San Francisco zwischengelandet war, hatte er voller Optimismus seiner Hoffnung Ausdruck gegeben, »ein Tor schießen« zu können. In seiner ersten Erklärung an Roosevelt betonte er jedoch, daß die Lage im Pazifik gespannt sei. Er sagte:

»Die Situation ist so spannungsgeladen, daß wir nicht sagen können, wann es zu einer Explosion kommt. Wenn dies geschehen sollte, welchen Vorteil hätte diese Entwicklung für die Vereinigten Staaten und Japan? Selbstverständlich wünscht Japan, daß die japanisch-amerikanischen Verhandlungen zu einem Erfolg führen. Jedoch muß der Zeitfaktor in Betracht gezogen werden. Die Lösung hinauszuzögern nützt Japan nichts, da in der Zwischenzeit sowohl die militärischen als auch die wirtschaftlichen Bedingungen für den Fall, daß es sich verteidigen will, immer ungünstiger werden.«

Während seines Gesprächs mit dem Präsidenten sagte Kurusu, Japans Festhalten am Dreimächtepakt, einem der Haupthindernisse für ein Übereinkommen, bedeute, daß Japan selbst über seine Verpflichtung zum Kriegseintritt entscheide. Die Vereinigten Staaten, fuhr er fort, »interpretierten dies offenbar so, als ob Japan abwarten würde, bis die Vereinigten Staaten tief in die Schlacht im Atlantik verwickelt seien, um ihnen dann den Dolch in den Rücken zu stoßen«. Kurusu erklärte, dieser Eindruck sei falsch, Japan sei nicht das Werkzeug Deutschlands, und ein Abkommen zwischen Japan und Amerika würde »den Dreimächtepakt bei weitem in den Schatten stellen«. Hull gab der Hoffnung Ausdruck, daß Kurusu das Hauptproblem aus einem anderen Blickwinkel angehen werde. Er bemerkte, daß er und Nomura »immer auf einen bestimmten Punkt zurückkommen würden, um sich dann immer und immer wieder im selben Kreis zu drehen«.[38]

Am 17. November unterstrich Tokio in neuen Instruktionen an seine Gesandten in Washington, daß Amerika scheinbar die Absicht habe, die »Opfer«, die Japan in den viereinhalb Jahren des Krieges in China gebracht habe, außer acht zu lassen.[39]

Die Desillusionierung, die Nomura schon seit langem erfaßt hatte, schien nun auch über Kurusu zu kommen. Als Hull am 18. von der Notwendigkeit sprach, »die grundsätzlichen Schwierigkeiten« zu beseitigen, bemerkte Kurusu: »Wenn es unmöglich ist, etwas zu tun, dann ist es eben unmöglich, ungeachtet der schönen Worte, die gebraucht werden, um dies zu bemänteln.«[40]

Nichtsdestotrotz gab er am nächsten Tag in einem Telegramm an Tokio seiner Hoffnung Ausdruck, irgendeine Lösung zu finden, und er riet davon ab, »übereilte Schlußfolgerungen zu ziehen«.[41]

Am 19. November warnte Tokio in härteren Worten als je zuvor, daß ein vollständiger Zusammenbruch der Beziehungen drohe. Im Telegramm an Washington hieß es:

»Im Falle einer Notlage (Gefahr des Abbruchs unserer diplomatischen Beziehungen) und der Unterbrechung der internationalen Fernmeldeverbindungen wird in der Mitte der täglichen Kurzwellen-Nachrichtensendungen folgende Warnung in japanischer Sprache eingefügt werden:

1. Im Falle einer Gefährdung der Beziehungen zwischen Japan und den USA: Higashi No Kazeame (Ostwind, Regen);

2. der Beziehungen zwischen Japan und der UdSSR: Kitanokaze Kunori (Nordwind, bewölkt);

3. der Beziehungen zwischen Japan und Großbritannien: Nishi No Kaze Hare (Westwind, klar).«[42]

Am gleichen Tag kündigte Tokio an, daß bei einer Gefährdung der diplomatischen Beziehungen am Anfang und am Ende der japanischen Nachrichtensendungen das Wort »Higashi« hinzugefügt werde, um damit die Beziehungen zu Amerika zu bezeichnen; »Kita« würde bei einem Abbruch der Beziehungen zu Rußland verwendet werden und »Nishi«, wenn die Beziehungen zu Großbritannien einschließlich Thailand, Malaya und Niederländisch-Ostindien betroffen seien.[43]

In seinem Bericht vom 19. November erklärte Nomura, daß dem Kaiserreich in den Beziehungen zu Amerika drei Wege offenständen – Aufrechterhaltung des Status quo, Aufbrechen der Pattsituation mittels Waffengewalt, oder Abschluß eines gegenseitigen Nichtangriffspaktes – er bemühe sich, den dritten Weg zu beschreiten.

»Nachdem wir unsere Kräfte vier Jahre lang durch den chinesischen Zwischenfalls erschöpft haben, der unmittelbar auf den mandschurischen Zwischenfall folgte, ist der gegenwärtige Zeitpunkt kaum geeignet, einen weiteren großen, langdauernden Krieg zu riskieren. Ich denke, es wäre besser, einen vorläufigen ›Waffenstillstand‹ im Geiste des ›Gebens und Nehmens‹ zu schließen und daraus das Vorspiel für spätere, größere Werke zu machen.«[44]

Am 22. November sandte Tokio an Nomura und Kurusu eine wichtige Mitteilung, in der sie gedrängt wurden, hart zu arbeiten und eine Lösung zu finden. Es wurde erneut betont, daß eine bestimmte Frist gesetzt worden war. Die Depesche lautete:

»Es ist für uns äußerst schwierig, den festgesetzten Termin zu ändern ... Sie sollten das wissen. Ich weiß jedoch, daß Sie hart arbeiten. Halten Sie sich an unsere festgelegte Politik und tun Sie Ihr Bestes. Scheuen Sie keine Mühe und versuchen Sie, das gewünschte Ergebnis zu erzielen. Aus Gründen, die Sie nicht wissen können, wünschen wir eine Klärung der japanisch-amerikanischen Beziehungen bis zum 25.; aber wenn Sie Ihre Gespräche mit den Amerikanern innerhalb der nächsten drei oder vier Tage zum Abschluß bringen können; wenn die Unterzeichnung bis zum 29. (in Buchstaben: neunundzwanzigsten) vollzogen werden kann; wenn wir zu einer Verständigung mit Großbritannien und den Niederlanden kommen können; und wenn all dies in Kürze abgeschlossen werden kann, dann haben wir uns entschieden, bis zu diesem Datum zu warten. Diesmal ist es uns Ernst damit, daß der Endtermin absolut nicht mehr verschoben werden kann. *Danach werden die Dinge automatisch ihren Gang nehmen.*«*[45]

Dieser ganze Telegrammverkehr wurde den Spitzen der amerikanischen Regierung und den Oberkommandos von Army und Navy fast ebenso schnell oder sogar noch schneller bekannt als den japanischen Gesandten in Washington. Er zeigte, wie weit Japan zu gehen bereit war, um doch noch zu einer Übereinkunft zu kommen, und den Punkt, über den es nicht hinausgehen würde. Ab Mitte November zeigten einige der Funkmeldungen eine neue, gefährliche Tendenz. Sie deutete darauf hin, daß es ohne eine Vereinbarung bald zu einem Abbruch der diplomatischen Beziehungen, dem üblichen Vorspiel zur Eröffnung von Kriegshandlungen, kommen würde. Schließlich zeigten sie, daß ein unwiderruflicher Endtermin festgesetzt worden war, nach dessen Ablauf »die Dinge automatisch ihren Gang nehmen« würden.

Die verantwortlichen amerikanischen Beamten konnten selbstverständlich nicht genau erraten, was geschehen würde. Aber sie waren ausreichend gewarnt, daß es im Falle eines Zusammenbruchs der Verhandlungen zum Krieg kommen werde. Außerdem wußten sie, daß ein japanischer Plan, der unzweifelhaft einen Überraschungsangriff beinhaltete, in Gang gesetzt worden war, und daß es nach dem 29. für die Japaner keine Umkehr mehr gab. Diese Schlußfolgerungen ergaben sich aus einem sorgfältigen und einigermaßen intelligenten Lesen der abgefangenen Chiffretelegramme.

Die Männer, die diese abgefangenen Funkmeldungen auswerteten, hatten daher die Pflicht, mit Japan ein Übereinkommen zu schließen. Wenn dies aus moralischen oder politischen Gründen als unmöglich angesehen wurde, mußten sie alle denkbaren Vorkehrungen zur Verteidigung gegen japanische Kriegshandlungen treffen und vor einem Überraschungsschlag aus jedweder Himmelsrichtung auf der Hut sein. Ein Abkommen hätte nach der Art des

---

* Hervorhebung durch G. M.

verworfenen Modus vivendi sein können: dazu vorgesehen, Zeit zu gewinnen, bis unsere Streitkräfte im Pazifik eine angemessene Verteidigungsbereitschaft erreicht hatten. Es hätte auch eine Abmachung von der Art sein können, wie Botschafter Grew sie vorgeschlagen hatte – gerecht und billig, erfüllt vom Geist der Versöhnung und nicht im Sinne eines »sogenannten Appeasement«.[46]

Die Führer der amerikanischen Regierung beschritten keinen dieser Wege. Damit blieb ihnen die Verantwortung – die Funktelegramme aus Tokio, die nach dem 22. abgefangen wurden, machten dies noch sehr viel deutlicher –, den Truppenführern eindeutige Warnungen zukommen zu lassen, damit diese sich darauf vorbereiten konnten, einen Angriff zurückzuschlagen.

KAPITEL 13

Die Schrift an der Wand

Obwohl der diplomatische Geschäftsverkehr in Washington bis zum Zeitpunkt des Angriffs am 7. Dezember und sogar darüber hinaus fortgesetzt wurde, gab es nach Vorlage der Vorschläge von Außenminister Hull am 26. November keine Erfolgsaussichten mehr. Im State Department wurde dies offenbar schon vorher so gesehen. So hatte Ballantine am 22. November Nomura und Kurusu die rhetorische Frage gestellt, ob nicht jeder Politiker die Pflicht hätte, »bis zu dem Tag um den Frieden zu ringen, an dem der Krieg für unvermeidlich befunden wird«.[1]

Inzwischen zeigten weitere Funktelegramme zwischen Tokio und seinen über die Welt verstreuten Außenposten, die von den Nachrichtendiensten von Army und Navy abgefangen wurden, daß die Krise rasch heranreifte. Die Reihenfolge dieser Funktelegramme und die Interpretation, die ein militärischer Nachrichtendienst ihnen nach den Gesetzen der Logik geben mußte, war wie folgt:

24. November

Tokio unterrichtete seine Botschafter in Washington, daß der festgesetzte Endtermin für den Abschluß eines Abkommens der 29. November nach Tokioter Zeit war – in Washington war dies der 28. November.[2]

Interpretation: Nach dem 28. würden die Dinge »automatisch ihren Gang nehmen«.

25. November

Die japanischen Vertreter in Hanoi, Indochina, informierten Tokio:

»Wir sind vom Militär unterrichtet worden, daß wir am 25. eine Antwort der Vereinigten Staaten erwarten. Wenn dies zutrifft, dann wird das Kabinett zweifellos innerhalb der nächsten ein oder zwei Tage die Entscheidung über Krieg oder Frieden treffen ... Sollten die Verhandlungen erfolglos bleiben, dann sind unsere Streitkräfte, da alle Vorbereitungen praktisch abgeschlossen sind, in der Lage, innerhalb von Tagen zu marschieren.«[3]

Interpretation: Hanoi, obwohl über die Verschiebung des Endtermins auf den 29. nicht informiert, berichtet, daß Truppen bereitstünden, um innerhalb von Stunden mit einer militärischen Aktion zu beginnen.

Eine andere Meldung aus Bangkok, Siam, sprach von einem »entscheidenden Vorstoß des Kaiserreichs in südlicher Richtung«, was darauf hindeutete, daß dieser Angriff gegen Burma und Malaya gerichtet sein und die Besetzung Thailands einschließen würde.[4]

Interpretation: Die Ziele eines japanischen Angriffs in dieser Gegend waren Washington nunmehr bekannt. Sie ignorierten Roosevelts Warnung vom 17. August und verlangten vom Präsidenten gemäß seiner Verpflichtung zu gemeinsamen Aktionen Großbritannien militärischen Beistand zu leisten.

26. November

An diesem Tag legte Hull den Japanern die amerikanischen Bedingungen vor. Den japanischen Gesandten in Washington wurde ein neuer Worte-Code übermittelt, der in Telephonberichten an Tokio benutzt werden sollte, um Zeit zu sparen. Roosevelt wurde als »Fräulein Kimiko« und Hull als »Fräulein Fumeko« bezeichnet. »Das Kind ist geboren«, sollte den Ausbruch einer Krise oder die Entscheidung zum Krieg wiedergeben.[5] Nach Erhalt dieses Codes telephonierte Kurusu mit Kumaicho Yamamoto, dem Leiter der amerikanischen Abteilung des japanischen Außenministeriums, und brachte ihm gegenüber zum Ausdruck, daß er wenig Hoffnung auf einen erfolgreichen Ausgang der Verhandlungen habe.[6]

Interpretation: Das »Kind« würde bald geboren werden. Als er am gleichen Abend über die Vorlage der zehn Punkte durch Hull berichtete, bemerkte Nomura, daß er und Kurusu angesichts der Bedingungen »sprachlos« gewesen seien und das Gefühl gehabt hätten, sie nicht einmal nach Tokio berichten zu können. »Warum«, so fragten sie, »mußten die Vereinigten Staaten uns so harte Bedingungen wie diese vorlegen? Zweifellos haben England, die Niederlande und China das ausgeheckt«.[7]

Interpretation: Hulls Bedingungen waren unannehmbar. Amerikas ABCD-Partner drängten es vorwärts, um einen Konflikt mit Japan zu erzwingen.

In einem späteren Funktelegramm erklärte Nomura, daß die amerikanische Regierung versuche »die Verantwortung für den Abbruch der Verhandlungen« Japan anzulasten, und er deutete an, daß Japan nicht »vorsätzlich mit unseren geplanten Operationen beginnen sollte«,[8] solange die Verhandlungen formal noch fortgesetzt würden.

Interpretation: Die Dinge hatten den Bereich der Diplomatie verlassen, und während die militärischen Operationen bereits anliefen, versuchte jedes Land, dem anderen die »Kriegsschuld« anzulasten.

27. November

Tokio schickte Washington eine Serie von Versteckte-Worte-Signalen, die benutzt werden sollten, wenn andere Kommunikationsmittel versagten.[9]

Interpretation: Dieser Schritt wurde offensichtlich in Erwartung des Krieges unternommen.

In jener Nacht benutzte Kurusu in einem Ferngespräch mit Yamamoto den in der vorhergehenden Nacht festgesetzten Telephoncode. Der Admiral erklärte ihm, daß er die Verhandlungen nicht abbrechen solle, obwohl die Krise unmittelbar bevorzustehen scheine. Die Armee, sagte Yamamoto, »kaut wie ein Pferd ungeduldig am Gebiß«.[10]

Interpretation: Das japanische Militär hatte nun das Ruder übernommen und wartete ungeduldig darauf, die Operationen eröffnen zu können. Die Diplomatie würde fortan nur noch den Nutzen haben, die militärischen Absichten und Bewegungen zu verschleiern. In dieser Nacht berichtete Nomura in einem Chiffretelegramm, daß er mit Kurusu bei Roosevelt gewesen sei. Der Präsident erklärte ihnen, er und Premierminister Churchill hätten sich auf der Atlantikkonferenz darüber verständigt, daß »unsere jeweilige Grundsatzpolitik übereinstimmt«.[11]

Interpretation: Wegen des Abkommens über parallele Aktionen würde Japan gezwungen sein, sowohl gegen Großbritannien als auch gegen die Vereinigten Staaten Krieg zu führen.

28. November

Tokio sandte an seine Emissäre in Washington eine Botschaft von äußerster Wichtigkeit. Nomura und Kurusu wurde erklärt:

»Sie beide, meine Herren Botschafter, haben sich in übermenschlichen Bemühungen eingesetzt, aber die Vereinigten Staaten sind trotzdem noch weiter gegangen und haben uns diese erniedrigenden Bedingungen gestellt. Das war unerwartet und ist höchst bedauerlich. Die kaiserliche Regierung kann sie in keiner Weise als Grundlage für weitere Verhandlungen ansehen. Deshalb werden mit einer Darlegung der Ansichten der kaiserlichen Regierung, die ich Ihnen in zwei oder drei Tagen zukommen lassen werde, die Verhandlungen de facto abgebrochen werden. Das ist unvermeidlich. Ich möchte aber noch nicht den Eindruck entstehen lassen, daß die Verhandlungen abgebrochen sind. Sagen Sie ihnen nur, daß Sie weitere Instruktionen erwarten … Tun Sie von nun an Ihr Bestes.«[12]

Interpretation: Dieses Funktelegramm, das zehn Tage bevor die Japaner Hull ihre Antwort (die mit dem japanischen Angriff auf Pearl Harbor zusammenfiel) überreichten, abgefangen und dechiffriert wurde, zeigt, daß die japanische Regierung Hulls Bedingungen bereits verworfen hatte. Der Endtermin, nach dem die Dinge »automatisch ihren Gang nehmen« würden, war verstrichen. Die Botschafter wurden instruiert, von jetzt an die Verhandlungen bis zum Eintritt jenes Zeitpunktes hinzuziehen, an dem das, was »automatisch seinen Gang nehmen« sollte, geschehen würde. Die amerikanische Regierung besaß somit eine eindeutige Warnung, um ihren Streitkräften in Vorbereitung auf den unausweichlichen Krieg einen Großalarm zu befehlen.

Tokio begann dann damit, seine diplomatischen und konsularischen Vertretungen in Hawaii, Indochina, Argentinien und anderen Ländern davon zu unterrichten, daß Hulls Gegenvorschläge »alles mißachten, wofür wir stehen. Deshalb werden wir selbstverständlich nicht auf sie eingehen«; die Beziehungen zu den Vereinigten Staaten und zu Großbritannien würden bald abgebrochen werden. In der Funkmeldung an Honolulu hieß es vielsagend:

»Vernichten Sie die Chiffren nicht ohne Berücksichtigung der tatsächlichen Situation vor Ort, sondern behalten Sie diese, solange es die dortige Situation erlaubt und bis das letzte Stadium erreicht ist.«[13]

Interpretation: Was auch immer »automatisch seinen Gang nehmen« sollte, es näherte sich jetzt seinem »letzten Stadium«, in dem Hawaii eine so wichtige Rolle spielte, daß die Chiffren für die Übermittlung von letzten Informationen behalten werden sollten, bis sie durch den Ausbruch der Feindseligkeiten in Gefahr gerieten, beschlagnahmt zu werden.

Eine Meldung aus Hsingking, Mandschukuo, an Tokio erörterte im Detail die im Kriegsfall zu verfolgende Politik im Umgang mit britischen und amerikanischen Staatsangehörigen in dem japanischen Marionettenstaat. Es wurde berichtet, daß Pläne dafür gemacht worden seien, 81 amerikanische Bürger und 339 britische Untertanen zu internieren, bis sie ausgetauscht werden könnten, und daß andere »anrüchige Charaktere mit probritischen und proamerikanischen Neigungen mit entsprechender Vorsicht behandelt werden sollten«.[14]

Interpretation: Krieg mit den Vereinigten Staaten und Großbritannien.

29. November

Eine Meldung aus Berlin an Tokio berichtete über eine Unterredung zwischen dem japanischen Botschafter und dem deutschen Außenminister v. Ribbentrop. Darin zeichnete Ribbentrop ein höchst optimistisches Bild vom Verlauf des Krieges mit Rußland und sagte die baldige Niederlage Großbritanniens voraus, gleichgültig ob Deutschland nun gezwungen sei, mit einer Armee in England zu landen oder nicht. Ribbentrop drängte die Japaner, eine »Neue Ordnung« im Fernen Osten zu errichten und versprach:

»Sollte Japan in einen Krieg mit den Vereinigten Staaten verwickelt werden, wird Deutschland selbstverständlich sofort in den Krieg eintreten.«[15]

Interpretation: Mit einer irreführenden Darstellung der militärischen Situation Deutschlands drängte Hitler Japan zum Kriegseintritt. Die drei Achsenpartner würden alle im Krieg mit den Vereinigten Staaten stehen, wenn Japan den entscheidenden Schritt wagte.

30. November

In Antwort darauf teilte Tokio seinem Berliner Botschafter mit, daß die Verhandlungen mit Washington »jetzt abgebrochen – zerbrochen sind«. Der Botschafter wurde beauftragt, Hitler und Ribbentrop wie folgt zu informieren:

»England und die Vereinigten Staaten haben zuletzt beide eine provozierende Haltung eingenommen. Sagen Sie, daß sie planen, Streitkräfte an verschiedene Orte in Ostasien zu verlegen und daß wir dem unvermeidlich entgegentreten müssen, indem wir ebenfalls Truppen verlegen. Sagen Sie ihnen (Hitler und Ribbentrop) streng vertraulich, daß äußerste Gefahr für einen plötzlichen Kriegsausbruch zwischen den angelsächsischen Nationen und Japan besteht, infolge eines bewaffneten Zwischenfalls, und fügen Sie hinzu, daß der Ausbruch des Krieges schneller erfolgen kann, als irgend jemand es sich träumen läßt.«*[16]

Interpretation: Unmißverständlich. Die Verhandlungen waren beendet. Die militärischen Operationen konnten beginnen. Der Krieg würde bald ausbrechen – »schneller, als irgend jemand es sich träumen läßt«.

Diese Lesart wurde von weiteren Bemerkungen in einem späteren Funktelegramm unterstützt. Darin hieß es, daß die japanische Regierung sich entschieden habe, die Verhandlungen mit den Vereinigen Staaten einzustellen, weil »eine Fortsetzung der Verhandlungen für unsere Sache unvermeidlich nachteilig wäre«. Die amerikanischen Bedingungen vom 26. November wurden als »beleidigend« bezeichnet, da sie von Japan eine Verleugnung seiner Verpflichtungen verlangten, Deutschland und Italien beizustehen, wenn die Vereinigten Staaten im europäischen Krieg intervenieren sollten. Die amerikanischen Beratungen mit England, Australien, den Niederlanden und China, die während der Verhandlungen abgehalten worden waren, wurden als Beweis für ein »geheimes Einverständnis« bezeichnet, und es wurde gesagt, daß alle diese Mächte sowohl Japan wie auch Deutschland und Italien als Gegner betrachteten.[17]

---

* »Der Präsident hielt diese Botschaft für so interessant, daß er, im Gegensatz zur üblichen Praxis im Umgang mit abgefangenen Funkmeldungen, eine Kopie davon behielt.« (Min., S. 21–22)

Am gleichen Tag bemerkte Kurusu in einem Telephongespräch mit dem Leiter der amerikanischen Abteilung, Yamamoto, daß seine Regierung bis vor wenigen Tagen darauf bestanden habe, die Verhandlungen zu einem Abschluß zu bringen, aber »nun wünschen Sie, sie in die Länge zu ziehen«. Er erklärte, daß Tokio ihn bei seiner Aufgabe unterstützen könne, wenn Premierminister Tojo und Außenminister Togo überzeugt werden könnten, in ihren Reden einen gemäßigteren Ton anzuschlagen.[18]

Interpretation: Wie Tokio in seiner Depesche vom 28. November Nomura und Kurusu bereits unmißverständlich klargemacht hatte, war die Fortsetzung der Verhandlungen mit Washington nur Schauspielerei mit der Absicht, eine Entwicklung zu verschleiern, die erst nach Ablauf einer weiteren Zeitspanne eintreten würde. Am 7. Dezember sollte Hull den japanischen Verrat beklagen, »in dem Augenblick anzugreifen, an dem Vertreter der japanischen Regierung mit Vertretern dieser Regierung ... Prinzipien und Wege zum Frieden diskutierten«. In seiner Rede vor dem Kongreß vom 8. Dezember, in der er die amerikanische Kriegserklärung forderte, verurteilte Roosevelt den japanischen Angriff, weil dieser erfolgt sei, »als die Vereinigten Staaten sich mit dieser Nation im Frieden befanden ... und mit ihrer Regierung und ihrem Kaiser im Hinblick auf die Bewahrung des Friedens im Pazifik noch Gespräche führten«. Wie konnten derartige Erklärungen aufrichtig sein? Beide wußten, daß Japan die Gespräche nach dem 28. November einzig und allein mit der Absicht fortsetzte, der amerikanischen Regierung Sand in die Augen zu streuen.

1. Dezember

Tokio wies seine Washingtoner Botschafter nochmals auf die Notwendigkeit hin, Zeit zu gewinnen. In diesem Funktelegramm hieß es:

> »Der gesetzte Termin (28. November, Washingtoner Zeit) ... ist gekommen und vorübergegangen, und die Situation wird immer kritischer. Um jedoch zu verhindern, daß die Vereinigten Staaten übertrieben mißtrauisch werden, haben wir die Presse und andere Stellen in dem Sinne unterrichtet, daß die Verhandlungen fortgesetzt werden, obwohl noch erhebliche Differenzen zwischen Japan und den Vereinigten Staaten bestehen.«[19]

Interpretation: Wie oben. Das Hinhaltemanöver in Washington sollte den Argwohn beschwichtigen. Da sie die entsprechenden Nachrichten dechiffriert hatten, hätten die hohen Beamten in Washington den amerikanischen Streitkräften überall den Befehl zu äußerster Wachsamkeit geben müssen. Aber Washington hegte, nach seinen Handlungen und Anordnungen zu urteilen, keinen Verdacht.

Eine weitere Funkmeldung an Washington vom gleichen Tag wies darauf hin, daß die Botschaft die Chemikalien, die zur Vernichtung der Codes nötig waren, aus dem Büro des japanischen Marineattachés besorgen konnte, wenn der entsprechende Befehl erfolgte.[20] Weitere Funktelegramme erteilten an diesem Tag London, Hongkong, Singapur und Manila die Anweisung, ihre Chiffriermaschinen zu zerstören und die Codebücher zu verbrennen.[21]

Eine weitere Botschaft an Hsingking besagte, daß »die Mandschurei gegen England und Amerika die gleichen Schritte einleiten soll, wie sie dieses Land im Falle eines Kriegsausbruchs unternehmen wird«.[22]

Interpretation: Krieg mit Großbritannien und den Vereinigten Staaten, und zwar sofort. Die Vernichtung der Codes und der Chiffriermaschinen war der vorletzte Schritt.

Nomura berichtete am 1. Dezember von einer Unterredung mit Hull und erklärte, daß der Minister Einwände gegen erneute Truppenverschiebungen der japanischen Armee und Marine in Indochina erhoben hätte. Er habe gesagt, daß »es überhaupt keinen Weg gebe, um zu einem Übereinkommen zu gelangen«,[23] solange Japan sich so benehme.

Interpretation: Hull mußte wissen, daß das Spiel aus war, aber er sprach immer noch so, als ob der Friede gerettet werden könnte, wenn die Japaner sich nur besserten.

In Antwort darauf erklärte Nomura gegenüber Hull:

»Der Friede zwischen Japan und China kann nicht durch Bedingungen von der Art hergestellt werden, wie sie in Ihren jüngsten Vorschlägen enthalten sind. Wir hören Ihre Argumente, die darauf hinauslaufen, daß Sie nicht danebenstehen können, während China untergeht. Die umgekehrte Argumentation ist aber richtig: Es ist für uns von größter Bedeutung, nicht danebenzustehen und zuzuschauen, wie unsere eigenen Länder nur wegen des Chinaproblems untergehen.«[24]

Interpretation: Hull wurde unmittelbar darüber informiert, daß seine Bedingungen vom 26. November unannehmbar waren.

2. Dezember

Die japanische Botschaft in Washington erhielt von Togo die Order, eine ihrer beiden Chiffriermaschinen zu zerstören und die Codebücher zu verbrennen.[25] Gleichlautende Instruktionen ergingen an die konsularischen und diplomatischen Beamten in den amerikanischen Republiken, Hawaii und Kanada.[26]

Interpretation: Der Krieg war nun sehr nahe. Die Zurückbehaltung der einen verbleibenden Chiffriermaschine in Washington diente dazu, die japanische Antwort auf die amerikanischen Bedingungen vom 26. November zu empfangen, was offensichtlich mit der Eröffnung der Feindseligkeiten zusammenfallen würde.*

Ein ergänzender »Versteckte-Worte«-Code wurde am gleichen Tag nach Singapur, Chile und Brasilien übermittelt. Mit ihm konnten Informationen über die Ankunft amerikanischer Militärflugzeuge, die Identität von im Hafen anlegenden britischen und amerikanischen Handelsschiffen, und vergleichbare Angaben, die nur militärischen Zwecken dienen können, nach Tokio durchgegeben werden.[27]

Interpretation: Die Feindseligkeiten würden in kurzer Zeit eröffnet werden.

Ebenfalls am 2. Dezember benachrichtigte Kanton Tokio:

»Wenn die Feindseligkeiten beginnen sollten, sind wir hier vollständig vorbereitet. Die Armee hat alle Vorbereitungen abgeschlossen, um sofort in Thailand einmarschieren zu können. Sollten die Briten bis zum bitteren Ende Widerstand leisten, dann versteht es sich von selbst, daß die Armee bereit ist, das Land militärisch zu erobern.«[28]

Interpretation: Klar und deutlich. Die japanischen Streitkräfte in Südchina waren marschbereit. Thailand sollte ungeachtet der Warnung Roosevelts vom 17. August, derzufolge die Vereinigten Staaten in diesem Fall zum Handeln genötigt seien, besetzt werden.

3. Dezember

Die japanischen Botschafter in Washington wurden dahingehend unterrichtet, daß es »unangebracht« sei, den Vorschlag für ein Treffen zwischen dem Präsidenten und dem japanischen Premier zu erneuern. Sie wurden instruiert, auf den am 20. November vorgetragenen japanischen Vorschlägen für ein Abkommen zu beharren.[29]

Interpretation: Tokio war an einer diplomatischen Lösung nicht mehr interessiert.

In Antwort darauf informierten die Botschafter Tokio:

»Wir glauben, daß es im Falle einer Besetzung Thailands mit definitiver Sicherheit mit oder ohne Kriegserklärung zu einer gemeinsamen militärischen Aktion Großbritanniens und der Vereinigten Staaten kommen wird.«[30]

---

* »Es ist in diplomatischen und militärischen Kreisen wohlbekannt, daß die Vernichtung von Codebüchern, Chiffriermaschinen und Geheimdokumenten in der Regel der letzte Schritt vor dem Abbruch der Beziehungen ist. Der Krieg folgt nicht notwendigerweise, aber er kann entweder gleichzeitig oder unmittelbar nach der Vernichtung des Codematerials kommen.« (Min., S. 60)

21 Der Start der Flugzeuge wird von den Schiffsbesatzungen mit »Banzai«-Rufen begleitet.

22 Diese Karte wurde aus einem der japanischen Klein-U-Boote geborgen, die den Angriff auf Pearl Harbor mitmachten und alle versenkt wurden. Die Eintragungen der Schiffe und ihrer Positionen sind äußerst fehlerhaft.

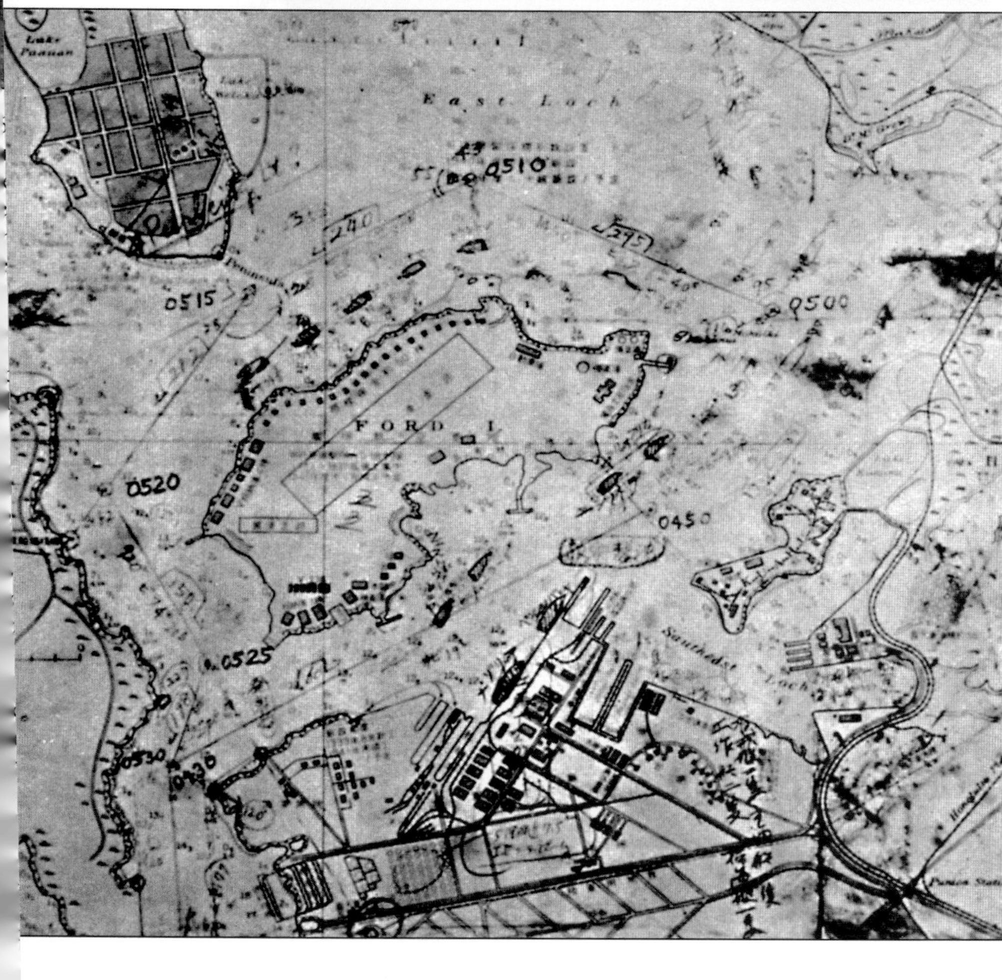

28 Auf »Ewa Field‹
feuert Bodenperso-
nal der Navy mit
Springfield-Geweh
ren auf japanische
Flugzeuge.

29 Die brennen-
den Hangars von
»Wheeler Field«,
von einem japa-
nischen Flugzeug
aus gesehen.

Nomura bekräftigte dies, indem er erklärte:

»Man kann nichts vorhersagen. Aber die amerikanische Regierung wird abhängig davon, wie unsere Antwort ausfällt, einen kühnen Schritt unternehmen.«[31]

Interpretation: Eine letzte Mahnung von Nomura und Kurusu, daß die von Tokio anscheinend ins Auge gefaßten Schritte amerikanische Gegenreaktionen nach sich ziehen würden.

Eine Depesche des japanischen Botschafters in Rom schilderte, wie Mussolini am 3. Dezember versprach, Japan im Kriegsfall gemäß dem Dreimächtepakt zu unterstützen. Er erklärte, er sei nicht überrascht, daß die Washingtoner Verhandlungen gescheitert seien.[32]

Interpretation: Nach dem Scheitern der Verhandlungen würden sich die Vereinigten Staaten mit allen drei Mitgliedern der Achse im Krieg befinden.

Ein weiteres Funktelegramm von Peking an Tokio bezog sich zweimal auf den »kommenden Krieg« und einmal auf den »nächsten Krieg«, und es betonte die Notwendigkeit, die einheimischen Völker Südostasiens für die japanische Sache und »gegen die Vereinigten Staaten und Großbritannien« zu gewinnen.[33]

Interpretation: Gegen die Vereinigten Staaten und Großbritannien sollte ein Krieg der Rassen proklamiert werden, in dem Japan sich allen anderen Asiaten als Führer anbot.

4. Dezember

Die Botschaft in Washington erhielt weitere Instruktionen zur Verbrennung von Codematerial.[34] Am gleichen Tag schickte Tokio eine chiffrierte Meldung an seine diplomatischen Außenposten in China: »Wenn Japan in einen Krieg eintritt ... soll Mandschukuo Großbritannien, die Vereinigten Staaten und Niederländisch-Indien als Feindstaaten behandeln.« Es wurde jedoch angeordnet, daß wegen des Bestehens eines Nichtangriffsvertrages zwischen Japan und Rußland russische Staatsbürger auszunehmen seien und daß Mandschukuo »jede Vorsichtsmaßnahme ergreifen solle, um Sowjetrußland nicht zu provozieren«.[35] Eine weitere Meldung vom gleichen Tag an die japanischen Repräsentanten in China und Mandschukuo bezog sich auf die Haltung, die im Falle eines Krieges gegenüber der holländischen Regierung einzunehmen sei.[36] Noch am gleichen Tag bezeichnete ein drittes Funktelegramm an Hsingking nochmals England, die Vereinigten Staaten und die Niederlande als Gegner in dem bevorstehenden Krieg.[37] Unterdessen wurde in weiteren Funkmeldungen die Evakuierung der Angehörigen der japanischen Botschaft in London und Washington erörtert.[38]

Interpretation: Krieg mit den Vereinigten Staaten, Großbritannien und Holland, aber Frieden mit Rußland.

5. Dezember

Die Botschaft in Washington berichtete an Tokio:

»Wir haben die Code-Vernichtung abgeschlossen, aber da die amerikanisch-japanischen Verhandlungen noch weiterlaufen, bitte ich um Ihre Genehmigung, die Zerstörung der verbliebenen Chiffriermaschine noch für eine Weile aufzuschieben.«[39] (Dies wurde am folgenden Tag genehmigt.)[40]

Interpretation: Der Krieg war von jetzt an nur noch eine Frage von Stunden. In einem Funktelegramm an Tokio erklärte Peking:

»In Übereinstimmung mit der Eröffnung des Krieges gegen Großbritannien und Amerika haben wir Holland bedingt als Kriegspartei eingestuft«; und weiter: »Im Falle eines Krieges gegen Holland werden wir gegen dieses Land die gleichen Maßnahmen ergreifen wie gegen Großbritannien und Amerika.«[41]

Am gleichen Tag besprach Peking mit Shanghai die Frage der Beauftragung einer neutralen dritten Macht mit der treuhänderischen Wahrnehmung der Interessen Großbritanniens, Amerikas und Hollands in Nordchina im Kriegsfall.[42] Die Navy behauptete später, daß sie dieses Funktelegramm erst vier Tage nach dem Angriff auf Pearl Harbor übersetzt hätte.

Interpretation: Der Krieg gegen die Vereinigten Staaten, Großbritannien und Holland war jetzt sicher.

6. Dezember

Tokio benachrichtigte seine Botschafter in Washington, daß es eine sehr ausführliche Antwort auf Secretary Hulls Bedingungen verfaßt habe, die in 14 Teilen übertragen werden würde. Die Botschafter wurden angewiesen, diese Antwort bis zum Eintreffen einer gesonderten Meldung, in der der Zeitpunkt der Übergabe angegeben werde, zurückzuhalten.[43]

Lieutenant Commander Laurance F. Safford, Chef der Fernmeldeaufklärung der Marine, erklärte, daß Tokio seine Gesandten in Washington am 6. Dezember zwischen 11.00 und 12.00 Uhr benachrichtigt habe, daß die endgültige Antwort auf dem Weg sei.

Diese »pilot-message«, so erklärte er, wurde im Marineministerium vor

11.50 Uhr übersetzt. Die ersten 13 Teile der Schlußbotschaft kamen ab Mittag herein und waren bis 21.00 Uhr übersetzt und fertig zur Weitergabe. Safford sagte, er habe die ersten 13 Teile wegen der darin benutzten beleidigenden Ausdrucksweise als »höchst wichtig« angesehen.[44]

Interpretation: Entsprechend den Verhaltensweisen der Achsenmächte, die von Japan erstmals im russisch-japanischen Krieg praktiziert worden waren, würde das Ende der diplomatischen Beziehungen mit der Eröffnung der Feindseligkeiten zusammenfallen. Man erinnere sich an Port Arthur!

In einem weiteren Funktelegramm übersandte Tokio seinem Botschafter in Berlin die Nachricht, daß Japan gegen Rußland keine Feindseligkeiten beginnen werde und daß es die Verschiffung von Leih- und Pachtmaterial nach Rußland, wenn dieses von sowjetischen Frachtschiffen transportiert würde, nicht verhindern werde. Aber »für den Fall, daß wir einen Krieg gegen die Vereinigten Staaten beginnen, werden wir alle für Rußland bestimmten amerikanischen Schiffe abfangen«.[45] Die Army sagte aus, daß dieses Funktelegramm erst am 8. Dezember übersetzt worden sei.

Eine weitere Depesche beauftragte die japanischen Behörden in Kanton, die britische und amerikanische Konsuln zu benachrichtigen, daß die kaiserliche Armee über das Eigentum »feindlicher Nationen«, deren Konsulate und Gebäude die Kontrolle übernehmen werde.[46] Die Army erklärte, sie habe diese Meldung erst am 9. Dezember übersetzt.

Ein weiteres Funktelegramm vom 6. von Tokio an Bangkok war von einer Bedeutung, die kaum überschätzt werden kann. Die Army erklärte jedoch, daß es nicht vor dem 8. Dezember übersetzt worden sei. Dem Kongreßausschuß wurde diese Meldung in folgender Form vorgelegt:

»Der Tag der (...)[a] (X-Tag) der von der (...)[b] Verbindungskonferenz am 6. (?)[c] beschlossen wurde, ist der 8., und der Tag, an dem die Note übergeben werden soll, ist der 7. (?) (Sonntag). Sobald Sie diese Meldung erhalten haben, antworten Sie bitte diesbezüglich.«

Die Navy listete die »Vermutungen des Übersetzers« wie folgt auf:

»a) ›Erklärung‹ oder ›Proklamation‹.
b) ›Botschafts-‹ oder ›China‹.
c) Dieses Wort ist verstümmelt und kann entweder das Wort ›6‹ oder das Wort ›November‹ sein.«[47]

Die angegebenen Versuchsübersetzungen tragen dazu bei, den Sinn dieser Meldung zu verschleiern. Hier war, wenn sie zugegebenermaßen rechtzeitig erkannt und dechiffriert worden wäre, die japanische Erklärung, daß die Eröffnung der Feindseligkeiten, die Admiral Yamamoto, Befehlshaber der Vereinigten Kaiserlichen Flotte, am 6. November angeordnet hatte, am 8. Dezember japanischer Zeit (7. Dezember hawaiischer Zeit) stattfinden würde, und daß der Tag, an dem die japanische Antwort auf Hulls Bedingungen vom

26. November übergeben werden sollte, nach Washingtoner Zeit Sonntag, der 7. Dezember sein würde; beide Daten fielen zusammen.

Viele der Funktelegramme der vorangegangenen zehn Tage verdienten schon für sich allein die Aufmerksamkeit der amerikanischen Amtsträger, die in ihnen lesen konnten, daß der Krieg nur noch eine Frage von wenigen Tagen sein konnte. Alle zusammen mußten erst recht in diesem Licht gelesen werden. Die ersten 13 Teile der endgültigen japanischen Antwort an Hull waren in einer Sprache verfaßt, die demonstrieren sollte, daß die Stunde gekommen sei, in der Japan zu den Waffen griff.

7. Dezember

Am 7. Dezember wurde um 5.00 Uhr der 14. und letzte Teil der japanischen Botschaft, die den Abbruch der Beziehungen mit den Vereinigten Staaten und den Beginn des Krieges ankündigte, abgefangen. Um 9.00 Uhr war sie dechiffriert und fertig zur Verteilung an alle führenden Regierungsmitglieder und die Oberkommandos von Army und Navy.[48] Die Ausdrucksweise war eindeutig drohend:

> »Offenbar ist es die Absicht der amerikanischen Regierung, sich mit Großbritannien und anderen Ländern zu verschwören, um Japans Bemühungen zur Herstellung des Friedens durch eine neue Ordnung in Ostasien zu hintertreiben. Insbesondere wollen Sie die anglo-amerikanischen Vorrechte und Interessen wahren, indem sie den Krieg zwischen Japan und China schüren. Diese Absicht trat im Verlauf der gegenwärtigen Verhandlungen eindeutig hervor. So ging die aufrichtige Absicht der japanischen Regierung, die japanisch-amerikanischen Beziehungen zu ordnen und in Zusammenarbeit mit der amerikanischen Regierung den Frieden im Pazifik zu erhalten und zu fördern, schließlich verloren.
>
> Die japanische Regierung bedauert, der amerikanischen Regierung hiermit mitteilen zu müssen, daß sie in Anbetracht der Haltung der amerikanischen Regierung zu keinem anderen Schluß kommen kann, als daß es unmöglich ist, durch weitere Verhandlungen zu einem Übereinkommen zu gelangen.«[49]

Interpretation: Nachdem der »Friede im Pazifik« »schließlich verlorengegangen« war, war keine andere Alternative als Krieg vorstellbar. Dieser Krieg stand unmittelbar vor der Tür.

Tokio maß seiner endgültigen Antwort an die amerikanische Regierung eine so außergewöhnliche Bedeutung zu, daß das japanische Außenministerium Nomura sofort nach der Übertragung instruierte, für das Abschreiben der zur Vorlage an Hull bestimmten Note keine Schreibkraft oder irgendeine

---

* Vgl. S. 49, 51

andere Person zu verwenden. »Seien Sie äußerst vorsichtig bei der Wahrung der Geheimhaltung«, wurde der Botschafter ermahnt.[50]

Interpretation: Diese Warnung war einzigartig und bezeugte die Bedeutung, die die japanische Regierung der vierzehnteiligen Antwortnote beimaß. In keinem anderen Fall wurden von der Washingtoner Botschaft derartige Vorsichtsmaßnahmen verlangt.

Dann wurde zwischen 9.00 und 9.30 Uhr die Schlüsselbotschaft Tokios abgefangen und übersetzt, die Japans Absicht enthüllte, die Vereinigten Staaten um 13.00 Uhr Washingtoner Zeit anzugreifen.[51] So hielt die amerikanische Regierung den Zeitpunkt für den Ausbruch des Krieges mindestens 3 Stunden und 55 Minuten vor dem Angriff auf Pearl Harbor in Händen. Er war in einer Mitteilung an Nomura fixiert, in der es hieß: »Der Herr Botschafter soll, wenn ich bitten darf, unsere Antwort an die Vereinigten Staaten der Regierung der Vereinigten Staaten (wenn möglich dem Außenminister) am 7. um 13.00 Uhr Ihrer Zeit vorlegen.«[52]

Interpretation: Der japanische Angriff würde zu dieser Stunde erfolgen – tiefe Nacht über Ostasien, 2.00 Uhr in Manila, aber 7.30 Uhr, eine Stunde und vier Minuten nach Sonnenaufgang, auf Hawaii. Es ist ein militärisches Axiom, daß der Sonnenaufgang der günstigste Zeitpunkt für einen Überraschungsangriff ist. Deshalb würde der Angriff auf Hawaii und nirgendwo sonst erfolgen.

Zwei nachfolgende Funksprüche bedankten sich bei Nomura, Kurusu und dem Mitarbeiterstab der Botschaft für ihre Bemühungen während der Verhandlungen, und sie bedauerten, daß »die Dinge soweit kommen mußten wie sie jetzt gekommen sind« – die Situation wurde als beispiellose Krise bezeichnet.[53] Die Botschaft wurde dann instruiert, ihre verbliebene Chiffriermaschine sowie alles Codematerial und alle Geheimdokumente zu vernichten.[54]

Interpretation: Alles war jetzt erledigt. Jetzt fehlte nur noch der japanische Angriff, mit dem der Krieg eröffnet würde.

Nachfolgende Funktelegramme an die Repräsentanten in japanischen und japanisch besetzten Gebieten enthielten Weisungen, wie mit »feindlichen Staatsangehörigen« und »feindlichem Eigentum« zu verfahren sei.[55]

Interpretation: Amerikanische, britische und holländische Staatsangehörige waren von nun an feindliche Ausländer. Washington berichtete bald danach nach Tokio, daß es mit der Vernichtung des Codematerials angefangen habe und nach der Absendung dieses letzten Funkspruchs mit der Zerstörung und Verbrennung seiner letzten Chiffriermaschine und der verbliebenen Codes beginnen werde.[56]

Interpretation: Es waren keine weiteren diplomatischen Geschäfte mehr zu tätigen. Die Stunde H, der Tag D waren jetzt da. Damit ist die Aufzeichnung wichtiger abgefangener Funktelegramme abgeschlossen. Das Verfahren und die Ergebnisse der Entschlüsselung wurden als »Magic« bezeichnet. Zweifellos wurde kein magischer Gebrauch davon gemacht. Mit voller Einsicht in die japanischen Pläne – die, wie wir sehen werden, vollständiger war, als die über die Dokumente verstreuten Beweise es zeigen – ließen die Männer in Washington es zu, daß der Schlag Oahu traf.

KAPITEL 14

»Ostwind, Regen«

Die japanische Regierung hatte am 19. November ein Codewort ausgegeben, mit dem sie das diplomatische Corps auf der ganzen Welt geheim davon in Kenntnis setzen konnte, wenn ein Krieg mit den Vereinigten Staaten bevorstand: in die täglichen japanischen Kurzwellennachrichten sollte die falsche Wettermeldung »Ostwind, Regen« eingefügt werden. Falls Japan Krieg gegen Großbritannien einschließlich Thailand, Malaya und Niederländisch-Ostindien beginnen sollte, würde das Zeichen »Westwind, klar« gesendet; sollte dagegen Rußland angegriffen werden, würde das Zeichen »Nordwind, bewölkt« lauten.[1]

Vier Jahre lang unterdrückte die Roosevelt-Administration in der Öffentlichkeit alle Informationen darüber, daß japanische Geheimmeldungen abgefangen und entschlüsselt worden waren. Als diese Information schließlich nach dem Tod Roosevelts (am 12. April 1945, W. P.) durchsickerte, machte die Regierung jede Anstrengung um zu beweisen, daß trotz aller anderen abgefangenen feindlichen Funksprüche die »Winde«-Meldung niemals existiert hat.

Als schließlich am 11. Dezember 1945, nachdem die Kongreßuntersuchung bereits seit 21 Tagen lief, 52 zurückgehaltene Seiten aus dem Bericht des Army Pearl Harbor Board veröffentlicht wurden, stellte man fest, daß dieser Ausschuß folgendes erklärt hatte:

»Die ›Winde‹-Meldung sollte in die japanischen Nachrichten- und Wettersendungen eingefügt und mit einer bestimmten Folge von Worten wiederholt werden, um darauf hinzuweisen, daß es entweder mit Großbritannien, Rußland, den Vereinigten Staaten oder allen dreien zum Krieg kommen würde.

Diese Information wurde von einer Abhörstation aufgefangen. Sie wurde am 3. Dezember 1941 empfangen und übersetzt und der Inhalt wie üblich an die höchsten Stellen weitergeleitet (Weißes Haus, Armee- und Marineoberkommando).

Die Marine empfing diese Meldung am 3. Dezember 1941 im Verlauf des Abends. Übersetzt lautete sie: ›Krieg mit den Vereinigten Staaten, Krieg mit Großbritannien einschließlich Niederländisch-Ostindien, dagegen Frieden mit Rußland.‹

Diese ›Winde-Ausführungsmeldung‹ ist nun aus den Marineakten verschwunden und konnte trotz ausgiebiger Suche nicht gefunden werden. Sie wurde zuletzt von Commander (Laurance F.) Safford gesehen, als er zusammen mit Commander (Alwin D.) Kramer die Papiere sammelte und sie dem Chef des Marinefernmeldewesens übergab, um sie der Roberts-Kommission als Beweismittel vorzulegen.

Es steht deshalb außer Frage, daß zwischen dem 4. und dem 6. Dezember die drohende Gefahr eines Krieges am darauffolgenden Samstag oder Sonntag, dem 6. bzw. 7. Dezember, klar ersichtlich war.«

Weiter erklärte das Army Board, indem es sich nochmals auf die verschwundene »Winde«-Meldung bezog:

»Die originale Meldung ist nun aus den Marineakten verschwunden und bleibt unauffindbar. Sie existierte noch unmittelbar nach Pearl Harbor und wurde mit anderen Meldungen zur Vorlage vor der Roberts-Kommission gesammelt. Es existierten an verschiedenen Stellen Kopien, aber diese sind alle verschwunden.«

Außerdem bemerkte der Ausschuß:

»Das Logbuch der Funkstation, das den Empfang der Meldung anzeigte, wurde im Lauf des vergangenen Jahres vernichtet. Captain Safford sagte aus, daß diese Meldung und alles, was die Navy seit dem 12. November erhalten hatte, von ihr ans Weiße Haus geschickt worden sei. Es handelte sich um eine Umlaufkopie, die im Weißen Haus und unter den Admiralen der Navy zirkulierte.

Über diese Meldung sagten die Zeugen der Army, daß sie von der Armee niemals empfangen worden sei. Sie enthielt bereits am 4. Dezember einen deutlichen Hinweis für die Vereinigten Staaten. Die entscheidende Bedeutung dieser Meldung ist klar erkennbar.«[2]

Bevor Präsident Truman, Kriegsminister Stimson und Marineminister Forrestal die unterdrückte Stellungnahme zu dem »Winde«-Signal freigaben, versuchten sie, die Existenz dieser Meldung nachdrücklich in Zweifel zu ziehen. Zeugen, die früher ausgesagt hatten, daß sie sie gesehen oder in der Hand gehabt hätten, sollten dazu gebracht werden, ihre Aussagen zu ändern. Nachdem Stimson im Oktober 1944 den Bericht des Army Board erhalten und ihn unterdrückt hatte, veranlaßte er drei interne Untersuchungen, um dieses Ziel zu erreichen.

Zuerst beauftragte er Major General Myron C. Cramer damit, eine Übersicht über das belastende Beweismaterial gegen ihn selbst und die Roosevelt-Administration zusammenzustellen. Dann beauftragte er Major Henry C. Clausen, im Zivilberuf Rechtsanwalt, eine Weltreise zu machen, um die Zeugen aufzusuchen und sogar dann an sie heranzutreten, wenn sie mitten in der Schlacht standen. Geleitet von Cramers Übersicht sollte Clausen dann ihr Gedächtnis »auffrischen« und sie eidesstattliche Erklärungen unterzeichnen lassen, in denen sie ihre früheren Aussagen in wesentlichen Punkten änderten. Die Unklarheiten in den Pearl Harbor-Dokumenten sind zu einem erheblichen Teil auf diese Mission zurückzuführen.[3]

Clausen, der später zum Lieutenant Colonel befördert wurde, erklärte, er sei von Stimson mit diesen Nachforschungen beauftragt worden, weil das Beweismaterial, das dem Army Board vorlag, voller Widersprüche gewesen sei und weil der Ausschuß von den meisten Zeugen keine Aussagen über die abgefangenen Chiffremeldungen aufgenommen habe.[4] Generalstabschef Marshall, der sich über die regelwidrigen Aktivitäten von Clausen kritisch äußerte, erklärte, er kenne keinen anderen Fall, in dem ein untergeordneter Offizier über die Handlungen und Aussagen höherer Offiziere Ermittlungen angestellt habe.

Senator Ferguson fragte Marshall: »Kennen Sie irgendeinen anderen Fall, wo eine Untersuchung einem Ausschuß von Offizieren im Generalsrang entzogen und einem Major übertragen wurde?«

»Ich kann mich an keine ähnliche Situation erinnern«, entgegnete Marshall.

»Ist es im Kriegsministerium üblich, daß Offiziere über andere Offiziere im gleichen Rang Ermittlungen anstellen?«

»Im Fall von Generälen ja.«[5]

Die Clausen-Untersuchung, so Marshall vor dem Gemischten Kongreßausschuß, ging von der »zivilen Seite« des Kriegsministeriums aus[6] – d. h. von Stimson. Senator Ferguson erhob den Vorwurf, daß Clausen eidesstattliche Erklärungen entworfen habe, die die Darstellung der Regierung bestätigten, und sie dann zur Unterschrift vorgelegt habe. In einer Erklärung, die von General MacArthur abgegeben wurde, während er den Leyte-Feldzug vorbereitete, war sein eigener Name falsch geschrieben. Das war ein Fehler, den MacArthur nicht gemacht hätte, wenn er die eidesstattliche Erklärung selbst geschrieben oder wenigstens sorgfältig durchgelesen hätte.[7]

Die Aussagen, die vor dem Army Board über die Überbringung der ersten dreizehn Teile der japanischen Antwort an hohe Offiziere gemacht worden waren, wurden durch Clausens Tätigkeit verändert. Es ist ebenfalls auf ihn zurückzuführen, daß plötzlich unklar war, ob die »Winde«-Meldung tatsächlich einige Tage vor dem Angriff empfangen worden war.

Aufgrund von Clausens Bericht konnte Stimson in einer Erklärung, die dem schließlich freigegebenen Bericht des Army Board beigefügt war, feststellen, daß Colonel R. S. Bratton »seine Aussage«, er habe die dreizehnteilige japanische Botschaft am späten Abend des 6. Dezember den drei wichtigsten Adjutanten Marshalls überbracht, »korrigiert« habe.[8]

Colonel Otis E. Sadtler, Colonel Harold Doud, der die Code- und Chiffreabteilung des Nachrichtenwesens des Army Signal Corps leitete, und Colonel Rex W. Minckler, der der Fernmeldeaufklärung vorstand, wurden ebenfalls dazu gebracht, ihre Aussagen zu ändern und die Existenz der »Winde« Meldung zu leugnen.[9] Von den genannten Offizieren wurde keiner als Zeuge vor den Untersuchungsausschuß des Kongresses berufen. Im Clausen-Bericht wurden außer der »Winde«-Meldung auch andere wesentliche Punkte der Feststellungen des Army Board bestritten.

General Cramer verfaßte außer den Instruktionen für Clausen für Stimson noch zwei weitere Berichte über Pearl Harbor.[10]

Seine wichtigste Autorität, um die Existenz des »Winde«-Signals zu bestreiten, war Clausen – sein und Stimsons Werkzeug. Aufgrund der von Clausen gesammelten eidesstattlichen Aussagen, kam Cramer zu dem Schluß, daß die Beweise nicht ausreichten, um zu zeigen, daß diese Meldung »vom Kriegsministerium jemals empfangen worden« war.[11]

Diese Feststellung umging die eigentliche Frage, denn alle Zeugen, die über die Existenz der »Winde«-Meldung ausgesagt hatten, stimmten darin überein, daß sie von einer Abhörstation der Navy empfangen, vom Nachrichtendienst der Navy übersetzt und von der gleichen Marinedienststelle verteilt worden war. Zu bestreiten, daß sie »vom Kriegsministerium jemals empfangen worden« war, bewies daher nur etwas, was von niemandem geleugnet wurde.

Eine dritte unabhängige Untersuchung der Army wurde im Auftrag von General Marshall durch Colonel Carter W. Clarke durchgeführt, der später zum Brigadegeneral befördert wurde. Erst im November 1945, als Major General Sherman Miles den Untersuchungsausschuß des Kongresses über Clarkes Tätigkeit informierte, wurde bekannt, daß es diese Nachforschungen je gegeben hatte.[12]

Gerhard Gesell, Rechtsberater des Ausschusses, erklärte damals, der Clarke-Bericht befinde sich in seinen Händen, er enthalte aber »streng geheime« Informationen, von denen die Army nicht wünschte, daß sie bekannt würden.[13]

Es wurde enthüllt, daß Clarke während des Präsidentschaftswahlkampfes 1944 zwei geheime Briefe von General Marshall an Gouverneur Thomas E. Dewey überbracht hatte. Nach Marshalls Informationen wußte der republikanische Kandidat, daß die amerikanischen Nachrichtendienste bereits vor dem Angriff auf Pearl Harbor den japanischen Code geknackt hatten. In seinen Briefen appellierte der General an Dewey, von dieser Information während des Wahlkampfes keinen Gebrauch zu machen, damit die Japaner nicht erführen, daß wir im Besitz ihrer Codegeheimnisse waren. Dewey weigerte sich, den ersten Brief entgegenzunehmen, las aber den zweiten. Während des gesamten Wahlkampfes sprach er nicht darüber, daß der feindliche Code gebrochen worden war, und er nahm auch niemals Bezug auf den Pearl Harbor-Skandal.[14]

Obwohl Marshall in dem Brief, den Dewey las, zweimal erklärte, sein Appell erfolge ohne das Wissen des Präsidenten und des Kriegsministers, muß er sich bewußt gewesen sein, daß Pearl Harbor ein schädliches Thema für die Roosevelt-Administration war. Es hätte schlimme Konsequenzen haben können, wenn Dewey enthüllt hätte, daß die Truppenführer auf Hawaii keine entsprechende Warnung erhalten hatten, obwohl der Kreis um Roosevelt eine Fülle von Informationen besaß, die auf einen bevorstehenden Krieg hindeuteten.

Admiral Wilkinson erklärte, daß die Deutschen die Japaner schon im Mai 1941 davor gewarnt hätten, daß die Vereinigten Staaten ihren Code gebrochen hatten.[15] Diese Tatsache läßt Marshalls Ansinnen, das Wissen darüber geheimzuhalten, in einem anderen Licht erscheinen. William D. Mitchell, Rechtsberater des Ausschusses, legte acht japanische Chiffremeldungen vom April und Mai 1941 vor, in denen die Japaner den Verdacht äußerten, daß ihr Geheimmaterial abgefangen wurde.[16] Wenn der Feind diese Informationen drei Jahre vor den Feldzügen des Jahres 1944 besaß, kann Dewey nur aus politischen Gründen gebeten worden sein, die Pearl Harbor-Frage nicht aufzugreifen.

Nach dem Eingang des Berichts des Navy Court of Inquiry über die Katastrophe von Pearl Harbor initiierte Secretary Forrestal eine geheime Untersuchung. Mit den Nachforschungen wurde Admiral H. K. Hewitt betraut[17], aber die eigentliche Untersuchung führte wieder ein untergeordneter Offizier, Lieutenant Commander John Sonnett.[18] Sonnett hatte nach Absolvierung eines Jurastudiums verschiedene New Deal-Jobs gehabt. Er wurde zunächst zum Assistenten des Bevollmächtigten der Vereinigten Staaten im südlichen Distrikt des Bundesstaates New York ernannt. Im Herbst 1943 wurde er, offenbar für besondere Verdienste im Zusammenhang mit der Pearl Harbor-Untersuchung, von Justizminister Francis Biddle ins Marineministerium versetzt, wo er als Sonderberater von Secretary Forrestal tätig war. Am 15. Januar 1944, als es absehbar war, daß der Kongreß eine weitere Pearl Harbor-Untersuchung fordern würde, verließ er das Justizministerium und wurde im Alter von 32 Jahren zum Lieutenant Commander ernannt. Er war nur etwa ein Jahr Offizier und erfüllte währenddessen für Forrestal die gleichen Aufgaben wie Clausen für Stimson. Nachdem er seine Arbeit beendet hatte, schied er Anfang 1945 aus dem aktiven Dienst aus. Er arbeitete bis zum September dieses Jahres als Zivilist weiterhin im Marineministerium, und im folgenden Monat wurde er mit der Ernennung zum Stellvertretenden Generalstaatsanwalt belohnt.[19] Sonnett und Hewitt widmeten ihre besondere Aufmerksamkeit dem Hauptzeugen für die »Winde«-Meldung, Captain Safford, aber dieser blieb hartnäckig bei seiner Darstellung, daß das »Winde«-Signal empfangen worden sei und er es an seine Vorgesetzten weitergegeben habe. Safford erhob vor dem Kongreßausschuß den Vorwurf, Sonnett habe eher wie ein »Verteidiger« von Secretary Knox und Admiral Stark denn wie ein juristischer Berater von Admiral Hewitt, dem Leiter der Untersuchung, agiert.[20] Safford erklärte:

»Er schien die Absicht zu haben, Zeugenaussagen zu widerlegen, die bei früheren Untersuchungen gemacht wurden und die für irgend jemanden in Washington ungünstig waren. ›Feindliche‹ Zeugen sollten dazu verleitet werden, ihre Darstellung zu ändern, und wo die Zeugenaussagen nicht widerrufen wurden, sollte Zweifel an ihrer Richtigkeit gesät werden. Vor allem versuchte er, mich zum Widerruf meiner Aussage über die ›Winde‹-Meldung zu bewegen und mich glauben zu machen, daß ich unter Halluzinationen litte.«[21]

Safford berichtete, der erste Versuch Sonnetts, ihn zur Änderung seiner Darstellung zu bewegen, sei am 11. Mai 1945 erfolgt, zehn Tage bevor er vor einer Sonderuntersuchung Admiral Hewitts aussagen sollte. Sonnett hatte bei dieser Gelegenheit keinen Erfolg und versuchte es am 18. Mai nochmals und ein oder zwei Tage später ein drittes Mal. Safford erklärte, Sonnett habe ihn hartnäckig davon zu überzeugen versucht, daß es keine »Winde«-Meldung gegeben habe und daß dem Captain seine Erinnerung einen »Streich spiele«. Er schlug vor, Safford solle seine Aussage ändern, um Unstimmigkeiten zu bereinigen.

»Ich erinnere mich deutlich«, berichtete Safford, »wie Sonnett mir gegenüber folgende Erklärung machte: ›Sie sind der einzige, der die ›Winde‹-Ausführungsmeldung genau gesehen haben will. Wie konnte die ›Winde‹-Ausführungsmeldung nur an der Ostküste der Vereinigten Staaten empfangen werden und nicht an anderen Orten, die näher an Japan liegen? Es ist sehr zweifelhaft, ob es je eine ›Winde‹-Meldung gegeben hat‹.«

Dann sagte Sonnett laut Safford:

»Es ist kein Vorwurf gegen Ihre Glaubwürdigkeit, wenn Sie Ihre Aussage widerrufen. Es ist kein Vorwurf gegen Ihren Geisteszustand, wenn Ihr Gedächtnis Ihnen nach so langer Zeit einen Streich spielt. Zahlreiche Zeugen, die Sie benannt haben, haben jegliches Wissen über die ›Winde‹-Ausführungsmeldung verneint. Sie müssen nicht für Admiral Kimmel die Fahne hochhalten.«

Admiral Hewitt saß daneben, als sein Untergebener diese Tirade losließ. Nach Abschluß seiner Vernehmung habe er, so berichtet Safford, Hewitt außerhalb des Protokolls gefragt, ob es nach seiner Meinung noch irgendwelche Zweifel daran gebe, daß die »Winde«-Meldung von Japan gesendet und im Kriegs- und Marineministerium bekanntgeworden sei.

»Der Admiral wirkte überrascht«, berichtet Safford. »Noch bevor er antworten konnte, mischte sich Sonnett ein und sagte: ›Natürlich führe ich nicht die Untersuchung, und ich weiß nicht, wie Admiral Hewitt entschieden hat, aber für mich scheint es sehr zweifelhaft, daß die sogenannte ›Winde‹-Meldung je gesendet wurde‹.«

Safford zitierte dann Hewitt, wie er zu ihm sagte:

»Sie haben meiner Meinung nach keinen Anspruch darauf, aber ich will Ihre Frage beantworten. Es gibt keinen Beweis für eine ›Winde‹-Ausführungsmeldung außer Ihrer unbestätigten Aussage. Ich zweifle nicht an Ihrer Aufrichtigkeit, aber ich glaube, Sie haben eine andere Meldung, die den Namen eines Windes enthielt, mit der Meldung verwechselt, auf deren Empfang Sie warteten.«

»Ich für meinen Teil«, erklärte Safford, »zweifle nicht an der Integrität von Admiral Hewitt, aber ich glaube, daß Sonnett ihn mit Erfolg hinters Licht geführt hat. Ich glaube auch, daß Sonnett bei anderen Zeugen, deren Aussagen für Admiral Kimmel günstig waren, ähnliche Taktiken angewandt hat.«[22]

Trotz des auf ihn ausgeübten Drucks eröffnete Safford, als er am 1. Februar 1946 vor dem Kongreßausschuß als Zeuge aufgerufen wurde, seine Aussage mit der Behauptung:

»Es gab eine ›Winde‹-Meldung. Sie bedeutete Krieg – und wir wußten, daß sie Krieg bedeutete.«[23]

Safford erklärte, daß die »Winde«-Meldung Teil einer japanischen Übersee-Nachrichtensendung der Station J-A-P in Tokio am Donnerstag, dem 4. Dezember 1941, 8.30 Uhr Washingtoner Zeit, gewesen sei. Sie wurde, so berichtete er, von der großen Abhörstation der Navy bei Cheltenham in Maryland aufgefangen. Sie wurde auf der von der Navy entwickelten Spezialschreibmaschine geschrieben, die japanische Schriftzeichen in lateinische Buchstaben umsetzt. Die »Winde«-Meldung wurde vom Abhörraum in Cheltenham via Fernschreiber der unter dem Kommando von Safford stehenden Nachrichteneinheit im Marineministerium übermittelt.

»Ich sah die ›Winde‹-Meldung maschinengeschrieben auf gelbem Fernschreiberpapier mit der darunterstehenden Übersetzung«, berichtete Safford. »Ich leitete diese Meldung sofort an meinen vorgesetzten Offizier, Rear Admiral Leigh Noyes (Chef des Marine-Fernmeldewesens) weiter und erfüllte so meine Pflicht in dieser Angelegenheit.«

Safford erzählte, daß Admiral Wilkinson die Fernmeldeaufklärung besonders darauf hingewiesen hatte, auf einen Funkspruch mit dem »Winde«-Code zu achten, nachdem Tokio seine überseeischen Vertreter erstmals davon unterrichtet hatte. Safford sagte, der von Tokio festgesetzte Endtermin 29. November habe darauf hingedeutet, daß der »Winde«-Code benutzt werden sollte, um die Beamten in Übersee über »Dinge, die automatisch ihren Gang nehmen« in Kenntnis zu setzen. Die vorhergehenden Funktelegramme, in denen der Code festgelegt worden war, um den Kriegszustand mit den Vereinigten Staaten, Großbritannien oder Rußland anzukündigen, hätten angezeigt, was geschehen würde.

Er gab dann eine technische Beschreibung der gebräuchlichsten Abhörmittel und legte die Gründe dar, warum er glaubte, daß die Stationen bei Cheltenham und Bainbridge in Maryland die beste Aussicht hatten, die Funkmeldung zu empfangen.

Als 1. Dezember wurde Safford ein Rundschreiben aus Tokio gezeigt, das die Nachricht enthielt, daß London, Hongkong, Singapur und Manila den Befehl erhalten hatten, ihre Chiffriermaschinen zu zerstören. Washington war jedoch angewiesen worden, seine Maschine ungeachtet anderer Instruktionen zu behalten.

»Die Bedeutung der ›Winde‹-Meldung wurde mir nun vollkommen klar«, berichtete Safford, »und ich begann, die Angelegenheit äußerst ernst zu nehmen. Dies tat auch Colonel Sadtler im gegenüberliegenden Kriegsministerium. Der einzige Weg, über den Tokio seinen diplomatischen Vertretern in Übersee, die ihre üblichen Chiffriermittel vernichtet hatten, noch seine Entscheidungen über Krieg und Frieden bekanntgeben konnte, war über den behelfsmäßigen ›Winde‹-Code. Dies galt für London und den Fernen Osten, nicht aber für Washington.«

Safford bemerkte, obwohl die ursprüngliche japanische Depesche, in der der »Winde«-Code festgesetzt worden war, darauf hingedeutet habe, daß dieses Signal in einer Rundfunksendung übertragen werde, »gab es keinen Grund zu der Annahme, daß die ›Winde‹-Meldung tatsächlich in dieser Form gesendet würde«. Die japanische Regierung, so führte er aus, strahlte für ihre Beamten, die im Ausland im diplomatischen und konsularischen Dienst standen, Rundfunksendungen zur allgemeinen Information ebenso wie Domei-Berichte (japanische Nachrichtenagentur, W. P.) aus. Dies geschah, um einen schnelleren Nachrichtenservice zu haben, den Gebrauch des Morsealphabets in Japanisch und der Kata Kana-Form der japanischen Schrift zu ermöglichen und auch, um im Notfall von ausländischen Kommunikationssystemen unabhängig zu sein. Jede Dienststelle hatte ihren eigenen japanischen Funker und ihr eigenes Kurzwellenempfangsgerät. Dies war allgemein üblich. Die amerikanische Regierung tat das gleiche, wobei auf jedem Posten ein Marinefunker Dienst tat, und die Deutschen hatten ein ähnliches System, aber sie benutzten maschinellen Empfang.

»Wir erwarteten, daß die ›Winde‹-Meldung im Morsealphabet gesendet würde – und so geschah es«, berichtete Safford. »Wenn die ›Winde‹-Meldung über Rundfunk ausgestrahlt worden wäre, hätte die US-Navy sie nicht hören können, wenn sie nicht auf einer in Pearl Harbor oder Corregidor zu empfangenden Frequenz gekommen wäre.«

Dies, erläuterte er, lag an den Empfangsbedingungen. Safford erklärte, die »Winde«-Meldung, wie sie schließlich auf der sogenannten europäischen Frequenz von Tokios großem Rundfunksender J-A-P ausgestrahlt wurde, sei für London bestimmt gewesen.

»Wir wußten«, so Safford, »daß der japanische Botschafter in London drei Tage vorher seine Geheimcodes vernichtet hatte – dies war der einzige Weg, auf dem Tokio ihm geheime Nachrichten zukommen lassen konnte. Ein Empfang oder Nichtempfang an anderen Orten war belanglos. Bevor die ›Winde‹-Meldung gesendet wurde, wußte Tokio sehr gut, daß sie in Washington oder Rio wahrscheinlich nicht empfangen werden konnte. Das war unwesentlich – die ›Winde‹-Meldung war für London bestimmt.«

Safford behauptete, daß er die »Winde«-Meldung am 4. Dezember kurz nach 8.00 Uhr gesehen habe. Sie umfaßte etwa 200 Worte, wobei die von Tokio vorgeschriebenen Codeworte in der Mitte der Meldung erschienen, genau wie es Tokio in seinen Instruktionen vom 19. November angekündigt hatte. Es wurden alle drei Codewendungen benutzt, aber die Formel »Nordwind, bewölkt«, das Zeichen für den Krieg mit Rußland, wurde verneint. Safford berichtete:

»Als ich die ›Winde‹-Meldung zum erstenmal sah, war sie bereits von Lieutenant Commander Kramer übersetzt worden, der die Übersetzungsabteilung der Fernmeldeaufklärung im Marineministerium leitete. Kramer hatte alle drei Codewendungen auf dem eingegangenen originalen Fernschreiben unterstrichen. Unter die ausgedruckte Meldung hatte Kramer handschriftlich mit Bleistift oder Buntstift folgende freie Übersetzung geschrieben:
›Krieg mit England (einschließlich Niederländisch-Ostindien, etc.).
Krieg mit den U.S.
Frieden mit Rußland.‹
Ich bin mir über die Reihenfolge nicht sicher. Aber es war die gleiche, wie in der Nachrichtensendung, und ich denke, England erschien zuerst. Ich glaube, Kramer gebrauchte ›U.S.‹ anstatt ›United States‹. Es ist auch möglich, daß die Worte ›kein Krieg‹ anstatt ›Frieden‹ benutzt wurden, um Japans Absichten gegenüber Rußland zu beschreiben.

›Das *ist* sie!‹ sagte Kramer, als er mir die ›Winde‹-Meldung überreichte. Das war die Sendung, auf deren Empfang wir alle Aufmerksamkeit gerichtet hatten. Das war die Feder auf unserem Hut. Das war der Hinweis, der verhindern konnte, daß die U.S.-Pazifikflotte in Pearl Harbor ebenso überrascht wurde wie die Russen in Port Arthur überrascht worden waren. Das war es, worauf die Fernmeldeaufklärung der Navy sich seit ihrer Gründung 1924 vorbereitet hatte – Krieg mit Japan!

Ich schickte das Original der ›Winde‹-Meldung durch einen der mir unterstellten Offiziere sofort hinauf zum Chef des Marinefernmeldewesens (Rear Admiral Noyes) und befahl ihm, dieses Papier Admiral Noyes persönlich zu überbringen, ihn ausfindig zu machen und eine Antwort, die ›nein‹ lautete, nicht zu akzeptieren. Wenn er ihn nicht in einem vernünftigen Zeitraum finden könne, so solle er es mich wissen lassen. Ich habe diesem Offizier weder den Inhalt noch die Bedeutung der ›Winde‹-Meldung erklärt. Nach einigen Minuten wurde gemeldet, daß das Schreiben übergeben worden sei.

Nach meiner Erinnerung wußten Kramer und ich zu diesem Zeitpunkt, daß Admiral Noyes den wesentlichen Inhalt der ›Winde‹-Meldung dem Kriegsministerium, der ›Magic‹-Verteilerliste im Marineministerium und dem Marineadjutanten des Präsidenten telephonisch mitgeteilt hatte. Aus diesem Grund wurde die endgültige Übersetzung der ›Winde‹-Meldung nicht sofort im Marineministerium verteilt. Die sechs oder sieben Kopien für die Army wurden auf dem schnellsten Wege ins Kriegsministerium gebracht. Hier endete der Verantwortungsbereich der Navy. Die einzelnen Endübersetzungen für die berechtigten Beamten des Marineministeriums und das Weiße Haus wurden entsprechend dem üblichen Verfahren um die Mittagszeit des 4. Dezember verteilt. Ich habe keinen Grund zu der Annahme, daß die Army ihre Übersetzungen der ›Winde‹-Meldung nicht sofort verteilte.

Ich kann mich gut daran erinnern, daß Admiral Noyes unverzüglich mit jedem, der auf der Liste stand, telephoniert hat. Ich kann unmöglich etwas anderes glauben. Es bleibt die Frage offen, ob der Admiral verstanden wurde, aber dies zeigt nur die Unzuverlässigkeit telephonischer Mitteilungen. Jedes Mißverständnis über das, was Admiral Noyes sagte, ist aber unwichtig, weil die schriftliche Übersetzung der ›Winde‹-Meldung zwei bis drei Stunden nach seinen Telephongesprächen verteilt wurde. Erst 1944 wurden Vermutungen oder Kritik dahingehend geäußert, daß irgendein Beamter auf der Verteilerliste von ›Magic‹ – Army, Navy, State Department oder Weißes Haus – nicht davon unterrichtet worden sei, daß die ›Winde‹-Meldung empfangen worden war oder daß die Übersetzung der ›Winde‹-Meldung sich um etwas anderes dreht als um Krieg und Frieden.

Die endgültige Bestätigung dafür, daß die ›Winde‹-Meldung geschrieben und verteilt worden war, liegt meines Erachtens in der Tatsache, daß ich um den 15. Dezember 1941 eine Kopie in einer besondere Mappe mit Dokumenten sah, die für Admiral Noyes zusammengestellt wurde, um sie der Roberts-Kommission zu übergeben. Ich überprüfte diese mit Kramer auf Vollständigkeit sowie darauf, daß kein unwichtiges Material aufgenommen worden war. Kramer erzählte mir 1944, daß er um den 10. Dezember 1941 herum Ministerialdirekor Forrestal einen besonderen Satz von Dokumenten aus der Zeit vor Pearl Harbor gezeigt habe, als Secretary Knox seine persönliche Untersuchung in Pearl Harbor durchführte, und daß er über diese Meldung mit Mr. Forrestal etwa zwei Stunden diskutiert habe. Dieser Satz von Dokumenten war offenbar die Grundlage und möglicherweise die gleiche Akte, die Admiral Noyes gegeben und über Admiral Wilkinson der Roberts-Kommission vorgelegt wurde. Dies war das letzte Mal, daß ich die ›Winde‹-Meldung sah. Ich glaube, daß die ›Winde‹-Meldung die JD-1 Seriennummer 7001 erhielt, weil diese Nummer ohne Begründung fehlt und sich im Bereich der Funktelegramme befindet, die am 3. und 4. Dezember übersetzt wurden.

Die Verteilung der ›Winde‹-Meldung lag im Verantwortungsbereich des Marinenachrichtendienstes und nicht des Marinefernmeldewesens. Ich war in dieser Sache nicht mehr zuständig, nachdem ich die originale Meldung

Admiral Noyes übergeben und Kramers Mappe dahingehend überprüft hatte, ob die Meldungen in einer logischen und verständlichen Reihenfolge vorgelegt wurden.«

Die Maßnahmen, die Admiral Noyes einleitete, nachdem Safford ihm die »Winde«-Meldung zugestellt hatte, deuten darauf hin, daß er die Nachricht erhalten und ihre Tragweite verstanden hatte.

Seine erste Reaktion war die, Safford anzuweisen, Guam die Order zu geben, überflüssige Codes und Chiffren zu verbrennen. Als Folge der »Winde«-Meldung bereitete Safford fünf Depeschen vor, die an die Marinestationen und -stützpunkte geschickt werden sollten, wobei er vier davon mit dem Ordonnanzoffizier von Noyes, Captain Joseph R. Redman, abklärte. Eine davon instruierte Guam und Samoa, sofort ihre Chiffren zu vernichten und einen neuen Code in Kraft zu setzen. Dieser Befehl wurde von Admiral Noyes persönlich erteilt. Eine weitere von Safford vorbereitete Depesche, in der Guam angewiesen wurde, überflüssige kryptographische Hilfsmittel und anderes Geheimmaterial zu vernichten, wurde von Noyes abgeschwächt. Safford erklärte, er hätte sicherstellen wollen, daß Guam »klar Schiff« mache, bevor ein japanisches Kommandounternehmen vom 100 Meilen entfernten Saipan aus einen vollständigen Satz von Codes und Chiffren erbeuten könnte.

Diese beiden Funksprüche, berichtet Safford, halfen ihm, das Datum festzustellen, an dem die »Winde«-Meldung empfangen wurde, ebenso wie der Zeitpunkt und das Datum, an dem Captain A. H. McCollum eine Warnung vorbereitete. McCollums Depesche, die Admiral Kimmel und anderen Truppenführern im Pazifik zugesandt wurde, führte laut Safford die »Winde«-Meldung als Beweis dafür an, daß Krieg drohte. Vor dem Kongreßausschuß gab McCollum vier Jahre später zu, daß er am 4. Dezember eine Warnung verfaßt hatte. Er erklärte jedoch, er habe sich dabei nicht auf das »Winde«-Signal bezogen, da er es nicht gekannt habe. Die Warnung, die er vorbereitet habe, sei von Admiral Wilkinson und Admiral Turner zurückgehalten worden – laut McCollum in der Annahme, daß Kimmel bereits ausreichend gewarnt worden sei.[24]

Dem Kongreßausschuß wurden von den beiden japanischen Funktelegrammen, mit denen den diplomatischen Vertretern am 19. November die Festsetzung des »Winde«-Codes mitgeteilt wurde, Übersetzungen der Navy vorgelegt. Diese übersetzten die Codesignale in dem Sinn »Gefahr des Abbruchs unserer diplomatischen Beziehungen« zu den Vereinigten Staaten, Großbritannien oder Rußland. Die alternative Interpretation lautete »unsere diplomatischen Beziehungen zu diesen Ländern sind gefährdet«. Safford bemerkte, eine Depesche von Admiral Hart habe jeden Zweifel daran beseitigt, ob eine eindeutigere Übersetzung mit der Bedeutung Krieg gerechtfertigt gewesen sei. Harts Depesche enthielt die offizielle britische Übersetzung aus Singapur, die lautete:

»NISHI NISHI ENGLAND EINSCHLIESSLICH BESETZUNG VON THAILAND ODER INVASION VON MALAYA UND NIEDERLÄNDISCH-OSTINDIEN.«

»Das bedeutete Krieg, gleichgültig wie es formuliert war«, sagte Safford. »Im November/Dezember 1941 wurde diese britische Übersetzung von niemandem angezweifelt. Tatsächlich sah man eine Übereinstimmung mit unserer Übersetzung.«

Die britische Interpretation wurde durch zwei Übersetzungen der japanischen Depesche vom 19. November, die von der Regierung Niederländisch-Ostindiens kamen, bestätigt. Darin wurde der »Winde«-Code festgelegt, um künftig einen Krieg ankündigen zu können. Colonel Thorpe, rangältester Nachrichtenoffizier der Army auf Java, sandte am 3. Dezember einen Bericht an den Chef von G-2, General Miles. In dem Telegramm wurde gewarnt:

»Japan will seine Konsuln über eine Kriegsentscheidung durch einen Wetterbericht am Ende seiner Auslandsnachrichtensendung unterrichten.
Ostwind, Regen, Vereinigte Staaten
Nordwind, bewölkt, Rußland
Westwind, klar, England mit Angriff auf Thailand, Malaya und Holländisch-Indien.«

Die zweite Bestätigung, daß die »Winde«-Meldung Krieg bedeutete, kam am 4. Dezember japanischer Zeit (3. Dezember Washingtoner Zeit) von Generalkonsul Foote, dem rangältesten amerikanischen Diplomaten in Niederländisch-Ostindien. In seiner Depesche hieß es:

»Wenn es zu einer Krise kommt, die zum Schlimmsten führt, wird am Ende des Wetterberichts folgendes gesendet werden.
1. Ostwind, Regen, Krieg mit den Vereinigten Staaten.
2. Nordwind, bewölkt, Krieg mit Rußland.
3. Westwind, klar, Krieg mit Großbritannien einschließlich Angriffe auf Thailand oder Malaya und Holländisch-Ostindien.«

Safford berichtete:

»Meine Bewertung des Vorangegangenen lautete am 4. Dezember 1941 wie folgt:
A) Der grundlegende japanische Kriegsplan war in drei Abschnitte unterteilt und sah drei Möglichkeiten vor, die einzeln oder gemeinsam eintreten konnten, nämlich:
1. Krieg mit den Vereinigten Staaten
2. Krieg mit Rußland
3. Krieg mit England, einschließlich der Invasion Thailands und der Eroberung Malayas und Holländisch-Ostindiens.

B) Die ›Winde‹-Meldung gab uns in allen drei Fällen die Antwort: Sie war im ersten und dritten positiv und im zweiten negativ.

C) Die ›Winde‹-Meldung war wahrscheinlich eine Art von ›Ausführungssignal‹.

Die Theorie über das ›Ausführungssignal‹ wurde durch eine Geheimmeldung nachdrücklich bestätigt, die am frühen Nachmittag des 4. Dezember 1941 von den Philippinen einging. Diese Meldung informierte uns, daß die japanische Marine um 6.00 Uhr Greenwich Central Time für ihren sogenannten ›Operationscode‹ ein neues Verschlüsselungssystem eingeführt hatte. Dies geschah siebeneinhalb Stunden vor Ausstrahlung der ›Winde‹-Meldung. Ich darf hinzufügen, daß es pro Tag nur eine europäische J-A-P-Sendung gab, so daß die Zeiten so eng wie möglich beieinanderlagen. Ich möchte weiter hinzufügen, daß meine Untergebenen auf Corregidor diesen Wechsel nur neun Stunden, nachdem er erfolgte, feststellten und an uns berichteten ... Die ungewöhnliche Stunde und das ungewöhnliche Datum, an dem die japanische Marine ihren ›Operationscode‹ wechselte, in Verbindung mit der ›Winde‹-Meldung und weiteren Begleitinformationen, ließen es als höchst wahrscheinlich erscheinen, daß dies das ›Ausführungssignal‹ für die japanische Marine war.«

Diejenigen, die die Existenz der »Winde«-Meldung bestreiten, müßten folgende Tatsachen erklären: Erstens: Wenn das Signal zum Beginn des Krieges am 4. Dezember nicht ausgestrahlt wurde, warum haben dann sowohl die japanische Marine als auch die U.S.-Navy an diesem Tag ihre Codes gewechselt? Zweitens: Warum hat das amerikanische Marineministerium an isolierte pazifische Stützpunkte und Garnisonen Instruktionen gefunkt, überflüssige Codes und Chiffren zu vernichten, damit die Japaner sie nicht erbeuten würden?

Drittens: Warum war der Nachrichtenexperte der Navy für den Fernen Osten so nachhaltig beunruhigt, daß er umgehend eine Kriegswarnung für die Kommandeure der Pazifikflotte vorbereitete? Man kann unmöglich glauben, daß so viele einschneidende Maßnahmen ohne Motiv ergriffen wurden. Das »Winde«-Signal lieferte das Motiv.

Nach dem Empfang der »Winde«-Meldung, so stellte Captain Safford fest, blieb nur ein Faktor unbekannt: der Tag, an dem die Japaner angreifen würden. Safford behauptete, Army und Navy wären bereits im April 1941 davon ausgegangen, daß ein Angriff an einem Wochenende oder einem Nationalfeiertag erfolgen würde.[25] Das Kriegsministerium, so berichtete er, überschätzte die drohende Kriegsgefahr aufgrund der japanischen Funkmeldung, die einen Endtermin für den 29. November festgesetzt hatte. Es prophezeite, daß die Japaner am Wochenende 29./30. November zuschlagen würden. Das Marineministerium schätzte laut Safford die Situation richtiger ein. Die japanische Armada, die für eine Invasion Thailands und Malayas zusammengezogen wurde, war von jedem ihrer möglichen Ziele zu weit entfernt, um es bis zum Wochenende 29./30. erreichen zu können, während die Deckungskräfte der japanischen Marine noch nicht aufmarschiert waren. Safford berichtete:

»Am darauffolgenden Wochenende, dem 6./7. Dezember 1941, war es genau umgekehrt. Die ›Winde‹-Meldung und der Wechsel des (japanischen) Marineoperationscodes erfolgten Mitte der Woche – zwei Tage vor dem Samstag und drei Tage vor Sonntag. Es war undenkbar, daß die Japaner ihre Hoffnung auf Überraschung aufgeben würden, indem sie bis zum Wochenende am 13./14. Dezember warteten. Das war keine Hellseherei oder ›Intuition‹ – es war nur die logische Folgerung aus einer Selbstverständlichkeit. Colonel Sadtler sah es genauso, und nach seiner Aussage vor dem Army Board of Investigation sah es auch Captain Joseph R. Redman so. Die Japaner würden den Krieg am Samstag, dem 6. Dezember 1941, oder am Sonntag, dem 7. Dezember 1941 eröffnen. Dem Kriegs- und dem Marineministerium war der Angriff auf Pearl Harbor 72 Stunden vorher durch die Japaner selbst bekanntgegeben worden.«[26]

KAPITEL 15

»Gefangen von unsichtbaren Winden«

Der Kronzeuge für die Existenz der »Winde«-Meldung war bis zur Untersuchung durch den Kongreß Lieutenant Commander (später Captain) Alwin D. Kramer, ranghöchster Sprachoffizier der Fernmeldeaufklärung der Navy. Erst am 5. Februar 1946 wurden Auszüge aus der Aussage veröffentlicht, die Kramer 1944 vor dem Untersuchungsgericht der Navy zu Pearl Harbor gemacht hatte. Darin bestätigte er, daß er am 3. oder 4. Dezember im Büro von Captain Safford eine Meldung in japanischer Sprache gesehen habe, die die japanischen Zeichen für »Ostwind, Regen« enthielt. Er erklärte dem Navy Court, er habe in diesen Worten das Codesignal erkannt, auf das die Navy wartete, aber Safford habe ihm die Sache aus der Hand genommen.[1]

Am gleichen Tag, an dem Kramers frühere Aussage freigegeben wurde, erhielt der Kongreßausschuß Beweise, denenzufolge Admiral Ingersoll Admiral Thomas C. Hart, dem Leiter der Pearl Harbor-Untersuchung der Navy, 1944 mitgeteilt habe, daß er sich daran erinnere, etwa um den 4. Dezember herum eine Kopie der »Winde«-Ausführungsmeldung gesehen zu haben, die darauf hindeutete, daß Japan die Vereinigten Staaten und Großbritannien angreifen wollte.[2]

Auch eine Aussage Admiral Turners wurde an diesem Tag dem Kongreßausschuß vorgelegt. Er hatte vor dem Navy Court of Inquiry erklärt, daß er »um den 6. Dezember 1941 herum« einen Telephonanruf von Admiral Noyes das »Winde«-Signal betreffend erhalten habe. Turner berichtete, Noyes habe ihm mitgeteilt, daß »die ›Winde‹-Meldung oder etwas ähnliches eingegangen sei«. Auf die Frage, welche Bedeutung er dem damals zugemessen habe, entgegnete Turner dem Gericht, er habe dies im Sinne eines Abbruchs der Beziehungen zu Japan und »wahrscheinlich eines Krieges« interpretiert.[3]

Der Ausschuß erfuhr außerdem von einer eidesstattlichen Erklärung, die Colonel Moses Pettigrew vom Nachrichtendienst der Army vor Major Clausen gemacht hatte. Pettigrew erklärte, man habe ihm um den 5. Dezember 1941 herum eine Mappe mit Dokumenten gezeigt, in der eine abgefangene Funkmeldung enthalten war, die zeigte, daß »die amerikanisch-japanischen Beziehungen gefährdet waren«. Er erklärte, er habe gedacht, daß dies eine Ausführung des von Japan festgesetzten »Winde«-Codes sei.[4]

Zu dem Zeitpunkt, als diese vier Offiziere vor dem Kongreßausschuß ihre Aussagen machten, waren sie sich jedoch keineswegs mehr so sicher, daß es eine »Winde«-Meldung gegeben hatte, oder daß sie, wenn sie je existiert hatte, tatsächlich eine so große Bedeutung gehabt hatte.

Kramers Aussage vor dem Kongreßausschuß lautete, er habe am 5. Dezember eine »Winde«-Meldung gesehen, als ein Fernmeldeoffizier der Navy ihn bat, die Interpretation der verschlüsselten Worte zu bestätigen. Er sagte, er habe bestätigt, daß die Worte mit dem früher festgesetzten Zeichen für »Ostwind, Regen« übereinstimmten, aber er fügte hinzu, daß er die Meldung nicht im Sinne von »Krieg«, sondern von »gespannten Beziehungen« übersetzt habe.

»Die Tatsache«, bemerkte Kramer, »daß der Code nur im Falle eines Ausfalls der normalen Verbindungen benutzt werden sollte, hätte jedoch die Schlußfolgerung nahelegen können, daß Krieg gemeint war.« Kramer erklärte anschließend, er sei sich »nicht sicher«, ob er etwas auf die Meldung geschrieben habe, er habe sie aber mit Sicherheit übersetzt, und soweit er sich erinnern könne, sei nur ein Land betroffen gewesen.

»Welches Land?« wurde er vom Rechtsberater des Ausschusses gefragt.

»Nach meinem besten Wissen und Gewissen«, antwortete Kramer, »war dieses Land England.«[5]

Bei seiner Vernehmung am folgenden Tag bestritt Kramer, daß er bedrängt oder unter Druck gesetzt worden sei, seine ursprüngliche Aussage vor dem Marineuntersuchungsgericht zu ändern, die in allen wesentlichen Punkten mit der von Captain Safford übereinstimmte. Er sagte, er sei sich nicht sicher, ob sich die Meldung, die er gesehen habe, auf die Vereinigten Staaten bezog. Als der Kongreßabgeordnete Clark fragte, ob die Meldung nicht von solcher Bedeutung gewesen sei, daß sie bei ihm einen unauslöschlichen Eindruck hinterlassen habe, antwortete er: »Ich kann sie nicht wirklich rekonstruieren.« Er sagte, er habe zwar 1944 dem Marinegericht mitgeteilt, daß die Vereinigten Staaten genannt worden seien, er glaube aber nun, daß die Meldung sich nur auf Großbritannien bezogen habe.[6]

Am dritten Tag seiner Vernehmung deutete Kramer an, daß sein Sinneswandel darüber, welches Land Japan als seinen Gegner im kommenden Krieg bezeichnet habe, von 1945 datierte – als er von Lieutenant Commander Sonnett über seine frühere Aussage vor dem Marineuntersuchungsgericht befragt wurde. Er erzählte auch, wie er im September 1945 zu einem Mittagessen im Haus von Admiral Stark eingeladen worden sei, um an einer Besprechung über Pearl Harbor teilzunehmen.[7] Stark war gerade von Forrestal in einem Vermerk des Ministers zum Bericht des Navy Court gerügt worden. Dort hieß es, daß Stark zukünftig in der Marine keine Position einnehmen sollte, »die die Ausübung höherer Urteilskraft erfordert«.[8] Bei diesem

Mittagessen waren auch Rear Admiral Roscoe E. Schuirmann und Captain A.H. McCollum anwesend.

Am vierten Tag seiner Vernehmung gab Kramer zu, daß er seine Erinnerungen über die »Winde«-Meldung nach dieser Mittagsbesprechung geändert habe. Er erklärte, obwohl Stark ihm nicht nahegelegt habe, seine Aussage zu ändern, habe das Treffen sein Gedächtnis hinsichtlich bestimmter Einzelheiten »aufgefrischt«.[9]

Außerdem gestand er ein, daß er in der Woche vor dem Angriff auf Pearl Harbor die »Winde«-Meldung gesehen und sie damals als echt angesehen habe, aber er fügte hinzu, seiner Erinnerung nach sei die Meldung am 5. Dezember empfangen worden und nicht am 4. Dezember, wie Safford ausgesagt hatte. Er bemerkte, das Verschwinden der Meldung aus den Akten der Navy könne möglicherweise damit erklärt werden, daß die Navy über den Eingang dieses Funkspruchs niemals eine formelle Eintragung gemacht habe. Er berichtete, für die Weitergabe der Warnung nach ihrem Eingang sei ein besonderes System erdacht worden, demzufolge alle vorschriftsmäßigen Eintragungs- und Ablageprozeduren, die normalerweise für abgefangene japanische Funksprüche galten, von der Navy übergangen werden sollten. Laut diesem Plan, so Kramer, sollte die Meldung sofort nach ihrem Eingang Admiral Noyes überbracht werden, ohne den üblichen Weg zu gehen.

Kramer machte eine weitere interessante Aussage: Er berichtete, es sei am Morgen des 7. Dezember »offenkundig« gewesen, daß die Japaner sich daranmachten, die Briten im Fernen Osten zu überfallen, und daß gleichzeitig Angriffe auf die Vereinigten Staaten zu erwarten waren. Seinen Ausführungen nach hätten abgefangene Funkmeldungen seit Wochen auf einen japanischen Vorstoß gegen britische Besitzungen hingedeutet, und »man ging davon aus, daß die Vereinigten Staaten hineingezogen würden«. Der entscheidende Hinweis, so führte er aus, sei die japanische Instruktion vom 7. Dezember gewesen, Außenminister Hull die endgültige Antwort um 13.00 Uhr zu übergeben.[10]

Am letzten Tag seiner Vernehmung änderte Kramer nochmals seine Aussage, indem er erklärte, er halte nunmehr die »Winde«-Meldung für »gefälscht«.[11] Während er das sagte, verlieh die Navy gerade eine ihrer höchsten Auszeichnungen, den Legion of Merit, dem ungeliebten Captain Safford, der alle Pläne über den Haufen geworfen hatte, indem er als einziger in Washington darauf bestand, daß es die »Winde«-Meldung tatsächlich gegeben hatte. Diese Ehrung war insofern merkwürdig, als Safford, der im Jahre 1941 alle japanischen Codemeldungen abgehört hatte, diese Medaille für seine Verdienste im Zeitraum März 1942 bis September 1945 erhielt. In der Ehrung hieß es, daß der Offizier, dessen Aussagen seine eigenen Vorgesetzten und Kollegen zu diskreditieren versucht hatten, »die treibende Kraft hinter der Entwicklung und Vervollkommnung jener Maschinen sei, die der US-Navy heute das beste Dechiffriersystem der Welt geben«.[12]

Inzwischen trat Admiral Ingersoll vor dem Kongreßausschuß in den Zeugenstand und erklärte, daß es im Dezember 1941 eine »Winde«-Meldung gegeben habe, er sich aber nicht daran erinnern könne, ob ihm dies vor oder nach dem Angriff auf Pearl Harbor mitgeteilt worden sei. Er sagte, er erinnere sich daran, wie einige Offiziere mit einem »Stück Papier« in sein Büro gekommen seien, einer Meldung, die den japanischen Wettercode benutzte.

»Sie ging jedoch ein«, so Ingersoll, »nachdem wir unseren Truppenführern Mitteilung gemacht hatten, daß die Japaner die Vernichtung ihrer Codes befohlen hatten. Insofern war sie ohne Bedeutung. Sie bestätigte nur, was wir bereits wußten.«*

Ingersoll erklärte, der Befehl zur Codevernichtung habe deutlicher auf Krieg hingedeutet als jede Nachricht, die den Abbruch der Beziehungen ankündigte; so interpretierte er nämlich den »Winde«-Code.[13]

Der nächste Zeuge, der über den Empfang der »Winde«-Meldung aussagte, war Colonel Sadtler, der 1941 im Army Signal Corps für die Codes und Chiffren verantwortlich war. Sadtlers Aussage lautete, er sei am Morgen des 5. Dezember von Admiral Noyes telephonisch davon unterrichtet worden, daß die »Winde«-Meldung abgefangen worden sei und daß sie einen Abbruch der japanisch-britischen Beziehungen angekündigt habe.

»Ich wußte, wie leicht man nur einen Teil des Funkspruchs empfing«, sagte Sadtler. »Ich dachte, wahrscheinlich hatte die Abhörstation einen Hinweis auf die Vereinigten Staaten überhört, die Meldung müsse auch einen Bruch mit den Vereinigten Staaten beinhaltet haben.«

Sadtler berichtet, daß er direkt zu General Miles ging, der um eine Bestätigung der Meldung bat. Sadtler rief dann Noyes an, aber der Admiral verließ gerade sein Büro und fragte Sadtler, ob er nicht später noch mal anrufen könne.

»In Anbetracht dessen, daß die vorhergehenden Funktelegramme auf einen bevorstehenden Bruch hindeuteten, und weil die ›Winde‹-Meldung die wichtigste war, die ich je empfangen habe, ging ich zu General Gerow. Gerow sagte, die Überseestationen seien bereits hinreichend gewarnt worden.

Dann ging ich zu Colonel Smith (jetzt Lieutenant General Walter Bedell Smith), dem Sekretär des Generalstabs. Als er hörte, daß ich bereits mit General Miles und General Gerow gesprochen hatte, sagte er, er wünsche die Angelegenheit nicht weiter zu erörtern.«

Sadtler erzählte den Ausschußmitgliedern, es gebe Gerüchte in der Armee, daß die Schlüsseldokumente über Pearl Harbor vernichtet oder verlorengegangen seien.

---

* Vgl. S. 269

»1943 erzählte mir General Isaac Spaulding in Fort Bragg, daß in bezug auf Pearl Harbor nichts getan werden könne, da die Unterlagen vernichtet worden seien. Er sagte mir, er habe diese Informationen von Colonel J. T. Bissell erhalten.«[14] (1941 war Spaulding in der Personalabteilung der Army und Bissell im Nachrichtendienst.)

Der nächste Zeuge, Rear Admiral Noyes, behauptete, er könne sich nicht daran erinnern, daß ihm eine wirkliche »Winde«-Meldung vorgelegt worden sei, wie frühere Zeugen ausgesagt hatten. Er erinnere sich nur, wie seine Aufmerksamkeit in der ersten Dezemberwoche auf verschiedene »falsche ›Winde‹-Meldungen« gelenkt worden sei. Diese Meldungen, so erklärte er, hätten nicht dem vorher festgelegten Code entsprochen, weil sie nicht alle der angegebenen Worte benutzten oder nicht dem vorgeschriebenen Schema entsprachen. Als seine Aussage angezweifelt wurde, erklärte Noyes:

»Ich würde mich daran erinnern, und es wären mindestens 30 Kopien zur Verteilung angefertigt worden. In den Akten finden sich keine Kopien.«

Noyes wurde durch die Aussage von Safford daran erinnert, daß die Akten von Army und Navy vom Dezember 1941, die das Schlüsseldokument enthalten müßten, vernichtet worden seien. Er erklärte daraufhin, er habe niemals eine Vernichtung von offiziellen Akten angeordnet, und außerdem habe er seinen Posten in Washington im Februar 1942 verlassen. Er bestritt aber nicht die Tatsache der Aktenvernichtung.[15]

Safford hatte 1943 ausgesagt, daß er, als die Untersuchung der Katastrophe von Pearl Harbor durch die Navy geplant wurde, die Marineakten nach der »Winde«-Meldung durchsucht habe. »Wir durchforschten die Akten mit den abgefangenen Funktelegrammen«, berichtete er.

»Dort gab es nicht nur keine ›Winde‹-Meldung, es fanden sich auch keine Kopien der Funkmeldungen, die im Dezember 1941 von den Abhörstationen an der Ostküste aufgefangen worden waren. Die Leute, die die Akten verwalteten, wußten nichts davon, daß sie vernichtet worden waren, sie hatten keine Aufzeichnungen über eine Vernichtungsaktion und hatten auch keine Befehle zur Vernichtung erhalten.«

Safford berichtete, daß Captain E. E. Stone, der damalige Chef des Marinefernmeldewesens, versucht habe, die fehlenden Akten ausfindig zu machen, dabei aber feststellen mußte, sie seien »wie vom Erdboden verschwunden«. Safford suchte dann in den Akten der Armee nach Informationen über das »Winde«-Dokument, fand aber heraus, daß alle Aufzeichnungen über diese Angelegenheit »vollständig verschwunden« waren.[16]

Safford wurde vor dem Kongreßausschuß nach der Erklärung gefragt, die er während der Untersuchung von Admiral Hewitt abgegeben hatte, derzufolge er Berichte aus »dritter Hand« habe, daß alle Kopien der »Winde«-Meldung auf direkten Befehl des Generalstabschefs durch Colonel Bissell vernichtet worden seien. Safford hatte Hewitt erzählt, daß W. F. Friedman, der führende Kryptoanalytiker der Army, ihm dies mitgeteilt habe. Safford erklärte, er habe diese Aussage nur widerstrebend gemacht, weil Hewitt ihn zu einem Hinweis gedrängt habe, was mit den fehlenden Funktelegrammen geschehen sei.

Als er von Seth W. Richardson, dem Rechtsberater des Ausschusses, gefragt wurde, ob er es für wahrscheinlich halte, daß General Marshall die Vernichtung der Unterlagen befohlen habe, entgegnete Safford: »Ich ziehe es vor, diese Frage nicht zu beantworten.« Weder Bissell noch Friedman wurden von der New Deal-Mehrheit des Kongreßausschusses jemals als Zeugen aufgerufen.[17]

Safford berichtete auch, daß Admiral Stark wenige Tage nach dem Angriff vom 7. Dezember 1941 an alle Abteilungsleiter im Marineministerium den Befehl ausgab, alle persönlichen Notizen über die Ereignisse, die dem Angriff vorausgegangen waren, zu vernichten. Sie sollten keine Erklärungen über den Vorfall abgeben, bis sie von einem Untersuchungsausschuß als Zeugen aufgerufen würden. Safford erklärte, dies sei ein mündlicher Befehl gewesen, den Admiral Noyes den Abteilungsleitern des Fernmeldewesens am Morgen des 11. oder 12. Dezember 1941 bei einem Treffen in seinem Büro erteilt hätte. Noyes soll gesagt haben:

> »Es gibt im ganzen gesehen zu viele Gerüchte im Marineministerium. Die Leute laufen zu den Zeitungen und zu den Radiokommentatoren und behaupten falsche Dinge über Admiral Kimmel und Admiral Bloch. Wir sollten dies beenden. Setzen Sie vor allem keine Gerüchte in die Welt. Wenn jemand reden will, dann warten Sie, bis Sie als Zeuge vor einen Untersuchungsausschuß gerufen werden. Wenn außerdem jemand schriftliche Notizen hat, dann vernichten Sie sie, bevor sie in falsche Hände geraten.«

Laut Safford wurde kein Befehl erteilt, amtliche Unterlagen oder Dokumente zu vernichten.[18]

Als er diese Befehle kommentieren sollte, erklärte Noyes, er könne sich an eine Anordnung an die Offiziere des Fernmeldewesens, ihre persönlichen Aufzeichnungen zu vernichten, nicht erinnern.

> »Es mag sein, daß ich derartige Anweisungen erteilt habe«, sagte er. »Nachdem der Krieg begonnen hatte, war es für alle Offiziere mit geheimer Tätigkeit das normale Verfahren, ihre nichtamtlichen Notizen und Memoranden im Interesse der Sicherheit zu vernichten.«

Noyes erklärte, er habe mit Admiral Ingersoll darin übereingestimmt, daß am 3. Dezember weitaus wichtigere Informationen als das »Winde«-Signal empfangen worden seien. Abgefangene japanische Funksprüche zeigen, daß

Tokio seinen Gesandten im Ausland befohlen hatte, ihre Codes zu vernichten. Er erklärte:

»Dies verminderte die Bedeutung der ›Winde‹-Meldung, und zwar sogar dann, wenn wir sie erhalten hätten, weil ein Befehl zur Vernichtung der Codes ein positiver Hinweis auf eine Entwicklung ist, die zum Krieg führt. Dennoch waren wir nach wie vor an jeder Benutzung des ›Winde‹-Codes interessiert, weil dies ein weiterer Anhaltspunkt für die Entwicklung war, und ich bin sicher, vor dem 7. Dezember keine wirkliche ›Ausführungsmeldung‹ erhalten zu haben.«[19]

Admiral Turner und Captain McCollum lieferten zwei weitere Versionen der »Winde«-Meldung. Turner behauptete, er habe die »Winde«-Meldung nie gesehen, aber Noyes habe ihn am 5. Dezember angerufen und gesagt: »Die Meldung ist da – ›Nordwind, klar‹«, was Krieg mit Rußland bedeutet hätte.[20] McCollum erklärte, auch er hätte keine Meldung gesehen, die darauf hindeutete, daß Japan die Absicht hätte, die Vereinigten Staaten anzugreifen. Er war aber der Meinung, solch eine Meldung hätte »direkt an die Vorgesetzten« gehen können, ohne durch seine Hände zu laufen. Dies wäre nicht ungewöhnlich gewesen, so sagte er, denn obwohl er mit der Aufgabe betraut war, die japanischen Absichten zu beurteilen, seien ihm viele sachdienliche Informationen nicht zugänglich gemacht worden. Beispielsweise sei er vom State Department niemals über die Fortschritte der Verhandlungen mit Japan informiert oder darüber unterrichtet worden, welche Noten den japanischen Vertretern übergeben wurden. Er erklärte, die meisten seiner Informationen über die amerikanische Diplomatie habe er durch das Abhören und Entschlüsseln japanischer Funkmeldungen, die von Washington nach Tokio gingen, erhalten.

McCollum berichtete, am 4. oder 5. Dezember sei ein japanischer Rundfunkwetterbericht abgefangen worden, der darauf hindeutete, daß Tokio den »Winde«-Code benutzt habe, um einen Krieg im Pazifik anzukündigen. Er und Captain Kramer hätten aber nach eingehender Untersuchung entschieden, daß diese Sendung tatsächlich ein normaler Wetterbericht gewesen sei.[21]

Somit stimmten eine Anzahl von Zeugen darin überein, daß es eine »Winde«-Meldung gegeben habe, aber nicht zwei von ihnen waren einer Meinung darüber, wann sie empfangen wurde und welchen Inhalt sie hatte.

Obwohl Captain Safford und Captain Kramer, die beiden wichtigsten Zeugen in diesem Zusammenhang, zu verschiedenen Zeiten und vor verschiedenen Untersuchungsgremien darin übereinstimmten, daß die Bedeutung Krieg mit den Vereinigten Staaten gewesen sei, war Safford zuletzt der einzige Zeuge, der bei seiner ursprünglichen Darstellung blieb. Er erklärte, das »Winde«-Signal habe die Bedeutung gehabt, die es notwendigerweise haben mußte – daß Japan die Absicht hatte, gegen die drei Mächte in den Krieg einzutreten, gegen die es den Krieg dann tatsächlich eröffnete. Kramer und Admiral Ingersoll stimmten mit ihm überein, daß die Meldung empfangen worden war. Aber nachdem sie ursprünglich erklärt hatten, die Meldung habe Krieg mit den Vereinigten Staaten und Großbritannien bedeutet, vertraten beide zuletzt den Standpunkt, sie habe sich nur auf einen Krieg mit Großbritannien bezogen.

Nach allen Regeln der Beweisführung war Safford der kompetenteste Zeuge. Er kannte am ehesten die Fakten. Safford war der befehlshabende Offizier der Abteilung, die mit dem Abhören des Nachrichtenverkehrs, seiner Übersetzung und der Weiterleitung an Admiral Noyes beauftragt war. Er hatte sich unmittelbar mit der »Winde«-Meldung zu befassen, wenn sie hereinkam, und er erklärte, dies getan zu haben. Er hatte sie zu übersetzen und er sagte, er habe sie übersetzt. Er hatte dafür zu sorgen, daß sie seinen verantwortlichen Vorgesetzten erreichte und er behauptete, er habe dafür gesorgt. Es war nicht seine Aufgabe, der Truppe Befehle zu erteilen, nachdem diese Meldung empfangen worden war. Aber viele seiner Vorgesetzten, die über die »Winde«-Meldung aussagten und versicherten, sich nicht daran zu erinnern, ob sie empfangen wurde, wann sie empfangen wurde und was sie beinhaltete, hatten diese Aufgabe, und sie hatten sie nicht abgelehnt. Trotz der abgefangenen »Winde«-Meldung wurde Pearl Harbor nicht gewarnt. Wenn diese Herren die Existenz der »Winde«-Meldung zugegeben hätten, dann hätten sie ihr Versagen und ihre Schuld eingestanden.

Captain Safford erklärte, daß ihm »der Verdacht einer Verschwörung« gekommen sei, als er 1943 die »Winde«-Meldung in den Akten der Navy nicht finden konnte. Als er vom Rechtsberater des Ausschusses gefragt wurde, warum er glaube, daß jemand die Meldung vernichtet habe, erwiderte er: »Weil sie eine Kriegswarnung war, die nicht beachtet wurde.« Er wurde gefragt, warum jemand es unterlassen haben sollte, von der Meldung sofort Gebrauch zu machen, obwohl sie Krieg bedeutete. Er antwortete: »Diese Frage hat mir seit vier Jahren Kopfzerbrechen bereitet. Die Antwort kenne ich nicht.«

Aber, so Safford, es sei in der Tat zweifellos kein Gebrauch von ihr gemacht worden. Die einzig logische Erklärung für ihre spätere Vernichtung und die hartnäckigen Bemühungen der Regierung, diese Dinge zu verschleiern, sei die, daß damit »ein Fehler vertuscht« werden sollte. Dieser Fehler war laut Safford, »daß keine Kriegswarnung geschickt wurde – daß ein Versuch, eine Warnung zu schicken, am 4. Dezember im Kriegsministerium scheiterte«, als McCollums Entwurf unterdrückt wurde.[22] Ob eine höhere Stelle als die Admirale Turner und Wilkinson für die Unterdrückung dieser entscheidenden Warnung, die die Katastrophe drei Tage später hätte verhindern können, dafür verantwortlich war – und wie hoch diese Stelle gewesen sein könnte –

das sind Fragen, die bis heute unbeantwortet geblieben sind. Es wurde aber genug aufgedeckt, um die schattenhaften Umrisse einer ebenso ungeheuerlichen wie unglaublichen Verschwörung erkennbar zu machen.

Die einzige andere Theorie – wenn man von der unhaltbaren Behauptung der Regierung absieht, es habe niemals eine »Winde«-Meldung gegeben – ist die von Captain Kramer und Admiral Ingersoll: Die Meldung habe Krieg mit Großbritannien, nicht aber mit den Vereinigten Staaten zum Inhalt gehabt. Aber aufgrund der Verpflichtungen Amerikas gegenüber den ABCD-Mächten – der Stabsvereinbarungen von Washington und Singapur, der Warnung Roosevelts vom 17. August und der Warnungen, die Turner und Rechtsanwalt Dooman von der Botschaft in Tokio abgegeben hatten, daß nämlich ein japanischer Angriff auf britische Besitzungen Amerika in den Krieg hineinziehen würde – ist zu ersehen, daß ein »Winde«-Signal, das einen Krieg Japans gegen Großbritannien ankündigte, auch einen Krieg mit den Vereinigten Staaten bedeutet hätte. Daher ist es unmöglich, die Bedeutung der »Winde«-Meldung abzustreiten.

Die Anwendbarkeit der »Winde«-Meldung auf die Verpflichtungen Roosevelts, die sich aus der ABCD-Allianz ergaben, wurde in dem Memorandum von Major General Clausen überzeugend dargelegt. Darin gab Clausen Richtlinien, welche Ermittlungen er auf seiner Weltreise, die er im Auftrag Stimsons unternahm, anstellen sollte. Cramer beauftragte Clausen, zu untersuchen,

> »ob General Miles, Admiral Noyes, Colonel Bratton oder Captain Safford das englisch-holländisch-amerikanische Abkommen über gemeinsame Aktionen kannten; in diesem Fall hätten sie wissen müssen, daß eine Meldung ›Krieg mit Großbritannien‹ unbedingt die Vereinigten Staaten in den Krieg hineingezogen hätte«.

Für die weitere Untersuchung der »Winde«-Meldung empfahl Cramer, Clausen solle darauf achten,

> »ob die Teilausführung ›Krieg mit Großbritannien‹ Admiral Stark oder General Marshall zur Kenntnis gebracht worden sei, denn es ist unzweifelhaft, daß der Chef des Admiralstabs und der Chef des Generalstabs von der Politik der gemeinsamen Aktionen wußten«.[23]

Die Hinweise, die General Cramer gab, verweisen auf die Überzeugung des obersten Richters der Armee, daß es zwischen den Vereinigten Staaten, Großbritannien und Holland ein Abkommen über gemeinsame Aktionen gab; daß dies General Marshall und Admiral Stark, den höchsten Offizieren von Armee und Marine, bekannt war; und daß Roosevelt sich über die Bestimmungen dieses Abkommens im klaren war, die die Vereinigten Staaten dazu verpflichteten, Japan anzugreifen, wenn Japan britisches oder holländisches Territorium angriff.

Aufgrund der Verpflichtungen Roosevelts gegenüber Großbritannien und Holland, die dem Abkommen über gemeinsame Aktionen entsprangen, machte General Cramer die Feststellung, daß ein »Winde«-Signal, in welchem Japan lediglich vor Feindseligkeiten mit Großbritannien warnte, auch Amerika verpflichtet hätte, an der Seite Großbritanniens in den Krieg einzutreten.

Ein anderer Hinweis, den Cramer Clausen gab, war der, nachzuprüfen, ob General (damals Colonel) Kendall J. Fielder, Chef des Nachrichtenwesens bei General Short auf Hawaii,

»tatsächlich die Nachricht erhalten hatte, die ihn beauftragte, sich mit Commander Rochefort in Verbindung zu setzen, ob er dies tat und ob die Vermutung zutrifft, daß er und Short darauf vertrauten, eine Warnung zu erhalten, wenn die zweite ›Winde‹-Meldung abgefangen und somit der Ausbruch der Feindseligkeiten rechtzeitig angekündigt würde«.[24]

General Short erklärte während seiner Vernehmung vor dem Kongreßausschuß, er könne in diese spezielle Frage kein Licht bringen.

»Ich habe niemals vom ›Winde‹-Code gehört, bis ich hier irgendwann im August 1944 den Roberts-Bericht gelesen habe«, erklärte der General. »Das war das erste Mal, daß ich von dieser Sache erfuhr.«

»Sie haben demnach nie erfahren, ob Commander Rochefort wußte, daß eine ›Winde‹- oder Ausführungsmeldung empfangen wurde?« fragte Senator Ferguson.

»Nein Sir, ich habe nie davon gehört.«

»So haben Sie demnach tatsächlich nicht auf eine ›Winde‹-Ausführungsmeldung gewartet, um eine Vorankündigung der Feindseligkeiten zu erhalten?«

»Nein.«[25]

Admiral Kimmel wurde über die »Winde«-Meldung ebenfalls im dunkeln gelassen. In seiner Aussage vor dem Kongreßausschuß gab er jedoch seiner Überzeugung Ausdruck, daß sie empfangen worden sei, wobei er zum Beweis Angaben aus den noch geheimen Feststellungen des Naval Court of Inquiry von 1944 zitierte. Er erklärte:

»Dem Abfangen der falschen Wettermeldungen wurde vom Marineministerium höchste Priorität eingeräumt. Jede Dienststelle der Marine war aufgerufen, so schnell wie möglich in Erfahrung zu bringen, wann die falschen Wettermeldungen aus Japan gehört und welche Codewörter gebraucht wurden. Im Marineministerium wurden außerordentliche Maßnahmen ergriffen, um die in der Rundfunksendung gebrauchten Worte, sobald sie bekannt waren, an höhere Offiziere weiterzuleiten. Der Naval Court of Inquiry hörte über die Frage, ob Japan die vom »Winde«-Code vorgeschriebenen Signale gab oder nicht, von verschiedenen Zeugen wichtige Aussagen. Der Naval Court of Inquiry stellte in dieser Angelegenheit folgende Tatsachen fest:

›Am 4. Dezember wurde eine japanische Rundfunksendung, die diesen Code benutzte, im Marineministerium empfangen. Obwohl diese Meldung zwei verschiedene Interpretationen zuließ, entweder einen Abbruch der diplomatischen Beziehungen zwischen Japan und den Vereinigten Staaten oder Krieg, wurde diese Information weder an den Oberbefehlshaber der Pazifikflotte noch an andere Seeoffiziere weitergegeben.

Im Marineministerium war bekannt, daß die Oberbefehlshaber der Pazifischen und der Asiatischen Flotte japanische Rundfunksendungen nach diesem Code abhören ließen, und offenbar herrschte im Marineministerium der falsche Eindruck, daß die Ausführungsmeldung auf Hawaii empfangen worden sei. Von seiten des Marineministeriums wurde kein Versuch gemacht, festzustellen, ob der Oberbefehlshaber Pazifik und andere Seeoffiziere diese Informationen erhalten hatten. Admiral Stark erklärte, nichts gewußt zu haben, obwohl Admiral Turner behauptete, daß sie ihm bekannt gewesen sei und er angenommen habe, daß auch Admiral Kimmel sie hätte. Diese Meldung kann im Marineministerium gegenwärtig nicht ausfindig gemacht werden‹.«[26]

Somit stimmen das Army Pearl Harbor Board und der Naval Court of Inquiry darin überein, daß die »Winde«-Meldung empfangen worden war, wie Captain Safford es behauptet und der Vorsitzende des Obersten Kriegsgerichts der Armee es angedeutet hatte. 1944 hatte zwischen den Zeugen darüber ebenso wie über die offenkundige Bedeutung dieses Signals im wesentlichen Übereinstimmung bestanden.[27] Das Erinnerungsvermögen der Zeugen ließ erst nach, als der Kriegsminister und der Marineminister damit anfingen, Druck auf sie auszuüben. Diese Einschüchterungskampagne, die gegen Armee- und Marineoffiziere wegen ihrer Empfindlichkeit im Hinblick auf Karriere und Prestige besonders wirkungsvoll ist, wurde erst in Gang gesetzt, nachdem greifbare Beweise für pflichtwidriges Verhalten in den höchsten Rängen der Teilstreitkräfte und der Regierung erbracht worden waren.

Zusätzlich zu diesen skandalösen Vorgängen sind zu nennen: das Verschwinden wichtiger abgefangener Funktelegramme aus den Geheimakten von Armee und Marine, die Vernichtung der Logbücher der Abhörstationen der Navy für die gesamte erste Dezemberwoche 1941 (angeblich um »Ablageraum zu schaffen«[28]) und der Versuch, im Kongreß eine Gesetzgebung durchzudrücken, die durch hohe Strafen jede Veröffentlichung oder Diskussion verhindern und mithelfen sollte, das Beweismaterial für das Brechen der Codes für immer zu unterdrücken.

KAPITEL 16

Zweideutige Warnungen

Washington machte Kimmel und Short für das Desaster von Pearl Harbor verantwortlich und behauptete, sie seien vor dem drohenden Krieg hinreichend gewarnt worden. Die erste Warnung sei ein Brief von Knox an Stimson vom 24. Januar 1941 gewesen, in dem der Marineminister erklärte:

»Falls es zum Krieg mit Japan kommt, so wird es für möglich gehalten, daß die Kampfhandlungen mit einem Überraschungsangriff auf die Flotte oder die Marinebasis von Pearl Harbor beginnen.«[1]

Obwohl der Roberts-Bericht diesen Brief gegen Kimmel und Short ins Feld führte, erklärte die Kommission nicht, daß in den zehn Monaten vor dem Angriff weder Knox noch irgend jemand sonst in Washington in irgendeiner Warnung an Hawaii angedeutet hatte, daß ein Angriff auf Oahu irgendwie wahrscheinlich wäre. Nach dem Angriff bemerkte das Army Board, von den Hauptpersonen hätte niemand zugegeben, auch nur im mindesten den Verdacht gehegt zu haben, daß Pearl Harbor das Ziel sein könnte. Der Ausschuß erklärte:

»Der Gegensatz zu den schriftlichen Erklärungen, die viele der Verantwortlichen vor und nach Pearl Harbor hinsichtlich ihrer Einschätzung über einen Luftangriff Japans auf Oahu abgaben, ist überraschend. Als der Marineminister wenige Tage nach dem 7. Dezember auf Hawaii eintraf, war nach Aussage von Admiral Pye* seine erste Bemerkung: ›In Washington hat niemand einen Angriff erwartet – nicht einmal Kelly Turner.‹«**[2]

Am 16. Oktober 1941 schickte Admiral Ingersoll die erste der sogenannten Kriegswarnungen an Admiral Kimmel. Sie lautete:

»Der Rücktritt des japanischen Kabinetts hat eine kritische Situation heraufbeschworen. Wenn ein neues Kabinett gebildet wird, dann wird es wahrscheinlich stark nationalistisch und anti-amerikanisch sein. Wenn das Kabi-

* Vice-Admiral William S. Pye war am 7. Dezember 1941 Kommandeur der Task Force 1 der Pazifikflotte. Nach der Absetzung von Admiral Kimmel als Oberbefehlshaber am 17. Dezember 1941 führte er zeitweise den Befehl über die Flotte. Am 31. Dezember 1941 wurde er von Admiral Chester W. Nimitz abgelöst.

** Rear Admiral Richmond Kelly Turner, zur Zeit von Pearl Harbor Chef der Operationsabteilung, galt als einer der kriegerischsten und gegenüber Japan mißtrauischsten Offiziere in der Navy.

nett Konoye bleibt, dann wird die Folge die sein, daß es unter einem neuen Mandat stehen wird, das keine Annäherung an die Vereinigten Staaten vorsieht. In jedem Fall sind Feindseligkeiten zwischen Japan und Rußland sehr wohl möglich. Da Japan für seine gegenwärtige verzweifelte Lage die Vereinigten Staaten und Großbritannien verantwortlich macht, besteht auch die Möglichkeit, daß Japan diese beiden Mächte angreift. Angesichts dieser Möglichkeiten sollten Sie entsprechende Vorsichtsmaßnahmen ergreifen, einschließlich solcher vorbereitender Dislozierungen, die keine strategischen Absichten enthüllen oder provozierende Handlungen gegen Japan darstellen.«[3]

Der Widerspruch in dieser Botschaft ist offensichtlich. Hawaii wurde mitgeteilt, daß wenn Japan die Feindseligkeiten eröffnen sollte, ein Krieg mit Rußland wahrscheinlich sei. Dies wurde durch die Erwähnung der »Möglichkeit« eines Angriffs auf die Vereinigten Staaten und Großbritannien eingeschränkt.

Admiral Ingersoll erklärte, diese Instruktionen seien sowohl an Admiral Kimmel als auch an Admiral Hart geschickt worden, aber der Befehl, eine »vorbereitende Dislozierung« vorzunehmen, sei eher für die Asiatische Flotte denn für Kimmels Pazifikflotte bestimmt gewesen. Er bemerkte:

»Ich denke, die vorbereitende Dislozierung, die weder eine provozierende Handlung darstellen noch unsere strategischen Absichten gegenüber Japan enthüllen sollte, bezog sich mehr auf den Rückzug bestimmter Einheiten der Asiatischen Flotte aus dem Chinesischen Meer im Bereich der Philippinen denn auf irgendeine besondere Dislozierung der Pazifikflotte, außer der Möglichkeit, U-Boote zur Beobachtung auszuschicken.«[4]

Ingersoll, der den Befehl erteilte, befand sich hier im Konflikt mit Admiral Turner, der behauptete, Kimmel hätte nach dem Befehl, eine vorbereitende Dislozierung vorzunehmen, »seine Flotte in See gehen« lassen sollen.[5]

Senator Ferguson machte auf die Verwirrung aufmerksam, die daraus entstand, daß Befehle an zwei oder mehr Stützpunkte gleichzeitig geschickt wurden, wobei bestimmte Anweisungen nur für einen Stützpunkt und keinen anderen bestimmt waren.

Am 20. Oktober wurde Short folgende Beurteilung des Verhältnisses zu Japan zugeschickt:

»Die Spannungen zwischen den Vereinigten Staaten und Japan bestehen auch weiterhin, aber es scheint kein, wiederhole kein, abrupter Kurswechsel der japanischen Außenpolitik bevorzustehen.«[6]

Den Truppenführern auf Hawaii wurde folglich mitgeteilt, daß Japan noch hoffe, mit den Vereinigten Staaten eine diplomatische Lösung zu finden, und daß kriegerische Handlungen nicht in Sicht seien.

Am 24. November erhielt Admiral Kimmel von Admiral Stark folgendes Telegramm, an dem General Marshall mitgewirkt hatte.

»Die Aussichten für einen günstigen Ausgang der Verhandlungen mit Japan sind sehr zweifelhaft. Diese Situation, verbunden mit Erklärungen der Regierung Japans sowie Bewegungen seiner Land- und Seestreitkräfte deuten unserer Meinung nach darauf hin, daß ein überraschender aggressiver Vorstoß in jede Richtung, einschließlich eines Angriffs auf die Philippinen oder Guam, möglich ist. Der Generalstabschef hat dieses Telegramm gesehen, pflichtet ihm bei und bittet darum, Maßnahmen zu ergreifen. Um die bereits angespannte Situation nicht weiter zu komplizieren oder eine japanische Reaktion heraufzubeschwören, ist höchste Geheimhaltung erforderlich.«[7]

Infolge dieser Depesche waren Kimmel und Short überzeugt, daß Japan nicht gegen Hawaii, sondern gegen die Philippinen oder Guam vorgehen würde. Sie waren auf eine Handlungsweise beschränkt, die die Geheimhaltung wahrte, »um die bereits angespannte Situation nicht weiter zu komplizieren oder eine japanische Reaktion heraufzubeschwören.«

Am nächsten Tag, dem 25. November, brachte Admiral Stark die in dieser Depesche enthaltenen Anweisungen durcheinander und entkräftete ihre Wirkung, indem er einen Brief an Admiral Kimmel mit folgenden Worten schloß:

»Ich will nicht auf das Pro und Contra eingehen, was die Vereinigten Staaten tun sollten. Ich will verdammt sein, wenn ich es wüßte. Ich wünschte, ich wüßte es. Das einzige, was ich weiß, ist, daß wir so gut wie alles machen können, und das ist das einzige, von dem ich weiß, daß wir darauf vorbereitet sein sollen.«[8]

Am 27. November schickte Stark Kimmel eine »Kriegswarnung«, die der Kommandeur der Pazifikflotte Short zeigte. Sie lautete:

»Betrachten Sie diese Depesche als eine Kriegswarnung. Die Verhandlungen mit Japan, die darauf abzielten, die Verhältnisse im Pazifik zu stabilisieren, sind beendet. Von Japan wird erwartet, daß es innerhalb der nächsten Tage einen aggressiven Vorstoß unternimmt. Zahl und Ausrüstung der japanischen Truppen und die Gliederung ihrer Seestreitkräfte deuten auf ein amphibisches Unternehmen hin, entweder gegen die Philippinen oder die Halbinsel Kra oder möglicherweise Borneo. Sie werden in Vorbereitung der Ausführung ihrer Aufgaben gemäß WPL 46 einen defensiven Aufmarsch vornehmen. Guam, Samoa und die kontinentalen Distrikte sind angewiesen worden, geeignete Maßnahmen gegen Sabotage zu ergreifen. Eine gleichlautende Warnung wird Ihnen vom Kriegsministerium zugeschickt werden. Informieren Sie den Marinedistrikt und die Dienststellen der Armee. Die Briten werden informiert.«[9]

Während das Telegramm vom 24. November auf einen möglichen Angriff auf Guam hindeutete, hatte Washington nun entschieden, daß ein japanischer Vorstoß direkt in Richtung Süden erfolgen würde. Guam und folglich auch Oahu sollten vor Sabotage auf der Hut sein. Obwohl die Depesche als

»Kriegswarnung« bezeichnet wurde, setzte sie nicht etwa den *War Plan 46* der Navy in Kraft, sondern erteilte nur die Anweisung zur Ausführung eines defensiven Aufmarschs zu seiner Vorbereitung. Diese Aufgaben waren ausschließlich defensiver Natur und schlossen Raids gegen japanische Mandatsinseln ein. Es wurde angedeutet, daß später weitere Instruktionen folgen würden, wenn es notwendig werden sollte, diesen Plan auszuführen.

Am 27. November wurde eine Depesche mit der Unterschrift General Marshalls an Short geschickt, über die der Army Board bemerkte, sie sei so unklar gewesen und habe so viele widersprüchliche Weisungen enthalten, daß man sie nur als »Do-or-Don't-Message« (soviel wie »Tun Sie etwas oder tun Sie nichts«, W. P.) charakterisieren könne. Sie lautete:

»Nr. 472. Die Verhandlungen mit den Japanern scheinen praktisch beendet zu sein. Die Möglichkeit, daß die japanische Regierung sich besinnt und weitere Verhandlungen anbietet, ist denkbar gering. Das zukünftige japanische Verhalten ist nicht absehbar, aber feindliche Handlungen sind jederzeit möglich. Falls Feindseligkeiten nicht, wiederhole nicht, vermieden werden können, dann wünschen die Vereinigten Staaten, daß Japan den ersten offenen Schritt tut. Diese Politik sollte nicht, wiederhole nicht, ausgelegt werden als eine Beschränkung Ihrer Handlungsfreiheit, die Ihre Verteidigung gefährden könnte. Bevor es zu japanischen Kriegshandlungen kommt, sind Sie angewiesen, nach Ihrem Ermessen Aufklärungs- und andere Maßnahmen zu ergreifen, aber diese Maßnahmen sollten so durchgeführt werden, daß sie weder die Zivilbevölkerung beunruhigen noch unsere Absichten enthüllen. Sollte es zu Kampfhandlungen kommen, werden Sie die Ihnen zugewiesenen Aufträge gemäß Rainbow Five, soweit sie Japan betreffen, ausführen. Beschränken Sie die Verbreitung dieser streng geheimen Informationen auf das Minimum an unentbehrlichen Offizieren.«[10]

Diese Depesche war, obwohl sie die Unterschrift Marshalls trug, tatsächlich von Secretary Stimson und General Gerow verfaßt worden, wobei Colonel Charles W. Bundy vom Generalstab einige Unterstützung geleistet hatte.[11] Marshall war am 27. November in North Carolina, wo er Heeresmanövern beiwohnte.[12] Während der Abfassung dieses Telegramms konsultierte Stimson auch Secretary Knox, Admiral Stark und den stellvertretenden Generalstabschef General William Bryden.[13] Aus Stimsons Erklärungen geht hervor, daß die Weisung in erster Linie für General MacArthur auf den Philippinen verfaßt wurde.

Der Minister schrieb über seine Besprechung mit Knox, Stark und Gerow:

»Im Mittelpunkt dieses Treffens stand die Depesche, die wir an MacArthur schicken sollten. Wir hatten ihm bereits einen Quasi-Alarm oder das erste Signal für einen Alarm geschickt. Jetzt, während wir an diesem Morgen telephonisch mit dem Präsidenten darüber berieten, stimmte er meinem Vorschlag zu, daß wir eine Weisung mit einem definitiven Alarm schicken sollten, der ihn dazu anhielt, vor jedem Angriff auf dem Quivive zu sein, und in der wir den Ernst der Lage schilderten. Wir schickten die Depesche an vier Leute; nicht nur an MacArthur, sondern auch an Hawaii, Panama und Alaska.«[14]

Stimson selbst entwarf den ersten Satz der Depesche. In seiner ursprünglichen Fassung lautete er: »Die Verhandlungen mit Japan sind beendet.« Nachdem Stimson sich mit Secretary Hull telephonisch beraten hatte, wurde dies abgemildert.[15] Überarbeitet lautete er: »Die Verhandlungen mit Japan scheinen praktisch beendet zu sein, wobei die Möglichkeit, daß die japanische Regierung sich besinnt und weitere Verhandlungen anbietet, denkbar gering ist.« Der folgende Satz »Das zukünftige japanische Verhalten ist nicht absehbar, aber feindliche Handlungen sind jederzeit möglich«, wurde von Gerow oder Bundy eingefügt.[16]

Der Präsident wiederum hatte darauf bestanden, »daß Japan den ersten offenen Schritt« tun müßte, wie Gerow erläuterte.[17] General Marshall fügte hinzu, der entsprechende Satz sei »auf besonderen Wunsch des Präsidenten eingefügt worden«.[18] Roosevelt achtete anscheinend sehr auf sein Versprechen, keine Amerikaner in fremde Kriege zu schicken, »es sei denn, wir würden angegriffen«.[19]

Der nächste Satz »Diese Politik sollte nicht, wiederhole nicht, ausgelegt werden als eine Beschränkung Ihrer Handlungsfreiheit, die Ihre Verteidigung gefährden könnte« wurde von Gerow oder Bundy eingesetzt.[20] Indem sie Short anwiesen, sich um die Aufklärung zu kümmern, offenbarten Stimson und der Generalstab ihr Unwissen darüber, daß auf Hawaii die Fernaufklärung Aufgabe der Navy war und daß Short nur sechs Flugzeuge hatte, die für Fernflüge tauglich waren.[21]

Der Bericht des Army Board bemerkt, daß diese Depesche »die gemeinsame Arbeit einer Anzahl von Leuten war, was ihren verwirrenden und widersprüchlichen Inhalt erklären mag«. Weiter hieß es in dem Bericht:

»Es fällt auch auf, daß die Weisung vom 27. November die einzige Nachricht war, die versuchte, den langen und stürmischen Verlauf der Ereignisse, die in den Gegenvorschlägen an Japan vom 26. November endeten, zu vermitteln. Short erhielt keine andere Situationsbeschreibung außer dieser Depesche. Offensichtlich war das Telegramm vom 27. November völlig unzulänglich, um Short Hintergrund und Ablauf der Ereignisse zu erklären. Short wird dadurch nicht entschuldigt, aber es macht eine Bewertung der Verantwortlichkeit anderer notwendig.

Die drei wichtigsten Generalmajore, die Shorts Kommando unterstanden, haben ausgesagt, sie hätten über die internationale Situation keine wesentlichen Informationen erhalten außer denen, die in den Zeitungen zu lesen waren. Die Tatsache, daß der Tonfall der Zeitungen auffallend kämpferisch war, wurde von ihnen nicht beachtet, da sie vom Kriegsministerium und von

Short keine positiven Informationen erhielten. Informationen, die sowohl von ihrem Inhalt als auch von ihrer Art her von ungeheurer Bedeutung waren, wurden nicht an Short weitergegeben, obwohl sie dem Außenminister, dem Kriegsminister, dem Generalstabschef und anderen hohen Offizieren zur Verfügung standen. Die einzige Zusammenfassung dieser Informationen war die kurze und widersprüchliche Depesche vom 27. November, die nur ein schwaches Echo der tatsächlichen Ereignisse darstellte.

Es ist bezeichnend, daß die Japaner nach der Beendigung der Verhandlungen durch die Gegenvorschläge vom 26., die sie als Ultimatum ansahen, im Besitz all der Informationen waren, die wegen unserer ultrageheimen Politik nur unvollständig an die Truppenführer weitergeleitet werden durften. Die Japaner wußten alles. Die Ministerien für Krieg und Marine gaben von dem, was sie wußten, an Short nur so viel weiter, wie sie für nötig hielten.

Es ist auch bezeichnend, daß der Kriegsminister aktiv werden und Mr. Hull anrufen mußte, um Informationen darüber zu erhalten, daß die Verhandlungen praktisch beendet waren; dabei handelte es sich um die weitaus wichtigste Sache, die sich 1941 ereignet hatte.«[22]

In Analyse dieser Depesche bemerkte das Army Board, daß die ersten beiden Sätze unangemessen und irreführend waren. »Das Kriegsministerium war damals überzeugt, daß es zum Krieg kommen würde«, stellte der Ausschuß fest.[23] Die Aussage, daß das japanische Verhalten »nicht absehbar« sei, paßte nicht zu der Warnung der Navy, die Kimmel Short zeigte, in der ein Angriff angekündigt wurde, der sich voraussichtlich gegen die Halbinsel Kra oder irgendeinen anderen Punkt im Fernen Osten richten würde.[24] In jedem Fall wurde Hawaii nicht vor einem Angriff gewarnt.

Außerdem wurde Short mitgeteilt, daß Japan den ersten offenen Schritt tun müsse und er die Zivilbevölkerung nicht beunruhigen oder seine Absichten enthülle dürfe. Es wurde ihm gesagt, daß diese Instruktionen seine Verteidigungsmaßnahmen nicht behindern sollten, aber diesen Effekt mußten sie haben.

Das Army Board verwarf diese »Kriegswarnung« mit einem scharfen Kommentar:

»Wäre eine richtige Kriegswarnung geschickt oder ein direkter Befehl für einen umfassenden Großalarm gegeben worden, dann hätte Hawaii darauf vorbereitet sein können, mit dem, was es hatte, dem Angriff entgegenzutreten. Was herauskam, war ein Versagen an beiden Enden der Leitung. Die Verantwortung lag sowohl bei Washington als auch bei Hawaii.«[25]

General Short kommentierte:

»Diese Depesche machte auf mich den Eindruck, als ob in erster Linie ein Krieg vermieden werden sollte und das Kriegsministerium die größte Furcht davor hatte, daß es in Hawaii zu einem internationalen Zwischenfall kommen könnte, den die Japaner als offenen Schritt ansehen würden.[26] Die

Übereinstimmung dieser Auffassung mit den Ansichten von General Marshall zeigt folgendes Zitat aus seiner Aussage:

›Was die öffentliche Meinung angeht, so denke ich, machten die Japaner es sich zunutze, daß es sehr schwierig sein würde, unser Volk zum Kriegseintritt zu bewegen. Dies wurde nebenbei auch von unserer Regierungspolitik bestätigt, die sicherstellen wollte, daß wegen der Stimmung in der Öffentlichkeit zu jener Zeit der erste offene Schritt nicht den Vereinigten Staaten zugeschrieben werden sollte. Natürlich erwartete niemand, daß dieser offene Schritt die Ausschaltung der Pazifikflotte sein würde.‹[27]

Seit dem Alarm vom 18. Juni 1940 war von einem möglichen Angriff auf Hawaii keine Rede mehr. Eine Durchsicht der verschiedenen Lageberichte der militärischen Nachrichtendienste, die G-2 bearbeitete, zeigt, daß G-2 in keinem Bericht jemals auf die Wahrscheinlichkeit eines Angriffs auf Hawaii hingewiesen hat. Es gab in dieser Depesche nichts, was mich beauftragt hätte, auf einen Überfall aus der Luft oder einen Großangriff vorbereitet zu sein. ›Feindliche Handlungen sind jederzeit möglich‹ hieß für mich, daß soweit es Hawaii betraf, das Kriegsministerium Sabotage prophezeite. Sabotage ist eine Form von Feindhandlung.«[28]

Die einzigen Zusatzinformationen, die Short nach dem Telegramm Nr. 472 vom 27. November erhielt, waren in drei Meldungen vom 27. und 28. November enthalten und betrafen die möglichen Gefahren, die von Sabotage und subversiver Tätigkeit ausgingen. Die erste von ihnen, von General Miles von G-2 an Shorts Nachrichtenabteilung geschickt, lautete:

»Die japanischen Verhandlungen sind praktisch an einem toten Punkt angelangt. Kriegshandlungen können folgen. Subversive Tätigkeit kann erwartet werden. Informieren Sie nur den kommandierenden General und den Chef Ihres Stabes.«[29]

Als Warnung in irgendeinem realen Sinne war diese Meldung untauglich. Sie war hochgradig konditional: Kriegshandlungen »können« folgen, subversive Tätigkeit »kann« erwartet werden. Kriegshandlungen oder feindliche Aktivitäten werden jederzeit »erwartet«. Weiterhin deutete die Meldung an, daß Feindseligkeiten gegen Hawaii wahrscheinlich die Form subversiver Aktivitäten annehmen würden.

Short antwortete auf das Funktelegramm vom 27. November, das die Unterschrift Marshalls trug, wie folgt:

»Antworte auf Ihr Funktelegramm vier-sieben-zwei vom 27.: Berichte, daß Dienststelle alarmiert um Sabotage zu verhindern. Verbindung mit der Navy hergestellt.«[30]

Der Befehlshaber des Wehrbereichs Hawaii erhielt von Washington keine Antwort; weder eine, die die eingeleiteten Maßnahmen gebilligt hätte, noch eine, die ihn anwies, einen höheren Bereitschaftsgrad anzuordnen. Er interpretierte dieses Schweigen als Einverständnis mit den von ihm eingeleiteten Maßnahmen. Sein Bericht war von General Marshall, Secretary Stimson und General Gerow paraphiert oder abgestempelt worden. Wenn sie mit seinem Vorgehen unzufrieden gewesen wären, hätten sie nichts weiter tun müssen, als ihm einen Befehl zu geben. Sie taten nichts dergleichen.[31]

General Short führte das Ausbleiben einer Reaktion aus Washington auf die Tatsache zurück, daß »alle, die die Meldung lasen, sein Vorgehen für korrekt hielten«.[32] Zur Stützung dieser These zitierte er die Aussage, die General Marshall vor dem Army Pearl Harbor Board gemacht hatte. Marshall hatte erklärt:

»Wir erwarteten ohne Zweifel einen japanischen Vorstoß in Indochina, im Golf von Siam und gegen die Malaiische Halbinsel.

Wir erwarteten auch einen Sturm auf die Philippinen. Wir erwarteten, soweit ich mich erinnern kann, keinen Angriff auf Hawaii. Wir dachten nämlich, daß unsere Verteidigungsmittel nach der Zuführung einer größeren Anzahl von modernen Flugzeugen genügen würden, um es für Japan äußerst riskant zu machen, einen solchen Angriff zu wagen.«[33]

Am 28. November erhielt Short vom Generaladjutanten folgende Mitteilung, die sich ausschließlich auf Sabotage und subversive Aktivitäten bezog:

»482 vom 28. Die kritische Situation erfordert, daß innerhalb des investigativen Verantwortungsbereichs des Kriegsministeriums sofort alle Vorsichtsmaßnahmen gegen subversive Aktivitäten getroffen werden. Es ist auch erwünscht, daß Sie unverzüglich alle zusätzlichen Maßnahmen einleiten, um Schutz für Ihre Einrichtungen, Liegenschaften und Ausrüstungen gegen Sabotage, Schutz für ihre Mannschaften gegen subversive Propaganda und Schutz für alle Aktivitäten gegen Spionage zu gewährleisten. Dies bedeutet nicht, wiederhole nicht, daß irgendwelche ungesetzlichen Maßnahmen erlaubt sind. Schutzmaßnahmen sollten sich auf jene beschränken, die für die Sicherheit erforderlich sind. Unnütze Publizität und Unruhe sind zu vermeiden. Um die Schnelligkeit der Übermittlung zu sichern, werden gleichlautende Telegramme an alle Flugplätze geschickt, aber Ihre Verantwortlichkeit bleibt gemäß den bestehenden Richtlinien davon unberührt.«[34]

Wegen des Nachdrucks, der wieder auf den Schutz gegen Sabotage und subversive Tätigkeit gelegt wurde, fand Short sich in seiner Überzeugung bestärkt, daß er die von Washington gewünschte Bereitschaft angeordnet hatte. Er dachte, die Depesche des Generaladjutanten sei unter Berücksichtigung seiner Meldung ausgearbeitet worden, in der er berichtet hatte, daß er sein Kommando zur Verhinderung von Sabotage in Alarmbereitschaft versetzt habe.

Während seiner Vernehmung vor dem Kongreßausschuß wurde Short vom Abgeordneten Keefe gefragt:

»Als Sie dieses Telegramm vom 28. erhielten, nachdem Washington die Meldung über Ihre Alarmbereitschaft gegen Sabotage erhalten hatte – trug das dazu bei, Sie in Ihrer Meinung zu bestärken, daß die Alarmbereitschaft, die Sie angeordnet hatten, das war, was Washington wünschte?«

»So ist es«, entgegnete Short. »Ich dachte, es wäre eine Antwort auf mein Funktelegramm und (der Generaladjutant) wünschte die Frage der Legalität zu betonen.«[35]

Um dementsprechend gegenüber dem Kriegsministerium die Legalität seines Vorgehens nochmals zu unterstreichen, erklärte Short in seiner Antwort an den Generaladjutanten vom 29. November, daß seine Maßnahmen gegen subversive Aktivitäten und Sabotage sich auf die Verfassung von Hawaii und eine Verordnung der Stadt und des Verwaltungsbezirks von Honolulu stützten.[36]

Er erhielt vom Kriegsministerium keine Antwort und betrachtete das Ausbleiben eines Kommentars von Washington als weitere stillschweigende Zustimmung dafür, daß die Maßnahmen, die er angeordnet hatte, alle im Sinne des Kriegsministeriums waren. Short berichtete:

»Als das Kriegsministerium informiert wurde, daß der Wehrbezirk Hawaii in Alarmbereitschaft gegen Sabotage versetzt worden war, sagte es nichts darüber, daß der Befehlsbereich gegen einen feindlichen Überwasser-, Unterwasser-, Erd- oder Luftangriff alarmiert werden sollte, sondern betonte in seiner Antwort die Notwendigkeit des Schutzes vor Sabotage und subversiven Maßnahmen. Dieses Verhalten des Kriegsministeriums bedeutete für mich definitiv, daß es meinen Alarm gegen Sabotage guthieß.

Das Kriegsministerium hatte noch neun Tage Zeit, in denen es seine Mißbilligung hätte äußern können. Das Verhalten des Kriegsministeriums, das in der Nacht des 6. Dezember unbewaffnete B-17 von Hamilton Field in Kalifornien nach Honolulu schickte, bestätigte mich in der Annahme, daß ein Luftangriff unwahrscheinlich sei.«[37]

Hawaii, so erläuterte Short, war die Zwischenstation für den Transport von Truppen, B-17 und Flugzeugbesatzungen auf die Philippinen. Die Flugzeuge wurden immer unbewaffnet nach Hawaii geschickt, aber wenn sie »in das stärker gefährdete Gebiet der Philippinen weiterflogen, mußten wir sie bewaffnen.«

Keines der Flugzeuge, das am 6. Dezember Hamilton Field verließ, war mit Munition oder Abwehrbewaffnung ausgerüstet. Die Maschinengewehre waren voller Konservierungsfett und die Visiere nur grob justiert. Die Überführungsbesatzungen waren zahlenmäßig reduziert und bestanden nur aus Pilot, Copilot, Beobachter, Mechaniker und Funker. Solche Besatzungen waren nicht in der Lage, die Maschinengewehre zu bemannen, auch dann nicht, wenn die MGs einsatzbereit und mit Munition versehen gewesen wären. Short erklärte:

»Es ist unvorstellbar, daß das Kriegsministerium beabsichtigte, diese Flugzeuge unbewaffnet nach Honolulu zu schicken, wenn es bereits Informationen über einen bevorstehenden japanischen Angriff hatte. Die einzig mögliche Schlußfolgerung ist die, daß zwar das Kriegsministerium Informationen über den bevorstehenden Angriff hatte, aber daß General (H. H.) Arnold, der Chef des Air Corps, der seine Flugzeuge nach Honolulu beorderte, und nach meinen Informationen zum Zeitpunkt ihres Abfluges auf Hamilton Field anwesend war, den kritischen Zustand der Beziehungen zwischen den Vereinigten Staaten und Japan nicht kannte.[38]

Die Aussage, die General Marshall am 11. Dezember 1945 vor diesem Gemischten Ausschuß gemacht hat, enthält eine Bestätigung meiner Ansicht, daß das Schweigen des Kriegsministeriums zu meinem Bericht vom 27. November auf seine Zustimmung zu meinen Maßnahmen zurückzuführen ist.«

Short zitierte dann das folgende Gespräch:

»Senator Ferguson: ›Trifft vom Standpunkt der Armee folgende Aussage zu: Wenn einem Kommandeur in Übersee befohlen wird, die ihm notwendig erscheinenden Maßnahmen zu ergreifen und er Ihnen über diese Maßnahmen Bericht erstattet, ist dann seine Annahme richtig, daß Sie ihn darüber aufklären würden, wenn sein Bericht nicht das von Ihnen gewünschte Verhalten wiedergibt?‹

General Marshall: ›Ich gehe davon aus.‹«[39]

Am 28. November schickte General Arnold General Martin, dem Chef der Armeeluftwaffe auf Hawaii, noch eine weitere Meldung, die sich ausschließlich auf Sabotage und subversive Tätigkeit bezog und im Tonfall ähnlich gehalten war wie die Depesche des Generaladjutanten an Short vom gleichen Tag. Der Befehlsbereich Hawaii wurde nochmals ermahnt, unnötige Publizität und Unruhe zu vermeiden und die Schutzmaßnahmen auf das für die Sicherheit notwendige Maß zu beschränken; ungesetzliche Maßnahmen seien nicht erlaubt. Martin wurde angewiesen, über sein Vorgehen gemäß diesen Befehlen bis zum 5. Dezember Bericht zu erstatten.[40]

Am 4. Dezember schickten Short und sein Luftwaffengeneral Arnold einen detaillierten Bericht über die Maßnahmen, die sie gegen Sabotage und subversive Aktivitäten eingeleitet hatten. Sie bestätigten den bestehenden Alarmzustand auf Hawaii, indem sie erklärten: »Die gesamte Dienststelle steht von nun an in Alarmbereitschaft zur Verhinderung von Sabotage.«[41] Der Wehrbereich Hawaii erhielt keine Antwort, der in irgendeiner Weise eine Mißbilligung der gemeldeten Maßregeln zu entnehmen gewesen wäre.[42]

Der Martin-Short-Bericht, die letzte Meldung Hawaiis an Washington, wurde nur drei Tage vor dem Angriff abgeschickt. Obwohl Washington damals eine Fülle von Informationen besaß, die auf einen unmittelbar bevorstehenden Kriegsbeginn hindeuteten, äußerte es sich, als ob die hauptsächliche und einzige Gefahr für Hawaii von Sabotage und subversiver Tätigkeit ausginge. Es nahm kommentarlos Berichte des Befehlsbereichs Hawaii entgegen, die eine völlig falsche Auffassung über den Ernst der Lage an den Tag legten, der Washington sehr wohl bekannt war. In ihrer Meldung vom 4. Dezember machten Martin und Short beispielsweise den Vorschlag, ihre Truppen durch erzieherische Gespräche über den Status des Soldaten als Bürger, über die Ideale der Gründer der Republik und über die Gefahren des Faschismus vor drohender Unzufriedenheit zu bewahren. In dem Bericht hieß es:

»Dem Gesamtthema Sicherheit wurde und wird auch weiterhin detaillierte und umfassende Aufmerksamkeit gewidmet ... Instruktionen zur Überprüfung aller zivilen und militärischen Ausweise werden zur Zeit ausgearbeitet ... Den Geheimhaltungsvorschriften wird durch offizielle und halboffizielle Dienststellen größtmöglicher Nachdruck verliehen.

In bezug auf Gegenpropaganda ist das Problem eher erzieherischer denn praktischer Natur und wird gegenwärtig mit Hilfe von Gesprächen innerhalb der Staffeln angegangen. Es besteht Bedarf für eine Publikation des Kriegsministeriums, die für den Gebrauch durch verhältnismäßig unerfahrene Mannschaften geeignet und formuliert ist, die sich mit dem Status des Soldaten als Bürger befaßt, mit den Idealen und Grundsätzen, die die Gründer der amerikanischen Republik beeinflußten, mit dem Aufbau der Regierung, dem Platz der Streitkräfte in dieser Struktur, den innen- wie außenpolitischen nationalen Zielen sowie einer Erörterung jener Regierungsformen, die der Demokratie feindlich gesinnt sind.«[43]

Dies war, wie erinnerlich, der gleiche Tag, an dem Washington durch die abgehörte »Ostwind, Regen«-Meldung erfuhr, daß gegen die Vereinigten Staaten ein Krieg ohne formelle Kriegserklärung bereits befohlen worden war. Short und Martin wurde keine Nachricht zugeschickt, um ihre Irrtümer, die sich auf der Unkenntnis der in Washington bekannten Fakten gründeten, zu korrigieren.

Admiral Kimmel erhielt am 27. November noch zwei weitere Telegramme von Admiral Stark, die ihn davon überzeugten, daß Washington keinen Angriff auf Hawaii erwartete. In einem davon wurde Kimmel vorgeschlagen, er solle jeweils 25 Jagdflugzeuge der Army auf seine beiden Flugzeugträger verladen, um sie zu den Inseln Wake und Midway zu schicken. Das andere machte den Vorschlag, die Infanteriebataillone der Marines zur Verteidigung von Wake und Midway mit Heerestruppen zu verstärken. Zwei Tage später erhielt General Short eine Depesche vom Kriegsministerium, in der es hieß, die Army habe vorgeschlagen, die Verteidigung dieser beiden Inseln von den Marines zu übernehmen. Somit gab es zwischen den Telegrammen, die vom Kriegs- und vom Marineministerium geschickt wurden, hinsichtlich der Planung deutliche Widersprüche.[44]

Kimmel erklärte vor dem Kongreßausschuß, daß eine Ablösung der Marines durch Heerestruppen auf den äußeren Stützpunkten nicht möglich gewesen wäre. Die Army hatte keine Artillerie oder Flugabwehrwaffen, um Truppen auszurüsten, die die Marines hätten ablösen oder verstärken können. Wenn die Marines abgezogen wären und ihre Ausrüstung und ihre Waffen für die Army zurückgelassen hätten, hätte Kimmel nicht die Mittel gehabt, sie neu auszurüsten und zu bewaffnen. Außerdem besaß die Army von der Organisation her nichts, was einem Infanteriebataillon der Marines vergleichbar gewesen wäre, so daß dort eine ganz neue Gliederung hätte vorgenommen werden müssen.

Dabei wäre nicht nur die Verteidigung von Midway und Wake während eines Garnisonswechsels zersplittert gewesen, sondern es gab bei Wake auch keine Hafeneinrichtungen oder Ankermöglichkeiten. Material und Mannschaften mußten von den Schiffen über das offene Meer angelandet werden, und gelegentlich hatte schlechtes Wetter die Ausladung vor der Insel bis zu 28 Tage verzögert. Es war nicht ungewöhnlich, daß es eine Woche dauerte, um ein Schiff auszuladen. Eine langwierige Ausladung von Maschinen und Material vor Wake wäre angesichts feindlicher Operationen unmöglich gewesen. »Ich glaube«, erklärte Kimmel, »daß die verantwortlichen Stellen in Washington eine Verlegung von Garnisonen unter solchen Bedingungen weder geplant noch vorgeschlagen hätten, wenn sie der Meinung gewesen wären, daß diese Stützpunkte durch feindliche Aktionen bedroht gewesen wären.« Er empfahl Stark jedoch, daß die Garnison der Marines bleiben solle, bis Heerestruppen ausreichend ausgerüstet und ausgebildet seien, um sie zu ersetzen.

Der Vorschlag, die Flugzeuge der Marines auf Wake und Midway durch Jagdflugzeuge der Army zu ersetzen, war nach Ansicht des Admirals undurchführbar.[45] General Martin erklärte, daß die Jagdflugzeuge der Army weder in einer größeren Entfernung als 15 Meilen vom Land operieren durften noch auf einem Träger landen konnten. Daher wären sie, wenn sie erst einmal auf den äußeren Inseln gelandet wären, kaltgestellt gewesen, wobei ihr auf 15 Meilen begrenzter Operationsradius auch ihre Verwendbarkeit für die Inselverteidigung erheblich eingeschränkt hätte.

Die Heeresjagdflugzeuge, die von Oahu nach Wake und Midway geschickt werden sollten, machten ungefähr 50 Prozent des Bestandes der Jagdflugzeuge der Army auf Oahu aus. Kimmel erklärte:

»Gerade die Tatsache, daß das Kriegs- und das Marineministerium ihre Entfernung von Hawaii vorschlugen, deutete für mich darauf hin, daß die verantwortlichen Stellen in Washington einen Luftangriff auf Pearl Harbor weder als unmittelbar bevorstehend noch als wahrscheinlich ansahen. Kurz gesagt, am 27. November machte das Marineministerium den Vorschlag, ich sollte meine Flugzeugträger, in denen die Hauptschlagkraft der Flotte zur Verteidigung gegen einen Luftangriff konzentriert war, aus der unmittelbaren Umgebung fortschicken. Am 27. November regten das Kriegs- und das

Marineministerium an, wir sollten von Oahu 50 Prozent der Bestände der Army an Jagdflugzeugen abgeben. Diese Vorschläge erreichten uns am gleichen Tag wie die sogenannte ›Kriegswarnung‹. Unter diesen Umständen hätte kein Verantwortlicher in meiner Position angenommen, daß die ›Kriegswarnung‹ den Zweck verfolgte, auf die Wahrscheinlichkeit eines Angriffs im Raum Hawaii hinzuweisen.«[46]

Short wurde durch Befehle des Kriegsministeriums vom 29. November angewiesen, einen Plan in Kraft zu setzen, durch den die Heeresgarnison von Hawaii reduziert werden sollte. Dieser Plan verlangte von ihm, die Weihnachts- und Cantoninseln mit einer Garnison zu belegen und später auch die äußeren Inseln zu besetzen – Palmyra, Johnston und Samoa. Die Truppen, die er auf diese Inseln schickte, sollten durch frische Truppen vom Festland ersetzt werden.[47] Diese Anweisung zeigt, daß Washington, nachdem es Short die Warnung vom 27. November übermittelt hatte, keinen Angriff auf Hawaii erwartete. Andernfalls hätte es ihm nicht befohlen, seine Garnison zu reduzieren.

Am 29. November schickte Admiral Stark Kimmel ein Telegramm, das im wesentlichen eine Wiedergabe der »Kriegswarnung« der Army an Short enthielt. Außerdem beinhaltete es folgende Anweisung:

»WPL 52 ist nicht für den pazifischen Raum anzuwenden. Er tritt nur für den Bereich des Südostpazifik und im Küstengebiet von Panama in Kraft, wie inzwischen verbindlich festgelegt wurde. Leiten Sie keine Offensivhandlungen ein, bis Japan den ersten Schritt getan hat. Seien Sie für den Fall, daß es zu Feindseligkeiten kommt, bereit, die Aufträge auszuführen, die Ihnen gemäß WPL 46 in bezug auf Japan zugewiesen sind.«[48]

Kimmel erläuterte:

»WPL 52 war der Verteidigungsplan Nr. 5 der Navy für die westliche Hemisphäre. Laut diesem Plan hatte die Atlantikflotte Schießbefehl. Er enthielt den Auftrag, deutsche und italienische See-, Land- und Luftstreitkräfte, die im Gebiet des westlichen Atlantik angetroffen wurden, zu vernichten. Das südostpazifische Gebiet erstreckte sich über ungefähr 700 Meilen des Pazifischen Ozeans vor der Küste Südamerikas. Hier hatten die südostpazifischen Seestreitkräfte einen ähnlichen Schießbefehl und eine ähnliche Aufgabe.

In der Depesche vom 29. November informierte mich der Chef des Admiralstabes, daß WPL 52 für den Pazifik nicht anzuwenden sei. Ich gewann dadurch den Eindruck, daß ich keinen Schießbefehl hätte und nicht schießen dürfte, bis Japan den ersten Schritt getan hätte.«[49]

Am 30. November schickte das Marineministerium Kimmel zu seiner Information eine Depesche, die an Admiral Hart gerichtet war. Darin hieß es, es gebe Hinweise darauf, daß Japan sich auf einen Angriff verschiedener Punkte auf dem Isthmus von Kra vorbereitete. Hart erhielt den Befehl, Erkundungen durchzuführen, dabei aber den Anschein zu vermeiden, daß er angreifen wolle.[50] Am 1. Dezember erhielt Kimmel eine weitere an Hart gerichtete Depesche, in der eine geplante japanische Intrige beschrieben wurde. Sie zielte darauf ab, britische Streitkräfte über die Grenze nach Thailand zu locken, um Thailand einen Vorwand zu geben, Japan um Hilfe zu bitten. Wenn es als Verbündeter kam, wäre ein Vordringen nach Thailand für Japan einfacher, und die Japaner hätten Flugplätze auf der Halbinsel Kra erhalten, die sie als Stützpunkte für weitere Operationen nützen könnten.[51]

»Kurz gesagt«, so Kimmel, »alle Hinweise auf die Bewegungen japanischer Land- und Seestreitkräfte, die mir zur Kenntnis gebracht wurden, bestätigten die Informationen des Telegramms vom 27. November – daß die Japaner in Südostasien auf dem Vormarsch gegen Thailand oder die Halbinsel Kra waren.«[52]

Am 1. Dezember informierte die vierzehntägige Nachrichtenzusammenfassung der Navy, die von Stark herausgegeben wurde, unter der Überschrift »Die japanische Marinelage« Kimmel wie folgt:

»Die Hauptkonzentration von Großkampfschiffen befindet sich in den Heimatgewässern, ebenso der größte Teil der Flugzeugträger.«[53]

Diese Information war in katastrophaler Weise falsch.

In den Tagen vor dem Angriff schickte das Marineministerium drei weitere Meldungen an Kimmel. In der ersten vom 3. Dezember hieß es, daß die japanischen konsularischen und diplomatischen Stellen in Hongkong, Singapur, Batavia, Manila, Washington und London den Befehl erhalten hatten, »die meisten ihrer Codes und Chiffren« zu vernichten – nicht alle, ein Punkt, der damals von Kimmel und seinem Stab bemerkt wurde.[54]

»Diese Information«, bemerkte Kimmel, »schien mit den Informationen zusammenzupassen, die wir über einen japanischen Vorstoß in Südostasien erhalten hatten.«[55]

Kimmel erklärte dem Kongreßausschuß, er habe nicht gewußt, daß die Vereinigten Staaten die Japaner bereits im Juli gewarnt hatten, daß ein japanisches Vorgehen gegen britische und holländische Besitzungen im Südwestpazifik die Vereinigten Staaten nötigen würde, zu ihrem Schutz »Schritte zu unternehmen«. Folglich habe er nicht gewußt, daß die japanischen Streitkräfte gegen die Warnungen handelten, als sie Ende November offensichtlich einen Vorstoß nach Süden vorbereiteten.

Das einzige, was er nach seinen eigenen Angaben wußte, war, daß in seinem Operationsplan Vorstöße gegen die Marshallinseln vorgesehen waren, um die Japaner von der Malaiischen Barriere abzulenken, aber nur für den Fall eines Krieges zwischen Japan und einer Koalition der Vereinigten Staaten und Großbritannien.[56]

Die beiden anderen Depeschen erhielt Kimmel am 4. und 6. Dezember. Über diese bemerkte das Army Board:

»Dieses Protokoll enthält weder eine genaue noch eine sinngemäße Wiedergabe der Depeschen vom 4. oder 6. Dezember. Wir haben keine besseren Informationen als die, die im Roberts-Bericht enthalten sind; dieser lautet wie folgt:

›Das Telegramm vom 4. Dezember 1941 instruierte den Adressaten, vertrauliche Dokumente und Hilfsmittel für die geheime Nachrichtenübermittlung zu vernichten und nur die zurückzubehalten, die für absolut notwendig erachtet wurden, wobei letztere im Notfall ebenfalls vernichtet werden sollten (dies wurde dem Oberbefehlshaber der Pazifikflotte nur zu seiner Information mitgeteilt). Das Telegramm vom 6. Dezember ordnete angesichts der gespannten Situation an, daß die Marinebefehlsstellen auf den äußeren Pazifikinseln ermächtigt seien, im Falle unvorhergesehener Ereignisse ihre Geheimpapiere sofort oder später zu vernichten, und diejenigen, die für die Fortführung der Operationen unentbehrlich waren, bis zum letzten Augenblick zurückzubehalten.‹«[57]

Die Depesche vom 4. Dezember war offenbar die, welche Captain Safford nach Erhalt des »Winde«-Signals verfaßt hatte, um sie nach Guam zu schicken.

General Short bestritt, die drei Depeschen vom 3., 4. und 6. Dezember jemals gesehen zu haben.[58] Der Roberts-Bericht kommentierte:

»Die vorangegangenen Telegramme vermittelten den verantwortlichen Offizieren auf Hawaii nicht den Eindruck, daß ein Luftangriff unmittelbar bevorstände. Im Gegenteil, sie dienten ihrer Meinung nach nur dazu, die Gefahren, die von Sabotage und überraschenden U-Boot-Angriffen ausgingen, hervorzuheben. Es wurde nicht für erforderlich gehalten, die Kriegsbereitschaft herzustellen, die erforderlich gewesen wäre, um einen Luftangriff zu verhindern oder abzuwehren.«[59]

Das Army Board bemerkte:

»Es stellt sich die ernste Frage, warum das Kriegsministerium Short nicht eine direkte Anweisung erteilte, die ihn veranlaßt hätte, angesichts der gespannten Lage auf der Hut zu sein.«[60]

Die letzte Depesche von Washington an Hawaii wurde am 7. Dezember um 11.58 Uhr von General Marshall aufgesetzt, eine Stunde und 27 Minuten bevor der japanische Angriff auf Oahu begann. Sie wurde um 12.18 Uhr Washingtoner Zeit (6.48 Uhr Honolulu-Zeit) an General Short abgeschickt, eine Stunde und sieben Minuten, bevor die ersten Bomben und Torpedos von den Japanern ausgelöst wurden. Das Telegramm lautete:

»Die Japaner überreichen heute um 13.00 Uhr Washingtoner Zeit etwas, das auf ein Ultimatum hinausläuft. Sie haben außerdem Befehl, sofort ihre

Chiffriermaschinen zu zerstören. Welche genaue Bedeutung die festgesetzte Stunde hat, wissen wir nicht, aber seien Sie entsprechend auf der Hut. Informieren Sie die Marinedienststellen über diese Nachricht.«[61]

Diese Depesche trug weder den Vermerk »Vordringlich«, noch war sie mit »Eilt« gekennzeichnet. Am frühen Morgen hatte die Funkstation der Army auf Hawaii Schwierigkeiten gehabt, die Verbindung mit dem Kriegsministerium in Washington herzustellen. Weil das Nachrichtenzentrum des Kriegsministeriums nicht wußte, ob es mit seinem eigenen Sender nach Hawaii durchkommen würde, wurde entschieden, dieses wichtige Telegramm über eine kommerzielle RCA-Funkverbindung zu schicken.

Marshall hatte auf seinem Schreibtisch ein sogenanntes Zerhacker-Telephon – dieses gibt Gespräche als einen Mischmasch sinnloser Geräusche wieder, während sie auf der Empfängerseite nicht zerhackt sind –, mit dem er General Short in wenigen Minuten hätte erreichen können. Der Generalstabschef erklärte später, er habe gezögert, dieses Gerät zu benutzen, weil deutsche Agenten die über Zerhacker-Telephon laufenden Gespräche zwischen Präsident Roosevelt und Premierminister Churchill bekanntermaßen abhörten, und weil sie auch die Verbindung mit William Bullitt angezapft hatten, als er Botschafter in Frankreich war.[62] Marshall erklärte, »das State Department hätte durch eine mögliche undichte Stelle in Verlegenheit gebracht werden können«, wenn die Japaner die Warnung an Short abgehört hätten.[63] Da die Japaner die Absicht hatten, mit ihrem Angriff auf Pearl Harbor die ganze Nation in Verlegenheit zu bringen, ist diese Erklärung einigermaßen seltsam.[64]

Dem Generalstabschef standen außerdem die starken Sender des Marineministeriums und des FBI zur Verfügung, über die seine Nachricht, wenn sie als eilig gekennzeichnet gewesen wäre, in kürzester Zeit nach Hawaii hätte übermittelt werden können. Admiral Stark, der bei ihm war, als die Warnung in letzter Minute aufgesetzt wurde, bot Marshall die Benutzung des Marinefunks sogar an.[65] Marshall entschied sich jedoch weder für den Marine- noch den FBI-Sender.

Seine Nachricht wurde von Colonel Bratton in den Chiffrierraum der Nachrichtenstelle des Kriegsministeriums gebracht. Colonel French, der das Fernmeldewesen leitete, hatte sie der besseren Lesbarkeit wegen abgetippt.* Dann wurde sie chiffriert.[66]

---

* Colonel French sagte aus (Maj., S. 225; APH, Top Secret, S. 189–205), daß er die Benutzung des Telephons nicht in Erwägung gezogen habe; daß das Telephon vom Nachrichtenzentrum nie benutzt wurde; daß es für eine Geheimmeldung ungeeignet gewesen sei; und daß es in jedem Falle »Sache des einzelnen war, zu entscheiden, das Telephon zu benutzen, ob es nun der Generalstabschef selbst war oder wer auch immer.« Mit anderen Worten, die Entscheidung darüber, das Telephon zu benutzen, lag bei General Marshall, dem Urheber der Warnung und dem Generalstabschef der Armee.

Die Meldung wurde von RCA auf Honolulu um 7.33 Uhr empfangen, 22 Minuten vor dem Angriff auf Pearl Harbor. Als der japanische Angriff begann, fuhr ein Botenjunge sie auf dem Fahrrad durch die Straßen von Honolulu. Sie wurde tatsächlich erst um 11.45 Uhr bei der Nachrichtenstelle der Army in Fort Shafter abgeliefert, zwei Stunden nachdem sich das letzte japanische Flugzeug zurückgezogen hatte. Weil sie nicht mit »Eilig« gekennzeichnet war, wurden in der Nachrichtenstelle andere Telegramme, die entsprechend markiert waren, zuerst dechiffriert. Das Telegramm wurde schließlich um 14.40 Uhr dem Dechiffrieroffizier in die Hand gedrückt. Es wurde dechiffriert und um 14.58 Uhr dem Generaladjutanten des Befehlsbereichs Hawaii, Colonel Dunlop, übergeben. Dunlop überreichte es um 15.00 Uhr dem Adjutanten von General Short, Captain Trueman, der es an Short weiterreichte. Die Warnung gelangte somit acht Stunden und zwölf Minuten, nachdem sie zur Funkübertragung vorgelegt worden war, und sieben Stunden und fünf Minuten, nachdem der Angriff begonnen hatte, in die Hände Shorts.[67]

Dies waren die Meldungen, die Washington als »Kriegswarnungen« bezeichnete, und die nach Meinung der Verantwortlichen in Washington die Kommandeure von Hawaii zu Vorsichtsmaßnahmen gegen einen Überraschungsangriff auf Pearl Harbor hätten veranlassen sollen. Alle Warnungen, die vor dem 7. Dezember geschickt worden waren, wurden vom Army Board als »Do-or-Don't-Messages« bezeichnet, die den Truppenführern auf Hawaii mitteilten, sie sollten sich auf die Verteidigung vorbereiten, aber bei diesen Vorbereitungen nichts tun, was Schwierigkeiten mit dem großen japanischen Bevölkerungsanteil heraufbeschwören oder die Öffentlichkeit in Unruhe versetzen könnte. Die Kommandeure sollten sich darauf vorbereiten, eine Offensive zu eröffnen, aber sie sollten nicht den ersten Schlag ausführen. Sie wurden von Washington vor Sabotage und subversiver Tätigkeit gewarnt, aber sie wurden dafür verantwortlich gemacht, als die Katastrophe durch einen Luftangriff hereinbrach, den in Washington niemand vorausgesehen hatte. Ihnen wurde mitgeteilt, daß die Feindseligkeiten in Südostasien beginnen würden, aber man gab ihnen die Schuld, als die Japaner dem Brain Trust in Washington einen Strich durch die Rechnung machten und Pearl Harbor angriffen.

Die Warnung vom 7. Dezember hätte dazu beitragen können, ein Gefühl für die Gefahr zu vermitteln, wenn ihre Weitergabe nicht so schrecklich verpfuscht worden wäre. Allerdings war sie kaum weniger zweideutig als ihre Vorgänger. Obwohl Marshall erklärte, ihm sei die Bedeutung des Endtermins 13.00 Uhr und anderer japanischer Aktivitäten nicht bekannt gewesen, instruierte er trotzdem die Befehlshaber von Hawaii, »entsprechend auf der Hut zu sein«. Aber Marshall sagte nicht, *wovor* sie auf der Hut sein sollten.

Der Minderheitsbericht des Gemischten Kongreßausschusses (Conclusion 13, S. 38–40) bewertet all diese Warnungen wie folgt:

»Die Telegramme, die im November von höchsten Stellen in Washington an General Short und Admiral Kimmel geschickt wurden, waren in einer so widersprüchlichen und unpräzisen Sprache abgefaßt, daß sie den Zweck verfehlten, den Truppenführern eindeutige Informationen über den Zustand der diplomatischen Beziehungen zu Japan und die japanischen Kriegspläne sowie eindeutige Befehle bezüglich der einzuleitenden Einzelmaßnahmen zu geben – Befehle, die zweifellos für einen Großalarm notwendig waren. In dieser Beziehung haben die genannten höchsten Stellen es versäumt, ihre Pflicht in vollem Umfang zu erfüllen.

Wir begnügen uns damit, hinsichtlich des widersprüchlichen, unpräzisen und ungenügenden Charakters dieser Warnungen folgende Tatsachen darzulegen. Es sollte hier bemerkt werden, daß Washington die Angelegenheiten der überseeischen Stützpunkte an sich gezogen und einer so genauen Überwachung unterworfen hatte, daß der übliche Handlungsspielraum der Stützpunktkommandeure eng begrenzt war.

Zu allererst ist zu bemerken, daß die vier Berichte der Ausschüsse von Armee und Marine, die zur Untersuchung von Pearl Harbor geschaffen wurden, die Warnungen nicht für ausreichend hielten, um die Befehlshaber auf Hawaii zu einem umfassenden Kriegsalarm zu veranlassen. Selbst die Pearl Harbor-Kommission des Präsidenten stellt fest, obwohl sie die Truppenführer der Pflichtversäumnis für schuldig befand, daß das Kriegsministerium sich bei den entsprechenden Befehlen Nachlässigkeiten habe zuschulden kommen lassen. Damit modifiziert sie ihre eigenen Schlußfolgerungen.

Die Kommission des Präsidenten war durch ihre Weisungen auf eine Suche nach Pflichtversäumnissen und Fehlbeurteilungen von Angehörigen von Armee und Marine beschränkt. Sie betonte aber, daß der Außenminister, der Kriegsminister und der Marineminister im Hinblick auf die Angelegenheiten, die Pearl Harbor betrafen, ihre Pflicht erfüllt hätten, und daß der Generalstabschef und der Admiralstabschef bei der Herausgabe von Warnungen an die beiden Kommandeure ihrer Verantwortung als Befehlshaber Genüge getan hätten.

Die Kommission wollte General Short und Admiral Kimmel auch wegen Pflichtverletzung anklagen, weil sie es versäumt hatten, sich ›hinsichtlich der Bedeutung und des Inhalts der Kriegswarnungen miteinander zu beraten und zu besprechen‹.

Damit gibt die Kommission tatsächlich zu, daß die Kriegswarnungen in einer so unpräzisen Sprache abgefaßt waren, daß die Truppenführer sich hätten beraten und besprechen müssen, um herauszufinden, welche Bedeutung die Depeschen hatten.

Nachdem sie diese Feststellung gemacht hatte, lastete die Kommission auch dem Kriegs- und dem Marineministerium einen Teil der Schuld für die Katastrophe von Pearl Harbor an (d. h. Secretary Stimson, Secretary Knox und/oder General Marshall und Admiral Stark, die die Kommission in ihrem Bericht vorher freigesprochen hatte). Laut Kommission zählten zu den ›Ursachen, die zum Erfolg des japanischen Angriffs beitrugen: Betonung der Wahrscheinlichkeit eines aggressiven japanischen Vorgehens im Fernen Osten und von Anti-Sabotage-Maßnahmen in den Warnungen. Versäumnis des Kriegsministeriums, auf die Meldung über die vom kommandierenden General des Befehlsbereichs Hawaii eingeleiteten Anti-Sabotage-Maßnahmen zu antworten.‹

Wäre der Kommission der Sinn danach gewesen, dann hätte sie hinzufügen können: Versäumnis des Kriegs- und des Marineministeriums, in diesen Telegrammen die Wahrscheinlichkeit eines Angriffs auf Pearl Harbor zu erwähnen.

Schließlich ist zu bemerken, daß laut Kommission die Tatsache, ›daß die betroffenen Personen die Warnung vom 7. Dezember 1941 vor dem Angriff nicht erhalten hatten‹, zu den ›beitragenden Ursachen‹ zählte. Es ist eine Tatsache, daß der ›Nichterhalt‹ dieser Warnung auf unentschuldbare Verzögerungen durch höchste Stellen in Washington zurückzuführen ist.

Es scheint deshalb so zu sein, daß die Kommission des Präsidenten durch direkte Aussagen und durch Andeutungen zu verstehen gibt, daß die Kriegswarnungen an General Short und Admiral Kimmel unpräzise und unbestimmt waren und keinen ausreichenden Anlaß für einen Großalarm gaben, insbesondere die Telegramme an General Short, dessen Hauptaufgabe es war, Pearl Harbor zu verteidigen und die im Hafen liegende Flotte zu schützen.

Das Army Pearl Harbor Board zog nach einer sorgfältigen Prüfung und einem Vergleich der Kriegswarnungen die Schlußfolgerung, daß das Telegramm vom 27. November ›widersprüchlich‹ und die Ausführungen in der Depesche an General Short ›unzureichend‹ und ›irreführend‹ waren. Das Army Board kritisierte auch, daß das Kriegsministerium es unterlassen hatte, den Truppenführern auf den überseeischen Stützpunkten ›präzise Anweisungen‹ zu schicken. Trotz seiner Schlußfolgerung, daß General Short einen Mangel an Urteilsvermögen an den Tag gelegt habe, erhob das Army Board gegen ihn keine Anklage wegen Pflichtversäumnis und gab auch keine Empfehlung in dieser Richtung. Der Navy Court of Inquiry kritisierte die Kriegswarnung in gleicher Weise wegen fehlender Anordnungen für Maßnahmen in Pearl Harbor und kam zu dem Ergebnis, daß ›keine Person oder Personen im Dienste der Navy strafbare Handlungen begangen noch sonstwie ernsthafte Schuld auf sich geladen haben‹. Er empfahl, keine weiteren Verfahren in dieser Angelegenheit zu eröffnen.

In den Zeugenaussagen und anderen Beweismaterialien, die dem Kongreßausschuß vorgelegt wurden, findet sich kein Grund für einen Widerspruch gegen das Urteil, zu dem die Kommission des Präsidenten, das Army Pearl Harbor Board oder der Navy Court of Inquiry gekommen sind, nämlich, daß die Kriegswarnungen in der Tat keine klaren und unmißverständlichen Direktiven für einen Großalarm gegen einen wahrscheinlichen japanischen Angriff enthielten.«

Weiter heißt es im Minderheitsbericht dazu (Conclusion 18, S. 59):

»Welche Fehlurteile den Befehlshabern von Hawaii auch unterlaufen sein und wie schlecht sie die Vorbereitungen gegen einen japanischen Angriff auch geleitet haben mögen, so muß man unter Berücksichtigung der Verantwortungskette in der zivilen und militärischen Verwaltung dennoch auf die Tatsache aufmerksam machen, daß sie für ihre Position von den höchsten Stellen in Washington ausgewählt wurden – die sämtlich dazu verpflichtet waren, bei der Auswahl ihrer Untergebenen für besonders verantwortungsvolle Positionen in den Streitkräften der Vereinigten Staaten sorgfältig auf deren Befähigung zu achten.«

Diese Schlußfolgerung spricht für sich selbst, insbesondere im Hinblick auf das vorher Gesagte, und benötigt keinen weiteren Kommentar.

KAPITEL 17

»Daß der Krieg unmittelbar bevorstand, war bekannt«

Der Nutzen der Warnungen, die nach Hawaii geschickt wurden, mag danach beurteilt werden, wie die Befehlshaber auf Hawaii reagierten. Short dachte, er sei vor Sabotage und Subversion gewarnt worden. Er richtete seine Verteidigungsmaßnahmen danach ein. Kimmel dachte, er sei gewarnt worden, um sich entsprechend dem Kriegsplan der Navy auf einen offensiven Vorstoß gegen die Marshall-Inseln vorzubereiten. Er bereitete sich auf diesen Auftrag vor und schonte seine Langstreckenaufklärer und ihre Besatzungen für die bevorstehenden Aufgaben. Keinem der beiden Truppenführer war mitgeteilt worden, daß es außer in Südostasien oder dem Südwestpazifik noch einen Angriff geben könnte – und das auch noch gegen Hawaii.

Die Wirkung der Warnungen mag auch im Lichte dessen beurteilt werden, was Washington wußte. Das Army Board legte dar, daß »die Meldungen, die tatsächlich nach Hawaii geschickt wurden, nur einen kleinen Bruchteil der Informationen enthielten«,[1] über die Washington verfügte. Admiral Kimmel bezeichnet die Telegramme als »einen schwachen Abglanz der tatsächlichen Ereignisse«.[2] Der Bericht des Naval Court of Inquiry bemerkte kritisch, daß Hawaii »Informationen benötigte, die darauf hinwiesen, daß ein Angriff innerhalb kurzer Zeit zu erwarten sei«.[3] Er stellte fest, daß die Verteidigungspläne »unbrauchbar waren, weil sie von der Voraussetzung ausgingen, es werde frühzeitig bekannt werden, daß ein Angriff innerhalb kurzer Zeit zu erwarten sei. Dies war aber an jenem Morgen nicht der Fall.«[4]

Washington wußte von dem beschränkten Zeitraum, in dem ein Angriff zu erwarten war. Nach dem 26. November ließ sich die Situation nur mit den Worten des Army Board beschreiben: »Daß der Krieg unmittelbar bevorstand, war bekannt.«[5] Daß Ort und Zeit des Angriffs durch die vierzehnteilige japanische Antwort vom 6./7. Dezember und die »pilot-message« vom 7. Dezember 13.00 Uhr enthüllt wurden, wird von folgender Feststellung des Marineuntersuchungsgerichts bestätigt:

> »Am frühen Vormittag des 7. Dezember, Washingtoner Zeit, besaß das Kriegs- und das Marineministerium Informationen, die darauf hindeuteten, daß ein Abbruch der diplomatischen Beziehungen unmittelbar bevorstand. Durch Rückschlüsse und Ableitungen war daraus zu ersehen, daß sehr bald mit einem Angriff im Raum Hawaii zu rechnen war.«[6]

Von diesem Wissen, über das Washington verfügte, wurde nichts an Kimmel und Short weitergegeben. Drei Hauptkategorien von Nachrichtenmaterial wurden ihnen verwehrt:

»1. Das Wissen über den Fortgang der diplomatischen Verhandlungen mit Japan, das zeigte, daß Japan sich in einer Zwangslage befand, in der es sich unterwerfen oder kämpfen mußte.
2. Das Wissen über Hunderte von wichtigen japanischen Chiffremeldungen, die abgefangen worden waren und Roosevelt und seinen Zirkel nicht nur darüber informierten, daß Japan kämpfen wollte, sondern auch, wann der Krieg ausbrechen würde.
3. Das Wissen über den Nachrichtenverkehr zwischen Tokio und seinem Corps von Spionen auf Hawaii, der präzise auf Pearl Harbor als Angriffsziel hindeutete.«[7]

Daß die verschiedenen sogenannten Kriegswarnungen, die nach Hawaii geschickt wurden, eine wirkliche Warnung enthielten, wurde von Kimmel und Short energisch bestritten. Kimmel sagte bei seiner Verteidigung vor dem Kongreßausschuß, er habe verstanden, daß Informationen über die Beziehungen Amerikas zu Japan und die Pläne der japanischen Regierung für ihn von größter Bedeutung waren. »Die Pazifikflotte«, bemerkte er, »war, was Informationen aus abgefangenen japanischen diplomatischen Depeschen anging, vom Marineministerium in Washington abhängig.«

Im Februar 1941, kurz nachdem er das Kommando über die Pazifikflotte übernommen hatte, erzählte ihm Vice-Admiral Wilson Brown, der gerade auf Hawaii angekommen war, daß im Marineministerium Unklarheit herrsche, ob er durch den Admiralstab oder durch den Marinenachrichtendienst mit Geheiminformationen versorgt werden sollte. In einem Schreiben vom 19. Februar an Admiral Stark lenkte Kimmel seine Aufmerksamkeit auf die Situation und fragte: »Wollen Sie freundlicherweise die Verantwortungsbereiche festlegen, damit es keine Mißverständnisse gibt?«[8] Stark antwortete am 22. März: »Das ONI (Office of Naval Investigation, d. h. der Marinenachrichtendienst, W. P.) ist sich seiner Verantwortung völlig bewußt und wird Sie entsprechend auf dem laufenden halten.«[9]

Am 26. März kam Kimmel auf das Thema zurück und erklärte, daß er sich in einer sehr schwierigen Lage befinde, »weit entfernt vom Sitz der Regierung in einer komplizierten und sich rasch verändernden Situation«. Ohne vollständige Unterrichtung durch Washington, sagte er, würde er in einem Zustand der Ungewißheit belassen. So könnte er nicht die Situation beurteilen, mit der er konfrontiert wurde. Er schlug vor, es zu einem Grundprinzip zu machen, ihn »über alle wichtigen Entwicklungen, so bald sie sich ereignen, sofort und durch die schnellsten und sichersten verfügbaren Mittel zu informieren«. Er nahm diesen Brief im Juni mit nach Washington und übergab ihn Stark, wobei er die Zusicherung erhielt, daß alle Informationen an ihn weitergeleitet würden.[10]

Im Juli erhielt Kimmel von Stark mindestens sieben Telegramme, die abgefangene japanische diplomatische Meldungen enthielten. Die japanischen Depeschen hatten noch die Nummern, die ihnen in Tokio gegeben worden waren, und die Telegramme gaben den wörtlichen Text wieder.[11] Mit solchen Mitteln gewann Washington das Vertrauen Kimmels. Er glaubte, daß er alle abgehörten Chiffremeldungen erhielt, die für ihn irgendwie von Bedeutung waren. Washington klärte ihn niemals auf.

Noch eine Woche vor dem Angriff auf Pearl Harbor erweckte Washington weiterhin den Anschein, als ob es alles an den Admiral weitergebe. Am 1. Dezember schickte Stark ihm eine Depesche, die den japanischen Botschafter in Thailand zitierte, der Aktionen gegen die Briten erwartete.[12] Am 3. Dezember erhielt Kimmel eine weitere Depesche Tokios an seine diplomatischen Vertreter, die mit der Nummer »Rundschreiben 2444« versehen war. Am gleichen Tag wurde noch ein weiteres Telegramm weitergeleitet, das Kimmel über Instruktionen unterrichtete, die an japanische diplomatische und konsularische Stellen geschickt worden waren.[13] Tatsächlich hatten diese abgefangenen Funkmeldungen keinen Bezug auf seine eigene Situation in Pearl Harbor, aber sie bestärkten ihn in dem Glauben, daß Washington eifrig bemüht war, ihn über alle Entwicklungen auf dem laufenden zu halten. Erst nach dem plötzlichen Schlag der Japaner gegen die Pazifikflotte sollte er erfahren, wie gründlich er getäuscht worden war.[14] Kimmel erklärte:

> »Das Marineministerium hatte sich auf eine Verhaltensweise festgelegt, die mir den Eindruck vermitteln sollte, daß ich mit Informationen aus wichtigen abgefangenen japanischen Funkmeldungen versorgt würde. Unter diesen Umständen war die Unterlassung, mir wichtige Informationen dieses Charakters zuzustellen, nicht nur ein Vorenthalten von Nachrichtenmaterial. Es hatte etwas von einer bewußten Täuschung an sich. Ich hatte um alle wichtigen Informationen gebeten. Mir wurde versichert, daß ich sie bekommen würde. Meine aktuelle Lagebeurteilung baute auf dieser Grundlage auf. Tatsächlich wurden mir jedoch die weitaus wichtigsten japanischen Funkmeldungen nicht zugeschickt. Durch diese Unterlassung wurden mir nicht nur wichtige Fakten vorenthalten. Ich wurde in die Irre geführt.«[15]

Kimmel erklärte, daß er im Laufe des Jahres 1941 von Admiral Stark Depeschen und Briefe erhalten habe, die allgemein gesprochen als »Kriegswarnung« bezeichnet werden könnten. Diese enthielten viele Vermutungen, wo Japan zuschlagen könnte, aber die einzige, die Pearl Harbor erwähnte, war die Wiedergabe einer Meldung, die Botschafter Grew am 27. Januar 1941, fast elf Monate vor dem japanischen Angriff, an das State Department telegrafiert hatte. Grew berichtete, der peruanische Gesandte habe ein Mitglied seines Mitarbeiterstabes informiert, er habe »aus vielen Quellen, einschließlich einer japanischen Quelle, gehört, daß die Japaner die Absicht hätten, mit aller Kraft und unter dem Einsatz all ihrer Mittel einen Überraschungsangriff gegen Pearl Harbor zu führen, falls es zwischen den Vereinigten Staaten und Japan zu Schwierigkeiten kommen sollte«.[16] Grew berichtete, der peruanische Gesandte halte diese Gerüchte selbst für phantastisch, glaube aber, daß er sie an Grews Stab weitergeben sollte.

Bei der Übermittlung dieses Berichts an Kimmel bemerkte Stark:

»Der Marinenachrichtendienst schenkt diesen Gerüchten keinen Glauben. Ferner scheint aufgrund der bekannten Angaben über die gegenwärtige Gliederung und Verwendung der japanischen Land- und Seestreitkräfte ein Vorstoß gegen Pearl Harbor für die absehbare Zukunft weder bevorzustehen noch geplant zu sein.«

Kimmel stellte fest, daß diese Einschätzung hinsichtlich der Unwahrscheinlichkeit eines Vorstoßes nach Pearl Harbor niemals widerrufen wurde.[17]

Der Kommandeur der Pazifikflotte erklärte, daß das Kriegs- und das Marineministerium sehr wohl eine angemessene Sprache beherrschten und benutzten, wenn sie den Wunsch hatten, die Streitkräfte auf Hawaii wegen eines Angriffs in Alarmbereitschaft zu versetzen. Als Beweis führte er eine Depesche vom 17. Juni 1940 von Generalstabschef Marshall an General Herron an, in der befohlen wurde:

»Alarmieren Sie sofort die gesamte Verteidigungsorganisation, um einen transpazifischen Raid abzuwehren.«[18]

1940 dauerte der Alarmzustand sechs Wochen. Dann wurde er aufgehoben, aber später für einen weiteren Zeitraum erneut in Kraft gesetzt. Es war ein Großalarm, bei dem die Truppe mit voller Ausrüstung und Munitionsausstattung Feldstellungen bezog. General Herron erklärte, er habe unter der Zivilbevölkerung keine Aufregung verursacht. Dieser Alarm wurde von Stabschef General Marshall unter Bedingungen veranlaßt, die in keiner Weise mit den Gefahren vergleichbar waren, die im November und Dezember 1941 bekannt waren, als General Marshall immer noch Stabschef war. Wenn er überzeugt gewesen wäre, daß Hawaii in unmittelbarer Gefahr war, hätte er seine Befehle in einer ähnlich klaren Sprache erteilen können.* Kimmel bemerkte:

»Es ist eine Sache, die Befehlshaber auf einem bestimmten Stützpunkt vor dem Ausbruch eines Krieges auf einem Tausende von Meilen entfernten Schauplatz zu warnen, wobei man weiß und erwartet, daß sie die ihnen zugewiesenen Aufgaben und Aufträge nach dem Erhalt dieser Warnung wei-

* Der Minderheitsbericht des Gemischten Kongreßausschusses (S. 43) macht darauf aufmerksam, daß im Gegensatz zu der »Kriegswarnung« vom November 1941 die Sprache des Herron-Alarms »kristallklar« gewesen sei.

terführen werden. Insbesondere dann, wenn die ganze Art der Warnung ihnen gegenüber die Notwendigkeit betont, mit diesen Aufgaben und Aufträgen weiterzumachen.

Es ist eine ganz andere Sache, die Truppenführer auf einem bestimmten Stützpunkt vor einem Angriff zu warnen, der gegen ihren eigenen Standort zu erwarten ist. 1941 hatten wir in der Pazifikflotte eine Fülle von Vorahnungen, von allgemeinen Warnungen und Vorzeichen, daß Japan an einem der vorhergesagten Termine im Fernen Osten aggressiv werden würde. Nach Erhalt derartiger Warnungen wurde von uns eher erwartet, mit erhöhter Intensität und Begeisterung unser Ausbildungsprogramm und unsere Kriegsvorbereitungen fortzusetzen, als einen lokalen Großalarm auszulösen ...

Im Verlauf des Jahres 1941 standen dem Marineminister verschiedene Wege offen. Es konnte mir die besten vorhandenen Unterlagen über die japanischen Absichten und Pläne direkt zukommen lassen – die abgefangenen militärischen und diplomatischen Funktelegramme. Dies hätte mir, während der 7. Dezember 1941 und mit ihm die Wahrscheinlichkeit eines japanischen Angriffs näherrückte, die Möglichkeit gegeben, die Schwere und Intensität der Krise selbst zu beurteilen. Das Marineministerium gestattete mir jedoch nicht, die abgefangenen japanischen militärischen und diplomatischen Funkmeldungen selbst auszuwerten.

Es blieb noch eine andere Möglichkeit. Und zwar konnte man befehlen, die Flotte vor einem Angriff auf Hawaii zu dislozieren. Die Warnung vom 17. Juni 1940 ›Seien Sie in Alarmbereitschaft gegen feindliche Übersee-Raids‹ war solch ein Befehl. Er hätte im Dezember 1941 die gleiche Wirkung gehabt wie im Juni 1940. Ein derartige Befehl wurde jedoch nicht erteilt.«

Dem Kriegs- und dem Marineministerium blieb der Weg offen, Short und Kimmel zu befehlen, ihren gemeinsamen Küstenverteidigungsplan in Kraft zu setzen, oder Heer und Flotte den Befehl zu erteilen, gemäß dem Kriegsplan für den Pazifik mobil zu machen. Dies hätte sie in Kriegsbereitschaft versetzt, ohne Kampfhandlungen zu genehmigen. Nichts dergleichen geschah.[19]

Zu der sogenannten »Kriegswarnung« vom 27. November führte Kimmel aus:

»Man kann in den Begriff ›Kriegswarnung‹ nicht all das hineinlegen, was die späte Einsicht nahelegt ... Die Aussage ... daß die Verhandlungen am 27. November abgebrochen wurden, war ein sehr milder Ausdruck für das, was sich tatsächlich ereignet hatte; diese Aussage war so harmlos, daß sie in die Irre führte. Die Parteien hatten nicht nur aufgehört, miteinander zu sprechen. Sie standen sich mit gezückten Waffen gegenüber. Soweit es Japan betraf, war die Weiterführung der Gespräche nach dem 26. November nur Schauspielerei. Es war ein japanischer Schachzug, um einen Schlag, den Japan zu führen beabsichtigte, zu tarnen. Dieser Schachzug konnte das Marineministerium nicht täuschen. Das Marineministerium wußte von dem Komplott. Die Pazifikflotte wurde diesem Schachzug ausgeliefert, weil das

Marineministerium sein Wissen über die japanischen Winkelzüge nicht weitergab.«[20]

In sechs verschiedenen Telegrammen, am 5., 11., 15., 22. und 24. November setzte Japan für den 25. November definitiv einen Endtermin fest, der später auf den 28. November, Washingtoner Zeit, verschoben wurde. Bis dahin sollten seine Botschafter in Washington ein Abkommen zur Beilegung der Differenzen im Pazifik geschlossen haben. Am 22. November warnte Tokio seine Botschafter davor, daß sonst »die Dinge automatisch ihren Gang nehmen würden«. Funktelegramme vom 28. November, die abgefangen und dechiffriert wurden, informierten die amerikanische Regierung, daß Hulls Vorschlag vom 26. November für Japan absolut unbefriedigend war, und daß es nach Eingang der japanischen Antwort tatsächlich zu einem Abbruch der Verhandlungen kommen würde. Aus den Depeschen ging hervor, daß Japan auf die Fortsetzung der Verhandlungen großen Wert legte, um die Vereinigten Staaten in Sicherheit zu wiegen.

Nach dem 28. November wurde deutlich, daß die zu erwartenden japanischen Aktionen noch etwas Zeit brauchten, weil in den Anweisungen an die Botschafter weiterhin gedrängt wurde, die Verhandlungen mit den Amerikanern weiterzuführen. Die Japaner glaubten offenbar, ihre Militäroperation in ihrer Anfangsphase tatsächlich verschleiern zu können.

In Washington war noch eine weitere Art von Nachrichtenmaterial vorhanden, das darauf hindeutete, daß Pearl Harbor das Ziel dieses mysteriösen Plans war. Und zwar waren dies die Spionagemeldungen, die zwischen Tokio und Hawaii hin- und hergingen. Kimmel und Short wurden darüber in keiner Weise informiert.

Am 24. September hatte die japanische Regierung Generalkonsul Nagoa Kita in Honolulu instruiert, die Gewässer von Pearl Harbor in fünf Zonen zu unterteilen, wenn er über Kriegsschiffe berichtete, die vor Anker lagen, am Kai festgemacht hatten, im Dock lagen oder an Bojen vertäut waren. Mit der Bezeichnung Zone »A« sollten die Gewässer zwischen Ford Island und dem Arsenal bezeichnet werden; »B« stand für die Gewässer südlich und westlich von Ford Island; »C« für die Ostbucht (»East Loch«), »D« für die Mittelbucht (»Middle Loch«) und »E« für die Westbucht (»West Loch«) und die damit verbundenen Wasserwege.

»Bezüglich der Kriegsschiffe und Flugzeugträger«, so lautete der Auftrag an den Konsul, »möchten wir von Ihnen Berichte erhalten über die, die vor Anker liegen (diese sind nicht so wichtig), die an den Kais oder Bojen festgemacht sind und die, die in den Docks liegen (Bezeichnen Sie kurz Typ und Klasse. Wenn möglich, wünschen wir uns, daß Sie die Tatsache erwähnen, ob zwei oder mehr Schiffe längsseits des gleichen Kais liegen).«[21]

Am 29. September antwortete Kita auf dieses Telegramm, indem er ein detailliertes System von Symbolen auflistete, die von nun an zur Kennzeichnung der Liegeplätze der Schiffe in Pearl Harbor benutzt werden sollten.[22] Am 15. November schickte Tokio folgende Depesche nach Honululu:

»Da die Beziehungen zwischen Japan und den Vereinigten Staaten äußerst gespannt sind, geben Sie Ihren Bericht über die im Hafen liegenden Schiffe unregelmäßig, aber wenigstens zweimal in der Woche durch. Obwohl Sie dies zweifellos bereits wissen, verwenden Sie bitte besondere Sorgfalt auf die Geheimhaltung.«[23] Am 28. November instruierte ein weiteres Telegramm aus Tokio Honolulu: »Bitte berichten Sie über die folgenden Zonen und die in ihnen liegenden Schiffe: Zone N, Pearl Harbor, Mamala Bay (Honolulu) und die angrenzenden Zonen (Betreiben Sie Ihre Nachforschungen unter größter Geheimhaltung).«[24]

Am 18. November informierte der japanische Generalkonsul in Honolulu Tokio detailliert über die im Hafen liegenden Schiffe, über Kurs und Geschwindigkeit der in den Hafen einlaufenden Schiffe sowie über ihren Abstand voneinander.[25] Am 20. November beauftragte Tokio Honolulu, umfassende Nachforschungen über die Flottenstützpunkte in der Nachbarschaft des Militärgeländes von Hawaii anzustellen.[26]

Die wichtigste dieser Instruktionen betraf die Liegeplätze der Flotte und wurde am 29. November abgesandt. Sie lautete:

»Wir haben von Ihnen Berichte über Schiffsbewegungen erhalten, aber für die Zukunft wünschen wir, *daß Sie auch dann Bericht erstatten, wenn keine Bewegungen stattfinden.*«*[27]

Das Datum dieser Depesche war das gleiche wie das, nach dem laut Tokio »die Dinge automatisch ihren Gang nehmen werden«. Dies geschah, während die japanische Flotte Pearl Harbor ansteuerte, um es anzugreifen, und Tokio wollte die Gewißheit haben, daß die Kriegsschiffe der Pazifikflotte dort waren, wo sie vermutet wurden – als stationäre Ziele an ihren Liegeplätzen.

Am 2. Dezember wurden die Spione auf Hawaii wie folgt informiert:

»In Anbetracht der gegenwärtigen Situation ist die Anwesenheit von Kriegsschiffen, Flugzeugträgern und Kreuzern im Hafen von größter Bedeutung. Informieren Sie mich in Zukunft wenn Sie können jeden Tag. Telegraphieren Sie in jedem Fall, ob es Beobachtungsballons über Hawaii gibt oder ob es Hinweise dafür gibt, daß man welche aufsteigen lassen will. Benachrichtigen Sie mich auch, ob die Kriegsschiffe mit Torpedonetzen versehen sind oder nicht.«[28]

---

* Hervorhebung durch G. M.

Am 6. Dezember um 19.22 Uhr, dem Abend vor dem japanischen Trägerangriff auf Pearl Harbor, fingen die amerikanischen Nachrichtendienste diesen Spionagebericht an Tokio ab:

»Folgende Schiffe wurden an ihren Liegeplätzen gesichtet: Neun Schlachtschiffe, drei leichte Kreuzer, drei U-Boot-Tender, siebzehn Zerstörer. Außerdem lagen vier leichte Kreuzer und zwei Zerstörer in den Docks. Die schweren Kreuzer und die Flugzeugträger sind alle ausgelaufen. Es scheint so, als ob die Marineluftwaffe keine Luftaufklärung betreibt.«[29]

Am 6. Dezember fingen die amerikanischen Nachrichtendienste um 12.42 Uhr eine weitere Meldung Kitas ab, mit der er sich eindeutig verriet. Nachdem er das Fehlen von Ballonsperren erörtert hatte, berichtete der Konsul von Honolulu folgendes an Tokio:

»Sogar dann, wenn sie tatsächlich Vorbereitungen getroffen haben, weil sie den Luftraum über den Startbahnen und Wasserflächen der Flugplätze und in der Umgebung von Pearl Harbor, Hickam, Ford und Ewa kontrollieren müssen, gibt es für eine Ballonsperre über Pearl Harbor Beschränkungen. Ich glaube, daß aller Wahrscheinlichkeit nach genug Möglichkeiten bestehen, um gegen diese Orte einen Überraschungsangriff zu fliegen.«[30]

Am 4. Dezember fing Washington die »Ostwind, Regen«-Codemeldung ab, die Roosevelt davon in Kenntnis setzte, daß Japan sich für einen Krieg gegen die Vereinigten Staaten entschieden hatte, ohne eine förmliche Kriegserklärung abzugeben. Nach Dechiffrierung einer Serie von Telegrammen in japanischer Sprache, die die Dislozierung der Flotte in Pearl Harbor betrafen, war es eigentlich keine Frage mehr, wo der Angriff erfolgen würde.

Die Spähermeldung vom 6. Dezember bezeichnete unsere im Hafen liegenden Kriegsschiffe als Angriffsziele des folgenden Tages. Aber Kimmel und Short erhielten aus Washington keine Warnung, bis es zu spät war.

Washington redet sich darauf hinaus, daß die beiden letzten Funktelegramme erst am 8. Dezember dechiffriert wurden.[31] Die Abhörstation der Army bei San Francisco fing sie auf und schickte Kopien nach Washington. Als der Nachrichtendienst der Army erfuhr, daß sie auf dem Wege waren, erhielt San Francisco den Befehl, sie über einen Fernschreiber durchzugeben, der gerade an diesem Tag installiert worden war. In Washington wurden in dieser Nacht die Übersetzer der Army zum Dienst zurückgerufen, aber sie verbrachten ihre Zeit nur damit, japanische diplomatische Meldungen zu übersetzen.

Obwohl die in den Berichten enthaltenen Informationen von Tokio in einem Funktelegramm angefordert worden waren, das am 2. Dezember auf Hawaii abgefangen wurde, wurde dieses Nachrichtenmaterial per Luftpost zur Dechiffrierung nach Washington geschickt und kam dort erst am 23. Dezember an. Dem Nachrichtendienst der Army wurde so der Hinweis vorenthalten, daß die Antworten aus Honolulu auf die Absicht Japans hindeuten, Flotte und Stützpunkt anzugreifen.[32]

Von einem dritten Funktelegramm ähnlichen Inhalts wurde in Washington am Samstag, dem 6., um 13.00 Uhr eine Rohübersetzung angefertigt. Diese Depesche war am 3. Dezember von Generalkonsul Kita aus Honolulu abgeschickt worden. Darin wurden Lichtsignale festgelegt, die nachts in Fenstern gezeigt werden sollten, was nur den Sinn haben konnte, einen vor der Küste liegenden Kampfverband zu dirigieren. Die Kryptographen der Army sagten aus, sie seien angewiesen worden, erst die endgültige Fassung der Übersetzung weiterzugeben.[33]

»Wenn Sie diese Information gehabt hätten«, fragte Senator Ferguson General Short, »dann hätte sie auf einen Angriff auf Hawaii hingedeutet, nicht wahr?«

»Ja, Sir«, pflichtete Short bei.

In bezug auf das Funktelegramm vom 6. Dezember fragte Ferguson Short: »Wenn dies entschlüsselt und Ihnen zugeschickt worden wäre, oder zumindest die darin enthaltenen Informationen, hätte das für Sie etwas bedeutet?«

»Es hätte bedeutet, daß uns mit größter Wahrscheinlichkeit ein Überraschungsangriff bevorstand«, entgegnete Short.

»Und das hätte genügt, um Sie zu alarmieren?«

»Ohne Frage.«[34]

Admiral Kimmel machte vor dem Kongreßausschuß die Aussage, daß unter den abgefangenen japanischen Telegrammen, in denen Informationen über amerikanische Militäreinrichtungen und Schiffsbewegungen angefordert wurden, die Depeschen für Pearl Harbor ab dem 24. September besonders auffielen. Er erklärte:

»Kein anderer Hafen oder Stützpunkt auf amerikanischem Boden oder in amerikanischen Besitzungen wurde von Japan in Zonen aufgeteilt. In keinem anderen Gebiet versuchte die japanische Regierung Informationen darüber zu erhalten, ob zwei oder mehr Schiffe längsseits am gleichen Kai lagen ... Mit den Telegrammen vom 24. September und den darauf folgenden veränderte sich die Art der Informationen, die die japanische Regierung anforderte und erhielt, in vielsagender und unheilvoller Weise. Die Spionagetätigkeit, die damals initiiert wurde, war von ungewöhnlichem Ausmaß und ging über das übliche Mißtrauen hinaus. Sie war nicht nur darauf gerichtet, die ungefähren Aufenthaltsorte der Flotteneinheiten festzustellen. Sie richtete sich auf die Anwesenheit bestimmter Schiffe in bestimmten Gebieten, auf solche Details wie die, welche Schiffe am gleichen Kai nebeneinander festgemacht waren. In der Zeit unmittelbar vor dem Angriff wurde der japanische Generalkonsul auf Hawaii von Tokio angewiesen, auch darüber zu berichten, wenn keine Schiffe in Pearl Harbor ein- oder ausliefen. Diese Instruktionen und Berichte deuteten auf einen Angriff Japans auf die in Pearl Harbor liegenden Schiffe hin. Für Informationen, die diese Einzelheiten enthielten, war vom militärischen Standpunkt aus keine andere Verwendung denkbar. Sie waren nur bei Planung und Durchführung eines Angriffs auf die Schiffe im Hafen von Nutzen. Sobald die Schiffe ihre gemeldeten Liegeplätze in Pearl Harbor verließen, wurden sie völlig wertlos.

Niemand hatte ein direkteres und unmittelbareres Interesse an der Sicherheit der Flotte als ihr Oberbefehlshaber. Niemand hatte ein größeres Recht zu wissen als ich, daß Japan Pearl Harbor in Zonen eingeteilt hatte und Berichte über die genauen Liegeplätze der Flotteneinheiten in diesem Hafen wünschte. Der Bericht von Mr. Grew war mir bereits Anfang des Jahres zugestellt worden, wobei das Marineministerium der bestimmten Meinung war, daß die Gerüchte über japanische Pläne für einen Angriff auf Pearl Harbor unglaubwürdig waren. Mir wurde mitgeteilt, daß ›für die absehbare Zukunft‹ kein japanischer Vorstoß gegen Pearl Harbor ›drohe oder geplant sei‹. Ich hatte sicher einen Anspruch darauf, zu erfahren, wann an mich ergangene Informationen und Ratschläge durch neue Informationen, die im Marineministerium vorlagen, überholt waren.«[35]

Ironischerweise gab die Roosevelt-Administration dieselben Informationen großzügig an die Briten weiter, die sie dem Oberbefehlshaber ihrer eigenen Flotte vorenthielt. General Miles machte die Aussage, daß das geheime amerikanische Verfahren zur Dechiffrierung des japanischen Nachrichtenverkehrs Großbritannien bereits im Januar übergeben worden war.[36]

Kimmel erklärte vor dem Kongreßausschuß, daß er als Oberbefehlshaber der Flotte ebenso »berechtigt gewesen wäre, Kopien der abgefangenen japanischen Funktelegramme zu erhalten, wie die britische Admiralität.[37] Wenn er von diesen Depeschen gewußt hätte, so der Admiral, dann hätte dies seine Einschätzung der Lage im Pazifik radikal geändert und ihm sogar die Möglichkeit gegeben, »dem japanischen Kampfverband aufzulauern, als er sich Pearl Harbor näherte«.

General Short versicherte, er sei in gleicher Weise behandelt worden.

»Wenn sich auch das G-2 im Kriegsministerium nicht verpflichtet fühlte, mich über die Routineoperationen der Japaner bei der Beobachtung unserer Kriegsschiffe zu informieren, so hätte es mich mit Sicherheit davon unterrichten müssen, daß die Japaner Berichte über die genaue Lage der Schiffe in Pearl Harbor erhielten, was auf mehr hindeutete als die übliche Beobachtung, weil diese Einzelheiten nur für Sabotage oder einen Luft- und U-Boot-Angriff gegen Hawaii von Nutzen waren. Das G-2 in Washington wußte bereits am 9. Oktober von dieser japanischen Spionagetätigkeit. Diese Depesche ist bei kritischer Analyse tatsächlich ein Bombardierungsplan für Pearl Harbor.«[38]

Die Befehlshaber von Hawaii wurden, wie wir gesehen haben, über die letzte japanische diplomatische Depesche vom 6./7. Dezember nicht in Kenntnis gesetzt. Auf diese folgte die »pilot-message«, die anordnete, daß die Note Hull um 13.00 Uhr übergeben werden sollte. Das Army Board hatte dargelegt, daß der Sinn dieser Depesche keine Mißverständnisse zuließ.

»Es war wohlbekannt, daß Japans Kriegseröffnungen in der Vergangenheit dadurch gekennzeichnet waren, daß die Kriegserklärung gleichzeitig mit den ersten offenen Kampfhandlungen erfolgte. Den Teilstreitkräften, sowohl der Army als auch der Navy, war diese japanische Eigenart wohlbekannt. Es war deshalb zu erwarten, daß Japan beim ersten Anzeichen für einen Abbruch der Beziehungen einen Überraschungsangriff führen würde.«[39]

Der Abbruch der Beziehungen sollte um 13.00 Uhr Washingtoner Zeit erfolgen. Das war die Stunde des Kriegsbeginns. Kimmel stellte fest:

»All diese Informationen wurden General Short und mir vorenthalten. Wären sie uns nicht verweigert worden, wären viele Dinge anders gelaufen. Hätten wir diese Informationen nur zwei oder drei Stunden vor dem Angriff erhalten, was leicht zu schaffen gewesen wäre, hätte von uns viel getan werden können.«[40]

Was Kimmel in diesen zwei entscheidenden Stunden hätte tun können, wurde von Admiral Wilkinson dargelegt. Er erklärte, daß Kimmel die Haupteinheiten der Flotte in Intervallen von zehn Minuten aus Pearl Harbor aufs offene Meer hätte hinausschicken können, wobei Zerstörer und andere kleinere Fahrzeuge gleichzeitig hätten auslaufen können. In zwei Stunden hätte Kimmel zwölf Großkampfschiffe und zwölf bis vierzehn kleinere Einheiten aus dem beengten Hafen herausgebracht, wo sie den japanischen Bomben- und Torpedoflugzeugen ausgeliefert waren.[41]

General Shorts Aussage zeigt, wie hilflos die Flotte war, als sie an ihren Liegeplätzen im Hafen ankerte. Er erklärte, daß die tieffliegenden japanischen Torpedoflugzeuge wahrscheinlich auch bei voller Alarmbereitschaft der Hafenverteidigung das Flakfeuer durchbrochen hätten, weil unsere Flugabwehr gegen niedrigfliegende Flugzeuge wirkungslos war.[42] Wenn die Schiffe jedoch den Hafen verlassen hätten, so Admiral Kimmel, dann hätte die Sache anders ausgesehen. Auf dem offenen Meer wären sie verstreut und in der Lage gewesen, Angriffe auszumanövrieren. Sie wären auf den Angriff vorbereitet und in voller Alarmbereitschaft gewesen, die Gefechtsstationen besetzt und die Geschütze feuerbereit. Von den Flugzeugen, die auf den Flugplätzen von Hawaii stationiert waren, wäre ein guter Teil in der Luft gewesen, um die angreifenden Formationen abzufangen. Kimmel erklärte:

»Ich hatte mit Sicherheit Anspruch darauf, zu erfahren, in welcher Stunde Japan den Krieg gegen die Vereinigten Staaten eröffnen wollte. Ich kann bis heute nicht verstehen – ich habe es niemals verstanden und werde es vielleicht niemals verstehen –, warum mir die Informationen vorenthalten wurden, die in Washington im Marineministerium am Samstagabend und Sonntagmorgen vorgelegen haben … Die Pazifikflotte verdiente eine Chance. Sie hatte Anspruch darauf, vom Marineministerium die besten verfügbaren Informationen zu erhalten. Diese Informationen waren dringend angefordert worden. Mir wurde versichert, daß ich sie erhalten würde. Wir sahen unseren Problemen im Pazifik in der Annahme entgegen, daß dieses Versprechen unbedingt eingehalten werden würde ...

Falls diese Untersuchung den Erfolg haben sollte, die Fakten über Pearl Harbor für die Zukunft zu sichern, wäre ich zufrieden. Die Geschichte wird auf lange Sicht das richtige Urteil über mich fällen. Diesem Urteil sehe ich mit Zuversicht entgegen.«[43]

General Short war in ähnlicher Stimmung, als er vor dem Kongreßausschuß stand. Er erklärte:

»Im Sinne der Interessen dieses Landes und als loyaler Soldat, habe ich vier Jahre lang standhaft geschwiegen. Ich habe in dieser Zeit die Last der öffentlichen Kritik getragen, und ich hätte sie weitergetragen, solange ich dachte, daß die Frage der nationalen Sicherheit betroffen war. Aber jetzt ist der Krieg zu Ende.«[44]

Short kritisierte besonders scharf, daß Washington es unterlassen hatte, seinen Anti-Sabotage-Alarm zu korrigieren, um ihn dann zu beschuldigen, keine höhere Alarmstufe angeordnet zu haben:

»Wenn eine Dienststelle der Armee in einer Sache von Bedeutung einen Befehl erteilt hat, dann hat sie damit nur die Hälfte ihrer Aufgabe erfüllt. Die Kontrolle, ob der Befehl wie gewünscht ausgeführt wurde, ist mindestens genauso wichtig wie das Erteilen des Befehls. Das Kriegsministerium hatte neun Tage Zeit, um die Alarmbereitschaft auf Hawaii zu überprüfen und sicherzustellen, daß die von mir eingeleiteten Maßnahmen seinen Wünschen entsprachen, was aber nicht geschah. Die Überprüfung hätte nicht mehr erfordert, als meinen Bericht über die eingeleiteten Maßnahmen zu lesen.

Ich glaubte und ich glaube immer noch, daß der Chef des Generalstabs einen Großalarm auf Hawaii selbst befohlen hätte, wenn das wirklich sein Wunsch gewesen wäre. Er hätte die Entscheidung nicht auf mich geschoben, da er wußte, wie verhältnismäßig beschränkt meine Informationen im Vergleich zu denen waren, die ihm zur Verfügung standen.«[45]

Als Marshall vor dem Kongreßausschuß vernommen wurde, gab er indirekt zu, daß diese Beschwerde berechtigt war. Er wurde vom Kongreßabgeordneten Keefe wie folgt befragt:

»Keefe: Als Sie den Alarm vom 17. Juni 1940 anordneten, benutzten Sie die Formulierung: ›Um einem möglichen transpazifischen Raid zu begegnen.‹

Marshall: Das ist richtig, Sir.

Keefe: Ja. Nun wollen wir versuchen, es ohne Haarspaltereien auszudrücken: General Marshall, besaßen Sie nicht am Morgen des 28. November sehr viel mehr Informationen über einen möglichen Angriff der Japaner als im Juni 1940?

Marshall: Das ist richtig, Sir.

Keefe: Wenn Sie im Juni 1940 Informationen über einen möglichen

Transpazifischen Raid hatten, dann hatten sie am 27. November vergleichsweise einen Berg von Beweisen gleichen Inhalts, nicht wahr?
Marshall: Das ist richtig.«[46]

Marshall wurde anschließend von Keefe über seine Verpflichtung befragt, die von Short eingeleiteten Maßnahmen zu überprüfen, über die er ihm in Beantwortung des Telegramms Nr. 472 des Kriegsministeriums berichtet hatte:

»Keefe: So kommen wir zu der schlichten Tatsache, daß hier eine Meldung des kommandierenden Generals unserer Bastion im Pazifik vorliegt, von der, wie Sie ausgesagt haben, unsere gesamte Verteidigung abhängig ist. In dieser Depesche teilt er Ihnen mit, daß er in Alarmbereitschaft ist, um Sabotage zu verhindern, und daß er Verbindung mit der Marine aufgenommen hat. In aller Fairneß, General Marshall, hätten Sie nicht als Chef des Generalstabes in Ausübung der üblichen Sorgfaltspflicht weiter nachforschen und General Short weitere Befehle erteilen müssen, als sich herausstellte, daß er nur gegen Sabotage in Alarmbereitschaft war?
Marshall: Wie ich bereits früher erklärt habe, war das die Gelegenheit für mich, einzugreifen, und ich habe es nicht getan.
Keefe: Gut, Sie sagen, das war Ihre Gelegenheit. War es nicht vielmehr Ihre Verpflichtung?
Marshall: Sie können es so ausdrücken, Sir.
Keefe: Nun, ich möchte es nicht so ausdrücken. Ich frage Sie. Sie gebrauchten die Worte ›das war Ihre Gelegenheit. Ich möchte nicht, daß in der zukünftigen Diskussion über diese Frage ein Anlaß für einen Wortstreit entsteht und daß man nicht in der Lage ist, zu verstehen, was Sie genau gemeint haben. Verstehe ich Sie richtig, daß Ihr Gebrauch des Wortes ›Gelegenheit‹ synonym ist mit Verpflichtung?
Marshall: Mr. Keefe, über meinen Schreibtisch ging jeden Tag eine ungeheure Menge von Papieren, die mich darüber informierten, was irgendwo auf der Welt geschah ... Ich nahm sie zur Kenntnis und paraphierte sie. Wenn ich dachte, daß der Kriegsminister eins davon sehen sollte, legte ich es beiseite, um es ihm zu zeigen. Ich wollte sichergehen, daß er es sah, falls ihm durch irgendeinen Zufall nicht die gleiche Meldung vorliegen sollte. Ich schob damit nicht die Verantwortung auf den Kriegsminister. Ich wollte ihn nur informieren.
Das gleiche galt auch für diese Befehle des Kriegsministeriums. Ich war verantwortlich. Ich war für die Handlungen des Generalstabs in großen wie in kleinen Dingen voll verantwortlich. Ich war verantwortlich, aber ich bin kein Buchungsautomat, und es ist äußerst schwierig, ja, es ist eine äußerst schwierige Sache für mich, jedes Ding von allen Seiten zu betrachten und ihm genau die Aufmerksamkeit zuteil werden zu lassen, die es verdient.
In diesem besonderen Fall geschah etwas sehr Tragisches, darüber kann es keine Diskussion geben. Das steht, was meine Verantwortung als Generalstabschef angeht, außer Frage. Ich versuche nicht, dem auszuweichen, aber ich glaube nicht, daß man es so beurteilen kann, wie Sie es getan haben.

30 Ein japanischer Sturzkampfbomber vom Typ Aichi »Val« zieht hoch.

31 Das Schlachtschiff »Arizona« sank nach einer Explosion seiner vorderen Munitionskammern und brannte danach noch mehrere Tage. Fast die Hälfte der 2326 Gefallenen von Pearl Harbor kam auf diesem Schiff um.

32 Einen Tag nach Pearl Harbor, am 8. Dezember 1941, unterzeichnet Präsident Roosevelt die Kriegserklärung.

33 Die Roberts-Commission gab Adm. Kimmel und Gen. Short die Schuld an der Katastrophe v
Pearl Harbor. Von links nach rechts: Maj. Gen. Frank McCoy, Adm. William Standley, Justice Ow
J. Roberts, Rear Adm. Joseph Reeves und Brig. Gen. Joseph McNarney.

·4 Im Juli 1944 wurden die Mitglieder des Navy Court of Inquiry vereidigt. Von links nach rechts: /ice-Adm. A. Andrews, Adm. Orin Murfin und Adm. Edward Kalbfus.

Das Joint Congressional Committee tagte vom 15. November 1945 bis zum 31. Mai 1946. Das d zeigt die Sitzung vom 6. Dezember 1941, als Gen. Marshall (ganz links) aussagte.

36 Capt. Safford (rechts) beharrte vor dem Joint Committee darauf, daß die »Ostwind, Regen«
Meldung am 4. Dezember 1941 empfangen worden sei. Capt . Kramer (links) , bis dahin ein Freun
Saffords, versuchte dies abzustreiten.

37 Sie verfaßten den »Minority Report«: Die Senatoren Homer Ferguson (links) und Owen B
ster (rechts). In der Mitte ihr Assistent Percy Greaves.

Keefe: Also gut, ich will es anders ausdrücken. Sie haben jetzt erklärt, daß es in Ihrem Verantwortungsbereich als Generalstabschef lag, darauf zu achten, daß General Short draußen auf Hawaii, das Sie als Ihre Verteidigungsbastion bezeichnet haben, alarmiert wurde, und wenn er Ihren Befehl mißdeutete, darauf zu achten, daß der Befehl ausgeführt wurde.
Marshall: Das lag in meiner Verantwortung, Sir.
Keefe: Habe ich es jetzt richtig dargestellt?
Marshall: Ja Sir, das haben Sie.«[47]

General Gerow gab zu, daß es versäumt wurde, bei der Warnung, die Short am 27. November erhielt, nachzuhaken. »Wenn man für das Versäumnis, bei General Short nachzufragen, dem Kriegsministerium die Verantwortung gibt«, erklärte er, »dann muß die Verantwortung die Operationsabteilung treffen, und ich als Chef der Operationsabteilung nehme diese Verantwortung auf mich.«[48]

Als Kongreßabgeordneter Keefe Marshall nach der Übernahme der Verantwortung durch Gerow fragte, erklärte der Generalstabschef: »Er hatte eine direkte Verantwortung, und ich hatte die volle Verantwortung.«[49]

»Das Kriegsministerium«, kommentierte Short, »hatte vier Jahre Zeit, um zuzugeben, daß auf das Telegramm vom 27. November und meinen Bericht vom gleichen Tag eine Nachfrage hätte erfolgen müssen, aber ein solches öffentliches Eingeständnis der Verantwortlichkeit erfolgte erst, als General Gerow und General Marshall vor diesem Ausschuß aussagten.«[50]

Was die Schlußfolgerung betraf, derzufolge die Hauptgefahr von Sabotage ausging, so erklärte Short, daß 37 Prozent der Bevölkerung Hawaiis (etwa 161 000 Personen) japanischer Herkunft waren. 40 000 davon waren japanische Staatsangehörige. Viele von ihnen lebten in unmittelbarer Nähe von Flugplätzen und Verteidigungsanlagen.[51] Marshall selbst hatte am 3. Mai 1941 Sabotage als die Hauptgefahr auf Hawaii bezeichnet. In einem Memorandum an Präsident Roosevelt schrieb der Generalstabschef:

»Der Reihenfolge nach ist Sabotage als erstes zu erwarten, und sie kann innerhalb sehr kurzer Zeit großen Schaden anrichten. Aus diesem Grund, und um eine strenge Überwachung sicherzustellen, wäre es höchst wünschenswert, vor unserem wahrscheinlichen Engagement im Fernen Osten auf den Inseln eine militärische Kontrolle zu errichten.«[52]

Marshall schrieb Short am 7. Februar 1941, kurz nachdem der General das Kommando über Hawaii übernommen hatte: »Das Risiko, das von Sabotage, und das Risiko, das von einem überraschenden Überfall aus der Luft oder von U-Booten ausgeht, stellt in dieser Lage die eigentliche Gefahr dar.«[53]

Short erklärte:

»Ich glaube, ich hatte das Recht, vom Kriegsministerium zu erwarten, daß es mich auf dem schnellstmöglichen Wege informierte, wenn es zu einer wirklichen Krise in den Beziehungen zu Japan kommen sollte. Ich erwartete nicht, daß die Nachricht in den Händen von General Miles und Colonel Bratton hängenbleiben sollte, als die Krise wirklich kam, und daß zwischen 9.00 Uhr und 11.25 Uhr nichts unternommen wurde. Als dann schließlich etwas getan wurde, wurde das Sicherheitsbedürfnis höher eingeschätzt als der Zeitfaktor. Hätte man mir die Nachricht über das japanische Ultimatum und die Vernichtung ihrer Chiffriermaschinen als dringliche Meldung per Telephon durchgegeben, ohne den Zeitverlust durch Chiffrieren, Dechiffrieren, Überbringen usw., oder wäre ich, ohne daß man mir den Grund genannt hätte, über Telephon angewiesen worden, wegen eines transpazifischen Raid im Morgengrauen einen Großalarm auszulösen, dann hätte ich ungefähr vier Stunden Zeit gehabt, um umfassende Vorbereitungen zu treffen.«

In dieser Zeit, so Short, hätte er seine Flugzeuge warmlaufen lassen und in die Luft bringen können, während Kimmel mit seinen Schiffen in See gegangen wäre. Short fuhr fort:

»Meine Entscheidung, den Befehlsbereich Hawaii wegen Sabotage in Alarmbereitschaft zu versetzen, ging von der Annahme aus, daß Sabotage die größte Gefahr darstellte und ein Luftangriff nicht bevorstände. Ich erkenne, daß meine Entscheidung falsch war. Ich hatte jedoch allen Grund zu glauben, daß meine Einschätzung der Situation mit der des Generalstabs im Kriegsministerium übereinstimmte. Letzterer besaß den außerordentlichen Vorteil überlegenen Nachrichtenmaterials über die feindlichen Absichten.

Ich weiß, es ist eine nachträgliche Einsicht, aber wenn ich die Informationen besessen hätte, über die das Kriegsministerium verfügte, so glaube ich, wäre mir keine derartige Fehleinschätzung der Situation unterlaufen.

Um meine Ansicht zu verdeutlichen, möchte ich hinzufügen, daß ich nicht glaube, daß meiner Lagebeurteilung eine Nachlässigkeit meinerseits oder von seiten der höheren Heeres- oder Marineoffiziere zugrunde lag, mit denen ich mich beriet. Ich glaube auch nicht, daß mein Fehler eine wesentliche Ursache für die Verluste war, die unsere Pazifikflotte durch den Angriff erlitt.«[54]

Senator Ferguson verglich die Beschränkungen, die der Pazifikflotte und der Garnison in Hawaii durch das Telegramm vom 27. November auferlegt wurden, mit der ursprünglichen Theorie der Roosevelt-Administration, derzufolge die Flotte in Pearl Harbor ein »Abschreckungsinstrument« gegen Japan darstellte.

Ferguson fragte Short, wie er einen »offenen Schritt« gegen Japan hätte unternehmen können. Der General erklärte, er hätte dies nur durch einen Angriff seiner Langstreckenbomber auf ein japanisches Schiff oder U-Boot tun können, oder durch die Verhaftung konsularischer Vertreter oder japanischer Staatsangehöriger, was eine Beleidigung Tokios dargestellt hätte.

Short erklärte, die Beschränkungen hinsichtlich eines »offenen Schrittes« in der Depesche vom 27. November hätten für ihn bedeutet, »daß das Kriegsministerium einen Krieg unter allen Umständen vermeiden wollte und keinerlei internationalen Zwischenfall in Hawaii wünschte, der einen Krieg provozieren oder den Japanern die Gelegenheit geben konnte, zu behaupten, daß wir den Krieg begonnen hätten«.

Senator Ferguson erinnerte daran, daß »wir die Flotte nach Hawaii verlegten, um Japan unsere Stärke zu demonstrieren, und wir stärkten unserer Diplomatie den Rücken, weil die Flotte dort draußen lag«. Er fragte, warum die Vereinigten Staaten ihre starke Armee auf Hawaii dann anwiesen, sich so zu verhalten, als ob »wir schwach und ängstlich wären«.

Unter Hervorhebung dieses Widerspruchs sagte Ferguson zu Short:

> »Im einen Fall verlegten wir die Navy als Symbol der Stärke dorthin, im anderen Fall – in Ihrem Fall – versuchten wir die Tatsache zu verheimlichen, daß Sie eine starke Armee hatten und auf alles vorbereitet waren, was geschehen konnte.
>
> Wenn wir die Armee vollständig mobil gemacht hätten – auf Hawaii waren etwa 40 000 Mann – und wenn wir gezeigt hätten, daß wir vor allem, was da kommen mochte, auf der Hut waren, wäre es dann jemals zu einem Angriff auf Pearl Harbor gekommen?«

Short erwiderte:

> »Ich halte es für sehr wahrscheinlich, daß die Japaner in diesem Fall ihre Trägerkampfgruppe hätten umkehren lassen.«

Ferguson fragte Short: Wenn das Telegramm vom 27. November keine Beschränkungen im Hinblick auf eine Beunruhigung der Öffentlichkeit oder die Enthüllung der eigenen Absichten enthalten hätte, und wenn Short seinen Befehlsbereich in vollem Umfang alarmiert hätte, wobei die Soldaten unter Waffen gestanden, die Maschinengewehre bemannt und das Radar rund um die Uhr in Betrieb gewesen wäre; wäre er dann als General der Army zu der Schlußfolgerung gekommen, daß sie umgekehrt wären?

»Es hätte eine große Chance dafür bestanden, daß sie umgekehrt wären«, antwortete Short. »Das wäre die Folge gewesen, weil sie glaubten oder weil sie sicher waren, daß sie schwere Verluste erleiden würden. Wenn sie Erfolg haben wollten, brauchten sie das Überraschungsmoment.«[55]

Dann bat Ferguson Short, denjenigen zu benennen, der den Japanern den unschätzbaren Vorteil der Überraschung gegeben hatte. Der Senator erinnerte daran, daß Short gesagt hatte:

> »Ich glaube nicht, daß ich vom Kriegsministerium fair oder gerecht behandelt worden bin. Ich wurde als ein warnendes Beispiel ausgewählt, als ein Sündenbock für die Katastrophe.«

»Sie betreten ein sehr weites Feld, wenn Sie vom ›Kriegsministerium‹ sprechen«, sagte Ferguson. »Ich möchte, daß Sie genauer werden und mir sagen, wen Sie im Sinn haben.«

»Ich habe insbesondere den Generalstab im Sinn«, erwiderte Short, »weil er in erster Linie für die Politik verantwortlich war, die vom Kriegsministerium verfolgt wurde.«

»Und von wem wurde der Generalstab geführt?«

»Von General Marshall.«

»Und wer gehörte sonst dazu?«

»General Gerow als Chef der Operationsabteilung war direkt dafür verantwortlich, mich auf dem laufenden zu halten. General Miles, Chef von G-2, hatte eine sehr direkte Verantwortung.«

»Was ist mit dem Kriegsminister?« fragte Ferguson. »Ist er in dem Wort ›Kriegsministerium‹ inbegriffen?«

»Soweit es die technischen Angelegenheiten betraf, habe ich von ihm erwartet, daß er ihre Bedeutung in vollem Umfang kannte. Ich erwartete von ihm, daß er in vollem Umfang über die Politik Bescheid wußte.«

»So wäre er, was die Politik betrifft, mit eingeschlossen?«

»Ja, Sir.«[56]

Es ist an der Zeit, sich den Politikern zuzuwenden.

KAPITEL 18

»Das bedeutet Krieg«

Die Heeresdienstvorschrift, die am 7. Dezember 1941 in Gebrauch war, macht folgende sachdienliche Feststellung:

»Durch hinreichende und rechtzeitige Nachrichtenbeschaffung ist der Truppenführer in der Lage, logische Schlußfolgerungen hinsichtlich des gegnerischen Vorgehens zu ziehen. Das militärische Nachrichtenwesen ist deshalb ein wesentliches Element für die Beurteilung der Lage und die Führung der Operationen.«[1]

In seiner Aussage vor dem Kongreßausschuß erklärte General Short:

»Im Kriegsministerium war eine beträchtliche Zahl von äußerst wichtigen Informationen vorhanden, die kein verantwortlicher Militär bei der Erstellung einer Lagebeurteilung außer Betracht lassen konnte. Das Kriegsministerium war sich der Tatsache bewußt, daß ich nicht über diese Informationen verfügte, und es hatte bereits entschieden, daß ich sie nicht bekommen sollte. Es war deshalb nicht nur seine Pflicht, die Lagebeurteilung selbst zu erstellen, sondern auch, die Entscheidung über ein eventuelles militärisches Vorgehen zu treffen und mir Befehle für einen Großalarm zu geben, anstatt meinen Sabotagealarm bestehen zu lassen. Dies stand im Einklang mit dem zentralisierten Befehlssystem der Friedenszeit.«[2]

Daß Washington den Befehlshabern von Hawaii dieses hochwichtige Nachrichtenmaterial vorenthielt, wurde von General Miles zugegeben.

»Es wurde nicht für notwendig gehalten, daß die kommandierenden Generäle die täglichen diplomatischen Entwicklungen kannten«, erklärte er. »Sie sollten nur die Informationen erhalten, die ein militärisches Handeln ihrerseits verlangten.«[3]

Short erörterte die Informationen, die Kimmel und ihm vorenthalten wurden, und erklärte:

»Wenn diese Informationen mit dem vorhandenen Wissen über die definitive japanische Absicht, nach Süden zu expandieren, verbunden werden, dann ist klar, daß das Kriegs- und das Marineministerium gewußt haben müssen, daß der Krieg unvermeidlich war. Da sie im Besitz dieses exklusiven Nachrichtenmaterials waren, wünschten Sie, die Lagebeurteilung und Entscheidung über amerikanische militärische Verteidigungsmaßnahmen selbst vorzunehmen. Dies erklärte ihre Besorgnis, als sie mir befahlen, unsere Absichten nicht preiszugeben, die Bevölkerung nicht zu beunruhigen und nichts zu tun, was Japan das Recht zu der Behauptung gäbe, daß die Vereinigten Staaten den Krieg provoziert hätten.«[4]

Diese Politik gestattete es einem kleinen Kreis in Washington, sich den exklusiven Zugang zu dem »Magic«-Material zu sichern, es auszuwerten und nach seinem Ermessen der Truppe Direktiven zu geben. Das Beweismaterial war reichlich vorhanden und seine Bedeutung klar. Die japanische Spionagetätigkeit war umfassend und erfolgreich, aber im Wettkampf um Informationen hatten die amerikanischen Nachrichtendienste einen großen Vorsprung gegenüber den Japanern. Das Versagen unserer Nachrichtendienste lag nicht in der Beschaffung von Informationen, sondern in ihrer Auswertung. Vor allem die angemessene Befehlsweitergabe an die Truppenführer, die gezwungen waren, dem heraufziehenden Sturm standzuhalten, wurde vernachlässigt. Dies war das Versagen Washingtons.

Die Tragödie vom 7. Dezember ist der Maßstab für das Versagen Washingtons. Dieses Versagen wurde eingestanden, als das Felddiensthandbuch der Army am 29. Juni 1942 geändert wurde. Ein neu aufgenommener Abschnitt in diesem Handbuch lautet:

»In Zeiten gespannter Beziehungen muß das Kriegsministerium jede mögliche Informationsquelle ausnutzen, um sich und die Truppenführer über die Dispositionen und Bewegungen der Luft-, Land- und Seestreitkräfte potentieller Gegner und über die Entwicklung der diplomatischen Beziehungen auf dem laufenden zu halten.«

In diesem Abschnitt, der überdies die Niederlage von Pearl Harbor berücksichtigt, heißt es weiter, daß die Truppenführer über die »Möglichkeit eines Überraschungsangriffs« vor einer Kriegserklärung unterrichtet werden müssen und sie »ihre Kräfte so zu disponieren haben, daß ein plötzlicher Angriff abgewehrt werden kann«.[5]

Wer war für dieses Versagen verantwortlich? General Miles hat die Antwort geliefert. Er erzählte dem Kongreßausschuß, daß die abgefangenen japanischen Codemeldungen an nur neun Personen gingen: Präsident Roosevelt, Kriegsminister Stimson, Marineminister Knox, Außenminister Hull, Generalstabschef Marshall, Admiralstabschef Stark, General Gerow, Colonel R. S. Bratton und Miles selbst.[6]

Captain Alwin Kramer, der die Aufgabe hatte, das Geheimmaterial ins Weiße Haus zu bringen, fügte zu diesen noch Harry Hopkins hinzu, den Vertrauten des Präsidenten. Kramer sagte aus,[7] daß Hopkins, obwohl er nicht auf der offiziellen Liste stand, die dechiffrierten Meldungen regelmäßig sah. Kramer erhielt die Anweisung, Hopkins »Magic« zu zeigen, von Stark. Der Captain erzählte, daß er sogar zwei Sonderreisen in das Marinehospital von Bethesda gemacht habe, um Aktenmappen mit abgefangenen Telegrammen bei Hopkins abzuliefern, während dieser dort Patient war.

Laut Miles war General Short und Admiral Kimmel auf Hawaii nicht einmal die Existenz dieser Funkmeldungen bekannt. Miles erklärte, General Marshall hätte das Wissen, daß die Vereinigten Staaten den japanischen Nachrichtenverkehr entschlüsseln konnten, auf möglichst wenige Personen beschränken wollen, um »ein militärisches Geheimnis von unschätzbarem Wert« zu wahren.

»Wer traf für die Army die Entscheidung, daß diese Telegramme, nachdem sie abgefangen und übersetzt worden waren, nicht nach Hawaii geschickt werden sollten?« wurde Miles gefragt.

»Dies folgte aus der allgemeinen Politik, die vom Generalstabschef festgelegt worden war, derzufolge diese Meldungen sowie das Wissen um die Existenz dieser Meldungen und unsere Fähigkeit, sie zu entschlüsseln, auf die geringstmögliche Zahl von Personen beschränkt werden sollte. Außerhalb von Washington sollte keine Verteilung erfolgen.«[8]

Miles betonte, daß die Geheimhaltung um der Geheimhaltung willen betrieben wurde. Es galt als wichtiger, das Geheimnis der dechiffrierten Funkmeldungen zu bewahren, als von den so gewonnenen Informationen einen intelligenten Gebrauch zu machen. Marshall machte ein ähnliches Eingeständnis, als er sein Versäumnis erläuterte, die Warnung vom 7. Dezember nach Hawaii durchzutelephonieren. General Short stellte dazu fest:

»Es herrschte zu dieser Zeit das Gefühl vor, daß die Geheimhaltung wichtiger sei als der Zeitfaktor; wichtiger als uns die Informationen so schnell wie möglich zukommen zu lassen.«[9]

Miles machte vor dem Kongreßausschuß die erstaunliche Aussage, daß die Oberkommandos von Armee und Marine den abgehörten Funkmeldungen, die auf einen Angriff auf Pearl Harbor hindeuteten, keine besondere Bedeutung beimaßen. Dies sei, so bekannte er, angesichts der Geschehnisse ein bedauerlicher Irrtum gewesen, aber zu dieser Zeit war es »vollkommen normal«, daß die Japaner solche Informationen haben wollten und sie auch erhielten. Nur aus der »nachträglichen Erkenntnis« heraus sei die Bedeutung der entschlüsselten Telegramme als Vorbereitung für einen Überraschungsangriff erkennbar gewesen.[10]

Der Marinenachrichtendienst und der Nachrichtendienst der Armee fingen die Funktelegramme ab, entschlüsselten und übersetzten sie, und lieferten sie dann, so Miles, bei G-2 ab. Colonel Bratton überwachte die Weiterleitung der Texte an diejenigen, die auf der Verteilerliste standen. Die abgefangenen Meldungen wurden in verschlossenen Taschen an neun Personen überbracht, denen ihr Inhalt anvertraut wurde; die Kopien für Präsident Roosevelt wurden dem Adjutanten des Präsidenten, Major General Edwin M. Watson, ausgehändigt. Nachdem sie gelesen worden waren, gingen die Kopien an den Nachrichtendienst der Army zurück und wurden verbrannt, eine Ausfertigung wurde zu den Akten genommen.

Als er seine Aussage über die Notwendigkeit strikter Geheimhaltung bei der Behandlung abgefangener Chiffretelegramme näher erläuterte, erklärte Miles, daß die Navy die Verschickung von Zusammenfassungen der abgefangenen Meldungen an Admiral Kimmel im Juli 1941 gestoppt habe. »Ich erinnere mich deutlich«, sagte er, »daß in diesem Sommer eine gemeinsame Direktive erarbeitet wurde, die Geheimhaltung zu verstärken.«[11]

Kimmel und Short wurden über diese Direktive nicht unterrichtet, sagte Miles. Sie beschränkte die Verbreitung von wichtigen abgefangenen Funktelegrammen auf eine Handvoll hoher Beamter.

Dies ist der schlüssige Beweis dafür, daß Mr. Roosevelt und der kleine Kreis der Washingtoner Insider angeordnet hatten, daß niemand außer ihnen Zugang zu diesen entscheidenden Informationen erhalten sollte, die in ihre Hände gelangten, ohne daß die Japaner oder unsere eigenen Truppenführer dies wußten. Indem sie diese Entscheidung trafen, übernahmen sie automatisch die damit verbundene Verantwortung. Es war ihre Pflicht, und zwar ausschließlich ihre, das Nachrichtenmaterial, das sie erhielten, auszuwerten. Gegen die feindlichen Maßnahmen, die aus diesen Telegrammen ersichtlich waren, mußte ein vernünftiges Programm zur Verteidigung des Landes und seiner überseeischen Stützpunkte ausgearbeitet werden. Die wichtigste Aufgabe war aber, den verantwortlichen Truppenführern, die dem kommenden Angriff standhalten mußten, die Informationen und Befehle zu geben, die für die Erfüllung ihrer Pflicht absolut unentbehrlich waren. Indem er diese Verantwortung an sich zog, entband der Zirkel im Weißen Haus Admiral Kimmel und General Short von der Pflicht, selbst Entscheidungen zu treffen. Sie besaßen keine Informationen, aufgrund derer sie dies hätten tun können. Die Kommandeure waren über das, was vor sich ging, genauso wenig informiert wie die Öffentlichkeit. Sie waren auf Führung durch Washington angewiesen und erhielten sie nicht.

Das vollständige Versagen Washingtons, den Pflichten aus der Übernahme der Verantwortung für »Magic« gerecht zu werden, wurde vor dem Kongreßausschuß von zwei Zeugen überzeugend dargelegt: Admiral Smith, Stabschef bei Admiral Kimmel, und Captain E. M. Zacharias, Japanexperte der Navy. Smith erklärte:

»Vor Pearl Harbor gab es in allen Teilen der Regierung, die mit der nationalen Verteidigung zu tun hatten, zu viel Geheimniskrämerei. Ich kann keinen Sinn darin erkennen, in Washington Codes zu knacken, wenn von dem Inhalt nicht irgendwie Gebrauch gemacht wird. Admiral Kimmel hat diese Meldungen nie gesehen. Ich habe von ihnen nie etwas erfahren, bis dieser

Ausschuß seine Untersuchungen aufgenommen hat. Wir hätten diese Informationen unbedingt gebraucht.

Ich denke, es wird allgemein zugegeben, daß die Navy zu dieser Zeit nicht nur in Washington fähige Köpfe hatte. Admiral Kimmel hatte einen guten Stab, und er und seine Untergebenen waren an allem interessiert, was im Pazifik geschah und was geschehen konnte.«[12]

Bei der Befragung von Captain Zacharias machte Senator Ferguson darauf aufmerksam, daß die dechiffrierten Kopien des abgehörten japanischen Nachrichtenverkehrs Präsident Roosevelt und anderen hohen Beamten »in Rohform« gegeben wurden, d. h. ohne vorherige Auswertung durch Nachrichtenoffiziere. Zacharias bemerkte, daß dieses Verfahren »den Nachrichtenoffizieren die Verantwortung entzog.«[13] Also übernahmen Roosevelt und seine Amateure die Verantwortung selbst, statt sie den Spezialisten, die für eine einwandfreie Auswertung von feindlichem Nachrichtenmaterial ausgebildet waren, zu überlassen.[14] Dies wurde von Zacharias deutlich gemacht, als er sagte, daß dieses System »eine Auswertung durch Personen zur Folge hatte, die den Hintergrund japanischer Geschichte, Philosophie und Absichten nicht kannten.«[15]

Diese Leute konnten den abgefangenen japanischen Funktelegrammen außerdem nicht ihre ungeteilte Aufmerksamkeit widmen. Sie waren völlig von Beschaffung, Ausbildung und den tausend Kleinigkeiten in Anspruch genommen, die notwendig waren, um sich auf den Krieg vorzubereiten, in den sie das Land hineintrieben. Sie hielten nicht inne, um über die Folgen ihrer Politik nachzudenken.

In einem seiner drei Geheimberichte an Kriegsminister Stimson fällte Major General Cramer ein nüchternes Urteil über die Dummheit, mit der die abgehörten Funkmeldungen ausgewertet wurden.

»Das Beste, das in bezug auf die streng geheimen Informationen, die in Washington vorhanden waren, gesagt werden kann, ist: Eine schärfere und prägnantere Analyse des Gesamtbilds, das diese abgefangenen Funksprüche boten, durch die Nachrichtendienste beider Teilstreitkräfte ... hätte zumindest zu einer Vorahnung eines möglichen Angriffs auf Pearl Harbor führen können, und zwar etwa für den Zeitpunkt, an dem er tatsächlich erfolgte.«[16]

Besonders harsch war General Cramer bei der Erörterung der Unzulänglichkeiten von General Gerow, der dafür verantwortlich war, Short auf dem laufenden zu halten. Er erklärte mit Bezug auf die Kritik des Army Board an Gerow:

»Aber seit wir im Rückblick wissen, daß Short offenbar nicht an eine unmittelbare äußere Bedrohung glaubte, und da die Operationsabteilung von der Nachrichtenabteilung G-2 wichtige Informationen erhalten hatte, argumentiert das Army Board, daß Short diese Zusatzinformationen möglicherweise nicht nur dahingehend interpretiert hätte, daß ein Krieg drohte, sondern auch, daß die reale Möglichkeit eines überraschenden Luftangriffs auf Hawaii bestand.

Im Rückblick ist es schwierig, einen wichtigen Grund zu erkennen, warum diese Zusatzinformationen nicht an Short gegeben wurden, oder warum statt dessen nicht geprüft wurde, ob Short sich der Gefahr hinreichend bewußt war. General Gerow hat nichts dergleichen getan. Meiner Meinung nach zeigte General Gerow einen Mangel an Phantasie, als er nicht erkannte, daß es nur eine vorteilhafte Wirkung haben konnte, wenn die streng geheimen Informationen an Short weitergegeben wurden.

General Gerow zeigte auch einen Mangel an Phantasie, als es darum ging, aus den abgefangenen japanischen Funkmeldungen entsprechende Schlußfolgerungen zu ziehen. Die Weisung vom 4. September von Tokio an Honolulu, Berichte über die Schiffe in Pearl Harbor zu übermitteln und Pearl Harbor zu diesem Zweck in verschiedene Zonen zu unterteilen, in Verbindung mit der Weisung an Honolulu vom 15. November, den Bericht über die im Hafen liegenden Schiffe unregelmäßig zu geben, und die folgende Weisung vom 29. November an Honolulu, die auch dann Berichte verlangte, wenn keine Schiffsbewegungen stattfanden, hätten beispielsweise eine phantasiebegabte Person ohne weiteres an ein mögliches japanisches Vorhaben gegen Pearl Harbor denken lassen.

Das Versagen, die Bedeutung dieser Meldungen richtig einzuschätzen, zeigt einen Mangel an Befähigung, die Eventualitäten vorauszusehen und sich gegen sie zu wappnen, wie wir sie von einem Chef der Operationsabteilung mit Recht erwarten dürften. Diese Kritik mag hart erscheinen, aber sie veranschaulicht nur, daß es zweckmäßig gewesen wäre, wenn General Gerow die streng geheimen Informationen an Short weitergegeben hätte.«[17]

Diese Kritik, derzufolge Gerow seine Pflicht als Offizier der Operationsabteilung nicht erfüllt und bei der Weitergabe von Nachrichten versagt habe, fand sich an der Spitze der Feststellungen des Army Board. Trotzdem wurde Gerow nach Pearl Harbor zunächst mit der Ernennung zum Oberbefehlshaber der 15. Armee und später zum Leiter der Kommandeurs- und Generalstabsschule in Fort Leavenworth belohnt.[18]

Senator Ferguson fragte General Short, ob ein Nachrichtendienst nicht zwei Aufgaben zu erfüllen hätte: Erstens herauszufinden, wann ein Krieg ausbricht, und zweitens, wo ein Krieg ausbrechen wird. General Short erwiderte, daß dies tatsächlich die Aufgaben eines Nachrichtendienstes seien, daß er aber noch eine dritte Aufgabe hinzufügen würde – herauszufinden, welche Kräfte der voraussichtliche Gegner am Ort des Angriffs einsetzen werde.

Anschließend fragte Ferguson Short, ob die sogenannten fünf Warnungen, die er vor dem 7. Dezember vom Oberkommando der Army erhalten habe, ihm mitgeteilt hätten, wann der Krieg ausbrechen würde. Short antwortete, das Telegramm vom 27. November habe angedeutet, daß der Krieg ziemlich bald ausbrechen werde, es habe aber die Möglichkeit eingeräumt, daß die Feindseligkeiten vermieden werden könnten.

»Sagten sie Ihnen, wo der Krieg ausbrechen würde?«

»Nach dem 8. Juli hat mich das Kriegsministerium zu keiner Zeit auf irgendeinen Punkt in irgendeiner Richtung aufmerksam gemacht«, erwiderte Short.

»Würden Sie sagen, daß der Alarm vom 17. Juni 1940 General Herron mitteilte, wo der Krieg ausbrechen würde?«

»Er teilte ihm unmißverständlich mit, daß man einen transpazifischen Raid gegen die Insel Oahu befürchtete«, entgegnete Short.

»Und das war eine eindeutige Information?«

»Absolut.«

»Nicht das Datum, sondern die eindeutige Information wo?«

»Ja, Sir.«

»Erhielten Sie eine derartige Warnung?« fragte Ferguson.

»Ich erhielt nichts dergleichen.«[19]

Von allen hohen Beamten in Washington, die den Verlauf der japanisch-amerikanischen Gespräche kannten und in der Lage waren, sie im Licht von »Magic« zu interpretieren, zeigte allein Secretary Hull ein schwaches Verständnis für die Folgen. Am 7. November erklärte er während einer Kabinettssitzung, die Beziehungen zu Japan seien äußerst gespannt und es drohe die Gefahr, daß Japan jederzeit einen erneuten militärischen Vorstoß mit dem Ziel gewaltsamer militärischer Eroberungen beginnen könne.[20] Bei einer Sitzung des Kriegskabinetts am 21. November legte Hull dem Präsidenten, Stimson und Knox nochmals nahe, auf der Hut zu sein, damit nicht die Japaner »unsere verstreuten Kräfte im Pazifik in eine höllische Flucht jagen«.[21] Als jedoch der Tag D näher rückte, verringerte sich Cordell Hulls Hellsichtigkeit nach und nach. Am 7. Dezember, als das Nachrichtenmaterial der letzten Tage an sich keinen Zweifel mehr daran gelassen hatte, was geschehen würde, beteuerte er, erschüttert zu sein.[22] Es ist mittlerweile bekannt, daß Präsident Roosevelt am Abend des 6. Dezember wußte, daß der Krieg vor der Tür stand. Wie der Präsident auf die ersten dreizehn Teile der japanischen Antwort auf Hulls Vorschläge vom 26. November reagiert hatte, wurde dem Kongreßausschuß am 15. Februar 1946 von Commander L. R. Schulz, in den letzten Monaten des Jahres 1941 stellvertretender Marineadjutant im Weißen Haus, geschildert.

Vier Jahre lang, während eine Untersuchung auf die andere folgte, hatte niemals jemand nach Schulz gesucht oder versucht herauszufinden, was in jener Nacht vor dem Angriff auf Pearl Harbor im Weißen Haus geschehen war. Am 12. Februar 1946 gelang es Senator Ferguson, Schulz als Zeugen vor den Kongreßausschuß zu laden. Der Commander diente damals auf dem Schlachtschiff *Indiana*, das nach seiner Vorladung vor den Kongreß San

Francisco anlief und ihn dort an Land setzte. Schulz bestieg ein Flugzeug und erreichte Washington wenige Stunden, bevor er seine Aussage machen sollte.

Es hatte sich ergeben, daß Captain Kramer Schulz am 6. Dezember etwa um 21.30 Uhr im Weißen Haus die dreizehn Teile übergab. Schulz brachte die Tasche mit der japanischen Note in Roosevelts Arbeitszimmer im ersten Stock, wo er sie mit dem Schlüssel öffnete, den ihm Captain John R. Beardall, der Marineadjutant des Präsidenten, gegeben hatte. Beardall hatte sich an jenem Nachmittag und Abend dienstfrei genommen, nachdem er Schulz mitgeteilt hatte, vom Marineministerium werde eine sehr wichtige Meldung kommen, die Roosevelt sofort sehen wollte.

Der Präsident las das Telegramm an seinem Schreibtisch durch, während sein engster Berater, Harry Hopkins, daneben auf und ab schritt. Roosevelt gab das Telegramm Hopkins, der es ebenfalls durchlas. Dann rief der Präsident: »Das bedeutet Krieg!«

Hopkins stimmte Roosevelts Feststellung zu und äußerte dann: »Da der Krieg mit einem Vorteil für die Japaner beginnt, ist es zu schade, daß wir nicht den ersten Schlag führen und einen japanischen Überraschungsangriff verhindern können.«

Der Präsident nickte und sagte: »Nein, das können wir nicht tun. Wir sind eine Demokratie. Wir sind ein friedliebendes Volk. Wir haben einen guten Ruf.«[23]

Die Situation war so hingedreht worden, daß Amerika angegriffen werden und notgedrungen in den Krieg eintreten würde. Roosevelt konnte so sein Versprechen halten, keine Amerikaner in ausländische Kriege zu schicken.

Durch Schulz' Schilderung ist bekannt, daß Roosevelt zum Telephon griff und Admiral Stark zu erreichen versuchte. Es wurde ihm mitgeteilt, daß der Chef des Admiralstabes sich im National Theatre befand, wo *Der Studentenprinz* gegeben wurde. Er beschloß, Stark nicht ausrufen zu lassen, um die Öffentlichkeit nicht zu beunruhigen. Er sagte, er werde den Admiral später erreichen. Dann ging Schulz.

Was sich in jener Nacht im Weißen Haus unter den Amtsträgern der Regierung und der Oberkommandos von Army und Navy abgespielt hat, ist ein Rätsel, das immer noch nicht gelöst ist. Die Nacht vom 6. auf den 7. Dezember war die mit Abstand wichtigste im Leben des Präsidenten und der Männer, die mit der Verteidigung Amerikas beauftragt waren. Es ist nahezu unbegreiflich, daß die noch lebenden Augenzeugen vergessen haben wollen, was geschehen ist. Aber General Marshall und Admiral Stark haben wiederholt unter Eid ausgesagt, daß sie sich nicht erinnern können.

Diese Männer wußten ebenso wie jeder andere, der die Gedankengänge Tokios aus den geheimen Informationsquellen kannte, mit Sicherheit, daß der Krieg vor der Tür stand.* Aber obwohl sie sich darüber bewußt waren, welche Krise sie durchlebt hatten, beteuerten sie, sie könnten sich nicht erinnern, wo sie gewesen waren, was sie getan und wen sie gesehen hatten.

Was Commander Schulz gehört hatte, deutet daraufhin, daß Roosevelt die Absicht hatte, im weiteren Verlauf jener Nacht eine Kriegskonferenz einzuberufen. Hat er schließlich Stark, vielleicht auch General Marshall, Hull, Secretary Knox und Secretary Stimson ins Weiße Haus gerufen?

Stark und Marshall leugnen das. Selbst nachdem Stark von Schulz' Zeugenaussage erfahren hatte, daß er an jenem Abend im Theater war, beteuerte er nach wie vor, nicht zu wissen, wie er den Abend verbracht hatte. Als er einen Zeitungsbericht über eine Einladung las, die der kanadische Gesandte am Nachmittag des 6. gegeben hatte und bei der auch Admiral und Mrs. Stark auf der Gästeliste aufgeführt waren, bestritt er, daß er oder seine Frau daran teilgenommen hätten. Er konnte sich an keine Einzelheiten erinnern.[24] Dieser entscheidende Tag in seinem Leben war ein leeres Blatt Papier.

Mehr als drei Monate nach Abschluß der Anhörungen eröffnete der Kongreßausschuß nochmals das Protokoll, um eine Zeugenaussage aufzunehmen, derzufolge Stark nach der Rückkehr aus dem Theater einen Telephonanruf von Roosevelt erhalten haben soll. Dem Gedächtnis des Admirals wurde in beträchtlichem Maße von Captain Harold D. Krick nachgeholfen, der in jener Nacht bei ihm gewesen war. Krick, Starks Flaggleutnant, sagte aus, daß Stark bei der Rückkehr in seine Wohnung davon unterrichtet wurde, daß während seiner Abwesenheit ein Anruf aus dem Weißen Haus gekommen sei. Der Admiral ging in sein Arbeitszimmer im obersten Stockwerk, wo er fünf oder sechs Minuten blieb.

»Was sagte er zu Ihnen, als er nach unten kam?« wurde Krick gefragt. »Nur, daß die Lage im Pazifik ernst sei – daß die Beziehungen zu Japan kritisch seien«, antwortete Krick. »Das war im wesentlichen alles.«

Der Captain erklärte, er könne sich zwar nicht erinnern, ob Stark ihm von einem Gespräch mit dem Präsidenten erzählt habe, er hatte aber »den deut-

---

* »Das Beweismaterial deutet darauf hin, daß die ersten 13 Teile am Abend des 6. Dezember vom Präsidenten, von Mr. Harry Hopkins, Secretary Knox, Admiral Ingersoll, Admiral Turner, Admiral Wilkinson, Admiral Beardall, General Miles, Captain Kramer und Colonel Bratton gelesen wurden.
Durch die Praxis, Entscheidungen durch Kriegskabinette, Beratungen, gemischte Ausschüsse und Einzelpersonen treffen zu lassen, war der offizielle Verantwortungsbereich jedes einzelnen so verschleiert, daß der Betreffende gegenüber seiner individuellen Verantwortung gleichgültig wurde. Ein gutes Beispiel dafür ist die Annahme von Admiral Turner, daß ›ich es nicht für meine Aufgabe hielt, in irgendeiner Weise tätig zu werden‹, da ja Admiral Wilkinson, Admiral Ingersoll und Secretary Knox das dreizehnteilige Telegramm ebenfalls gelesen hatten. In jener Nacht wurde niemand tätig; alle warteten auf den nächsten Tag.« (Min., S. 34)

lichen Eindruck«, daß Stark mit dem Präsidenten telephoniert habe. Er verließ Starks Haus um 23.30 Uhr.

Stark hatte Kricks Aussage nichts hinzuzufügen. Er erklärte, in jenen Krisentagen häufig mit Roosevelt gesprochen zu haben, und ein Gespräch mit dem Präsidenten wäre in jener Nacht nicht ungewöhnlich gewesen. Er könne nur annehmen, daß Roosevelt mit ihm in irgendeiner Weise über die japanische Note gesprochen habe.

»Ich dachte, sie enthalte nichts, was Aktivitäten meinerseits erfordert hätte«, erklärte er, »und dementsprechend unternahm ich auch nichts. Wenn er etwas über den vorstehenden Krieg gesagt hätte, oder etwas, was Aktivitäten verlangt hätte, dann hätte ich mich veranlaßt gesehen, zu handeln.«

Stark erklärte, er habe sein Gedächtnis durchforscht und versucht, sich an das Gespräch zu erinnern, aber: »Ich kann nur wiederholen, ich erinnere mich nicht mehr.«[25]

Am 7. Dezember um 9.00 Uhr übergab Captain Kramer Stark in dessen Büro die vollständige vierzehnteilige japanische Botschaft.

Nachdem er sie gelesen hatte, soll der Admiral angeblich ausgerufen haben: »Mein Gott! Das bedeutet Krieg. Ich muß das sofort an Admiral Kimmel weitergeben.«[26] Er tat aber nichts dergleichen. Er versuchte zweieinhalb Stunden lang, General Marshall zu erreichen, und erst um 11.58 Uhr setzten sie das Telegramm auf, das an General Short geschickt werden sollte. Stark machte selbst keinen Versuch, sich mit Kimmel in Verbindung zu setzen. Das ursprüngliche Rätsel, was er in der Nacht vom 6. getan hat, wird somit von dem größeren Rätsel seiner Untätigkeit am 7. überdeckt.

Der Ausschuß rannte gegen die gleiche Art Mauer, als er General Marshall über den Abend des 6. Dezember befragte. Der General erklärte, er könne sich nicht daran erinnern, seine Dienstwohnung in Fort Myer, Virginia, verlassen zu haben. Mrs. Marshall habe sich gerade von einer Krankheit erholt, was ihn, so erklärte er, absolut sicher mache, daß er das Haus nicht verlassen habe.[27] Bei einer früheren Anhörung durch den Ausschuß hatte er ausgesagt, daß er oder eine Ordonnanz den ganzen Abend zu Hause gewesen seien.[28] Wenn sich aber zeitweise nur eine Ordonnanz dort aufhielt, dann war Marshall für einige Zeit abwesend. In allen seinen Darstellungen bestand er jedoch darauf, daß ihm die ersten dreizehn Teile der endgültigen Antwort Japans am 6. Dezember nicht zur Kenntnis gebracht worden seien.[29]

Wenn Marshall diese hochwichtige Information nicht erhielt, so lag das an der seltsamen Gleichgültigkeit, die Colonel (jetzt Lieutenant General) Walter Bedell Smith als Sekretär des Generalstabs an den Tag legte. Das Army Board of Inquiry macht in seinem Bericht deutlich, daß General Smith bei der Behandlung der dreizehnteiligen japanischen Botschaft am Abend des 6. gleichgültig und pflichtvergessen war. Das Verhalten Smiths ist um so unverständlicher, so betont der Ausschuß, als allen verantwortlichen Amtsträgern der Regierung und der Teilstreitkräfte vollkommen klar war, daß der Krieg unmittelbar bevorstand. Der Bericht stellt fest:

»Aus den Unterlagen geht hervor, daß das Kriegsministerium durch Informanten und andere Quellen umfassende und detaillierte Informationen über die japanischen Absichten hatte. Dem Außenminister, dem Kriegsminister, dem Chef des Generalstabes, dem Marineminister und dem Chef des Admiralstabes lagen Informationen über die offensichtliche japanische Absicht vor, in sehr naher Zukunft in den Krieg einzutreten. Es ging nicht mehr um die Tatsache an sich, sondern war nur noch eine Frage der Zeit. In den allernächsten Tagen würde der Frieden zu Ende sein und der Krieg beginnen.«

Als die dechiffrierten japanischen Funktelegramme »am Abend des 6. Dezember spätestens um 9 Uhr G-2 im Kriegsministerium erreichten«, heißt es in dem Bericht weiter, war es Smith, in dessen Hände sie gelangten. Die abgefangenen Telegramme wurden von Colonel Bratton mit einem Vermerk über ihre außergewöhnliche Bedeutung versehen und sofort an ihn weitergegeben. Was tat Smith? Er unternahm nichts.

»Welchen Grund Colonel Smith auch gehabt haben mag, diese Meldung in der Nacht vom 6. auf den 7. Dezember nicht an General Marshall weiterzuleiten, die Auswirkungen waren verhängnisvoll«, bemerkt der Bericht gequält. »Diese Informationen hätten General Short am Nachmittag (Honolulu-Zeit) des 6. Dezember zugestellt werden können.«

Wäre dies geschehen, dann hätten Short und Kimmel zwölf bis achtzehn Stunden vor dem japanischen Trägerangriff eine deutliche Warnung vor dem mit großer Wahrscheinlichkeit bevorstehenden Überfall erhalten. Sie wären in der Lage gewesen, volle Alarmbereitschaft herzustellen und jede mögliche Vorbereitung für die Verteidigung zu treffen. Statt dessen wurden sie im dunkeln gelassen.

Das Army Board ist in diesem Punkt eindeutig. Sein Bericht stellt fest:

»Hätte das Kriegsministerium gehandelt, so hätte dies genügt, um den Befehlsbereich Hawaii zu alarmieren. Es war im Besitz von Informationen, die die letzte wirkliche Chance darstellten, alle verfügbaren Mittel zur Abwehr des Angriffs einzusetzen.

Es kannte den Hintergrund der Entwicklung der japanischen Kriegsvorbereitungen und den wahrscheinlichen Zeitpunkt des Kriegsausbruchs.«[30]

Aber nichts geschah.

Im Lichte dieses katastrophalen Versagens sind General Smiths Äußerungen vom 10. Oktober 1945 vor dem British Royal Service ziemlich merkwürdig. Smith erklärte, im amerikanischen Hauptquartier »sei die Planung etwas zu kurz gekommen«, und er fügte hinzu, daß er für ein neues Hauptquartier am liebsten die »Nachrichtenoffiziere und Planer vom British War Office nehmen würde, wenn dieses sie mir überließe«.[31] Der Bericht der Army, an dem drei Generäle mitgewirkt hatten, fand für die Nachrichtenabteilung, die Smith in seiner Rede so herabsetzte, freundliche Worte: »In ihrem Aufgabenbereich arbeitete die Abteilung gut. Sie sammelte viele wertvolle und wichtige Daten.«[32]

Vier Jahre später hatte Smith als Stabschef von General Eisenhower eine der Spitzenpositionen der Army inne, und er wurde außerdem mit einem diplomatischen Posten ausgezeichnet, der höchste Ansprüche an Urteilskraft, Takt und Geschicklichkeit stellt – dem des Botschafters in Rußland. Colonel Bratton und ein Mitarbeiter, Colonel Otis T. Sadtler, der im Dezember 1941 ebenfalls im Kriegsministerium Dienst tat, konnten in dieser kritischen Zeit beide die Lage richtig beurteilen. Sie sind jedoch immer noch Colonels auf unbedeutenden Posten, obwohl das Army Board sie belobigt hatte – für »das Interesse und die Energie, die sie bei dem Versuch an den Tag legten, dafür zu sorgen, daß etwas getan wurde«.[33] Ihr Verhalten steht in auffallendem Gegensatz zu dem von Smith, aber er wurde befördert, während sie in Vergessenheit gerieten.

Es gibt hier Rätsel, die auf eine Lösung warten. Wurde Smith befördert, weil er die Warnung zurückhielt, bis der Schlag gefallen war? Die Kriegstreiber in der Roosevelt-Administration wünschten sich ein Pearl Harbor oder etwas ähnliches, um das Land endlich in den Krieg zu bringen. »Es war wünschenswert«, so erklärten sie, »daß es den Japanern gestattet wurde, den ersten offenen Schritt zu tun.« Smiths Verhalten stellte beinahe automatisch sicher, daß dieser Schritt getan wurde.

Warum wurde den Colonels Bratton und Sadtler die Beförderung verweigert, wenn sie ihre Aufgabe so gewissenhaft und verständig erkannt und versucht hatten, ihre Pflicht zu erfüllen? Waren sie Außenstehende, während Smith und die anderen, die später so großzügig belohnt wurden, in ein berechnetes Spiel eingeweiht waren, das den Angriff und damit den Krieg herausfordern sollte?

Die milde Befragung, die Außenminister Hull durch den Kongreßausschuß erfuhr, brachte kein Licht in jenes Dunkel, das die Ereignisse der Nacht vom 6. Dezember umhüllt. Die Zeugenaussagen lassen keinen Zweifel daran, daß die dreizehnteilige japanische Botschaft an jenem Abend dem diensthabenden Offizier im State Department übergeben wurde, und es ist undenkbar, daß Hull nicht sofort von ihrem Inhalt in Kenntnis gesetzt wurde. Es ist durch Captain Kramer unzweifelhaft festgestellt worden, daß die dreizehn Teile am Abend des 6. Secretary Knox überbracht wurden, der »ein oder zwei Telephonate führte, eins davon vermutlich mit Secretary Hull«,[34] und der anschließend Kramer befahl, die japanische Note am nächsten Tag um 10.00 Uhr ins State Department zu bringen.

Knox ist mittlerweile tot, und Stimson entdeckte nach fünf Jahren Amtsroutine plötzlich, gerade als der Kongreßausschuß seine Anhörungen begann, daß er krank war. Es wurde nicht eine einzige mündliche Frage an ihn gerichtet, obwohl er zweifellos einer der wichtigsten lebenden Augenzeugen ist.

Die beunruhigendste Vermutung darüber, was in der Nacht vom 6. auf den 7. Dezember wirklich geschah, ergibt sich aus den Berichten von Augenzeugen, die kurz nach dem Angriff auf Pearl Harbor mit Knox sprachen. Admiral Kimmel erzählt, daß Knox, als er in der Woche nach dem Angriff in Hawaii eintraf, als erstes die Frage stellte, ob Kimmel in der Nacht vor dem Angriff »unsere« Depesche erhalten habe.

Kimmel sagte zu Knox, er hätte sie nicht erhalten. Er zitierte dann Knox, wie dieser sagte: »Nun, wir haben Ihnen eine geschickt – ich bin sicher, daß wir eine an den Kommandeur der Asiatischen Flotte (Admiral Hart) geschickt haben.« Kimmel erklärte, er habe seine Unterlagen überprüft, aber keinen Hinweis auf eine Depesche von Knox gefunden, die dieser in der Nacht vom 6. Dezember abgeschickt haben will. »Wenn es eine solche Depesche jemals gegeben hat, dann muß sie im Marineministerium hängengeblieben sein«, meinte Kimmel.[35]

Admiral Smith bestätigte die Darstellung, derzufolge Knox sich bei Kimmel erkundigte, ob sie seine Nachricht in der Nacht vom 6. erhalten hatten. Als ihm gesagt wurde, daß keine derartige Depesche eingegangen sei, sagte Knox laut Smith: »Das ist seltsam. Ich weiß, daß die Nachricht an Admiral Hart ging, und ich dachte, sie würde auch nach Hawaii geschickt.« Smith bemerkte, er habe inzwischen erfahren, daß Admiral Hart keine derartige Warnung erhalten habe.[36]

Der Ausschuß befragte daraufhin Rear Admiral Frank M. Beatty, 1941 Marineadjutant bei Knox, und Major John H. Dillon, 1941 ziviler Assistent und später Adjutant des Marine Corps bei Secretary Knox. Beatty erklärte, er hätte Ende Dezember 1941 »den Eindruck« gehabt, daß es am 6. Dezember »eine mitternächtliche Warnung« gegeben habe. Möglicherweise verwechselte er sie aber mit der verspäteten Warnung, die Generalstabschef Marshall um die Mittagszeit des folgenden Tages nach Hawaii schickte. Dillon machte über das »verlorene« Telegramm eine ähnliche Aussage.[37]

Den besten Beweis scheint Knox selbst zu liefern. Am 15. Dezember, als seine Erinnerung noch frisch war, machte er über Pearl Harbor einen Bericht für Präsident Roosevelt. In diesem Bericht erwähnt Knox zweimal die »mitternächtliche Warnung« vom 6.,[38] aber während er Kimmel und Smith bedeutet hatte, daß sie von der Navy gesendet worden sei, erklärte er in dem

Bericht, es sei »eine Warnung gewesen, die am Samstag vor dem Angriff um Mitternacht vom Kriegsministerium abgeschickt wurde«, und sie sei an General Short gerichtet gewesen. Es gibt keinen Hinweis dafür, daß Roosevelt die Existenz eine derartigen Warnung jemals bestritten hat.

Wenn die Warnung vom 6. Dezember tatsächlich abgeschickt worden ist, dann war dies zweifellos nach einer Beratung aller Spitzenvertreter der Regierung und der Oberkommandos von Armee und Marine geschehen, aber von denen, die noch als Zeugen zur Verfügung stehen, will keiner zugeben, daß sie jemals existiert hat.

Daher konnte der Kongreßausschuß nach dreimonatiger Untersuchung nur wenig Licht in eines der größten Rätsel von Pearl Harbor bringen.

So trieben die Ereignisse dem Jüngsten Gericht entgegen. Am nächsten Morgen wäre in Washington immer noch Zeit gewesen, um eine eindeutige Warnung nach Hawaii zu schicken. Am 7. Dezember bemühte sich Colonel Bratton, der verzweifelt Colonel Smith zum Handeln zu bewegen versuchte, um 9 Uhr selbst, General Marshall zu erreichen, um ihn über die äußerst wichtige abgefangene japanische Botschaft zu informieren, deren vierzehn Teile nun vollständig vorlagen.[39] »Bekanntlich waren die japanischen Kriegseröffnungen in der Vergangenheit dadurch gekennzeichnet, daß die erste offene Kriegshandlung gleichzeitig mit der Kriegserklärung erfolgte.«[40]

Der Minderheitsbericht des Gemischten Kongreßausschusses bekräftigt diese Auffassung:

> »*Wenn man nach der militärischen Geschichte Japans urteilt, dann hatten die höchsten Stellen in Washington und die Befehlshaber von Hawaii gute Gründe für die Annahme, daß die japanische Regierung bei Kriegsbeginn gegen die Vereinigten Staaten einen Überraschungsangriff führen würde.*
>
> In den Unterlagen des Ausschusses findet sich kein Beleg dafür, daß Präsident Roosevelt, Secretary Hull, Secretary Stimson oder Secretary Knox vor dem 7. Dezember für den Fall eines Abbruchs der diplomatischen Gespräche eine formelle Kriegserklärung Japans an die Vereinigten Staaten erwartet haben.
>
> Tatsächlich deuten alle Zeugnisse, die es in diesem Zusammenhang gibt, auf die Überzeugung der Regierung hin, daß Japan einen Überraschungsangriff führen werde.
>
> So brachte z. B. Außenminister Hull, als er am 25. und 28. November bei einem Treffen ›hoher Beamter‹ erklärte, daß der Schutz unserer nationalen Sicherheit nunmehr in den Händen von Armee und Marine liege, ›seine Meinung zum Ausdruck, daß alle Pläne für unsere militärische Verteidigung von der Annahme ausgehen müßten, daß die Japaner das Überraschungsmoment zu einem zentralen Punkt ihrer Strategie machen würden. Sie würden auch an verschiedenen Punkten gleichzeitig angreifen, mit dem Ziel, unsere Verteidigungsanstrengungen zu demoralisieren‹. (*Peace and War*, 1943, S. 144)

In einem Gespräch mit Botschafter Halifax erklärte Secretary Hull am 29. November, es wäre ›ein schwerer Fehler ... Pläne für die Verteidigung zu machen, ohne die Möglichkeit miteinzubeziehen, daß Japan plötzlich und mit dem größtmöglichen Überraschungsmoment angreifen könnte ... daß die Japaner erkennen, daß ihr ungezügelter Eroberungskurs ... ein verzweifeltes Spiel ist und äußerste Kühnheit und Risikofreude erfordert‹. (Peace and War, 1943, S. 144–145)

Botschafter Grew berichtete Hull am 3. November: ›Japan kann mit gefährlicher und dramatischer Plötzlichkeit zu Maßnahmen greifen, die einen Krieg mit den Vereinigten Staaten unvermeidlich machen.‹ (Peace and War, S. 775).«[41]

Die Truppenführer auf Hawaii waren nicht informiert, daß der Krieg unmittelbar bevorstand. Washington war es. Es war deshalb eindeutig die zwingende Pflicht Washingtons, die pazifischen Außenposten zu warnen. Als Hull, Stimson und Knox sich um 10.30 Uhr im Büro des Außenministers versammelten, lag ihnen die vollständige Botschaft vor.[42] Sie wußten, was sie bedeutete. Stimson gab später zu, er sei »nicht überrascht« gewesen, daß der Beginn der Feindseligkeiten mit dem Abbruch der Beziehungen zusammenfiel.[43] Aber keiner der drei Minister tat etwas.

Stimson notierte am 7. Dezember in seinem Tagebuch: »In ›Magic‹ deutet alles darauf hin, daß sie (die Japaner) die ganze Zeit Schweigen über etwas bewahrt haben, was in der Luft liegt.« Was in der Luft lag, war der japanische Überfall auf Oahu. »Hull«, schrieb Stimson, ist sich völlig sicher, daß die Japaner irgendeine Teufelei planen, und wir alle fragen uns, wo der Schlag fallen wird.«

Es gibt gute Gründe für die Annahme, daß Stimson nicht nur über das Herannahmen des Krieges Bescheid wußte, sondern auch darüber, daß er in Pearl Harbor ausbrechen würde. Während er sich am Vorabend auf das Treffen im State Department am Morgen des 7. vorbereitete, ordnete er an, daß ihm für die Konferenz folgende Informationen zu beschaffen seien:

»Zusammenstellung der Kriegsschiffe im Fernen Osten: Britische, amerikanische, japanische, holländische, russische; *außerdem eine Aufstellung der amerikanischen Kriegsschiffe der Pazifikflotte mit Standorten* sowie eine Liste der amerikanischen Kriegsschiffe im Atlantik ohne Standorte.«*[44]

Wegen dieser Anfrage wurden die Admirale Stark und Ingersoll sowie Secretary Knox konsultiert. Knox ordnete an, daß die Informationen bis Sonntag, den 7. Dezember, 10 Uhr fertig zusammengestellt sein sollten.[45] So geschah es. Die Aufstellung zeigt, daß praktisch alle größeren Einheiten der Pazifikflotte in Pearl Harbor lagen.

Der Kongreßabgeordnete Keefe bemerkt dazu:[46]

---

* Hervorhebung durch G. M.

»Zu diesem Zeitpunkt ging aus den in Washington verfügbaren Informationen hervor, daß der Krieg nur noch eine Frage von Stunden war. Dennoch machten die beiden Minister keinen Versuch, irgendeine Änderung in der Verteilung der Flotte anzuordnen, wie die Übersicht des Marineministeriums zeigt. Sie unternahmen nichts, um Admiral Kimmel die Informationen zukommen zu lassen, die sie über den bevorstehenden Krieg hatten. Folglich nahmen sie ihm jede Chance, seine Sicherheitsvorkehrungen im Lichte dieser Informationen zu ändern. Ich schließe daraus, daß die Minister Stimson und Knox sowie das Oberkommando in Washington wußten, daß die größeren Einheiten der Flotte am 6./7. Dezember 1941 in Pearl Harbor lagen, und sie waren mit dieser Situation zufrieden.«

Warum waren sie zufrieden? Etwa weil sie wußten, daß ein Angriff auf die Flotte den lange ersehnten offenen Schritt darstellen würde?

Auch Roosevelt wußte, daß der Abbruch der Beziehungen die Eröffnung des Krieges bedeuten würde. Am Abend zuvor, als ihm bis auf einen alle Teile der endgültigen japanischen Note vorlagen, hatte er gesagt: »Das bedeutet Krieg!« Jetzt, am Morgen des 7. Dezember, wurde ihm um 10.00 Uhr der letzte Teil von Admiral Beardall in sein Schlafzimmer gebracht. Der Präsident sah auf und sagte: »Es sieht so aus, als ob die Japaner die Beziehungen abbrechen wollen.«[47] Aus dieser Note konnte der Präsident ersehen, daß Japan den Abbruch ankündigte. Der Präsident wußte, daß dies gleichzeitige Kriegshandlungen bedeutete. Als Beardall ihm am 4. und 5. Dezember abgefangene Funkmeldungen überbrachte, hatte sich der Präsident an ihn gewandt und gefragt: »Wann denken Sie, daß es passieren kann?«

»Praktisch in jedem Augenblick«, erwiderte Beardall.[48]

Colonel Bratton, dem die vierzehnteilige Botschaft jetzt vollständig vorlag, wußte es ebenfalls. Er rief verzweifelt General Marshall in dessen Wohnung an, nur um zu erfahren, daß der Generalstabschef sich ausgerechnet diesen Morgen ausgesucht hatte, um einen gemütlichen Ausritt von zweieinhalb Stunden Dauer zu machen.

Zwischen 9.00 und 9.30 Uhr wurde Bratton die »pilot-message« überbracht, die Nomura und Kurusu instruierte, Hull um 13.00 Uhr die vierzehnteilige Note zu übergeben. »Als ich die Meldung sah«, berichtete Bratton vor dem Kongreßausschuß, »ließ ich alles andere liegen, denn sie bedeutete für mich, daß Japan plante, an diesem Tag etwa um 13.00 Uhr irgendwo die Vereinigten Staaten anzugreifen.«[49]

Marshall erreichte sein Büro erst um 11.25 Uhr. Die »pilot-message« lag zweieinhalb Stunden im Kriegsministerium, bis eine Warnung nach Hawaii geschickt wurde – eine Warnung, die so spät kam, daß sie genausogut gar nicht hätte geschickt werden können.

Noch bevor sie die »pilot-message« sahen, begriffen zwei Marineoffiziere die japanische Absicht wenigstens zum Teil. Dies waren Admiral Wilkinson und Captain McCollum. Etwa um 9.15 Uhr gingen beide mit der vollständigen vierzehnteiligen Note in das Büro von Admiral Stark. »Ich machte Admiral Stark auf den ernsten Ton aufmerksam«, berichtete Wilkinson, »und empfahl, die Pazifikflotte zu benachrichtigen.« Stark versuchte Marshall zu erreichen, erzählt Wilkinson, aber der General war noch auf seinem Ausritt, weshalb Stark nichts unternahm. Wilkinson verließ Starks Büro und kehrte zwischen 10.30 und 10.40 Uhr zurück. Zu diesem Zeitpunkt hielt Stark bereits die 13.00 Uhr-Instruktion in Händen. Wilkinson meinte, »sie deute auf die Absicht der Japaner hin, schneller zu handeln, als wir es erwarteten«.[50]

McCollum berichtet, daß Captain Kramer eine Karte vorbereitet hatte, auf der die jeweilige Uhrzeit in jedem Gebiet in Übersee im Vergleich zu den Zeiten in Tokio und Washington eingezeichnet war, und daß er sie dem Chef des Admiralstabs übergeben habe.[51] Es folgte eine allgemeine Diskussion über den Zeitfaktor, aber Stark unternahm nach wie vor nichts.

In einem Bericht, den Major General Cramer am 25. November 1944 für Secretary Stimson anfertigte, heißt es, daß Kramer sogar noch deutlicher geworden sei. In dem Bericht wird festgestellt:

> »Captain Safford sagte aus, Commander Kramer habe ihm 1943 erzählt, daß er ... dem Telegramm an die japanischen Botschafter, die japanische Antwort um 13.00 Uhr Secretary Hull zu übergeben, eine Notiz beigelegt habe, die im wesentlichen besagte: ›Das bedeutet noch heute einen Überraschungsangriff auf Pearl Harbor und möglicherweise auch um Mitternacht einen Angriff auf Manila.‹«[52]

Kramers Bericht befand sich vermutlich ungefähr um 10.00 Uhr in den Händen von Knox, aber der Marineminister unternahm nichts, obwohl er in seinem Geheimbericht an Präsident Roosevelt vom 15. Dezember 1941 darlegte, daß den Spitzen der Regierung die Bedeutung des 13.00 Uhr-Termins zweifellos bekannt war. Knox schreibt in seinem Bericht:

> »Weder Short noch Kimmel wußten zum Zeitpunkt des Angriffs etwas über die eindeutigen Hinweise auf eine überraschende Aktion. In Washington war dies durch das Abhören der japanischen Instruktionen an Nomura deutlich geworden. Es wurde so sehr darauf bestanden, Nomuras Antwort an Hull zu diesem bestimmten Zeitpunkt, nämlich am Sonntag um 13.00 Uhr, zu übergeben, daß offensichtlich eine Überraschung in der Luft lag.«[53]

Obwohl Knox somit kurz nach dem Angriff zugab, daß die Bedeutung des 13.00 Uhr-Termins offenkundig war, bestritt Kramer später, Knox jemals auf die Bedeutung des Zeitpunkts aufmerksam gemacht zu haben. Er erklärte vor dem Kongreßausschuß, er habe zur Bedeutung der 13.00 Uhr-Instruktion nur einen Kommentar abgegeben, und zwar habe er Captain McCollum und einem Sekretär des State Department erklärt, daß diese Instruktion auf einen Vorstoß gegen Thailand und die Malaiische Halbinsel hindeute.[54] Es stellte sich jedoch heraus, daß das Marineministerium auf Kramer außerordentlichen Druck ausgeübt hatte, damit er leugnete, daß die ursprüngliche Beurteilung, die man ihm zuschrieb, Knox jemals vorgelegt wurde.[55]

Als Marshall um 11.25 Uhr endlich in sein Büro schlenderte, wartete in Washington jeder, der in »Magic« eingeweiht war, daß der Angriff in zwei Stunden erfolgen würde. Aber keine Menschenseele unternahm etwas dagegen.[56]

Roosevelt und Hopkins sollten sich bald ins ovale Arbeitszimmer des Weißen Hauses zurückziehen, wo alle Telephone abgeschaltet waren. Das Bild war denkbar unverdächtig – Roosevelt hatte seine Briefmarkensammlung vor sich ausgebreitet, während Hopkins sich in Pullover und Freizeithose auf der Couch rekelte, wo er mit Fala, dem Scotchterrier des Weißen Hauses, spielte.

Der grobe Fehler Marshalls, eine Warnung erst in letzter Minute und nur über eine einzige Verbindung nach Hawaii zu schicken, noch dazu über die langsamste, die verfügbar war, und ohne Dringlichkeitsvermerk, wurde von General Short wie folgt kommentiert:

»Es ist das normale Verfahren und ein Grundsatz des Generalstabs, alle wichtigen oder dringlichen Meldungen über alle verfügbaren Nachrichtenverbindungen zu schicken, was in diesem Fall das Zerhackertelephon eingeschlossen hätte, das zwischen dem Kriegsministerium und Fort Shafter häufig benutzt wurde. Colonel Phillips (Shorts Stabschef) und General Marshall haben sich im späteren Verlauf des 7. Dezember über das Zerhackertelephon unterhalten. Wenn das Übermitteln von Informationen per Telephon die Sicherheit beeinträchtigt hätte, dann hätte das Kriegsministerium die notwendigen Alarmbefehle erteilen können, die ich selbstverständlich von mir aus ausgegeben hätte, wenn ich die Informationen gehabt hätte, über die sie verfügten.«[57]

Short zitierte zur Unterstützung seines Standpunkts die Dienstvorschrift des Kriegsministeriums für das Fernmeldewesen:

»Die Wahl der einzusetzenden Kommunikationsmittel ist in jedem Fall von der Situation abhängig. Das alleinige Vertrauen auf nur ein Kommunikationsmittel ist unklug, weil unvorhersehbare Umstände dieses Mittel gerade dann unbenutzbar machen können, wenn es am dringendsten gebraucht wird. Alle Truppenführer sollten in ihren Plänen Vorkehrungen für den umgehenden Einsatz wirksamer und zuverlässiger alternativer Kommunikationsmittel treffen. Der gleichzeitige Einsatz mehrerer Kommunikationsmittel wird die nachteiligen Auswirkungen des Versagens eines von ihnen auf ein Minimum reduzieren.«[58]

Das Army Board übte an Marshall wegen seiner Behandlung der Warnung vom 7. Dezember schwere Kritik. Ungeachtet der Ausrede Marshalls, er habe »eine undichte Stelle« befürchtet, wenn er das Zerhackertelephon benutzt hätte, wurden im späteren Verlauf dieses Tages Mitteilungen zwischen Hawaii und Washington häufig über das Zerhackertelephon gemacht. Colonel Fielder, Shorts G-2, sprach über dieses Kommunikationsmittel zweimal mit Washington, und er erhielt über das gleiche Telephon selbst einen Anruf von dort.[59] Colonel Phillips nahm wie bereits erwähnt über das Zerhackertelephon mit Marshall Verbindung auf, während der Angriff lief. Das Army Board erklärte:

»Es ist wichtig festzustellen, daß von Washington nur ein Kommunikationsmittel gewählt wurde. Diese Entscheidung verletzte alle Regeln, die für den Notfall den Gebrauch mehrerer Kommunikationsmittel fordern. Neben der Telephonverbindung des Kriegsministeriums existierte eine Funkverbindung des FBI, dem zwischen Washington und Hawaii eine Sonderfrequenz zugewiesen worden war. Es hätte nur 20 Minuten gedauert, um über diese Verbindung eine verschlüsselte Nachricht von Hawaii nach Washington zu schicken oder umgekehrt ... Für das Versäumnis, diese Meldung über mehrere geheime Kommunikationskanäle zu schicken, entweder über den Marinefunk, den FBI-Funk, das Zerhackertelephon oder alle drei, können wir keine Rechtfertigung finden.«[60]

Senator Ferguson deckte bei der Vernehmung Shorts auf, daß das Kriegsministerium sich bei der Alarmierung der amerikanischen Streitkräfte am Panamakanal der gleichen Nachlässigkeit schuldig gemacht hatte wie bei der Behandlung der Warnung vom 7. Dezember. Wenn statt Pearl Harbor der Kanal das Ziel eines japanischen Angriffs gewesen wäre, wäre das Ergebnis möglicherweise ähnlich katastrophal gewesen.

Am 5. Dezember verfaßte General Miles eine Meldung an General Frank M. Andrews, Kommandeur der Verteidigung von Panama, in der es hieß: »US-amerikanisch-japanische Beziehungen gespannt. Werde Sie informieren, ob und wann Abbruch der diplomatischen Beziehungen bevorsteht.« Miles unterließ es, das Telegramm mit einem Dringlichkeitsvermerk zu versehen, so daß es bei der üblichen Behandlung des Nachrichtenverkehrs der Army erst übertragen wurde, nachdem alle vordringlichen oder eiligen Depeschen abgeschickt worden waren. Das Telegramm verließ Washington tatsächlich erst zwei Tage später, am 7. Dezember, als es durch die vierzehnteilige japanische Note und die 13.00 Uhr-»pilot-message« außer Frage stand, wie gespannt die Beziehungen waren.[61] In der japanischen Note wurde der Abbruch der Beziehungen offen angekündigt, und die »pilot-message« setzte die Stunde fest, in der der erste Schuß des Krieges fallen würde.

Erst am 9. Dezember, dem Dienstag nach dem Angriff auf Oahu, versuchte das Kriegsministerium herauszufinden, warum Marshalls Warnung vom 7. Dezember ihr Ziel nicht erreicht hatte. Als er schließlich handelte, lieferte er ein schönes Beispiel dafür, wie man den Brunnen abdeckt, nachdem das Kind hineingefallen ist: Während die entscheidende Warnung vom 7. Dezember nicht einmal mit »Dringlich« gestempelt war, war die Kontrolldepesche mit »Besonders eilig« gekennzeichnet.[62]

Marshalls Erklärung, er habe vom Gebrauch des Zerhackertelephons Abstand genommen aus Furcht, »eine undichte Stelle zu verursachen, die das State Department in Schwierigkeiten hätte bringen können«, ist aus mindestens zwei Gründen unlogisch. Der erste ist der, daß sich für die Japaner nichts geändert hätte, selbst wenn sie sein Gespräch mit Short abgehört hätten. Sie konnten weiterhin wählen, ob sie den Angriff wie geplant durchführen oder ihn aufgeben sollten.

Der zweite ist der, daß das Kriegsministerium trotz Roosevelts Vorsicht, keinen offenen Schritt zu tun, am 27. November Befehle herausgegeben hatte, die fast mit Sicherheit zu Kampfhandlungen geführt hätten, wenn sie vor dem 7. Dezember zur Ausführung gelangt wären.

Den Nachrichtendiensten waren Berichte über auffallende Konzentrationen japanischer Kriegsschiffe bei Jaluit im Gebiet der Marshallinseln zugegangen. Diese Schiffe und U-Boote waren tatsächlich Teil von Admiral Shimizus Vorhut, die den Angriff auf Pearl Harbor unterstützen sollte. Admiral Hart hatte einen Aufklärungsflug über Jaluit vorgeschlagen, um die Berichte zu überprüfen.[63] General Arnold legte entsprechende Befehle für diesen Flug vor, die Secretary Stimson umgehend billigte.[64] Short wurde über dieses Vorhaben durch eine Funkmeldung benachrichtigt. Er erklärte:

»Das Kriegsministerium hatte mir befohlen, zwei Flugzeuge vom Typ B-24 für eine besondere Luftbildaufklärung über Truk und Jaluit auszurüsten, wobei den Standorten von Kriegsschiffen, U-Booten, Flugplätzen, Flugzeugen, Barracken und Zeltlagern besondere Aufmerksamkeit geschenkt werden sollte. Für den Fall, daß sie angegriffen wurden, hatten die Besatzungen Befehl, alle ihnen zur Verfügung stehenden Mittel zur Selbstverteidigung einzusetzen. Diese Flugzeuge sollten unbewaffnet nach Honolulu geschickt werden, aber ich sollte sicherstellen, daß beide ›beim Abflug vollständig mit MG-Munition ausgestattet waren‹. Das erste dieser beiden Flugzeuge kam erst am 5. Dezember auf Hawaii an. Hätte das Kriegsministerium in der Zwischenzeit entschieden, daß Hawaii in der Gefahrenzone lag, dann hätten sie das Flugzeug vermutlich bewaffnet, bevor sie es zu mir geschickt haben. General Martin telegraphierte eine Anfrage, ob die zweite B-24 weitere Ausrüstungen außer Maschinengewehren und Munition mitbringen sollte, die wir bereitstellen konnten.«[65]

»Wie konnte der Gebrauch des Telephons im Vergleich zu diesem Flug als offener Schritt betrachtet werden?« fragte Senator Ferguson Marshall.

»Das ist Ansichtssache«, antwortete Marshall.[66]

General Short wurde vom Abgeordneten Keefe gefragt, wie lange es normalerweise dauerte, über das Zerhackertelephon eine Nachricht von Honolulu nach Washington durchzugeben. »In der Zeit, in der ich es benutze«, sagte Short, »würde ich sagen zehn oder fünfzehn Minuten. Am Morgen des Angriffs, etwa um 8.15 Uhr, beauftragte ich Colonel Phillips, General Marshall anzurufen, weil ich zu meinem Gefechtsstand ging. Ich glaube, daß er die Verbindung um 8.22 Uhr bekam. Ich denke, es dauerte sieben Minuten.«

Um herauszustellen, daß sieben Minuten etwas weniger sind als sieben Stunden, fragte Keefe: »Verstehe ich richtig, daß an jenem Morgen, während der Angriff lief, Colonel Phillips General Marshall über das Zerhackertelephon anrief und in etwa sieben Minuten eine Verbindung bekam?«

»Ja, und er sagte zu ihm«, so Short, »daß er die Bomben hören könne, wenn er genau hinhörte.«

Keefe bemerkte noch, er sei von J. Edgar Hoover informiert worden, daß der verantwortliche FBI-Agent in Hawaii ihn während des Angriffs über eine direkte Telephonverbindung innerhalb weniger Minuten in New York erreicht habe. Hoover habe Keefe erzählt, die Verbindung sei so klar gewesen, daß er über das Telephon die Bombenexplosionen hören konnte.

»Wenn Sie also während des laufenden Angriffs in nur wenigen Minuten eine Telephonverbindung bekommen konnten«, sagte Keefe, »dann gab es keinen Grund, warum die Verbindung nicht hätte frei sein sollen, um eine Nachricht aus der anderen Richtung durchzulassen, aus Washington nach Honolulu?«

»Es scheint keinen zu geben«, entgegnete Short.

Anschließend fragte Keefe Short nach anderen Nachrichtenverbindungen zwischen Washington und Hawaii. Short erklärte, daß es außer dem 10-Kilowatt-Sender der Army einen 25-Kilowatt-Sender der Navy gab und das FBI einen Sender von etwa der gleichen Stärke besaß. Daneben gab es noch eine kommerzielle Funk- und eine kommerzielle Kabelverbindung. Er bemerkte dazu, daß der Sender der Army am Morgen des Angriffs nicht gut funktionierte.

»Und was wissen Sie über die Navy und das FBI?«

»Ich bin sicher, daß sie durchgekommen wären.«

Keefe erinnerte daran, daß Admiral Stark während der Besprechung in Marshalls Büro, die der Entsendung der Warnung an Short vorausgegangen war, die Benutzung des Marinefunks angeboten hatte, was aber abgelehnt worden war. Short erklärte dazu:

»Wenn das Kriegsministerium sich zu dieser Zeit nicht bewußt war, daß es mehr als ein Kommunikationsmittel benutzen konnte, dann war es sich dessen aber zu dem Zeitpunkt bewußt, an dem es den Befehl für meine Ablösung erteilte. Mir wurde dieser Befehl innerhalb von 30 bis 40 Minuten auf drei verschiedenen Wegen zugestellt. Zuerst erhielt ich ein Funktelegramm. Zehn oder 15 Minuten später entstieg General Emmons dem Flugzeug mit einem schriftlichen Befehl. 15 oder 20 Minuten später rief der Sekretär des Generalstabs, Colonel Phillips, an, um zu fragen, ob ich den Befehl erhalten hätte.«

»So bekamen Sie ihn auf –«

»Drei verschiedenen Wegen«, unterbrach ihn Short.

» – auf drei verschiedenen Wegen?«

»Ja!«

»Um sicherzustellen, daß Sie ihn erhielten?«

»Ja, Sir.«[67]

Keefe stellte dann die hypothetische Frage, ob Short geweckt worden wäre, um entsprechende Maßnahmen zu ergreifen, wenn die Warnung aus Washington rechtzeitig eingetroffen wäre. Short erwiderte, er sei innerhalb von ein oder zwei Minuten zu erreichen gewesen.

»Wissen Sie«, sagte Keefe, »im Land ist die Geschichte herumgegangen, daß Sie da draußen in jener Nacht alle betrunken waren; daß Sie betrunken waren und daß Kimmel betrunken war und daß auch jeder andere betrunken war, und daß da draußen in Pearl Harbor jedermann schlief, seinen Rausch ausschlief. Ist daran irgend etwas Wahres, General Short?«

»Daran ist absolut nichts wahr.«[68]

Short erklärte Keefe, daß eine bessere Radarausrüstung und eine richtige Auswertung des Radarbildes, das zeigte, wie sich ein großer Schwarm von Flugzeugen näherte, im Resultat des Angriffs kaum einen Unterschied gemacht hätten. »Was wir brauchten, waren Informationen aus Washington, die uns die Zeit gegeben hätten, in Alarmbereitschaft zu treten.«

»Mit dem Zeug, das Sie da draußen hatten, hätten Sie recht gute Arbeit leisten können, wenn Sie in Alarmbereitschaft gewesen wären und einen Angriff erwartet hätten?« erkundigte sich Keefe.

»Ja, Sir.«

»Und die langsamen Torpedoflugzeuge, die dort anflogen, und die den im Hafen liegenden Schlachtschiffen den meisten Schaden zufügten, wären für Ihre schnellen Jagdflugzeuge ziemlich leichte Ziele gewesen, nicht war?«

»Wenn man gewußt hätte, wo sie herkommen, wären sie leichte Ziele gewesen.«

Keefe fuhr fort: »Während dieses ganzen Krieges war das Überraschungsmoment eine Sache, die bei fast allem, was beide Seiten da draußen im Pazifik taten, eine Rolle spielte, nicht wahr?«

»Das trifft für die ganze Welt zu«, bestätigte Short. »Es war immer das wichtigste Element.«

»Ein Truppenführer wird immer versuchen, seinen Gegner durch Überraschung in Schwierigkeiten zu bringen, nicht wahr?«

»Das ist richtig.«

»Und soweit es einen Luftangriff betrifft«, fuhr Keefe fort, »war es unsere

Erfahrung, daß unabhängig davon, ob ein Angriff bekannt ist oder nicht, eine Anzahl dieser Flugzeuge – wenigstens einige von ihnen – durchkommen und Schaden anrichten, nicht wahr?«

»Das ist richtig.«

»Das traf auch für Okinawa zu, nicht wahr?«

»Ja, Sir.«

»Und wenn wir an die Taten bei Midway und an die großartige Leistung denken, die unsere Navy bei der Versenkung der japanischen Marine vollbrachte, so wurde dies durch die Nachrichtendienste ermöglicht, nicht wahr, und durch die Tatsache, daß unsere Navy informiert war, die Fakten hatte und wußte, was zu tun war?«

»Das ist richtig.«

»Und als wir Admiral Yamamoto abschossen, so war dies möglich, weil sie einen abgehörten Funkspruch erhielt, der einige Informationen lieferte und sie auf die Idee brachte?«

»Das ist richtig. General Marshall und Admiral Wilkinson haben darauf hingewiesen, daß für den kurzen Triumph, Yamamotos Flugzeug abzuschießen, das Geheimnis unserer kryptoanalytischen Fähigkeit aufs Spiel gesetzt wurde. Im Vergleich dazu wäre es nicht übermäßig riskant gewesen, mir und Admiral Kimmel die notwendigen Informationen zu geben.«

»Ich beziehe mich auf diese beiden Vorfälle«, sagte Keefe, »weil sie die Annahme illustrieren, daß das Nachrichtenwesen von grundlegender Bedeutung ist. So ist es doch?«

»Ja, Sir.«

»Und wenn die Nachrichtendienste versagen, dann wird dies wahrscheinlich gefährliche Folgen haben?«

»Ja, Sir.«

»Ihr Standpunkt in diesem Fall ist also der, daß die Nachrichtendienste, soweit es Washington betrifft, versagt haben?«

»Hundertprozentig.«

»Und so kam es zu Pearl Harbor. Ist das Ihre Verteidigung?«

»Ja, Sir.«[69]

KAPITEL 19

Japan löst das Dilemma

Die Ereignisse und die Politik nahmen zwischen dem 25. November und dem 7. Dezember 1941 eine Entwicklung, die den Wünschen Präsident Roosevelts entsprach. Der Präsident wollte in den Krieg eintreten.* In erster Linie wollte er gegen Deutschland Krieg führen, aber als Hitler ihm keinen Vorwand für eine Kriegserklärung liefern wollte, wandte er sich dem Pazifik und Japan zu, um durch die Hintertür in den Krieg in Europa einzutreten. Der Dreimächtepakt stellte schließlich sicher, daß er einen Krieg mit allen drei Partnern bekommen würde, wenn er ihn mit einem anfing.

Hitler, der der Vertragstreue der Japaner nicht traute, wollte nicht gegen die Vereinigten Staaten Krieg führen, solange die Möglichkeit bestand, daß Japan ihn dabei im Stich ließ. Ein Angriff Japans auf die Vereinigten Staaten würde seinen Absichten jedoch entgegenkommen. Für die Japaner gab es dann kein Zurück mehr, und Hitler konnte darauf hoffen, daß Amerika im Pazifik gebunden wäre, bis er das Schachbrett in Europa abgeräumt hatte.

Präsident Roosevelt scheint, trotz der überwältigenden Beweise für das Gegenteil, lange daran gezweifelt zu haben, daß Japan so tollkühn sein würde, einen direkten Angriff auf die amerikanische Flagge zu wagen. Deshalb verfolgte er einen Alternativplan, der von der Annahme ausging, daß Japan die Prophezeiung nicht erfüllen würde, die er vor langem gegenüber Admiral Richardson gemacht hatte: daß nämlich die Japaner »es nicht immer vermeiden könnten, Fehler zu machen, und daß, während der Krieg fortschreite und das Gebiet der Operationen sich ausdehne, sie früher oder später einen Fehler machen und wir in den Krieg eintreten würden.«

Zuerst zog der Präsident die Schrauben an. Japan wurde durch Embargos und das Einfrieren seiner ausländischen Guthaben zur Verzweiflung getrieben. Dann wurde ihm die Hoffnung genommen, durch die diplomatischen Verhandlungen in Washington zu einer Lösung zu gelangen. Schließlich ließ

---

* »Nach 1936 war es zu jeder Zeit offensichtlich, daß der Regierung ein europäischer Krieg nicht unwillkommen gewesen wäre – im wesentlichen als ein Mittel, um die öffentliche Aufmerksamkeit von der wirtschaftlichen Misere abzulenken, hauptsächlich aber als ein Mittel, um ihren unheilvollen Zugriff auf die politische und ökonomische Maschinerie des Landes zu verstärken.«
Albert Jay Nock, *Memoirs of a Superfluous Man*, S. 248

der Präsident den Plan fallen, mittels eines Modus vivendi eine Atempause von drei bis sechs Monaten zu gewinnen, was eine vorläufige Lösung hätte sein können. Er beauftragte Außenminister Hull, noch weiter zu gehen und die zehn Gegenvorschläge vom 26. November zu präsentieren.

Die Japaner wurden aufgefordert, alle ihre unrechtmäßig erworbenen Gewinne aufzugeben und eine »friedliebende Nation« auf Bewährung zu werden. Für ein Volk, dessen Sinn so sehr auf das Wahren des »Gesichts« gerichtet ist, ist das Eingeständnis eines Irrtums, das in einem solchen Rückzug enthalten ist, noch ärgerlicher als das Aufgeben der greifbaren Vorteile aus den Eroberungen selbst.

Roosevelt wußte, daß die Japaner kämpfen würden. Die Frage war nur, ob Japan auch gegen die Vereinigten Staaten kämpfen würde. Wenn die Japaner ihre Angriffe nur auf die Kolonialgebiete Großbritanniens und Hollands beschränkten, dann würde die Regierung in ein böses Dilemma geraten. Auf der einen Seite war der Präsident gemäß den Generalstabsvereinbarungen von Washington und Singapur sowie durch sein geheimes Versprechen an Premierminister Churchill gebunden, in den Krieg einzutreten, wenn britisches oder holländisches Gebiet angegriffen würde. Auf der anderen Seite war er durch seine wiederholten Versprechungen gebunden, keine Amerikaner in ausländische Kriege zu schicken, »außer im Falle eines Angriffs«.* In seiner »wieder und wieder und wieder«-Rede in Boston hatte er nicht einmal diesen Vorbehalt gemacht. Wegen dieses Versprechens mußte der Präsident darauf beharren, daß Japan den ersten offenen Schritt tat.

Bei der Suche nach Mitteln, um aus diesem Dilemma herauszukommen, fand Roosevelt einen verzweifelten Ausweg. Dieser bestand darin, ein »umgekehrtes Pearl Harbor« zu inszenieren – Japan anzugreifen ohne einen Schlag Japans abzuwarten. Bevor er handelte, hielt der Präsident es jedoch für nötig, die Öffentlichkeit vorzubereiten. Die persönliche Botschaft, die er am 6. Dezember an Hirohito schickte (die zuletzt zu einem Appell zur moralischen Rechtfertigung vor der Geschichte wurde), war ursprünglich als Teil dieser Vorbereitung gedacht. Eine Ansprache vor dem Kongreß und vielleicht eine Rede an die Nation sollten folgen. Die Ereignisse liefen jedoch so schnell ab, daß dieses Programm nicht ausgeführt werden konnte. Sie entwickelten sich allerdings nach den Wünschen des Präsidenten, denn sie bewahrten ihn vor einer Verfassungskrise.

In Verfolgung seiner Kriegspolitik zwang Roosevelt einer kriegsunwilligen Nation gegen die Einwände seines Oberkommandos einen Zweifrontenkrieg auf. Am 5. November und nochmals am 27. November richteten General

---

* Rede auf der Versammlung der Lastwagenfahrergewerkschaft, 11. September 1940; Rede in Philadelphia, 23. Oktober 1940.

Marshall und Admiral Stark gemeinsame Memoranden an den Präsidenten, in denen sie nachdrücklich um einen Aufschub baten. Im ersten Memorandum drängten sie darauf, daß »Japan kein Ultimatum gestellt werden sollte«.[1] Sie erklärten, daß die amerikanischen Seestreitkräfte im Pazifik der japanischen Flotte unterlegen und nur beschränkt angriffsfähig seien, daß die Philippinen gerade eben erst verstärkt würden und daß die Luft- und die U-Bootwaffe im westlichen Pazifik erst im März 1942 stark genug sein würden, um eine »wirkliche Bedrohung« darzustellen.

Unter Bezugnahme auf dieses Memorandum fragte Senator Ferguson Marshall: »Waren wir zu jener Zeit in der Lage, irgendwelchen weiteren Warnungen an Japan militärisch Nachdruck zu verleihen?« – »Das waren wir nicht«, entgegnete der Generalstabschef.[2]

Der Einspruch vom 27. November kam zu spät, Hull hatte am Tag zuvor den Japanern seine unannehmbaren Bedingungen überreicht. Das Army Board bemerkt dazu:

»In diesem Memorandum wurde der Präsident gebeten, ein Ultimatum an die Japaner nicht zu überstürzen und Army und Navy mehr Zeit zu lassen, um sich vorzubereiten. Aber es war zu spät, die Würfel waren gefallen, als der Außenminister am Tag zuvor den Japanern die zehn Punkte umfassenden Gegenvorschläge übergeben hatte. Wie der Außenminister bemerkte, führte das dazu, ›daß er mit der Sache nichts mehr zu tun hatte‹.«[3]

Weiter stellte der Ausschuß fest:

»Zweifellos wurde der Außenminister während der Sitzung des Kriegsrats wiederholt vor dem unzulänglichen Zustand der Verteidigung der Vereinigten Staaten gewarnt. Unsere Army und unsere Navy waren auf den Krieg nicht vorbereitet, und der Außenminister war von dieser Tatsache zweifellos unterrichtet ... Dieses Memorandum war nach Aussage von General Marshall direkt an den Präsidenten gerichtet. Es enthielt zwei Ding: Erstens eine Erklärung, daß die Vereinigten Staaten möglichst Zeit gewinnen und eine überstürzte Militäraktion vermeiden sollten, solange es mit der nationalen Politik vereinbar war, weil Army und Navy nicht kriegsbereit waren. Zweitens wurde betont, wie wünschenswert es war, Aggressionen von seiten Japans mit militärischen Maßnahmen zu begegnen. Das Memorandum empfahl unter anderem, ›sofort Schritte für Vereinbarungen mit den Briten und den Holländern zu unternehmen, um die Japaner vor derartigen aggressiven Schritten zu warnen‹.«[4]

Das Memorandum und die Frage des Zeitbedarfs wurden am 27. November bei einer Besprechung zwischen Kriegsminister Stimson, Marineminister Knox, Admiral Stark und General Gerow erörtert. Marshall war am vorangegangenen Nachmittag zu Manövern nach North Carolina abgereist.[5]

Während der Kongreßuntersuchung wies der Abgeordnete Gearhart darauf hin, daß Marshall und Stark das Memorandum am Nachmittag des

25. November verfaßt hatten, vor der Abreise des Generalstabschef, nachdem für sie in der Mittagssitzung des Kriegskabinetts im Weißen Haus erkennbar geworden war, daß der Präsident das Land in den Krieg führen wollte. Es gab an jenem Nachmittag drei Telephonate zwischen dem General und dem Admiral, aber Stark beteuerte, er könne sich nicht erinnern, ob der Einspruch formuliert worden war, bevor Hulls Bedingungen vorgelegt wurden, und ob er dann zurückgehalten wurde, bis es zu spät war.[6]

Hull machte mit Zustimmung des Präsidenten weiter, »wischte die ganze Sache vom Tisch«, wie er sagte, und erklärte Stimson: »Ich habe damit nichts mehr zu tun, und es liegt nun in den Händen von Ihnen und Knox, der Army und der Navy.«[7] Das Army Board mißbilligte die Haltung Hulls:

»Das Verhalten des Außenministers, die Übergabe der Gegenvorschläge vom 26. November 1941, wurde von den Japanern als Signal gewertet, den Krieg mit einem Angriff auf Pearl Harbor zu beginnen. In dem Ausmaß, indem es diesen Angriff beschleunigte, stand es im Gegensatz zu den Bemühungen des Kriegs- und des Marineministeriums, Zeit für die Kriegsvorbereitungen zu gewinnen. Der Krieg mit Japan war jedoch wegen der unversöhnlichen Gegensätze zwischen dem japanischen Kaiserreich und der amerikanischen Regierung unvermeidlich und stand unmittelbar bevor.«[8]

Der unvermeidliche und unmittelbar bevorstehende Krieg war jedoch das Werk der amerikanischen Diplomatie, die es fertiggebracht hatte, daß der Krieg weder verhindert noch so lange hinausgezögert werden konnte, bis Army und Navy bereit waren.* Noch am 6. November neigte Roosevelt zu einem Modus vivendi, der die Feindseligkeiten hinausgeschoben hätte. Secretary Stimson, der die damaligen Ereignisse protokollierte, berichtet, daß er an diesem Tag mit dem Präsidenten eine Stunde lang die Lage im Fernen Osten erörterte. Er schreibt:

»Die Sache, die seiner Meinung nach an oberster Stelle stand, war, wie wir mehr Zeit gewinnen könnten. Ich zitiere aus meinen Notizen: ›Der Präsident umriß, was er zu sagen gedachte.** Er versuchte, etwas zu finden, was uns mehr Zeit geben würde. Er regte an, einen Burgfrieden vorzuschlagen, währenddessen es für sechs Monate keine militärischen Bewegungen und Kriegsrüstungen geben sollte, und wenn in diesem Zeitraum die Japaner und

* »Ein ›Zwischenfall‹ kann immer arrangiert, fabriziert oder noch besser provoziert werden, wie wir oft genug gesehen haben, und dann ist das Kind in den Brunnen gefallen. In den vergangenen Jahren war, soweit ich mich erinnern kann, jeder Vorwand für einen Krieg sorgfältig maßgeschneidert ... Was den gegenwärtigen Krieg angeht, so hätten selbst das Fürstentum Monaco und das Großherzogtum Luxemburg zu den Waffen gegriffen, wenn sie eine derartige Note erhalten hätten, wie sie das State Department am Vorabend von Pearl Harbor der japanischen Regierung geschickt hat.«
Albert Jay Nock, *Memoirs of a Superfluous Man*, S. 249

** Zu Kurusu, der aus Japan erwartet wurde.

die Chinesen ihren Streit nicht beigelegt hätten, könnten wir auf der gleichen Grundlage weitermachen.‹«[9]

Am 25. November, einen Tag bevor er den Japanern die Forderungen vorlegte, die sie für unannehmbar befinden sollten, zog Hull »den Vorschlag für einen dreimonatigen Burgfrieden« (Stimson) noch in Erwägung. Er und der Präsident änderten jedoch über Nacht ihre Meinung. Am 26. erzählte Hull Stimson, die Chinesen hätten gegen den Modus vivendi energisch Protest erhoben, und »er habe sich entschlossen, die ganze Sache mit dem Burgfrieden fallenzulassen und den Japanern mitzuteilen, daß er keine weiteren Vorschläge anzubieten habe«.[10] Am gleichen Tag gab Hull nicht nur »die ganze Sache auf«, sondern überreichte Nomura und Kurusu die Bedingungen, von denen er und der Präsident wußten, daß sie mit Bestimmtheit abgelehnt werden würden.

Stimson war der Vorschlag für einen Burgfrieden bereits unsympathisch, als der Präsident ihn in Erwägung zog. Er war ihm auch noch unsympathisch, als er am 27. November mit Stark, Knox und Gerow über das verspätete Aufschubsgesuch Marshall und Starks diskutierte. »Es war von Stark und Gerow nicht unnatürlich, mehr Zeit zu verlangen«, schrieb er in sein Tagebuch. »Ich sagte, ich wäre glücklich, wenn ich mehr Zeit hätte, aber ich wollte sie nicht um den Preis der Demütigung der Vereinigten Staaten oder der Wiedereröffnung einer Sache, die eine Schwäche unserer Seite aufzeigen würde.«[11]

In einer Notiz über diese Besprechung, die Gerow für General Marshall anfertigte, hieß es, Stimson »wollte sicher sein, daß das Memorandum nicht als eine Empfehlung an den Präsidenten ausgelegt würde, Japan um eine Wiederaufnahme der Gespräche zu bitten. Er wurde in dieser Hinsicht beruhigt«. Später wurde das Memorandum Stimson vorgelegt, der einige Veränderungen vornahm.[12]

Die Befehle des Kriegsministers, der sah, daß die Vereinigten Staaten unausweichlich auf einen Konflikt mit Japan zusteuerten, sollten jede Möglichkeit ausschließen, den Krieg durch versöhnliche Gesten von seiten der Regierung Roosevelt abzuwenden. Er erteilte diese Befehle, obwohl er die mangelnde Vorbereitung von Armee und Marine für einen Kriegseintritt genau kannte, und dies gehört zu den vielen Dingen, die ihm angelastet werden müssen.

Soweit es aus den Unterlagen hervorgeht, ließen Roosevelt und Hull den Modus vivendi wegen des »Appeasement«-Geschreis der Chinesen und Briten fallen. Darüber hinaus scheint es festzustehen, daß beide zum Krieg bereit waren, auch wenn Armee und Marine dies nicht waren. Bezeichnenderweise scheint ihre folgenschwere Entscheidung, die Gegenvorschläge vom 26. November zu präsentieren, nicht von neuen japanischen Truppenbewegungen beeinflußt worden zu sein, die als geeigneter Vorwand hätten dienen können.

Am Nachmittag des 25. informierten nachrichtendienstliche Berichte Stimson, daß fünf japanische Divisionen sich auf Truppentransportern von Shantung und Shansi Richtung Süden nach Indochina bewegten. Stimson leitete diese Nachricht an Hull weiter und schickte dem Präsidenten eine Kopie der Berichte.[13] Am folgenden Tag erzählte Hull Stimson von der Entscheidung, Japan die zehn Punkte vorzulegen. Er erwähnte bei der Erläuterung seines Vorhabens den chinesischen Druck, nicht aber die japanischen Truppenbewegungen.[14]

Roosevelt hatte Stimsons Bericht über die Fahrt der Truppentransporter nach Süden noch nicht erhalten, als er die Entscheidung des Außenministers, den Modus vivendi zu verwerfen, billigte. Stimson rief ihn kurz nach dem Gespräch mit Hull an, und der Präsident reagierte heftig auf seine Nachricht. Stimson berichtet:

> »Er explodierte geradezu – er ging sozusagen an die Decke und sagte, er hätte ihn (den Bericht) nicht gesehen, und dies würde die ganze Situation ändern, weil es ein Beweis wäre für die bösen Absichten der Japaner, die, während sie über einen umfassenden Waffenstillstand verhandelten – einen völligen Rückzug (aus China) – sich anschickten, diese Expedition runter nach Indochina zu schicken.«[15]

Aber die Vorschläge Hulls hatten bereits »die ganze Situation verändert«. Sowohl der Präsident als auch der Außenminister wußten das. Hull gab zu, am folgenden Tag Stimson mitgeteilt zu haben, daß er die Sache durch seine Bedingungen »in die Hände von Ihnen und Knox gelegt hatte – der Army und der Navy«.[16] Nach dem 26. November und der Vorlage von Hulls Ultimatum konzentrierte sich die Aufmerksamkeit der Roosevelt-Administration auf den Vormarsch der japanischen Expedition, die in Richtung Süden dampfte. Offensichtlich rückte rasch der Zeitpunkt näher, an dem der Präsident die geheimen Verpflichtungen erfüllen mußte, die er auf der Atlantikkonferenz übernommen hatte und die seine Stabsoffiziere auf den Konferenzen von Washington und Singapur eingegangen waren.[17] Die Roosevelt-Administration wußte, daß die Nation sich in einem globalen Krieg befinden würde, sobald es zu einem frontalen Zusammenstoß mit Japan kam. Ihre Politik beruhte auf genau diesem Wissen.

Diese Überlegung ging aus einer Erklärung Admiral Ingersolls hervor, die er im Verlauf einer unabhängigen Untersuchung durch Admiral Hart, der im Auftrag des Marineministeriums handelte, abgab. Hart fragte Ingersoll, welche Bedeutung das Marineministerium der »Kriegswarnung« zubillige, die am 27. November an Kimmel geschickt wurde: »Wurde der Gedanke in Betracht gezogen, daß die Nennung von Zielen im westlichen Pazifik nur dazu beitragen würde, die Wachsamkeit der Pazifikflotte im Raum Hawaii zu vermindern?« Ingersoll antwortete:

»Ich bin sicher, daß bei der Abfassung der Depesche nicht beabsichtigt war, diesen Eindruck hervorzurufen. Vielmehr sollte sie den Eindruck vermitteln, daß die Ereignisse im Fernen Osten sich dergestalt entwickelten, daß die Vereinigten Staaten in wenigen Tagen in einen Krieg hineingezogen würden. Folglich würden sich die Streitkräfte der Vereinigten Staaten sowohl im Pazifik *als auch im Atlantik im Krieg mit der Achse befinden, wenn der Zusammenstoß in den asiatischen Gewässern tatsächlich erfolgen sollte.«*[*18]

In Washington herrschte das Gefühl vor, daß die Vereinigten Staaten kämpfen müßten – und zwar auch dann, wenn es keinen Angriff auf unser Land geben und die japanischen Kriegshandlungen sich auf britisches, holländisches oder sogar neutrales Gebiet beschränken sollten. Diese Auffassung spiegelt sich in der intensiven Beschäftigung der Regierungsspitze und der Oberkommandos mit der Idee wider, daß die Vereinigten Staaten aufgrund ihrer geheimen Bündnisse verpflichtet wären, in den Krieg einzutreten, wenn Japan eine bestimmte Linie im Pazifik überschreiten sollte. Diese Idee tauchte im Denken der Hauptpersonen immer wieder auf.

Die Grenzlinie wurde erstmals von Lindley und Davis in ihrer Darstellung der Atlantikkonferenz erwähnt:

»Die Krise im Fernen Osten erforderte höchste Aufmerksamkeit, was, wie wir gesehen haben, Churchills Einverständnis mit der Politik des Präsidenten zur Folge hatte, den Beginn der Feindseligkeiten hinauszuzögern, ohne eine ›Grenzlinie‹ zu beschwören. Dieses Einverständnis trug zur Vereinheitlichung der angelsächsischen Politik im Pazifik bei. In der Diskussion über eine Grenzlinie wurde allgemein die Ansicht vertreten, daß die geographische Grenze südlich der Bucht von Cam Ranh gezogen werde sollte ...«[19]

Die Generalstabskonferenz von Singapur erklärte in ihrem Geheimbericht vom 27. April 1941:

»Es besteht dahingehend Übereinstimmung, daß jede der folgend aufgeführten Aktionen Japans eine Lage schaffen würde, in der wir aktive militärische Gegenmaßnahmen ergreifen müssen, um nicht in eine militärisch äußerst nachteilige Lage zu kommen, wenn Japan anschließend angreifen sollte. Wir empfehlen daher unseren Regierungen Gegenmaßnahmen für folgende Fälle zu billigen:

a) Ein offener kriegerischer Akt japanischer Streitkräfte gegen das Gebiet oder Mandatsgebiet einer der verbündeten Mächte. Es ist nicht möglich, genau zu definieren, was als ›ein offener kriegerischer Akt‹ verstanden werden soll. Es ist möglich, daß es zu einem kleineren Zwischenfall kommt, der, obwohl formal gesehen ein kriegerischer Akt, durch diplomatische Verhand-

---

* Hervorhebung durch G. M.

lungen beigelegt werden kann. Es wird anerkannt, daß die Entscheidung, ob solch ein Zwischenfall ein kriegerischer Akt ist, bei den betreffenden Regierungen liegen muß.

b) Der Vorstoß japanischer Streitkräfte in irgendeinen Teil Thailands westlich 100° O oder südlich 10° N.

c) Der Vorstoß einer großen Zahl japanischer Kriegsschiffe oder eines Konvois von Handelsschiffen, die von japanischen Kriegsschiffen eskortiert werden, der durch seine Position und seinen Kurs eindeutig gegen die Philippinischen Inseln, die Ostküste des Isthmus von Kra oder der Ostküste von Malaya gerichtet ist, oder den Breitengrad von 6° N zwischen Malaya und den Philippinen überquert, eine Linie vom Golf von Davao zur Insel Waigeo, oder den Äquator östlich Waigeo.

d) Der Vorstoß japanischer Streitkräfte nach Portugiesisch-Timor.

e) Der Verstoß japanischer Streitkräfte nach Neukaledonien oder zu den Loyalty-Inseln.«[20]

In seiner geheimen Warnung an Botschafter Nomura vom 17. August hatte Roosevelt angekündigt, daß jede Flottenbewegung Japans im Pazifik die Vereinigten Staaten nötigen würde, »sofort alle und jede Schritte zu ergreifen, die ihnen notwendig erscheinen, um die legitimen Rechte und Interessen der Vereinigten Staaten und der amerikanischen Staatsbürger zu schützen und um den Schutz und die Sicherheit der Vereinigten Staaten zu gewährleisten«.[21] Wie der stellvertretende Außenminister Welles erklärte, bedeutete diese Warnung gemäß dem üblichen diplomatischen Sprachgebrauch soviel wie ein Versprechen, in den Krieg einzutreten.

Auch Senator Claude Pepper aus Florida, der häufig als Sprachrohr der Regierung fungierte, gab die Existenz einer Grenzlinie bekannt, als er am 24. November 1941 in Boston in einem Interview erklärte, daß die Vereinigten Staaten von einem Schießkrieg mit Japan nicht weit entfernt seien und daß »wir nur darauf warten, daß Japan eine Linie überschreitet, bevor wir mit dem Schießen anfangen«.

»Ich weiß nicht genau, wo diese Linie liegt«, sagt Pepper, »und ich bin nicht sicher, ob der Präsident genau weiß, wo sie ist, aber wenn sie sie überschreiten, beginnen wir mit dem Schießen.« Pepper fügte hinzu, »eine eigentliche Kriegserklärung ist nur eine juristische Formalität, und solche Formalitäten sind außer Kraft gesetzt, solange diese Banditen (die Japaner) Macht ausüben«.[22]

Generalstabschef Marshall gab zu, daß das Bevorstehen des Krieges mindestens elf Tage vor Pearl Harbor bekannt war, als der Nachrichtendienst der Army meldete, daß fünf japanische Divisionen in 30 bis 40 Truppentransportern südlich von Shanghai standen. Diese Information, so Marshall, wies eindeutig darauf hin, daß Japan sich anschickte, »die Linie zu überschreiten«, was uns seiner Meinung nach wegen des Schutzes der Philippinen auch ohne Pearl Harbor in den Krieg hineingezogen hätte.[23]

Am Morgen des 7. Dezember stellte Marineminister Knox in einem Memorandum fest:

»Ich denke, den Japanern sollte mitgeteilt werden, daß jeder Vorstoß in eine Richtung, der die Vereinigten Staaten bedroht, mit Gewalt beantwortet werden wird. Der Präsident möchte sich die genaue Definition davon vorbehalten. Das folgende sind Vorschläge für Fälle, in denen geschossen werden soll: Jeder Vorstoß nach Thailand; oder jeder Vorstoß nach Thailand westlich von 100° O und südlich von 10° N – dies in Übereinstimmung mit den Empfehlungen der britischen, holländischen und amerikanischen Militärexperten im Fernen Osten; oder jeder Vorstoß gegen britisches, holländisches, amerikanisches, französisches oder portugiesisches Gebiet im pazifischen Raum.«[24]

In einer schriftlichen Erklärung für den Kongreßausschuß schrieb Kriegsminister Stimson:

»Unsere militärischen Berater hatten dem Präsidenten den Rat gegeben, daß wir um unsere Sicherheit willen kämpfen müßten, wenn Japan Britisch-Malaya oder Niederländisch-Ostindien angreifen oder seine Streitkräfte westlich einer bestimmten Linie in Indochina vorschieben sollte.«[25]

Ferner erklärte er:

»Die Meinung unserer höchsten Militär- und Marineberater ging dahin, daß ein Aufschub sehr wünschenswert sei, daß wir aber nichtsdestotrotz militärisch handeln müßten, wenn Japan amerikanisches, britisches oder holländisches Gebiet angreifen oder seine Streitkräfte in Indochina westlich von 100° O oder südlich von 10° N vorschieben sollte.«[26]

Stimson beschreibt in seinem Tagebuch eine Sitzung des Kriegskabinetts vom 28. November und berichtet, daß die wahrscheinlichen Ziele der japanischen Expeditionsstreitkräfte, die entlang der chinesischen Küste nach Süden dampften, diskutiert wurden. Er schrieb:

»Jeder war jetzt der Meinung, daß es für alle drei Mächte, Großbritannien in Singapur, die Niederlande und uns auf den Philippinen, ein furchtbarer Schlag wäre, wenn es dieser Expeditionsstreitmacht gestattet würde, den südlichsten Punkt von Indochina zu umrunden, zu entkommen und im Golf von Siam zu landen, entweder bei Bangkok oder weiter westlich. Es war die einhellige Meinung, daß das nicht zugelassen werden dürfte. Dann diskutierten wir, wie es zu verhindern wäre. Es wurde vereinbart, daß die Briten kämpfen würden, sobald die Japaner gegen den Isthmus von Kra vorrückten. Es wurde weiter vereinbart, daß auch wir kämpfen müßten, wenn die Briten kämpften. Und es scheint nun klar zu sein: Wenn es dieser Expeditionsstreitmacht erlaubt wird, den südlichsten Punkt von Indochina zu umrunden, wird diese ganze Kette von verhängnisvollen Ereignissen in Bewegung gesetzt.

Es war ferner die allgemeine Auffassung, daß wir einerseits nicht ohne Warnung gegen diese Streitmacht losschlagen konnten, während sie vorbeifuhr; dies glaubten wir nicht tun zu dürfen; daß wir andererseits nicht stillsitzen und ihr erlauben konnten, weiterzufahren; auch dies glaubten wir nicht tun zu dürfen. Wir konnten nur eine Warnung an sie richten, daß wir kämpfen würden, wenn sie einen bestimmten Ort, eine bestimmte Linie oder einen bestimmten Punkt erreichen sollten.«[27]

In seiner Erklärung für den Kongreßausschuß schrieb Stimson:

»Falls es zum Krieg kommen sollte, war es sowohl unter dem Gesichtspunkt einer geschlossenen Unterstützung durch unsere eigene Bevölkerung wie auch für unser Bild in der Geschichte wichtig, daß wir uns nicht in die Politik drängen ließen, den ersten Schuß abzufeuern. Soweit dies möglich war, ohne unsere Sicherheit zu gefährden, sollte Japan in seiner wahren Rolle als wirklicher Aggressor erscheinen.«[28]

In bezug auf die »Kriegswarnung« an Short vom 27. November erklärte Stimson:

»Falls es Krieg geben sollte, wünschen wir, daß die Japaner den ersten offenen Schritt machten ... Auf Hawaii wurde es wegen der großen Zahl japanischer Einwohner für wünschenswert gehalten, eine besondere Warnung herauszugeben, daß – es sei denn, es war für die Verteidigung notwendig – nichts getan werden sollte, was die Zivilbevölkerung beunruhigen könnte. Dadurch hätte ein Zwischenfall heraufbeschworen werden können, der den Japanern einen Vorwand lieferte, in den Krieg einzutreten und zu sagen, daß wir den ersten offenen Schritt getan hätten.«[29]

Also wurden die Verteidigungsmöglichkeiten der Truppenführer von Hawaii im Interesse von Roosevelts Wahlkampfversprechungen eingeschränkt.

In seinem Tagebucheintrag vom 25. November, 13 Tage vor dem Angriff auf Pearl Harbor, brachte Stimson das Dilemma in trockenen Worten zum Ausdruck. Er schrieb über die Sitzung des Kriegskabinetts im Weißen Haus:

»Dort brachte der Präsident ... das ganze Verhältnis zu den Japanern zur Sprache. Er sprach über den Fall, daß wir wahrscheinlich angegriffen werden würden, vielleicht schon am nächsten Morgen, denn die Japaner seien dafür berüchtigt, einen Angriff ohne Warnung zu machen, und die Frage war die, was wir tun sollten. *Die Frage war, wie wir sie in die Position manövrieren konnten, den ersten Schuß abzufeuern, ohne uns dabei allzu großer Gefahr auszusetzen.*«*[30]

General Marshall gab dazu später einen erhellenden Kommentar:

»Natürlich erwartete niemand, daß dieser offene Schritt die Ausschaltung der Pazifikflotte sein würde.«[31] Mit anderen Worten: Roosevelt und seine Mitarbeiter wünschten sich eine kleine Überraschung. Sie erwarteten keine wirkliche Katastrophe.

---

* Hervorhebung durch G. M.

Im Minderheitsbericht des Gemischten Kongreßausschusses heißt es über die Absichten der Regierung:

»In den diplomatischen Dokumenten, Beweisstücken und Zeugenaussagen, die dem Ausschuß vorgelegt wurden, gab es eine Fülle von Belegen dafür, daß die Taktik, die Japaner ›in eine Position zu manövrieren, in der sie den ersten Schuß abfeuern‹, seit dem 25. Nov. 1941 von höchsten Stellen in Washington verfolgt wurde. Beispiele für diese Taktik sind:

a) Die Entscheidung Außenminister Hulls, den Vorschlag für eine vorläufige Verständigung mit Japan im Einverständnis mit Präsident Roosevelt fallenzulassen, ohne dabei den Kriegsminister oder die britischen und australischen Vertreter in Washington zu unterrichten, die an dem Entwurf für ein Memorandum mitgearbeitet hatten, das eine solche Verständigung möglich machen sollte.

b) Die Ersetzung des vorgeschlagenen Modus vivendi durch die Note vom 26. Nov. an Japan, die, wie Hull wußte und damals auch sagte, den Verhandlungen mit Japan praktisch ein Ende machte und die Bürde für die Sicherheit der Vereinigten Staaten Army und Navy auflud.

c) Die Zurückweisung von dringenden Bitten, die General Marshall und Admiral Stark am 5. Nov. und nochmals am 27. Nov. an Präsident Roosevelt gerichtet hatten, um bei der Herbeiführung eines Bruchs mit Japan einen Aufschub zu erreichen – dringende Bitten, die auf der Überzeugung beruhten, daß Army und Navy damals noch nicht für einen Krieg mit Japan bereit waren.

d) Die Anweisungen des Kriegsministeriums, die besagten, daß General Marshall und Admiral Stark in ihr Memorandum mit Datum vom 27. Nov., in dem um einen Aufschub gebeten wurde, *nichts hineinbringen sollten*, was als ›Empfehlung an den Präsidenten, Japan um eine Wiederaufnahme der Gespräche zu bitten, gewertet werden‹ könnte. (Tr., Bd. 20, S. 3325)

Nach Außenminister Hull wurde die Taktik, darauf zu warten, daß die Japaner den ersten Schuß abfeuerten, der Regierung in gewissem Sinne aufgezwungen. Ein großer Teil der amerikanischen Bevölkerung neigte zur Neutralität, wie sich in der Neutralitätsgesetzgebung des Kongresses und in der Opposition gegen die Verwicklung in einen Krieg in Fernost oder anderswo zeigte.

Hull vertrat diese Auffassung in seiner Erklärung an den Ausschuß (Tr., Bd. 7, S. 1096 ff.), und sie geht aus weiteren Dokumenten, die diesem Ausschuß vorliegen, noch deutlicher hervor, besonders aus der Publikation des State Department *Peace and War: United Foreign Policy 1931–1941*, dort insbesondere Kapitel I.

In diesem Kapitel erläutert das State Department, daß der Präsident und Secretary Hull bei der Umsetzung der Außenpolitik, für die sie sich ›eindeutig‹ entschieden hatten – den Zeitpunkt gibt der Minister nicht an – durch die Opposition eines ›Großteils der öffentlichen Meinung‹ in den Vereinigten Staaten behindert wurden.

In diesem Kapitel erklärt das State Department außerdem:

›In dem Jahrzehnt, das hier betrachtet wird (1931–1941), hatte sich unsere

Außenpolitik notwendigerweise im Rahmen einer allmählichen Entwicklung der öffentlichen Meinung in den Vereinigten Staaten bewegt, die sich von der Idee der Neutralität, wie sie in der Neutralitätsgesetzgebung ihren Ausdruck fand, entfernte ... Die folgenden Seiten (dieses Bandes) zeigen den schwierigen Weg der Vereinigten Staaten von einer Haltung utopischer Isolation gegenüber den weltweiten Kräften, die Amerika gefährden, hin zu einer Position an der Spitze der Vereinten Nationen, die nun (1943) gegen einen Versuch der Welteroberung gemeinsame Sache machen, der in der Kühnheit seiner Konzeption wie in der Brutalität seiner Durchführung gleichermaßen beispiellos ist.‹

Es stellt sich die ernste Frage, ob der Präsident und seine Berater zu der Annahme berechtigt waren, daß das Land ihren Krieg unterstützen würde. Ebenso stellt sich die Frage, ob die Handlungen, die sie nach eigenem Ermessen ohne Kongreßbefragung vornahmen, nicht der Verantwortung zuwiderliefen, die sie laut Verfassung und den Gesetzen des Landes hatten.«[32]

Das Problem, das der Präsident und sein Kriegsrat sahen, war, »die Basis ausfindig zu machen, aufgrund derer die Position des Landes unserer eigenen Bevölkerung und der Welt am besten erklärt werden kann«.[33] Den ersten Versuch, seine Versprechungen an Briten, Holländer und Chinesen mit denen an das amerikanische Volk unter einen Hut zu bringen, unternahm Roosevelt während der wöchentlichen Kabinettssitzung vom 7. November. Stimson berichtet:

»In der Sitzung ließ der Präsident eine informelle Abstimmung abhalten, inwieweit die Meinung bestand, daß das amerikanische Volk uns unterstützen würde, wenn es notwendig werden sollte, gegen Japan loszuschlagen, falls dieses England in Malaya oder die Holländer in Ostindien angreifen sollte. Das Kabinett war einstimmig der Meinung, daß das Land ein solches Vorhaben unterstützen würde.«[34]

Mit einem scherzhaften Hinweis auf eine Abstimmung, die auf einer von Lincolns Kabinettssitzungen stattgefunden hatte, bemerkte Roosevelt: »Diesmal ist das Votum *einstimmig*. Ich bin der gleichen Meinung.«[35]

Auf der Sitzung vom 25. November überzeugte Stimson Roosevelt davon, daß die Warnung des Präsidenten an Botschafter Nomura vom 17. August eine ausreichende Rechtfertigung für ein militärisches Vorgehen darstellte, falls Japan es wagen sollte, in das neutrale Thailand einzudringen. Er sagte:

»Ich machte den Präsidenten darauf aufmerksam, daß er bereits den ersten Schritt in Richtung eines Ultimatums getan hatte, als er Japan im Sommer davon in Kenntnis setzte, daß es unsere Sicherheitsinteressen verletze, sobald es die Grenze nach Thailand überschreite. Er brauche Japan deshalb nur mitzuteilen, daß jeder Schritt zur Ingangsetzung einer solchen Expedition nach Süden die Mißachtung einer Warnung sei, die bereits ausgesprochen worden war.«[36]

Drei Tage später hatte der Präsident einen Entschluß gefaßt. Stimson beschreibt die beabsichtigte Radikalisierung wie folgt:

»Als erstes erhielt ich am Morgen des folgenden Tages – es war Freitag, der 28. November – von G-2 Informationen über den Vormarsch japanischer Streitkräfte entlang der asiatischen Küste. Sie waren von so ernstem Charakter, daß ich beschloß, sie dem Präsidenten zu überbringen, noch bevor er aufstand.

Ich traf ihn noch im Bett an, und wir erörterten die Lage. Laut meinen Notizen war er der Meinung, daß es drei Alternativen gebe: Erstens, nichts zu tun. Zweitens, etwas in der Art eines Ultimatums zu machen: einen Punkt festzulegen, nach dem wir kämpfen würden. Und drittens, sofort zu kämpfen.

Ich entgegnete, meiner Ansicht nach käme es nicht in Frage, nichts zu tun, und der Präsident stimmte mir zu. Was die beiden anderen Alternativen anging, so war es vom Standpunkt unserer eigenen Taktik und Sicherheit her wünschenswert, die Initiative zu ergreifen und ohne weitere Warnung anzugreifen. Es leuchtet ein, daß Angriff die beste Verteidigung ist. Es ist immer gefährlich, abzuwarten und dem Feind den ersten Zug zu überlassen. Meiner Meinung nach rechtfertigte die Warnung, die der Präsident vor weiteren Vorstößen der Japaner gegen Thailand geäußert hatte, einen Angriff ohne weitere Warnung. Ihr erneuter Vormarsch nach Süden deutete schließlich darauf hin, daß sie sich anschickten, die Warnung zu mißachten.

Andererseits begriff ich, daß die Situation eindeutiger erscheinen würde, wenn eine weitere Warnung ausgesprochen würde.«[37]

Auf der Sitzung des Kriegskabinetts um die Mittagszeit jenes Tages wurden die Mechanismen festgelegt, mit denen das Land auf einen Krieg vorbereitet werden sollte. Stimson erklärt:

»Wir entschieden deshalb, daß wir nicht einfach herumsitzen und nichts tun konnten. Andererseits entschieden wir aber auch, daß wir nicht ohne eine weitere Warnung an Japan angreifen konnten, und wir diskutierten darüber, welche Form diese Warnung haben sollte. Der Präsident schlug ein Sondertelegramm von ihm persönlich an den Kaiser von Japan vor. Nach einiger Diskussion wurde entschieden, so ein Schreiben an den Kaiser zu schicken, das nicht veröffentlicht werden sollte. Gleichzeitig würde er vor dem Kongreß eine Sonderrede halten, die die Gefahr beschreiben und darüber berichten würde, was wir tun sollten, wenn die Gefahr akut wird.«[38]

Stimson berichtet über diese Entscheidung in seinem Tagebuch:

»Ich machte darauf aufmerksam … daß er sein Schreiben an den Kaiser besser getrennt als eine Sache, und zwar als eine Geheimsache schicken sollte, und anschließend seine Rede an den Kongreß als eine davon getrennte und für die Bevölkerung der Vereinigten Staaten besser verständliche Sache halten sollte. Dies war zu jenem Zeitpunkt die endgültige Entscheidung, und der Präsident bat Hull, Knox, und mich, zu versuchen, ein entsprechendes Papier aufzusetzen.«[39]

Nach dieser Sitzung reiste Roosevelt nach Warm Springs. »Der Rest dieses Wochenendes«, berichtete Stimson, »wurde größtenteils dazu benutzt, den Entwurf einer Botschaft des Präsidenten an den Kongreß vorzubereiten, wobei Secretary Knox und ich mit Mr. Hull und seinen Leuten aus dem State Department zusammenarbeiteten.«[40] Hull stellte den Entwurf um die Mittagszeit des 29. November fertig,[41] aber die Ereignisse entwickelten sich mit solcher Geschwindigkeit, daß der Präsident die Rede nicht mehr benötigte.

Später berichtete Stimson, der Präsident habe zu diesem Zeitpunkt einen Angriff auf die japanischen Streitkräfte, die Südostasien bedrohten, »zweifellos in Erwägung gezogen«.[42] Er meinte jedoch, daß Roosevelt, indem er eine Rede »zur Gewöhnung« des Kongresses in Auftrag gab, demonstrierte, daß er sich nicht das Recht anmaßen wollte, Kriege zu erklären.

Eine Notiz, die Hull zusammen mit dem Entwurf der Rede an Roosevelt schickte, wirft auf diese Erklärung jedoch ein seltsames Licht. In seinem Memorandum erklärte Hull: »Ich denke, wir stimmen darin überein, daß Sie diese Rede nicht halten sollten, bevor das letzte Stadium unserer Beziehungen vor den wirklichen Feindseligkeiten angebrochen ist.«[43] Also sollte – da der Krieg eine vollendete Tatsache und die Ereignisse unumkehrbar waren – der Kongreß aufgefordert werden, die Existenz von Feindseligkeiten zu bestätigen, indem er der Regierung eine Kriegserklärung verschaffte.

Am 29. November beendete Roosevelt nach einem Anruf Hulls seinen Urlaub in Warm Springs. Er kehrte am 1. Dezember nach Washington zurück. Stimson traf ihn am folgenden Tag und merkte, daß der Präsident das Land weiter mit aller Kraft auf den Kriegseintritt vorbereiten wollte, auch wenn es keinen Angriff Japans auf die Vereinigten Staaten geben sollte. Stimson erklärte:

> »Der Präsident ging in dieser Situation Schritt für Schritt vor, und ich denke, er hatte sich entschlossen, weiterzumachen. Er hatte die Japaner durch Sumner Welles fragen lassen, was sie mit dieser neuen Besetzung Südindochinas beabsichtigten – mit der sie gerade begannen – und hatte eine schnelle Antwort gefordert. Der Präsident denkt immer noch über eine Botschaft an den Kaiser nach, obwohl der Rest von uns ausgesprochen dagegen ist. Aber da er ziemlich entschlossen ist, denke ich, daß er eine Rede vor dem Kongreß halten und dies vielleicht durch eine Rede an die Nation unterstützen wird. Als er von uns fortging, sagte er, er sei dabei, die Dinge geradewegs anzupacken.«[44]

Danach wurde das Vorhaben des Präsidenten, die öffentliche Meinung auf einen amerikanischen Kriegseintritt für den Fall vorzubereiten, daß Japan keinen direkten Angriff auf die Vereinigten Staaten tätigte, nur noch einmal erwähnt. Es wurde bekannt, daß Roosevelt die australische Regierung am

Nachmittag des 6. Dezember über die Schritte informiert hatte, die er zu ergreifen beabsichtigte, falls Japan bis zum kommenden Mittwoch, dem 10. Dezember, die Kampfhandlungen eröffnen würde.

Informationen über Roosevelts Manöver erhielt der Gemischte Kongreßausschuß am 26. Mai 1946 durch die australische Botschaft in Washington. Der Brief der Botschaft an den Ausschuß nahm auf ein Telegramm des australischen Außenministers in Canberra an den britischen Staatssekretär für die Angelegenheiten der Dominions Bezug. Die Botschaft bemerkte zu diesem Telegramm:

»Das Telegramm enthält im wesentlichen den Inhalt einer Botschaft, die der australische Außenminister vom australischen Gesandten in Washington erhielt. Diese Botschaft wurde in Washington am 6. Dez. 1941 um 21.30 Uhr abgeschickt. *Die hierin enthaltenen Informationen das vom Präsidenten beabsichtigte Vorgehen betreffend, hatte der Präsident am späten Nachmittag des 6. Dez. mündlich gegeben.*«[45]

Nach der freien Wiedergabe des australischen Außenministers lautete dieses Telegramm wie folgt:

»Gegenstand der Bedingungen, daß Präsident bevorzugt Zustimmung gibt zu dem Text der Warnung wie entworfen und auch Zeichen gibt für tatsächliche Übergabe der Warnung; wir pflichten dem Entwurf bei als einer gemeinsamen Botschaft aller Regierungen Seiner Majestät. Ich mache darauf aufmerksam, daß gerade eingegangene Meldung vom australischen Gesandten in Washington vermerkt:

1. Präsident hat sich entschieden, Botschaft an Kaiser zu schicken.
2. Darauf folgendes Vorgehen des Präsidenten ist, daß wenn bis Montag abend bei ihm keine Antwort des Kaisers eingeht

a) er seine Warnung am Dienstagnachmittag oder -abend herausgeben wird.

b) Warnung oder Äquivalent von Briten oder anderen soll nicht folgen vor Mittwoch morgen, d. h. bis seine eigene Warnung in Tokio und Washington übergeben worden ist.«[46]

Seltsam daran ist nur, daß Roosevelt sich noch so spät an diesem Tag darüber Sorgen gemacht haben soll, daß die Japaner es unterlassen könnten, den notwendigen Zwischenfall zu liefern.

Am 1. Dezember war für den Präsidenten deutlich erkennbar, daß seine Befürchtung, Japan könnte die Feindseligkeiten gegen Großbritannien und Holland eröffnen, ohne auf die Vereinigten Staaten zu schießen, unbegründet war. Entschlüsselte japanische Funktelegramme verrieten Roosevelt, was er wissen wollte. Japans Gesandte in Washington wurden informiert, daß der letzte Termin für eine diplomatische Lösung, der 28. November, gekommen und vorübergegangen war. Von jetzt an würden die Dinge »automatisch ihren Gang nehmen«. Die Botschafter wurden instruiert, die Gespräche fortzusetzen, um das amerikanische Mißtrauen zu zerstreuen. Deutschland und Italien wurde die Zusicherung gegeben, daß »schneller, als es sich irgend jemand erträumt« Japan gegen die Vereinigten Staaten Krieg führen werde. Im Gegenzug gaben Deutschland und Italien die Zusicherung, an der Seite Japans zu kämpfen.

Diese Meldungen waren nicht mißzuverstehen, und Roosevelt tat das auch nicht. Am Abend des 7. Dezember, als er die Kabinettsmitglieder und die Kongreßführer im Weißen Haus zusammenrief, um ihnen über den Angriff auf Pearl Harbor zu berichten, erklärte er:

> »Wir haben Grund zu der Annahme, daß die Deutschen den Japanern mitgeteilt haben, daß sie den Krieg erklären werden, wenn Japan dies tut. Mit anderen Worten, eine Kriegserklärung Japans bringt automatisch ...«

Der Präsident wurde an dieser Stelle unterbrochen, aber was er bereits gesagt hatte, zeigte, daß er die verschlüsselten japanischen Funktelegramme gelesen hatte und wußte, was sie bedeuteten.[47] Ein langer Bericht des japanischen Botschafters in Berlin vom 29. November und eine kürzere Depesche von Tokio an Berlin vom 30. November, die beide am 1. Dezember übersetzt wurden, hatten Roosevelt verraten, daß Deutschland sich an einem Krieg gegen die Vereinigten Staaten beteiligen würde.

Während Nomura und Kurusu ihre Scheingespräche mit ihnen fortführten, praktizierten Hull, Roosevelt und die Spitzen der Regierung somit die gleiche Art von Täuschung gegenüber ihren Landsleuten.

In seiner Erklärung für den Kongreßausschuß schrieb Stimson:

> »Aus einigen der Kommentare, die in der Presse erschienen, konnte man den Eindruck gewinnen, daß die unmittelbare Kriegsgefahr im Oktober und November 1941 ein großes Geheimnis war, von dem nur die Amtsträger in Washington wußten, für die es selbst undurchschaubar war. Nichts konnte von der Wahrheit weiter entfernt sein.«[48]

Er zitierte dann aus Reden von Knox, Welles und Roosevelt (von denen keine nach dem 11. November gehalten wurde) als Beweis dafür, daß die Bevölkerung und der Kongreß vor »dem bevorstehenden Krieg mit Japan« ausreichend gewarnt worden waren.

Stimson sagte nichts darüber, daß Roosevelts Ultimatum vom 17. August dem Kongreß und der Bevölkerung verschwiegen worden war und von der Atlantik-Charta verschleiert wurde; daß in keiner dieser Reden angedeutet wurde, daß die Vereinigten Staaten Krieg gegen Japan führen würde, wenn Japan irgendwo im Pazifik gegen irgendwen vorgehen sollte; daß die wahre Natur und der wahre Verlauf der amerikanisch-japanischen Verhandlungen erst enthüllt wurde, als der Krieg bereits im Gange war; daß die letzte der sogenannten Warnreden mehr als zwei Wochen vor der letzten Krise vom

26. November gehalten wurde; und daß danach die Krise verheimlicht wurde, bis der Angriff auf Oahu die Bevölkerung als eine ungeheuerliche und entsetzliche Überraschung traf.

Diese Überraschung wurde durch zwielichtige Erklärungen und Handlungen der Herren in Washington, die wußten, daß der Krieg vor der Tür stand, sorgfältig vorbereitet. In Warm Springs deutete Roosevelt am 29. November die Möglichkeit an, daß »unsere Jungs von den Militär- und Marineakademien im nächsten Jahr ... vielleicht kämpfen werden«. Er wußte, daß sich binnen weniger Tage ganz Amerika im Krieg befinden würde. Am 2. Dezember bezeichnete er auf einer Pressekonferenz Japan als »eine befreundete Macht, mit der sich die Vereinigten Staaten im Frieden befinden«[49]; dabei wußte er durch »Magic« von der Absicht Japans, den Krieg gegen die Vereinigten Staaten zu eröffnen.

Außenminister Hull betonte am 3. Dezember, daß die diplomatischen Verhandlungen mit Japan weiterliefen. Er bezeichnete Nomura und Kurusu als seine »Freunde« und erklärte nachdrücklich, daß die Gespräche, die er mit ihnen führte, »sondierender und vorläufiger Natur« seien.[50] Er wußte, daß Japan sie nur noch der Form halber führte und die dechiffrierten japanischen Funktelegramme sie in Konsequenz seiner Vorschläge vom 26. November als »gebrochen und zerbrochen« bezeichneten; daß die Gespräche nur fortgesetzt wurden, um die anlaufenden militärischen Aktionen zu verschleiern; und daß Japan seinen diplomatischen Vertretern und seinen Achsenpartnern mitgeteilt hatte, daß es gegen die Vereinigten Staaten bald Krieg führen werde.

Am 4. Dezember, dem Tag, an dem Japan durch das »Winde«-Signal bekanntgab, daß insgeheim der Kriegszustand mit den Vereinigten Staaten, Großbritannien und Holland eintrat, verließ Stimson seinen Posten und flog nach New York, um seinen Zahnarzt aufzusuchen.[51] Niemand hätte aus diesem Verhalten schließen können, daß das militärische Establishment sich mit ernsten Aufgaben konfrontiert sah. Stimson gab auch am 5. Dezember auf einer Pressekonferenz keine Aufklärung. Er erklärte »etwas humorig«, er wisse keine Neuigkeiten, weil er mit der Gewißheit, daß »die Gespräche mit Japan weiterliefen«, den gestrigen Tag bei seinem Zahnarzt in New York verbracht habe.[52]

Die angebliche Unwissenheit über den nahenden Krieg, die Stimson und die Washingtoner Insider zur Schau stellten, erscheint durch die Aussage, die Lieutenant Colonel Clausen vor dem Kongreßausschuß machte, in einem neuen Licht. Clausen deckte auf, daß das Wissen, das in Washington angeblich fehlte, bei vergleichsweise unbedeutenden Stellen sehr wohl vorhanden war.

Als er sich in Honolulu aufhielt, sah er die Kopie eines Telegramms von Colonel G. H. Wilkinson, einem britischen Geheimagenten in Manila, an die britische Zuckerfirma in Honolulu, die Wilkinson vertrat. Das Telegramm vom 3. Dezember war an John E. Russell, den Präsidenten der Firma gerichtet. Wilkinson berichtete, daß die Japaner nach seinen Informationen in Indochina den Bau von Eisenbahnen und Flugplätzen vorantrieben. Weiter hieß es in dem Telegramm: »Unsere wohlerwogene Meinung geht dahin, daß Japan baldige Feindseligkeiten mit Großbritannien und den Vereinigten Staaten ins Auge faßt. Japan beabsichtigt gegenwärtig nicht, Rußland anzugreifen, sondern will im Süden aktiv werden.« Clausen erklärte, alle Merkmale in Wilkinsons Botschaft deuteten darauf hin, daß er die »Winde«-Meldung selbständig abgehört habe.[53]

Clausen hatte außerdem von Major General C. J. Willoughby, dem Nachrichtenoffizier General MacArthurs auf den Philippinen, eine eidesstattliche Erklärung erhalten, in der er von Wilkinsons Anfrage in MacArthurs Hauptquartier berichtete, ob er als britischer Verbindungsoffizier zugewiesen werden könne. General Willoughby erklärte, der britische Agent habe behauptet, er hätte die Unterstützung von Premierminister Churchill. Laut Willoughby habe Wilkinson »den Status eines angesehenen Geschäftsmannes mit dem eines Geheimagenten verbunden«.

Über Wilkinson und andere Leute seiner Art sagte Willoughby: »Dieses Netz potentieller Spione ist weltweit verbreitet. Ich habe festgestellt, daß sie nur sich selbst und dem Empire gegenüber loyal sind.«[54]

Wenn die Nation vor einem Krieg gewarnt war, wie Stimson behauptet, warum vertagte sich dann der Senat auf Antrag von Senator Lucas von Illinois* am Nachmittag des 4. Dezember bis zum 8. Dezember, dem Tag nach dem Angriff auf Oahu? Warum hätte sich das Abgeordnetenhaus am 5. Dezember, nach einer ausgedehnten Sitzung, in der kein einziges Wort über einen Krieg mit Japan geäußert wurde, bis zum 8. Dezember vertagen sollen?[55]

Es gibt einen schwachen Punkt in dem allgemeinen Bild von Washingtons Ahnungslosigkeit. Am 4. Dezember diskutierte Maxwell Hamilton von der Fernostabteilung des State Department mit der britischen Botschaft über ein Arrangement mit den Japanern zum Austausch von zivilen Staatsangehörigen im Kriegsfall.[56]

Stimson sagt, »das Volk habe nur langsam die Gefahr erkannt«.[57] Der Mann, der zum Zahnarzt fuhr, nachdem er wiederholt vor dem Krieg gewarnt worden war, verurteilt auch General Short. Er behauptet, sein Telegramm von 27. November habe Short ein genaues Bild der Situation gegeben.[58] Aber wie gut oder schlecht Short am 27. auch über die Situation

---

* Er wurde vier Jahre später zum Mitglied der New Deal-Mehrheit im Gemischten Kongreßausschuß zur Untersuchung von Pearl Harbor ernannt.

unterrichtet sein mochte, diese Situation änderte sich nach Stimsons eigener Feststellung am 28. November, am 2., und 6. Dezember. Short wurde jedoch in den letzten zehn Tagen vor dem Angriff nicht weiter informiert.

Der Präsident, Stimson und das Kriegskabinett hatten am 28. November beschlossen, daß die Vereinigten Staaten sich mit Japan im Krieg befinden würden, wenn eine japanische Expeditionsstreitmacht, die die chinesische Küste hinunterdampfte, in den Golf von Siam einlief. Am 1. Dezember gab es Berichte, denenzufolge die Expeditionsstreitmacht bei Saigon in Indochina landete, anstatt weiter in den Golf hineinzufahren. »Dies schien uns eine kleine Atempause zu geben«, schreibt Stimson.[59]

Roosevelt glaubte, daß der Bericht über die Landung zutreffend war, und fragte am 2. Dezember bei den Japanern an, was »sie mit dieser neuen Besetzung Indochinas beabsichtigten«.[60]

Wenn Japan den Krieg nicht beginnen wollte, so war der Präsident entschlossen, es selbst zu tun. Admiral Ingersoll erzählte vor dem Kongreßausschuß, Roosevelt habe an diesem Tag angeordnet, drei kleine Schiffe als »defensive Aufklärungspatrouille« in den Golf von Siam zu schicken. Eine Depesche, die der Chef des Admiralstabs an Admiral Hart schickte, begann mit folgender ungewöhnlicher Erklärung:

»Präsident ordnet an, so schnell wie möglich und wenn möglich binnen zweier Tage nach Erhalt dieser Depesche das Folgende zu tun.«[61]

Der Kongreßabgeordnete Keefe bemerkte zu diesem Projekt:

»Die Anordnung des Präsidenten lautete, daß der Oberkommandierende der Asiatischen Flotte drei kleine Schiffe chartern sollte, um eine ›defensive Aufklärungspatrouille‹ zu bilden. Um diese Fahrzeuge zu Kriegsschiffen der Vereinigten Staaten zu machen, mußte man sie zumindest bemannen. Die Anforderungen lauteten im einzelnen: Kommando durch einen Marineoffizier und Aufstellung eines kleinen Geschützes und eines Maschinengewehrs. Als Besatzung sollten Filipinos die Mindestzahl von Marinedienstgraden ergänzen. Die Schiffe sollten japanische Flottenbewegungen im westchinesischen Meer und im Golf von Siam beobachten und über Funk melden. Der Präsident legte die Punkte fest, an denen die Schiffe jeweils stationiert werden sollten: eins zwischen Hainan und Hue, eins zwischen der Bucht von Camranh und Cape St. Jacques und eins vor Pointe De Camau (Ex. 37, S. 39). All diese Punkte lagen eindeutig auf der Route des japanischen Vormarschs, der die Küste von Indochina hinunter zum Golf von Siam führte. Dieser Plan ging nicht vom Marineministerium aus (Tr., S. 11 351). Das Marineministerium hätte seine Durchführung nicht angeordnet, wenn der Präsident dies nicht definitiv befohlen hätte (Tr., S. 11 351). Admiral Hart ließ bereits von Manila aus vor dieser Küste Aufklärungsflugzeuge fliegen (Tr., S. 11 350). Soweit es das Marineministerium betraf, erhielt es dadurch genügend Informationen (Tr., S. 11 351). Hätten die Japaner auf eines dieser drei kleinen Schiffe geschossen, hätte das einen offenen Akt von seiten Japans dargestellt (Tr., S. 11 352).«[62]

Dies war nur einer in einer langen Reihe von Versuchen Roosevelts, einen »Zwischenfall« herbeizuführen, der die Vereinigten Staaten in den Krieg stürzen sollte. Der Kongreßabgeordnete Keefe gibt zu diesem Programm folgenden Kommentar:[63]

»Das Konzept eines ›Zwischenfalls‹, der die öffentliche Meinung hinter einer umfassenden Kriegsanstrengung entweder im Atlantik oder im Pazifik vereinigt, hat seit langer Zeit das Denken der Amtsträger in Washington beeinflußt. Von Zeit zu Zeit wurden immer wieder Pläne zur Herbeiführung eines Zwischenfalls diskutiert und erwogen. Bereits am 10. Oktober 1940 hatte Secretary Knox Admiral Richardson, damals Oberkommandierender der Pazifikflotte, über einen Plan des Präsidenten informiert, mit dem er den gesamten Handel zwischen Japan und dem amerikanischen Doppelkontinent unterbrechen wollte. Dies sollte mit einer Patrouille von amerikanischen Schiffen bewerkstelligt werden, die in zwei Linien aufgestellt werden sollten: von Hawaii bis westlich der Philippinen und von Samoa bis Niederländisch-Ostindien (Tr., S. 792). Dieser Plan sollte zur Ausführung kommen, falls Japan sich an Großbritannien für die Wiedereröffnung der Burmastraße rächte, die für den 17. Oktober 1940 vorgesehen war (Tr., S. 792). Admiral Richardson war über diesen Vorschlag erstaunt und erklärte, daß die Flotte weder auf die Realisierung dieses Plans noch auf den Krieg vorbereitet sei, der sich aus diesem Vorgehen ergeben würde (Tr., S. 793).

Am 11. Februar 1941 beschrieb der Chef des Admiralstabes in einem Memorandum einen Plan des Präsidenten, einen Verband von Schiffen in den Fernen Osten zu schicken und vielleicht über eine ›undichte Stelle‹ sein Fahrtziel bekanntzugeben (Ex. 106). Er zitierte in demselben Memorandum eine Erklärung des Präsidenten, daß er sich nichts daraus machen würde, einen oder zwei Kreuzer zu verlieren, aber er wolle nicht das Risiko eingehen, fünf oder sechs zu verlieren. In einem Brief vom 19. April 1941 zitierte der Chef des Admiralstabs den Präsidenten wie er zu ihm sagte:

›Betty, sobald diese Schiffe von Australien und Neuseeland zurückkommen, möchte ich ein paar mehr hinausschicken. Ich möchte, daß sie mal hier, mal dort auftauchen und die Japaner im unklaren gelassen werden.‹ (Ex. 106)

Am 24. Mai 1941 schrieb Admiral Stark an Admiral Kimmel:

›Vorgestern gab mir der Präsident insgesamt 30 Tage Zeit, um eine Expeditionsstreitmacht von 25 000 Mann aufzustellen und darauf vorzubereiten, die Azoren anzulaufen und sie zu besetzen. Ob sie dort auf Widerstand stoßen werden oder nicht, weiß ich nicht, aber wir sollen in jedem Fall auf heftigen Widerstand vorbereitet sein.‹ (Ex. 106)

Am 25. Juli 1941 schrieb der Chef des Admiralstabs an Admiral Kimmel einen Brief, daß er möglicherweise dazu aufgefordert werde, über einen der russischen Häfen in Asien einen Träger mit einer Ladung Flugzeuge nach Rußland zu schicken (Ex. 106). ›Ich weiß nicht, ob Sie das wollen, aber der Präsident hat mir befohlen, darauf vorbereitet zu sein, und ich möchte, daß Sie sich an den Gedanken gewöhnen.‹ Admiral Kimmel antwortete auf diesen Vorschlag wie folgt:

›Ich hege keinen Zweifel, daß eine derartige Operation, wenn sie entdeckt wird (was sehr wahrscheinlich ist), der Eröffnung eines japanisch-amerikanischen Krieges gleichkommt. Wenn wir am Beginn eines Krieges die Initiative ergreifen wollen, kann ich mir wirkungsvollere Methoden vorstellen, um den Anfangsvorteil zu bekommen. Kurz, es ist meine ernsthafte Überzeugung, daß der Einsatz eines Flugzeugträgers zum Transport von Flugzeugen zu Rußlands Häfen in Asien in der gegenwärtigen Phase gespannter Beziehungen nichts weniger bedeutet, als einen Krieg herauszufordern. Wenn wir uns für einen Krieg entscheiden sollten, dann wäre es sehr viel besser, selbst die Offensive zu ergreifen. Falls aus Gründen der politischen Zweckmäßigkeit beschlossen wurde, Japan zum Abfeuern des ersten Schusses zu zwingen, dann sollten wir eine Methode wählen, die für uns vorteilhafter ist.‹ (Ex. 106)

Am 31. Juli 1941 schickte Admiral Stark Admiral Kimmel die Kopie eines Briefes an Captain Charles M. Cooke, der folgenden Inhalt hatte:

›Nachdem Rußland vor einer neuen Situation stand, ging ich innerhalb von 48 Stunden mit Zustimmung des Ministers zum Präsidenten und erklärte, daß wir die psychologische Gelegenheit, die der russisch-deutsche Zusammenstoß bot, sofort ausnützen müßten, wenn wir England nicht fallenlassen wollten. Wir sollten ankündigen, daß wir von nun an Geleitschutz fahren und den westlichen Atlantik im großen Maßstab sichern würden. Eine derartige Erklärung, auf die sofort ein Aktivwerden unsererseits folgen müßte, würde uns beinahe mit Sicherheit in den Krieg verwickeln. Ich erklärte, daß ich jeden Tag des Hinauszögerns unseres Kriegseintritts als gefährlich und für das Überleben Großbritanniens verhängnisvoll ansehe. Ich erinnerte ihn daran, daß ich dies dem State Department seit Monaten gepredigt hatte, usw. usw. Ich habe die Meinung vertreten, nur ein Krieg könnte die Dinge psychologisch in der Weise beschleunigen wie sie beschleunigt werden müßten. Ein Weitermachen wie bisher, im Frieden, würde nicht zu den Ergebnissen führen, die wir bekommen könnten, wenn wir im Krieg wären. Die Situation bei Island kann zu einem ›Zwischenfall‹ führen. Sie sind damit und mit den Erklärungen des Präsidenten sowie den Antworten, die er auf den Pressekonferenzen gab, ebenso vertraut wie ich. Ob wir wegen des Schutzes, den wir Island gewähren, und der Schiffstransporte, die wir zur Unterstützung Islands und unserer Truppen entsenden, einen ›Zwischenfall‹ bekommen werden, weiß ich nicht – das kann nur Hitler beantworten.‹« (Ex. 106)

Um wieder auf den japanischen Truppenkonvoi zurückzukommen, der die Küste Indochinas hinunterdampfte, erfuhren Roosevelt und seine Mitarbeiter am 6. Dezember definitiv, daß der Bericht über die Landung bei Saigon falsch war. Statt dessen hatte die japanische Expeditionsstreitmacht tatsächlich die Linie überquert, deren Überschreiten nach dem Beschluß der Regierung den Kriegseintritt der Vereinigten Staaten zur Folge haben würde. Diese Informationen kamen in zwei Telegrammen von Botschafter John Winant aus London. Das erste erreichte Roosevelt und Hull am 6. Dezember um 10.40 Uhr, fast 27 Stunden, bevor die Japaner gegen Hawaii losschlugen. In diesem Telegramm, das mit »Dreifache Dringlichkeit und äußerst eilig«

und »Geheim und nur für den Minister und Präsidenten persönlich« gekennzeichnet war, hieß es:

»Britische Admiralität berichtet, daß an diesem Morgen um 3.00 Uhr Londoner Zeit vor Cambodia Point zwei Verbände gesichtet wurden, die in 14 Stunden Abstand langsam in Richtung Kra fuhren. Erster Verband 25 Transportschiffe, 6 Kreuzer, 10 Zerstörer.«[64]

Wenn man diese Depesche im Licht der einmütigen Entscheidung des Kriegskabinetts vom 28. November liest, derzufolge die Vereinigten Staaten kämpfen würden, sobald Japan in den Golf von Siam einlief, so bedeutete dies für Roosevelt, Hull, Stimson, Knox, Marshall und Stark, daß die Vereinigten Staaten sich an jenem Tag ab 10.40 Uhr im Krieg befanden. Der tatsächliche japanische Angriff auf Thailand, den Isthmus von Kra und Malaya sollte 14 Stunden später erfolgen.

Während des Kreuzverhörs von General Marshall verwies Senator Ferguson auf das gemeinsame Memorandum vom 27. November, in dem Stark und Marshall »ein militärisches Vorgehen« empfohlen hatten, falls japanische Streikräfte ins westliche Thailand vorstoßen oder in südlicher Richtung durch den Golf von Siam vorrücken sollten.

»Laut Ihrem Memorandum an den Präsidenten«, so Ferguson, »verlangte ein japanischer Vormarsch in Richtung Kra eine militärische Reaktion unsererseits. Somit bedeutete Winants Telegramm Krieg mit Japan, nicht wahr?«

»Es bedeutete einen Angriff Japans im militärischen Sinne«, antwortete Marshall etwas lahm, »aber die Entscheidung über den Kriegseintritt lag bei den beiden Regierungen (der Vereinigten Staaten und Japans).«[65]

Winants zweite Depesche vom 6. Dezember, die wieder mit »Dreifache Dringlichkeit und äußerst eilig« sowie »Geheim und nur für den Minister persönlich« gekennzeichnet war, erreichte Hull um 15.05 Uhr. Dieses Telegramm lautete in Auszügen:

»Nochmals von Cadogan. Besprechung der Admiralität über gerade zugesandte Informationen, Cadogan anwesend. Sie waren unsicher, ob Kra oder Bangkok Ziel des Verbandes sei. Letzteres würde nicht vor Montag erreicht werden.

Beachten Sie eine Abweichung zwischen der von mir angegebenen Uhrzeit und der Uhrzeit in unserer Marinedepesche; letztere gibt 3.00 Uhr Greenwich Central Time an, die mir gegebene Depesche 3.00 Uhr Londoner Zeit.* Glaube, daß erstere zutrifft.

Briten fühlen sich unter Zeitdruck gesetzt in bezug auf Beistandsgarantie für Thailand. Sie fürchten, Japan könnte sie zwingen, sie zum Einmarsch aufzufordern unter Schutzvorwand, bevor Briten Gelegenheit haben, Beistand

* In England herrschte während des Krieges »doppelte« Sommerzeit, d.h. im Sommer wurden die Uhren um zwei, im Winter um eine Stunde vorgestellt. Als Winant seine Depeschen schickte, herrschte »einfache Sommerzeit«, 3.00 Uhr Greenwich-Zeit entsprach also 4.00 Uhr Londoner Zeit.

zu garantieren; sie möchten aber den Wünschen des Präsidenten entsprechen, die in Telegramm von Welles an Halifax übermittelt ...

Ich werde morgen mit dem Premierminister an seinem üblichen Aufenthaltsort im Lande zu Mittag essen und über private Drähte ständig mit der Botschaft in Kontakt bleiben für den Fall, daß Sie sich mit mir in Verbindung setzen wollen.«[66]

Während der Kongreßanhörungen wurde der Versuch gemacht, von Welles etwas über die Art der »Wünsche des Präsidenten«, wie sie Lord Halifax übermittelt wurden, zu erfahren. Welles erklärte, es gebe keine schriftliche Aufzeichnung über dieses Telegramm. Er war auch nicht in der Lage, sich daran irgendwie zu erinnern.[67] So bleibt ein weiteres von Roosevelts Manövern im dunkeln.

Die Depeschen der amerikanischen Vertreter im Südwestpazifik, die nach Winants Telegramm in Washington eingingen, zeigen jedoch eindeutig, daß Briten und Holländer die Vereinigten Staaten nun als verpflichtet ansahen, ihnen zu Hilfe zu kommen. Admiral Hart bat über Funk um eine Bestätigung der Behauptung der Briten in Singapur, daß Amerika bewaffnete Hilfe zugesagt habe, falls Japan auf der Landenge von Kra landen, einen Teil von Thailand besetzen oder Niederländisch-Ostindien angreifen sollte.*

Eine zweite Geheimmeldung von Hart, die am 6. Dezember um 16.29 Uhr im Kriegsministerium einging, lautet in freier Wiedergabe wie folgt:

»(Lieutenant Colonel) Brink (amerikanischer Militärbeobachter in Singapur) meldet, daß um 1 Uhr nachmittags auf genau westlichem Kurs 1 Schlachtschiff, 5 Kreuzer, 7 Zerstörer und 25 Handelsschiffe gesichtet wurden; diese wurden gesichtet bei 106° 8' O, 8° N; dies war der erste Bericht.

Der zweite Bericht lautet, daß 10 Handelsschiffe, 2 Kreuzer und 10 Zerstörer auf dem gleichen Kurs bei 106° 20' O, 7° 35' N gesichtet wurden.

Obige Berichte stammen beide von Patrouillen der Royal Air Force.«[68]

Diese Flottenbewegungen verletzten die Paragraphen b) und c) der Vereinbarungen über die Grenzlinie, die auf der Konferenz von Singapur getroffen worden waren. Die Briten brachten sie den Amerikanern zur Kenntnis, weil wir entsprechend handeln sollten. Als Admiral Stark von Senator Ferguson über dieses Telegramm vernommen wurde, gab er freimütig zu: »Wir gingen davon aus, daß diese Depesche Krieg bedeutete.«[69]

Am 6. Dezember wurde Admiral Hart entsprechend dem ABCD-Abkommen aktiv. Admiral Sir Tom Phillips, der am 2. Dezember mit dem Schlachtschiff *Prince of Wales* und dem Schlachtkreuzer *Repulse* in Singapur eingetroffen war, konferierte am 6. mit Hart in Manila. Phillips hatte nur vier

---

* Siehe Kapitel 8

Zerstörer mitgebracht und besaß für seine großen Einheiten keinerlei trägergestützte Luftsicherung. Hart willigte bei dieser Besprechung ein, Phillips vier amerikanische und sechs holländische Zerstörer zu unterstellen, um seine Deckungkräfte zu verstärken. Bevor sie ihm jedoch geschickt werden konnten, überraschten und versenkten die Japaner die *Prince of Wales* und die *Repulse* am 10. Dezember durch einen kombinierten Luftangriff mit Bomben und Torpedos vor Kuantan an der Ostküste Malayas.[70]

Die australische Regierung hielt am 6. Dezember ein weiteres Telegramm zurück. Darin wollte Colonel Merle-Smith, amerikanischer Militärattaché in Melbourne, eine Mahnung der holländischen Dienststelle in Ostindien weiterleiten, derzufolge die Vereinigten Staaten nunmehr verpflichtet seien, ihnen Hilfe zu leisten. Merle-Smiths Telegramm, das an das Kriegsministerium und General Short adressiert war, datierte vom 6. Dezember, kam aber erst am 7. Dezember um 19.58 Uhr in Washington an, zwölf Stunden nach dem Angriff auf Pearl Harbor, nachdem es 17 Stunden von den Australiern zurückgehalten worden war.

Laut Merle-Smith berichtete der holländische Nachrichtendienst, daß eine japanische Flotte auf Ambon oder Menado in Niederländisch-Indien zusteuerte, was sie über die Linie Davao-Waigeo führen müßte, die auf der Stabskonferenz von Singapur festgelegt worden war. Daher habe das holländische Oberkommando im Pazifik die Durchführung von »Plan A-2« angeordnet. Dies war der holländische Teil von Rainbow No. 5, dem Kriegsplan, der einen gemeinsamen amerikanisch-britisch-holländischen Aufmarsch gegen Japan vorsah.

Colonel Merle-Smiths Ordonnanzoffizier, Lieutenant Robert H. O'Dell, erklärte, daß er und seine Vorgesetzten am Nachmittag des 5. Dezember zu einer Konferenz mit Air Chief Marshall Sir Charles S. Burnett, Kommandeur der australischen Luftwaffe, und Fregattenkapitän Saom, holländischer Verbindungsoffizier in Melbourne, zusammengerufen wurden. Dort erfuhren sie von den japanischen Flottenbewegungen und der holländischen Reaktion. Merle-Smith bereitete in jener Nacht ein Funktelegramm vor, um Hawaii und Washington vor dieser Entwicklung zu warnen. Aber Burnett bat Merle-Smith, »24 Stunden zu warten«, bevor er es abschickte, und Merle-Smith »willigte widerstrebend ein«. O'Dell berichtet ferner, daß der holländische Teil des Kriegsplans »gemeinsame Operationen der Australier, der Holländer und unserer Navy, wenn nicht mehr, vorsah«.[71]

Nach der ersten Sichtung der herannahenden Flotte fragten die Holländer Secretary Hull, ob es ratsam sei, eine Warnung an Japan zu richten. Hull bat Stark um seine Meinung. Dieser erklärte, daß eine Warnung am besten in die Form einer Erklärung gefaßt würde, derzufolge japanische Kriegsschiffe oder Expeditionsstreitkräfte, die eine zwischen Davao und Waigeo verlaufende Linie überquerten, als feindlich angesehen und angegriffen würden.[72] Als er gefragt wurde, ob er das Memorandum abgefaßt habe, ohne Roosevelt zu informieren, antwortete Stark: »Ich denke nicht, daß ich so etwas getan hätte, ohne den Präsidenten zu fragen.«[73]

Die Holländer hatten am 1. Dezember eine umfassende Mobilmachung ihrer Streitkräfte in Asien angeordnet, und am gleichen Tag wurden die britischen Truppen in Singapur in Kampfbereitschaft versetzt. Die Partner der geheimen ABCD-Allianz richteten ihre Augen auf die Vereinigten Staaten. Am 6. Dezember gaben die vier Mächte in Melbourne eine gemeinsame Erklärung ab, in der sie in Aussicht stellten, Japan »Zug um Zug« entgegenzutreten. Das State Department in Washington dementierte umgehend, daß Amerika mit diesem Manifest zu tun habe.[74]

Im Laufe der Woche hatte Premierminister Churchill Roosevelt ständig darum gebeten, eine ernste Warnung an Japan zu richten. Der Präsident willigte ein, eine Botschaft an Hirohito zu schicken und, falls bis zum Montagabend, dem 8. Dezember, vom Kaiser keine Antwort eingegangen sei, »seine Warnung am Dienstagnachmittag oder Abend zu veröffentlichen«. Darauf sollte am Mittwoch eine Warnung der Briten und möglichst der Holländer folgen.

Ein britischer Entwurf, den Churchill Roosevelt am 7. Dezember zur Kommentierung schickte, warnte Japan davor, in Thailand einzufallen.[75] »Sollte es unglücklicherweise zu Kriegshandlungen kommen«, hieß es, »so wird die Verantwortung bei Japan liegen.«[76]

Wie aus »Magic« hervorging, war diese Strategie überflüssig, da der japanische Angriff mit Sicherheit erfolgen würde. Die Regierung begann plötzlich, während der Kriegsausbruch nur noch eine Frage von Stunden war und die abgehörten Funksprüche sowie die japanischen Spionagemeldungen auf einen Angriff auf Pearl Harbor hindeuteten, ihre Friedensliebe zu entdecken.

Einzig für die Nachwelt schickte Roosevelt am Abend des 6. eine Botschaft an Hirohito, als er bereits wußte, daß es viel zu spät war, um den Krieg zu verhindern. Jetzt, als es keine Rolle mehr spielte, bestand er nicht länger darauf, daß ein Übereinkommen auf den zehn Punkten Hulls gemäß dem Memorandum vom 16. November beruhen mußte. Er erwähnte die Bedingungen vom 26. November nicht einmal. Er wußte, daß sie nicht länger relevant waren, so wie er wußte, daß seine ganze Botschaft ihren Sinn verloren hatte. Sie wurde den Morgenzeitungen am Montag zur Veröffentlichung freigegeben, also am Tag nach dem Angriff, und sie schien in der Verwirrung jener Stunden das Geschrei der Regierung über die Doppelzüngigkeit der Japaner zu rechtfertigen. Nach dem, was mittlerweile über Roosevelts Diplomatie bekannt ist, war der Appell an Hirohito nur dazu da, um seinen Landsleuten Sand in die Augen zu streuen.

Am Sonntag, dem 7. Dezember, als die vollständige vierzehnteilige Antwort der Japaner und die »pilot-message« mit der Instruktion, sie um 13.00 Uhr zu übergeben, ankündigten, was die Stunde geschlagen hatte, wurde der Anschein der Unwissenheit bis zuletzt aufrechterhalten. Roosevelt und Hopkins arrangierten die Szene im Arbeitszimmer des Weißen Hauses. Hull, Stimson und Knox versammelten sich am Morgen im State Department, wo Stimson murmelte, daß »etwas« in der Luft liege und Hull die offensichtliche Schlußfolgerung zog, daß die Japaner »eine Teufelei« im Sinn hätten.

Stimson schrieb in sein Tagebuch:

»Die Hauptsache ist, die wichtigsten Völker, die im Fernen Osten Interessen haben, zusammenzuhalten – die Briten, uns, die Holländer, die Australier und die Chinesen. Knox ist ebenfalls der Ansicht, daß es wichtig ist, umgehend zu demonstrieren, daß diese Nationen zusammenstehen.«[77]

Der vorausschauende Stimson ließ Hull und Knox ihre Ansichten an Ort und Stelle diskutieren[78] – Material für die Nachwelt, das zu einem passenden Zeitpunkt hervorgezogen werden konnte – so wurde es etwa dem Kongreßausschuß vorgelegt. Stimson stellt fest: »Die Meldungen, die wir erhielten, deuteten nun darauf hin, daß die japanischen Streitkräfte weiter in den Golf von Siam hineinfuhren. Wir diskutierten nochmals, ob wir nicht kämpfen müßten, wenn Malaya oder die Niederlande angegriffen und die Briten oder Holländer kämpfen würden. Wir dachten alle drei, daß auch wir kämpfen müßten, wenn diese Nationen es täten.«[79]

Um 2 Uhr, als er beim Mittagessen war, erhielt Stimson vom Präsidenten telephonisch die Nachricht, daß die Japaner Hawaii bombardierten. Stimsons Schilderung seiner Reaktion auf diese Nachricht ist bezeichnend. Seinem Tagebuch vertraute er an:

»Wir drei (Hull, Knox und Stimson) dachten alle, daß wir kämpfen müßten, wenn die Briten kämpfen würden. *Aber jetzt haben die Japse das ganze Problem gelöst, indem sie uns auf Hawaii direkt angegriffen haben.*«[*80]

Japan hatte praktischerweise die Lösung für das Dilemma Präsident Roosevelts geliefert.

Stimson hielt mit seiner Meinung über den japanischen Angriff, der über 2000 Amerikanern das Leben kostete, nicht hinterm Berg. Er schrieb in sein Tagebuch:

»Als die ersten Nachrichten kamen, daß Japan uns angegriffen hätte, war mein erstes Gefühl das der Erleichterung. Die Unentschlossenheit war vorüber, und die Krise war in einer Weise gekommen, die unser ganzes Volk einigen würde. Dies blieb auch weiterhin mein vorherrschendes Gefühl, trotz

---

* Hervorhebung durch G. M.

der rasch bekanntwerdenden Nachrichten über die Katastrophe. Denn ich glaube, daß dieses Land, wenn es einig ist, praktisch nichts zu fürchten hat. Dagegen waren die Gleichgültigkeit und Uneinigkeit, die von unpatriotischen Leuten ausgingen, bis jetzt sehr entmutigend gewesen.«[81]

Mit anderen Worten: Für Stimson war es patriotisch, für die britischen und holländischen Kolonialreiche in den Krieg zu ziehen, und es war unpatriotisch, den Frieden erhalten zu wollen.

In jener Nacht, als die Mitglieder des Kabinetts und die Kongreßführer im Weißen Haus zusammentrafen, bemerkte Roosevelt voller Staunen immer wieder, daß die Nation sich jetzt im Krieg befand und daß der Krieg durch einen offenen Akt von seiten Japans herbeigeführt worden war.

»Schön«, sagte er, »wir wurden angegriffen. Das steht außer Frage.«[82]
Dann sagte er nochmals: »Tatsache ist, daß im Pazifik heute ein Schießkrieg stattfindet. Wir befinden uns darin.«[83]

Es war beinahe so, als ob er es nicht glauben könnte.

Die Politik Roosevelts, die die Vereinigten Staaten in den Krieg führte, wurde treffend mit einem Fluß verglichen, der gelegentlich im Untergrund verschwindet, nur um näher am Meer wieder zum Vorschein zu kommen – in diesem Falle ist es das Meer des totalen Krieges. Der japanische Angriff auf Pearl Harbor verhinderte eine ernste Verfassungskrise in den Vereinigten Staaten. Diese Krise wurde durch Roosevelts Politik heraufbeschworen, seine Befugnisse als »Oberster Befehlshaber« zu gebrauchen, um eine Außenpolitik durchzusetzen, die ohne Wissen des Kongresses zu den gewünschten Resultaten führte.[84]

KAPITEL 20

Wer ist schuld?

Der Angriff auf Pearl Harbor lieferte den lange ersehnten Zwischenfall, der die Vereinigten Staaten in den Weltkrieg brachte. Die Japaner waren jedoch über die Vorstellungen der Roosevelt-Administration hinausgegangen, denenzufolge sie zwar den ersten Schuß abfeuern sollten, ihnen aber nicht erlaubt werden sollte, »uns allzu großer Gefahr auszusetzen«. Pearl Harbor war mehr als nur ein symbolischer Akt der Feindseligkeit. Die Japaner hatten so lange gefeuert, bis 2326 Amerikaner tot waren und die Pazifikflotte in Trümmern lag. Und es braute sich weiteres Unheil zusammen. Die isolierten Garnisonen von Wake, Guam und Luzon mußten bald dem Kriegsplan Washingtons geopfert werden.

Eine Katastrophe von solchen Ausmaßen hätte eine andere Wirkung haben können, wenn ihre Entstehungsgeschichte bekanntgeworden wäre. So half sie, eine zerstrittene Nation zu einen, um einen harten und kostspieligen Krieg durchzufechten, den 80 Prozent der Bevölkerung nicht gewollt hatten. Wenn sie bekanntgeworden wäre, dann hätte dies möglicherweise die Bereitschaft der Bevölkerung vermindert, Roosevelts kriegstreiberischen Kurs zu vergessen, der völlig am Kongreß vorbeigegangen war. Es hätten unangenehme Fragen folgen können, die die Weisheit Mr. Roosevelts und der Herren um ihn bezweifelten. Und das war das Letzte, was der »Oberste Befehlshaber« wünschte oder gebrauchen konnte.

Die Strategie der Regierung wurde bald geklärt. Die schreckliche Niederlage auf Hawaii wurde zuerst den verräterischen Japanern zugeschrieben. Sie hätten genau zu dem Zeitpunkt angegriffen, an dem die amerikanische Regierung versuchte, die auf Abwegen geratenen Warlords Nippons auf den Pfad des Friedens zurückzuführen. Die Rolle der Regierung bei den Ereignissen, die zum 7. Dezember geführt hatten, fiel dabei praktischerweise unter den Tisch: ihr Wirtschaftskrieg, ihre Geheimdiplomatie, ihre heimlichen Militärbündnisse, die Vorlage von Forderungen, die Japan »erniedrigend« fand, und ihre völlige Preisgabe der Neutralität zugunsten eines nichterklärten Krieges

Als wenige Tage nach Pearl Harbor erkennbar wurde, daß die verheerende Niederlage auf Oahu nicht allein den Japanern zugeschrieben werden konnte, erfanden Roosevelt und seine Genossen in der Regierung und im

Oberkommando ein paar neue Schurken, denen die Versäumnisse zugeschrieben werden konnten. Die Schuld an der Niederlage von Pearl Harbor – und zwar die ganze Schuld, nicht nur ein Teil von ihr – wurden zu gleichen Teilen auf Admiral Kimmel und General Short abgewälzt. Marineminister Knox erklärte, sie seien nicht wachsam genug gewesen. Roosevelt enthob sie ihrer Kommandos. Die Kommission des Präsidenten unter Vorsitz von Richter Roberts bestätigte diesen Urteilsspruch, indem sie die Offiziere der Pflichtversäumnis für schuldig befand. Sie wurden in den Ruhestand versetzt. Es wurde in Aussicht gestellt, sie vor ein Kriegsgericht zu stellen. Unter der Last solcher Anklagen hatten sie keine andere Wahl, als zu schweigen.

So stand die Sache fast vier Jahre lang. Mit dem ganzen Apparat der Zensur und der Propaganda, der ihr in Kriegszeiten zur Verfügung stand, fühlte sich die Regierung sicher. Als der Ruf nach einer unparteiischen Untersuchung von Pearl Harbor Marineminister Knox und Kriegsminister Stimson 1944 zwang, ein Untersuchungsgericht der Marine und einen Untersuchungsausschuß der Armee einzuberufen, wurde die These der Regierung, daß allein Kimmel und Short schuld wären, schwer erschüttert.

Die Feststellungen des Army Board über die Verantwortung für das Desaster reichten bis in das Kabinett des Präsidenten und in das Oberkommando hinein. Sie beschuldigten außer Short Außenminister Hull, Generalstabschef Marshall und den Chef der Operationsabteilung Gerow schwerer Verstöße.[1] Da sich der Verdacht gegen Roosevelts inneren Kreis und die dienstbaren Geister der Regierung zu richten begann, verwarfen Präsident Truman und Marineminister Stimson den Urteilsspruch des Army Board. Stimson bezeichnete die Kritik an Hull als »unangebracht« und die an Marshall als »völlig ungerechtfertigt«.[2] Truman versuchte, das amerikanische Volk vor ein Kriegsgericht zu stellen:

> »Das Land war für den Krieg nicht bereit ... Ich denke, in dieser entscheidenden Situation, aus der sich Pearl Harbor entwickelte, ist dem Land ebenso die Schuld zu geben wie irgendeiner Einzelperson.«[3]

Der Bericht des Navy Court war der Regierung ebenso unangenehm wie der des Army Board. Das Untersuchungsgericht wollte Kimmel überhaupt keine Schuld mehr zuschreiben. »Aufgrund der festgestellten Tatsachen«, heißt es in dem Bericht, »ist das Gericht der Meinung, daß keine Person oder Personen im Dienst der Navy gegen ihre Pflichten verstoßen noch wirklich Schuld auf sich geladen haben«.[4]

Admiral King, Oberbefehlshaber der Flotte, und Marineminister Forrestal konnten das nicht so stehenlassen. Sie fügten dem Bericht des Untersuchungsgerichts Ergänzungen an, was darauf hinauslief, das Urteil ihrer eigenen Untersuchungsbeamten zu verwerfen. Sie verfügten, daß Admiral Kimmel in der Navy keine Position einnehmen sollte, »die die Ausübung höheren Urteilsvermögens erfordert«. Um die Voreingenommenheit nicht zu offen zu zeigen, warfen sie auch Admiral Stark den Wölfen vor, indem sie über ihn das gleiche Urteil fällten.[5]

Schließlich griff der Kongreß in die Pearl Harbor-Kontroverse ein. Da eine Untersuchung nicht mehr verhindert werden konnte, entschied die Regierung, daß es das klügste sei, die Untersuchung in eigener Regie durchzuführen. Die Mehrheitspartei (die Demokraten, W. P.) initiierte die Untersuchung, legte ihre Richtlinien fest und kontrollierte ihren Ablauf. Aber es konnten weder öffentliche Anhörungen verhindert werden, noch konnten Kimmel und Short dazu gebracht werden, ihr vierjähriges Schweigen fortzusetzen. Zum ersten Mal würden Zeugenaussagen öffentlich gemacht werden, und zum ersten Mal waren die Befehlshaber von Hawaii in der Lage, sich öffentlich zu verteidigen.

Admiral Kimmel, der die Verwicklungen der vorhergehenden Untersuchungen zurückverfolgte, sagte über die Roberts-Kommission:

> »Ich hatte keine Möglichkeit zu erfahren, welches Beweismaterial außer meinen Aussagen der Kommission vorlagen. Nachdem die Kommission ihre Arbeit beendet hatte, vergingen mehr als zwei Jahre, bis es mir gestattet wurde zu erfahren, welches Beweismaterial der Kommission vorgelegt worden war.«

Als er das Protokoll las, so Kimmel, fand er beträchtliche Ungenauigkeiten und Verdrehungen.[6] Über das Verfahren des Navy Court sagte der Admiral:

> »Ich war bei allen Anhörungen anwesend, hatte einen Rechtsbeistand, brachte Beweismaterial ein, vernahm Zeugen und nahm sie ins Kreuzverhör. Dieses Verfahren war von den geheimen Untersuchungen zu Pearl Harbor das einzige, in dem mir die amerikanischen Grundrechte gewährt wurden.
>
> Der Naval Court of Inquiry befand einstimmig, daß es an meinen Entscheidungen und Handlungen keinen Anlaß für Kritik gebe. Diese Feststellungen des Marinegerichts wurden jedoch erst am 28. August 1945 veröffentlicht. Als sie in der Presse erschienen, erfuhr ich zum ersten Mal, daß ich mich keiner Pflichtverletzung und keiner Fehlbeurteilung schuldig gemacht hatte. Am 6. Februar 1945 hatte ich an den Marineminister geschrieben und ihn gebeten, die Feststellungen, Meinungen und Empfehlungen des Naval Court lesen zu dürfen. Am 13. Februar 1945 lehnte der Marineminister mein Gesuch ab.
>
> Im Mai 1945, lange nachdem der Naval Court of Inquiry seinen Bericht zu den Akten gegeben hatte, beauftragte der Marineminister Admiral Hewitt damit, eine weitere geheime Untersuchung von Pearl Harbor vorzunehmen. Ich erfuhr aus der Presse, daß die Untersuchung begonnen hatte. Am 8. Mai 1945 schrieb ich an den Marineminister und bat um die Erlaubnis, an den Anhörungen von Admiral Hewitt teilnehmen, Beweismaterial beibringen

und Zeugen vernehmen bzw. ins Kreuzverhör nehmen zu dürfen. Der Marineminister lehnte mein Gesuch mit einem Schreiben vom 14. Mai 1945 ab.

Am 24. Mai 1945 schrieb ich nochmals an den Minister und bat, er möge seine Entscheidung, mich von der Hewitt-Untersuchung auszuschließen, überprüfen. Der Marineminister hat darauf niemals geantwortet. Die Hewitt-Untersuchung lief im geheimen weiter.

Aufgrund dieser geheimen Untersuchung hob der Minister schließlich den Urteilsspruch des Naval Court of Inquiry auf.«[7]

Die noch dubiosere Geschichte der Bemühungen von Kriegsminister Stimson, dafür zu sorgen, daß die Verantwortung an General Short hängenblieb, wurden während der Kongreßanhörungen durch Senator Ferguson und den Abgeordneten Keefe aufgedeckt.

Das Büro für Öffentlichkeitsarbeit im Kriegsministerium gab am 28. Februar 1942 unter dem Titel »Rücktritt von General Short bestätigt« eine Pressemitteilung heraus. Diese Mitteilung lautete:

»Der Kriegsminister gab heute die Annahme des Rücktrittsgesuchs von Major General Walter C. Short mit Wirkung vom 28. Februar 1942 bekannt, ›ohne Straffreiheit für ein Vergehen oder zur Verhinderung eines zukünftigen Disziplinarverfahrens‹. Der Kriegsminister gab gleichzeitig bekannt, daß er aufgrund der Feststellungen des Berichts der Roberts-Kommission eine Anklage für ein Kriegsgerichtsverfahren gegen General Short wegen Pflichtversäumnis vorbereiten lasse. Der Kriegsminister machte jedoch deutlich, daß ein Verfahren aufgrund dieser Anklage erst zu dem Zeitpunkt abgehalten werden könne, an dem das öffentliche Interesse und die Sicherheit dies gestatten würden.«[8]

»Ich entnehme daraus, daß der Kriegsminister andeutete, Sie aufgrund des Roberts-Berichts irgendwann vor ein Kriegsgericht stellen zu wollen?« sagte Senator Ferguson zu Short.

»Wenigstens erklärte er, daß er dies angeordnet habe«, antwortete Short.

»Haben Sie jemals in irgendeiner Weise etwas getan, um dieses Kriegsgerichtsverfahren zu verhindern – daß Anklage erhoben wird?«

»Ich habe nichts derartiges getan«, erwiderte Short. »Tatsächlich habe ich eine Erklärung unterzeichnet, die lautet, daß ich einem Kriegsgerichtsverfahren innerhalb von sechs Monaten nach Beendigung der Feindseligkeiten zustimme.«

»Haben Sie jemals ein direktes Gesuch um ein Kriegsgerichtsverfahren eingereicht?«

»Das habe ich nicht.«

»Und Sie haben, soweit ich sehe, nichts getan, um solch ein Verfahren zu verhindern?«

»Das habe ich nicht.

»Sie sind also bereit, sich jedem Verfahren zu stellen, das die Regierung einleitet? Ist das die Lage der Dinge?«

»So ist es.«[9]

Dann gab Ferguson bekannt, daß das Büro des Vorsitzenden des Obersten Kriegsgerichts auf Anweisung von Secretary Stimson am 20. April 1942 eine Anklage gegen Short wegen angeblicher Verletzung des 96. Kriegsartikels vorbereitet habe. Die Schrift enthielt elf Anklagepunkte. Ein Memorandum vom 27. November 1944, das den Anklagepunkten beigefügt war, stellt fest:

»Die obigen Anklagepunkte waren nur versuchsweise formuliert und wurden weder vom Obersten Kriegsrichter gebilligt noch an den Kriegsminister weitergegeben. Selbstverständlich wurden sie niemals veröffentlicht.«[10]

Dies deutet darauf hin, daß Stimson alles getan hatte, um Short etwas anzuhängen. Aber der Oberste Militärrichter sah die Anklage als so schwach an, daß er sie nicht einmal dem Minister zur Kenntnis brachte, von einem öffentlichen Verfahren ganz zu schweigen. Dann las Senator Ferguson Short die Anklagepunkte vor und bat ihn, sich zu seiner Verteidigung zu äußern. Short plädierte in jedem Punkt auf nicht schuldig.[11]

Ferguson fragte Short, ob er etwas wisse oder eine Meinung darüber habe, warum durch Major General Cramer, Major Clausen und Colonel Clarke für Secretary Hull unabhängige Untersuchungen durchgeführt worden seien.

Über die Clausen-Untersuchung sagte Short: »Ich denke, es gibt eine Erklärung dafür. Sie müssen zwischen den Zeilen lesen.«[12] Als Hilfe dafür benannte der General ein Memorandum, das sich auf die Feststellung des Army Pearl Harbor Board bezog und das der Vorsitzende des Obersten Kriegsgerichts, General Cramer, am 25. November 1944 an Stimson geschickt hatte.

Cramer wies Stimson darauf hin, daß der Bericht des Army Board bestimmte Fragen aufgeworfen habe, »denen besser nachgegangen werden sollte«, und fuhr fort: »Ich möchte damit nicht andeuten, daß zu diesem Zweck der Ausschuß nochmals einberufen werden sollte. Die Aufgabe könnte von einem einzelnen Offizier erfüllt werden, der mit der Sache vertraut ist.«[13]

Short bemerkte, daß General Marshall nach eigener Aussage in seiner gesamten Dienstzeit niemals von einem inspizierenden Offizier gehört hatte, der, wenn er mit den Feststellungen eines Kriegsgerichts oder eines Ausschusses unzufrieden war, zu solchen Maßnahmen gegriffen hätte.

Marshall habe erklärt, bei normaler Vorgehensweise wäre das Verfahren an den Ausschuß zurückverwiesen und wenn dies gewünscht wurde, angeordnet worden, zusätzliches Beweismaterial zu erheben. Oder es wäre verfügt worden, daß der Ausschuß seine Feststellungen überprüfen solle; danach würde die Revision an den inspizierenden Offizier zurückgegeben.

Short bemerkte dazu:

»In diesem Fall verließ der Vorsitzende des Obersten Kriegsgerichts den Verfahrensweg. Er wünschte keine Zurückverweisung an den Ausschuß; statt dessen schlug er einen Offizier vor, der im Ausschuß tätig gewesen war ... Lieutenant Colonel Clausen, zu jener Zeit Major, war stellvertretender Protokollführer des Ausschusses. Ohne Frage hatte General Cramer zu dem Zeitpunkt, an dem er diesen Vorschlag machte, die Empfehlung von Colonel Clausen im Sinn, wodurch die weitere Untersuchung dem Army Board entzogen und in die Hände einer ausgesuchten Einzelperson gelegt worden wäre.«

»Haben Sie in Ihrer Zeit in der Army jemals erlebt, daß so etwas geschehen ist?« fragte Senator Ferguson.

»Ich habe nie davon gehört.«

»So wie ich es verstehe, schickte man, bevor eine wirkliche Überprüfung dieser Feststellungen vorgenommen wurde, Major Clausen hinaus?«

»Ich denke, die Überprüfung wurde vorgenommen, aber es war nicht das, was sie wollten.«

»Oh. Ist es das, was Sie zwischen den Zeilen lesen: Als sie den Bericht lasen, waren sie nicht zufrieden und gebrauchten darin die Worte ›gewisse Personen‹?«

»Und sie glaubten offenbar nicht, daß sie das, was sie wollten, vom Army Board bekommen konnten«, fügte Short hinzu.[14]

Short erklärte, daß der Oberste Kriegsrichter weiterhin Hemmungen hatte, Secretary Stimson davon zu unterrichten, daß er Short nichts nachweisen konnte, selbst als Clausen bereits versucht hatte, den Bericht des Army Board zu diskreditieren.[15] Die Überzeugung von der Schuldlosigkeit Shorts herrschte schon seit dem 27. Januar 1942 im Büro des Vorsitzenden des Obersten Kriegsgerichts, drei Tage nachdem die Roberts-Kommission Short der Pflichtversäumnis angeklagt hatte. Durch ein Memorandum dieses Datums informierte der Oberste Kriegsrichter Stimson wie folgt:

»General Shorts pflichtwidrige Unterlassungen oder Versäumnisse beruhten auf einer Einschätzung der Situation, die, obwohl sie sich durch die nachfolgenden Ereignisse als falsch erwies, von allen höheren Offizieren auf Hawaii geteilt wurde, soweit ich aufgrund des Kommissionsberichts feststellen kann. Diese Einschätzung lautete, daß ein Angriff aus der Luft in höchstem Grade unwahrscheinlich sei.«[16]

Am 25. November 1944, zwei Tage nachdem Clausen seinen Sonderbericht vorgelegt hatte, gab der Oberste Kriegsrichter General Cramer nochmals zu, daß nichts zum Vorschein gekommen sei, was Short belasten würde. Er berichtete Stimson:

»Ich schlage deshalb vor, daß Sie eine öffentliche Erklärung abgeben, die über die Verhandlungen des Ausschusses einen kurzen Überblick gibt. Sie sollte darauf hinweisen, daß General Short sich einer falschen Lagebeurteilung schuldig gemacht hat, wofür er umgehend seines Postens enthoben wurde, und daß dies zum jetzigen Zeitpunkt in dieser Frage eine ausreichende Maßnahme darstellt. Sollten weitere Nachforschungen einen anderen Sachverhalt ergeben, dann kann die Angelegenheit im Licht des zusätzlichen Beweismaterials später neu untersucht werden.«[17]

Ferguson deckte auf, daß Secretary Stimson und die Regierung es nach dem Fehlschlag der Clausen-Untersuchung nochmals versuchten – diesmal indem sie Colonel Carter Clarke mit der Durchführung einer Untersuchung betrauten. Clarke hatte früher bereits als Vermittler zu Gouverneur Dewey gedient, als General Marshall während des Präsidentschaftswahlkampfes 1944 mit dem Aufschrei »nationale Sicherheit« Dewey vom Thema Pearl Harbor weggelotst hatte.

»Wie erklären Sie sich diese Untersuchung durch Carter Clarke, nachdem Clausen das bereits getan hatte?« fragte der Senator Short.

»Es ist ziemlich schwierig zu sagen, was sie damit erreichen wollten«, antwortete Short. »Sie wollten offenbar genau herausfinden, was jeder, der eine wichtige Position in G-2 hatte, über ihre Lagebeurteilung sagen würde und so weiter, und es war ziemlich schwierig, diesen Bericht zustande zu bringen.«

»Und wissen Sie, ob dies in irgendeiner Weise darauf hindeutet, daß es einen Untersuchungsbericht von G-2 für den Präsidenten gegeben hat, und daß General Marshall einige Veränderungen an ihm vorgenommen hat?«

»Irgendwo – ich habe vergessen, ob es in jenem Bericht war oder nicht – aber irgendwo ist mir etwas in dieser Richtung untergekommen.«

An diesem Punkt warf der Kongreßabgeordnete Murphy von Pennsylvania ein: »Wäre es, nachdem man es lesen konnte, nicht ehrlicher zu sagen, daß es einen Mann namens Friedman und verschiedene andere Zeugen, und einen General Spalding und andere gibt, die über ein im Umlauf befindliches Gerücht berichtet haben, demzufolge Marshall angeblich Papiere vernichtet haben soll, und daß dem eindeutig und nachdrücklich widersprochen wurde?«

»Aber es ist noch mehr daran«, schaltete Ferguson sich wieder ein. »Ich denke, irgendwann sollte Carter Clarke hier erscheinen und uns den Grund dafür nennen.«[18]

Clarke wurde jedoch niemals als Zeuge aufgerufen.

Short fällte über das Verfahren, mit dem Stimson und andere hohe Beamte des Kriegsministeriums versucht hatten, ihm die ganze Schuld für den Angriff auf Pearl Harbor aufzubürden indirekt ein Urteil, als er bemerkte:

»Ich möchte sagen, daß ich niemals versuchen würde, den Schwarzen Peter irgendeinem Untergebenen zuzuschieben. Meine Entscheidung wurde aufgrund von Informationen getroffen, die ich vom Kriegsministerium erhalten hatte, und ich habe nie den Wunsch gehabt und niemals Schritte unternommen, um den Schwarzen Peter einer mir untergebenen Person zuzuschieben.«[19]

Ferguson verwies auf die Stellungnahme, die Cramer Stimson vorgelegt hatte, und las daraus folgende Passage vor:

»Es gibt auch in diesem Fall einen historischen Prazedenzfall, nämlich die Weigerung Präsident Lincolns, Kriegsminister Simon Cameron für ein krasses Fehlurteil zurechtzuweisen. Wenn General Short vor Gericht gestellt wird, und wenn dieses Verfahren mit seiner Verurteilung enden sollte, muß ich also annehmen, daß das Gericht wahrscheinlich ein milderes Urteil als Entlassung aussprechen und sich möglicherweise mit einem Verweis begnügen wird.«

»Würde das die Annahme rechtfertigen«, erkundigte sich Ferguson, »daß er wegen des Urteils besorgt war, und daß sie schon deswegen beunruhigt waren?«

»Ich würde sagen, sie waren höchst beunruhigt wegen der Wirkung auf die öffentliche Meinung«, erwiderte Short. »Und sie wollten vorsichtig sein und mich nicht wegen etwas vor Gericht stellen, womit sie scheitern und die Wirkung auf sie zurückfallen könnte.«[20]

General Cramer stellte in einem Memorandum an den Generalstabschef und den Kriegsminister hinsichtlich der Opportunität eines Kriegsgerichtsverfahrens fest: »Falls General Short irgendwann vor Gericht gestellt wird, sollte in Betracht gezogen werden, auf welches Urteil das Gericht im Falle eines Schuldspruchs erkennen würde.«

»Warum«, fragte Ferguson, »sollte der Oberste Kriegsrichter, noch bevor er überhaupt die Anklage erhoben hatte, darüber besorgt sein, welche Strafe das Gericht aussprechen könnte?«

»Es sieht so aus, als ob er über die mögliche Wirkung auf die öffentliche Meinung besorgt war«, antwortete Short. »Wenn ich vor Gericht gestellt und für nicht schuldig befunden würde oder ein sehr mildes Urteil erhielte, dann würde die Öffentlichkeit wahrscheinlich glauben, daß es dafür keine Rechtfertigung gegeben habe. Das ist die einzige Schlußfolgerung, die ich daraus ziehen kann.«

In Cramers Memorandum hieß es weiter:

»Wie ich bereits angedeutet habe, hätte General Short gegen eine Anklage wegen Vernachlässigung seiner Pflicht oder seiner verschiedenen Pflichten die gewichtige Verteidigung, daß er auf die Aufforderung, über die von ihm eingeleiteten Maßnahmen zu berichten, mit einer Meldung reagiert hat. Sie mag unvollständig und zweideutig gewesen sein, aber sie hätte Zweifel erwecken sollen, ob die ergriffenen Maßnahmen ausreichend waren.

Meine Erfahrung mit Kriegsgerichten läßt mich zu der Überzeugung kommen, daß ein Gericht in einem Fall wie diesem nur ungern ein hartes Urteil aussprechen würde, wenn das allgemeine Bild von der Behauptung getrübt wird, daß andere mitverantwortlich sind.«

Senator Ferguson sagte: »Ich möchte Ihnen in bezug darauf folgende Frage stellen: Hätte dieses Übel nicht beseitigt werden können, indem man alle vor Gericht gestellt hätte, die mitverantwortlich waren?«

»Ja, Sir«, pflichtete Short bei.

»Wissen Sie, ob das Kriegsministerium denn jemals in Erwägung gezogen hat, all jene Personen vor Gericht zu stellen, die damals für die Katastrophe von Pearl Harbor und ihre Ursachen mitverantwortlich waren?«

»Ich bin ziemlich sicher«, entgegnete Short, »daß sie niemals eine öffentliche Erklärung in dieser Richtung gemacht haben.«[21]

Nachdem es 70 Tage lang Anhörungen durchgeführt und ein Protokoll von zehn Millionen Worten zusammengestellt hatte, war das Joint Congressional Committee schließlich bereit, ein Urteil abzugeben. Die Mehrheitspartei schrieb naturgemäß den Mehrheitsbericht. Dieser wiederholte die bekannte These, daß Kimmel und Short die Schuld trügen, räumte aber ein, daß »die Fehler der Kommandeure von Hawaii Beurteilungsfehler und keine Pflichtverletzungen waren«.[22] Beiläufig wurden die Operationsabteilung des Kriegsministeriums und die Nachrichten- und Operationsabteilungen des Kriegs- wie des Marineministeriums kritisiert, aber es wurden keine Personen genannt.[23] Da die Mehrheitspartei (die Demokraten, W. P.) den Wunsch hegte, sich auch weiterhin auf Roosevelts Zauberteppich zu Wahlsiegen emporzuschwingen, wurde der verstorbene Oberste Befehlshaber rücksichtsvoll behandelt.[24]

Der Minderheitsbericht der Senatoren Ferguson und Brewster lehnte den Mehrheitsbericht als »unlogisch und von der Masse des Beweismaterials nicht gestützt« ab und nannte einige neue Namen. Zum ersten Mal wurden in einer Untersuchung Roosevelt, Knox und Stimson offen beschuldigt, und Secretary Hull wurde indirekt beschuldigt. Der Bericht kam zu folgenden Schlußfolgerungen:

»Nachdem wir das gesamte Protokoll, das vom Gemischten Ausschuß angefertigt wurde, durchgesehen und die vorhergehenden Ergebnisse im Hinblick auf Tatsachen und Verantwortlichkeiten ausgewertet haben, befinden wir, daß das Beweismaterial zu folgenden definitiven und endgültigen Schlußfolgerungen führt:

Das Versagen von Pearl Harbor, vollständig alarmiert und zur Verteidigung bereit zu sein, beruht darauf, daß zwei eng zusammenhängende Verantwortungsbereiche ihre Aufgaben nicht erfüllt haben: 1. der Verantwortungsbereich der höchsten Stellen in Washington; und 2. der Verantwortungsbereich der Truppenführer, die Flotte und Marinestützpunkt befehligten.

Aus dem Beweismaterial geht eindeutig hervor, daß diese beiden Verantwortungsbereiche für die Verteidigung von Hawaii untrennbar miteinander verbunden waren. Die Truppenführer konnten sich nicht darauf vorbereiten oder bereit sein, einen feindlichen Angriff auf Hawaii erfolgreich abzuwehren, ohne über die notwendigen Informationen, das Kriegsmaterial, die ausgebildeten Mannschaften und klare Befehle aus Washington zu verfügen.

Washington konnte nicht sicher sein, daß Hawaii ohne Alarmierung und ohne aktive Zusammenarbeit mit den Befehlshabern vor Ort in Bereitschaft war.

Für das Versagen, den für die Verteidigung von Pearl Harbor unentbehrlichen Pflichten gerecht zu werden, sind folgende zivile und militärische Stellen verantwortlich:

FRANKLIN D. ROOSEVELT – Präsident der Vereinigten Staaten und Oberkommandierender von Armee und Marine.
HENRY L. STIMSON – Kriegsminister.
FRANK KNOX – Marineminister.
GEORGE C MARSHALL – General, Stabschef der Armee.
HAROLD R. STARK – Admiral, Stabschef der Marine.
LEONARD T. GEROW – Generalmajor, Stellvertretender Stabschef in der Operationsabteilung.
Für das Versagen bei der Erfüllung der Pflichten auf Hawaii sind die militärischen Befehlshaber verantwortlich:
WALTER C. SHORT – Generalmajor, Kommandierender General, Befehlsbereich Hawaii.
HUSBAND E. KIMMEL – Konteradmiral, Oberkommandierender der Pazifikflotte.

Sowohl in Washington als auch in Hawaii gab es zahlreiche ernste Versäumnisse von Männern auf den niederen zivilen und militärischen Rängen, ihre Pflichten zu erfüllen und ihrer Verantwortung gerecht zu werden. Sie sind zu zahlreich, um im Detail behandelt und einzeln benannt zu werden.

Außenminister Cordell Hull, der im Zentrum der japanisch-amerikanischen Verhandlungen stand, trägt eine schwere Verantwortung für die diplomatischen Bedingungen, die Pearl Harbor möglich machten. Er hatte aber keine Aufgaben als Glied in der militärischen Befehlskette, die vom Oberkommandierenden bis zu den Befehlshabern von Hawaii reichte, die für die Verteidigung von Pearl Harbor zuständig waren. Aus diesem Grund und weil die diplomatische Entwicklung nicht vollständig untersucht worden ist, legen wir in diesem Fall keine Schlußfolgerungen vor.«[25]

Um seine Schlußfolgerungen zu unterstreichen, machte der Minderheitsbericht[26] eine klassische Feststellung über die Verantwortung Roosevelts bei Ausübung seiner Pflichten. Sie beschuldigte ihn nicht nur des Versagens bei der Erfüllung jener Pflichten, die die Ereignisse des 7. Dezember betrafen, sondern hob auch hervor, daß seine Verantwortung die Handlungen seiner Untergebenen einschloß. Der Bericht stellt fest:

Der Präsident der Vereinigten Staaten war verantwortlich für das Versagen, eine kontinuierliche, effiziente und zweckmäßige Zusammenarbeit zwischen dem Kriegsminister, dem Marineminister, dem Generalstabschef und dem Admiralstabschef bei der Auswertung von Informationen und der Erteilung klarer und bestimmter Befehle an die Kommandeure von Hawaii durchzusetzen, als die Geschehnisse auf eine wachsende Kriegsgefahr hindeuteten. Die Verfassung und die Gesetze der Vereinigten Staaten verliehen dem Präsidenten alle Macht, als Chef der Exekutive und Oberster Befehlshaber solch eine Zusammenarbeit durchzusetzen, und sie verliehen ihm diese Macht im Hinblick darauf, seine Verantwortung gegenüber dem Volk der Vereinigten Staaten klarzustellen.

Hinsichtlich der Macht und damit auch der Verantwortung des Präsidenten in der Kette der Ereignisse, die zu der Katastrophe von Pearl Harbor führten, kann kein Zweifel bestehen. Der Wortlaut der Verfassung und der Gesetze sind in dieser Hinsicht eindeutig.

Die Verfassung verleiht dem Präsidenten die ganze und ungeteilte vollziehende Gewalt, wobei Ernennungen und Verträge der Zustimmung durch den Senat bedürfen.

Mit Rat und Zustimmung des Senats ernennt der Präsident hohe zivile und militärische Beamte.

Er ist der höchste Beamte in allen zivilen Fragen, einschließlich jener, die den Unterhalt und den Einsatz von Heer und Flotte betreffen.

Laut Gesetz führt er im Namen der Vereinigten Staaten alle diplomatischen Verhandlungen und weist dem von ihm ernannten Außenminister die damit verbundenen Aufgaben zu, so wie er es für zweckmäßig hält, wobei dieser immer seinen Instruktionen unterworfen bleibt.

Gemäß der Verfassung ist der Präsident Oberster Befehlshaber der Streitkräfte der Vereinigten Staaten, und mit Zustimmung des Senats ernennt er alle hohen Offiziere von Armee und Marine. Er überträgt ihnen ihre Ämter nach seinem Ermessen, außer im Falle des Chefs des Generalstabes und des Chefs des Admiralstabes – diese Ernennungen müssen vom Senat bestätigt werden.

Und warum gaben die Väter der Verfassung diese unermeßlichen Machtbefugnisse einem Präsidenten – und nicht einem Direktorium oder einem einzelnen Amtsträger, der von einer Ratsversammlung überwacht wird, wie es in der Versammlung von 1787 vorgeschlagen wurde?

Die Antwort auf diese Frage findet man in der Nummer 70 von *The Federalist.* Der Sinn, eine singulare statt einer pluralen Exekutive zu schaffen, war, der ›Tatkraft der Exekutive‹, ›eine gebührende Abhängigkeit vom Volk‹ und ›eine angemessene Verantwortlichkeit‹ sicherzustellen. Eine plurale Exekutive, so wird dort argumentiert, ›neigt dazu, das Volk der beiden größten Sicherheiten zu berauben, die es für eine gewissenhafte Ausübung jeder delegierten Macht haben kann, nämlich *erstens* die Beschränkung durch die öffentliche Meinung ... und *zweitens* die Möglichkeit, mit Leichtigkeit und Schärfe die Verfehlungen jener Personen zu erkennen, denen es vertraut ...‹

Die vom Kongreß verabschiedeten Gesetze über die Organisation, die Arbeitsweise, die Befugnisse und die Pflichten der militärischen Dienststellen, die dem Präsidenten unterstellt waren, benannten die Befugnisse und Pflichten des Präsidenten ihnen gegenüber. Sie ermächtigten ihn, den zivilen Ministern sowie dem Chef des Generalstabs und dem Chef des Admiralstabs auch direkt Befehle und Weisungen zu erteilen.

So lauten die Bestimmungen der Verfassung und die Gesetze in bezug auf den Chef der Exekutive.

Vom 4. März 1933 bis zum 7. Dezember 1941 war Franklin D. Roosevelt Präsident und Oberbefehlshaber der Streitkräfte der Vereinigten Staaten, und gemäß der Verfassung und den Gesetzen war ihm alle vollziehende Gewalt übertragen.

1933 ernannte er Cordell Hull zum Außenminister und beließ ihn während des gesamten Zeitraums in diesem Amt.

Er ernannte während dieses Zeitraums alle Kriegs- und Marineminister.

Er wählte während dieses Zeitraums alle Chefs des Generalstabs und alle Chefs des Admiralstabs aus oder bestätigte ihre Wahl. Er wählte all die Männer aus, oder er bestätigte ihre Wahl, die als Kommandeure von Heer und Flotte im Befehlsbereich Hawaii dienten, und er kommandierte sie auf ihre Posten ab.

Zur Untermauerung des Grundsatzes, daß dem Präsidenten die höchste vollziehende Gewalt übertragen ist und er sich ihr nicht entziehen kann, haben wir ein Zeugnis neueren Datums: Am 20. Dezember 1940 sprach Präsident Roosevelt auf einer Pressekonferenz über das Thema administrative Maßnahmen und erklärte:

›Es gibt zwei oder drei kardinale Prinzipien; eines davon ist die Tatsache, daß Sie laut Verfassung nicht einen zweiten Präsidenten der Vereinigten Staaten einsetzen können. Mit anderen Worten, die Verfassung erklärt, daß ein Mann verantwortlich ist. Nun kann dieser Mann natürlich delegieren, aber mit der Delegierung kann er nicht auch einen Teil der Verantwortung von der Verantwortung, die letztlich bei ihm liegt, delegieren.‹ (Papers, 1940, S. 623)

Obwohl es zu jener Zeit für die Verwaltung von Heer und Flotte zwei Ministerien gab, standen beide unter der Oberleitung des Präsidenten als Chef der Exekutive und Oberstem Befehlshaber, und zwar in allen Angelegenheiten, die unabhängige und gemeinsame Planungen für Verteidigung und Krieg, Verteilung von Kräften und Kriegsmaterial und Vorbereitung von Operationen im Falle eines Angriffs betrafen. Im Hinblick auf die Befugnisse des Präsidenten waren die beiden Ministerien eine einzige Behörde.

Der Präsident hatte die Befugnisse, dem Kriegsminister und dem Marineminister sowie direkt und indirekt dem Chef des Generalstabes und dem Chef des Admiralstabes Weisungen und Befehle zu erteilen, und bei Bedarf machte er von dieser Befugnis Gebrauch.

Außerdem erfreute sich Präsident Roosevelt gemäß dem Reorganisationsgesetz von 1939, das vom Kongreß gebilligt worden war, des Rechts, das Kriegsministerium und das Marineministerium zu reorganisieren, wenn er es im Interesse der Effizienz und einer besseren Zusammenarbeit zwischen den beiden Ministerien für notwendig hielt. Da er von diesem Gesetz keinen Gebrauch machte, muß ihm der gegenwärtige Aufbau der beiden Ministerien als zweckmäßig erschienen sein.

Aufgrund der ihm übertragenen Befugnisse hatte der Präsident zu jener Zeit die Verantwortung für die Beziehungen zwischen diplomatischen Entscheidungen und Kriegsplanungen.

Secretary Hull, Secretary Stimson, Secretary Knox, General Marshall, Admiral Stark, General Short und Admiral Kimmel waren alles Männer, die Präsident Roosevelt selbst ausgesucht hatte – keine übriggebliebenen Ernennungen einer früheren Regierung, der man Unfähigkeit zuschreiben könnte – und der Präsident hatte genug Macht, um sie zu lenken, ihre Tätigkeit zu koordinieren und dafür zu sorgen, daß sie ihre Talente und Energien auf die Verteidigung der Vereinigten Staaten konzentrierten.

So mit Macht ausgestattet und mit voller Verantwortung für die diplomatischen Verhandlungen hatte der Präsident lange vor dem 7. Dezember entschieden, wahrscheinlich schon während der Atlantikkonferenz im August, daß ein Krieg mit Japan eine Sache von wenigen Wochen oder Monaten sein würde und so wahrscheinlich war und so nahe bevorstand, daß es gerechtfertigt war, seine Aufmerksamkeit auf die Vorbereitung dieses Krieges zu konzentrieren. Nachdem er sich dagegen entschieden hatte, den Kongreß um eine Kriegserklärung zu bitten, und nachdem er beschlossen hatte, auch nur den Anschein eines offenen Schrittes gegen Japan zu vermeiden, mußte der Präsident auf einem offenen Akt von seiten Japans warten – einen Angriff auf das Territorium der Vereinigten Staaten. Er war im Besitz aller Befugnisse, um sich vorzubereiten, den Angriff abzuwehren und mit den Streitkräften unter seinem Kommando einen Gegenschlag zu führen. Also war es seine Aufgabe, sicherzustellen, daß die Maßnahmen, Pläne, Befehle und Vorkehrungen zweckentsprechend ausgeführt wurden.

In den Tagen und Wochen vor dem japanischen Angriff vom 7. Dezember 1941 hielten der Präsident und seine wichtigsten Untergebenen zahlreiche Sitzungen ab, diskutierten die praktische Gewißheit eines Angriffs, trafen gemeinsam oder einzeln Entscheidungen, und machten Pläne im Hinblick auf den herannahenden Angriff oder offenen Akt. Doch als der japanische Angriff auf Pearl Harbor tatsächlich erfolgte, konnten die Streitkräfte der Vereinigten Staaten diesen Angriff nicht erfolgreich abwehren.

Angesichts des Beweismaterials, das zur Erhärtung der vorstehenden Schlußfolgerungen angeführt wurde, und dem Material ähnlicher Art, das angeführt werden könnte, kann dieses Versagen weder allein General Short und Admiral Kimmel noch ihren unmittelbaren zivilen und militärischen Vorgesetzten angelastet werden. Diese Stellen hatten ihre Befugnisse und die entsprechende Verantwortlichkeit, aber die letzte Entscheidung und Verantwortung lag gemäß der Verfassung und den Gesetzen beim Präsidenten der Vereinigten Staaten.«

Zu dem sträflichen Versäumnis Roosevelts und seiner Genossen, die amerikanischen Streitkräfte auf Hawaii in höchste Alarmbereitschaft zu versetzen, als bekannt war, daß der Krieg vor der Tür stand, heißt es in dem Bericht insbesondere:

»Die Entscheidung des Präsidenten, im Hinblick auf die Verfassung lieber einen japanischen Angriff abzuwarten als den Kongreß um eine Kriegserklärung zu bitten, vermehrte die Verantwortung der höchsten Stellen in Washington, die Befehlshaber in Pearl Harbor vor dem japanischen Angriff vom 7. Dezember 1941 in höchste Alarmbereitschaft zu versetzen.

Die Schwierigkeit, einen oder mehrere japanische Angriffe abzuwarten und diese dann erfolgreich abzuwehren, wurden vom Präsidenten und seinen unmittelbaren Untergebenen erkannt. Sie wußten, daß die Verfassung nur dem Kongreß die Befugnis verliehen hatte, Kriege zu erklären. Premierminister Churchill, der während der Atlantikkonferenz auf diesen Sachverhalt hingewiesen hatte, schlug dem Präsidenten am 30. November erneut vor, die Japaner zu informieren, daß weitere Aggressionen von ihrer Seite ihn dazu zwingen würden, ›dem Kongreß die schwersten Entscheidungen abzuverlangen‹. (Tr., Bd. 8, S. 1253) Präsident Roosevelt muß sich in den Tagen vor dem 7. Dezember über die verfassungsrechtlichen Probleme ernste Gedanken gemacht haben, während er Pläne für eine Sonderbotschaft an den Kongreß in Erwägung zog.

Nachdem entschieden worden war, keine Rede vor dem Kongreß zu halten, hatte der Präsident sowie der Kriegsminister, der Marineminister, der Chef des Generalstabs und der Chef des Admiralstabs mehr denn je die Pflicht, dafür zu sorgen, daß die Kriegswarnungen an General Short und Admiral Kimmel so deutlich formuliert waren, daß sie für die Streitkräfte unter ihrem Kommando einen Großalarm auslösen würden.«[27]

Nachdem sie sich entschieden hatten, den Japanern bei der Eröffnung der Feindseligkeiten den Vortritt zu lassen, so heißt es in dem Bericht weiter, »hatten die maßgeblichen höchsten Stellen in Washington ... jede Möglichkeit, um sicherzustellen, daß gleichlautende und genaue Instruktionen, die durch das unmittelbare Bevorstehen des Krieges gerechtfertigt waren, an die Truppenführer von Hawaii ergingen«. Der Bericht stellt fest:[28]

»Für das Ziel, zur Erfüllung der ihnen obliegenden Pflichten gemeinsame Maßnahmen zu ergreifen, bildeten die Amtsträger in Washington zwei Gruppen oder Organisationen zur Koordinierung der Arbeit der zivilen und militärischen Ressorts der Exekutive. Wenn der Zusammenhalt dieser Gruppen so lose war, daß sie es nicht verdienten, als Organisation bezeichnet zu werden, so war dies dem Versagen ihrer Mitglieder zuzuschreiben, wirklich effiziente Koordinationsgremien aus ihnen zu machen.

Die erste dieser beiden Gruppen bestand aus dem Außenminister, dem Kriegsminister, dem Marineminister, dem Chef des Generalstabes und dem Chef des Admiralstabes. Manchmal wurde sie intern als ›Kriegsrat‹ bezeichnet.

Die zweite Gruppe umfaßte den Präsidenten, den Außenminister, den Kriegsminister, den Marineminister, normalerweise den Chef des Generalstabs und den Chef des Admiralstabes sowie gelegentlich den kommandierenden General der Luftwaffe, General Arnold. Diese Gruppe wurde intern manchmal das ›Kriegskabinett‹ genannt.

Der Gebrauch dieser Begriffe – ›Kriegsrat‹ und ›Kriegskabinett‹ – zu einer Zeit, in der das Land sich noch im Frieden befand, deutet darauf hin, daß höchste zivile und militärische Stellen in Washington bereits in Begriffen des Krieges dachten. Gegenüber den wahrscheinlichen Kriegsereignissen, wie einem Angriff auf unsere wichtigsten Stützpunkte und unsere Flotte im Pazifik, hätten sie wachsamer sein sollen.

Jede dieser Gruppen oder Organisationen ›war eine Art Clearinghaus, ein Versammlungsort für die Diskussion politischer Fragen, so daß jeder der Akteure in dieser Szenerie *wissen konnte, was vor sich ging, und über Informationen verfügte, die ihm beim Treffen eigener Entscheidungen behilflich waren.* Entscheidungen erfolgten mehr oder weniger unabhängig, waren aber gleichzeitig durch die Handlungen der anderen Mitglieder dieser Gruppen bedingt.

Wenn man argumentiert, daß diese Gruppen nur lose konstituiert waren und sich nur unregelmäßig und informell trafen und daher keine Organisation im eigentlichen Wortsinn waren (sie trafen sich mindestens einmal in der Woche und hielten in unregelmäßigen Abständen zusätzliche Sitzungen ab), so bleibt die Tatsache, daß sie eigens für den beschriebenen Zweck geschaffen worden waren. Wenn sie wegen ihrer lockeren Struktur ihre Aufgaben nicht wirklich erfüllten, hatte der Präsident die Macht und dementsprechend auch die Pflicht, entweder eine oder beide dieser Gruppen in richtige Organisationen umzuwandeln und ihnen im Hinblick auf den Austausch von Informationen, dem Treffen von Entscheidungen, der Koordinierung der zivilen und militärischen Ressorts der Exekutive, und die Ausfertigung von Befehlen für die Kommandeure überseeischer Stützpunkte eindeutige Aufgaben zuzuweisen.

Auf alle Fälle hatten diese Gruppen alle Möglichkeiten um sicherzustellen, daß die Truppenführer auf Hawaii gleichlautende und genaue Instruktionen, die durch das Bevorstehen des Krieges gerechtfertigt waren, erhielten. Der Präsident hatte die Macht und die Pflicht, dafür zu sorgen, daß dies direkt oder mittelbar durch diese Gruppen geschah – insbesondere durch die zweite, das ›Kriegskabinett‹.

Für diese mangelhafte Kooperation und Koordination waren die höchsten Stellen in Washington voll verantwortlich ...«

Diese Schlußfolgerungen werden von folgendem unterstrichen:[29]

»Diese Beispiele für das Versagen höchster Stellen in Washington, ihre Pflicht zu erfüllen und Lagebeurteilungen zu erstellen, die von den verschiedenen Dienststellen benötigt wurden, und vieles andere, was angeführt werde könnte, verweisen lediglich auf das größte aller Versäumnisse: sich auf den Krieg organisatorisch vorzubereiten, den sie als unmittelbar bevorstehend ansahen. Hier treffen die Schlußfolgerungen, zu denen das Army Pearl Harbor Board in bezug auf das Kriegsministerium gelangte, auf die gesamte Exekutive zu:

›Einige wenige Männer, ohne Organisation im eigentlichen Sinne, versuchten große Unternehmungen in Gang zu setzen, vielfältige Maßnahmen einzuleiten und Anweisungen zu erteilen, die das Ergebnis sorgfältig formulierter Befehle hätten sein sollen statt Konferenzbeschlüsse. Wir bereiteten uns mittels der Konferenzmethode auf den Krieg vor. Wir ordneten mittels der Konferenzmethode entsprechende Vorbereitungen an; wir schrieben sogar lebenswichtige Meldungen mittels der Konferenzmethode, und ihr Inhalt war das Ergebnis von Kompromissen anstatt von Befehlen ...‹

Diesem Kommentar hätte das Army Pearl Harbor Board hinzufügen können, daß mächtige Persönlichkeiten aus diesen Ärmtern aus eigenem Antrieb Entscheidungen trafen und Maßnahmen gefährlicher Natur einleiteten. Sie verhielten sich trotz aller Konferenzen, Gespräche und Kompromisse so, als ob es in der Regierung der Vereinigten Staaten keine Organisation gäbe, deren Auftrag es war, sich auf einen Krieg vorzubereiten und ihn zu führen.

Dieses Durcheinander und einander Entgegenarbeiten läßt sich auch nicht durch irgendwelche verschwommenen Behauptungen hinwegerklären, wie sie das Army Pearl Harbor Board anbot: ›daß dies eine Folge der

Zeit und der Bedingungen war, die den Übergang vom Frieden zum Krieg in einer Demokratie kennzeichneten‹. Die Beamten hatten darin versagt, die Pflichten zu erfüllen, die ihren Befugnissen nach Verfassung und Gesetzen entsprachen. Diese Tatsache kann nicht durch den Hinweis auf irgendwelche Erfordernisse der Demokratie gerechtfertigt werden, die diese angeblich außer Kraft setzen. Die Verfassung und die Gesetze enthielten Bestimmungen für die Organisation der Exekutive und des Oberkommandos der Streitkräfte der Vereinigten Staaten, und dem Präsidenten der Vereinigten Staaten waren angemessene Befugnisse übertragen worden, um alle untergeordneten Dienststellen *für operative Ziele zu organisieren und zusammenzuschließen.*«

Zu dem Versuch Präsident Trumans, die Schuld an Pearl Harbor dem amerikanischen Volk aufzubürden, bemerken die Senatoren Ferguson und Brewster:[30]

»Die Behauptung, die von einer so hohen Stelle wie Präsident Truman am 3. August 1945 aufgestellt wurde, derzufolge ›das Land an der schicksalhaften Situation, die zu Pearl Harbor führte, ebenso Schuld hat wie irgendeine Einzelperson‹, kann nicht aufrechterhalten werden, weil das amerikanische Volk keinerlei Anhaltspunkte dafür hatte, welche Politik und welche Operationen unternommen wurden …

Wie kann das amerikanische Volk für die Geheimdiplomatie der Regierung in Washington verantwortlich gemacht werden? Es wurde über die vielen geheimen Unternehmungen der Washingtoner Regierung niemals informiert. Tatsächlich scheinen die höchsten Stellen in Washington nach einem langfristigen Plan gehandelt zu haben, der weder dem Kongreß noch dem amerikanischen Volk jemals bekanntgegeben wurde.

Eine Nation, die sich in tödlicher Gefahr befindet, hat ein Recht darauf, die Wahrheit über seine Lage zu erfahren. Wenn die Außenpolitik und die diplomatischen Geschäfte als exklusive Geheiminformationen des Präsidenten und seiner Berater behandelt werden, wird die Öffentlichkeit unaufgeklärt bleiben. Ein Volk, das von seinen Führern im dunkeln gelassen wird, kann für die Folgen der Handlungen seiner Führer nicht verantwortlich gemacht werden.

Am 1. Dezember 1941 war dem Kriegsminister, dem Präsidenten und seinen engsten Beratern bekannt, daß Japan Hitler darüber informiert hatte, daß der Krieg unmittelbar bevorstand …

Dem Kriegsminister, dem Präsidenten und seinen Beratern war auch völlig bewußt, daß japanische Militäroperationen im Gange waren, und daß diese Operationen die Vereinigten Staaten in einen Krieg verwickeln würden.

Ungeachtet seiner intimen Kenntnisse über den nahenden Krieg hatte der Kriegsminister dem amerikanischen Volk noch am 5. Dezember versichert, daß die Verhandlungen mit Japan weiterliefen. Auch gestattete der Präsident, dem Senat und dem Repräsentantenhaus trotz der äußerst kritischen Situation, die dem ›Kriegskabinett‹ vollständig bekannt war, sich am 4. bzw. 5. bis zum Mittag des 8. Dezember zu vertagen, ohne sie über die Gefahr zu informieren, die dem Land drohte. Dies scheint konsequent dem Verständnis zu folgen, dem Mr. Hull Ausdruck verlieh, als er dem Präsidenten einen Entwurf für die geplante Rede vor dem Kongreß übergab, der nie benutzt wurde. Mr. Hull erklärte: ›Ich denke, wir stimmen darin überein, daß Sie keine Rede vor dem Kongreß halten, bevor das letzte Stadium unserer Beziehungen, das den tatsächlichen Kampfhandlungen vorausgeht, eintritt.‹ (JCC, Ex. 19)

Wie kann das amerikanische Volk für die von Washington geleiteten kriegsähnlichen Operationen verantwortlich sein, über die das Volk keine Kontrolle hatte und über die es niemals informiert wurde?

In Zukunft müssen das Volk und der Kongreß wissen, wie nahe sich die amerikanische Diplomatie an einem Krieg bewegt, so daß sie seinen Ausbruch verhindern können, wenn er ihnen verfehlt erscheint, oder ihn befürworten können, wenn er ihnen begründet erscheint. Eine Diplomatie, die auf den ersten offenen Schritt des Feindes vertraut, um sich für den endgültigen Entschluß der Nation zum Krieg die Unterstützung der Öffentlichkeit zu sichern, ist im Atomzeitalter so überholt wie gefährlich. Um ein zukünftiges Pearl Harbor zu verhindern, das noch tragischer und verlustreicher sein würde als jenes vom 7. Dezember 1941, muß es eine beständige Koordination zwischen der amerikanischen Öffentlichkeit und der amerikanischen Diplomatie geben.

Ständige Wachsamkeit ist auch im Atomzeitalter der Preis der Freiheit. Ob die Tragödie von Pearl Harbor mit diplomatischen Mitteln hätte vermieden werden können, darüber denken all jene nach, die vom Schicksal der 3000 Amerikaner berührt sind, die ihr Leben verloren ... Unserer Meinung nach deutet das Beweismaterial, das diesem Ausschuß vorgelegt wurde, darauf hin, daß die Tragödie von Pearl Harbor in erster Linie auf das Versagen von Menschen zurückzuführen ist und nicht auf die Vorschriften und Befugnisse dafür, die notwendigen Dinge zu tun und den übertragenen Verpflichtungen zu entsprechen. Keine Gesetzgebung hätte derartige Mängel der amtlichen Beurteilung, der Führung, der Zusammenarbeit und der Umsetzung verhindern können, wie sie von Amtsträgern und Beauftragten der Vereinigten Staaten in Zusammenhang mit den Ereignissen an den Tag gelegt wurden, die am 7. Dezember 1941 in der Katastrophe von Pearl Harbor kulminierten.«[31]

Zweifellos waren die Vereinigten Staaten weder informiert noch alarmiert, als Roosevelt und die Männer, deren Intentionen den seinen entsprachen (weil sie ihr Schicksal mit dem seinen verknüpft hatten), 1941 die Nation in den Krieg hineinsteuerten. Die Motive dieser Leute liegen bis zum heutigen Tag im dunkeln. Sie liegen noch mehr im dunkeln, wenn man bedenkt, daß so viele Versprechungen, die die Ziele des Zweiten Weltkrieges betreffen, nicht erfüllt wurden.

Das Scheitern der Innenpolitik der Regierung kann den Wunsch erklären, in den Krieg einzutreten. Roosevelts persönliche Ambitionen und sein Streben, einen Platz in der Weltgeschichte zu gewinnen, können ihn erklären. Die Möglichkeiten, die die Reglementierung der Kriegszeit bietet, um die politische Kontrolle über das Land zu stärken, können ihn erklären. Unterwürfigkeit gegenüber ausländischen Interessen kann diesen Wunsch erklären.

Das Streben nach Ruhm und Beförderung mögen dazu beigetragen haben. Männer aus dem regulären Personenbestand von Armee und Marine, die nach Jahren eintönigen Dienstes in Büros, Garnisonen und Kasernen die Vision von spektakulären Kommandos und von Sternen auf ihren Schulterstücken vor sich hatten, werden sich den Politikern kaum widersetzt haben, welche Motive diese auch haben mochten. Sie alle waren lange vor Pearl Harbor an der Verschwörung Roosevelts beteiligt, im Atlantik einen nichterklärten und nicht verfassungsgemäßen Krieg zu führen. Sie alle waren vor dem 7. Dezember 1941 an einer geheimen Kriegsallianz mit Briten und Holländern im Pazifik beteiligt.

Auch wenn man den guten Glauben anrechnet, demzufolge sich die Vereinigten Staaten in tödlicher Gefahr befanden und kämpfen mußten, um sich zu behaupten, so müssen all diese Männer noch viele Fragen beantworten. Obwohl sie vom Kriegsausbruch mit Sicherheit wußten, weigerten sie sich, ihr Wissen klar, eindeutig und rechtzeitig an die Truppen weiterzugeben, die der Schlag treffen würde. Für das Schweigen Washingtons kann es keine andere Erklärung geben als das Ziel, jenen offenen Akt Japans herbeizuführen und nichts zu tun, was ihn doch noch verhindern könnte. Nachdem sich herausgestellt hatte, daß der Preis des Schweigens 2326 Menschenleben waren, erwies es sich als notwendig, dieser Liste noch zwei weitere Opfer hinzuzufügen: Admiral Kimmel und General Short.

Im Laufe der Jahre vollzog sich bei der Untersuchung der Verantwortlichkeit für die Katastrophe jedoch ein bemerkenswerter Wandel. Es wurde absehbar, daß man Pearl Harbor nicht weiterhin nur als Folge eines Versagens der örtlichen Führung hinstellen konnte. Die Politik der Regierung Roosevelt mit ihrem Programm, das Land in den Krieg zu führen, wurde einer eingehenden Untersuchung unterzogen. Es wurde immer deutlicher, daß diese Politik weder offen noch ehrlich war, und daß die Truppenführer auf Hawaii ebenso getäuscht wurden wie die amerikanische Bevölkerung. Sie wurden genauso ignoriert wie der Kongreß, bis ihnen am 7. Dezember die Konsequenzen dieser Politik präsentiert und anschließend der Versuch gemacht wurde, sie dafür verantwortlich zu machen.

Nach und nach wurden die Männer, die so selbstsicher die Schuld der Truppenführer auf Hawaii verbreitet hatten, selbst in die Defensive gedrängt. Aus Anklägern wurden Angeklagte. Zuletzt sieht man Stimson, wie er in einer »Zusammenfassung meiner Ansichten über die Verantwortung von Angehörigen der Armee«, die er unaufgefordert dem Kongreßausschuß vorlegte, Mr. Roosevelt, sich selbst und die übrigen Kriegstreiber zu rechtfertigen versuchte. Er erklärte:

»Viele der Diskussionen über dieses Thema deuten auf einen Mangel hin, den grundsätzlichen Unterschied zwischen den Aufgaben des Befehlshabers eines Vorpostens und denen des Oberbefehlshabers einer Armee oder Nation und seiner militärischen Berater zu erfassen. Der Befehlshaber eines Vorpostens steht wie eine Schildwache dem Feind gegenüber. Seine grundsätzlichen Aufgaben sind klar und präzise. Er muß davon ausgehen, daß der Feind seinen besonderen Posten angreifen wird und daß er zu einer Zeit und in einer Weise angreifen wird, die es äußerst schwierig macht, ihn abzuwehren. Der Befehlshaber eines Vorpostens hat nicht die Aufgabe, Vermutungen anzustellen oder auf die Möglichkeit zu vertrauen, daß der Feind irgendeinen anderen Vorposten angreifen wird. Es ist seine Aufgabe, ihm auf seinem Posten zu jeder Zeit entgegenzutreten und den bestmöglichen Kampf zu führen, der mit den Waffen, die ihm zur Verfügung stehen, geführt werden kann.

Dagegen hat der Oberste Befehlshaber der Nation (und seine Berater) – insbesondere einer Nation, die gegenüber der Möglichkeit eines Krieges gewöhnlich so sorglos war wie die unsere – sehr viel schwierigere und kompliziertere Aufgaben zu meistern.

Anders als der Kommandeur eines Vorpostens muß er ständig beobachten, studieren und abschätzen, wo wahrscheinlich der stärkste oder der gefährlichste Angriff erfolgen wird, damit er seine unzureichenden Kräfte und Kriegsmittel für eine möglichst effiziente Abwehr verteilen kann. Er weiß, daß seine Vorposten nicht alle gleich gut ausgerüstet oder befestigt und nicht alle gleichermaßen verteidigungsbereit sind. Er weiß auch, daß ihre Bedeutung für die große Strategie des Krieges von Zeit zu Zeit sehr unterschiedlich ist.

Aus all diesen Gründen ist er genötigt, den Berichten seiner Nachrichtendienste höchste Aufmerksamkeit zu schenken und sie in seine Überlegungen miteinzubeziehen, damit er die unzähligen Probleme zufriedenstellend lösen kann, die bei der Erfüllung der vorhin erwähnten Aufgaben ständig auftreten.«[32]

Stimsons Absicht ist ziemlich deutlich. Er versucht immer noch das amerikanische Volk davon zu überzeugen, daß Pearl Harbor allein eine Sache der militärischen Verantwortlichkeit ist. Aber auch noch so viele Ausreden können das Verhalten von Präsident Roosevelt und seinen Beratern nicht beschönigen. Das Vorgehen, dessen sie schuldig sind, ist nicht das Versagen, sondern die vorsätzliche Weigerung, ihre Pflichten zu erfüllen.

Sie versagten – mit Berechnung – darin, die Vereinigten Staaten aus dem Krieg herauszuhalten und einen Zusammenstoß mit Japan zu vermeiden. Sie kalkulierten mit kalter Gleichgültigkeit das Risiko, einen Gegner dahin zu treiben, den ersten Schuß abzugeben, und sie zwangen in Pearl Harbor 3000 ahnungslose Männer dazu, dieses Risiko zu tragen. Die »Warnungen«, die sie nach Hawaii schickten, verfehlten ihren Zweck – und sie waren so formuliert und so behandelt worden, daß sie mit Sicherheit versagen mußten.

Pearl Harbor gab der amerikanischen Kriegspartei ein Mittel, sich von der Abhängigkeit von einem zögernden Kongreß zu befreien, um ein widerstrebendes Volk in den Krieg zu führen. Dann gab das schiere Ausmaß der Katastrophe Roosevelt und seinen Beratern die Möglichkeit, die Aufmerksamkeit von ihrer Politik abzulenken, die zu diesem Desaster geführt hatte. Indem sie die Bevölkerung geschickt dazu verleiteten, den 7. Dezember als ein rein militärisches Unglück anzusehen, und indem sie die Öffentlichkeit dazu aufhetzten, die Schuld den Truppenführern anzulasten, hofften Roosevelt und seine Regierung, daß ihre Politik niemals in Frage gestellt werden würde.

Pearl Harbor war die erste Schlacht des erklärten Krieges und das letzte Gefecht eines geheimen Krieges, den die Regierung seit langem begonnen hatte. Dieser geheime Krieg wurde gegen Nationen geführt, die die Führung dieses Landes als Feinde betrachtete, Monate bevor sie durch eine Kriegserklärung zu offiziellen Feinden wurden. Er wurde mit psychologischen Mitteln, mit Propaganda und Täuschung auch gegen das amerikanische Volk geführt, von dem seine Führer glaubten, es würden den Krieg nicht gutheißen. Dem Volk wurde gesagt, daß Handlungen, die praktisch Krieg bedeuteten, darauf abzielten, die Nation aus dem Krieg herauszuhalten. Verfassungsgemäße Verfahren waren nur noch dazu da, um umgangen zu werden, bis schließlich die Entscheidungsgewalt über Krieg und Frieden, die in Händen des Kongresses lag, darauf reduziert war, vollendete Tatsachen anzuerkennen.

Anmerkungen

George Morgenstern vollendete das Manuskript seines Buches, bevor das Government Printing Office im Verlauf des Jahrs 1946 die gedruckte Fassung von »Pearl Harbor Attack: Hearings before the Joint Committee on the Investigation of the Pearl Harbor Attack« herausbrachte: Die Zitierung Morgensterns bezieht sich entweder auf das originale Sitzungsprotokoll (Transcript) oder gibt das Datum der Sitzung an. In der gedruckten Fassung von »Pearl Harbor Attack« sind sowohl das jeweilige Sitzungsdatum als Überschrift als auch die Seitenzahlen des originalen Transcripts im Text in Klammern angegeben, so daß die Zitierungen Morgensterns problemlos nachzuprüfen sind.
In der gedruckten Fassung von »Pearl Harbor Attack« beinhalten die Bände 1 bis 11 die Sitzungsprotokolle, die Bände 12 bis 39 die Exhibits, also die als Beweismaterial vorgelegten Dokumente. Der Abschlußbericht des Joint Committee einschließlich des Minority Report wurden als eigener Band veröffentlicht.

In den Anmerkungen werden entsprechend der Originalausgabe folgende Abkürzungen benutzt:

AP – Associated Press
APH – Army Pearl Harbor Board. Text wie in der Sonderausgabe von United States News vom 1. September 1945 abgedruckt; in »Pearl Harbor Attack« enthalten.
Atlantic – Battle Report: The Atlantic War, von Walter Karig, Earl Burton und Stephen L. Freeland; Farrar and Rinehart, Inc., New York 1946.
BR – Battle Report: Pearl Harbor to Coral Sea, von Walter Karig und Wellbourn Kelley; Farrar and Rinehart, New York 1944.
Chron. – Events Leading Up to World War II: Chronological History, 1931–1944; House Document No. 541, United States Government Printing Office, Washington 1944.
CR – Congressional Record
CT – The Chicago Tribune
Fed. Reg. – Federal Register
For. Rel. I and II – Papers Pertaining to Foreign Relations of the United States: Japan, 1931–1941; 2 Bände. House Document No. 339, United States Government Printing Office, Washington 1943.
Grew – Ten Years in Japan, von Joseph C. Grew, Simon and Schuster, New York 1944. Dem Joint Committee on the Investigation of the Pearl Harbor Attack als Exhibit 30 vorgelegt.
Hart Report – Investigation of the Pearl Harbor Attack by Adm. Thomas C. Hart; in »Pearl Harbor Attack« enthalten.
How War Came – How War Came, von Forrest Davis and Ernest K. Lindley, Simon and Schuster, New York 1942.
Huie – The Case against the Admirals, von William Bradford Huie, E.P. Dutton, New York 1946.
Intercepts – Pearl Harbor: Intercepted Japanese Diplomatic Messages, Joint Congressional Committee, Exhibit 1; in »Pearl Harbor Attack« enthalten.
JCC – Joint Congressional Committee on the Investigation of the Pearl Harbor Attack: Daily Hearing.
Kimmel – Erklärung von Rear Adm. Husband E. Kimmel vor dem Joint Congressional Committee vom 15. Januar 1946; in »Pearl Harbor Attack« enthalten.
Maj. – Majority Report of the Joint Congressional Committee, United States Government Printing Office, Washington 1946.
Min. – Minority Report of the Joint Congressional Committee, United States Government Printing Office, Washington 1946.

NCI – Report of the Naval Court of Inquiry zur Untersuchung des Angriffs auf Pearl Harbor. Text wie in der Sonderausgabe von United States News vom 1. September 1945 abgedruckt; in »Pearl Harbor Attack« enthalten.
NYT – The New York Times
Papers – Public Papers and Addresses of Franklin D. Roosevelt: Band von 1936, Random House, New York; Bände von 1937–1940, Macmillan, New York.
Peace – Peace and War: United States Foreign Policy, 1931–1941, United States Government Printing Office, Washington 1943.
Puleston – The Armed Forces of the Pacific, von W. D. Puleston, Yale University Press, New Haven 1941.
R. – Report of the Presidential Commission to Investigate Pearl Harbor unter Vorsitz von Associate Justice Owen J. Roberts.
Safford – Erklärung von Capt. L. F. Safford vor dem Joint Congressional Committee vom 1. Februar 1946, in »Pearl Harbor Attack« enthalten.
Stimson – Erklärung des ehem. Secretary of War Henry L. Stimson vor dem Joint Congressional Committee vom 21. März 1946, in »Pearl Harbor Attack« enthalten.
Tr. (Transcript) – Sitzungsprotokoll des Joint Congressional Committee on the Investigation of the Pearl Harbor Attack. Ward and Paul, Washington, offizielle Protokollführer.

Einführung

1 Harry E. Barnes, Revisionism: A Key to Peace and Other Essays, San Francisco 1980, S. 1
2 Thukydides, Geschichte des Peloponnesischen Krieges, Zürich und Müchen 1976, S. 34
3 Ebenda, S. 35
4 In deutscher Übersetzung wurden diese Dokumente zusammengestellt von Friedrich Stieve, Iswolski und der Weltkrieg, 4 Bde., Berlin 1924
5 Georges Demartial, Les Responsabilités de la guerre, Paris 1920; ders., La Guerre de 1914. Comment on mobilisation les consciences, Paris 1922; ders., L' Evangile du Quai d' Orsay, Paris 1926; Alfred Pevet, Les Responsables de la Guerre, Paris 1921; Mathias Morhardt, Les Preuves. Le crime de droit commun. Le crime diplomatique, Paris 1924; Alfred Fabre-Luce, La Victoire, Paris 1924; Pierre Renouvin, les Origines de la guerre, 20 Juin – 4 août 1914, Paris 1925
6 John S. Ewart, The Roots and Causes of the War, 1914–1918, 2 Bde., New York 1925; George P. Gooch, A History of Modern Europe, 1878–1923, London 1926
7 Harry E. Barnes, Die Entstehung des Weltkrieges, Berlin und Leipzig 1928; Sidney B. Fay, Der Ursprung des Weltkrieges, 2 Bde., Berlin 1930
8 Arthur Ponsonby, Lügen in Kriegszeiten, Berlin 1930
9 Die große Politik der europäischen Kabinette, 1871–1914, Sammlung der diplomatischen Akten des Auswärtigen Amtes, Berlin 1922 ff.; Die britischen Amtlichen Dokumente über den Ursprung des Weltkrieges, 1898–1914, hrsg. von G. P. Gooch und Harold Temperley, Berlin 1926 ff.; Die französischen Dokumente über die Ursachen des Weltkrieges, hrsg. von der »Kommission für die Veröffentlichung der Dokumente zur Entstehungsgeschichte des Krieges 1914–1918 in Paris«, Berlin 1930 ff.; Österreich-Ungarns Außenpolitik von der bosnischen Krise 1908 bis Kriegsausbruch 1914, Diplomatische Aktenstücke des österreichisch-ungarischen Ministeriums des Äußeren. Bearbeitet von Ludwig Bittner und Hans Uebersberger, Wien 1930
10 Milos Boghitschewitsch, Die auswärtige Politik Serbiens 1903–1914, 3 Bde., Berlin 1928 ff.
11 Deutsche Übersetzung: Charles C. Tansill, Amerika geht in den Krieg, Stuttgart 1939
12 Samuel E. Morison, Henry Steele Commager, William E. Leuchtenburg, The Growth of the American Republic, Bd. 2, S. 472
13 Die Darstellung der Pearl Harbor-Untersuchungen folgt der »Introduction« von

Pearl Harbor Attack: Hearings before the Joint Committee on the Investigation of the Pearl Harbor Attack, Congress of the United States, Washington 1946; Nachdruck New York 1972

14 Report of the Joint Committee of the Investigation of the Pearl Harbor Attack, Including the Minority Report, Washington 1946

15 Pearl Harbor Attack: Hearings before the Joint Committee of the Investigation of the Pearl Harbor Attack, Congress of the United States, Washington 1946

16 Harry E. Barnes (Hrsg.), Perpetual War for Perpetual Peace, Caldwell, Idaho, 1953, S. 316

17 Deutsche Übersetzung: William H. Chamberlin, Amerikas zweiter Kreuzzug, Bonn 1952

18 Deutsche Übersetzung: Robert A. Theobald, Das letzte Geheimnis von Pearl Harbor, New York 1963

19 Das Buch Hoggans erschien zunächst in Deutschland und erst später in den Vereinigten Staaten. Die Untersuchung A. J. P. Taylors heißt in deutscher Übersetzung: Die Ursprünge des Zweiten Weltkrieges, Gütersloh 1962

20 Deutsche Übersetzung: Charles C. Tansill, Die Hintertür zum Kriege, Düsseldorf 1957

21 Ebenda, S. 34

22 Von diesem Buch existiert eine deutsche Teilübersetzung, in der allerdings die Kapitel, die sich mit dem pazifischen Raum befassen, weggelassen sind: Harry E. Barnes (Hrsg.), Entlarvte Heuchelei, Wiesbaden 1961

23 Barnes, Perpetual War, a.a.O., S. 1–78; s. a. »Summary and Conclusions«, S. 629 f.

24 Richard Rhodes, Dark Sun. The Making of the Hydrogen Bomb, New York 1995, S. 508 ff.

25 Ebenda, S. 562 u. 570

26 Ebenda, S. 570 ff.

27 Ebenda, S. 582

28 Präsident Eisenhowers Abschiedsrede vom 17.1.1961, Archiv der Gegenwart 1961, S. 8867/68

29 Deutsche Übersetzung: William A. Williams, Die Tragödie der amerikanischen Diplomatie, Frankfurt 1973

30 William A. Williams, The Tragedy of American Diplomacy, Cleveland und New York, 1959, S. 141 ff., insbes. S. 145

31 Martin Caidin, A Torch to the Enemy, New York 1960

32 Richard Rhodes, Die Atombombe oder Die Geschichte des 8. Schöpfungstages, Nördlingen 1988, S. 738 u. 744

33 Gar Alperovitz, Atomic Diplomacy: Hiroshima and Potsdam, New York 1965 (deutsch: Atomare Diplomatie: Hiroshima und Potsdam, München 1966)

34 Zit. n. Barnes, Perpetual War, a.a.O., S. 316

35 Ebenda, S. 30

36 Zur Geschichte der Funkaufklärung und der Kryptoanalyse: Ladislav Farago, The Broken Seal: The Story of »Operation Magic« and the Pearl Harbor Desaster, New York 1967 (deutsch: Codebrecher am Werk. Trotzdem kam es zu Pearl Harbor, Frankfurt a. M. u. Berlin 1967); die Erinnerungen eines Nachrichtenoffiziers der Pazifikflotte enthält Edwin T. Layton, And I was there: Pearl Harbor and Midway, New York 1985; einen guten kurzen Überblick über die Geschichte der amerikanischen Funkaufklärung enthält Clay Blair, Silent Victory, The U.S. Submarine War against Japan, Philadelphia und New York 1975; eine typische Zusammenstellung von Augenzeugenberichten ist Walter Lord, Day of Infamy, New York 1957

37 Herbert Feis, The Road to Pearl Harbor. The Coming of the War between the United States and Japan, Princeton 1950; William L. Langer und S. Everett Gleason, The Challenge to Isolation, 1937–1940, New York 1952; dies., The Undeclared War, 1940–1941, New York 1953

38 Roberta Wohlstetter, Pearl Harbor. Warning and Decision, Stanford/Calif., 1962

39 Gordon W. Prange, At Dawn We Slept: The Untold Story of Pearl Harbor, New York 1981; ders., Pearl Harbor: The Verdict of History, New York 1986; ders., December 7, 1941: The Day the Japanese Attacked Pearl Harbor, New York 1988

40 Peter Herde, Pearl Harbor aus unbekannter revisionistischer Sicht, in: Historisches Jahrbuch 104 (1984), S. 73 f.

41 Harry E. Barnes, Pearl Harbor after a Quarter of a Century, New York 1972

42 John Toland, Infamy. Pearl Harbor and its Aftermath, New York 1982, S. 272 ff.; s.a. Herde, a.a.O., S. 87, Anm. 80
43 National Archive (NA) Rolle T-175, Regale 129 ff.; s.a. Gregory Douglas, Geheimakte Gestapo-Müller, Berg 1996, S. 85 ff. u.S. 320 ff.
44 William Casey, The Secret War against Hitler, Washington 1988, S. 7
45 Herde, a.a.O., S. 88, Anm. 80
46 James Rusbridger und Eric Nave, Betrayal at Pearl Harbor. How Churchill Lured Roosevelt into World War II, New York 1991
47 Die »Introduction« aus George Morgensterns »Pearl Harbor. The Story of the Secret War« wurde in die vorliegende Publikation dieses Buches nicht aufgenommen, da sie nur einen kurzen Überblick über die amtlichen Untersuchungen zu Pearl Harbor gibt, was in dieser Einführung ohnehin geschieht.

1. Krieg

1 Neville Chamberlain am 30. Sept. 1938
2 Aussage des ehemaligen deutschen Außenministers Constantin v. Neurath vor dem Internationalen Militärtribunal in Nürnberg nach AP-Bericht vom 24. Juni 1946
3 Poland No. 1, 1945: His Majesty's Stationery Office, Cmd. 6616, S. 4
4 Ambrose Bierce, The Devil's Dictionary, o. O., o. J., S. 22
5 AP-Bericht aus Tokio vom 19. Dez. 1945
6 L.S.B. Shapiro in der NYT, 19. März 1946, 10:4
7 JCC, 3. Jan. 1946
8 Ebd., 4. Jan. 1946
9 CT, 7. Dez. 1941, 13:2
10 Papers, 1939 Vol., S. 201–205
11 Reichstagsrede vom 28. April 1939
12 Grew, S. 493
13 Britannica Book of the Year, 1938–1942, S. 1385
14 Capt. A.H. McCollum vor dem JCC, Tr., S. 9260 u. 9275–9276
15 How War Came, S. 4
16 NYT, 7. Dez. 1941, 1:4
17 How War Came, S. 5

2. »Besteigt den Berg Niitaka«

1 Der größte Teil dieses Kapitels beruht auf der Aussage von Adm. T. B. Inglis vor dem JCC vom 17. Nov. 1945; Tr., S. 430 ff.
2 Die offiziellen amerikanischen und japanischen Angaben über die Zahl der angreifenden Flugzeuge stimmen nicht überein. Die US-Navy schätzt, daß Marineziele von 105 Feindflugzeugen angegriffen wurden (Aussage von Adm. Inglis, Tr., S. 145). Die US-Army schätzt, daß außerdem 105 Feindflugzeuge Heeresziele auf Oahu angegriffen haben (Aussage von Col. Bernard Thielen, Tr., S. 145). Es wären somit insgesamt 210 Feindflugzeuge gewesen. Aus japanischen Quellen geht laut Adm. Inglis hervor, daß der Angriffsverband aus 361 Flugzeugen bestanden hat (Tr., S. 453–454). Fregattenkapitän Mitsuo Fuchida, Kommandeur der Angriffsgruppe, erklärte laut AP-Meldung aus Tokio vom 16. Okt. 1945, daß 350 Flugzeuge teilgenommen haben.
3 Richard E. Lauterbach, »Secret Jap War Plans«, Life Magazine, 4. März 1946, S. 18
4 Edwin Mueller, »Inside Story of Pearl Harbor«, Reader's Digest, April 1944, S. 25–27
5 AP-Bericht aus Tokio, 25. Okt. 1945
6 Ebd.
7 AP-Bericht aus Tokio, 16. Okt. 1945
8 Tr., S. 457
9 AP-Bericht aus Tokio, 8. Sept. 1945
10 NYT, 6. Dez. 1942, 1:1
11 JCC, 24. Jan. 1946
12 AP-Bericht aus Tokio, 25. Okt. 1945
13 JCC, 12. Dez. 1945
14 Huie, S. 153–154
15 JCC, 19. Jan. 1946
16 Ebd., 21. Jan. 1946
17 Ebd., 1. Feb. 1946
18 AP-Bericht aus Pearl Harbor, 6. Dez. 1945

3. Die aufgehende Sonne

1 BR, S. 11
2 JCC, 15. Dez. 1945
3 Ebd., 1. Feb. 1946
4 Ebd.

5 Tr., S. 83–86
6 Br, S. 12–17; Tr., S. 83–86
7 Ebd., S. 39–41
8 APH, S. 45
9 BR, S. 17–18
10 BR, S. 15
11 JCC, 20. Feb. 1946
12 Tr., S. 75–82; APH, S. 33, 38–40, 44
13 APH, S. 33
14 Tr., S. 81; JCC, 26. Jan. 1946; Tr., S. 230
15 APH, S. 33
16 Ebd., S. 17
17 NCI, S. 64
18 APH, S. 44–45
19 BR, S. 23–26; APH, S. 35
20 APH, S. 35
21 Tr., S. 233–236
22 BR, S. 26
23 APH, S. 197; BR, S. 27 u. 36
24 JCC, 24. Jan. 1946
25 JCC, Ex. 100
26 Tr., S. 456; APH, S. 45
27 Tr., S. 50
28 BR, S. 28–29
29 Adm. Inglis glaubt, daß der erste Angriff um 7.53 Uhr bei Ewa erfolgte (Tr., S. 90)
30 BR, S. 42; s. a. S. 18–19 u. 38
31 Die Angaben über die amerikanischen Flugzeugverluste variieren. Adm. Inglis gibt die Verluste der Navy mit 102 Flugzeugen und Col. Thielen die der Army mit 96 an (Tr., S. 460).
32 APH, S. 43
33 JCC, 15. Nov. 1945; Navy ex. item 9
34 Tr., S. 87; BR, S. 30
35 Tr., S. 91; NCI, S. 67; BR, S. 32
36 Tr., S. 98; BR, S. 36, 57, 73
37 Tr., S. 130-131
38 Auflistung der Schäden der Flotte in Navy ex. item 15, dem JCC am 15. Nov. 1945 vorgelegt.
39 Tr., S. 458–459

4. Die Sündenböcke

1 AP-Bericht aus Tokio, 12. Dez. 1945
2 Ebd., 25. Okt. 1945
3 CR, Bd. 87, Part 9, 77th Congress, 1st Session, S. 9506, 9536–9537
4 CT, 8. Dez. 1941, 1:7
5 NYT, 12. Dez. 1941, 4:1
6 CR, Bd. 87, Part 9, 77th Congress, 1st Session, S. 9652–9653, 9665–9667
7 Peace, S. 848–849
8 CT, 9. Dez. 1941, 4:2
9 Ebd.
10 United States News, 19. April 1946, S. 24–B
11 How War Came, S. 4
12 NYT, 16. Dez. 1941, 1:7
13 BR, S. 81–82
14 Tr., S. 6221–6248, insbes. S. 6223 u. 6237
15 JCC, 5. Jan. 1946
16 NYT, 18. Dez. 1941, 1:1
17 Ebd., 17. Dez. 1941, 9:1
18 Siehe die Rede von Roberts als Vorsitzender einer Massenversammlung des Council for Democracy, Madison Square Garden, 19. Aug. 1941; NYT, 20. Aug. 1941, 1:7
19 CT, 25. Jan. 1942, 1:6
20 Maj., S. 269
21 JCC, 19. Dez. 1945
22 Ebd., 19. Jan. 1946
23 Ebd., 25. Jan. 1946
24 Ebd., 16. Jan. 1946
25 Tr., Bd. 42, S. 8007–8008
26 Ebd., S. 8544–8545

5. Die Stationierung der Flotte

1 Papers, 1940, S. 193–194
2 Puleston, S. 214–215
3 JCC, 19. Dez. 1945
4 Min., S. 28–30
5 JCC, 30. Jan. 1946
6 Ebd., 19./20. Nov. 1945
7 JCC, Ex. 9, Stark an Richardson, 7. Mai 1940
8 Ebd., Richardson an Stark, 13. Mai 1940
9 JCC, 20. Nov. 1945
10 Ebd., 4. Jan. 1946
11 Ebd., 19. Nov. 1945
12 Papers, 1940, S. 517
13 JCC, 20. Nov. 1945
14 Ebd.
15 Ebd., 5. Jan. 1946
16 Ebd.
17 Ebd., 23. Nov. 1945
18 Ebd., 26. Nov. 1945
19 Ebd., 20. Nov. 1945
20 Ebd., Richardson an Stark, 22. Okt. 1940
21 JCC, 21. Nov. 1945
22 Ebd., 20. Nov. 1945
23 Ebd., 2. Jan. 1946
24 Ebd., 10. Jan. 1946
25 Ebd., 21. Nov. 1945

26 Ebd., 15. Jan. 1946
27 Ebd., 5. Jan. 1945
28 Ebd., 21. Jan. 1945

6. Planung für die Niederlage

1 APH, S. 12
2 JCC, 15. Nov. 1945, Army Ex. I, S. 5
3 APH, S. 18–20
4 JCC, 6. Dez. 1945
5 APH, S. 12
6 Ebd., S. 13
7 Tr., S. 7905
8 APH, S. 15
9 JCC, 6. Dez. 1945
10 APH, S. 39
11 JCC, 24. Jan. 1946; APH, S. 38
12 JCC, 24. Jan. 1946
13 APH, S. 15
14 Ebd.
15 JCC, 2. Feb. 1946
16 Tr., S. 7976
17 Ebd., S. 8004
18 Kimmel, 15. Jan. 1946, S. 65
19 Ebd., S. 66–68
20 Ebd., S. 69
21 Ebd., S. 71
22 JCC, 3. Dez. 1945
23 Ebd.
24 APH, S. 22
25 Ebd., S. 23
26 Huie, S. 93–94
27 JCC, Ex. 13
28 JCC, 18. Feb. 1946; Ex. 172, Maj., S. 164–165; Min., S. 50–55
29 Tr., S. 8005
30 JCC, 6. Dez. 1945
31 APH, S. 44; JCC, Ex. 5
32 JCC, 15. Nov. 1945, Ex. 5, S. 11–12
33 APH, S. 40–41, 44
34 Ebd., S. 44
35 BR, S. 34
36 Ebd., S. 58
37 Ebd., S. 90
38 Tr., S. 6230
39 BR, S. 60
40 Ebd., S. 50
41 CT, 11. Jan. 1946, 6:2
42 JCC, 26. Jan. 1946
43 NCI, S. 65
44 JCC, 18. Feb. 1946
45 They Call it Pacific (Viking 1943), S. 306
46 APH, S. 22
47 Kimmel, S. 24
48 JCC, 19. Nov. 1945
49 Kimmel, S. 24
50 NCI, S. 67
51 Ebd., S. 74
52 Ebd., S. 82
53 Ebd., S. 85
54 Kimmel, S. 25
55 NCI, S. 74
56 Tr., S. 6223–6225
57 JCC, 15. Dez. 1945

7. Die Hintertür zum Kriege

1 Papers, 1936, S. 206
2 Papers, 1937, S. 406–411
3 Vital Speeches of the Day, 15. Dez. 1938, S. 147
4 Papers, 1939, S. 3
5 Von Roosevelt abgestritten: Papers, 1939, S. 114–115
6 Papers, 1939, S. 212
7 Ebd., S. 557
8 Chron., S. 223
9 Papers, 1940, S. 263
10 NYT, 21. Juni 1940, 1:1
11 Papers, 1940, S. 673–674
12 Chron. S. 254
13 Rede vor dem Unterhaus, 20. Aug. 1940
14 NYT, 29. Aug. 1940, 1:7
15 Chron., S. 255; Papers, 1940, S. 391–407
16 Papers, 1940, S. 428–431
17 Ebd., S. 517
18 Ebd., S. 563
19 JCC, 19. Nov. 1945
20 Papers, 1940, S. 607
21 Ebd., S. 633–644
22 Rundfunkansprache vom 9. Feb. 1941
23 NYT, 25. Jan. 1941, 1:8
24 Chron., S. 273
25 CT, 15. Juni 1946, 2:4
26 How War Came, S. 187; Chron., S. 277
27 Chron., S. 283; NYT, 30. Mai 1941, S. 5
28 Fed. Reg., Bd. 6, S. 2897; Chron., S. 284
29 NYT, 25. Juni 1941, S. 1
30 Chron., S. 288
31 How War Came, S. 286
32 Chron., S. 293; Peace, S. 717–720
33 World Almanac, 1942, S. 88
34 Peace, S. 737–743
35 Ebd., S. 767–772
36 Ebd., S. 787–788
37 Chron., S. 304
38 JCC, 3. Jan. 1946
39 Ebd., 31. Dez. 1945

40 Tr., S. 6149–6150
41 JCC, Ex. D–2, 23. Nov. 1945
42 JCC, 3. Jan. 1946
43 Ebd.
44 Atlantic, S. 35–37; Saturday Evening Post, 26. Feb. 1944, S. 16
45 JCC, 3. Jan. 1946; Tr., S. 6152
46 JCC, 3. Jan. 1946
47 Ebd., 31. Dez. 1945
48 Ebd., 3. Jan. 1946
49 Tr., S. 6150
50 Ebd., S. 6151
51 Ebd., S. 6155-6156
52 Ebd., S. 6286
53 JCC, 6. Dez. 1945
54 Ebd., 30. Nov. 1945
55 Ebd., 29. Nov. 1945
56 Ebd., 12. Feb. 1946
57 Tr., S. 6287
58 JCC, 29. Jan. 1946
59 Kimmel, S. 16
60 JCC, 6. Dez. 1945
61 Kimmel, S. 16
62 JCC, 16. u. 18. Jan. 1946
63 Ebd., 16. Nov. 1945
64 Tr., S. 6237
65 JCC, 6. Dez. 1945
66 CT, 19. Okt. 1944, 1:3
67 NYT, 27. Dez. 1941, 1:1
68 APH, S. 34
69 NCI, S. 62
70 Ebd.
71 Kimmel, S. 15
72 AP-Meldung, in CT, 9. Mai 1946, 13:4
73 John T. Flynn, The Truth about Pearl Harbor, S. 14
74 Grew, S. 402–403
75 Intercepts, S. 200–202
75a Chicaco Daily News, 30. Sept. 1946, 5:3, 4
76 Intercepts, S. 228–229
77 NYT, 9. Dez. 1941, 1:7
78 How War Came, S. 315
79 NYT, 30. Nov. 1941, 1:5
80 Time, 7. Aug. 1939
81 Chron., S. 256
82 Ebd., S. 289
83 NYT, 2. Dez. 1941, S. 6
84 For. Rel. II, S. 531
85 Peace, S. 696
86 For. Rel. I, S. 517–563
87 Peace, S. 422
88 Ebd., S. 475
89 Grew, S. 295
90 For. Rel. II, S. 211–215
91 Ebd., S. 216–218
92 Ebd., S. 218–219
93 Ebd., S. 222
94 Ebd., S. 222–223
95 American Metal Market, Bd. LI, No. 215, 4. Nov. 1944
96 For. Rel. II, S. 224
97 Ebd., S. 225
98 Chron., S. 258
99 NYT, 1. Dez. 1940, S. 1
100 Peace, S. 623, 626
101 Ebd., S. 631–637
102 NYT, 16. April 1941, S.7; ebd., 24. Jan. 1941, S. 4
103 Peace, S. 704–705
104 NYT, 26. Juli 1941, S. 5
105 Fed. Reg., Bd. 6., S. 3825
106 Chron., S. 295
107 NYT, 19. Juli 1941, 2:8; 21. Dez. 1941, 27:3
108 Ebd., 13. Juli 1941, 14:6
109 Ebd., 29. Juni 1941, 9:1
110 For. Rel. II, S. 263–264
111 Asia and the Americas, special section, Bd. XLV, No. 12, Dezember 1945
112 JCC, 21. Jan. 1946
113 Ebd., 24. Nov. 1945

8. »A, B, C, D«

1 NYT, 7. Dez. 1941, 1:7
2 CT, 7. Dez. 1941, 10:3
3 Ebd.
4 JCC, 12. Feb. 1946
5 Ebd., 19. Nov. 1945
6 Ebd., 10 Dez. 1945
7 Ebd., 19. Nov. 1945
8 Tr., S. 6207–6209
9 JCC, 6. Dez. 1945, Ex. 49, B–1
10 Ebd., Ex. 50, B–2
11 Ebd., 5. Jan. 1946
12 Maj., S. 266 – V u. W
13 Ebd., S. 245
14 JCC, Ex. 49, B–1, S. i
15 Tr., S. 5573–5574
16 JCC, 12. Feb. 1946
17 Maj., S. 168–171; Min., S. 12–14
18 Kimmel, S. 9
19 Ebd.; JCC, Ex. 44 E
20 Kimmel, S. 10
21 JCC, 5. Dez. 1945
22 Tr., S. 8555
23 Ebd., S. 8557
24 Kimmel, S. 41

25 JCC, 31. Dez. 1945
26 Tr., S. 6321
27 JCC, 10. Dez. 1945
28 Tr., S. 6291
29 Ebd., S. 6312–6314; JCC, 20. Dez. 1945
30 Tr., S. 6315
31 JCC, 20. Feb. 1946
32 Tr., S. 6198
33 Ebd., S. 6204
34 Intercepts, S. 111
35 Ebd., S. 227
36 Ebd., S. 173
37 Ebd., S. 192
38 Edd., S. 238
39 Rede vor dem Unterhaus, NYT, 28. Jan. 1942, 1:4
40 Rundfunkansprache, NYT, 16. Feb. 1942, 1:3
41 AP-Meldung aus London, 21. Juni 1944, in CT vom gleichen Tag, 1:2

9. Begegnung auf See

1 JCC, 9. April 1946
2 JCC, Ex. 22–B, 22–C, 22–D, 23. Nov. 1945
3 How War Came, S. 10
4 Min, S. 14–15
5 Peace, S. 714
6 JCC, 24. Nov. 1945
7 Ebd., 15. Dez. 1945
8 Rundfunkansprache, NYT, 25. Aug. 1941, 1:8
9 NYT, 11. Nov. 1941, 1:1
10 Grew, S. 478
11 Tr., S. 6298–6303
12 Maj., S. 302, 304–305
13 JCC, 24. Nov. 1945
14 Ebd., 27. Nov. 1945
15 Intercepts, S. 197
16 For. Rel. II, S. 139
17 Ebd., S. 143
18 JCC, 28. Nov. 1945
19 Ebd., 21. Dez. 1945
20 For. Rel. II, S. 525–526

10. Der Letzte der japanischen Gemäßigten

1 Grew, S. 446
2 Ebd., S. 359
3 Ebd., S. 361
4 Ebd., S. 362
5 Ebd., S. 363
6 JCC, 27. Nov. 1945
7 Grew, S. 369
8 Ebd., S. 365
9 For. Rel. II, S. 388–389
10 Ebd., S. 391
11 Ebd., S. 331
12 Ebd., S. 398–402
13 Ebd., S. 407
14 Ebd., S. 420–422
15 Ebd., S. 428–434
16 Ebd., S. 440–441
17 Ebd., S. 447
18 Ebd., S. 454–455
19 Ebd., S. 486–492
20 Ebd., S. 485
21 Ebd., S. 509
22 NYT, 17. Juli 1941, 1:5; 19. Juli 1941, 1:4
23 For. Rel. II, S. 496
24 Ebd., S. 267
25 Grew, S. 334
26 Peace, S. 569–572
27 JCC, 27. Nov. 1945
28 Tr., S. 6339–6340
29 Ebd., S. 6341–6342
30 Ebd.
31 Peace, S. 88
32 Tr., S. 6353
33 Ebd., S. 6344–6353
34 For. Rel. II, S. 516–520
35 Ebd., S. 525
36 Ebd., S. 533–534
37 Ebd., S. 526
38 Ebd., S. 529
39 Ebd., S. 534–535
40 Ebd., S. 549–550
41 Ebd., S. 552–553
42 Ebd., S. 554–555
43 Ebd., S. 402
44 Ebd., S. 550
45 Ebd., S. 553
46 Ebd., S. 565
47 Ebd., S. 568
48 Ebd., S. 572–573
49 Ebd., S. 571
50 Ebd., S. 576
51 Ebd., S. 576–577
52 Ebd., S. 592
53 Ebd., S. 588
54 AP-Meldung aus Tokio, 19. Dez. 1945, in CT, 20. Dez. 1945
55 For. Rel. II, S. 628

56 Intercepts, S. 33–36
57 Peace, S. 754
58 For. Rel. II, S. 645–650
59 Grew, S. 444
60 For. Rel. II, S. 352–354
61 Ebd., S. 662
62 Grew, S. 456
63 For. Rel. II, S. 692
64 Grew, S. 481–482
65 How War Came, S. 287
66 AP-Meldung aus Tokio, 16. Dez. 1945, in CT, 17. Dez. 1945, 5:3 (O. Wilde-Text übersetzt von W. Post)

11. Diplomatie für den Tag D

1 Maj., S. 295–296
2 Grew, S. 460
3 For. Rel. II, S. 697
4 AP-Meldung aus Tokio, 18. Dez. 1945, in CT, 19. Dez. 1945
5 For. Rel. II, S. 703–704
6 Ebd., S. 704
7 Ebd., S. 679
8 AP-Meldung aus Tokio, 6. Sept. 1945, in CT, 7. Sept. 1945; AP-Meldung aus Tokio, 20 Sept. 1945, in CT, 21. Sept. 1945, 3:3
9 Grew, S. 470
10 Paul V. Horn, »Effects of Allied Economic Blockade on Japan«, The Conference Board Economic Record, III:22 (25. Nov. 1941), 509–512
11 For. Rel. II, S. 705
12 Ebd., S. 706
13 Ebd., S. 709–710
14 Ebd., S. 715
15 Ebd., S. 710-714
16 Ebd., S. 710
17 Ebd., S. 718
18 Ebd., S. 720
19 Ebd., S. 731–734
20 Ebd., S. 736–737
21 Ebd., S. 740–743
22 Ebd., S. 745
23 Ebd., S. 746
24 Ebd.
25 Ebd., S. 747
26 Ebd., S. 759–761
27 Ebd., s. 789
28 Ebd., S. 757
29 Ebd., S. 756
30 Ebd., S. 754–755
31 Ebd., S. 760
32 Ebd., S. 763–764
33 JCC, 23. Nov. 1945
34 Grew, S. 483
35 Ebd., S. 486
36 For. Rel. II, S. 148–149
37 Ebd., S. 377–378
38 JCC, 23. Nov. 1945
39 Stimson, S. 47
40 JCC, 23. Nov. 1945
41 Ebd.
42 Ebd.
43 Ebd., 24. Nov. 1945
44 APH, S. 51
45 JCC, Ex. 18
46 Stimson, S. 46; APH, S. 51
47 Stimson, S. 49
48 Tr., S. 6161–6167
49 Ebd., S. 6171–6172
50 Ebd., S. 6173
51 Stimson, S. 51
52 Tr., S. 6181, 6184–6185
53 Ebd., S. 6191–6193
54 Ebd., S. 6194
55 Ebd.
56 Ebd., S. 6196
57 Ebd., S. 6199–6201
58 Ebd., S. 6201–6203
59 Min., S. 7–8 u. 67–69
60 For. Rel. II. S. 768–770
61 How War Came, S. 308
62 For. Rel. II, S. 764–766
63 Ebd., S. 770–771
64 Ebd., S.777
65 Peace, S. 816–817
66 AP-Meldung aus Tokio, 25. Okt. 1945, in CT, 26. Okt. 1945
67 For. Rel. II, S. 779
68 Ebd., S. 780
69 Ebd., S. 782
70 Ebd., S. 783
71 John Chamberlain, »The Man Who Pushed Pearl Harbor«, Life, 1. April 1946, S. 94
72 JCC, 26. Nov. 1945; NYT 27. Nov. 1945, 4:1; Grew, S. 493, 497
73 For. Rel. II, S. 784–786
74 NYT, 8. Dez. 1941, 1:2
75 For. Rel. II, S. 385
76 Ebd., S. 786–787
77 Ebd., S. 787–792
78 Ebd., S. 787
79 Ebd., S. 793
80 Ebd., S. 793–794
81 CT, 20. Sept. 1946

82 Bericht aus London v. 25. April 1946, in CT, 26. April 1946, 1:2
83 Peace, S. 843

12. »Magic«

1 APH, S. 36–37
2 79th Congress, 1st Session, Calendar No. 159, Report No. 161
3 CT, 26. Okt. 1945, 1:6
4 CR, 6. Nov. 1945, S. 10606–10611
5 JCC, 15. Nov. 1945, Ex. 1
6 Intercepts, S. 9
7 Ebd., S. 14
8 Ebd., S. 17
9 Ebd., S. 34
10 Ebd., S. 20
11 Ebd., S. 47
12 Ebd., S. 50–51
13 Ebd., S. 57–58
14 Ebd., S. 66
15 Ebd., S. 72–73
16 Ebd., S. 73–74
17 Ebd., S. 78
18 Ebd., S. 76
19 Ebd., S. 79
20 Ebd., S. 81
21 Ebd., S. 83
22 Ebd., S. 86–87
23 Ebd., S. 90
24 Ebd., S. 92–93
25 Ebd., S. 98
26 Ebd., S. 100
27 Ebd., S. 97, 101
28 Ebd., S. 101
29 Ebd., S. 113–116
30 Ebd., S. 119–122
31 Ebd., S. 123
32 Ebd., S. 126–127
33 Ebd., S. 127–129
34 Ebd., S. 127
35 Ebd., S. 131–134, 136
36 Ebd., S. 137
37 Ebd., S. 137–138
38 Ebd., S. 141–143
39 Ebd., S. 145
40 Ebd., S. 148
41 Ebd., S. 150–152
42 Ebd., S. 154
43 Ebd., S. 155
44 Ebd., S. 158
45 Ebd., S. 165
46 For. Rel. II, S. 647

13. Die Schrift an der Wand

1 Intercepts, S. 168
2 Ebd., S. 173
3 Ebd., S. 174
4 Ebd., S. 175
5 Ebd., S. 178
6 Ebd., S. 179–180
7 Ebd., S. 182
8 Ebd., S. 183
9 Ebd., S. 186–188
10 Ebd., S. 190–191
11 Ebd., S. 193
12 Ebd., S. 195
13 Ebd., S. 195–196
14 Ebd., S. 198
15 Ebd., S. 200–202
16 Ebd., S. 204
17 Ebd., S. 205–206
18 Ebd., S. 206–207
18 Ebd., S. 208
20 Ebd., S. 208–209
21 Ebd., S. 209
22 Ebd., S. 209–210
23 Ebd., S. 210–212
24 Ebd., S. 212
25 Ebd., S. 215
26 Ebd., S. 215–216
27 Ebd., S. 216–221
28 Ebd., S. 224
29 Ebd., S. 224–225
30 Ebd., S. 227
31 Ebd., S. 228
32 Ebd., S. 228–229
33 Ebd., S. 230
34 Ebd., S. 231
35 Ebd., S. 232–233
36 Ebd., S. 233
37 Ebd., S. 234
38 Ebd.
39 Ebd., S. 236
40 Ebd., S. 237
41 Ebd., S. 236
42 Ebd., S. 237
43 Ebd., S. 238–239
44 JCC, 2. Feb. 1946
45 Intercepts, S. 245–246
46 Ebd., S. 246
47 Ebd., S. 247
48 JCC, 17. Dez. 1945
49 For. Rel. II, S. 792
50 Intercepts, S. 245
51 JCC, 12. Dez. 1945
52 Intercepts, S. 248
53 Ebd.

54 Ebd., S. 249
55 Ebd., S. 249–251
56 Ebd., S. 252

14. »Ostwind, Regen«

1 Intercepts, S. 154
2 Streng geheime Aussage vor dem APH, für die Presse am 11. Dez. 1945 von Senator Barkley freigegeben
3 Maj., S. 270–271
4 JCC, 12. Feb. 1946
5 Ebd., 13. Dez. 1945
6 Ebd., 11. Dez. 1945
7 Ebd., 13. Dez. 1945
8 APH, S. 59
9 JCC, 12. Dez. 1945
10 Ebd.
11 Ebd.
12 Maj., S. 270
13 CT, 2. Dez. 1945, 16:5
14 »The Marshall-Dewey Letters«, Life, 17. Dez. 1945, S. 19; JCC, 17. Dez. 1945
15 JCC, 18. Dez. 1945
16 Ebd., 19. Dez. 1945
17 Maj., S. 271
18 JCC, 2. Feb. 1946
19 CT, 4. Feb. 1946, 1:2
20 JCC, 2. Feb. 1946
21 Ebd.
22 Ebd.
23 Safford, S. 1 (Tr., S. 9622–9654)
24 Min., S. 46
25 JCC, Ex. 37, S. 1
26 Das vorangegangene nach Safford, siehe Anm. 23

15. »Gefangen von unsichtbaren Winden«

1 Aussage vor dem NCI, dem JCC am 5. Feb. 1946 vorgelegt.
2 Ebd.
3 Ebd.
4 JCC, 5. Feb. 1946
5 Ebd., 6. Feb. 1946
6 Ebd., 7. Feb. 1946
7 Ebd., 8. Feb. 1946
8 NCI, S. 86
9 JCC, 9. Feb. 1946
10 Ebd., 10. Feb. 1946
11 Ebd., 11. Feb. 1946
12 NYT, 12. Feb. 1946, 15:3
13 JCC, 11. Feb. 1946
14 Ebd., 15. Feb. 1946
15 Ebd., 16. Feb. 1946
16 Ebd., 2. Feb. 1946
17 Ebd.
18 Ebd., 1. Feb. 1946
19 Ebd., 16. Feb. 1946
20 Ebd., 20. Dez. 1945
21 Ebd., 30. Jan. 1946
22 Ebd., 2. Feb. 1946
23 Memorandum von Gen. Cramer vom 23. Nov. 1944, dem JCC am 26. Jan. 1946 vorgelegt; Tr., Bd. 46, S. 8621–8628
24 Ebd., S. 8627
25 Ebd.
26 Kimmel, S. 97
27 Vgl. Min., S. 31–32
28 Memorandum von William D. Mitchell, CR, 6. Nov. 1945, S. 10 431

16. Zweideutige Warnungen

1 APH, S. 22
2 Ebd., S. 23
3 JCC, Ex. 37, S. 18; Kimmel, S. 38–39; Tr., Bd. 42, S. 7923
4 Hart Report, S. 423; Tr., Bd. 46, S. 8535
5 JCC, 20 Dez. 1945
6 Tr., Bd. 42, S. 7923
7 Kimmel, S. 41; JCC, Ex. 37, S. 32
8 JCC, Ex. 106
9 Kimmel, S. 42; JCC, Ex. 37, S. 36
10 Tr., Bd. 42, S. 7927–7928; JCC, Ex. 32, S. 7
11 APH, S. 27–28
12 Ebd., S. 27
13 Ebd.
14 Ebd.
15 Ebd., S. 28; Tr., S. 4247, 4270
16 APH, S. 27
17 Ebd., S. 28; Tr., S. 4251–4252
18 JCC, 11. Dez. 1945
19 Min., S. 42; Maj., S. 266–K
20 APH, S. 28
21 JCC, 31. Dez. 1945
22 APH, S. 29
23 Ebd.
24 Ebd.
25 Ebd., S. 54
26 Maj., S. 266–M u. N
27 Tr., S. 7928; Maj., S. 266–I
28 Tr., S. 7928–7929
29 JCC, Ex. 32, S. 10
30 Ebd., S. 12

31 Min., S. 32–33
32 Tr., S. 7930–7931
33 Ebd., S. 7931
34 JCC, Ex. 32, S. 13
35 Tr., S. 8660
36 JCC, Ex. 32, S. 17
37 Tr., S. 7993–7994
38 Ebd., S. 7969
39 Ebd., S. 7994
40 JCC, Ex. 37, S. 14
41 JCC, Ex. 32, S. 19
42 Tr., S. 7934
43 JCC, 19. Nov. 1945
44 Kimmel, S. 42–44
45 Hart Inquiry, S. 40–41
46 Kimmel, S. 44–47
47 Tr., S. 7935, 8656–8657
48 Kimmel, S. 53, 55
49 Ebd., S. 55
50 JCC, Ex. 78, S. 2
51 Kimmel, S. 47
52 Ebd., S. 48
53 JCC, Ex. 80
54 JCC, 21. Dez. 1945
55 Kimmel, S. 49
56 JCC, 21. Jan. 1946
57 APH, S. 31
58 Ebd.
59 R. Section IX
60 APH, S. 32
61 Ebd.
62 JCC, 8. Dez. 1945
63 APH, S. 32
64 Min., S. 33–34
65 Tr., S. 5676 u. 8682
66 APH, S. 32
67 Tr., S. 8529–8530

17. »Daß der Krieg unmittelbar bevorstand, war bekannt«

1 APH, S. 36
2 Kimmel, S. 54
3 NCI, S. 66
4 Ebd., S. 70
5 APH, S. 54
6 NCI, S. 69; Maj., S. 266–F
7 Maj., S. 47; Min., S. 20–21
8 Kimmel, S. 78
9 Ebd., S. 78–79
10 Ebd., S. 79–80
11 Ebd., S. 80
12 Ebd., S. 80–81
13 Ebd., S. 81
14 Ebd.
15 Ebd.; Min., Conclusion 12, S. 36–38
16 JCC, Ex. 15
17 Kimmel, S. 34
18 JCC, Ex. 52, S. 1
19 Kimmel, S. 36–38; Min., Conclusion 10, S. 30
20 Kimmel, S. 43, 54–55
21 JCC, Ex. 2, S. 12
22 Ebd., S. 13
23 Ebd.
24 Ebd., S. 15
25 Ebd., S. 14
26 Ebd., S. 15
27 Ebd.
28 JCC, Ex. 2
29 Ebd., S. 29
30 Ebd., S. 27
31 Min., Conclusion 15, S. 44–45
32 JCC, 13. Feb. 1946
33 Ebd., 11. Feb. 1946; Ex. 2, S. 22
34 Tr., S. 8691–8692
35 Kimmel, S. 84–85; Tr., S. 6779–6780
36 JCC, 4. Dez. 1945
37 Ebd., 19. Jan. 1946
38 Tr., S. 7989; Maj., S. 190; Maj., S. 266–E
39 APH, S. 6; Min., Conclusion 8, S. 27
40 Aussage Adm. Kimmels vor der Roberts-Kommission, dem JCC am 31. Dez. 1945 vorgelegt
41 JCC, 18. Dez. 1945
42 Aussage Gen. Shorts vor der Roberts-Kommission, dem JCC am 31. Dez. 1945 vorgelegt.
43 Kimmel, S. 101, 104
44 Tr., S. 8706
45 Tr., S. 7965–7966
46 Tr., S. 3713
47 Tr., S. 1420–1422
48 Tr., S. 2726–2729
49 Tr., S. 3727–3728
50 Tr., S. 8007; Maj., S. 266–L u. M
51 Tr., S. 7953
52 Tr., S. 2888
53 JCC, Ex. 53, S. 1–3
54 Tr., S. 7996–7998
55 Tr., S. 8539–8542
56 Tr., S. 8542–8544

18. »Das bedeutet Krieg«

1 FM 100-5 vom 22. Mai 1941, S. 40
2 Tr., S. 7981

3 JCC, 29. Nov. 1945
4 Tr., S. 7985
5 JCC, 24. Jan. 1946
6 Ebd., 29. Nov. 1945; Min., Conclusion 7, S. 26–27
7 JCC, 8. Feb. 1946
8 Tr., S. 2091–2092
9 APH, S. 32
10 JCC, 29. Nov. 1945
11 Ebd., 30. Nov. 1945
12 Ebd., 29. Jan. 1946
13 Ebd.
14 Min., S. 59, 62, 63
15 JCC, 29. Jan. 1946
16 Cramer Report vom 25. Nov. 1944; JCC, 12. Dez. 1945
17 Tr., S. 8000–8001
18 APH, S. 56
19 Tr., S. 8585–8587
20 Peace, S. 136
21 How War Came, S. 303
22 Min., S. 15–16
23 JCC, 15. Feb. 1946
24 Ebd., 9. April 1946
25 Ebd., 31. Mai 1946
26 John T. Flynn, »The Final Secret of Pearl Harbor«, S. 9
27 JCC, 9. April 1946
28 Ebd., 11. Dez. 1945
29 Maj., S. 266–H u. G
30 APH, S. 52
31 NYT, 11. Okt. 1945, 1:7
32 APH, S. 53
33 Ebd., S. 36
34 JCC, 17. Dez. 1945
35 Ebd., 19. Jan. 1946
36 Ebd., 29. Jan. 1946
37 Ebd., 5. Feb. 1946
38 Tr., S. 6223, 6245
39 JCC, 14. Feb. 1946
40 APH, S. 6
41 Min., S. 27
42 JCC, 6. Feb. 1946
43 APH, S. 6
44 Tr., Bd. 69, S. 13 988
45 Ebd., S. 13 989
46 Maj., S. 266–J
47 JCC, 11. April 1946
48 Ebd.
49 JCC, 14. Feb. 1946
50 Ebd., 17. Dez. 1945
51 Ebd., 30. Jan. 1946
52 Cramer Report, dem JCC am 17. Dez. 1945 vorgelegt
53 Tr., S. 6223
54 JCC, 6. Feb. 1946
55 CT, 7. Nov. 1945, 1:7; 9. Nov. 1945, 11:3; 15. Nov. 1945, 1:1
56 Min., S. 35
57 Tr., S. 7943
58 Ebd., S. 7943–7944
59 APH, S. 32
60 Ebd.
61 Tr., S. 8523–8527
62 Tr., S. 8530
63 JCC, 10. Dez. 1945
64 APH, S. 27
65 Tr., S. 7949–7950
66 JCC, 10. Dez. 1945
67 Tr., S. 8680–8684
68 Ebd., S. 8682–8683
69 Ebd., S. 8685–8689; Min., S. 62–65

19. Japan löst das Dilemma

1 JCC, Ex. 16–A
2 Ebd.; 10. Dez. 1945
3 APH, S. 27
4 Ebd., S. 51
5 Ebd., S. 27
6 Tr., S. 6173–6180
7 Ebd., S. 14 421–14 423
8 APH, S. 56
9 Stimson, S. 11
10 Ebd., S. 49
11 Ebd., S. 52
12 JCC, Ex. 45
13 Stimson, S. 48
14 Ebd., S. 49
15 Ebd., S. 50
16 Ebd., S. 51
17 Min., S. 44
18 Tr., S. 8536; Hart Report, S. 428, Question No. 49
19 How War Came, S. 267
20 JCC, Ex. 50, S. 13
21 Peace, S. 714
22 NYT, 25. Nov. 1941, 8:4
23 JCC, 10. Dez. 1945
24 Tr., S. 14 435–14 436
25 Stimson, S. 4
26 Ebd., S. 18–19
27 Ebd., S. 54–55
28 Ebd., S. 9–10
29 Ebd., S. 21–22
30 Ebd., S. 46–47
31 Tr., S. 7928
32 Min., S. 17–18
33 Stimson, S. 15

34 Ebd., S. 12
35 Ebd., S. 42
36 Ebd., S. 47–48
37 Ebd., S. 26–27
38 Ebd., S. 28
39 Ebd., S. 56
40 Ebd., S. 28–29
41 Maj., S. 397
42 JCC, 23. Mai 1946
43 Ebd., Ex. 19
44 Stimson, S. 58
45 Tr., S. 14 631
46 Ebd., S. 13 741–13 742
47 United States News, 19. April 1946, S. 28
48 Stimson, S. 6
49 NYT, 3. Dez. 1941, 1:8
50 Ebd., 4. Dez. 1941, 4:3
51 Ebd., 6. Dez. 1941, 3:1
52 Ebd.
53 JCC, 12. Feb. 1946
54 Ebd., 13. Feb. 1946
55 CR, 4. Dez. 1941, S. 9407–9411, 9413; 5. Dez. 1941, S. 9502
56 JCC, 19. Jan. 1946
57 Stimson, S. 5
58 Ebd., S. 21
59 Ebd., S. 29
60 Ebd.
61 JCC, Ex. 37, S. 39
62 Maj., S. 266–P
63 Ebd., S. 266–N u. 266–Q
64 JCC, Ex. 21
65 Ebd., 10. Dez. 1945
66 Ebd., Ex. 21
67 Maj., S. 425, Anm. 1
68 Tr., S. 5507
69 Ebd., S. 6213
70 Infantry Journal, Juni 1946, S. 27
71 JCC, 14. Feb. 1946
72 Ebd., Ex. 79, S. 12
73 Ebd., 9. April 1946
74 CT, 7. Dez. 1941, 10:3
75 Tr., S. 14 631–14 632, 13 738
76 Ebd., S. 13 738–13 740
77 Stimson, S. 59
78 Ebd., S. 59, 65–68
79 Ebd., S. 30
80 Ebd., S. 59–60
81 Ebd., S. 62
82 United States News, 19. April 1946, S. 27
83 Ebd., S. 28
84 Vgl. dazu die Ausführungen von Prof. Edward Samuel Corwin von der Princeton University, der für die William W. Cook Foundation Vorlesungen an der Universität von Michigan hielt. Diese sind im Chicago Daily Law Bulletin vom 16. März 1946 abgedruckt

20. Wer ist schuld?

1 APH, S. 56
2 APH, S. 60
3 NCI, S. 86
4 Ebd., S. 71
5 Ebd., S. 78, 86
6 Kimmel, S. 105–108
7 Ebd.
8 Tr., S. 8549
9 Ebd., S. 8549–8553
10 Ebd., S. 8601–8602
11 Ebd., S. 8602–8613
12 Ebd., S. 8590
13 Ebd., S. 8590–8591
14 Ebd., S. 8591–8593
15 JCC, Ex. 140; Tr., S. 8599
16 Tr., S. 8599
17 Ebd., S. 8599–8600
18 Ebd., S. 8692–8693
19 Ebd., S. 8617–8618
20 Ebd., S. 8618–8619
21 Ebd., S. 8614–8616
22 Min., einleitende Anmerkung
23 Maj. S. 251–252
24 Maj., S. 251, Conclusion 4 u. 5
25 Min., S. 78–79
26 Ebd., Conclusion 16, S. 46–49
27 Ebd., Conclusion 11, S. 36
28 Ebd., Conclusion 5, S. 19–20
29 Ebd., Conclusion 19, S. 70–71
30 Ebd., Conclusion 21, S. 76–78
31 Min., S. 9–12, »Conclusions of Facts and Responsibility«
32 Stimson, S. 31–33

Personenregister

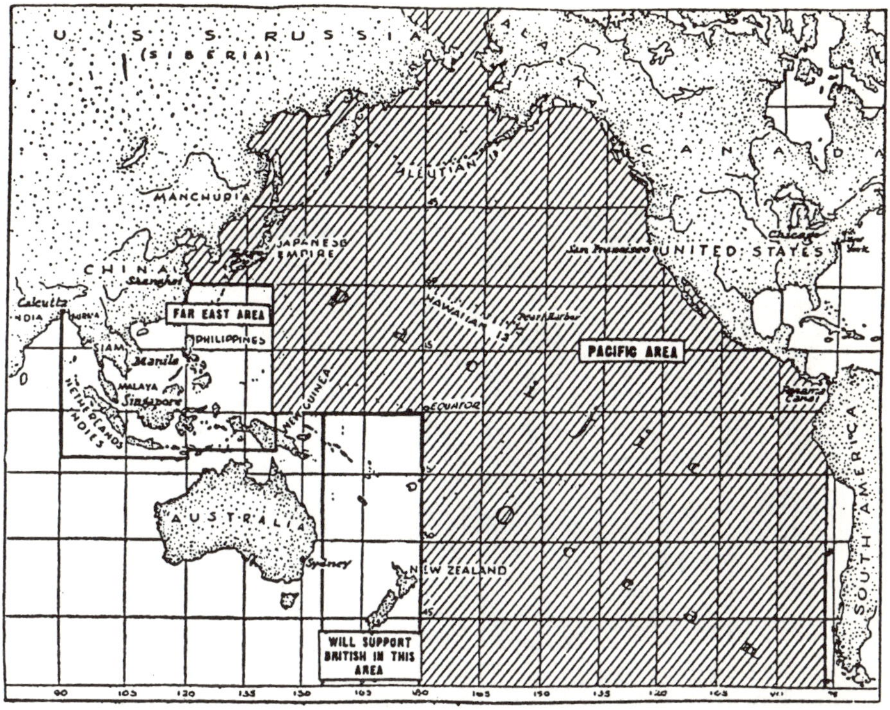

Auf der Washingtoner Stabskonferenz im Februar/März 1941 wurde vereinbart, daß die Vereinigten Staaten die Verteidigung einer riesigen Fläche im Pazifischen Ozean übernehmen sollten (schraffiert eingezeichnet). Amerikanische Seestreitkräfte sollten außerdem die britische Flotte unterstützen und im Südwestpazifik östlich von Australien unter britischem Oberbefehl operieren. Die Verteidigung des Fernen Ostens unterstand Großbritannien.

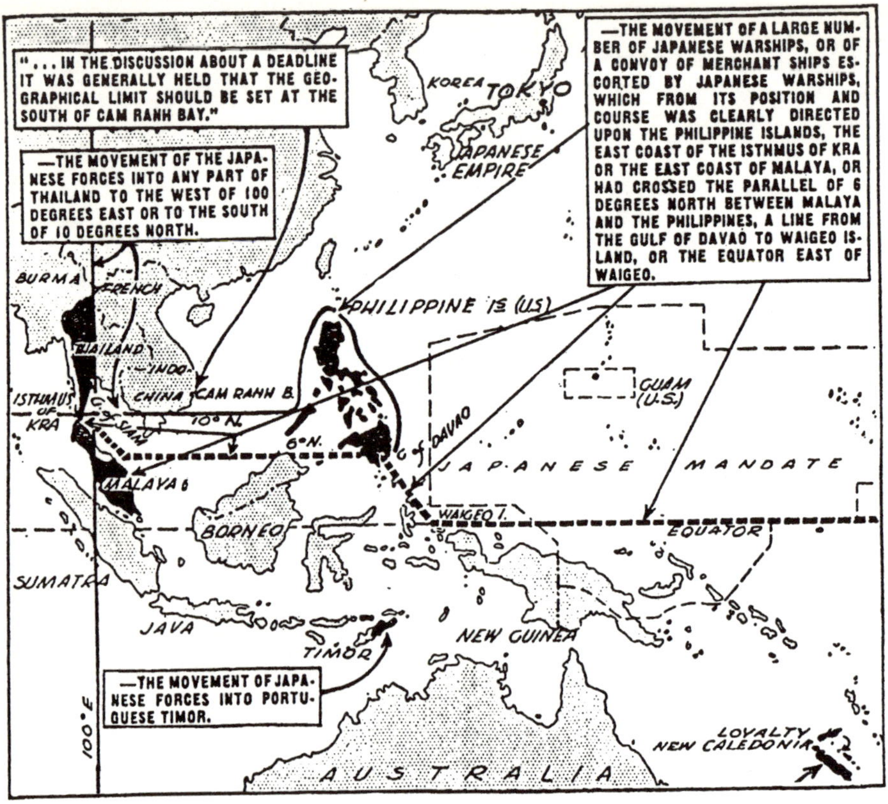

Diese Karte zeigt die verschiedenen Grenzlinien, die in den ABCD-Vereinbarungen zwischen den Vereinigten Staaten, Großbritannien und den Niederlanden festgelegt worden waren.

Danach sollten

- der Vorstoß japanischer Streitkräfte in einen Teil Thailand westlich 100° O oder südlich 10° N,
- der Vorstoß eines japanischen Flottenverbandes gegen die Philippinen, den Isthmus von Kra oder Malaya oder die Überquerung des Breitenkreises von 6° N zwischen Malaya und den Philippinen,
- der Vorstoß japanischer Streitkräfte nach Portugiesisch Timor,
- der Vorstoß japanischer Streitkräfte nach Neukaledonien oder zu den Loyalty-Inseln,

den Bündnisfall auslösen und zum Kriegseintritt der Vereinigten Staaten führen.

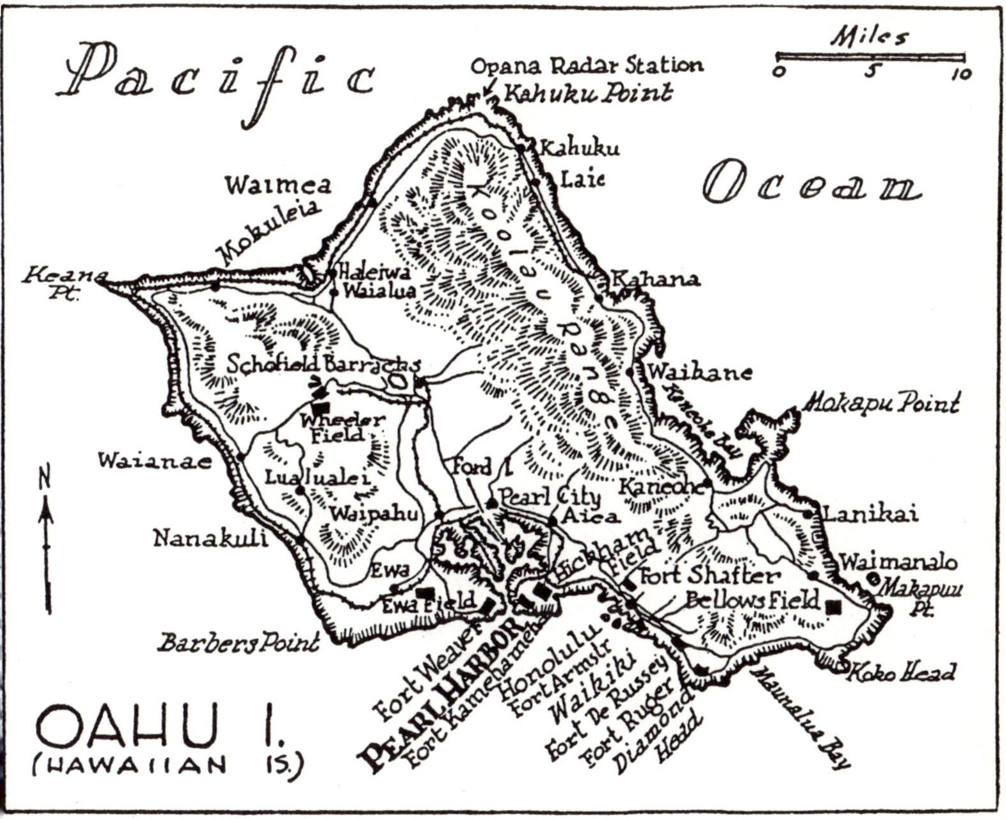
Pacific
Ocean
Miles
0 5 10
Opana Radar Station
Kahuku Point
Kahuku
Laie
Waimea
Mokuleia
Keana Pt.
Haleiwa
Waialua
Kahana
Koolau Range
Schofield Barracks
Waikane
Kaneohe Bay
Mokapu Point
Wheeler Field
Waianae
Ford I.
Lualualei
Pearl City
Kaneohe
Aiea
Waipahu
Lanikai
Nanakuli
Hickham Field
Waimanalo
Ewa
Fort Shafter
Makapuu Pt.
Ewa Field
Bellows Field
Barbers Point
Fort Weaver
PEARL HARBOR
Fort Kamehameha
Honolulu
Fort Armstr
Waikiki
Fort De Russey
Fort Ruger
Diamond Head
Maunalua Bay
Koko Head
N
OAHU I.
(HAWAIIAN IS.)

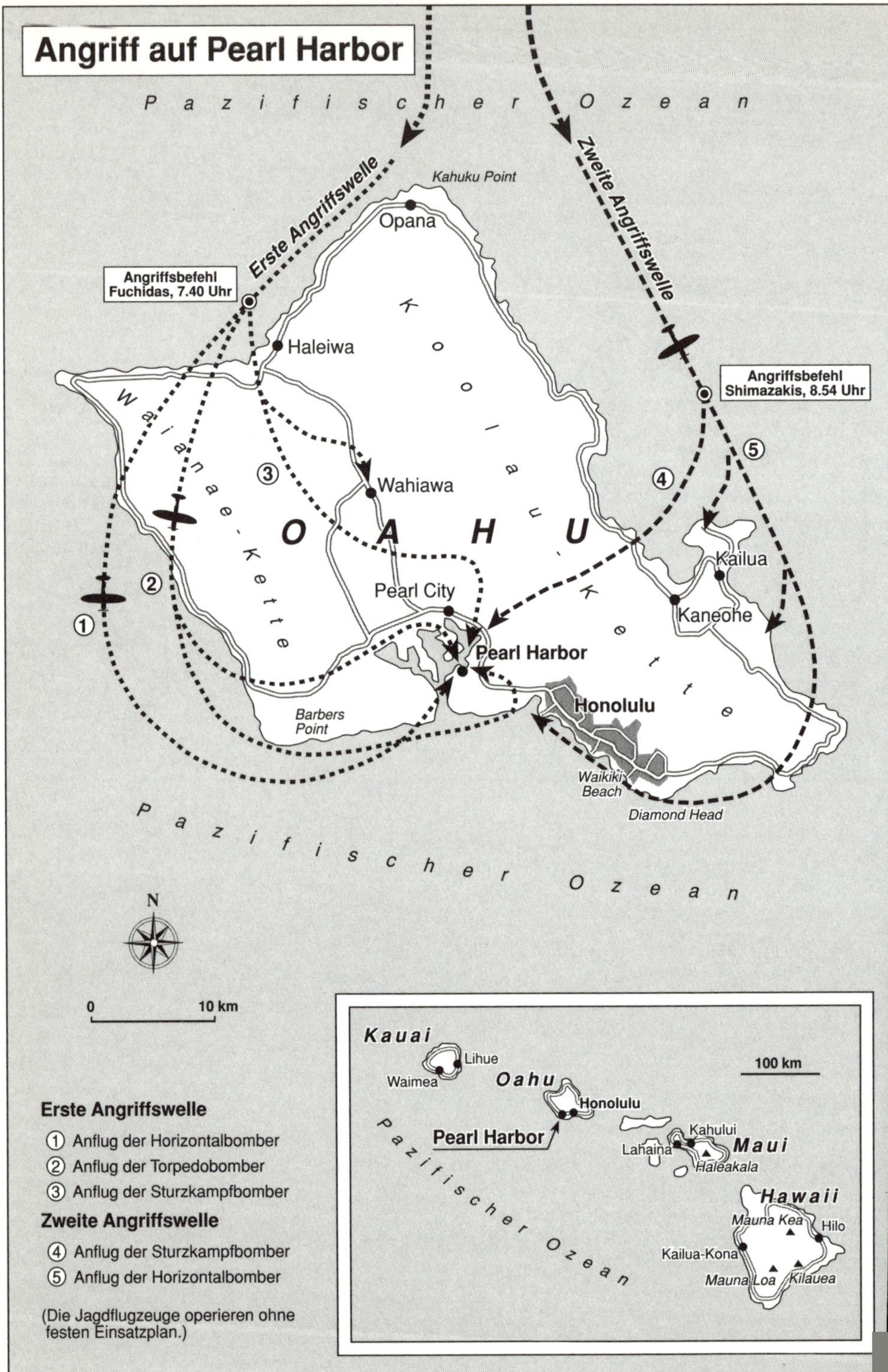

Angriff auf Pearl Harbor
Pazifischer Ozean
Erste Angriffswelle
Zweite Angriffswelle
Kahuku Point
Opana
Angriffsbefehl Fuchidas, 7.40 Uhr
Haleiwa
Angriffsbefehl Shimazakis, 8.54 Uhr
Koolau-Kette
Waianae-Kette
Wahiawa
OAHU
Kailua
Pearl City
Kaneohe
Pearl Harbor
Honolulu
Barbers Point
Waikiki Beach
Diamond Head
Pazifischer Ozean
N
0
10 km
Kauai
Lihue
Waimea
Oahu
Honolulu
Pearl Harbor
100 km
Kahului
Lahaina
Maui
Haleakala
Hawaii
Mauna Kea
Hilo
Kailua-Kona
Mauna Loa
Kilauea
Pazifischer Ozean
Erste Angriffswelle
① Anflug der Horizontalbomber
② Anflug der Torpedobomber
③ Anflug der Sturzkampfbomber
Zweite Angriffswelle
④ Anflug der Sturzkampfbomber
⑤ Anflug der Horizontalbomber
(Die Jagdflugzeuge operieren ohne festen Einsatzplan.)

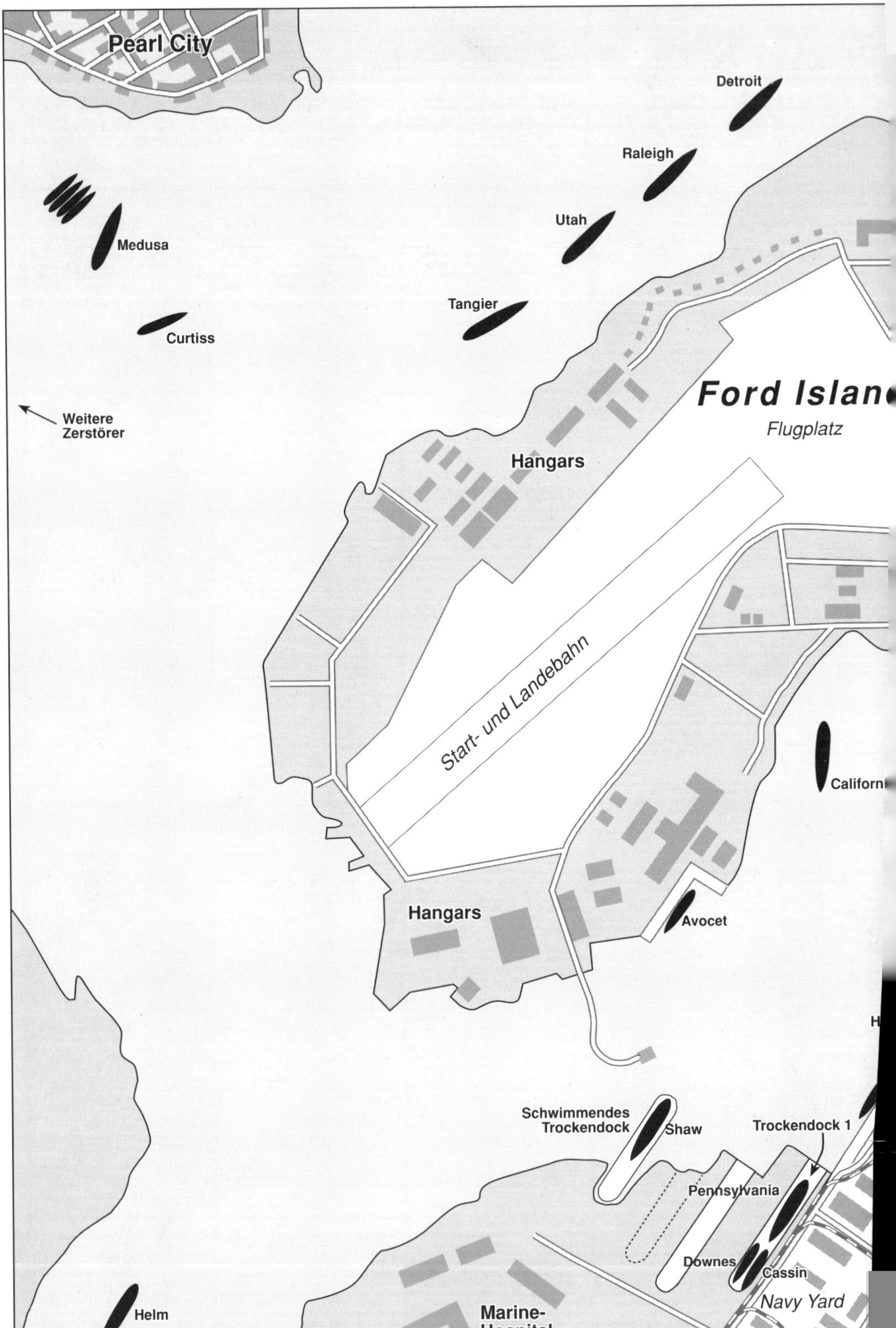

Pearl City
Detroit
Raleigh
Utah
Medusa
Tangier
Curtiss
Weitere Zerstörer
Ford Islan
Flugplatz
Hangars
Start- und Landebahn
Californi
Hangars
Avocet
Schwimmendes Trockendock
Shaw
Trockendock 1
Pennsylvania
Downes
Cassin
Navy Yard
Marine-Hospital
Helm